García Márquez:
Historia de un deicidio

Mario Vargas Llosa

García Márquez: Historia de un deicidio

ALFAGUARA

Papel certificado por el Forest Stewardship Council®

Penguin
Random House
Grupo Editorial

Primera edición: abril de 2021

© 1971, Mario Vargas Llosa
© 2021, Penguin Random House Grupo Editorial, S.A.U.
Travessera de Gràcia, 47-49. 08021 Barcelona

© Diseño: Penguin Random House Grupo Editorial, inspirado en un diseño original de Enric Satué

Printed in Spain – Impreso en España

ISBN: 978-84-204-5480-1
Depósito legal: B-2619-2021

Compuesto en MT Color & Diseño, S.L.
Impreso en Unigraf, Móstoles (Madrid)

A L 5 4 8 0 1

... circles, circles; innumerable circles, concentric, eccentric; a coruscating whirl of circles that by their tangled multitude of repeated curves, uniformity of form, and confusion of intersecting lines suggested a rendering of cosmic chaos, the symbolism of a mad art attempting the inconceivable.

JOSEPH CONRAD, *The Secret Agent*

I. La realidad real

I. La realidad como anécdota

Al comenzar los años veinte, un muchacho llamado Gabriel Eligio García abandonó el pueblo donde había nacido, Sincé, en el departamento colombiano de Bolívar, para ir a Cartagena, donde quería ingresar a la Universidad. Lo consiguió, pero su paso por las aulas no duró mucho. Sin recursos económicos, se vio muy pronto obligado a dejar los estudios para ganarse la vida. La costa atlántica de Colombia vivía en esos años el auge del banano, y gente de los cuatro rincones del país y del extranjero acudía a los pueblos de la zona bananera con la ilusión de ganar dinero. Gabriel Eligio consiguió un nombramiento que lo instaló en el corazón de la zona: telegrafista de Aracataca. En este pueblo, Gabriel Eligio no encontró la fortuna, como probablemente había soñado, sino, más bien, el amor. Al poco tiempo de llegar se enamoró de la niña bonita de Aracataca. Se llamaba Luisa Santiaga Márquez Iguarán y pertenecía al grupo de familias avecindadas en el lugar desde hacía ya muchos años, que miraban con disgusto la invasión de forasteros provocada por la fiebre bananera, esa marea humana para la que habían acuñado una fórmula despectiva: «la hojarasca». Los padres de Luisa —el coronel Nicolás Márquez Iguarán y Tranquilina Iguarán Cotes— eran primos hermanos y constituían la familia más eminente de esa aristocracia lugareña. El padre había ganado sus galones en la gran guerra civil de principios de siglo, peleando bajo las órdenes del general liberal Rafael Uribe Uribe, y Aracataca, en gran parte por obra suya, se había convertido en una ciudadela liberal.

Luisa no fue indiferente con el joven telegrafista; pero el coronel y su esposa se opusieron a estos amores con energía. Que uno de la hojarasca, y para colmo bastardo, aspirara a casarse con su hija, les pareció escandaloso. Pese a la prohibición, la pareja siguió viéndose a ocultas, y entonces don Nicolás y doña Tranquilina enviaron a Luisa a recorrer los pueblos del departamento, donde tenían amigos y familiares, con la esperanza de que la distancia la hiciera olvidar al forastero. Luego supieron que, en cada pueblo, Luisa recibía mensajes de Gabriel Eligio, gracias a la complicidad de los telegrafistas locales, y que éstos, a la vez, transmitían mensajes de Luisa al enamorado de Aracataca. Irritados, el coronel y doña Tranquilina consiguieron que Gabriel Eligio fuera trasladado a Riohacha. Pero el empecinamiento de la muchacha continuó y ya para entonces el amorío había adquirido cierta aureola romántica y parientes y amigos trataban de persuadir a los Márquez Iguarán de que accedieran al matrimonio. Los padres dieron al fin su consentimiento, pero exigieron que la pareja viviera lejos de Aracataca. Gabriel Eligio y Luisa se instalaron en Riohacha en 1927. El enojo de don Nicolás y doña Tranquilina se disipó con la noticia de que su hija estaba encinta. Ilusionados con el primer nieto, llamaron a Luisa a Aracataca, para que diera a luz allí. El niño nació el 6 de marzo de 1928 y le pusieron Gabriel José. Cuando Luisa y su marido regresaron a Riohacha, el niño se quedó en Aracataca con los abuelos, quienes lo criarían. La niña bonita y el telegrafista formaron un hogar prolífico: tuvieron siete hijos varones y cinco mujeres (una de las cuales es monja). Vivieron un tiempo en Riohacha, luego en Barranquilla, donde Gabriel Eligio abrió una farmacia, luego en Sucre (pueblo vecino de Sincé), donde abrió otra farmacia, y finalmente la familia se instaló en Cartagena, donde vive todavía.

Cuando el coronel Nicolás Márquez y su esposa llegaron al pueblo, al finalizar la sangrienta guerra de los mil
días (1899-1902), que devastó al país y lo dejó en ban-
carrota, Aracataca era un pueblecito minúsculo, situado en
la provincia del Magdalena, entre el mar y la montaña,
en una región de bochornoso calor y aguaceros diluviales.
Pero poco después, en el primer decenio de este siglo,
durante el régimen del general Rafael Reyes (1904-
1910), la costa atlántica colombiana tuvo un súbito esplendor, al iniciarse el cultivo del banano en gran escala
en toda la cuenca del Magdalena. La «fiebre del banano»
atrajo millares de forasteros; la United Fruit Company
sentó sus reales en la región y comenzó la explotación
extensiva de las tierras. En 1908, de once mil obreros
agrícolas bananeros, tres mil trabajaban para la United
Fruit.[1]

A la sombra del banano sobrevino una aparente opulencia para Aracataca, y la imaginación popular asegura-
ría años más tarde que, en esos tiempos de bonanza,
«Mujeres de perdición bailaban la cumbia desnudas ante
magnates, que, por ellas, hacían encender en los candelabros, en vez de velas, billetes de cien pesos».[2] La imaginación colectiva —sobre todo la de una comunidad tropical— tiende a magnificar el pasado histórico y a fijarlo en
ciertas imágenes, que, curiosamente, se repiten de región
a región. En la Amazonía peruana, por ejemplo, se recuerda también la época de oro del caucho a través de anécdotas de derroche y sensualidad, y yo mismo he oído asegurar que, durante la «fiebre del caucho», los prósperos
caucheros encendían los habanos con billetes en sus orgías. Desde el punto de vista de las fuentes de un escritor,

[1] François Buy, *La Colombie moderne, terre d'espérance*, París, Centre
d'Études Contemporaines, 1968, p. 46.
[2] Ernesto Schoo, «Los viajes de Simbad García Márquez», en *Primera Plana*,
Buenos Aires, año V, núm. 234, 20-26 de junio de 1967.

importa poco determinar la exactitud de estas anécdotas, las dosis de verdad y de mentira que contienen. Más importante que saber cómo ocurrieron esos hechos del pasado local es averiguar cómo sobrevivieron en la memoria colectiva y cómo los recibió y creyó (o reinventó) el propio escritor. García Márquez evoca así la prosperidad de Aracataca: «Con la compañía bananera empezó a llegar a ese pueblo gente de todo el mundo y era muy extraño porque, en este pueblito de la costa atlántica de Colombia, hubo un momento en el que se hablaba todos los idiomas. La gente no se entendía entre sí; y había tal prosperidad, es decir, lo que entendían por prosperidad, que se quemaban billetes bailando la cumbia. La cumbia se baila con una vela y los simples peones y obreros de las plantaciones de bananos encendían billetes en vez de velas, y esto dio por resultado que un peón de las bananeras ganara, por ejemplo, 200 pesos mensuales y el alcalde y el juez ganasen 60. Así no había autoridad real y la autoridad era venal porque la compañía bananera con cualquier propina que les diera, con sólo untarles la mano, era dueña de la justicia y del poder en general».[3]

LA HUELGA DEL AÑO 28   La costa atlántica colombiana experimenta en esos años un proceso similar al de otros lugares de América Latina: el capital norteamericano entra en el continente por doquier, sustituyendo en muchos sitios al capital inglés, y, casi sin encontrar resistencia, establece una hegemonía económica, destruyendo en algunos casos al incipiente capitalismo local (como ocurre en el Perú, en las haciendas de la costa norte) y, en otros, asimilándolo como aliado dependiente. Lo que ocurre en la costa atlántica con el banano, ocurre en otros lugares con la caña de azúcar, el algodón, el café, el petróleo, los metales. La

---

[3] Gabriel García Márquez y Mario Vargas Llosa, *La novela en América Latina: diálogo*, Lima, Carlos Milla Batres/Ediciones-UNI, 1968, p. 23.

invasión económica norteamericana no tiene oposición e, incluso, es bienvenida porque crea el espejismo de la bonanza: establece nuevas fuentes de trabajo, eleva los salarios misérrimos del campesino del latifundio feudal y da la impresión de contribuir a la modernización y el progreso. El saqueo de las riquezas naturales que significa, la camisa de fuerza que impone a las economías de los países latinoamericanos, impidiéndoles desarrollarse industrialmente y reduciéndolos a meros exportadores de materias primas, la corrupción política que propaga mediante el soborno y la fuerza para asegurarse regímenes adictos que cautelen sus intereses, le aseguren concesiones, repriman los conatos de sindicalización y los movimientos reivindicativos de los trabajadores, pasan casi inadvertidos para la conciencia colectiva. Más tarde, ese período de explotación imperial será recordado incluso —es el caso de Aracataca— como una época feliz.

En la segunda década de este siglo comienza a tomar cuerpo en América Latina el movimiento sindical y se abre un período de conflictos sociales y de luchas obreras en todo el continente. La influencia que en ello tuvo la Revolución mexicana fue grande. En los años veinte se fundan sindicatos, centrales de trabajadores, se organizan los primeros partidos anarcosindicalistas, socialistas y marxistas. Este proceso es algo más tardío en Colombia que en otros países latinoamericanos. La primera huelga importante ocurre el año que nació García Márquez y afecta, precisamente, a toda la zona bananera. Ese año se había fundado en Colombia, luego del tercer Congreso obrero nacional, un Partido Socialista Revolucionario. La huelga del año 28 quedaría grabada en la memoria de toda la región por la ferocidad con que fue reprimida por el ejército. Un decreto expedido por el jefe civil y militar de la provincia, general Carlos Cortés Vargas, declaró «malhechores» a los huelguistas y autorizó al ejército a intervenir. La matanza se llevó a cabo en la estación de ferrocarril de Ciénaga, donde los huelguistas fueron ametrallados. Murieron muchos y luego se diría que la cifra de víctimas se elevó a centenares o a miles.[4] En una casa situada frente al lugar de la matanza vivía entonces un niño de cuatro años, Álvaro Cepeda Samudio, más tarde íntimo amigo de García Márquez, que evocaría ese sangriento episodio en una novela: *La casa grande*.[5] La matanza sería recordada en todos los pueblos de la zona bananera, Aracataca entre ellos, como un hecho propio. García Márquez evoca así ese episodio: «Llegó un momento en que toda esa gente empezó a tomar conciencia, conciencia gremial. Los obreros comenzaron por pedir cosas elementales porque los servicios médicos se reducían a darles una pildorita azul a todo el que llegara con cualquier enfermedad. Los ponían en fila y una enfermera les metía, a todos, una pildorita azul en la boca... Y llegó a ser esto tan crítico y tan cotidiano, que los niños hacían cola frente al dispensario, les metían su pildorita azul, y ellos se las sacaban y se las llevaban para marcar con ellas los números en la lotería. Llegó el momento en que por esto se pidió que se mejoraran los servicios médicos, que se pusieran letrinas en los campamentos de los trabajadores porque todo lo que tenían era un excusado portátil, por cada cincuenta personas, que cambiaban cada Navidad... Había otra cosa también: los barcos de la compañía bananera llegaban a Santa Marta, embarcaban banano y lo llevaban a Nueva Orleans; pero al regreso venían desocupados. Entonces la compañía no encontraba cómo financiar los viajes de regreso. Lo que hicieron, sencillamente, fue traer mercancía para los comisariatos de la

---

[4] Según Carlos H. Pareja «Los muertos fueron más de 800» y «los sobrevivientes fueron sometidos a consejos de guerra y condenados a largos años de prisión»: *El Padre Camilo, el cura guerrillero*, México, Editorial Nuestra América, 1968, p. 116.

[5] La segunda edición de *La casa grande*, Buenos Aires, Editorial Jorge Álvarez, 1967, lleva una presentación de García Márquez.

compañía bananera y donde sólo vendían lo que la compañía traía en sus barcos. Los trabajadores pedían que les pagaran en dinero y no en bonos para comprar en los comisariatos. Hicieron una huelga y paralizaron todo y, en vez de arreglarlo, el gobierno lo que hizo fue mandar el ejército. Los concentraron en la estación del ferrocarril, porque se suponía que iba a venir un ministro a arreglar la cosa, y lo que pasó fue que el ejército rodeó a los trabajadores en la estación y les dieron cinco minutos para retirarse. No se retiró nadie y los masacraron».[6] La cita no sólo documenta el origen histórico de un episodio de *Cien años de soledad;* además, revela algo sobre la personalidad del autor: su memoria tiende a retener los hechos pintorescos de la realidad. Las anécdotas de la «pildorita azul» y de la «letrina portátil» no atenúan las implicaciones morales y políticas del drama social a que aluden, aunque seguramente hay en ellas exageración. Al contrario: lo fijan en hechos que, por su carácter inusitado y su cruel comicidad, le dan un relieve todavía mayor.[7]

Al terminar la primera guerra mundial, la «fiebre del banano» había comenzado a disminuir. La extensión de los cultivos bananeros en otras regiones, la baja de los precios en el mercado mundial acentuaron este proceso en los años siguientes y la zona bananera colombiana empezó a declinar. Se cerraron las comunicaciones con el resto del mundo que la bonanza había abierto, muchos sembríos fueron abandonados, para la gente del lugar la alternativa fue muy pronto el exilio o la desocupación. Comenzó entonces para Aracataca el derrumbe económico, el éxodo de los habitantes, la muerte lenta y sofocante de

---

[6] Gabriel García Márquez y Mario Vargas Llosa, *op. cit.,* pp. 23-24.

[7] Las anécdotas de la pildorita azul y de los excusados portátiles figuran en *Cien años de soledad,* p. 255 (cito siempre la edición original). No es imposible que se trate de una inversión de los recuerdos: que GGM cite estos hechos porque aparecen en su novela y no que aparezcan en el libro porque ocurrieron en la realidad.

las aldeas del trópico. Cuando García Márquez comenzó a gatear, a andar, a hablar, el paraíso y el infierno pertenecían al pasado de Aracataca; la realidad presente era un limbo de miseria, de sordidez y de rutina. Pero, sin embargo, esa realidad extinta estaba viva aún en la memoria de la gente del lugar, y era, quizá, su mejor arma para luchar contra el vacío de la vida presente. Naturalmente, la fantasía del pueblo enriquecía, deformaba la verdad histórica, y los recuerdos hervían de contradicciones. Por ejemplo, al referir la matanza de Ciénaga, nadie estaba de acuerdo: «Lo que te digo es que esta historia... la conocí yo diez años después y cuando encontraba gente, algunos me decían que sí era cierto, y otros decían que no era cierto. Había los que decían: "Yo estaba, y sé que no hubo muertos; la gente se retiró pacíficamente y no sucedió absolutamente nada". Y otros decían que sí, que sí hubo muertos, que ellos los vieron; que se murió un tío, e insistían en estas cosas. Lo que pasa es que en América Latina, por decreto, se olvida un acontecimiento como tres mil muertos...».[8]

A falta de algo mejor, Aracataca vivía de mitos, de fantasmas, de soledad y de nostalgia. Casi toda la obra literaria de García Márquez está elaborada con esos materiales que fueron el alimento de su infancia. Aracataca vivía de recuerdos cuando él nació;. sus ficciones vivirán de sus recuerdos de Aracataca.

LA CASA DE LOS ABUELOS

En los alrededores del pueblo había una finca de banano que se llamaba Macondo.[9] Éste será el nombre que

[8] Gabriel García Márquez y Mario Vargas Llosa, *op. cit.*, p. 24.

[9] Sobre la Aracataca actual, véase «Macondo a 100 años de soledad», artículo de Mariahé Pabón aparecido en *El Tiempo*, Lecturas Dominicales, Bogotá, 20 de abril de 1969, p. 4, en el que la autora describe el estado de ruindad y soledad totales en que se halla el lugar, los recuerdos de la familia de GGM que conserva la gente de Aracataca —la gran mansión del coronel Nicolás Márquez ha sido parcialmente devorada por el comején y las hormigas—, y los pocos restos de la época del esplendor. Una viejecita de noventa y pico de años, testigo de la matanza del

dará más tarde a la imaginaria tierra cuya «historia» relata, de principio a fin, *Cien años de soledad*. Su niñez estuvo llena de curiosidades y de hechos insólitos; o, mejor dicho, de las experiencias de su niñez, son sobre todo las pintorescas las que registró con más fuerza su memoria. Pasó los primeros ocho años de vida con sus abuelos maternos y ellos han sido, afirma él con frecuencia, sus influencias más sólidas. Conoció a su madre cuando tenía cinco o seis años y para entonces ya habían nacido algunos de sus hermanos. A los lectores de *Cien años de soledad* les suele desconcertar el hecho de que los personajes tengan los mismos nombres; mi sorpresa no fue menor, hace unos años, al descubrir que uno de sus hermanos se llamaba también Gabriel. Él lo explica así: «Mira, lo que sucede es que yo era el mayor de doce hermanos y que me fui de la casa a los doce años y volví cuando estaba en la Universidad. Nació entonces mi hermano y mi madre decía: "Bueno, al primer Gabriel lo perdimos, pero yo quiero tener un Gabriel en casa..."».[10]

Los abuelos vivían en una casa asombrosa, llena de espíritus, que él dice haber utilizado como modelo de la

---

año 28, aseguró a Mariahé Pabón que «después de la huelga, la gente se quedó como en el limbo» y que la huelga «fue cosa de cachacos y de comunistas». Sobre el origen del nombre Macondo la gente dio a la periodista versiones distintas: según unos «es un árbol que no sirve pa un carajo» y según otros «una milagrosa planta, que vierte una leche pegajosa, capaz de cicatrizar heridas». Todavía existe, con el nombre de Macondo, la vieja finca de donde GGM lo tomó. La popularidad de GGM ha llegado hasta el pueblo, y en un barcito de Aracataca Mariahé Pabón oyó cantar:

> Fue en la tierra de Macondo
> donde nació Gabrielito
> todo el mundo lo conoce
> por el nombre de Gabito...

Véase también, sobre el mismo tema, el artículo de Germán Arciniegas, «La era de Macondo», en *Imagen*, núm. 67, Caracas, 15-28 de febrero de 1970, p. 24, y Jaime Mejía Duque, *Mito y realidad en Gabriel García Márquez*, Bogotá, Editorial La Oveja Negra, 1970, pp. 49-52.
[10] Gabriel García Márquez y Mario Vargas Llosa, *op. cit.*, p. 21.

casa del coronel de *La hojarasca* y que sirvió también, probablemente, de prototipo a las otras mansiones de su mundo narrativo: la casa de la Mamá Grande, la de los Asís y la de los Buendía. La primera novela que García Márquez intentó escribir se iba a llamar, precisamente, «La casa». Recuerda así el hogar de su infancia: «En cada rincón había muertos y memorias, y después de las seis de la tarde, la casa era intransitable. Era un mundo prodigioso de terror. Había conversaciones en clave».[11] «En esa casa había un cuarto desocupado en donde había muerto la tía Petra. Había un cuarto desocupado donde había muerto el tío Lázaro. Entonces, de noche, no se podía caminar en esa casa porque había más muertos que vivos. A mí me sentaban, a las seis de la tarde, en un rincón y me decían: "No te muevas de aquí porque si te mueves va a venir la tía Petra que está en su cuarto, o el tío Lázaro, que está en otro". Yo me quedaba siempre sentado... En mi primera novela, *La hojarasca,* hay un personaje que es un niño de siete años que está, durante toda la novela, sentado en una sillita. Ahora yo me doy cuenta que ese niño era un poco yo, sentado en esa sillita, en una casa llena de miedos.»[12]

Los vivos de la familia eran tan extraordinarios como los muertos. La casa estaba siempre llena de huéspedes porque, además de amigos, se alojaban allí los hijos naturales de don Nicolás cuando estaban de paso por el pueblo. Eran hijos de la guerra, tenían todos la misma edad, y doña Tranquilina los recibía como a hijos propios. García Márquez recuerda a su abuela, ordenando cada mañana a las sirvientas: «Hagan carne y pescado porque nunca se sabe qué le gusta a la gente que llega».[13] Y había además

---

[11] Luis Harss, «Gabriel García Márquez o la cuerda floja», en *Los nuestros,* Buenos Aires, Editorial Sudamericana, 1966, p. 392. García Márquez y Vargas Llosa, *op. cit.,* pp. 1-15.

[12] García Márquez y Vargas Llosa, *op. cit.,* pp. 14-15.

[13] La anécdota aparece en *Cien años de soledad,* p. 198.

una tía dotada de cualidades sorprendentes: «Hay otro episodio que recuerdo y que da muy bien el clima que se vivía en esta casa. Yo tenía una tía... Era una mujer muy activa; estaba todo el día haciendo cosas en esa casa y una vez se sentó a tejer una mortaja; entonces yo le pregunté: "¿Por qué estás haciendo una mortaja?". "Hijo, porque me voy a morir", respondió. Tejió su mortaja y cuando la terminó se acostó y se murió. Y la amortajaron con su mortaja. Era una mujer muy rara. Es la protagonista de otra historia extraña: una vez estaba bordando en el corredor cuando llegó una muchacha con un huevo de gallina muy peculiar, un huevo de gallina que tenía una protuberancia. No sé por qué esta casa era una especie de consultorio de todos los misterios del pueblo. Cada vez que había algo que nadie entendía, iban a la casa y preguntaban y, generalmente, esta señora, esta tía, tenía siempre la respuesta. A mí lo que me encantaba era la naturalidad con que resolvía estas cosas. Volviendo a la muchacha del huevo le dijo: "Mire usted, ¿por qué este huevo tiene una protuberancia?". Entonces ella la miró y dijo: "Ah, porque es un huevo de basilisco. Prendan una hoguera en el patio". Prendieron la hoguera y quemaron el huevo con gran naturalidad. Esa naturalidad creo que me dio a mí la clave de *Cien años de soledad,* donde se cuentan las cosas más espantosas, las cosas más extraordinarias con la misma cara de palo con que esta tía dijo que quemaran en el patio un huevo de basilisco, que jamás supe lo que era».[14]

La abuela era una mujer de unos cincuenta años, blanca, de ojos azules, todavía hermosa, crédula, y de sus labios García Márquez escuchó las leyendas, las fábulas, las prestigiosas mentiras con que la fantasía popular evocaba el antiguo esplendor de la región. A cada pregunta

---

[14] García Márquez y Vargas Llosa, *op. cit.,* pp. 15-16.

del nieto, la señora respondía con largas historias en las que siempre asomaban los espíritus. Doña Tranquilina parece haber sido un caso ejemplar de la *mater familias,* esa matriarca medieval, emperadora del hogar, hacendosa y enérgica, prolífica, de temible sentido común, insobornable ante la adversidad, que organiza férreamente la numerosa vida familiar, a la que sirve de aglutinante y vértice, No sólo es una de las canteras literarias de García Márquez, sino también prototipo de una serie de personajes femeninos que reaparecen en sus libros. Doña Tranquilina murió ciega y loca, como Úrsula Iguarán de Buendía, en Sucre, cuando García Márquez estudiaba en Zipaquirá.[15]

---

[15] Sobre los abuelos de GGM hay un interesante testimonio de Osvaldo Robles Cataño (artículo sobre *Cien años de soledad* aparecido en el diario *El Informador,* de Santa Marta, en 1968: el recorte que obtuve no conserva el mes ni el día), que los conoció. Sus datos confirman todo lo que GGM ha dicho de ellos en las entrevistas. Según Robles Cataño: «El abuelo del novelista había nacido en Riohacha y asistido a todas las batallas de las guerras civiles en la provincia de Padilla. Se estableció en "Cataca", como lo hicieron varios de sus paisanos... porque era la época del oro verde... Y allí en Aracataca dejó la fama de la generosidad guajira, dejó hijos, nietos y biznietos... Don Nicolás era una estampa respetable. Nos parece recordarlo sentado en la puerta de su casa grande, bajo los almendros que hacían de centinelas a la entrada. Robusto, de panza crecida, cano el cabello, el rostro sonrosado y la sonrisa bonachona a flor de labio... El patio se adornaba con flores multicolores y con una verde grama donde pacían dos ovejos hermosos que estaban destinados para la cena de Navidad. Los corredores amplios, la cocina en movimiento...». Y sobre la abuela: «Y doña Tranquilina, aún con sus ojos sin cataratas, su cabello largo y blanco, su perfil aquilino, el rostro manso y las facciones finas, resguardadas por la mano abierta que se ponía sobre las cejas». Robles Cataño recuerda que, años después de la muerte de don Nicolás, volvió a Aracataca y se encontró con estas ruinas: «Doña Tranquilidad había quedado sola en aquella vieja casona, y sin la luz de sus ojos que las cataratas se la habían nublado. Los almendros de la puerta se habían carcomido por la embestida de las hormigas. El jardín estaba seco, sin flores, sin prados verdes y sin ovejos guajiros. La soledad había invadido aquella casa de madera donde antes se daban cita tantas personas, episodios y cosas». Si ésta es la impresión de desamparo y nostalgia que la visión de la casa en decadencia hizo en un extraño, es fácil imaginar lo que sentiría GGM al volver a verla, algunos años después (véase, en el cap. II, el apartado «La imagen clave»). La última vez que Robles Cataño vio a doña Tranquilina la encontró, ya ciega, «sentada en un mecedor de bejuco, con su espaldar alto de mimbre». «Me reconoció al presentármele. Y me habló de la casa solitaria con una gran nostalgia. Yo le pregunté entonces por el muerto que salía en la esquina frontera, donde la presencia de un párroco que la había arrendado logró espantar los duendes que la habitaban. Y ella se sonrió plácidamente, diciéndome que a mí esas

Pero aún más decisivo fue para García Márquez su abuelo, «la figura más importante de mi vida», dice él.[16] Don Nicolás Márquez era un sobreviviente de por lo menos dos guerras civiles, en las que había peleado siempre en el bando liberal. Las guerras civiles son un estigma en la vida republicana de todos los países latinoamericanos, su constante histórica mayor, junto con la dictadura militar, en el siglo XIX. Pero tal vez en ninguno tuvieron estas guerras entre caudillos, regiones o partidos, la magnitud y las consecuencias que en Colombia. Descontando el alzamiento popular de los comuneros en el siglo XVIII, y alborotos e incidentes de menor significación, Colombia vivió una relativa tranquilidad durante los siglos coloniales, en comparación con su historia republicana. La primera guerra civil tuvo lugar antes de que la independencia fuera una realidad: el combate entre las tropas federalistas del Congreso de Tunja y las centralistas de Antonio Nariño que vencieron a aquéllas el 9 de enero de 1813. Desde entonces hasta ahora, Colombia ha padecido cuando menos treinta revoluciones, en el sentido militar, no ideológico del término. La organización centralista o federal del Estado es, como en el resto de América Latina, el origen o pretexto de la pugna que enfrenta a conservadores y liberales a lo largo de buena parte del siglo pasado, así como el clericalismo y absolutismo de los primeros y el anticlericalismo y parlamentarismo de los últimos, aunque, en la mayor parte de los casos, las diferencias ideológicas son meras retóricas que disfrazan intereses y ambiciones de personas. Sin embargo, es un hecho que ninguno de los levantamientos liberales consigue triunfar; a diferencia de lo que ocurrió en Venezuela, por ejemplo, en Colombia son la mentalidad y el

---

pesadillas no se me olvidaban. Y así, con la risa contenida, mostrándome el solar del lado que ya sus ojos no alcanzaban a mirar, me dijo con picardía: "Ahí siempre silban. A cada rato lo siento".»

[16] Luis Harss, *op. cit.*, p. 392.

programa político conservadores los que salen siempre triunfantes en los conflictos civiles. La guerra de los mil días se inició con una rebelión de los liberales contra el régimen gerontocrático de Manuel Sanclemente, conservador «nacionalista», quien fue depuesto al año siguiente (1900) por el conservador «histórico» José Manuel Marroquín. El régimen de Sanclemente, tiránico, corrupto y administrativamente desastroso, cesó el 31 de julio de 1900, pero durante el régimen de Marroquín los abusos e iniquidades continuaron. La guerra de los mil días constituyó una matanza sin precedentes —se calcula en cien mil los muertos— y dejó al país arrasado y pobre. Los rebeldes obtuvieron algunas victorias iniciales (Peralonso, Terán), pero luego los conservadores comenzaron a ganar terreno. La revolución había estallado en el departamento de Santander, pero pronto el régimen dominó las acciones en casi todo el país, salvo, precisamente, en la costa atlántica, y sobre todo en Panamá, que fue a lo largo de la guerra un bastión liberal. Cuando los rebeldes aceptaron la paz (en realidad, la rendición), el 21 de noviembre de 1902, todavía controlaban Panamá. La región donde se halla Aracataca vivió, pues, de cerca, la guerra de los mil días, en la que muchos habitantes participaron activamente, como el abuelo de García Márquez. Gracias a los recuerdos de este veterano, el nieto revivió los episodios más explosivos, los heroísmos y padecimientos de esta guerra, y ese material le serviría para elaborar, en la historia de Macondo, las treinta y dos guerras civiles que inicia y pierde el coronel Aureliano Buendía. El abuelo se pasó toda la vida esperando el «reconocimiento de servicios» como ex combatiente, que le correspondía, según él, por ley. Y a la muerte de don Nicolás, doña Tranquilina siguió esperando la quimérica pensión. García Márquez recuerda a su abuela, ya ciega, exclamando: «Espero que después de mi muerte, cobren la jubilación».

De otro lado, don Nicolás era uno de los vecinos más antiguos de Aracataca, testigo de la época de oro, cuando el auge del banano. Entre el abuelo y el nieto parece haber existido, más que afecto, una total complicidad. García Márquez lo recuerda con deslumbramiento: «Él, en alguna ocasión, tuvo que matar a un hombre, siendo muy joven. Él vivía en un pueblo y parece que había alguien que lo molestaba mucho y lo desafiaba, pero él no le hacía caso, hasta que llegó a ser tan difícil su situación que, sencillamente, le pegó un tiro. Parece que el pueblo estaba tan de acuerdo con lo que hizo que uno de los hermanos del muerto durmió atravesado, esa noche, en la puerta de la casa, ante el cuarto de mi abuelo, para evitar que la familia del difunto viniera a vengarlo. Entonces mi abuelo, que ya no podía soportar la amenaza que existía contra él en ese pueblo, se fue a otra parte; es decir, no se fue a otro pueblo: se fue lejos con su familia y fundó un pueblo».[17] En *Cien años de soledad,* la fundación de Macondo es el resultado de un episodio semejante. José Arcadio Buendía, el fundador de la estirpe, mata a Prudencio Aguilar, y el cadáver de la víctima lo hostiga con sus apariciones hasta que José Arcadio cruza la Cordillera con veintiún compañeros y funda Macondo: «Sí, se fue y fundó un pueblo, y lo que yo más recuerdo de mi abuelo es que siempre me decía: "Tú no sabes lo que pesa un muerto". Hay otra cosa que no olvido jamás, que creo que tiene mucho que ver conmigo como escritor, y es que una noche que me llevó al circo y vimos un dromedario, al regreso, cuando llegamos a la casa, abrió un diccionario y me dijo: "Éste es el dromedario, ésta es la diferencia entre el dromedario y el elefante, ésta es la diferencia entre el dromedario y el camello"; en fin, me dio una clase de zoología. De esa manera ya me acostumbré a usar el diccionario».[18] El abuelo era tuerto y hablaba incansablemente de su jefe durante la guerra de los mil días, el líder liberal Uribe Uribe. Don Nicolás y Uribe

---

[17] García Márquez y Vargas Llosa, *op. cit.*, p. 13.
[18] *Ibid.*, p. 14.

son el modelo de toda una genealogía en el mundo ficticio de García Márquez: los coroneles. El abuelo murió cuando García Márquez tenía ocho años: «Desde entonces no me ha pasado nada interesante»,[19] asegura él y, desde el punto de vista de sus demonios, ésta es, en comparación con otras, una moderada exageración.

En realidad, le ocurrieron muchas cosas y, en relación con su vocación, la más importante fue salir de Aracataca: de haber permanecido allí nunca hubiera sido escritor. En 1936 sus padres se trasladaron a Sucre y a él lo enviaron al colegio, a Barranquilla. Más tarde fue becado a Zipaquirá. Abandonar su pueblo, conocer otros lugares, sobre todo la capital, fueron experiencias que recuerda sin alegría, como algo más bien doloroso: «Yo era un muchachito cuando vine por primera vez a Bogotá. Había salido de Aracataca con una beca para el Colegio Nacional de Zipaquirá, y, luego de un viaje endiablado por el río y una trepada feroz de la montaña en tren, tuve mi primer contacto con la capital —que era un lugar lejanísimo, un verdadero otro mundo— en la estación de ferrocarril. Iba de la mano de mi acudiente, porque entonces la distancia entre el hogar y el estudiante obligaba a que a éste le nombraran un acudiente, y todavía tenía miedo de morirme de una pulmonía, pues en la costa se hablaba de que los calentanos no soportaban el frío de Bogotá. Pero, bien abrigado y todo, me monté en un carro con mi acudiente y empecé a ver esa ciudad yerta y gris de las seis de la tarde. Había miles de enruanados, no se oía ese alboroto de los barranquilleros, y el tranvía pasaba con cargamentos humanos. Cuando crucé frente a la gobernación, en la avenida Jiménez abajo de la séptima, todos los cachacos andaban de negro, parados ahí con paraguas y sombreros de coco, y bigotes, y enton-

---

[19] Luis Harss, *op. cit.,* p. 393.

26

ces, palabra, no resistí y me puse a llorar durante horas. Desde entonces Bogotá es para mí aprehensión y tristeza. Los cachacos son gente oscura; y me asfixio en la atmósfera que se respira en la ciudad, pese a que luego tuve que vivir varios años en ella. Pero, aún entonces, me limitaba a permanecer en mi apartamento, en la universidad o en el periódico, y no conozco más que estos tres sitios y el trayecto que había entre unos y otros; ni he subido a Monserrate, ni he visitado la Quinta de Bolívar, ni sé cuál es el Parque de los Mártires».[20] La «gran ciudad» no deslumbra al niño provinciano: lo deprime y disgusta. La compara con su pueblo, con la costa, donde la gente es comunicativa y alegre, y encuentra a Bogotá «gris y yerta», «asfixiante», a los cachacos «fríos y reservados», y desde entonces, dice, esa ciudad es para él «aprehensión y tristeza». Con estas tintas figura Bogotá en las rápidas apariciones que hace en su mundo ficticio.[21] En agosto de 1968, García Márquez y yo viajamos juntos a Bogotá, donde permanecimos unos días. En Caracas, antes del viaje, él hacía misteriosas llamadas a sus amigos bogotanos; después descubrimos que andaba tramando con ellos un atareado programa para que José Miguel Oviedo y yo no tuviéramos ocasión de ver la ciudad sino desde automóviles veloces que nos trasladaban de una casa a otra. Él sostiene, con chauvinismo negativo, que Bogotá «es la ciudad más fea del mundo».

Sus recuerdos del internado de Zipaquirá son también sombríos. Aracataca es una herida que el tiempo irrita en vez de cerrar, una nostalgia que aumenta con los

[20] Daniel Samper, «El novelista García Márquez no volverá a escribir» (entrevista), en *El Tiempo,* Lecturas Dominicales, Bogotá, 22 de diciembre de 1968, p. 5.

[21] Véanse las páginas 141-145 de *Los funerales de la Mamá Grande* (cito siempre la edición original), que describen «la capital remota y sombría» cuya «llovizna menuda cubría de recelo y de verdín a los transeúntes», y en *Cien años de soledad* las que describen la infancia de Fernanda del Carpio «en una ciudad lúgubre por cuyas callejuelas de piedra traqueteaban todavía, en noches de espantos, las carrozas de los virreyes» (pp. 178-179) y la llegada de Aureliano Segundo «a la ciudad desconocida donde todas las campanas tocaban a muerto» (p. 181).

días, una presencia subjetiva con la que el niño se siente obligado a medir el nuevo mundo que lo rodea, y éste, Bogotá o Zipaquirá, siempre resulta derrotado en la confrontación: «Luego me llevaron al colegio de Zipaquirá, donde estudié durante varios años bachillerato. Zipaquirá era también una ciudad fría, con techos de teja desgastada, y el colegio, un gran internado donde vivíamos doscientos o trescientos niños... Los sábados y domingos había salida, pero yo no me movía del edificio porque no quería enfrentarme con la tristeza y el frío del pueblo. Durante esos años pasé encerrado la totalidad de las horas libres despachando libros de Julio Verne y Emilio Salgari. Por eso mismo no conozco, a Dios gracias, la Catedral de Sal».[22] En esos años de reclusión, vividos en un medio al que el niño se niega a asimilarse, nace, en la experiencia de García Márquez, uno de los grandes temas de su mundo ficticio: la soledad. Asimismo, es probablemente en esos primeros años pasados en la Colombia andina, cuando, por contraste —en sus recuerdos, su actitud hostil hacia Bogotá y Zipaquirá tiene que ver con «el frío» de estas ciudades—, el calor tropical de su pueblo cobra para el niño valor decisivo y se convierte en uno de los rasgos dominantes de la imagen de Aracataca que lleva en la memoria. Así pasará, mitificado, a su mundo ficticio, en el que, como ha señalado Volkening, el calor representa algo tan constante y próximo como el miedo en el de Faulkner.[23] Aracataca, pues, en estos años se mantiene muy viva en el recuerdo de García Márquez: es algo que le impide ser feliz, que no lo deja adaptarse a su nueva vida, a la que siempre estará enfrentando subjetivamente, como un paraíso perdido, el mundo de su infancia. La contrapartida de esta

[22] Daniel Samper, op. cit.
[23] Ernesto Volkening, «Gabriel García Márquez o el trópico desembrujado», en Gabriel García Márquez, Isabel viendo llover en Macondo, Buenos Aires, Editorial Estuario, 1967, p. 30.

fidelidad es, sin duda, la inconsciente idealización que la distancia física y temporal va operando en sus recuerdos de Aracataca. En el internado de Zipaquirá, como muchos de sus compañeros, García Márquez escribirá algunos poemas «piedracielistas», término que designa un movimiento poético renovador que estuvo de moda en Colombia en la década del cuarenta al cincuenta.

Al terminar el colegio, en 1946, viaja a Sucre, donde viven sus padres y sus hermanos. Como todos los años en las vacaciones, también esta vez viajó en barco por el Magdalena; estos recorridos le proporcionarían más tarde el material necesario para el viaje que hace Meme Buendía con su madre, luego que hieren a Mauricio Babilonia, en *Cien años de soledad* (pp. 250-251). Regresó a Bogotá en 1947 para ingresar a la Universidad. Como todo escritor latinoamericano, o poco menos, emprendió estudios de abogado; y, también como casi todos, se desinteresó rápidamente de ellos. Condiscípulo suyo en la Facultad de Derecho de la Universidad Nacional fue Camilo Torres, que se haría luego sacerdote y moriría años más tarde en las guerrillas. En 1947 conoció, además, al primero de ese pequeño grupo de amigos íntimos que tendría una influencia grande en su vida: Plinio Apuleyo Mendoza. «Era un típico muchacho costeño», recuerda éste, «que desentonaba en las calles de Bogotá, porque vestía a la cubana, con camisas y corbatas estridentes». Como estudiante de leyes fue bastante apático: «Terminado el bachillerato me matriculé en la Universidad Nacional para estudiar Derecho, e hice los cinco años, pero no me gradué nunca porque me aburre a morir esa carrera... Vivía entonces en una pensión de la calle Florián, que es ahora, si no estoy mal informado, la carrera octava, y, aunque mis ingresos eran muy reducidos, me daba el lujo de pagar más que los demás residentes para que me dieran un huevo para el desayuno. Creo que era el único con huevo al desayuno entre los pensionados. Aprobé los civiles con más dificultad que los penales, pero unos y otros me daban la misma pereza. Ya usaba bigote, pero todavía no había hecho a un lado la corbata, y me volví un experto en jugar cascarita, pues aprovechábamos las horas de Derecho Comercial para dar patadas en los pasillos de la Facultad».[24]

Sólo estudió un año en la Universidad de Bogotá, 1947, y en ese año escribió su primer cuento. Ocurrió, según él, de una manera deportiva. «Ulises», el crítico y novelista Eduardo Zalamea Borda, director del suplemento literario de *El Espectador,* había publicado un artículo afirmando que la joven generación literaria era nula: «A mí me salió entonces un sentimiento de solidaridad para con mis compañeros de generación y resolví escribir un cuento, no más para taparle la boca a Eduardo Zalamea Borda que era mi gran amigo, o al menos que después llegó a ser mi gran amigo. Me senté, escribí el cuento, lo mandé a *El Espectador* y el segundo susto lo tuve el domingo siguiente cuando abrí el periódico y a toda página estaba mi cuento con una nota donde Eduardo Zalamea Borda reconocía que se había equivocado, porque evidentemente "con ese cuento surgía el genio de la literatura colombiana" o algo parecido. Esta vez sí que me enfermé y me dije: "¡En qué lío me he metido! ¿Y ahora qué hago para no hacer quedar mal a Eduardo Zalamea Borda?". Seguir escribiendo, era la respuesta».[25] El origen de su vocación, en realidad, no será tan leve ni risueño. Ese cuento («La tercera resignación») fue el primero de diez que aparecieron en *El Espectador* entre 1947 y 1952, ninguno de los cuales recogería en libro, y que constituyen la prehistoria de su mundo ficticio. En esa

---

[24] Daniel Samper, *op. cit.*
[25] En *Papeles,* Revista del Ateneo de Caracas, núm. 5, año 1, noviembre-diciembre de 1968.

época, García Márquez nunca vio a «Ulises», quien tampoco le contestaba las cartas; se limitaba a publicarle los cuentos y a enviarle 150 pesos por correo.

El 9 de abril de 1948 fue asesinado a tiros, en una calle céntrica de Bogotá, Jorge Eliécer Gaitán; ex alcalde de la ciudad, ministro de Educación en el gobierno liberal anterior y candidato a la presidencia de la República. Orador fogoso y carismático —había iniciado su vida de tribuno defendiendo a los huelguistas de las bananeras el año 28—, representaba el ala más dinámica del liberalismo, y había alcanzado una enorme popularidad, pero aun así, la explosión de violencia que su muerte provocó —«el bogotazo»— indica claramente que ese asesinato fue, más que la causa única, la chispa que hizo estallar a la luz del día las tensiones sociales y políticas que habían estado fermentando sordamente los años anteriores. Nunca se aclararon del todo las razones del asesinato de Gaitán; todavía hay quienes dudan que su asesino fuera Roa Sierra, un individuo de antecedentes turbios y, al parecer, enfermo mental, que fue linchado por la multitud. Hay quienes sostienen que el asesinato fue planeado por el sector más reaccionario del Partido Conservador, a quien atemorizaba el radicalismo creciente de Gaitán. En todo caso, las consecuencias inmediatas del asesinato fueron para Bogotá (donde se celebraba en esos días el Noveno Congreso Interamericano) tres días de horror: parte de la ciudad quedó arrasada por los incendios y se calcula que en esos tres días murieron de dos a tres mil personas. La consecuencia mediata fue el rebrote de la guerra civil entre los dos bandos tradicionales de la política colombiana, una guerra civil que fue abrazando a pocos a todo el país, extendiéndose de región a región, de pueblo a pueblo, de familia a familia, según un ritmo zigzagueante y demente, concentrándose a veces como un pequeño apocalipsis en un determinado lugar para luego desvanecerse y reapare-

EL BOGOTAZO Y LA VIOLENCIA

31

cer en otro con más ferocidad, hasta desangrar a medio país. Según los datos escalofriantes que ofrecen Monseñor Germán Guzmán, Orlando Fals Borda y Eduardo Umaña Luna[26] la violencia causó desde 1949 hasta 1962 entre doscientos y trescientos mil muertos y la destrucción casi integral del departamento de Tolima. Hecho determinante de la vida social y política colombiana desde 1948, la violencia deja asimismo una marca indeleble en todas las actividades privadas o institucionales del país. La literatura narrativa de los últimos veinte años está impregnada, desde luego, de este drama, del que da testimonio diverso pero constante, al extremo de ser designada como «la literatura de la violencia».[27]

CARTAGENA Y
BARRANQUILLA García Márquez no fue una excepción: al igual que en los otros escritores colombianos la violencia dejó una impronta en su obra. Pero en su caso ello ocurrió de una manera muy particular, como se verá más adelante. Durante «el bogotazo» ardió la pensión de la calle Florián y su amigo Plinio Apuleyo afirma que hubo que disuadirlo «para que no penetrara a través de las llamas en su pensión incendiada para rescatar los originales de un cuento».[28] Como la Universidad bogotana fue clausurada ese año a raíz de los sucesos, García Márquez partió a Cartagena, adonde se había trasladado su familia desde Sucre. Allí se matriculó en la Universidad para continuar los estudios de Derecho y, al mismo tiempo, se inició en un oficio con el que habría de ganarse la vida muchos años: el periodismo. Comenzó a trabajar en un diario recién fundado, *El Universal,* en el

---

[26] *La violencia en Colombia. Estudio de un proceso social,* Bogotá, Ediciones Tercer Mundo, tomo I (cito siempre la segunda edición), 1963 y tomo II (cito siempre la primera edición), 1964.

[27] Véase, al respecto, la opinión del propio GGM en «Dos o tres cosas sobre la novela de la violencia», en *Tabla Redonda,* Caracas, núms. 5-6, abril-mayo de 1960, pp. 19-20.

[28] Plinio Apuleyo Mendoza, «Biografía doméstica de una novela», en *El Tiempo,* Lecturas Dominicales, Bogotá, junio de 1963.

que haría de todo.[29] Permaneció dos años y medio en Cartagena, arrastrando los cursos de leyes, escribiendo en *El Universal* y enviando cuentos a *El Espectador*, hasta que en 1950 le ocurrieron dos cosas que cambiarían su vida. La primera consistió en un paseo a Barranquilla, en el curso del cual le presentaron, en el Café Happy, a tres muchachos que se hallaban sentados en una mesa con un viejo. Los muchachos eran Alfonso Fuenmayor, que escribía en *El Heraldo*, Álvaro Cepeda Samudio, que había publicado algunos cuentos, y Germán Vargas, periodista de *El Nacional*. El viejo era el catalán republicano Ramon Vinyes, ex librero, profesor en un colegio de señoritas y algo así como el patriarca del grupo. Los cuatro habían leído los cuentos de García Márquez y lo recibieron con afecto. Él quedó fascinado con ellos. La misma noche que se conocieron, Álvaro Cepeda llevó a García Márquez a su casa abarrotada de libros y se los mostró: ¡Te los presto todos! «Estaban al día en novela universal», dice García Márquez, y, Alfonso Fuenmayor sobre todo, «tenían una cultura literaria enorme». Se sintió de inmediato incorporado a ese círculo fraternal («los primeros y últimos amigos que tuvo en la vida», dice, homenajeándolos en *Cien años de soledad),* al punto que, poco después, decidió renunciar a *El Universal* y a los estudios de Derecho para irse a vivir a Barranquilla. La segunda cosa que le ocurrió fue acompañar a su madre a Aracataca, para vender la casa de don Nicolás: enfrentarse con su infancia hizo de él, definitivamente, un escritor.

En Barranquilla, Fuenmayor le consiguió trabajo en *El Heraldo,* donde inició una columna diaria, «La Jirafa», que

---

[29] Sobre los comienzos periodísticos de GGM en *El Universal* de Cartagena, véase la anecdótica crónica de Raúl Rodríguez Márquez, «Veinte años después», en *El Espectador,* magazine dominical, Bogotá, 1 de octubre de 1967. Rodríguez Márquez recuerda que GGM escribía «los comentarios de la página editorial» y que tenía una columna, «Punto y Aparte»; también, que leía con entusiasmo casi frenético a Faulkner y a Virginia Woolf.

consistía en notas impresionistas sobre sucesos y personajes locales, por cada una de las cuales le pagaban tres pesos. Estos flacos ingresos lo obligaban a llevar una vida estrecha y algo cómica: vivía en un cuartucho ínfimo, en un edificio de cuatro pisos llamado El Rascacielos, que era burdel además de conventillo, y sus vecinos eran prostitutas y chulos con los que llegó a entablar amistad. Se reunía a diario con sus nuevos amigos, en el Café Happy y en la librería Mundo, y leía vorazmente a los novelistas modernos. Hasta entonces había escrito unos relatos abstractos y artificiosos, pero luego del viaje a Aracataca con su madre su actitud literaria se transformó radicalmente. Fue allí, en Barranquilla, en su cueva del último piso de El Rascacielos, donde intentó por primera vez escribir una novela con todos los demonios de su infancia y de Aracataca. La novela, que se iba a llamar «La casa», se titularía finalmente *La hojarasca* cuando apareció, varios años después. Germán Vargas recuerda así las circunstancias en que fue escrita: «García Márquez trabajó duramente en "La casa" en sus primeros años de Barranquilla, hacia los comienzos de la década del 50. Vestido con un pantalón de dracón y una camiseta a rayas, de colorines, García Márquez, encaramado sobre una mesa de la redacción de *El Heraldo* sentado sobre su cama de madera en un cuartucho de El Rascacielos, un extraño burdel de cuatro pisos, sin ascensor. En el diario barranquillero escribía a diario una columna —"La Jirafa"— que le era pagada todas las tardes en forma tan exigua que apenas si le alcanzaba para medio comer y cancelar el cuarto de la pieza —y algo más— en El Rascacielos. En éste, el cuarto en que dormía quedaba en el último piso y era frecuente que se convirtiera en el sitio de tertulia de las prostitutas y de sus chulos, que se encantaban conversando y pidiendo consejos al juvenil inquilino que llegaba después de medianoche o en la madrugada y leía extraños libros de William Faulkner y de Virginia Woolf, y a quien iban a buscar, en carros oficiales de último modelo, amigos que a ellas les parecían demasiado distinguidos para el ambiente del burdel pobretón. Ellas nunca supieron quién era ni qué hacía el para ellas extraño compañero de alojamiento. Pero la verdad es que le tenían mucha simpatía y un cierto respeto y, a veces, lo convidaban a compartir la sencilla comida que ellas mismas preparaban y a que les hiciera oír canciones vallenatas tocadas por él en una dulzaina».[30] Al terminar esta novela, en 1951, García Márquez experimentó un sentimiento de frustración: no era lo que había querido escribir, la realización estaba por debajo del proyecto. Había planeado una ficción que contendría toda la historia de Macondo, y el texto ofrecía una breve imagen fragmentaria de ese mundo. Este mismo sentimiento de fracaso lo dominará al terminar todos sus libros siguientes, hasta *Cien años de soledad,* y es la razón del desgano con que tomó la publicación de esas ficciones. Todas se editaron bastante tiempo después de ser escritas. A los pocos meses de terminar *La hojarasca,* un agente de la editorial Losada envió el manuscrito a la Argentina, junto con *El Cristo de espaldas,* de Caballero Calderón. La editorial rechazó la novela de García Márquez con una carta del crítico Guillermo de Torre «en la que éste decía que yo no estaba dotado para escribir y que haría mejor en dedicarme a otra cosa».[31]

El fracaso emocional y editorial de su primer libro no lo afectó demasiado porque su vida en Barranquilla, aunque ajustada, era exaltante. Había ante todo esa honda fraternidad entre él y Germán Vargas, Álvaro Cepeda y Alfonso Fuenmayor. Este último, mayor que los otros, era el mentor intelectual del grupo, quien descubría a los autores extranjeros que leían con avidez: Faulkner, Hemingway, Virginia Woolf, Kafka, Joyce. Iban a menudo al Café Co-

[30] Germán Vargas, «Autor de una obra que hará ruido», en *Encuentro Liberal,* núm. 1, Bogotá, 29 de abril de 1967, pp. 21-22.
[31] L. A. (Leopoldo Azancot), «Gabriel García Márquez habla de política y de literatura», en *Índice,* núm. 237, año XXIV, Madrid, noviembre de 1968, p. 31.

lombia, a reunirse con Ramon Vinyes, anciano pintoresco y cultísimo, escritor también, y en esa tertulia, recuerda uno de ellos, se discutía «en voz alta sobre todos los temas imaginables, ante el escándalo que los vocablos usados y los asuntos tratados producían en los demás parroquianos».[32] Es en estos compañeros, en Plinio Apuleyo Mendoza y en el poeta Álvaro Mutis, a quien había conocido el año anterior en Cartagena, en quienes piensa García Márquez cada vez que declara a los periodistas que escribe sólo para «que mis amigos me quieran más».[33] Esta camaradería no se fundaba sólo en lecturas comunes y discusiones intelectuales. También había tiempo para diversiones más terrestres, como por ejemplo ir de cuando en cuando donde la Negra Eufemia, matrona legendaria del primer prostíbulo de Barranquilla, sobre la que circulaban toda clase de historias y quien contribuiría también, sin sospecharlo, a la edificación del mito de Macondo. De otro lado, García Márquez merodeaba discretamente por las vecindades de una farmacia local; la hija del boticario, Mercedes Barcha, a quien había visto niña, en Sucre, se había convertido en una guapa joven de rasgos exóticos (descendía de egipcios), y García Márquez hablaba de ella en clave con sus amigos: la llamaban «el cocodrilo sagrado».

PERIODISTA EN
EL ESPECTADOR

En 1954, Álvaro Mutis convenció a García Márquez que regresara a Bogotá. Le había conseguido trabajo en *El Espectador:* haría crítica de cine y notas editoriales. En realidad, lo que recordará con más entusiasmo de su carrera periodística son los reportajes: «Luego entré como reportero en *El Espectador.* Es lo único que querría volver a ser. Mi gran nostalgia es no ser reportero, y la única vez

---

[32] Germán Vargas, *op. cit.,* p. 22.
[33] Texto autobiográfico que precede al cuento «En este pueblo no hay ladrones», en la antología *Los diez mandamientos,* Buenos Aires, Editorial Jorge Álvarez, 1966.

en mi vida que me ha dolido no hallarme en Colombia fue cuando se produjo el envenenamiento colectivo en Chiquinquirá: yo hubiera ido gratis a cubrir esa información. Inventábamos cada noticia... Una vez recibimos un cable del corresponsal en Quibdó, Primo Guerrero se llamaba, por la época en que se había pensado repartir al Chocó entre los departamentos vecinos, en el que se hablaba de una manifestación cívica sin precedentes. Al otro día, y al siguiente, volvimos a recibir mensajes similares, y entonces resolví irme a Quibdó para ver cómo era una ciudad en pie. Hacía un sol de los infiernos cuando, tras miles de peripecias para viajar a un sitio adonde nadie viajaba, llegué a un pueblo desierto y amodorrado en cuyas calles polvorientas el calor retorcía las imágenes. Logré determinar el paradero de Primo Guerrero y, al llegar, lo encontré echado en la hamaca en plena siesta bajo el bochorno de las tres de la tarde.

»Era un negro grandísimo. Me explicó que no, que en Quibdó nada estaba pasando, pero que él había creído justo enviar los cables de protesta. Pero como yo me había gastado dos días en llegar hasta allí, y el fotógrafo no estaba decidido a regresar con el rollo virgen, resolvimos organizar, de mutuo acuerdo con Primo Guerrero, una manifestación portátil que se convocó con tambores y sirenas. A los dos días salió la información, y a los cuatro llegó un ejército de reporteros y fotógrafos de la capital en busca de los ríos de gente. Yo tuve que explicarles que en este mísero pueblo todos estaban durmiendo, pero les organizamos una nueva y enorme manifestación, y así fue como se salvó el Chocó.

»En otra ocasión en que el material para publicar era escasísimo, inventamos el descenso de un helicóptero al Salto del Tequendama. La proeza era una tontería; se trataba de un helicóptero que repetía por milésima vez una operación de descenso común y corriente, sólo que en esta oportunidad lo hacía en la cañada del Salto. Le dimos gran despliegue, metí un fotógrafo en la cabina, yo me quedé al pie de la carretera porque no pensaba bajar ni muerto y, al final, resultó ser la primera inspección en helicóptero a una cascada famosa. Después vinieron los reportajes al marino Velasco.»[34]

La cita muestra que el periodismo fue para García Márquez algo más que una actividad alimenticia, que lo ejerció con alegría e incluso pasión. Muestra también qué lo sedujo en el periodismo: no la página editorial sino la labor del reportero que se moviliza tras la noticia y, si no la encuentra, la inventa. Es el aspecto aventurero del periodismo lo que lo entusiasmó, pues cuadraba perfectamente con un rasgo de su personalidad: la fascinación por los hechos y personajes inusitados, la visión de la realidad como una suma de anécdotas. Esta inclinación psicológica encontró en el periodismo un medio propicio y estimulante y, simultáneamente, el periodismo la acentuó. El paralelismo con el caso de Hemingway es obligatorio. Los primeros tanteos literarios de éste desembocaron también en el periodismo, y esta profesión no sólo fue para él una fuente de experiencias —también en su caso era el aspecto aventurero del periodismo lo que más le importaba— sino que, técnicamente, contribuyó a la formación de su estilo literario. Esas célebres instrucciones que el *Kansas City Star* daba a sus redactores y que todos los biógrafos de Hemingway recuerdan («... use short sentences. Use short first paragraphs. Use Vigorous English, not forgetting to strive for smoothness. Be positive, not negative»),[35] podrían resumir también las virtudes de concisión y transparencia del estilo en que están escritos tres de los libros de García Márquez: *El coronel no tiene quien le escriba*, *Los funerales de la Mamá Grande* (con excepción del relato que da título al volumen) y *La mala hora*.

[34] Daniel Samper, *op. cit.*
[35] Carlos Baker, *Ernest Hemingway. A Life Story*, Londres, Collins, 1964, p. 57.

García Márquez escribió algunos reportajes que tuvieron una gran repercusión en Colombia; los más célebres fueron los que hizo al marinero Velasco.[36] En febrero de 1955, ocho marineros del destructor Caldas, de la marina de guerra de Colombia, cayeron al agua en el Caribe. Unos días más tarde, uno de los náufragos apareció medio muerto en una playa, después de haber permanecido diez días sin comer ni beber en una balsa a la deriva. Se llamaba Luis Alejandro Velasco, tenía veinte años, buena memoria y sentido del humor. García Márquez reconstruyó con él, en catorce artículos, los pormenores de lo sucedido. El resultado fue un ligero pero excelente relato de aventuras, fraguado con un dominio maestro de todos los secretos del género: objetividad, acción incesante, toques hábilmente alternados de dramatismo, suspenso y humor. Los episodios son monólogos en primera persona en los que Velasco va revelando, de manera minuciosa y con una calculada frialdad, todos los incidentes que vivió desde que el Caldas zarpó de Mobile, Alabama —donde había estado ocho meses en reparación y donde, claro, Velasco dejaba una novia llamada Mary— hasta que, unas semanas después, se vio convertido por obra de su buena estrella y de su coraje, en un héroe nacional. Lo más arduo era describir los diez días vacíos e idénticos que pasó Velasco a la deriva, sin incurrir en repeticiones o caer en la truculencia. La dificultad fue salvada con una intuición de narrador que sabe organizar inteligentemente sus materiales y dosifica con cuidado la acción a lo largo del relato. Cada uno de los días solitarios en alta mar se centra en torno a un suceso original: el primer día, el

---

[36] Publicados más tarde como libro, con el título *Relato de un náufrago que estuvo diez días a la deriva en una balsa sin comer ni beber, que fue proclamado héroe de la patria, besado por las reinas de la belleza y hecho rico por la publicidad, y luego aborrecido por el gobierno y olvidado para siempre*, Barcelona, Tusquets Editores, Cuadernos Marginales, 8, 1970, 88 pp. Lleva un prólogo de García Márquez explicando las circunstancias en que el reportaje fue escrito y las consecuencias que tuvo.

espanto cósmico del navegante al caer sobre él la noche antillana; el segundo, los aviones que lo sobrevuelan sin verlo y los tiburones que aparecen puntualmente a las cinco de la tarde; el tercero, la alucinación que trae a la balsa a un amigo de infancia; el cuarto, la caza de la gaviota; el quinto, el recurso desesperado de comerse pedazos de zapatos, de cinturón y de camisa, etc. Todo es verosímil y conmovedor, sin ser nunca patético ni demagógico, por la eficacia del lenguaje que, aunque esencialmente informativo, tiene una limpieza y una seguridad que delatan en su autor más aptitudes de narrador que de reportero. Estos artículos tuvieron consecuencias políticas inesperadas: de las confesiones de Velasco quedó en evidencia que el destructor Caldas llevaba una carga de contrabando en cubierta y que había sido ésta, al desprenderse de sus amarras, la que había provocado la tragedia, y no la tormenta como había dicho la versión oficial. La dictadura de Rojas Pinilla «acusó el golpe con una serie de represalias drásticas que habían de culminar, meses después, con la clausura del periódico».[37]

Aunque *El Espectador* absorbe buena parte de su tiempo, García Márquez sigue escribiendo cuentos, la mayoría de los cuales van al canasto, inconclusos. Sin embargo, a principios de 1955 uno de ellos gana un premio en un concurso convocado en Bogotá por la Asociación de Escritores y Artistas. Se trata de «Un día después del sábado», situado en Macondo, como su novela todavía inédita, y que integrará *Los funerales de la Mamá Grande.* Cuando estaba escribiendo *La hojarasca,* en Barranquilla, García Márquez comprendió que uno de los capítulos constituía un relato independiente y lo separó del libro. El cuento, «Isabel viendo llover en Macondo», fue publicado en 1955, en la revista *Mito,* que había fundado ese mismo año el

[37] *Ibid.,* p. 9.

poeta Jorge Gaitán Durán.[38] Lo que ocurrió con este cuento, se repetirá más tarde con *El coronel no tiene quien le escriba* que nació también como un desprendimiento de su segunda novela. Y, finalmente, casi al mismo tiempo apareció en letras de imprenta la novela que llevaba ya cuatro años inédita: «Cinco años después, cuando trabajaba en el periódico, llegó a mi oficina Samuel Lisman Baum, quien había editado un par de libros, y me dijo que si le podía dar los originales de una novela que, según le habían contado, yo tenía por ahí. Abrí la gaveta del escritorio y le di el joto como estaba. A las pocas semanas me llamaron de la Editorial Zipa y me dijeron que estaba listo el libro, pero que el editor se había perdido y yo tenía que pagarlo. De manera que me tocó ir con varios libreros a la Editorial Zipa, convencerlos de que compraran cinco o diez ejemplares cada uno, y así fui pagando la deuda».[39] El libro tuvo escasa circulación y muy pocas críticas.

García Márquez trabajó como periodista los años que los sociólogos designan como los de «la primera ola de violencia» en Colombia. Casi en todo el país, pero sobre todo en los departamentos del interior, los crímenes, emboscadas, actos represivos y acciones guerrilleras dejan cada día un saldo creciente de víctimas y de daños materiales. En tanto que en Bogotá prosigue la vida de costumbre, el interior ofrece un paisaje de pueblos diezmados, de cosechas destruidas, de familias enteras sacrificadas, a veces con indecible sadismo, por el odio político.[40] Años más tarde, Camilo Torres explicó así ese período atroz: «El pueblo no entendía la política de los ricos, pero toda la rabia que sentía por no poder comer ni

---

[38] *Mito,* revista bimestral de cultura, Bogotá, año 1, núm. 4, octubre-noviembre de 1955, pp. 221-225.

[39] Daniel Samper, *op. cit. La hojarasca (novela).* Bogotá, Ediciones-S. L. B., 1955, 137 pp.

[40] Véase Mons. Germán Guzmán, Orlando Fals Borda y Eduardo Umaña Luna, *op. cit.,* tomo I, pp. 38-115.

poder estudiar, por sentirse enfermo, sin casa, sin tierra y sin trabajo, todo ese rencor lo descargaban los liberales pobres contra los conservadores pobres y los conservadores pobres contra los liberales pobres. Los oligarcas, los culpables de la mala situación de los pobres, miraban felices los toros desde la barrera, ganando dinero y dirigiendo el país».[41] Estas experiencias van a reflejarse, de manera indirecta pero fuerte, en los libros siguientes de García Márquez, cuyas historias sucederán en un pueblo sometido al estado de sitio, en el que la represión ha causado o causará muchas víctimas, en el que hay una acción política clandestina y en cuyas afueras operan invisibles guerrillas. Cuando estudiaba en el liceo nacional, en Zipaquirá, donde había algunos profesores marxistas, García Márquez había recibido un vago, esporádico adoctrinamiento político. En 1955, luego de publicada *La hojarasca*, el Partido Comunista, que se hallaba en la ilegalidad, hizo contacto con él y García Márquez entró a una célula. El partido le suministraba datos obtenidos a través de su organización clandestina que él utilizaba en su trabajo periodístico. Su breve militancia consistió casi exclusivamente en discusiones políticas e intelectuales. Sus compañeros consideraban que el estilo artístico en que estaba escrita *La hojarasca* no era el adecuado para describir los problemas más urgentes de la realidad colombiana. Aunque sin caer nunca en las toscas concepciones del realismo-socialista, García Márquez, sin embargo, llegaría a una conclusión parecida sobre su lenguaje narrativo, algunos meses después, al iniciar su segunda novela.

EUROPA Y EL
CUENTO DE LOS
PASQUINES
    Ese mismo año de 1955, en julio, salió por primera vez de su país. Los artículos sobre el marinero Velasco y el escándalo del contrabando le habían creado un clima hos-

---

[41] En su *Mensaje a la oligarquía*, reproducido por Carlos H. Pareja, *op. cit.*, p. 247.

til en el mundo oficial y *El Espectador* decidió enviarlo a Ginebra, a cubrir la Conferencia de los Cuatro Grandes. El viaje iba a ser, en principio, muy corto, y así se lo dijo García Márquez a Mercedes, su novia de Barranquilla. Pero las cosas ocurrirían de otro modo y sólo regresaría a Colombia cuatro años más tarde. Estuvo una semana en Suiza y al terminar la Conferencia el diario le cablegrafió: «Vete a Roma por si el Papa se muere de hipo». Pero, a poco de llegar García Márquez a Italia, Pío XII se había restablecido y *El Espectador* aceptó entonces que permaneciera en Europa como corresponsal. Su trabajo era envidiable: buen salario (300 dólares mensuales) y mucho tiempo libre. Una vieja afición lo llevó a matricularse en el Centro Sperimentale di Cinematografia, donde siguió cursos de dirección durante algunos meses. Allí conoció a otro de sus amigos íntimos: el cineasta Guillermo Angulo. A fin de año, decidió mudarse a París. A los pocos días de haber llegado a Francia, se enteró de que la dictadura de Rojas Pinilla había clausurado *El Espectador* y de que estaba sin trabajo. El diario le envió dinero para su pasaje de vuelta, pero él, que en esos días se había puesto a escribir, decidió permanecer en Francia. Vivía en el Barrio Latino, en la rue Cujas, en el último piso del averiado Hotel de Flandre, y, por primera vez libre de todo trabajo alimenticio gracias al dinero del pasaje, escribía a diario, con verdadera furia, desde que oscurecía hasta el amanecer. Su amigo Plinio Apuleyo se encontraba esos días en París y ha contado, en un artículo risueño, cómo se gestó *El coronel no tiene quien le escriba.*[42]

Días antes de la Navidad de 1955, García Márquez, recién llegado a París, contó a Plinio, mientras tomaban una cerveza en La Chope Parisiènne de la rue des Écoles, que había decidido escribir el cuento de los pasquines, un

---

[42] Plinio Apuleyo Mendoza, *op. cit.*

relato sobre un episodio sucedido en Sucre, el remoto pueblecito fluvial del departamento de Bolívar donde había pasado temporadas de niño. El episodio, mencionado con cierta exageración en *La mala hora*,[43] era el siguiente: un día habían comenzado a aparecer pasquines anónimos en las paredes del lugar, y estas delaciones o calumnias sin firma habían provocado toda clase de conflictos y dramas, incluso hechos de sangre, al extremo que muchos vecinos se marcharon del pueblo (entre ellos, la familia de Mercedes). La primera noche de trabajo en el Hotel de Flandre, escribió diez cuartillas; comprendió entonces que la historia jamás cabría en un cuento y decidió hacer una novela. Los primeros meses de 1956 trabajó sistemáticamente en el manuscrito de esa ficción, que sería *La mala hora*. Escribía siempre de noche, en su vieja máquina portátil de corresponsal, cuyas teclas se fueron deteriorando. Un día la máquina se plantó del todo y el mecánico que la compuso exclamó apenado, al verla: «Elle est fatiguée, monsieur!».

La historia de los pasquines seguía creciendo, ramificándose en historias que muchas veces se apartaban del asunto central. Uno de los personajes, sobre todo, concebido originariamente como una figura menor, comenzó a cobrar una personalidad vigorosa y su situación a perfilarse como un episodio autónomo: un viejo coronel, veterano de la guerra civil, que espera eternamente una jubilación, que soporta la miseria con dignidad y que ha heredado un gallo de lidia de su hijo asesinado. «La historia del coronel y su gallo se me sale de la novela», le confesó García Márquez a Plinio. El origen de esta historia era una imagen: en Barranquilla, García Márquez había visto algunas veces, frente al mercado de pescados, a un hombre apoyado en

---

[43] *La mala hora*, Buenos Aires, Editorial Sudamericana, tercera edición en la colección Índice, 1969, p. 33 (cito siempre de esta edición).

una baranda, en actitud de espera.[44] Esta figura enigmática le sugirió un personaje: un anciano que espera algo, inacabablemente. Luego, de una manera natural, esa imagen vino a calzar en un viejo recuerdo de infancia: la figura del abuelo. El anciano que espera sería un coronel, sobreviviente de la guerra civil, que aguarda su reconocimiento de servicios. El motivo del gallo de lidia está también íntimamente ligado a su tierra natal: en la costa atlántica de Colombia, como en toda la región del Caribe, las peleas de gallos son un deporte popular. La primera ola de violencia en Colombia, luego del bogotazo, le suministraría el clima de represión y de sordos odios políticos donde estaría situada la historia del gallo y del coronel. Una fuente más se sumaría a las anteriores: las hambrunas que el propio García Márquez había comenzado a pasar en París, agotado ya el dinero del pasaje. Cada día bajaba a esperar el correo, con la esperanza de recibir una buena noticia: el viejo coronel del relato visitaría con la misma puntualidad y angustia la oficina de correos. Cada vez más absorbido por el personaje del coronel y su gallo, García Márquez decidió separar esta historia de la novela de los pasquines y, a mediados de 1956, anudó el manuscrito de la novela con una corbata de colores y lo guardó en una maleta, para concentrarse en el relato. Trabajando con el mismo ímpetu, hizo y rehízo once borradores de *El coronel no tiene quien le escriba,* hasta dejarlo definitivamente concluido en enero de 1957. Había escrito una pequeña obra maestra pero no sólo no lo sabía, sino que experimentaba la misma sensación de fracaso que al terminar *La hojarasca.* Guardó el manuscrito del relato y retornó a la novela de los pasquines.

Las dificultades materiales eran cada día peores y, desde entonces hasta su regreso a América Latina, llevaría

---

[44] Véase Armando Durán, «Conversaciones con Gabriel García Márquez», en *Revista Nacional de Cultura,* Instituto Nacional de Cultura y Bellas Artes, Caracas, año XXIX, núm. 185, julio-agosto-septiembre de 1968, p. 32.

la vida difícil, aventurera y pintoresca de muchos sudamericanos varados en París. En un reportaje concedido en Francia, en 1968, García Márquez evocó así sus años de miseria parisina: «No podía trabajar porque necesitaba una carta de trabajo, no conocía a nadie que me pudiera dar trabajo, no hablaba francés. A veces conseguía botellas vacías y las cambiaba, a veces hacía el *ramassage de journaux* y con esto defendía mi vida. Estuve tres años viviendo de milagros cotidianos. Esto me produjo unas amarguras tremendas. Yo estaba en un grupo de latinoamericanos en la misma situación. Habíamos descubierto que si uno compraba un bistec el carnicero regalaba un hueso y se hacía un caldo. A veces uno pedía prestado el hueso para hacer su caldo y lo devolvía. A mí me parecía que los carniceros, los panaderos, los camareros eran muy groseros. Ahora los encuentro muy amables. Pienso que entonces compraba un bistek para pedir el hueso y ahora compro un kilo de carne. No puedo saber si la diferencia reside en eso o si los franceses realmente han cambiado. En aquella época yo vivía en un hotel de la rue Cujas que se llamaba Hotel de Flandre. Los administradores se llamaban M. y Mme. Lacroix. Cuando me quedé sin un centavo, les hablé y les dije que no podía pagarles y me dejaron irme a la buhardilla. Pensaba que esa situación iba a durar uno o dos meses, pero me quedé un año y no tuve nunca con qué pagarles. Al año les pagué 120.000 francos antiguos que para nosotros era una suma enorme. Ahora, lo primero que hice al llegar a París fue preguntar por los señores Lacroix en el Hotel de Flandre. Me dijeron que no sabían dónde se habían ido. La semana pasada pasó por aquí Mario Vargas que se hospedó en el Hotel Wetter y cuando entré en ese hotel me encontré con que los administradores eran los mismos señores Lacroix. Y lo formidable es que Mario se encontró en una situación idéntica en 1960 y le dijeron lo mismo, que subiera a la buhardilla, y él también se quedó mucho tiempo sin poder pagar. Gracias a eso yo escribí *El coronel no tiene quien le escriba* y Mario escribió *La ciudad y los perros*. París no ha cambiado, soy yo quien ha cambiado. En caso que yo quisiera buscar trabajo lo podría conseguir. Pero si no hubiese vivido estos tres años probablemente no sería escritor. Aquí aprendí que nadie se muere de hambre y que uno es capaz de dormir bajo los puentes».[45] Recuerdo muy bien la cara de García Márquez, entre deslumbrada y asustada, al entrar al Hotel Wetter y reconocer a la generosa Mme. Lacroix. Ella también se acordaba de él: «¡Ah, monsieur Marquez, le journaliste du septième étage!».

A fines de 1956, poco después de haber terminado *El coronel no tiene quien le escriba*, García Márquez dejó el Hotel de Flandre y se trasladó a una *chambre de bonne* de la rue d'Assas. La razón era una muchacha española que vivía allí, con quien García Márquez tendría un breve, tempestuoso idilio que luego se disolvería en una profunda amistad, que dura hasta hoy. En la rue d'Assas siguió trabajando en la novela de los pasquines hasta mediados de 1957, época en que volvió a París Plinio Apuleyo Mendoza y ambos amigos decidieron viajar a los países socialistas.

Hicieron un viaje a Alemania Occidental, y luego, con algunos tropiezos, consiguieron pasar a Alemania Oriental, donde permanecieron dos semanas recorriendo Berlín, Leipzig, Weimar. Regresaron a París y allí, al poco tiempo, se presentó la ocasión de hacer un nuevo viaje al Este. Acababa de llegar a Francia el conjunto colombiano Delia Zapata, de música folklórica, dirigido por el médico y novelista Manuel Zapata Olivella, que había sido invitado al Festival de la Juventud que iba a celebrarse en Moscú en agosto de 1957. Plinio y García Márquez ob-

REPORTAJE SOBRE EL SOCIALISMO

[45] Jean Michel Fossey, «Entrevista con Gabriel García Márquez», en *Imagen*, núm. 40, Caracas, 1969, p. 8.

tuvieron la visa soviética como miembros de esa agrupación musical. Viajaron a Praga en un tren atestado —hicieron todo el viaje de pie, en la puerta del excusado de un vagón— y luego de pasar unos días en la capital checa continuaron a Moscú, también por tren. Estuvieron dieciocho días en Moscú y en Stalingrado, y luego García Márquez regresó a París con una escala en Budapest (menos de un año después de la intervención soviética). Su viaje por el mundo socialista está documentado en diez extensos artículos que se publicaron en la revista *Elite* de Venezuela y en la revista *Cromos* de Bogota.[46] Este reportaje, que apareció con el título de «90 días en la Cortina de Hierro», da una idea clara de la clase de periodista que fue: informado, ingenioso, con un estilo desenvuelto y un sentido extraordinario del arte de contar. El reportaje no es primordialmente político sino informativo y García Márquez guarda una cierta distancia sobre aquello que ve y oye para dar una impresión de objetividad, pero a menudo se le escapan reacciones políticas ante lo que descubre en los países socialistas. Estas reacciones varían de país a país. Las peores son ante Alemania Oriental donde comprueba que la gente come bien y barato pero donde todo le parece feo, uniforme, gris: «Aquella gente estaba desayunando con las cosas que constituyen un almuerzo normal en el resto de Europa, y compradas a un precio más

---

[46] Ésta es la lista de artículos, tal como apareció en *Cromos* de Bogotá, entre julio y octubre de 1959: 1) «La Cortina de Hierro es un palo pintado de rojo y blanco» (núm, 2198, julio, 27/1959); 2) «Berlín es un disparate» (núm. 2199, agosto, 3/1959); 3) «Los expropiados se reúnen para contarse sus penas...» (núm. 2200, agosto, 10/1959); 4) «Para una checa las medias de nailon son una joya» (núm. 2201, agosto, 17/1959); 5) «La gente reacciona en Praga como en cualquier país capitalista» (núm. 2202, agosto, 24/1959); 6) «Con los ojos abiertos sobre Polonia en ebullición» (núm, 2203, agosto, 31/1959); 7) «URSS: 22.400.000 kilómetros cuadrados sin un solo aviso de Coca-Cola» (núm. 2204, octubre, 7/2959); 8) «Moscú, la aldea más grande del mundo» (núm. 2205, octubre 14/1959); 9) «En el mausoleo de la Plaza Roja Stalin duerme sin remordimientos» (núm, 2206, octubre, 21/1959); 10) «El hombre soviético empieza a cansarse de los contrastes» (núm. 2207, octubre, 28/1959). Todos los artículos se publicaron con el título común de «90 días en la Cortina de Hierro».

bajo. Pero era gente estragada, amargada, que consumía sin ningún entusiasmo una espléndida ración material de carne y huevos fritos» (Art. 1). Lo deprime la tristeza de la gente y también el mal gusto arquitectónico y urbanístico (es el apogeo del realismo socialista) que ve, sobre todo, en «el colosal mamarracho de la avenida Stalin» de Berlín (Art. 2). El balance de su paso por la República Democrática Alemana no puede ser peor: «Para nosotros era incomprensible que el pueblo de Alemania Oriental se hubiera tomado el poder, los medios de producción, el comercio, la banca, las comunicaciones, y sin embargo fuera un pueblo triste, el pueblo más triste que yo había visto jamás» (Art. 2).

La impresión del socialismo cambia considerablemente al llegar a Checoeslovaquia; ve a la gente satisfecha con el régimen y cree respirar un ambiente más abierto: «Yo no encontré ningún checo que no estuviera más o menos contento con su suerte. Los estudiantes manifiestan apenas su inconformidad con el innecesario control de la literatura y la prensa extranjera, y las dificultades para viajar al exterior» (Art. 4); «Es el único país socialista donde la gente no parece sufrir de tensión nerviosa y donde uno no tiene la impresión —falsa o cierta— de estar controlado por la policía secreta» (Art. 5). Todo el reportaje contiene este tipo de opiniones contradictorias, de adhesión y de crítica, que muestran no sólo la independencia ideológica y la sinceridad del testimonio del cronista, sino, sobre todo, la impresión ambigua, contrastada, que hizo en él este contacto con el socialismo. En el reportaje se filtran de pronto algunos comentarios que delatan una irreprimible nostalgia de la costa atlántica.

Al entrar a Checoeslovaquia, por ejemplo, anota: «Mi deformación de encontrar parecidos entre las cosas europeas y mis pueblos de Colombia, me hizo pensar que aquella estación ardiente, desierta, con un hombre dormido frente a un carrito de refrescos con frascos de colores, era igual a las polvorientas estaciones de la zona bananera de Santa Marta. La impresión fue reforzada por los discos: los boleros de los Panchos, mambos y corridos mexicanos. El bolero "Perfidia" fue repetido varias veces. Pocos minutos después de la llegada transmitieron "Miguel Canales", de Rafael Escalona, en una interpretación notable, que yo no conocía» (Art. 4).

Además de un informe sobre aspectos políticos y sociales, el reportaje es una crónica de sucesos pintorescos, un documento turístico en el mejor sentido de la palabra. En Praga, una pequeña calle le inspira un excelente párrafo evocativo y, quién sabe, tal vez el primer estímulo para dotar, años más tarde, al Macondo de *Cien años de soledad,* de toda una dimensión alquimista: «Hay una callecita —la calle de los Alquimistas— que es uno de los pocos museos hechos con sentido común. Lo hizo el tiempo. En el siglo XVII había allí unas tiendecitas donde se vendían inventos maravillosos. Los alquimistas se quemaban las pestañas en la trastienda buscando la piedra filosofal y el elixir de la vida eterna. La ingenua clientela que esperó el milagro con la boca abierta —que sin duda ahorró dinero para comprar el elixir de la vida eterna cuando lo pusieran en la vitrina— se murió esperando con la boca abierta. Después se murieron también los alquimistas y con ellos sus fórmulas magistrales que no eran otra cosa que la poesía de la ciencia. Ahora las tiendecitas están cerradas. Nadie ha tratado de falsificarlas para impresionar a los turistas. En lugar de dejar que se llenen de murciélagos y telarañas para que se les vea la edad, las casitas son pintadas todos los años con amarillos y azules rudimentarios, infantiles, y siguen pareciendo nuevas, sólo que no con una novedad de ahora sino del siglo XVII. No hay placas ni referencias eruditas. Uno pregunta a los checos: "¿Qué es esto?". Y los checos responden con una naturalidad tan humana que lo hacen sentirse a uno en el siglo XVII: "Ésa es la calle de los Alquimistas"» (Art. 5). El observador se confunde por momentos con el soñador y entonces brotan en los artículos destellos real-imaginarios, como cuando, al entrar a Varsovia, García Márquez intuye un diluvio bíblico semejante al que anegará Macondo: «Todo estaba perfectamente seco pero —no sé por qué— me pareció que en Varsovia había estado lloviendo sin tregua durante muchos años» (Art. 5). Estos movimientos de pura fantasía son a veces gratuitos, a veces matizan un asunto demasiado denso, y a veces sirven admirablemente al periodista para mostrar lo que quiere de una manera plástica. Es el caso de esta anécdota (sin duda inventada) sobre la generosidad del pueblo soviético: «Yo conocí un delegado alemán que en una estación de Ucrania hizo el elogio de una bicicleta rusa. Las bicicletas son muy escasas y costosas en la Unión Soviética. La propietaria de la bicicleta elogiada —una muchacha— le dijo al alemán que se la regalaba. Él se opuso. Cuando el tren arrancó, la muchacha ayudada por la multitud tiró la bicicleta dentro del vagón e involuntariamente le rompió la cabeza al delegado. En Moscú había un espectáculo que se volvió familiar en el festival: un alemán con la cabeza vendada paseando en bicicleta por la ciudad» (Art. 7). Del mismo modo, en vez de escribir un largo texto explicando las desesperantes disposiciones burocráticas sobre el cambio de moneda y el cruce de fronteras entre países socialistas, improvisa una anécdota: como ha conservado 200 zlotis al terminar su viaje a Polonia y no puede sacar dinero nacional del país, debe gastárselos en la misma frontera, comprando 200 cajetillas de cigarrillos, de las cuales tiene que vender 20 al propio guarda fronterizo polaco para pagar los derechos de exportación de Polonia. Minutos después las 180 cajetillas sobrantes son decomisadas en Checoeslovaquia porque no tiene con qué pagar los derechos de importación checos (Art. 6).

García Márquez llega a Polonia durante el deshielo, en pleno período de afianzamiento de Gomulka en el poder. Lo impresionan la extremada pobreza de la gente, la dignidad con que los polacos sobrellevan las penurias, y le parece registrar una liberalización del régimen muy marcada: «Desde cuando Gomulka llegó a su puesto y el país empezó a disfrutar de la libertad de expresión...», «... es asombrosa la libertad con que los polacos se pronuncian contra el gobierno...» (Art. 6). La URSS lo anonada por su inmensidad, por su infinita variedad de pueblos, lenguas, tipos humanos. y paisajes, y también por «los dramáticos contrastes de un país donde los trabajadores viven amontonados en un cuarto y sólo tienen derecho a comprar dos vestidos al año, mientras engordan con la satisfacción de saber que un proyectil soviético ha llegado a la luna» (Art. 10). Éste es uno de los rasgos soviéticos que más destaca, con ejemplos y anécdotas: el desconcertante desnivel entre el adelanto técnico y científico y el retraso en todo lo relativo a la vida doméstica y cotidiana. Aunque el tono de objetividad se mantiene y García Márquez procura no opinar directamente, en los artículos sobre la URSS se transparenta una cierta desilusión política cuando aluden al aislamiento en que se halla el país del resto del mundo, a los extremos ridículos a que puede llevar la desinformación a la gente (para ello, otra anécdota: los aparatos de radio moscovitas tienen un solo botón: el de Radio Moscú), al dirigismo estético y «al ambiente de mojigatería aldeana» que se respira en la ciudad (Art. 9). Pero lo que más fuertemente lo impresiona es Stalin, la sombra del dictador que, pese a que la campaña contra el culto de la personalidad se halla en su clímax, divisa por todas partes, y a quien dedica un artículo entero (el 9). Una especie de fascinación se percibe en ese texto sobre el indecible poder que llegó a concentrar Stalin en sus manos y sobre el fervor que su recuerdo despierta todavía en la gente. Va a ver su cadáver —estaba aún en el Mausoleo de la Plaza Roja, junto al de Lenin— y tiene unas frases en las que asocia la época de Stalin a sus lecturas de Kafka: «Los libros de Franz Kafka no se encuentran en la Unión

Soviética. Se dice que es el apóstol de una metafísica perniciosa. Es posible sin embargo que hubiera sido el mejor biógrafo de Stalin...»; «La tarde en que me explicaron en Moscú en qué consistía el sistema de Stalin no encontré un detalle que no tuviera un antecedente en la obra de Kafka» (Art. 9). No es imposible que fuera allí, en el marmóreo sótano de la Plaza Roja, contemplando en su urna de vidrio los restos del bigotudo dictador de manos femeninas, que brotara en el espíritu de García Márquez ese demonio que lo llevaría años más tarde a querer escribir una novela sobre un dictador.

En octubre de 1957 García Márquez viajó a Londres, con la idea de aprender inglés. Sólo estuvo un par de meses en Inglaterra, que pasó prácticamente encerrado en su cuarto de hotel, en South Kensington, muerto de frío, escribiendo algunos cuentos que habían ido surgiendo, también, como retoños de la novela de los pasquines. A mediados de diciembre, Plinio Apuleyo Mendoza le anunció desde Venezuela que la revista *Momento,* cuya dirección había asumido, lo contrataba como redactor y que le pagaría el viaje a Caracas. Anudó con la corbata de colores los nuevos manuscritos, e hizo sus maletas.

Llegó a Caracas la víspera de la Navidad y se instaló en una pensión de San Bernardino. Su recuerdo de Venezuela es grato, aunque movido: «Siento un afecto especial por los amigos de allá... a pesar de que Caracas me parece una ciudad apocalíptica, irreal, inhumana, que la primera vez, en 1958, me recibió con un bombardeo aéreo, y la segunda vez, el año pasado, me recibió con un terremoto».[47] Efectivamente, había llegado a tiempo para ser testigo de la agonía de la dictadura de Pérez Jiménez. Llevaba apenas una semana en *Momento* cuando, una mañana, en el departa-

CARACAS: BOMBAS Y RELATOS

---

[47] Armando Durán, *op. cit.,* p. 24.

mento de Plinio, mientras se aprestaban para ir a la playa, escucharon un ruido infernal: tableteo de ametralladoras, cañoñazos, vuelo rasante de aviones a reacción. Se había levantado la guarnición de Maracay, estaba ocurriendo la tentativa de asalto a Palacio del 1 de enero. Desde esa fecha hasta el 21 del mismo mes, día de la caída de Pérez Jiménez, Caracas vivirá sacudida por los atentados, las manifestaciones, la represión ciega de la policía y los rumores más fantásticos. Los amigos de García Márquez recuerdan haberle oído mencionar por primera vez, en esos días de alta tensión, el proyecto de escribir alguna vez una novela sobre una dictadura. Él dice que la idea brotó un día en que esperaba con otros periodistas, en el Palacio de Miraflores, el final de una reunión sobre el sucesor de Pérez Jiménez, y en que vieron salir de la reunión, bruscamente, a un oficial con una ametralladora bajo el brazo y con las botas embarradas, que atravesó la antesala como huyendo. Su trabajo lo obligó a seguir muy de cerca todos los acontecimientos políticos sucesivos: el regreso de los exiliados, la explosión de cólera popular contra los torturadores de la dictadura, las conferencias de prensa de los dirigentes de los partidos que emergían de la ilegalidad. Pero su vocación por lo anecdótico tampoco lo abandonó en esos momentos: uno de sus reportajes en *Momento* es al mayordomo de Palacio, que había servido a varios presidentes y dictadores.

En marzo de 1958, hizo un viaje relámpago a Barranquilla para casarse con Mercedes, que lo esperaba con paciencia ursulina desde hacía casi tres años. Al pasar por Bogotá entregó a Germán Vargas el manuscrito de *El coronel no tiene quien le escriba,* y éste se lo pasó a Jorge Gaitán Durán, quien lo publicó en *Mito* un tiempo después.[48]

García Márquez trabajó cerca de medio año en *Momento,* que, en esa época, se convirtió en la publicación más

---

[48] *Mito,* revista bimestral de cultura, Bogotá, año IV, núm. 19, mayo-junio de 1958, pp. 1-38.

popular de Caracas. 1958 fue un año excepcional para Venezuela desde el punto de vista periodístico, un año pletórico de exaltación popular luego de la caída de la dictadura, y también lleno de zozobra política, pues en ese solo año fueron debeladas tres tentativas de golpe de Estado. El trabajo en la revista absorbía buena parte del tiempo de García Márquez, que debía dedicar todos los días a reportajes, crónicas y artículos. Tuvo esporádicos contactos con los jóvenes poetas y pintores del grupo Sardio (entre quienes estaba Salvador Garmendia), pero, en general, sus amistades en ese tiempo pertenecían al mundo periodístico.

A pesar de la intensa actividad alimenticia, no abandonó la literatura. Trabajando sólo los domingos, escribió en Venezuela casi todos los cuentos que compondrían *Los funerales de la Mamá Grande,* algunos de los cuales había empezado en Londres. El primero fue «La siesta del martes», que presentó al concurso anual de cuentos de *El Nacional* de Caracas, sin obtener siquiera una mención. Luego vinieron «Un día de éstos», «En este pueblo no hay ladrones», «La prodigiosa tarde de Baltazar», «La viuda de Montiel» y «Rosas artificiales». «Los funerales de la Mamá Grande» lo escribió a fines de 1959, cuando vivía en Bogotá. Según su costumbre, no se ocupó de la publicación de estos relatos; todos fueron enviados a hacer compañía a la novela de los pasquines, al fondo de una maleta.

A mediados de 1958, García Márquez dejó de trabajar en *Momento.* A raíz de la visita que hizo el entonces vicepresidente de Estados Unidos, Richard Nixon, a Caracas y de los disturbios que provocó —su automóvil fue apedreado y él abucheado y casi agredido por los manifestantes—, el propietario de la revista, Ramírez MacGregor, escribió una nota de excusas que debía aparecer como editorial de *Momento.* Plinio y García Márquez decidieron publicar la nota con la firma del autor, en señal de discrepancia, lo que originó un escándalo. El resul-

LA REVOLUCIÓN CUBANA: PERIODISMO Y POLÍTICA

55

tado fue la renuncia de ambos y de varios redactores. García Márquez pasó a trabajar en una revista de la cadena Capriles, *Venezuela Gráfica,* publicación escandalosa y chismográfica a la que la gente había rebautizado con el nombre de «Venezuela Pornográfica». También colaboraba, esporádicamente, en la revista *Elite.*

El carácter amarillento de la nueva revista no debió preocupar demasiado a García Márquez, para quien el periodismo había sido hasta entonces, de un lado, una actividad alimenticia, y, de otro, una especie de deporte, una manera de estar en contacto con los hechos más novedosos y divertidos de la vida. Pero a fines de 1958 algo sucedió en América Latina que cambiaría totalmente esa actitud funcional y un tanto aséptica de García Márquez hacia el periodismo: la revolución cubana. En los últimos días de diciembre, la dictadura de Fulgencio Batista acabó de derrumbarse y Fidel Castro y sus barbudos entraron a las ciudades liberadas de la isla. El triunfo de los guerrilleros cubanos abría una nueva etapa en la historia de América Latina; la victoria de Fidel provocó de inmediato un gran movimiento de solidaridad en todo el continente, y, sobre todo, en los medios estudiantiles e intelectuales. Fue el caso de García Márquez: como a muchos escritores latinoamericanos de su generación, la revolución cubana hizo de él, por lo menos durante un tiempo, un hombre activamente comprometido en una acción política de izquierda.

En enero de 1959, para contrarrestar la campaña periodística hostil que había surgido en Estados Unidos y América Latina con motivo de los fusilamientos de Cuba, Fidel Castro organiza «La operación verdad», e invita a periodistas y observadores de todo el mundo a asistir al juicio de Sosa Blanco. García Márquez está entre los periodistas que llegan a La Habana y asiste a las audiencias del juicio, sentado a muy poca distancia del acusado. Cuando éste es condenado a muerte, García Márquez firma con otros periodistas una petición pidiendo la revisión del proceso. En los cuatro días que permanece en La Habana sus amigos lo oyen hablar, nuevamente, de su proyecto de escribir alguna vez una novela sobre un dictador: los horrores de la dictadura de Batista, documentados durante las audiencias del juicio a Sosa Blanco, han reavivado ese proyecto concebido en los días finales del régimen de Pérez Jiménez. Aunque los fusilamientos de criminales de guerra en Cuba le han causado una impresión dolorosa, García Márquez regresa a Caracas firmemente solidario de la revolución y entusiasmado con el clima heroico y mesiánico que se vive en Cuba. Más aún: regresa decidido a concretar de alguna manera práctica esta adhesión.

La oportunidad se presenta pronto. La revolución cubana acaba de fundar una agencia, Prensa Latina, en vista de las constantes deformaciones que las agencias internacionales cometen al propagar las noticias de la revolución. Al frente de la agencia está Jorge Ricardo Massetti, periodista argentino, viejo amigo del Che Guevara. Massetti propone a Plinio Apuleyo Mendoza y a García Márquez que abran la oficina de Prensa Latina en Colombia y ellos aceptan. En febrero de 1959 García Márquez retorna a Bogotá y de inmediato inicia sus actividades de periodista político. La tarea no es fácil y requiere una paciencia sin límites y habilidades diplomáticas. El objetivo es doble: enviar a La Habana crónicas veraces sobre la situación colombiana, y conseguir que los servicios informativos de Prensa Latina sean publicados por la prensa de Colombia, la mayoría de cuyos órganos ve cada día con más alarma la radicalización de Cuba. Trabajando con convicción, esforzándose porque los servicios de Prensa Latina sean ágiles y objetivos dentro de su línea comprometida y venciendo a veces mediante la amistad y los contactos personales las prevenciones de directores de diarios, radios y revistas, Plinio y García Márquez consiguen durante buena parte de

1959 que las noticias de Prensa Latina se abran paso en la prensa y se difundan en la radio, contrapesando así en parte las informaciones hostiles a Cuba de las agencias norteamericanas.

A mediados de año apareció en *El Tiempo*, con una ilustración de Botero, «La siesta del martes». Ese mismo año se publicó, en un festival del libro, la segunda edición de *La hojarasca* con un breve episodio suprimido y algunas otras modificaciones.[49] El 24 de agosto nació en Bogotá el primer hijo de los García Márquez, quien fue bautizado por Camilo Torres con el nombre de Rodrigo.

Tampoco el periodismo político, más absorbente que el que había practicado antes, lo apartó de su vocación. Al poco tiempo de instalarse en Bogotá escribió «Los funerales de la Mamá Grande» y luego rescató el manuscrito de los pasquines, para corregirlo. Ésta es la historia de la nueva versión: «Después, en Bogotá, García Márquez releyó los originales de la novela y empezó a desalojar personajes y episodios, en un silencioso trabajo de carpintería mental, que concluyó con una determinación drástica: había que romper aquellas 500 cuartillas y escribir el libro de nuevo. Trazó un plan cuidadoso. Estableció de antemano los compartimentos de la historia, de suerte que a cada día correspondiera un capítulo; señaló el área de cada personaje; purgó adjetivos; esquivó la dominante influencia "faulkneriana" que se había hecho sentir en su primer libro y aprendió de Hemingway la magia de una sobriedad llevada al máximo rigor. Después de esto escribió en tres meses la novela iniciada cuatro años atrás.

»Sus amigos jamás se explicaron por qué, una vez concluida, y en apariencia perfectamente lograda, la novela fue puesta de nuevo en cuarentena por su autor, como tampoco entendieron la razón de que ella se queda-

---

[49] *La hojarasca*, Primer Festival del Libro Colombiano, Talleres Gráficos Torres Aguirre, Lima, Perú, 1959. (Edición de 30.000 ejemplares.)

ra sin nombre. A falta de un bautizo legal, la novela tuvo un apodo de familia. Se llamó "el mamotreto".

»El libro viajó por varios países en la maleta de su autor, compartiendo un espacio exiguo con un espantable saco de rayas eléctricas, semejante a los que usan los cómicos de la TV americana, que García Márquez lleva a todas partes, quizá como un recuerdo nostálgico de su aplazada vocación de director de cine.»[50]

En septiembre de 1960, Jorge Ricardo Massetti llamó a García Márquez a La Habana, donde estuvo trabajando en Prensa Latina hasta fin de año. La situación en Cuba no era la misma que había encontrado en su primer viaje. Una vez que quedó claro que la revolución no se contentaría con un cambio de personas en el gobierno, sino que aspiraba a realizar reformas profundas en la estructura social y económica del país y se hacía cada vez más evidente su orientación socialista, la hostilidad hacia el régimen por parte de Estados Unidos fue total. Y en la propia isla, los sectores conservadores e incluso liberales pero anticomunistas hacían oposición al régimen. Habían empezado a registrarse actos de sabotaje y terrorismo contra la revolución. De otro lado, en el seno del régimen había cierta tirantez: lo que más tarde sería denunciado por Fidel Castro como «la política sectaria de Aníbal Escalante y su grupo», manifestaba sus primeros síntomas. Los viejos miembros del partido comunista, encabezados por Escalante, iban copando gradualmente los diversos órganos del poder, desplazando en ellos a gente del «26 de julio» y de otras fuerzas fidelistas. Esta pugna había llegado a Prensa Latina, donde la posición de Massetti se hallaba amenazada. García Márquez seguía este proceso con inquietud; al mismo tiempo, trabajaba con sus compañeros de la agencia a un ritmo infernal: «A mediados del sesenta regresé a

---

[50] Plinio Apuleyo Mendoza, *op. cit.*

La Habana; estuve trabajando seis meses y te voy a decir lo que conocí de Cuba: conocí el quinto piso del edificio del Retiro Médico, una vista reducida de la Rampa, la tienda Indochina, que está en la esquina; conocí otro ascensor que me llevaba por la otra calle al piso veinte, donde vivía con Aroldo Wall. ¡Ah!, y conocí el restaurante Maracas, donde comíamos, a una cuadra y media de allí. Trabajábamos todos los minutos del día y de la noche. Yo le decía a Massetti: "Si algo va a hundir a esta revolución es el gasto de luz"».[51] Durante la estancia de García Márquez en La Habana, se decidió que iría a Nueva York como corresponsal.

Poco tiempo después aparecería la primera edición en libro de *El coronel no tiene quien le escriba,* que se había fraguado algunos meses antes, durante un viaje de García Márquez a Barranquilla: «Dos años después, estando yo tirado al pie de la piscina del Hotel del Prado, en Barranquilla... le dije a un botones que me solicitara una llamada a Bogotá porque tenía que pedirle plata a mi señora. Alberto Aguirre, un editor antioqueño que estaba ahí —no sé por qué estaba, pero estaba ahí—, me dijo que no le pusiera sebo a mi señora, y que más bien él me daba 500 pesos por el cuento ese que había aparecido en *Mito.* Ahí mismo le vendí los derechos en 500 pesos y hasta la fecha».[52]

NUEVA YORK   García Márquez llegó a Nueva York con Mercedes y Rodrigo a principios de 1961 y se incorporó a la oficina de Prensa Latina como subjefe. El trabajo era intenso y riesgoso; los corresponsales eran objeto de amenazas constantes por parte de grupos de exiliados y, como no podían portar armas, tenían en sus escritorios varillas de hierro, para caso de agresión. Esta atmósfera se fue exacerbando en los me-

---

[51] Ernesto González Bermejo, «García Márquez: ahora doscientos años de soledad», en *Triunfo,* Madrid, año XXV, núm. 441, 14 de noviembre de 1970, p. 12.

[52] Daniel Samper, *op. cit.; El coronel no tiene quien le escriba,* Medellín, Aguirre Editor, 1961, 90 pp. (Impreso en Buenos Aires-Argentina, por Americalee.)

ses siguientes y llegó a su clímax en abril, cuando la campaña anticastrista en la prensa norteamericana alcanzó proporciones histéricas. Luego los acontecimientos se precipitan: el 16 de abril Fidel Castro proclama el carácter socialista de la revolución cubana. Dos días después, se lleva a cabo la operación que había montado cuidadosamente la CIA: aviones norteamericanos bombardean los aeropuertos cubanos, mientras un ejército de exiliados, entrenado en bases de Florida y Centroamérica, es desembarcado en Bahía de Cochinos. Una semana después, la invasión está liquidada, los invasores están muertos o prisioneros y todas sus armas han sido requisadas por la revolución. En Cuba, la población festeja con entusiasmo delirante «la primera derrota del imperialismo en América».

En las semanas que siguen, invisible para el grueso del público, se acelera en la isla el proceso que sería denunciado más tarde como el del sectarismo: la camarilla de viejos comunistas que encabeza Aníbal Escalante desplaza mediante intrigas y maniobras burocráticas a la gente que no le es totalmente adicta en los puestos claves de la Administración y en las empresas nacionalizadas; quienes se atreven a protestar son acusados de contrarrevolucionarios. Prensa Latina es uno de los objetivos del grupo estalinista y la situación de Massetti se volvía insostenible: por presión de Escalante se ve obligado a readmitir en la agencia a redactores que habían sido despedidos por incapaces. Disgustado con estas intrigas, García Márquez había escrito a Massetti diciéndole que iba a renunciar «antes de que me boten como contrarrevolucionario», pero luego, ante la inminencia de una invasión a la isla, retiró su renuncia. En mayo de 1961, Plinio Apuleyo Mendoza está en La Habana, Massetti le revela este estado de cosas y le comunica su intención de retirarse de Prensa Latina. Unas semanas más tarde, en Nueva York, Plinio y García Márquez renuncian también, en solidaridad con Massetti. Éste, al apartarse de la agencia, ingresaría voluntariamente al Ejército rebelde, como soldado, y moriría años después, combatiendo, cuando trataba de organizar un frente guerrillero en la Argentina.

En Colombia, antes de viajar a Estados Unidos, García Márquez había recibido una carta de su amigo, el poeta Álvaro Mutis, que estaba en la cárcel, en México, en la que le pedía algo para leer. García Márquez abrió su inseparable maleta y le envió los cuentos que había escrito en Caracas y Bogotá. Meses después recibió en Nueva York una mala noticia: Mutis había prestado el manuscrito a la periodista mexicana Elena Poniatowska y ésta lo había perdido. García Márquez no tuvo tiempo de preocuparse demasiado, pues había problemas más inmediatos que resolver. Acababa de perder su trabajo y sólo le quedaban unos pocos dólares. Había decidido retornar a Colombia. Plinio, que regresaba a Bogotá, se comprometió a girarle dinero a Nueva Orleans. Los García Márquez irían hasta allí en un ómnibus de la Greyhound. Así, además, García Márquez podría hacer realidad una vieja ambición: echarle un vistazo al sur faulkneriano: «Son veinte días de carretera, alimentándose con leche malteada, con hamburguesas, conociendo en Atlanta un áspero rostro de los Estados Unidos ("no querían recibirnos en los hoteles porque creían que éramos mexicanos") y leyendo, en otro pueblo del Sur, un letrero que decía: "Prohibida la entrada de perros y mexicanos"». En Nueva Orleans había 120 dólares esperándolos en el consulado de Colombia, y un restaurante de prestigio internacional, el Vieux Carré, con un menú capaz de resarcirlos de la dieta. «Pedimos un inmenso Chateaubriand —recuerda Gabo— y nos lo llevaron coronado por un durazno en almíbar. Furioso por el atentado, pedí hablar con el chef, y en mi mejor argot parisiense lo mandé siete veces a la m... Inútil: el chef, presuntamente francés, era un sureño cerrado.»[53]

---

[53] Ernesto Schoo, *op. cit.*

En Nueva Orleans cambia de planes y decide seguir por tierra hasta México, para dedicarse al cine como guionista. Aunque en la capital mexicana tiene algunos amigos ansiosos de ayudarlo (Álvaro Mutis, sobre todo) los primeros meses no son nada fáciles. Llegó a México exactamente el día en que los diarios anunciaban la muerte de Hemingway y esa misma noche escribió un conmovido artículo de homenaje.[54] Pasó varias semanas sin conseguir ningún trabajo, endeudándose, y en ese período escribió un relato, «El mar del tiempo perdido», con el que clausuraría toda una etapa de su vida de escritor.[55] Pasarían varios años antes de que volviera a escribir ficciones. Cuando descubre que es muy difícil abrirse camino en el mundo del cine, se resigna a volver al periodismo. Gustavo Alatriste había comprado hacía poco dos revistas de gran tiraje, *Sucesos* y *La Familia,* y estaba buscando quien las dirigiera. García Márquez se ofrece a hacer las dos revistas a condición de no escribir ni una letra en ellas. Fue responsable de ambas publicaciones durante dos años y ni siquiera tuvo una máquina de escribir en su oficina. Su trabajo consistía en diagramarlas y en llenarlas de refritos de todas partes. *La Familia* era una revista para señoras, con consejos matrimoniales, recetas de cocina y novelitas rosa, y *Sucesos* se especializaba en crímenes y episodios sensacionalistas.

El 16 de abril de 1962 nació en México el segundo hijo de los García Marquez: Gonzalo. En septiembre de 1963, renunció a las revistas para entrar a trabajar en la agencia de publicidad Walter Thompson y casi al mismo tiempo comenzó a escribir su primer guión cinematográfico, en colaboración con Carlos Fuentes: *El gallo de oro,* basado en un cuento de Juan Rulfo. La película fue filmada al año si-

---

[54] Gabriel García Márquez, «Un hombre ha muerto de muerte natural», en *México en la Cultura,* suplemento de *Novedades,* México, 9 de julio de 1961.

[55] «El mar del tiempo perdido» fue publicado en la *Revista Mexicana de Literatura* (nueva época), México, núms. 5-6, mayo-junio de 1962, pp. 3-21.

guiente por Roberto Gabaldón. Desde entonces escribió mucho para cine, pero pocos guiones los escribió íntegramente él; a menudo su trabajo consistió en remendar y rehacer guiones ajenos. En 1964 hizo *Tiempo de morir* y el guión fue publicado luego en la *Revista de Bellas Artes*.[56] La película fue filmada en 1965 por Arturo Ripstein.

TIEMPO DE MORIR

A primera vista se trata de una historia convencional del género «charros y pistolas» del cine mexicano, con gran derroche de muertos, duelos y caballos (faltan las canciones), y que recuerda también cierto esquema clásico del western y de la novela de aventuras. Venganza, honor, destino trágico son los temas que la anécdota encarna. Juan Sáyago acaba de salir de la cárcel, donde ha permanecido dieciocho años por haber matado en un duelo, de un balazo en el corazón, a Raúl Trueba, un hombre soberbio a quien había ganado una carrera de caballos y que, despechado, lo había estado provocando desde entonces. Cumplida su pena, Juan Sáyago retorna a su pequeño pueblo donde, antes de ir a la cárcel, tenía una novia, Mariana, quien luego se casó y es ahora una viuda con un hijo de seis años. Al entrar al pueblo, Juan Sáyago se entera que los hijos de Trueba —Julián y Pedro— han jurado matarlo para vengar a su padre. La gente del lugar, al reconocer a Juan, le aconseja marcharse para evitar la venganza de los Trueba, pero él se niega: ha pagado su deuda a la justicia, dice, tiene la conciencia tranquila y ha venido en son de paz. Apenas se enteran de su llegada, los Trueba salen en su busca. Son dos hermanos, que creen (o quieren creer) que su padre fue

---

[56] *Revista de Bellas Artes,* núm. 9, México, mayo-junio de 1966, pp. 21-59. El argumento y los diálogos son de García Márquez, pero Carlos Fuentes revisó luego el texto e introdujo ligeros cambios para dar un carácter más mexicano a los diálogos, y por eso apareció editado con la mención «Adaptación y diálogos: Gabriel García Márquez y Carlos Fuentes». Éstos son los créditos del film: Dirección: Arturo Ripstein; Productor: Alfredo Ripstein Jr.; presentada por Alameda Films y César Santos Galindo. México, 1965.

muerto por la espalda. Julián, el mayor, es frío y obstinado, un ser implacable dispuesto a ejecutar su desquite cueste lo que cueste. Pedro, el menor, es menos granítico, más sensible y sentimental. Tiene una novia, Sonia, quien, junto con su padre, el doctor, lo exhortan a olvidar la venganza y a perdonar a Juan. Además, el doctor cuenta a Pedro que su padre fue un alocado y un provocador, que enloqueció a Juan Sáyago con toda clase de humillaciones y desafíos, hasta que Juan se resignó a pelear, pero que lo mató de frente, en igualdad de condiciones. Mientras tanto, Julián, que no consigue obligar a Juan a pelear, ha empezado a hacerle las mismas provocaciones que le hacía su padre: le arroja animales muertos, le cruza el caballo en la calle, lo insulta delante de la gente. Pero Juan se mantiene sereno y resiste los agravios; ha vuelto a ver a Mariana y ha descubierto que todavía se quieren; ha comenzado a restaurar su casa y ha reencontrado a su amigo y vecino, Casildo, quien se rompió las piernas al caer del caballo y es un gigante inválido que, tumbado en su cama, distrae el tiempo derribando frutas a balazos y jugando a la ruleta rusa. Pedro y Juan se encuentran en el cementerio y se entabla la paz entre ambos, y hasta un comienzo de amistad: el joven admira la destreza de Juan con los caballos. Cuando parece que todo fuera a arreglarse, el drama se precipita: Julián echa abajo la casa de Juan, acorrala a éste en una cantina y dispara a su alrededor, haciéndolo palidecer de miedo. Juan acepta pelear y convoca a su adversario al mismo lugar donde se enfrentó a Raúl Trueba. En el duelo, Julián muere de un balazo. En eso llega Pedro y, desesperado con la muerte de su hermano, desafía a Juan. Éste se niega a pelear y Pedro lo mata por la espalda.

La historia, tan liviana y sangrienta, resulta poco creíble (hay que recordar que fue concebida no para ser leída sino vista y aquí comento el guión) y los personajes son demasiado arquetípicos para parecer humanos. Es demasiado artificiosa esa sed de venganza, tan pura y glacial, tan incólume, en Julián, que era un niño sin razón cuando el duelo y que vive en un medio en el que, aparentemente, la gente se liquida a balazos con la mayor naturalidad, y también algo forzado ese ineluctable destino que se las arregla para que la historia se repita idénticamente en el caso del padre y del hijo, tanto en la circunstancia de las muertes (ambos mueren con el mismo chaleco, en el mismo sitio, por mano del mismo hombre) como en los prolegómenos (ambos provocan a Juan Sáyago con gestos y desplantes idénticos). Esto tiene un interés anecdótico, sin embargo, porque se reconoce en estas coincidencias deliberadas un tema caro a García Márquez, el de las repeticiones o duplicaciones, una cierta visión cíclica de la vida, que apunta ya en sus primeros cuentos, y que sólo alcanzará una encarnación totalmente creadora, una plena justificación literaria, en *Cien años de soledad*. Lo que aquí aparece como premeditado, impuesto y, en suma, irreal, será en la realidad ficticia de su última novela una característica esencial de la vida y de la historia, uno de los ingredientes básicos del elemento añadido que dota al mundo ficticio de soberanía y originalidad. Aparte de ese atisbo del gran tema futuro de las repeticiones, en el guión de *Tiempo de morir* destellan, entre los esquemáticos personajes y las situaciones convencionales, elementos que son inconfundiblemente propios del mundo ficticio de García Márquez. Algunos han aparecido en sus ficciones anteriores y otros aparecerán luego. Vale la pena enumerarlos, para mostrar que aun las piezas más secundarias de esta obra narrativa se nutren de las mismas fuentes: como el abuelo de García Márquez y como José Arcadio Buendía, el fundador de Macondo, Juan Sáyago ha matado a un hombre y este hecho ha marcado definitivamente su vida. Sáyago dice en un momento a Pedro Trueba lo que, a veces, solía decirle don Nicolás a García Márquez con amargura: «¡Tú no sabes lo que pesa un muerto!» (p. 35). La novia de Pedro, Sonia, es una joven boticaria, hija del farmacéutico del pueblo, como lo había sido la novia de García Márquez en Barranquilla y como lo será la Mercedes de Macondo en *Cien años de soledad*. El pueblo donde sucede la acción es mexicano, pero su geografía corresponde a la de los otros pueblos de la realidad ficticia: un lugar tropical, aislado por desiertos y bombardeado por un sol de plomo («Cada día más polvo, cada día más calor», protesta el peluquero) (p. 34). En una breve réplica, un personaje que ha sufrido «todos los males que han pasado por este pueblo» afirma que de lo único que se queja es «de soledad» (p. 41). Aunque toda la historia se sitúa en una realidad objetiva —caricatural e irrealizada por el esquematismo— hay, sin embargo, un personaje tratado de tal modo que linda con lo real-imaginario. Se trata de Casildo, el gigante inválido loco por las armas, que durante ocho años ha estado jugando dos veces al día a la ruleta rusa («y sólo me ha servido para engordar») (p. 43), sin conseguir volarse los sesos. Hay una desmesura risueña, una exageración pintoresca en este personaje que pueden llamarse macondinas.

Luego de *Tiempo de morir*, García Márquez escribió otro guión, *Patsy, mi amor*, que no pudo colocar de inmediato, pero que filmaría algún tiempo después Manuel Michel. En 1965, Alberto Isaac (el realizador del documental sobre las Olimpiadas de México) hizo una adaptación cinematográfica de «En este pueblo no hay ladrones» y la película fue presentada en el festival de Locarno. Ese mismo año, García Márquez escribió otro guión, *H.O.*, filmado por Arturo Ripstein y que aparecería en una película de dos episodios titulada *Juegos peligrosos* (el otro, *Divertimento*, lo escribió y dirigió Luis Alcoriza). Luego, intervino en la elaboración del guión de *Pedro Páramo*, en estas circunstancias: «Por último, después que Carlos Fuentes y Carlos Velo llevaban más de tres años trabajando ininterrumpidamente en la adaptación de *Pedro Pá-*

ramo, de Juan Rulfo, yo entré a trabajar como abogado de Rulfo. Partimos de una nueva estructuración en la que, como premisa principal, planeaba quitar los *flash-back* y hacer, como en la novela, que los personajes pasasen de una forma continua del presente al pasado; pero la película fue uno de los mayores desastres del cine mexicano».[57] Finalmente fue contratado por el productor Antonio Matouk para escribir tres guiones con Luis Alcoriza, ninguno de los cuales llegó a filmarse. En una entrevista, García Márquez declaró que de todo su trabajo como guionista sólo «salvaba» dos de los guiones que escribió con Alcoriza.[58]

CINE Y LITERATURA ¿En qué forma afectó a la vocación literaria de García Márquez su trabajo cinematográfico? Así responde él a esta pregunta, a mediados de 1967: «Escribir para el cine exige una gran humildad. Ésa es su gran diferencia con el trabajo literario. Mientras que el novelista es libre y soberano frente a su máquina de escribir, el guionista de cine es apenas una pieza en un engranaje muy complejo y casi siempre movido por intereses contradictorios...

»Oigo decir con frecuencia que mi trabajo de guionista pone en peligro mi porvenir como novelista. Lo mismo oí decir cuando trabajaba para el periodismo o la publicidad, y desde que me lo están diciendo llevo escritos cinco libros. En realidad, nada mata al escritor —ni siquiera el hambre—, y el escritor que no escribe es sencillamente porque no es escritor.

»Escribir para el cine, en vez de esterilizarme como novelista, ha ensanchado mis perspectivas. Trabajando en el cine he tenido oportunidad de reflexionar sobre las diferencias entre los dos medios de expresión. Ahora estoy

---

[57] Augusto M. Torres, «Gabriel García Márquez y el cine», en *Hablemos de cine,* núm. 47, Lima, mayo-junio de 1969, p. 57.
[58] *Ibid.,* p. 57.

convencido, contra lo que pensaba antes, de que las posibilidades de la novela son ilimitadas.»[59]

Un año y medio después, en otra entrevista, es todavía más preciso al explicar la manera cómo, a su juicio, influyó el cine en su obra literaria: «Yo siempre creí que el cine, por su tremendo poder visual, era el medio de expresión perfecto. Todos mis libros anteriores a *Cien años de soledad* están como entorpecidos por esa certidumbre. Hay un inmoderado afán de visualización de los personajes y las escenas, una relación milimétrica de los tiempos del diálogo y la acción, y hasta una obsesión por señalar los puntos de vista y el encuadre. Trabajando para el cine, sin embargo, no sólo me di cuenta de lo que se podía hacer sino también de lo que no se podía; me pareció que el predominio de la imagen sobre otros elementos narrativos era ciertamente una ventaja pero también una limitación, y todo aquello fue para mí un hallazgo deslumbrante, porque sólo entonces tomé conciencia de que las posibilidades de la novela son ilimitadas».[60] La observación de García Márquez sobre el carácter visual que tienen sus libros anteriores a *Cien años de soledad* no es enteramente válida para su primera novela, *La hojarasca*, y se equivoca cuando afirma que esta característica formal constituye de por sí un defecto y que deriva únicamente de la técnica cinematográfica; en realidad, debe tanto al periodismo y a ciertas lecturas como al cine, y eso, por lo demás, como se verá luego, no es indicio de (ni de falta de) originalidad. La superioridad de *Cien años de soledad* sobre sus libros anteriores no se debe a que en esa novela abandonara la objetividad visual sino a razones más complejas. Pero la cita muestra hasta qué punto García Márquez está consciente de las técnicas y qué equivocados se

---

[59] «Cien años de un pueblo» (entrevista), en *Visión,* Revista Internacional, 21 de julio de 1967, p. 28.

[60] Armando Durán, *op. cit.,* p. 25.

hallan los críticos que, engañados por los exabruptos de que suele hacer gala en las entrevistas, lo creen un autor espontáneo.

Cuando García Márquez llegó a México, Elena Poniatowska había encontrado los cuentos extraviados, y se los había devuelto a Álvaro Mutis. Éste los propuso a la editorial de la Universidad de Veracruz, que aceptó publicarlos. García Márquez recibió un cheque de mil pesos mexicanos como derechos de autor. El libro apareció con el título de *Los funerales de la Mamá Grande* en abril de 1962, en una edición de dos mil ejemplares que demoraría años en agotarse.[61]

Recién instalado en México, un año antes, García Márquez había retocado una vez más los originales de la historia de los pasquines, para la que había elegido un título procaz: «Este pueblo de mierda». Poco después, a instancias de Guillermo Angulo, envió el manuscrito a un concurso que patrocinaba en Bogotá la compañía Esso y que apadrinaba la Academia de la Lengua. Luego de concedido el premio, el presidente de ésta, padre Félix Restrepo, atormentado por algunas palabras malsonantes del texto, tomó una iniciativa sorprendente: pidió al embajador de Colombia en México, Carlos Arango Vélez, que gestionara con el autor de *La mala hora* —el título inicial había sido cambiado por éste— la supresión o reemplazo de dos palabras que estimaba intolerables («preservativo» y «masturbarse»). En la entrevista, García Márquez aceptó, salomónicamente, cambiar una de ellas («Acepto suprimir una: elija usted, Embajador»): «Así se ganó el premio Esso *La mala hora*. Pero a mí todavía me

---

[61] *Los funerales de la Mamá Grande,* Xalapa, México, Universidad Veracruzana, 1962, 151 pp. Contiene: «La siesta del martes»; «Un día de éstos..», «En este pueblo no hay ladrones»; «La prodigiosa tarde de Baltazar»; «La viuda de Montiel»; «Un día después del sábado»; «Rosas artificiales» y «Los funerales de la Mamá Grande».

da pena que esta vaina amarrada con una corbata se hubiera ganado tres mil dólares. Yo, francamente, pensé que era pecado comerse esa plata, porque me parecía robada, y más bien se la metí a la compra de un carro».[62]

Las aventuras de la novela no habían terminado. La firma patrocinadora del concurso, creyendo hacer mejor las cosas, envió el libro premiado a imprimirse en España. Los correctores de la Imprenta Luis Pérez, de Madrid, procedieron, sin consultar al autor, a poner el texto en «correcto castellano». Lo madrileñizaron, suprimiendo los americanismos, sustituyendo las frases o palabras que encontraron oscuras, y, como si no fuera bastante, envenenaron la novela de erratas. Cuando recibió el primer ejemplar de *La mala hora*, García Márquez se encontró con que el libro impreso era una parodia del original. Rechazó la edición en una carta que envió a *El Espectador* de Bogotá, y, en la segunda edición de la novela, hecha en México, puso la siguiente advertencia: «La primera vez que se publicó *La mala hora*, en 1962, un corrector de pruebas se permitió cambiar ciertos términos y almidonar el estilo, en nombre de la pureza del lenguaje. En esta ocasión, a su vez, el autor se ha permitido restituir las incorreciones idiomáticas y las barbaridades estilísticas, en nombre de su soberana y arbitraria voluntad. Ésta es, pues, la primera edición de *La mala hora*».[63] Aunque los cuentos y la novela merecieron algunas críticas favorables, ambos libros tuvieron escasa difusión.

Desde julio y agosto de 1961, en que escribió «El mar del tiempo perdido», hasta 1965, se extiende en la vida de García Márquez un período de silencio literario. En esos años no intentó ninguna nueva ficción, y Álvaro Mutis

SILENCIO Y AUTOCRÍTICA

---

[62] Daniel Samper, *op. cit.*

[63] *La mala hora*, Premio Literario Esso 1961, Madrid, Talleres de Gráficas Luis Pérez, 1962, 224 pp. *La mala hora*, México, Ediciones Era, S. A., 1966, 198 pp.

recuerda haberle oído afirmar, varias veces: «No volveré a escribir». ¿Provocaron ese repliegue de la voluntad creadora los trabajos alimenticios de la época? Él, como se ha visto en las citas anteriores, piensa que no. Yo estoy menos seguro. El trabajo de guionista cinematográfico y el de redactor publicitario —luego de Walter Thompson estuvo en Stanton—, no sólo absorbían su tiempo, sino que lo obligaban a someter a las directivas de productores y anunciadores su lenguaje y su imaginación, es decir, los instrumentos esenciales de la vocación literaria; es posible que este condicionamiento debilitara su voluntad de crear. Había también una razón de otra índole: esa vocación había entrado en crisis, y, en esos años, hacía su autocrítica. Desde que se descubrió como tal, alentaba un propósito único y mayúsculo, y hasta ahora todos sus productos —un puñado de relatos, dos novelas, un libro de cuentos— le habían parecido fracasos, textos que, comparados con esa ambición inicial, resultaban menores y enclenques. La severa crítica a que sometió García Márquez su vocación en esos años no lo llevó a desertar de la literatura, sino a revisar el lenguaje de apariencia verista y objetiva que había venido utilizando. El resultado de esos años de silencio fue una determinación radical: la de cambiar de estilo. Emir Rodríguez Monegal fue testigo de ese proceso: «Conocí a García Márquez por esa época. Era por enero de 1964 y yo estaba dictando un curso en el Colegio de México. Entonces García Márquez era un hombre torturado, un habitante del infierno más exquisito: el de la esterilidad literaria. Hablar con él de su obra anterior, elogiar (por ejemplo) *El coronel no tiene quien le escriba,* era aplicarle involuntariamente las más sutiles máquinas de la Inquisición. Porque todo eso que empezaba a maravillar a los mejores lectores, adelantados de esa tierra incógnita que ya era Macondo, a García Márquez le parecía nada. Quiero decir: no renegaba totalmente de su obra anterior pero en la situación en que se hallaba, después de años de buscar la manera de descargarse de su urgente obra maestra, las bellezas y los aciertos de sus novelas y cuentos eran como el inventario del error. Era lo que no había que hacer. Era un camino terminado».[64]

En este libro se verá que esa cesura en la obra de García Márquez entre sus cuatro primeros libros y *Cien años de soledad* es inexistente. Siguiendo con minucia el proceso de edificación de la realidad ficticia, se comprueba que esa realidad se ha ido haciendo de una manera rigurosamente gradual, de novela a novela, de cuento a cuento, y que la visión que de ella ofrece *Cien años de soledad* no hace más que completar un proceso iniciado mucho antes. Lo que importa, ahora, es destacar cómo, de un sentimiento de fracaso respecto de su obra anterior y de una voluntad de cambio radical, extrajo García Márquez la decisión y la locura suficientes para dar el gran paso siguiente.

El milagro se produjo en enero de 1965 y él tiene una anécdota para referirlo: «Hasta que un día de 1965, mientras guiaba su Opel por la carretera de Ciudad de México a Acapulco, se le presentó íntegra, de un golpe, su lejana novela-río, la que estaba escribiendo desde la adolescencia: "La tenía tan madura que hubiera podido dictarle, allí mismo, el primer capítulo, palabra por palabra, a una mecanógrafa". Como no había mecanógrafa a mano, Gabo se fue a su casa, conferenció con Mercedes, y el compartimento estanco que es La Cueva de la Mafia se cerró sobre él. Cuando volvió a abrirse, no habían pasado seis meses, sino dieciocho. Él tenía en su mano los originales (1.300 cuartillas, escritas en ese lapso a razón de ocho horas diarias, sin contar el doble o triple de material desechado) de *Cien años de soledad;* Mercedes tenía en la

---

[64] Emir Rodríguez Monegal, «Novedad y anacronismo en *Cien años de soledad*», en *Revista Nacional de Cultura,* Instituto Nacional de Cultura y Bellas Artes, Caracas, año XXIX, núm. 185, julio-agosto-septiembre de 1968, p. 10.

suya facturas adeudadas por 120 mil pesos mexicanos (10 mil dólares)».[65]

La Cueva de la Mafia es el escritorio de García Márquez, en su casa del barrio de San Angel Inn, el recinto donde permanecerá poco menos que amurallado el año y medio que le llevó escribir la novela, después de pedirle a Mercedes que no lo interrumpiera con ningún motivo (sobre todo, con problemas económicos). Sus hijos lo ven apenas en las noches, cuando sale de su escritorio, intoxicado de cigarrillos, después de jornadas extenuantes de ocho y diez horas frente a la máquina de escribir, al cabo de las cuales algunas veces sólo ha avanzado un párrafo del libro. La Cueva de la Mafia es un hogar dentro del hogar de los García Márquez, un enclave autosuficiente: hay un diván, un bañito propio, un minúsculo jardín. En las paredes, cuelga el cuadro que la esposa del héroe de *El coronel no tiene quien le escriba* se empeña en vender. Un grupo de amigos aparece cada noche en la casa para visitar al enfermo: Álvaro Mutis, María Luisa Elfo y Jomí García Ascot (a quienes dedicará la novela). Cuando tiene terminados los tres primeros capítulos de *Cien años de soledad,* García Márquez se los envía a Carlos Fuentes, que está en Europa, y éste, deslumbrado, escribe un artículo hiperbólico: «Acabo de leer las primeras setenta y cinco cuartillas de *Cien años de soledad.* Son absolutamente magistrales... Toda la historia "ficticia" coexiste con la historia "real", lo soñado con lo documentado, y gracias a las leyendas, las mentiras, las exageraciones, los mitos... Macondo se convierte en un territorio universal, en una historia casi bíblica de las fundaciones y las generaciones y las degeneraciones, en una historia del origen y destino del tiempo humano y de los sueños y deseos con los que los hombres

---

[65] Ernesto Schoo, *op. cit.*

se conservan o destruyen».[66] Pocos meses después empiezan a aparecer en distintas revistas (*Eco* de Bogotá, *Mundo Nuevo* de París, *Diálogos* de México, *Amaru* de Lima) fragmentos de la novela, que inmediatamente provocan un entusiasmo idéntico y crean una expectativa enorme en torno del libro. A comienzos de 1966, García Márquez recibe una carta de la Editorial Sudamericana, de Buenos Aires, proponiéndole reimprimir sus libros; él le ofrece la novela que está escribiendo y *Cien años de soledad* aparece en junio de 1967. El éxito es fulminante: la primera edición se agota en pocos días, y lo mismo ocurrirá con la segunda, con la tercera y con las siguientes. En tres años y medio, se venden casi medio millón de ejemplares, en tanto que las reediciones de los libros anteriores de García Márquez alcanzan también tiradas insólitas en el mundo de habla española. La crítica, prácticamente sin excepción, delira de entusiasmo y la fama del libro trasciende pronto las fronteras del idioma y llega a oído de editores extranjeros, que comienzan a disputárselo. En pocos meses, se firman dieciocho contratos de traducción,[67] y las primeras ediciones extranjeras merecen, también, honores: Premio Chianchiano 1969 en Italia, Prix du Meilleur Livre Étranger 1969 en Francia, seleccionado entre los doce mejores libros de 1970 por los críticos literarios de Estados Unidos. Uno de los primeros lectores de *Cien años de soledad* es Julio Cortázar, que declara: «Gabriel García Márquez aporta en estos años otra prueba de cómo la imaginación en su potencia creadora más alta ha irrumpido irreversiblemente en la novela sudamericana, rescatándola de su aburrida obstinación en parafrasear la circunstancia o la crónica. Sólo así, inventando, sólo desde territorios privi-

---

[66] Carlos Fuentes, «García Márquez: *Cien años de soledad*», en *La Cultura en México*, suplemento de *Siempre!*, núm. 679, México, 29 de junio de 1966.
[67] Estados Unidos, Francia, Italia, Finlandia, Brasil, Suecia, Alemania, Rusia, Noruega, Holanda, Polonia, Rumanía, Checoeslovaquia, Yugoeslavia (dos traducciones: serbo-croata y esloveno), Inglaterra, Dinamarca, Japón y Hungría.

legiados y vertiginosos como Macondo, llegaremos a pisar firme en Guanahani. El grito de Rodrigo de Triana empieza a salir del mito amable, a designar nuestra verdadera tierra, nuestros verdaderos hombres».

El éxito resonante deja a García Márquez mareado y algo incrédulo. Meses atrás le había confesado a un periodista que probablemente demoraría muchos años en reunir el dinero suficiente para pagar la deuda doméstica contraída por Mercedes el año y medio que estuvo recluido en La Cueva de la Mafia, y ahora resulta que, recién publicada la novela, puede hacer algo que siempre acarició de lejos, como una quimera: dedicarse exclusivamente a escribir. Había decidido instalarse en Barcelona y escribir allí su próxima novela, la del dictador, para la que ya tiene título: *El otoño del patriarca*. Pero, antes de viajar a Europa, acepta dos compromisos sudamericanos: asistir al XIII Congreso Internacional de Literatura Iberoamericana y a la concesión del Premio Rómulo Gallegos, que se celebra en Caracas a fines de julio de 1967, y formar parte del jurado del Premio de Novela Primera Plana, que se otorga ese mismo año en Buenos Aires. Mercedes y los niños viajan a Barranquilla primero, y él parte a Caracas el 1 de agosto: el Congreso de Literatura se ha retrasado por el terremoto del 29 de julio que sacudió a la capital venezolana y dejó un importante saldo de víctimas.

FAMA Y BUEN HUMOR Nos conocimos la noche de su llegada al aeropuerto de Caracas; yo venía de Londres y él de México y nuestros aviones aterrizaron casi al mismo tiempo. Antes habíamos cambiado algunas cartas, y hasta habíamos planeado escribir, alguna vez, una novela a cuatro manos —sobre la guerra tragicómica entre Colombia y Perú, en 1931—, pero ésa fue la primera vez que nos vimos las caras. Recuerdo la suya muy bien, esa noche: desencajada por el espanto reciente del avión —al que tiene un miedo cerval—, incómoda entre los fotógrafos y periodistas que la

76

acosaban. Nos hicimos amigos y estuvimos juntos las dos semanas que duró el Congreso, en esa Caracas que, con dignidad, enterraba a sus muertos y removía los escombros del terremoto. El éxito recientísimo de *Cien años de soledad* lo había convertido en un personaje popular, y él se divertía a sus anchas: sus camisas polícromas cegaban a los sesudos profesores en las sesiones del Congreso; a los periodistas les confesaba, con la cara de palo de su tía Petra, que sus novelas las escribía su mujer pero que él las firmaba porque eran muy malas y Mercedes no quería cargar con la responsabilidad; interrogado en la televisión sobre si Rómulo Gallegos era un gran novelista, medita y responde: «En *Canaima* hay una descripción de un gallo que está muy bien».[68] Pero detrás de esos juegos, hay una personalidad cada vez más fastidiada en su papel de estrella. También hay un tímido, para quien hablar ante un micrófono, y en público, significa un suplicio. El 7 de agosto no puede librarse de participar en un acto organizado en el Ateneo de Caracas, con el título «Los novelistas y sus críticos», en el que debe hablar sobre su propia obra unos quince minutos. Estamos sentados juntos, y, antes de que le llegue el turno, me contagia su infinito terror: está lívido, le transpiran las manos, fuma como un murciélago. Habla sentado, los primeros segundos articulando con una lentitud que nos suspende a todos en los asientos, y por fin fabrica una historia que arranca una ovación.[69]

Entre todos los rasgos de su personalidad hay uno, sobre todo, que me fascina: el carácter obsesivamente anecdótico con que esta personalidad se manifiesta. Todo en él se traduce en historias, en episodios que recuerda o

---

[68] Véase Emir Rodríguez Monegal, «Diario de Caracas», en *Mundo Nuevo*, núm. 17, noviembre de 1967, pp. 4-24.
[69] Su intervención fue grabada y reproducida en *Imagen*, núm. 6, Caracas, 1/15 de agosto de 1967.

inventa con una facilidad impresionante. Opiniones políticas o literarias, juicios sobre personas, cosas o países, proyectos y ambiciones: todo se hace anécdota, se expresa a través de anécdotas. Su inteligencia, su cultura, su sensibilidad tienen un curiosísimo sello específico y concreto, hacen gala de antiintelectualismo, son rabiosamente antiabstractas. Al contacto con esta personalidad, la vida se transforma en una cascada de anécdotas.

Esta personalidad es también imaginativamente audaz y libérrima, y la exageración, en ella, no es una manera de alterar la realidad sino de verla. Hicimos un viaje juntos de Mérida a Caracas, y los vientos que remecieron al aparato —sumado a su miedo a los aviones y al mío propio— hicieron que el viaje resultara algo penoso. *Algo:* algunas semanas después veré en los periódicos, en entrevistas a García Márquez, que en ese vuelo, yo, aterrado, conjuraba la tormenta recitando a gritos poemas de Darío. Y algunos meses después, en otras entrevistas, que cuando, en el apocalipsis de la tempestad, el avión caía, yo, cogido de las solapas de García Márquez, preguntaba: «Ahora que vamos a morir, dime sinceramente qué piensas de *Zona Sagrada*» (que acababa de publicar Carlos Fuentes). Y luego, en sus cartas, algunas veces me recuerda ese viaje, en el que nos matamos, entre Mérida y Caracas.

De Caracas viajamos a Bogotá —él había hecho algunos viajes a Colombia desde México, en los años anteriores— y allá pudo comprobar, por la solicitud de la prensa y los autógrafos que le pedían en la calle, que en su país el éxito de su libro había sido tan grande como en Venezuela. Y hasta en la apática Lima, donde viajó después, invitado por la Universidad de Ingeniería —respondió a preguntas sobre su vida y su obra, y sus respuestas han sido publicadas en un folleto—,[70] su llegada provocó una ver-

---

[70] Gabriel García Márquez y Mario Vargas Llosa, *op. cit.*

dadera conmoción en el ámbito intelectual y universitario. Estuvo unos días en Buenos Aires, para la concesión
del Premio Primera Plana, luego regresó a Colombia, y de
allí, con su familia, se trasladó a Barcelona, donde reside
desde octubre de 1967. Ha hecho algunos viajes —a
Francia, Italia, Alemania, Checoeslovaquia, Inglaterra—,
ha escrito algunos cuentos y un extenso guión cinematográfico, *La increíble y triste historia de la cándida Eréndira
y de su abuela desalmada,* y lleva ya bastante avanzada la
novela del dictador. Él pensaba que en España pasaría inadvertido y que podría trabajar en paz. Pero las cosas han
sido distintas:

«No hay día en que no llamen dos o tres editores y
otros tantos periodistas. Cuando mi mujer contesta al teléfono, tiene que decir siempre que no estoy. Si ésta es la
gloria, lo demás debe ser una porquería. (No: mejor no
ponga eso, porque esa vaina escrita, es ridícula.) Pero es la
verdad. Ya uno no sabe ni quiénes son sus amigos.

»Empiece por decir una cosa: que ya no doy más reportajes, porque me tienen hasta aquí. Yo me vine a Barcelona porque creía que nadie me conocía, pero el problema
ha sido el mismo. Al principio decía: radio y televisión no,
pero prensa sí, porque los de la prensa son mis colegas.
Pero ya no más. Prensa tampoco. Porque los periodistas
vienen, nos emborrachamos juntos hasta las dos de la mañana y terminan poniendo lo que les digo fuera de reportaje. Además, yo no rectifico. Desde hace dos años, todo lo
que se publica como declaraciones mías, es paja. La vaina
es siempre la misma: lo que digo en dos horas lo reducen a
media página y resulto hablando pendejadas. Fuera de eso,
el escritor no está para dar declaraciones, sino para contar
cosas. El que quiera saber qué opino, que lea mis libros. En
Cien años de soledad hay 350 páginas de opiniones. Ahí
tienen material todos los periodistas que quieran. Y es que
hay más: fuera de la persecución de los periodistas, tengo
ahora una que nunca pensé tener: la de los editores. Aquí

llegó uno a pedirle a mi mujer mis cartas personales, y una muchacha se apareció con la buena idea de que yo le respondiera 250 preguntas, para publicar un libro llamado "250 preguntas a García Márquez". Me la llevé al café de aquí abajo, le expliqué que si yo respondía 250 preguntas el libro era mío, y que, sin embargo, el editor era el que se cargaba con la plata. Entonces me dijo que sí, que tenía razón, y como que se fue a pelear con el editor porque a ella también la estaba explotando. Pero eso no es nada: ayer vino un editor a proponerme un prólogo para el diario del Che en la Sierra Maestra, y me tocó decirle que con mucho gusto se lo hacía, pero que necesitaba ocho años para terminarlo porque quería entregarle una cosa bien hecha.

»Si es que los tipos llegan a los extremos. Por ahí tengo la carta de un editor español que me ofrecía una quinta en Palma de Mallorca y mantenerme el tiempo que yo quisiera, a cambio de que le diera mi próxima novela. Me tocó mandarle decir que posiblemente se había equivocado de barrio, porque yo no era una prostituta. Ese caso me hace recordar el de una vieja de Nueva York que me mandó una carta elogiando mis libros, en la cual, al final, me ofrecía enviarme, si yo quería, una foto suya de cuerpo entero. Mercedes la rompió furiosa. Voy a decirle una vaina, en serio: a los editores yo los mando, tranquila y dulcemente, al carajo.»[71]

---

[71] Daniel Samper, *op. cit.*

2. El novelista y sus demonios

Escribir novelas es un acto de rebelión contra la reali- EL ELEMENTO AÑADIDO dad, contra Dios, contra la creación de Dios que es la realidad. Es una tentativa de corrección, cambio o aboli- ción de la realidad real, de su sustitución por la realidad ficticia que el novelista crea. Éste es un disidente: crea vida ilusoria, crea mundos verbales porque no acepta la vida y el mundo tal como son (o como cree que son). La raíz de su vocación es un sentimiento de insatisfacción contra la vida; cada novela es un deicidio secreto, un asesinato simbólico de la realidad.

Las causas de esta rebelión, origen de la vocación del no- velista, son múltiples, pero todas pueden definirse como una relación viciada con el mundo. Porque sus padres fueron de- masiado complacientes o severos con él, porque descubrió el sexo muy temprano o muy tarde o porque no lo descubrió, porque la realidad lo trató demasiado bien o demasiado mal, por exceso de debilidad o de fuerza, de generosidad o de egoísmo, este hombre, esta mujer, en un momento dado se encontraron incapacitados para admitir la vida tal como la entendían su tiempo, su sociedad, su clase o su familia, y se descubrieron en discrepancia con el mundo. Su reacción fue suprimir la realidad, desintegrándola para rehacerla converti- da en otra, hecha de palabras, que la reflejaría y negaría a la vez.

Todos los novelistas son rebeldes, pero no todos los rebeldes son novelistas. ¿Por qué? A diferencia de los otros, éste no sabe por qué lo es, ignora las raíces profun- das de su desavenencia con la realidad: es un rebelde cie- go. La demencia luciferina a que lo empuja su rebeldía

—suplantar a Dios, rehacer la realidad—, el carácter extremo que ésta adopta en él, es la manifestación de esa oscuridad tenaz. Por eso escribe: protestando contra la realidad, y, al mismo tiempo, buscando, indagando por esa misteriosa razón que hizo de él un supremo objetor. Su obra es dos cosas a la vez: una reedificación de la realidad y un testimonio de su desacuerdo con el mundo. Indisolublemente unidos, en su obra aparecerán estos dos ingredientes, uno objetivo, el otro subjetivo: la realidad con la que está enemistado y las razones de esta enemistad; la vida tal como es y aquello que él quisiera suprimir, añadir o corregir a la vida. Toda novela es un testimonio cifrado: constituye una representación del mundo, pero de un mundo al que el novelista ha añadido *algo:* su resentimiento, su nostalgia, su crítica. Este *elemento añadido* es lo que hace que una novela sea una obra de creación y no de información, lo que llamamos con justicia la originalidad de un novelista.

TEMAS
Y DEMONIOS

No es fácil detectar el origen de la vocación de un novelista, el momento de la ruptura, la o las experiencias que viciaron su relación con la realidad, hicieron de él un inconforme ciego y radical y lo dotaron de esa voluntad deicida que lo convertiría en un suplantador de Dios. Y no lo es porque, en la mayoría de los casos, la ruptura no es el resultado de un hecho único, la tragedia de un instante, sino un lento, solapado proceso, el balance de una compleja suma de experiencias negativas de la realidad. En todo caso, la única manera de averiguar el origen de esa vocación es un riguroso enfrentamiento de la vida y la obra: la revelación está en los puntos en que ambas se confunden. El *por qué* escribe un novelista está visceralmente mezclado con el *sobre qué* escribe: los demonios de su vida son los temas de su obra. Los demonios: hechos, personas, sueños, mitos, cuya presencia o cuya ausencia, cuya vida o cuya muerte lo enemistaron con la realidad, se grabaron con fuego en su memoria y atormentaron su espíritu, se convirtieron en los materiales de su empresa de reedificación de la realidad, y a los que tratará simultáneamente de recuperar y exorcizar, con las palabras y la fantasía, en el ejercicio de esa vocación que nació y se nutre de ellos, en esas ficciones en las que ellos, disfrazados o idénticos, omnipresentes o secretos, aparecen y reaparecen una y otra vez, convertidos en temas. (Sabiduría del lenguaje popular: un hombre con obsesiones que recurren en su conversación es un hombre con temas, un temático.) El proceso de la creación narrativa es la transformación del demonio en tema, el proceso mediante el cual unos contenidos subjetivos se convierten, gracias al lenguaje, en elementos objetivos, la mudanza de una experiencia individual en experiencia universal.

La historia de un novelista, según Roland Barthes, es la historia de un tema y sus variaciones. Discutible para autores como Tolstói, Dickens o Balzac, la fórmula es válida para aquellos que, como Kafka o Dostoyevski, parecen haber escrito toda su obra azuzados por una idea fija. Es el caso de García Márquez: obsesiva; recurrente, una intención central abraza su obra, una ambición única que sus ficciones van desarrollando a saltos y retrocesos, desde perspectivas diferentes y con métodos distintos. Este denominador común hace que sus cuentos y novelas puedan leerse como fragmentos de un vasto, disperso, pero al mismo tiempo riguroso proyecto creador, dentro del cual encuentra cada uno de ellos su plena significación. Esta voluntad unificadora es la de edificar una realidad cerrada, un mundo autónomo, cuyas constantes proceden esencialmente del mundo de infancia de García Márquez. Su niñez, su familia, Aracataca constituyen el núcleo de experiencias más decisivo para su vocación: estos demonios han sido su fuente primordial, a los que otros han venido a enriquecer, a matizar, pero nunca, hasta ahora, a sustituir. Él exageraba apenas cuando declaró a Harss «que todo lo que he escrito hasta ahora lo conocía ya o lo había oído antes de los ocho años» y que desde la muerte de su abuelo «no me ha pasado nada interesante».[1] En cambio, no exagera nada cuando afirma: «Yo no podría escribir una historia que no sea basada exclusivamente en experiencias personales».[2] Ningún escritor podría hacerlo; aun en la ficción más impersonal se esconde un demonio. Los suyos proceden casi todos de Aracataca: ¿cuál es la razón? Estas experiencias determinaron su vocación, de ellas provino su conflicto con la realidad:

GM: Mira: Yo empecé a escribir *Cien años de soledad* cuando tenía dieciséis años...

VLL: ¿Por qué no hablamos mejor ahora de tus primeros libros? Desde el primero.

GM: Es que el primero, precisamente, fue *Cien años de soledad*... Yo empecé a escribirlo y de pronto me encontré con que era un «paquete» demasiado grande. Quería sentarme a contar las mismas cosas que ahora he contado...

VLL: ¿Querías contar ya, a esa edad, la historia de Macondo?

GM: No sólo eso sino que escribí en ese momento un primer párrafo que es el mismo primer párrafo que hay en *Cien años de soledad*. Pero me di cuenta que no podía con el «paquete». Yo mismo no creía lo que estaba contando, me di cuenta también que la dificultad era puramente técnica, es decir, que no disponía yo de los elementos técnicos y del lenguaje para que esto fuera creíble, para que fuera verosímil. Entonces lo fui dejando y trabajé cuatro libros mientras tanto. Mi gran dificultad siempre fue encontrar el tono y el lenguaje para que esto se creyera.[3]

---

[1] Harss, *op. cit.*, p. 393.
[2] García Márquez y Vargas Llosa, *op. cit.*, pp. 9-10.
[3] *Ibid.*, pp. 26-27.

Con injusticia, García Márquez reduce sus primeros cuatro libros a una gimnasia preparatoria de la prueba decisiva: *Cien años de soledad.* Esta injusticia es, sin embargo, locuaz: explica el sentimiento de frustración que lo poseyó al terminar sus ficciones anteriores, aclara por qué las enviaba a la maleta. No le parecían logradas, el demonio rebasaba el tema en ellas, sólo en *Cien años de soledad* sintió a aquél objetivado. Pero su testimonio es claro: comenzó a escribir a los dieciséis años, urgido por una ambición determinada, y todo lo que ha escrito hasta ahora es producto de esa ambición: «No me interesa una idea que no resiste muchos años de abandono. Si es tan tenaz como la de mi última novela, que resistió 17 años, no me queda más remedio que escribirla. Entonces la he pensado durante tanto tiempo, que puedo contarla muchas veces al derecho y al revés, como si fuera un libro que ya he leído».[4]

¿Qué experiencias decisivas le ocurrieron antes de los dieciséis años que hicieron de él un escritor? Es seguro que la separación física de Aracataca para ir a un internado fue algo desgarrador y que en esos años de soledad, en Zipaquirá, comenzó a envenenarse la relación del niño con la realidad, a brotar en él el deseo de rechazarla, de sustituirla. Sus primeros cuentos —esos textos que le publica *El Espectador* entre 1947 y 1952— son la expresión de esa vocación todavía balbuciente. Pero el acontecimiento que la consolidaría definitivamente y la orientaría en una dirección precisa no fue partir de, sino regresar a Aracataca: el maravilloso mundo que se había llevado en la memoria a Bogotá, en el que había vivido emocionalmente durante sus años de interno, a través de la nostalgia y los recuerdos, se hizo pedazos: la realidad lo destruyó. Su venganza fue destruir la realidad y reconstruirla

---

[4] «García Márquez: calendario de 100 años», en *Ercilla,* Santiago de Chile, 24 de abril de 1968, p. 50.

con palabras, a partir de esos escombros a que había quedado reducida su infancia:

«Bueno, ocurrió un episodio del que, solamente en este momento, me doy cuenta que probablemente es un episodio decisivo en mi vida de escritor. Nosotros, es decir mi familia y todos, salimos de Aracataca, donde yo vivía, cuando tenía ocho o diez años. Nos fuimos a vivir a otra parte, y cuando yo tenía quince años encontré a mi madre que iba a Aracataca a vender la casa esa de que hemos hablado, que estaba llena de muertos. Entonces yo, en una forma muy natural, le dije: "Yo te acompaño". Y llegamos a Aracataca y me encontré con que todo estaba exactamente igual pero un poco traspuesto, poéticamente. Es decir, que yo veía a través de las ventanas de las casas una cosa que todos hemos comprobado: cómo aquellas calles que nos imaginábamos anchas, se volvían pequeñitas, no eran tan altas como nos imaginábamos; las casas eran exactamente iguales, pero estaban carcomidas por el tiempo y la pobreza, y a través de las ventanas veíamos que eran los mismos muebles, pero quince años más viejos en realidad. Y era un pueblo polvoriento y caluroso; era un mediodía terrible, se respiraba polvo. Es un pueblo donde fueron a hacer un tanque para el acueducto y tenían que trabajar de noche porque de día no podían agarrar las herramientas por el calor que había. Entonces, mi madre y yo, atravesamos el pueblo como quien atraviesa un pueblo fantasma: no había un alma en la calle; y estaba absolutamente convencido que mi madre estaba sufriendo lo mismo que sufría yo de ver cómo había pasado el tiempo por ese pueblo. Y llegamos a una pequeña botica, que había en una esquina, en la que había una señora cosiendo; mi madre entró y se acercó a esta señora y le dijo: "¿Cómo está, comadre?". Ella levantó la vista y se abrazaron y lloraron durante media hora. No se dijeron una sola palabra sino que lloraron durante media hora.

En ese momento me surgió la idea de contar por escrito todo el pasado de aquel episodio.»[5]

«Me surgió la idea»: quizás hubiera sido más exacto decir la necesidad, la tentación. La vocación de novelista no se elige racionalmente: un hombre se somete a ella como a un perentorio pero enigmático mandato, más por presiones instintivas y subconscientes que por una decisión racional. En todo caso, el impulso mayor de esta vocación parece efectivamente arrancar de ese recuerdo lastimoso, de esa precoz frustración. El adolescente está allí, de regreso después de algunos años en ese pueblo del que afectivamente nunca se había apartado, y no cree lo que sus ojos ven: el pueblo que recordaba no coincide con el que tiene delante, aquél estaba vivo y éste parece muerto, es un pueblo fantasma. Las casas se han achicado, angostado y todo ha envejecido. Pero además, y sobre todo, el pueblo se ha vaciado de gente: a él lo había deprimido la tristeza de Bogotá, la tristeza de Zipaquirá, porque comparaba esas ciudades de cachacos sombríos, con el aspecto bullicioso y populoso de «su» pueblo. Y ahora llega a Aracataca y «no había un alma en la calle»: «y estaba absolutamente convencido que mi madre estaba sufriendo lo mismo que sufría yo de ver cómo había pasado el tiempo por ese pueblo». Sufre, pero, en verdad, no tanto por su pueblo como por él mismo. Su dolor es sincero aunque egoísta: se siente engañado, traicionado, contradicho por la realidad. Una infidelidad es el premio que merece su más honda devoción: la Aracataca a la cual se había mantenido aferrado con toda la furia de sus recuerdos, aquella que lo había hecho sentirse un forastero en el internado, ya no es más. ¿El tiempo destrozó realmente el pueblo o fue su propia memoria lo que el tiempo alteró? No im-

---

[5] García Márquez y Vargas Llosa, *op. cit.*, pp. 27-28.

porta: el adolescente, confrontado con ese desmentido brutal que le inflige la realidad, se siente súbitamente privado de lo que más ansiosamente añoraba, de lo mejor que tenía: su infancia. Un demonio que no lo abandonará más acaba de afirmarse en él, y allí permanecerá, azuzándolo, hasta que él sienta que lo ha exorcizado del todo y lo instale a su vez en el título de un libro: la soledad.[6]

Tendrán que pasar muchos años y tendrá que vencer él duras pruebas hasta que ello sea posible: el origen de la vocación es sólo un punto de partida y de ningún modo un indicio fatídico de su trayectoria y menos aún de sus resultados. Se trata sólo de una posibilidad, de una disposición abierta sobre un vacío que, ahora sí, su razón, su terquedad, su energía y, desde luego, su locura, irán poblando con aciertos o fracasos. Pero ahora, en este momento, se trata únicamente de hacer frente a esa cruda verdad que tiene ante los ojos y que no coincide con la de su memoria y sus sueños: ¿sacrificará esta realidad ficticia y aceptará la realidad real? El adolescente no admite el descalabro de su ilusión: prefiere, demencialmente, sacrificar la realidad. Con todo el ímpetu de su rencor, desde el fondo de su desengaño, se rebela: «En ese momento me surgió la idea de contar por escrito todo el pasado de aquel episodio». Ese pueblo que ya no es, será; la realidad acaba de desmentir la Aracataca de su memoria; él dedicará su vida a desmentir a la realidad, a suplantarla con otra que creará a imagen y

---

[6] En *Cien años de soledad,* el coronel Aureliano Buendía regresa a Macondo, en medio de una de sus guerras, y en su ausencia el tiempo ha deteriorado a su pueblo y a su casa, como había deteriorado a Aracataca cuando García Márquez volvió con su madre. Dice la novela, refiriéndose al coronel: «No percibió los minúsculos y desgarradores destrozos que el tiempo había hecho en la casa, y que después de una ausencia tan prolongada habrían parecido un desastre a cualquier hombre que conservara vivos sus recuerdos. No le dolieron las peladuras de cal en las paredes, ni los sucios algodones de telaraña en los rincones, ni el polvo de las begonias, ni las nervaduras del comején en las vigas, ni el musgo de los quicios, ni ninguna de las trampas insidiosas que le tendía la nostalgia» (p. 151). Lo que no le ocurre al coronel le ocurrió a García Márquez: él sí percibió los destrozos, a él sí le pareció aquello un desastre, él sí cayó en la trampa.

semejanza del modelo ilusorio de sus recuerdos, y que nacerá contaminada de la terrible desilusión, de la compacta soledad de este instante. A partir de ese momento, García Márquez se consagrará a demostrar, mediante el ejercicio de una vocación deicida, lo que Aureliano y Amaranta Úrsula descubren en un momento de sus vidas: «que las obsesiones dominantes prevalecen contra la muerte» (p. 346). La elección de esa vocación de suplantador de Dios hará posible que, algún día, esta derrota que acaba de sufrir por obra de la realidad se convierta en victoria sobre esa misma realidad. Él también algún día podrá decir, como el narrador de *Para una tumba sin nombre,* de Juan Carlos Onetti: «al terminar de escribirla me sentí en paz, seguro de haber logrado lo más importante que puede esperarse de esta clase de tareas: había aceptado un desafío, había convertido en victoria por lo menos una de las derrotas cotidianas».[7]

Esta vocación, nacida así, asumirá en este caso específico todas las características de una fijación: se alimentará maniáticamente de esa masa de experiencias que fueron las determinantes del trauma original, de la ruptura con la realidad real, ellas serán la cantera que le suministrará una y otra vez los materiales para la edificación de la realidad ficticia, y ellas la razón de ser del designio que atraviesa todas sus ficciones como una idea fija. Su rebelión contra la realidad era, en el fondo, una negativa radical a aceptar esa negación de su infancia que significaba el espectáculo de una Aracataca deteriorada y solitaria, tan diferente de la de sus recuerdos: el escritor vivirá adherido a esos recuerdos y los esgrimirá como su mejor arma en el combate que hoy inicia. Ellos serán sus demonios primordiales: su estímulo creador, el paradigma de sus ficciones, sus temas recurrentes. Dirá más tarde, en las entrevistas, risueño, que «todo lo que ha escrito hasta ahora lo conocía ya o lo había

---

[7] Juan Carlos Onetti, *Para una tumba sin nombre,* Montevideo, Editorial Area, 1967, p. 85.

oído antes de los ocho años», y en el corazón de esa broma hay una implacable verdad. Repetirá una y otra vez, creyendo bromear, «que escribe sólo para que sus amigos lo quieran más», y resulta que es cierto: decidió escribir el día que descubrió la soledad.[8]

Un escritor no elige sus temas, los temas lo eligen a él. García Márquez no decidió, mediante un movimiento libre de su conciencia, escribir ficciones a partir de sus recuerdos de Aracataca. Ocurrió lo contrario: sus experiencias de Aracataca lo eligieron a él como escritor. Un hombre no elige sus demonios: le ocurren ciertas cosas, algunas lo hieren tanto que lo llevan, locamente, a negar la realidad y a querer reemplazarla. Esas cosas, que están en el origen de su vocación, serán también su estimulo, sus fuentes, la materia a partir de la cual esa vocación trabajará. No se trata, desde luego, ni en el caso de García Márquez ni en el de ningún otro escritor, de reducir el arranque y el alimento de la vocación a una experiencia única: otras, en el transcurso del tiempo, complementan, corrigen, sustituyen la inicial. Pero en el caso de García Márquez la naturaleza de su obra permite afirmar que aquella experiencia, sin negar la importancia de otras, constituye el impulso principal para su tarea de creador.

DE LA CONDICIÓN MARGINAL AL TEMA DE LA MARGINALIDAD

Ningún novelista se libera de esa fijación, el peso del instante de la ruptura lastra toda la praxis del suplantador de Dios. No hay aguas bautismales capaces de lavarlo de ese crimen de suprema soberbia que, en un instante dado, lo llevó a esa rebeldía total: la voluntad de asesinato de la realidad. El ejercicio de su vocación es un paliativo, no un remedio. Nunca triunfará en su vertiginoso, casi siempre incons-

---

[8] «En realidad, uno no escribe sino un libro. Lo difícil es saber cuál es el libro que uno está escribiendo. En mi caso, si es el libro de Macondo, que es lo que más se dice. Pero si lo piensas con cuidado, verás que el libro que yo estoy escribiendo no es el libro de Macondo, sino el libro de la soledad.» En Ernesto González Bermejo, *op. cit.*, p. 13.

ciente designio de sustituir: cada novela será un fracaso, cada cuento una desilusión. Pero de esas derrotas sistemáticas sacará nuevas fuerzas, y otra vez lo intentará, y fracasará y seguirá escribiendo, en pos de la imposible victoria. Su vocación será un simulacro continuo gracias al cual podrá vivir.

Esta vocación, en su origen, es una comprobación, o, en el peor de los casos, una invención: quien la asume, automáticamente establece una diferencia entre él y los demás, aquellos que se resignan en todo o en parte a la realidad, y se declara a sí mismo un ser *marginal.* ¿Esta diferencia es cierta? ¿Quien la proclama no puede, por razones psicológicas y sociales auténticas, someterse como los otros a la evidencia inapelable de lo real? ¿O, simplemente, no quiere hacerlo? ¿Es un apestado o un simulador? La cuestión será zanjada por la praxis de esta vocación: ella convertirá, objetivamente, a quienes la asumen en seres marginales, en suplantadores de Dios. Esta condición de marginalidad, origen y al mismo tiempo resultado de esa vocación, se proyecta en formas varias, complejas, a veces huidizas y casi indetectables, a veces obvias, en los productos de esa praxis: la condición marginal, ese demonio mayor de todo rebelde deicida, es el denominador común de sus simulacros, de todas las realidades ficticias erigidas en el vano combate contra la realidad real desde que, en un momento dado de la historia, la evolución social, económica y cultural hizo posible y necesario que surgiera la vocación de novelista. El tema de la *marginalidad* atraviesa toda la literatura narrativa, es su carta de presentación, su marca; ese tema en el que el rebelde en guerra contra la realidad disfraza su propio drama, representa su propia condición, el destino marginal que le ha deparado su disidencia frente al mundo. Su manifestación más corriente es, desde luego, la anecdótica: no es fortuito que el tema del excluido, del apestado, del ser distinto, reaparezca maniáticamente en las ficciones, desde los superhombres caballerescos, como el Amadís, Parsifal o el Rey Artús, hasta Joe Christmas, el misterioso K. o el coronel Aureliano Buendía, pasando por Vautrin, Madame Bovary, Julian Sorel o D'Artagnan. En ciertas épocas, como en la Edad Media y el período romántico, el culto de la marginalidad se encarna en personajes fuera de serie; en otras, como la última posguerra, en antihéroes. En muchos casos se proyecta, más sutilmente, no en la materia sino en la forma narrativa y la toma de distancia, la voluntad de diferencia, cuaja en una organización sui géneris del tiempo, como en Proust, en una reestructuración distinta de los planos de la realidad, como en Joyce o Musil, en un ritmo nuevo del curso de la vida, como en Virginia Woolf, o en un lenguaje marginal, como en Faulkner o Guimarães Rosa. En el caso de muchos novelistas, partiendo del tema de la marginalidad tal como aparece en sus ficciones, podría llegarse a identificar la o las experiencias cruciales que fueron el origen de su vocación.

LA IMAGEN
CLAVE

Esta experiencia decisiva ocurrió cuando García Márquez tenía, no quince años, como dice la cita, sino veintiuno o veintidós. Había escrito ya unos cuentos rebuscados y morbosos, pero inmediatamente después del impacto que significó el retorno a Aracataca cambió de estilo y de asunto: en esos días comenzó a escribir *La hojarasca*. Desde esa primera novela hasta la última, toda su obra da fe, a través de una imagen recurrente, de ese instante terrible.

El primer cuento de *Los funerales de la Mamá Grande*, «La siesta del martes», fue escrito en Caracas, en 1958, y está basado en un recuerdo de infancia que ha evocado en varias entrevistas: «Todo el argumento de "La siesta del martes", que considero mi mejor cuento, surgió de la visión de una mujer y una niña vestidas de negro, con un paraguas negro, caminando bajo el sol abrasante de un pueblo desierto», dijo en 1968,[9] y tres años antes le había contado algo semejante a Harss:

---

[9] Armando Durán, *op. cit.*, p. 32.

«Dice que un día una mujer y una joven llegaron al pueblo con un ramo de flores, y pronto se difundió la voz: "Aquí viene la madre del ladrón". Lo que lo impresionó fue la dignidad invencible de la mujer, su fuerza de carácter en medio de la hostilidad popular».[10] Esta imagen corresponde idénticamente a aquella, también elíptica, que cierra *La hojarasca*, el episodio silenciado hacia el cual está orientada toda la historia: alguien —el coronel que acompaña el ataúd en la novela, la madre del ladrón en el cuento— sale a enfrentarse a una comunidad hostil y debe atravesar la calle central de un pueblo adverso. Es evidente que esta imagen tiene su origen en el regreso de García Márquez con su madre a Aracataca: «Entonces, mi madre y yo atravesamos el pueblo como quien atraviesa un pueblo fantasma: no había un alma en la calle...». La frustración que significó el reencuentro con Aracataca lo decidió a contar por escrito el pasado de aquella realidad. ¿Cuál? Porque en ese momento Aracataca dejó de ser para él indivisible, se fragmentó en dos realidades, la que se había llevado en la memoria y que traía de vuelta, seguramente embellecida, y esa realidad miserable que tiene ante los ojos. Contará ambas realidades, fundidas en una sola. Esa soledad, ese vacío que los reciben a él y a su madre se han convertido en las imágenes reincidentes de *La hojarasca* y de «La siesta del martes», en lo que él sintió en ese instante: hostilidad. Esas ventanas cerradas son ahora miradas odiosas, esas veredas desiertas se han llenado de puños y de caras crispadas. La imagen reactualiza simbólicamente el instante del conflicto con la realidad vivido por el propio creador y reafirma su insumisión ante el mundo.

Siguiendo las reencarnaciones de esta situación-clave en la obra de García Márquez, descubrimos una de las

---

[10] Harss, *op. cit.*, p. 403.

formas que adopta en su mundo ficticio el tema de la marginalidad. En casi todas sus ficciones, cada vez que surge esta situación —un individuo enfrentado a, o separado de la colectividad que lo rodea— el narrador deja de ser neutral y (siempre con discreción) toma partido por el excluido. En el caso de «La siesta del martes» es evidente que las simpatías del narrador acompañan a la mujer. «Es el mejor cuento que he escrito», dijo García Márquez a Durán, y, según Harss, «Para García Márquez "La siesta del martes" es el más íntimo de todos los cuentos de *Los funerales de la Mamá Grande*». La intimidad no aparece en este relato anclado en el plano más exterior de lo real objetivo y en el que la realidad es paisaje, objeto y acto. Su acción sólo es interiorizada un brevísimo instante, en el caso de un personaje secundario; y esta fugaz irrupción es intrascendente desde el punto de vista de la historia. ¿A qué se refiere García Márquez cuando llama a este cuento el más íntimo? Es el más íntimo para él, pues toca directamente su intimidad de escritor, su más importante experiencia de creador, aquella que hizo nacer en él la voluntad de competir con la realidad creando realidades. La misma subjetiva razón hace que lo considere «el mejor cuento que he escrito».

Otra versión de la misma imagen aparece en «En este pueblo no hay ladrones», cuando el negro acusado del robo cometido por Dámaso es llevado hacia el embarcadero: «Lo llevaron por el medio de la plaza, las muñecas amarradas a la espalda con una soga tirada por un agente de la policía. Otros dos agentes armados de fusiles caminaban a su lado. Estaba sin camisa, el labio inferior partido y una ceja hinchada, como un boxeador. Esquivaba las miradas de la multitud con una dignidad pasiva. En la puerta del salón de billar, donde se había concentrado la mayor cantidad de público para participar de los dos extremos del espectáculo, el propietario lo vio pasar moviendo la cabeza en silencio. El resto de la gente lo observó con una especie de fervor».[11] La situación es idéntica: un apestado atraviesa «con una dignidad pasiva» el centro de un pueblo, ante las miradas de la gente que se ha reunido allí para gozar del espectáculo. La naturaleza de esta curiosidad resulta implícitamente condenatoria para el pueblo; el narrador toma partido así, con delicadeza pero con claridad, por el ser marginal. Se puede asociar a estas imágenes uno de los episodios finales de *El coronel no tiene quien le escriba:* el paseo que hace el coronel por el pueblo, con el gallo en brazos, entre los aplausos de la gente. Allí, el personaje no es víctima; al contrario, es vitoreado como héroe. ¿Cuál es su reacción? No de entusiasmo, no de gratitud. No participa de esa apoteosis. Se siente intimidado, absorto; y el narrador precisa: «Nunca había sido tan largo el camino hasta su casa». Una vez que llega a su hogar, el coronel, extrañamente enfurecido, arroja a la calle a los niños curiosos amenazándolos con darles de correazos.[12] La situación es distinta sólo en la superficie, ya que la imagen opone los mismos ingredientes: una colectividad y un individuo, distanciados, incomunicados uno del otro. La corriente de simpatía que mana de aquélla no encuentra eco en el beneficiario, éste la registra más bien de una manera dolorosa. Otra variante de la imagen-clave aparece en «Un día después del sábado»: el apestado del cuento, el padre Antonio Isabel, acostumbra dar un paseo, a diario, a la hora de la siesta, por las calles desiertas, en dirección a la estación de ferrocarril. Cuando toda la gente retoza en el interior de las casas bajo el bochorno, el alucinado sacerdote atraviesa el pueblo solitario, como una figura fantasmal: en uno de esos paseos ve al Judío Errante.[13] Más fieles a la estructura de la imagen-clave son

---

[11] *Los funerales de la Mamá Grande,* edición citada, p. 50 (cito siempre de esta edición).
[12] *El coronel no tiene quien le escriba,* Buenos Aires, Editorial Sudamericana, 1968, pp. 84-85 (cito siempre de esta edición).
[13] *Los funerales...,* pp. 96, 100, 102.

las llegadas a Macondo del coronel Aureliano Buendía en *Cien años de soledad:* victorioso o derrotado, siente siempre una barrera invisible entre él y la comunidad agolpada en las calles que atraviesa: «Parecía un pordiosero. Tenía la ropa desgarrada, el cabello y la barba enmarañados, y estaba descalzo. Caminaba sin sentir el polvo abrasante, con las manos amarradas a la espalda con una soga que sostenía en la cabeza de su montura un oficial de a caballo. Junto a él, también astroso y derrotado, llevaban al coronel Gerineldo Márquez. No estaban tristes. Parecían más bien turbados por la muchedumbre que gritaba a la tropa toda clase de improperios» (pp. 109-110). Es sintomático que «mientras la muchedumbre tronaba a su paso» el coronel esté «concentrado en sus pensamientos, asombrado de la forma en que había envejecido en un año» (p. 111). Más tarde confesará a su madre haber tenido la impresión «de que ya había pasado por todo eso».[14] Esa sensación de marginalidad que se apodera de él cuando atraviesa Macondo, se materializa luego en el círculo de tiza de tres metros de diámetro que sus ayudantes trazan a su alrededor y que nadie puede trasponer (p. 145). En cuanto a *El otoño del patriarca,* García Márquez ha declarado: «De la novela que escribo ahora, la única imagen que he tenido durante muchos años es la de un hombre inconcebiblemente viejo que se pasea por los inmensos salones abandonados de un palacio lleno de animales».[15] Aquí la ciudad desierta u hostil es «un palacio abandonado»; la soledad del «ser distinto» está subrayada por esos imposibles compañeros, los animales, que hacen las veces de los puños crispados, la curiosidad malsana o el entusiasmo intolerable.

---

[14] Véase también, en *Cien años de soledad,* cómo atraviesan Macondo entre repiques y flores don Apolinar Moscote y su hija Remedios, el día de la boda del coronel (p. 75); la entrada, entre estampidos de cohetes, del coronel Buendía (p. 117), y su salida secreta del pueblo (p. 128).

[15] Armando Durán, *op. cit.,* p. 32.

Si un novelista no elige sus temas, sino, más bien, es elegido por éstos como novelista, la conclusión es, en cierto modo, deprimente: el novelista no es libre. Efectivamente, no lo es, pero en el mismo sentido que ningún hombre es libre de elegir sus sueños o sus pesadillas. En el dominio específico de sus fuentes, el suplantador de Dios es un esclavo de determinadas experiencias negativas de la realidad, de las que ha extraído la voluntad de escribir y de las que esta voluntad se nutre incansablemente al traducirse en una praxis. Pero en el ejercicio de su vocación, en la operación concreta de convertir sus obsesiones en historias, el suplantador de Dios recupera su libertad y puede ejercerla sin límites. El esclavo es un ser absolutamente libre en el dominio de la forma, y es precisamente en este dominio —el del lenguaje y el orden de una ficción— en el que se decide su victoria o su fracaso como suplantador de Dios. Irresponsable en lo que concierne a los temas de su obra, está enteramente librado a sí mismo —es decir a su obstinación, a su lucidez— en la empresa de desalojar de sí a sus demonios, de objetivarlos mediante palabras en ficciones que, para él, son verdaderos exorcismos. En otros términos, como la verdad o la mentira de un mundo de ficción dependen exclusivamente de su forma, no de los temas sino de su objetivación en una escritura y una estructura, el suplantador de Dios es plenamente responsable, como escritor, de su mediocridad o de su genio.

La afirmación «Yo no podría escribir una historia que no sea basada exclusivamente en experiencias personales» encierra una triste verdad: el suplantador de Dios no sólo es un asesino simbólico de la realidad, sino, además, su ladrón. Para suprimirla, debe saquearla; decidido a acabar con ella, no tiene más remedio que servirse de ella siempre. Así, respecto a la materia de su mundo ficticio, ni siquiera es un creador: se apropia, usurpa, desvalija la inmensa realidad, la convierte en su botín. De esa

97

ilimitada cantera que pone al servicio de su empresa deicida, surgen ciertos rostros, ciertos hechos, ciertas ideas que ejercen sobre él una fascinación particular, que aisla de los demás para, combinándolos, organizándolos, nombrándolos, edificar «su» realidad. Pero es precisamente en la operación posterior al acto delictivo inicial, es decir, en la de dar nombre y orden a esos hurtos, que éstos (si el suplantador de Dios triunfa en su empresa) dejan de serlo, y adquieren una vida distinta, una naturaleza propia. También en este caso es la forma lo que decide si la realidad ficticia se aparta de su modelo, la realidad real, y llega a constituir una entidad soberana, o no lo consigue y es una mera réplica, inválida por sí misma, de vida prestada. Es por el uso que hace de sus hurtos que el suplantador de Dios puede convertirse de plagiario en creador.

LOS DEMONIOS PERSONALES ¿De qué naturaleza son las fuentes de la literatura narrativa? Los demonios que deciden y alimentan la vocación pueden ser experiencias que afectaron específicamente a la persona del suplantador de Dios, o patrimonio de su sociedad y de su tiempo, o experiencias indirectas de la realidad real, reflejadas en la mitología, el arte o la literatura. Toda obra de ficción proyecta experiencias de estos tres órdenes, pero en dosis distintas, y esto es importante, porque de la proporción en que los demonios personales, históricos o culturales hayan intervenido en su edificación, depende la naturaleza de la realidad ficticia. Es evidente que en un escritor como Alejo Carpentier, las experiencias históricas son fuentes más importantes que las personales, que en Borges los demonios culturales importan más que los históricos («muchas cosas he leído y pocas he vivido» ha dicho él con justicia), y que en la obra de Onetti los demonios personales son más decisivos que los históricos o culturales. En el caso de García Márquez hay una especie de equilibrio entre estos tres tipos de experiencias: su obra se alimenta en dosis parecidas de hechos vividos por él, de experiencias colectivas de su mundo, y de lecturas.

Sería moroso e inútil levantar un catálogo de todas las experiencias personales de García Márquez que se hallan agazapadas detrás de los personajes y situaciones de su mundo verbal, para mostrar hasta qué punto es exacta la afirmación: «Yo no podría escribir una historia que no sea basada exclusivamente en experiencias personales». Sería también imposible: para llevar a cabo esta averiguación, se depende sobre todo del testimonio del propio autor, que es siempre dudoso. Que el novelista no elige sus demonios significa, ante todo, que la intervención del elemento consciente y racional en la primera fase de la creación —la selección, entre los materiales de la realidad, de aquéllos con los que erigirá su mundo ficticio— es secundaria, y que son, principalmente, el subconsciente y los instintos quienes perpetran el saqueo. Es sólo en la segunda fase, en la operación de dotar de una forma a esta materia usurpada irracionalmente, que la inteligencia y la razón asumen la responsabilidad primera del trabajo creador. La creación literaria consiste no tanto en inventar como en transformar, en trasvasar ciertos contenidos de la subjetividad más estricta a un plano objetivo de realidad. El testimonio del suplantador de Dios sobre los plagios de la realidad real que anidan en sus ficciones es tan sospechoso como el testimonio de un hombre sobre el origen de sus obsesiones o los fantasmas que visitan sus sueños. En el caso de García Márquez, sin embargo, esta dificultad se halla atenuada pues se trata de un creador muy consciente de sus fuentes.

Veamos al menos, entre las innumerables experiencias personales que ha utilizado, las que se reflejan en la realidad ficticia de manera más repetida, como motivos y temas recurrentes.

EL LUGAR,
LA CASA

Fue precisamente durante ese viaje con su madre a Aracataca, que escogió el nombre del lugar donde ocurriría su novela: Macondo. De niño había estado alguna vez en la finca llamada así, pero no había vuelto a pensar en ella. En el viaje, vio el letrero desde la ventanilla del tren, y el nombre le llamó la atención. Luego, en Aracataca sobrevino el episodio decisivo. Es éste, ciertamente, el que determinó que ese nombre, por vecindad física y emocional, se convirtiera para él en un objeto obsesionante.[16] Macondo es escenario de dos de sus novelas y cuatro de sus cuentos, y, en un momento de la evolución del mundo ficticio, acaba por absorber retroactivamente a los otros dos escenarios: ese lugar anónimo, denominado «el pueblo», en el que suceden las historias de *El coronel no tiene quien le escriba* y *La mala hora* y de cuatro cuentos, y la localidad marina de «El mar del tiempo perdido» y de algunos de sus últimos relatos. El modelo real del pueblo es otro lugar al que está ligada la infancia de García Márquez, Sucre, donde pasaba las vacaciones cuando era escolar; y la localidad marina, también anónima, tiene como paradigma a una minúscula aldea de pescadores muy próxima de Aracataca: Tasajera. Las

---

[16] Sobre el origen del nombre Macondo y las razones que lo llevaron a utilizarlo sigo el testimonio del propio García Márquez. Jaime Mejía Duque, en *Mito y realidad en Gabriel García Márquez,* Bogotá, Editorial La Oveja Negra, 1970, pp. 49-52, afirma que ese nombre, Macondo, era algo más que el simple apelativo de una finca, que tenía desde antes una significación mítica para los campesinos de la región: «El lugar geográfico llamado Macondo, que Germán Arciniegas nebulosamente ubicaba en el Departamento de Bolívar, en realidad está situado junto a las estribaciones occidentales de la Sierra Nevada de Santa Marta, entre las ciudades de Aracataca y Ciénaga y dentro de la zona bananera. Para los pobladores de la región el paraje así nombrado es como la tipificación de la manigua en donde se corre el riesgo de extraviarse y perecer devorado por las alimañas o tragado por los fétidos pantanos. Para esos campesinos, el término «Macondo» es sinónimo de un lugar lejano y maligno de donde no se regresa, réplica del reino del irás-y-no-volverás de los cuentos infantiles. Alguien nos afirmaba que al mismo tiempo es todas partes y ninguna. De cualquier manera, las gentes se comportan allí míticamente en relación con ese paraje al que muchas de ellas conocen aunque no figure en los mapas». No niego que el nombre Macondo tenga *ahora* una cierta connotación mítica para los campesinos de la región, pero que la tuviera antes de que lo utilizara es algo que García Márquez no sospechó jamás.

características de Macondo, el pueblo y la localidad marina no corresponden rígidamente a los modelos, pero, en cambio, las diferencias entre uno y otro son las mismas que existen en la realidad entre esos tres lugares.

La razón del viaje de Luisa Santiaga a Aracataca en esa ocasión era vender la casa de sus padres. El coronel y doña Tranquilina habían muerto, la familia García Márquez no pensaba volver al pueblo, esa propiedad les resultaba una carga. Pero ésa era la casa asombrosa, llena de espíritus, donde García Márquez había pasado su infancia. Aracataca se hacía trizas ante sus ojos, y, al mismo tiempo, la sede de sus mejores recuerdos, la casa familiar, rompía todo vínculo con él; no es sorprendente que la casa se convirtiera en un demonio tan fecundo como Aracataca. Su mundo ficticio estará lleno de casas matrices, que ocupan un lugar sobresaliente en las historias. La primera novela que escribe, poco después de ese viaje, se iba a llamar «La casa», como hemos visto, y en varias ocasiones repetirá haber utilizado la casa de sus abuelos como ejemplo de la casa de *La hojarasca*.[17] Esta misma casa es el prototipo de las otras mansiones centrales de la realidad ficticia: la de «Isabel viendo llover en Macondo», la de la Mamá Grande (que será luego de la familia Montiel), la casa de los Asís, la residencia donde la viuda Rebeca languidece de soledad. Pero es sobre todo en la mansión de los Buendía donde este demonio se proyecta con fuerza. En *Cien años de soledad* Úrsula Iguarán ordenará a las cocineras que hagan carne y pescado «porque nunca se sabe qué quieren comer los forasteros» (p. 198), como García Márquez había visto hacer a su abuela. Ocurre que por la casa siempre abierta del hombre prominente de Aracataca desfilaban toda clase de huéspedes, a los que doña Tranquilina y don Nicolás ofrecían invariablemente apo-

---

[17] Véase, por ejemplo, Armando Durán, *op. cit.*, p. 22, y García Márquez y Vargas Llosa, *op. cit.*, pp. 14-16.

sento y comida. Muchos de estos forasteros eran parientes. Don Nicolás había tenido amoríos numerosos durante la guerra y su descendencia bastarda lo visitaba con frecuencia. Los parientes ilegítimos eran tratados con el mismo afecto que los legítimos, de modo que la gran casa de Aracataca, igual que la casa solariega de la Mamá Grande o la de los Buendía, albergaba a veces a una verdadera tribu bíblica. Esos tíos bastardos de García Márquez inspiran a los diecisiete hijos de la guerra del coronel Aureliano Buendía y él asegura que «el número estaba muy cerca de la verdad».

El mundo verbal de García Márquez tiene un dinamismo interno que lo renueva de ficción a ficción; sólo algunos elementos de la realidad ficticia son invariables; los otros, la mayoría, mudan constantemente. Entre los estáticos figura el ambiente físico: desde «Isabel viendo llover en Macondo» hasta los últimos relatos, el paisaje guarda rigurosa fidelidad a sí mismo. Sus rasgos son breves pero inconfundibles y corresponden, matemáticamente, a un poblado tropical como Aracataca: la Plaza siempre está erizada de almendros, en los techos se pasean esas aves zancudas, los alcaravanes, cuyos graznidos dan la hora según una creencia popular. El aire está contaminado de un polvo ceniciento que empaña levemente la visión de las cosas. Dos fenómenos típicamente tropicales son las constantes mayores del clima de la realidad ficticia: el calor y la lluvia. Desde el aguacero de «Isabel viendo llover en Macondo» hasta el diluvio de *Cien años de soledad,* innumerables trombas de agua empapan las ficciones de García Márquez, y de una de ellas, *El coronel no tiene quien le escriba,* casi podría decirse que transcurre bajo la lluvia. Tanto en el pueblo como en Macondo, el mes de las tempestades es octubre, igual que en la región atlántica de Colombia. Hemos visto, en las citas referentes a Bogotá y a Zipaquirá, que García Márquez se sintió deprimido por «el frío» de esos lugares, al que contrastaba «el calor» de su pueblo. Años más tarde afirmará que «puede escribir en cualquier sitio donde no haya frío ni ruido».[18] En la realidad ficticia nunca hará frío, *siempre* hará calor. Éste será una presencia poderosa, cuya función ha señalado Volkening: «Archicaracterísticas son, por este respecto, las frases que a modo de *leitmotiv* acompañan los relatos e imperceptiblemente ejercen sobre el lector una sugestión proporcional a su letal monotonía: "A las doce había empezado el calor", "El pueblo flotaba en el calor", "en algunas [casas] hacía tanto calor que sus habitantes almorzaban en el patio", "el lunes amaneció tibio y sin lluvia", "el sol calentó tarde" o "calentó temprano": he aquí algunos ejemplos, recogidos al azar, de un sistema de referencias que, poco a poco, va adquiriendo las dimensiones de una patografía del hombre tropical y de sus distintos estados de ánimo. A todas luces, el arte narrativo de García Márquez se alimenta de una obsesión meteorológico-barométrica, manifiesta en la manera como aquel elemento cálido, húmedo, lúbrico o vaporoso penetra el tejido permeable de la narración, llena el espacio vacío que se extiende entre los personajes, los rodea de una especie de aura atmosférica y así se convierte en el medio unitivo, propio para crear la densidad peculiar del relato que nos tiene cautivos desde el principio hasta el fin».[19] Volkening se refiere sólo a los cuentos, pero su observación vale para toda la obra de García Márquez; lo que llama obsesión meteorológico-barométrica es un buen ejemplo de lo que yo llamo *demonio*. Aunque el medio físico es uno de los elementos invariables en la realidad ficticia, esto no significa que sus tres escenarios sean idénticos: comparten el calor y la lluvia, pero, por ejemplo, en la localidad marina no hay almendros ni alcaravanes.

---

[18] Jean Michel Fossey, *op. cit.,* pp. 30-31.
[19] Ernesto Volkening, *op. cit.,* pp. 30-31.

El saqueo de la realidad real puede documentarse aún mejor en lo que respecta a los personajes: los modelos son ocasionales o arquetipos permanentes que inspiran verdaderas estirpes. Hemos visto algunos: el niño inmovilizado ante el cadáver de *La hojarasca* reproduce una situación vivida por García Márquez en su infancia; Amaranta Úrsula tejiendo su mortaja recuerda a una tía que hizo lo mismo en Aracataca. Ésta es la fuente de la ascensión al cielo de Remedios, la bella: «La explicación de esto es mucho más simple, mucho más banal de lo que parece. Había una chica que corresponde exactamente a la descripción que hago de Remedios, la bella, en *Cien años de soledad*. Efectivamente se fugó de su casa con un hombre y la familia no quiso afrontar la vergüenza y dijo, con la misma cara de palo, que la habían visto doblando unas sábanas en el jardín y que después había subido al cielo... En el momento de escribir, prefiero la versión de la familia... a la real, que se fugó con un hombre, que es algo que ocurre todos los días y que no tendría ninguna gracia».[20] El prontuario del suplantador de Dios —robo de nombres, caras, virtudes y vicios, usurpación de psicologías y objetos, secuestro de ambientes, frases— podría pormenorizarse hasta el infinito: la descripción de la Isabel de *La hojarasca* (p. 12) corresponde a la imagen de Luisa Santiaga que García Márquez vio por primera vez, cuando tenía cuatro o cinco años; Mercedes aparece en *Cien años de soledad* con su trabajo de Barranquilla, boticaria (p. 315) y en la misma novela Amaranta Úrsula sueña con tener dos hijos que se llamen Rodrigo y Gonzalo (p. 321), como los hijos de los García Márquez; los nombres de los jóvenes conspiradores de *El coronel no tiene quien le escriba* y de los amigos de Aureliano Buendía en los años finales de Macondo, son los de tres compañeros

---

[20] García Márquez y Vargas Llosa, *op. cit.*, pp. 18-19.

de Barranquilla: Álvaro (Cepeda), Alfonso (Fuenmayor) y Germán (Vargas); el apellido de La Elefanta, la devoradora de comida, es el del padre Sagastume, un sacerdote vasco que fue profesor de García Márquez; la larguísima vejez de Úrsula Iguarán, ciega y medio loca, exagera la de doña Tranquilina... En cuanto al fantasmagórico guerrero disfrazado de tigre que se presenta en el campamento del coronel Buendía, he aquí su origen: «Quien ha leído mis libros encuentra que el Duque de Marlborough perdió la guerra civil en Colombia, como ayudante del coronel Aureliano Buendía. Y la realidad de esto es que, cuando yo era chico, cantaba la canción que cantamos todos los niños: "Mambrú se fue a la guerra", ¿verdad? Yo le pregunté a mi abuela quién era ese Mambrú y a qué guerra se había ido, y mi abuela que, evidentemente, no tenía la menor idea, me contestó que éste era un señor que peleaba con mi abuelo en la guerra... Más tarde cuando yo me di cuenta que Mambrú era el Duque de Marlborough, pues me pareció que mejor era lo que decía mi abuela, y lo fui dejando así».[21]

La deuda mayor de buen número de personajes de la realidad ficticia es con el coronel Nicolás Márquez Iguarán, prototipo, ya lo dijimos, de una estirpe: los coroneles. El recuerdo del abuelo, de su azaroso pasado, de su vistosa personalidad, es uno de los demonios más estimulantes de García Márquez. Todos los coroneles de sus ficciones hurtan, en proporciones variables, peripecias vitales, rasgos físicos y psicológicos del coronel de Aracataca: el recto coronel de *La hojarasca* ha venido a instalarse a Macondo después de la guerra, exactamente como el abuelo, y ambos, con el tiempo, se convierten por su antigüedad en el pueblo y por su pasado guerrero, en hombres prominentes del lugar. El personaje de la novela pro-

[21] *Ibid.*, p. 18.

fesa un desprecio aristocrático a la hojarasca, esos forasteros, y esta actitud coincide con la de don Nicolás, como lo experimentó en carne propia el padre de García Márquez. El personaje tiene un defecto físico: es cojo. Don Nicolás era tuerto, como don Máximo Gómez, el sobreviviente de las guerras civiles del relato «El mar del tiempo perdido». Otro de los coroneles de *La hojarasca,* Aureliano Buendía, desempeña en ese momento la función de Intendente del Litoral Atlántico. Éste es el cargo que tuvo don Nicolás en el ejército de Uribe Uribe[22] o, al menos, el cargo que aseguró muchas veces al nieto que había tenido. El héroe de *El coronel no tiene quien le escriba* ha pasado su niñez en Riohacha (tierra natal de don Nicolás) y fue durante la guerra Intendente, como, presuntamente, lo fue el abuelo. Ambos asisten a la capitulación de Neerlandia, en la que se rinde el bando en el que pelearon, y ambos viven convencidos de que recibirán pronto su reconocimiento de servicios al Estado. Ambos se verán frustrados: como el coronel de la novela, don Nicolás se pasó la vida esperando la imposible cesantía. Pero es sobre todo en la estirpe de los Buendía, en *Cien años de soledad,* donde don Nicolás se proyecta magníficamente. Según García Márquez, el impulso inicial de la novela fue una idea fija: el recuerdo de don Nicolás, llevándolo de la mano por la calle a ver el circo, que se convierte en la imagen de Aureliano Buendía, niño, yendo de la mano de su padre a conocer el hielo. Los Buendía proceden de Riohacha, donde habían nacido don Nicolás y doña Tranquilina. Éstos eran primos hermanos, como Úrsula Iguarán y José Arcadio Buendía (el apellido Iguarán es común en la ficción y en la realidad), y como los padres del primer Buendía con cola de cerdo. La razón por la que José Arcadio Buendía abandona la sierra para

---

[22] No he podido verificar este dato en los libros sobre la guerra de los mil días que he consultado.

instalarse en Macondo es el asesinato de Prudencio Aguilar: el hombre al que dio muerte don Nicolás —razón por la cual se marchó a Aracataca— tenía el mismo apellido. Don Nicolás tuvo la manía del Diccionario, la fascinación por el significado de las palabras: toda una rama de los Buendía pasará su vida tratando de descifrar un diccionario secreto (los manuscritos de Melquíades).

El catálogo podría prolongarse indefinidamente, pero, desde luego, no tendría sentido: aquí sólo trato de ilustrar con algunos ejemplos esa actividad obligatoria, irresponsable, que constituye la primera fase de la vocación: el saqueo de la realidad real. O, mejor dicho, la coacción que la realidad real ejerce en la materia narrativa, a través de ciertas experiencias poderosas, demonios que se imponen al novelista y nutren su vocación. En todo caso, detectar los demonios emboscados detrás de los temas o motivos tiene un interés sólo anecdótico: lo importante es averiguar en qué forma aquéllos se convierten en éstos. No es el saqueo lo que importa, sino el partido que es capaz de sacar el suplantador de Dios de sus hurtos. Aquí el fin justifica los medios: como el ladrón avezado, el novelista con talento consigue que su botín vuelva al mercado convertido realmente en un objeto distinto del que se apropió.

Pero los hechos determinantes del conflicto con la realidad real, fuente de la vocación del deicida, pueden ser también acontecimientos de carácter social, que marcaron poderosamente a la colectividad de la que el novelista forma parte, y que lo afectaron a él de manera especial. Esos demonios que comparte el deicida con su clase o grupo social, con su nación o con la humanidad, merecen ser diferenciados de aquellos episodios de resonancia estrictamente individual que hemos llamado demonios personales. (Estamos hablando siempre, claro está, de la primera fase de la vocación, de sus fuentes, no de sus pro-

LOS DEMONIOS HISTÓRICOS

ductos. Porque el suplantador de Dios sólo triunfa en su empresa de reconstrucción de la realidad, cuando las experiencias de su mundo ficticio —trasposiciones verbales de demonios personales, históricos y culturales— adquieren un carácter histórico en el sentido de universales, de experiencias susceptibles de ser adoptadas o identificadas como suyas por todos los hombres. Esto lo consigue el deicida que triunfa; el que fracasa convierte en su obra los demonios históricos y culturales, esas experiencias universales, en temas y motivos individuales, sin significación ni vida para los demás.) El origen de la vocación del novelista no es necesariamente un trauma particular; puede serlo un trauma general, sentido más profunda o más ciegamente por él, hasta el extremo de llegar a esa reacción excesiva: la negación de la realidad, el deseo de sustituirla. El saqueo mediante el cual el novelista alimenta su vocación no consiste sólo en apoderarse de las casas donde vivió, de las caras que conoció, de los hechos que le ocurrieron; también en poner a su servicio, como materiales de trabajo, los sucesos que conmovieron a la comunidad: las guerras, las pestes, las huelgas, las luchas políticas, las conquistas o derrotas, los conflictos sociales o culturales o religiosos, toda esa masa de experiencias comunes que constituyen el acervo histórico de un conglomerado humano. No hay, desde luego, novelistas que escriban sólo en función de demonios personales o históricos; todos se nutren de ambos órdenes, todos hurtan en esas dos canteras.

En muchos casos, las experiencias personales y las históricas no pueden diferenciarse: es a través de un demonio personal que un demonio histórico se desliza en la vida del suplantador de Dios. Es el caso de García Márquez: los hechos históricos afectaron su vida y su vocación en la medida en que las personas más importantes de su infancia fueron protagonistas, testigos o víctimas de esos sucesos, y en la medida en que estos factores determinantes del destino de su familia y de su pueblo, lo fueron también de su propia vida.

La posición social de don Nicolás y doña Tranquilina en Aracataca condicionó la infancia de García Márquez: motivó el drama de sus padres —las dificultades que encontraron para casarse, el hecho de que tuvieran que irse a vivir lejos— y, también, que se criara con sus abuelos. A través de ese conflicto familiar se transparenta la estructura rígida de esa sociedad. ¿A qué debía don Nicolás su posición de vértice en la escala social de Aracataca? No tanto al dinero, como a dos hechos sociales: su antigüedad en el pueblo y su prestigio de combatiente en la guerra de los mil días junto a Uribe Uribe. En nombre de esa antigüedad profesaba don Nicolás ese desdén hacia la hojarasca que lo llevó a oponerse al matrimonio de su hija con el telegrafista advenedizo. ¿Era realmente don Nicolás uno de los fundadores de Aracataca? El abuelo se preciaba ante el nieto de serlo, pero no hay documentos que permitan situar la fundación del pueblo sólo después de la Gran Guerra. Lo más probable es que existiera desde antes, como una localidad ínfima, y que a fines de la guerra de los mil días, cuando llegó don Nicolás y junto con él otras familias arrancadas de sus hogares por el conflicto, Aracataca tuviera una especie de segundo nacimiento.[23] Como es a partir de esos años que el pueblo crece y prospera —la fiebre del banano comienza en 1904— esas familias se consideraron a sí mismas las fundadoras del lugar, llegaron a constituir una especie de aristocracia local, y su posición se vio confirmada por el respeto y el presti-

---

[23] De otro lado, Aracataca, como muchos pueblos de la costa atlántica, quedó terriblemente dañado por la guerra de los mil días. Véase la carta que escribió Uribe Uribe, al regresar de Curaçao, sobre la destrucción de los pueblecitos de la Guajira: «El departamento de Magdalena se acabó», dice. En Eduardo Santa, *Rafael Uribe Uribe. Un hombre y una época*, Medellín, Editorial Bedout, 1968, p. 291.

gio de que gozaban por su antigüedad y su participación en la guerra. ¿Esta aristocracia estaba constituida por un grupo de familias o por *una* familia? El hecho es dudoso y ni el propio García Márquez se pronuncia al respecto. Pero lo cierto es que, en las distintas etapas de edificación de la realidad ficticia, vemos reproducirse casi exactamente, en la organización social de la comunidad, la condición que tuvo la familia Márquez Iguarán en Aracataca. El coronel de *La hojarasca* constituye el vértice de la pirámide social porque es vecino antiguo, fundador de Macondo, y por su presumible participación en la Gran Guerra a la que seguramente debe su título; esta posición social lo impulsa a despreciar a la hojarasca. El héroe de la segunda novela, *El coronel no tiene quien le escriba,* ha descendido brutalmente en la escala económica —aquí, el vértice es un rico, don Sabas—, pero no en la escala subjetiva de la consideración y el respeto de la localidad, donde se le trata como a alguien de rango elevado. ¿A qué se debe esta actitud de la comunidad? A la participación del coronel en la guerra y a su antigüedad (llegó al pueblo huyendo de la hojarasca y del banano). En los cuentos de *Los funerales de la Mamá Grande,* varios personajes ocupan posiciones altas en la sociedad, no por razones económicas, sino por su antigüedad y por su vinculación directa o indirecta con la guerra: la viuda Rebeca, por ejemplo, o el padre Antonio Isabel. Sólo en el caso de la Mamá Grande se está en la cumbre de la pirámide social tanto por razones aristocráticas como económicas. En *La mala hora* hay un caso semejante, pero a nivel mucho menor: el de los Asís. En *Cien años de soledad,* la familia Buendía reproduce una vez más la condición de la familia Márquez Iguarán: son la aristocracia de Macondo porque fundaron el pueblo y por su participación en los hechos históricos principales de la comunidad.

No es difícil establecer la composición social de Aracataca en los años de infancia de García Márquez. Entre el vértice de la pirámide social, ocupado por sus abuelos, y el estrato primero, la hojarasca (los peones de las bananeras), había grupos intermedios. A uno de estos pertenecía Gabriel Eligio: el telegrafista, el sastre, el boticario, los empleados públicos, los artesanos, formaban una clase media, el sector sobre el que, precisamente, don Nicolás ejercía más influencia como caudillo liberal. Junto a ese grupo social, pero distanciado de él, como una comunidad cerrada, estaban los comerciantes extranjeros —siriolibaneses, sobre todo— que llegaron a instalarse en la región en la época de la fiebre del banano, y que todavía hoy permanecen en casi todas las localidades de la costa atlántica, como un subgrupo social aislado, que no se ha disuelto en la clase media local. El lenguaje popular los designa como los sirios o los turcos, y no sólo en Colombia, sino en la mayor parte de Sudamérica. Y en un estrato inferior está la clase popular: los trabajadores y peones agrícolas, los hombres que ejercen los oficios urbanos más humildes, desde sirvientes, vendedores ambulantes, recogedores de basuras hasta camareros de bares. Y como un subgrupo dentro de esta clase popular, el mundo de los vagos, chulos, ladrones, prostitutas, el lumpen o semilumpen local. Al margen de esta sociedad, recluidos en sus haciendas y campamentos, estaban los técnicos e ingenieros, muchos de ellos extranjeros, de las bananeras. Se adivina fácilmente la falta casi total de contactos entre estos extranjeros de paso y la sociedad de Aracataca. En los capítulos siguientes veremos cómo la organización de la sociedad ficticia —Macondo, el pueblo y la localidad marina— refleja esta estructura, y con qué sutileza muestra las relaciones entre los distintos grupos, las características diferenciales y comunes que existen entre ellos, las ideologías, mitologías y costumbres que los distinguen, y cómo esta estructura clasista no es estática, sino que va modificándose en el curso del tiempo. La equivalencia entre la estructura social de la realidad real y la de la realidad ficticia es casi absoluta, pero, aun en este caso, el contexto es tan diferente que establece la indispensable distancia para que esa organización social en la ficción parezca diferente.

Los hechos históricos más importantes de la zona bananera son: las guerras civiles, que preceden el apogeo económico de la región y que terminan con la guerra de los mil días (1899-1902); el auge del banano, que comienza hacia 1904, cuando se instala en la región la United Fruit, y toda la cuenca del Magdalena se llena de fincas y de inmigrantes; la decadencia, que se inicia aproximadamente al terminar la primera guerra mundial y se va agravando en los años siguientes, cuando, por la baja de los precios del banano en el mercado mundial, se abandonan los cultivos y se produce una emigración que despuebla la zona; y la huelga de trabajadores bananeros de 1928 que termina con la matanza de Ciénaga. De una manera general, estos hechos históricos se reflejan en la realidad ficticia y constituyen sus acontecimientos históricos centrales. La fidelidad con el modelo en este caso no es tan rigurosa como en el de la fundación y la estructura social; aquí, los demonios han sido sometidos a un complejo proceso de transformación, de modo que los temas y motivos los objetivan de una manera libre, distanciándose de ellos a menudo en los detalles (por ejemplo, en la cronología), y según un orden que varía sutilmente de ficción a ficción. Pero en sus grandes líneas estos episodios históricos de la realidad real son la materia básica de la historia de la realidad ficticia. Conviene recordar que esos episodios están íntimamente ligados al destino familiar de García Márquez: la figura de don Nicolás está asociada a las guerras civiles, en las que participó; el auge del banano marca el período de apogeo social de don Nicolás y doña Tranquilina en Aracataca y fue la razón de la venida de Gabriel Eligio al pueblo, como telegrafista; la matanza de trabajadores ocurre el año del nacimiento de García Márquez y es un tema del que oye hablar incansablemente durante su infancia; la decadencia de la región coincide con la partida de sus padres de la zona y con el declinar de la propia familia: la muerte de don Nicolás, su partida de Aracataca, la decrepitud de doña Tranquilina. Los demonios históricos se confunden, una vez más, con los demonios personales.

Las guerras civiles figuran en casi todas las ficciones anteriores a *Cien años de soledad* como un trasfondo histórico, esencial pero borroso, de la sociedad ficticia. Es decir, son, para Macondo, el pueblo y la localidad marina, lo que eran para García Márquez cuando, niño, las revivía a través de los recuerdos de su abuelo o de los amigos y parientes: un horizonte épico y multicolor, algo tan llamativo como distante y confuso. Las guerras civiles gravitan decisivamente sobre el destino de la sociedad ficticia, donde aparecen seres que las vivieron, pero al mismo tiempo son (como debieron serlo para el niño de seis, siete, ocho años que escuchaba boquiabierto al viejo guerrero) una sucesión de anécdotas vivaces, pintorescas, deshilvanadas, que es imposible situar dentro de un orden. Hasta *Cien años de soledad* esas guerras de la realidad ficticia tienen un carácter enigmático: no está claro cuántas fueron, ni cuánto duró cada una, ni entre quiénes se libraron, ni los intereses e ideologías en pugna. Pero esta vaguedad, imperdonable en un estudio histórico, en la ficción es virtud: por la oscuridad que las envuelve, esas guerras mencionadas breve y sorpresivamente dotan a las historias de una dimensión legendaria.

En todas las ficciones se hallan presentes las guerras civiles. En *La hojarasca* lo menos cuatro personajes han participado en ellas (el coronel, Aureliano Buendía, el Cachorro y, muy posiblemente, el médico) y se dice que la fundación de Macondo la efectuaron familias que huían de la guerra. El drama de *El coronel no tiene quien le escriba* deriva de la guerra civil: el héroe fue Tesorero de Macondo en el ejército del coronel Buendía y asistió a la capitulación de Neerlandia, en la que se ofreció reconocer los servicios de los vencidos. El incumplimiento de esta promesa arruinó su vejez. En tres cuentos de *Los funerales de la Mamá Grande* hay alusiones a las guerras civiles. La primera es sólo una mención a los tiempos del coronel Aureliano Buendía («La siesta del martes»), pero en «Un día después del sábado» se dice que el padre Antonio Isabel «se enterró en el pueblo, desde mucho antes de la guerra del 85» (p. 94) y esta guerra precisa tiene una correspondencia en la realidad real: en 1885 la facción radical del partido liberal se levantó en armas contra la segunda presidencia de Rafael Núñez, liberal independiente. La guerra duró unos cuantos meses y Núñez derrotó a los radicales gracias a los ejércitos conservadores del general Canal (agosto de 1885). Uribe Uribe fue coronel en el bando de los radicales y jefe del batallón Legión de Honor que triunfó en la batalla de Quiebraloma. Poco después debeló un conato de motín en su batallón, disparando contra un soldado que se negaba a obedecerle; luego arrojó el arma, cruzó los brazos y se dirigió a la tropa: «Si alguno de ustedes quiere vengar la muerte de su compañero puede hacerlo. Aquí estoy».[24] De la Mamá Grande se dice que «ella confiaba en que viviría más de 100 años, como su abuela materna, que en la guerra de 1875 se enfrentó a una patrulla del coronel Aureliano Buendía, atrincherada en la cocina de su hacienda. Sólo en abril de este año comprendió la Mamá Grande que Dios no le concedería el privilegio de liquidar personalmente, en franca refriega, a una horda de masones federalistas» (p. 134). En 1875 no hubo ninguna guerra civil en Colombia, pero al año siguiente hubo dos. Primero, un levantamiento que estalló precisa-

---

[24] Eduardo Santa, *op. cit.*, pp. 66-68.

mente en la costa atlántica, encabezado por el general Santodomingo Vila, ministro de Guerra y Marina destituido por el Presidente Santiago Pérez; fue rápidamente debelado. Luego, apenas realizadas las elecciones que llevaron a la presidencia al liberal Aquileo Parra, los conservadores declararon la guerra religiosa; la contienda, feroz, duró once meses (julio de 1876 a junio de 1877) y terminó con la rendición de los rebeldes. En esta guerra hizo sus primeras armas Rafael Uribe Uribe, otro modelo del coronel Aureliano Buendía: tenía diecisiete años y fue segundo ayudante del comandante del Batallón 2.º de Buga; en la batalla de Los Chancos (31 de agosto) resultó herido en una pierna. Para entonces ya era federalista pero no masón: sólo al recibirse de abogado, en 1880, fue admitido en la Logia Masónica de Bogotá.[25] En *La mala hora* ocurre algo que podría prestarse a confusión: parecería que las guerras civiles se han acercado en el espacio y en el tiempo a la ficción, porque ésta transcurre en el paréntesis de tregua amenazada que separa dos enfrentamientos violentos del régimen y la oposición. En las ficciones anteriores, la guerra es siempre algo remoto en el espacio y en el tiempo. Sucede que esta guerra civil de *La mala hora* objetiva un demonio histórico distinto al de las guerras civiles del siglo pasado: la violencia que estalló luego del asesinato de Gaitán. Sin embargo, las guerras clásicas también apuntan en *La mala hora* a través de una alusión que rememora el paso del coronel Buendía por el pueblo «cuando iba a convenir en Macondo los términos de la capitulación de la última guerra civil».[26] En el relato «El mar del tiempo perdido», el viejo Máximo Gómez «había sobrevivido intacto a dos guerras civiles y sólo había perdido un ojo en la tercera» (p. 5). También en este texto se alude, como en las

[25] *Ibid.*, pp. 28-34.
[26] *La mala hora*, Buenos Aires, Editorial Sudamericana, 1969, p. 56 (cito siempre de esta edición).

ficciones anteriores, a ese personaje mítico, vinculado a las contiendas civiles: el Duque de Marlborough.

Las guerras civiles sólo dejan de ser un contexto en *Cien años de soledad;* allí constituyen uno de los ejes de la ficción y aparece su precisa ubicación en la historia de la realidad ficticia, aunque esta ubicación contradiga lo que habían insinuado al respecto las ficciones anteriores. El capítulo sobre los treinta y dos levantamientos del coronel Buendía transpone magistralmente a la ficción esa dramática constante de la historia de Colombia y de América Latina del siglo pasado: las guerras civiles entre liberales y conservadores. Se trata, desde luego, de una creación: el deicida ha deshecho y rehecho su materia prima con la máxima libertad para que este episodio congenie con los otros elementos de la realidad ficticia y tenga un poder de persuasión propio. Pero, al mismo tiempo, gracias a esa falta de escrúpulos con la que manipuló la materia prima, ha conseguido en esas páginas, precisamente, restituir una verdad profunda de la realidad histórica que le sirvió de modelo, y que, por ejemplo, yo no he encontrado en ninguno de los libros sobre la guerra de los mil días: la manera como, sin duda, fueron vividos esos conflictos desde la perspectiva del provinciano, de la masa que sirvió de carne de cañón a esas guerras que entendía apenas o que nunca entendió, cuyas motivaciones oficiales escapaban totalmente a su comprensión, porque eran confusas y absurdas de por sí, y porque quienes, en última instancia, sabían por qué y para qué se peleaba, eran un puñado de hombres, muchos de los cuales, además, siempre estuvieron lejos del campo de batalla. La oscura tragedia de esos hombres de provincia que, a lo largo de años de padecimientos increíbles, mataron y se hicieron matar por una bandera roja o azul, la confusión, la miseria y la bestial estupidez que significaron esas guerras —en las que, también, abundaron los heroísmos, las anécdotas espeluznantes, el humor macabro— están representadas con una vitalidad extraordinaria en *Cien años de soledad* pese a, o tal vez por, las violaciones de la verdad histórica. En una nota sobre *La casa grande,* de Álvaro Cepeda Salmudio, García Márquez escribió: «*La casa grande* es una novela basada en un hecho histórico: la huelga de los peones bananeros de la Costa Atlántica, que fue resuelta a bala por el ejército... Sin embargo, en este libro no hay un solo muerto, y el único soldado que recuerda haber ensartado a un hombre con una bayoneta en la oscuridad no tiene el uniforme empapado de sangre "sino de mierda"... Esta manera de escribir la historia, por arbitraria que pueda parecer a los historiadores, es una espléndida lección de transmutación poética. Sin escamotear la realidad ni mistificar la gravedad política y humana del drama social, Cepeda Samudio lo ha sometido a una especie de purificación alquímica, y solamente nos ha entregado su esencia mítica, lo que quedó para siempre más allá de la moral y la justicia y la memoria efímera de los hombres».[27] El párrafo puede ser aplicado al propio García Márquez con puntos y comas.

De otro lado, aunque las incorrecciones históricas son abundantes, también lo son las exactitudes. En la realidad ficticia, como en el modelo, los adversarios —conservadores y liberales— representan lo mismo: clericalismo y anticlericalismo, sistema unitario y sistema federal, militarismo y civilismo. Los resultados de la guerra son idénticos: luego de triunfos y derrotas de ambos bandos, vencen los conservadores. En la realidad real, las guerras civiles clásicas terminaron con la firma de dos tratados. El general Uribe Uribe se rindió ante el general conservador Juan B. Tobar el 24 de octubre de 1902 y este tratado, llamado de Neerlandia, puso fin a la guerra en la costa atlántica, pero el que realmente puso fin a la guerra fue el

---

[27] Álvaro Cepeda Samudio, *op. cit.,* contracarátula.

Tratado de Wisconsin (por el nombre del barco norteamericano a bordo del cual se firmó) el 21 de noviembre
de 1902. entre el general liberal Benjamín Herrera y el
ministro de Gobierno, general Nicolás Perdomo.[28] En la
realidad ficticia sólo existe el de Neerlandia, porque a esta
capitulación está ligado el abuelo, que estuvo presente en
el acto. La paz de Neerlandia se firmó el día del cumpleaños de Uribe Uribe y en *Cien años de soledad* la firma parece coincidir con el cumpleaños del coronel Buendía
(«El martes del armisticio amaneció tibio y lluvioso...
"Un día como éste viniste al mundo", le dijo Úrsula»)
(p. 153). El Tratado se firmó en la hacienda de Neerlandia,
y, según un testigo, hizo de mesa «el suelo de la casa de la
hacienda, y de manteles, anchas y frescas hojas de plátano». Luego de la ceremonia, el general Lacouture grabó
«con la punta de la espada, en el suelo que ocupaba la
mesa a que se sentaron los dignatarios del pacto, una cruz
como señal de que en ese sitio debía sembrarse el árbol de
la Paz».[29] En *Cien años de soledad,* el árbol ya existe cuando la firma del Tratado («El acto se celebró... a la sombra
de una ceiba gigantesca») (p. 154). En el Tratado de
Neerlandia se reconoció a los revolucionarios la condición de beligerantes y se les ofreció paz con garantías. El
gobierno pondría en libertad a los prisioneros de guerra y
presos políticos, daría salvoconductos, pasaportes y auxilios de marcha hasta sus hogares a los revolucionarios que
entregaran las armas; garantizaba a éstos que no serían
perseguidos, juzgados ni penados a causa de la revolución.[30] Pero en el Tratado no figura esa cláusula según la
cual se reconocía el título militar a los combatientes revolucionarios y se les ofrecía jubilación y pensiones, que

---

[28] Véase Joaquín Tamaya, *La revolución de 1899,* Bogotá, Editorial Cromos, 1938, pp. 219 y 224.
[29] Eduardo Santa, *op. cit.,* p. 298.
[30] *Ibid.,* pp. 298 y 299.

aparece en *El coronel no tiene quien le escriba* y en *Cien años de soledad*.

Hemos visto que la figura de don Nicolás, prototipo de los coroneles de la realidad ficticia, se proyectó en el personaje del coronel Aureliano Buendía. También en este caso un demonio histórico se superpone a un demonio personal. La gran figura histórica de la guerra de los mil días es Rafael Uribe Uribe, junto a quien combatió don Nicolás, y cuyo nombre y cuyas hazañas escuchó García Márquez mil veces en boca de su abuelo. El general Uribe Uribe es también modelo de los coroneles, y, por lo menos en un caso, de manera premeditada. Hasta *Cien años de soledad,* Aureliano Buendía es un nombre y algunas anécdotas; sólo en esa novela conocemos su cara y lo vemos de cerca. García Márquez describió físicamente a Aureliano Buendía utilizando como modelo los retratos del célebre caudillo liberal que murió asesinado a hachazos en las calles de Bogotá. Hay otras coincidencias: la curiosa amistad entre el coronel Aureliano Buendía y el general conservador José Raquel Moncada en *Cien años de soledad* (pp. 129 y ss.) está inspirada directamente en la relación que se estableció, en la guerra de los mil días, entre el general Uribe Uribe y su adversario, el general conservador Pedro Nel Ospina. Hay una célebre carta que escribió Uribe Uribe a Nel Ospina cuando tuvo que retirarse con sus tropas de Corozal, en noviembre de 1900: «Estimado Pedro Nel: Conveniencias de guerra me aconsejan cederte a Corozal. Ahí te lo dejo con sus fiebres, su hambre y su aspecto antipático...». Y al final de la carta: «Celebraré que tengas buenas noticias de Carolina y tus muchachos. ¡Feliz tú, que puedes comunicarte con ellos! En catorce meses de campaña apenas he sabido tres veces de casa. Tu condiscípulo y amigo: Rafael Uribe

Uribe».[31] En *Cien años de soledad,* se dice del general Moncada: «Cada vez que se vio forzado por conveniencias estratégicas a abandonar una plaza a las fuerzas del coronel Aureliano Buendía, le dejó a éste dos cartas. En una de ellas, muy extensa, lo invitaba a una campaña conjunta para humanizar la guerra. La otra era para su esposa, que vivía en territorio liberal, y la dejó con la súplica de hacerla llegar a su destino...» (p. 130). La ubicuidad de la guerra real se convierte en la novela en la ubicuidad del coronel Buendía. He aquí cómo describe un historiador la omnipresencia de las montoneras liberales: «La guerra aparecía un día en los llanos del Tolima, otro en las Sabanas de Bolívar, en seguida en el litoral del Pacífico, luego en la Costa Atlántica. No había ejércitos revolucionarios, pero las fuerzas de Mac Allister y de Pulido en Cundinamarca, los soldados de Uribe Uribe en Corozal, las tropas de Durán en Riohacha, y los escuadrones de Marín y Varón en el Tolima, con pasmosa rapidez tenían en jaque a treinta y cuarenta mil hombres del gobierno, fatigados de ese andar sin objeto, acobardados de esa lucha, que para los revolucionarios era un continuo desfilar de sorpresas».[32] Y en *Cien años de soledad:* «Así empezó la leyenda de la ubicuidad del coronel Aureliano Buendía. Informaciones simultáneas y contradictorias lo declaraban victorioso en Villanueva, derrotado en Guacamayal, devorado por los indios Motilones, muerto en una aldea de la Ciénaga y otra vez sublevado en Urumita» (p. 116). Uno de los generales liberales tenía un nombre extranjero: Mac Allister. En la novela hay dos generales de nombre extranjero: el Duque de Marlborough y Gregorio Stevenson. Igual que el coronel Buendía, que para «terminar con esta guerra de mierda» tiene que hacer una nueva guerra («Al decirlo, no imaginaba que era más fácil

---

[31] Joaquín Tamayo, *op. cit.,* pp. 166-167.
[32] *Ibid.,* p. 162.

empezar una guerra que terminarla. Necesitó casi un año de rigor sanguinario para forzar al gobierno a proponer condiciones de paz favorables a los rebeldes, y otro año para persuadir a sus partidarios de la conveniencia de aceptarlas») (p. 149), el general Uribe Uribe, que estaba refugiado en Curaçao, volvió a Colombia a buscar la paz «con las armas en la mano», como dice uno de sus biógrafos: «Pero Uribe está plenamente convencido que la Revolución ha fracasado por completo, que no es justo seguir sosteniendo indefinidamente una guerra inútil, y que es indispensable buscar la paz. Y paradójicamente viene a buscarla con las armas en la mano, ya que una entrega resignada equivale a aniquilar el partido. La guerra hay que terminarla decorosamente con un tratado de paz que garantice los derechos de los vencidos...».[33] Como los Buendía, el general Uribe Uribe pertenecía, tanto por línea paterna como materna, a un linaje vagamente incestuoso («los matrimonios entre familiares fueron muy frecuentes en la estirpe», dice Santa),[34] y él mismo, como su nombre lo indica, era hijo de primos, igual que el coronel Aureliano Buendía.

Si las guerras civiles gravitan sobre los tres escenarios de la realidad ficticia, el segundo hecho histórico trasvasado de la realidad real —la fiebre del banano— es privativo de Macondo. En este caso la fidelidad es rigurosa: a diferencia de las guerras, que cubrieron toda la nación, la bonanza bananera se circunscribió a la costa atlántica, concretamente al departamento de Magdalena. En la realidad ficticia, este demonio histórico es exclusivo de Macondo, el lugar inspirado en Aracataca. El pueblo, ya lo dijimos, tiene como modelo a Sucre, en el departamento de Bolívar, región que no fue tocada por la fiebre del banano. En la

LA FIEBRE DEL BANANO Y LA COMPAÑÍA BANANERA

---

[33] Eduardo Santa, *op. cit.*, p. 290.
[34] *Ibid.*, p. 13.

realidad ficticia se establece la misma delimitación: en el pueblo no hay bananeras y no se menciona a la compañía. En la localidad marina, el banano aparece encarnado en Mr. Herbert, personaje que un día llega misteriosamente a instalarse en el lugar y crea en torno suyo la ilusión y la riqueza, hasta que de pronto desaparece, como esa felicidad material que trajo: esta peripecia refleja exactamente el paso de la compañía bananera por Macondo, tal como es sugerido en *La hojarasca* y descrito en *Cien años de soledad.*

Es en *La hojarasca* donde el demonio histórico del esplendor bananero y sus efectos en la región es utilizado de manera más fidedigna, como episodio histórico determinante del destino de la sociedad ficticia. De una manera fragmentada, alusiva, oscura, la novela reproduce en la historia social y económica de Macondo lo que significó para la región del Magdalena la fiebre del banano y la llegada de la United Fruit, y también la desmoralización y la ruina que siguieron a la crisis del banano. En el análisis de *La hojarasca,* se verá esto con detalle. Por ahora, basta señalar un hecho que ilustra cómo también en este caso un demonio histórico se funde con un demonio personal: la venida de la compañía, la bonanza y la marejada de inmigrantes que trae, y su partida, con el colapso material y moral que significa para Macondo, están descritas en *La hojarasca* desde una perspectiva social y psicológica que corresponde exactamente a aquella desde la cual vivió estos fenómenos la familia Márquez Iguarán.

En *El coronel no tiene quien le escriba,* que ocurre en el pueblo, el banano es una rememoración lejana: el coronel recuerda que, años atrás, lo ahuyentó de Macondo la llegada de la hojarasca cuando la fiebre del banano. En *Los funerales de la Mamá Grande* este demonio histórico se proyecta sólo en los relatos que suceden en Macondo, siempre en breves menciones: «La siesta del martes» nos acerca por primera vez a las plantaciones y los campamentos donde viven los técnicos de la compañía bananera (p. 13); en

«Un día después del sábado» hay una imagen colorista de lo que fue la opulencia de Macondo, cuando cruzaban el pueblo trenes de ciento cuarenta vagones cargados de frutas (p. 102); en «Los funerales de la Mamá Grande» el banano y la compañía extranjera han sido sustituidos por otro hecho histórico característico de la realidad latinoamericana: el feudalismo. Pero en la raíz del relato —la pintura esperpéntica de una matriarca feudal— se encuentran reminiscencias de aquel demonio: el esplendor de la Mamá Grande en Macondo tiene estrechas semejanzas con el de Aracataca durante la fiebre del banano. En *La mala hora,* que ocurre en el pueblo, no asoma este demonio histórico, pero en «El mar del tiempo perdido» se vuelve a hacer presente, como dijimos, alegorizado en el maravilloso Mr. Herbert.

Pero, como las guerras civiles, es en *Cien años de soledad* donde este demonio histórico se refleja con la máxima nitidez en el destino de Macondo: allí se le ubica en el tiempo con más precisión aún que a las guerras civiles, se muestra la penetración económica extranjera que significó la fiebre del banano y la pasajera pero espectacular prosperidad que trajo a la región: Macondo se llena de «umbrosas e interminables plantaciones de banano», en las que se divisan «las casas blancas de los gringos» con «sus jardines aridecidos por el polvo y el calor», donde se ve «a las mujeres con pantalones cortos y camisas de rayas azules que jugaban barajas en los pórticos» (p. 250). Las relaciones entre los extranjeros y los macondinos son las que mantienen con las poblaciones locales esas pequeñas comunidades de técnicos y administradores venidos de lejos a los campos petroleros, a las minas y a las haciendas latinoamericanas: cada colectividad hace su vida independiente, aislada de la otra por una sorda tirantez, envidiosa de un lado y desdeñosa del otro. Las explicaciones sobre la ruina y decadencia de Macondo que aparecen en *Cien años de soledad* son tan contradictorias como las de

La hojarasca, aunque, a diferencia de éstas, tienen carácter fantástico.

Inseparable del banano y de la compañía es, en la realidad real, la huelga bananera de 1928, que desembocó en la matanza de Ciénaga. Este episodio da lugar a un hecho semejante en la realidad ficticia: la matanza es mencionada por primera vez en «Un día después del sábado» (p. 103) y luego aparece como uno de los sucesos más alucinantes de la historia de Macondo en *Cien años de soledad* (pp. 250 y ss.). El episodio tiene en la narración un carácter un tanto fantasmagórico, pero la fidelidad con el modelo está subrayada por el hecho de que García Márquez haya incorporado a la ficción frases literales de un documento histórico: el decreto núm. 4 del general Carlos Cortés Vargas y del mayor Enrique García Isaza, declarando a los huelguistas «cuadrilla de malhechores» y autorizando al ejército a disparar contra ellos (p. 258).

LA VIOLENCIA   A estos demonios históricos de infancia, vinculados a Aracataca, y conocidos a través de su familia y de la memoria del pueblo, vino a añadirse otro, éste sí contemporáneo de García Márquez, y del que sería, como todos los colombianos de su generación, testigo y víctima: la violencia que se desató en el país luego del 9 de abril de 1948. El demonio histórico de la violencia se proyecta únicamente como tema y motivo en las ficciones que transcurren en el pueblo, en tanto que permanece ausente de los relatos situados en Macondo y en la localidad marina. Cuando, en el estadio correspondiente a *Cien años de soledad,* la realidad ficticia se unifica con el nombre de Macondo y la historia de esta tierra absorbe retroactivamente la historia del pueblo y de la localidad marina, los temas y motivos en que cuajó el demonio histórico de la violencia en *El coronel no tiene quien le escriba,* «Un día de éstos», «La viuda de Montiel» y *La mala hora* quedan prácticamente abolidos. La delimitación de esa fuente en la historia de la realidad ficticia no es caprichosa: está fundada, como el que el demonio histórico del banano y la compañía sólo alimente las ficciones de Macondo, en un hecho histórico real, en la experiencia verídica de los modelos: Sucre y Aracataca. La violencia no alcanzó con su ola sangrienta a todo el territorio colombiano, y tampoco las regiones afectadas por ella lo fueron de manera idéntica, En tanto que se concentró en departamentos como Tolima y Antioquia, otros sólo recibieron esporádicos ramalazos, y algunos permanecieron indemnes (en términos estrictos, porque es obvio que las consecuencias políticas y económicas repercutieron en toda la nación). Pues bien, en tanto que el departamento donde está Sucre (modelo del pueblo), el de Bolívar, se halló dentro del área geográfica de la violencia, y varias de sus localidades vivieron directamente las matanzas, la represión y el pillaje, el departamento de Magdalena, donde está Aracataca, fue uno de los escasos oasis del país que se salvaron del cataclismo. En los mapas que sobre la distribución de la violencia contiene el libro de Monseñor Germán Guzmán, Fals Borda y Umaña Luna[35] se ve esto gráficamente: en tanto que Bolívar se halla veteado por zonas oscuras y salpicado de puntos, que indican los lugares donde hubo crímenes, choques armados, actos de represalia, el departamento de Magdalena se halla totalmente en blanco. Aquí también, una (probablemente inconsciente) fidelidad a la realidad real ha determinado esa rígida división en la realidad ficticia de los temas y motivos que objetivan el demonio histórico de la violencia.

Veamos cómo se corresponden algunos de estos temas y motivos con sus modelos. Las formas que asumió la violencia fueron físicas, políticas y morales. Físicamen-

---

[35] *Op. cit.,* tomo I, pp. 97 y 98.

te, significó la resurrección del fantasma de la guerra civil, enterrado desde 1902: acciones guerrilleras en el campo, terrorismo urbano, operaciones represivas, universalización de la tortura y el crimen políticos, el rebrote del bandolerismo al amparo de esta brutalización generalizada de la vida social. Políticamente, la violencia desembocó en una dictadura: supresión de la libertad de prensa y persecución de los partidos opuestos al régimen de Rojas Pinilla; violación sistemática de la Constitución, la suspensión del hábeas corpus y el establecimiento del estado de sitio; intervención del Ejército en la administración y en la vida política y judicial. Moralmente, la violencia significó la institucionalización de la corrupción: al amparo del sistema dictatorial, que garantizaba la impunidad para los hombres en el poder, se hicieron inevitables los negociados, los chantajes, los enriquecimientos más turbios. Un dirigente liberal escribió: «Tal vez sea éste el verdadero balance del 9 de abril: la aparición del dinero como factor decisivo entre nuestras luchas políticas».[36] Todos estos fenómenos cristalizan en características de la vida social, política e histórica del pueblo y, con la excepción del motivo de la autoridad política corrupta, que aparece también en el Macondo de *La hojarasca,* son exclusivas de él. En *El coronel no tiene quien le escriba,* la violencia física, política y moral es el contexto sin el cual sería incomprensible la atmósfera que se respira en el pueblo, la situación de muchos personajes (como don Sabas, rico gracias a la represión y a la corrupción), y la tragedia del protagonista, cuyo hijo Agustín ha sido asesinado por repartir propaganda clandestina. Este contexto es también la realidad escondida detrás de «Un día de éstos», estampa narrativa donde se ve cómo la violencia se ha filtrado corrosivamente aun en la actividad pro-

---

[36] Alfonso López Michelsen, *Cuestiones colombianas,* México, Impresiones Modernas, S. A., 1955, p. 349.

fesional, y la explicación de la fortuna de don Chepe Montiel en «La viuda de Montiel». Pero donde el demonio de la violencia configura más hondamente la realidad ficticia es en *La mala hora,* que describe, minuciosa y glacialmente, la vida del pueblo entero bajo el imperio de este flagelo histórico. Ya vimos que el impulso inicial de la novela fue una historia que García Márquez oyó sobre Sucre, donde la aparición de pasquines anónimos había provocado toda clase de incidentes. Esta anécdota real o ficticia —un demonio personal— no es en modo alguno insólita en la historia de América Latina, y sobre todo la de Colombia: aquí también un demonio histórico se confunde con una experiencia vivida (oída). Durante las luchas por la independencia, y antes, los pasquines anónimos fueron un arma política importante. Por ejemplo, durante el levantamiento de los comuneros del Socorro, a fines del XVIII: «Santa Fe amanece cada mañana sobresaltada con nuevos pasquines. Son versos injuriosos en donde se deslizan amenazas contra el Regente visitador y contra don Francisco Moreno y Escandón. Se anuncia que el pueblo se levantará contra los pechos. La autoridad se esfuerza por descubrir a los autores, pero no logra dar con ellos».[37] Arciniegas cita otros casos de ciudades invadidas por pasquines en la misma época: Arequipa y Cartagena.[38] La anécdota personal que está en la base de *La mala hora* puede conectarse, pues, a una cierta genealogía histórica: en la novela, los pasquines anónimos sirven admirablemente el propósito de describir una comunidad entera contaminada esencialmente por la violencia.

En las ficciones de García Márquez donde el demonio histórico de la violencia es fuente principal, la escritura adopta un carácter más informativo, menos artístico

---

[37] Germán Arciniegas, *Los comuneros,* segunda edición, Santiago de Chile, Editorial Zig Zag, 1960, p. 98.
[38] *Ibid.,* pp. 29 y 139.

y la estructura se simplifica al máximo. El tema social y político, aunque esencial en esas ficciones, está curiosamente marginado del primer plano de la acción, aparece de manera oblicua: son las consecuencias remotas y menudas de la violencia las que parecen constituir la materia del relato, en tanto que las causas primordiales son aludidas con timidez y a veces suprimidas. Ya veremos la utilización constante que hace García Márquez del procedimiento del dato escondido en las ficciones donde prevalecen los asuntos sociales y políticos. García Márquez tuvo perfecta conciencia de este demonio histórico y de las dificultades que había que vencer para convertirlo en un material de trabajo útil. Hay un artículo suyo revelador: «Dos o tres cosas sobre la novela de la violencia».[39] Es polémico y pretende responder a dos preguntas. La primera, una que oyen con frecuencia los escritores colombianos: «¿Cuándo escribe algo sobre la violencia?... No es justo que cuando en Colombia ha habido 300.000 muertes atroces en 10 años, los novelistas sean indiferentes a ese drama». La segunda, se la formula él mismo: ¿por qué todas las novelas sobre la violencia son malas? A la primera responde, con palabras distintas, lo que he tratado de explicar en este capítulo: que un escritor no elige sus temas por razones morales o políticas, sino que los temas lo eligen a él como escritor; es decir, que sólo se puede crear a partir de ciertas experiencias personales profundas: «Conozco escritores que envidian la facilidad con que algunos amigos se empeñan en resolver literariamente sus preocupaciones políticas, pero sé que no envidian los resultados. Acaso sea más valioso contar honestamente lo que uno se cree capaz de contar por haberlo vivido, que contar con la misma honestidad lo que nuestra posición política nos indica que debe ser contado, aunque tenga-

---

[39] En *Tabla Redonda,* Caracas, núms. 5-6, abril-mayo de 1960.

mos que inventarlo». Pedirle a un escritor que escriba una novela sobre la violencia si este asunto no es para él una experiencia decisiva, un demonio, es pedirle que traicione su vocación, que sea un mal escritor. Un escritor no inventa sus temas: los plagia de la realidad real en la medida en que ésta, en forma de experiencias cruciales, los deposita en su espíritu como fuerzas obsesionantes de las que quiere liberarse escribiendo. Es divertido leer esta afirmación categórica en boca del autor que, unos años después, escribiría la novela más imaginativa que cabe: «Ninguna aventura de la imaginación tiene más valor literario que el más insignificante episodio de la vida cotidiana», «La invención tiene que ver muy poco con las cosas que escriben» (los novelistas).

A la segunda pregunta, responde que muchos autores se impusieron ese tema sin haberlo vivido, porque «leyeron la violencia en los periódicos, o la oyeron contar, o se la imaginaron leyendo a Malaparte». Esto es, desde luego, discutible: él mismo escribió excelentes ficciones basadas en demonios históricos que sólo oyó contar. Se puede vivir profundamente no sólo aquello que se ve, sino también lo que se oye o se lee. Lo importante no es haber estado presente, sino participar, directa o indirectamente, de manera espontánea y profunda en la experiencia, para que ésta sea un material de trabajo eficaz. Pero no basta haber vivido la violencia, dice García Márquez, además hay que tener la «suficiente experiencia literaria para componer su testimonio con una cierta validez». Lo hemos dicho ya: no son los temas los que deciden el fracaso o la victoria de un creador sino la forma en que se encarnan. Los novelistas testigos de la violencia fracasaron porque «estaban en presencia de una gran novela, y no tuvieron la serenidad ni la paciencia, pero ni siquiera la astucia, de tomarse el tiempo que necesitaban para aprender a escribirla». ¿En qué consistió la falla formal de estas novelas sobre la violencia? La respuesta de García Márquez es ejemplarmente arbitraria: «Probablemente, el mayor desacierto que cometieron quienes trataron de contar la violencia, fue el de haber agarrado —por inexperiencia o por voracidad— el rábano por las hojas». Abordaron la violencia de frente, se extraviaron en la descripción de «los decapitados, de los castrados, las mujeres violadas, los sexos esparcidos y las tripas sacadas», olvidando que «la novela no estaba en los muertos... sino en los vivos que debieron sudar hielo en su escondite». La estrategia debía consistir, pues, no en la descripción de la violencia misma, sino de sus consecuencias, en la pintura del «ambiente de terror» que esos crímenes provocaron. García Márquez ilustra su tesis con un ejemplo: *La peste,* de Camus. Así como éste, en su novela, evitó el melodramático espectáculo de la podredumbre colectiva, y, con sobriedad, se concentró en los vivos que «sudaban hielo» esperando ser víctimas mañana, la «terrible novela que aún no se ha escrito en Colombia» debería tomar como modelo «la apacible novela de Camus». La tesis es arbitraria porque no se puede establecer a priori las ventajas o desventajas de una técnica narrativa. Con el método indirecto que preconiza García Márquez se pueden escribir también muy malas novelas de la violencia, y, a la inversa, no se puede excluir que con el método directo la violencia social y política produzca una ficción admirable (¿no es el caso de las novelas de Malraux?). Y es ejemplar en cuanto expresa de modo flagrante lo que el propio García Márquez había hecho hasta entonces con este demonio histórico en *El coronel no tiene quien le escriba,* en *La mala hora* y en los cuentos «Un día de éstos» y «La viuda de Montiel», que estaba escribiendo en esos días. En estas ficciones, efectivamente, mediante el empleo del método indirecto —los silencios significativos, la inversión temporal del efecto y la causa, la técnica de la distracción— consiguió lo que los inventariadores de cadáveres no habían logrado: convertir en un tema literario válido la terrible experiencia vivida por Colombia a partir de 1948.

Ciertos críticos entienden su oficio como una cacería de brujas: la función de la crítica sería detectar (¿denunciar?) las influencias de otros autores en los textos que analizan. El objeto de esta labor detectivesca es medir la originalidad de un creador. El presupuesto de esta crítica comparativa es el siguiente: es más original el autor que registra menos influencias; en otras palabras, el que erige sus ficciones más a partir de una realidad vivida que de una realidad leída, aquél cuyos demonios son más personales e históricos que culturales. Para el cazador de brujas el novelista que toma como modelo de un personaje a un hombre de carne y hueso es original, y el que usa como modelo a un hombre de la literatura es un plagiario; la ficción ajena, según él, no puede ser una fuente de experiencias creadoras para un escritor; la vida ajena, sí. Lo cierto es que la originalidad de un autor es un problema estrictamente formal, y no tiene nada que ver con los materiales que trabaja, con sus temas o fuentes; es algo que depende, únicamente, del tratamiento a que somete, de la escritura y estructura en que encarna, esos materiales que toma inevitablemente de la realidad (personal, histórica o cultural). Que el estímulo creador proceda de hechos que experimentó personalmente, o de experiencias históricas, o de libros que leyó, no tiene importancia alguna, y, en todo caso, no es un asunto de ética sino de psicología. El movimiento primero de la creación, la selección del material de trabajo, es siempre, y sólo puede ser, una especie de plagio o usurpación. Que el rostro de la apacible Madame Arnoux de *L'Éducation sentimentale* de Flaubert sea idéntico al de la respetable Madame Schlésinger de la vida real, no es un plagio menos grave, desde el punto de vista moral, que George Orwell tomara de modelo, para su utopía sadomasoquista, *1984*, la novela *Nous*

131

Autres (Nosotros) del ruso Yevgueni Zamiatin (la leyó en francés). A un novelista no se le puede tomar cuenta por sus demonios, ya que no los elige; sí, por la forma en que ordena esos materiales, y, sobre todo, por las palabras en que los objetiva. Es este proceso el que determina que la ficción se distancie o no de sus modelos, que sea o no original: en eso reside la victoria de Flaubert y el relativo fracaso de Orwell. Se trata de una victoria y de un fracaso literarios, que se fundan sobre una misma inmoralidad: el saqueo de la realidad real para construir una realidad ficticia.

Una objeción posible a esta hipótesis sobre las influencias literarias sería la siguiente: admitamos que un autor pueda convertir en materia prima para su empresa creadora a personajes, situaciones y símbolos que proceden de la literatura, sin que esto limite de entrada su originalidad. Pero si sus demonios culturales no son temáticos sino formales ¿no lo reduce esto fatalmente a la condición de epígono? Si la originalidad narrativa depende sólo del estilo y de la técnica y lo que un deicida toma de otro anterior son un estilo y unas técnicas, ¿no puede hablarse en este caso de plagio? Habría que responder, primero, que la materia y la forma de la ficción, separables en el análisis crítico, no son en cambio divisibles en la práctica (aunque esto, a primera vista, parezca una contradicción). La materia de una ficción son, exclusivamente, las palabras y el orden en que la historia de esa ficción se encarna: escrita de otra manera y en un orden de revelación de sus datos distinto, esa historia sería *otra* historia. La emoción o el fastidio que nos comunica, resultan, exclusivamente, de la forma en que ha cuajado. Así pues, del mismo modo que no tiene sentido hablar de una materia narrativa independiente de una forma determinada, es igualmente absurdo concebir una forma —un estilo, un orden narrativos— como algo independiente de una materia. Una ficción lograda lo es, precisamente, porque en ella el creador ha encontrado una manera de nombrar y de organizar los componentes de su historia que era la única capaz de dotar a ese material de verdad y de vida, de realidad. En una ficción lograda la materia y la forma se funden tan perfectamente como el alma y el cuerpo en la concepción cristiana de la vida humana. Desde luego que cabe la posibilidad de que un autor utilice hábitos de lenguaje y procedimientos narrativos de otro, y de hecho ocurre siempre, pero aquí también la originalidad dependerá estrictamente de los resultados: si la ficción en la que esas formas ajenas son utilizadas llega a tener el poder de persuasión necesario para imponerse como una realidad soberana y viviente, esas formas dejarán de ser ajenas y pertenecerán a esa materia a la que han dotado de alma, del mismo modo que esa materia será ya inseparable de ese lenguaje y ese orden al que debe la vida. La originalidad en literatura no es un punto de partida: es un punto de llegada.

De otro lado, una ficción es, por su misma naturaleza —reflejo y negación de la realidad—, algo cualitativamente tan complejo como el modelo debido al cual nace y contra el cual insurge. Su composición, tanto material como formal, consta de elementos de origen muy diverso, que al reunirse en una estructura verbal pierden su carácter originario y adoptan otro, que depende de la función que cumplen como partes integrantes de esa ficción precisa. Ya hemos visto cómo los demonios personales y los demonios históricos de García Márquez se relacionan entre sí, y cómo esta vinculación los modifica a unos y otros (el demonio histórico de las guerras civiles está considerablemente subjetivizado por un demonio personal, el coronel don Nicolás, quien a su vez está subjetivizado por la propia experiencia de García Márquez, quien tiene una imagen del abuelo plasmada en determinadas circunstancias y época) imponiéndoles características que no tenían como experiencias aisladas (el Tratado de Neerlandia se convierte, por el hecho de que don Nicolás asistió a su firma, en el único tratado que pone fin a las guerras civiles, y el de Wisconsin es abolido). Luego veremos cómo estos demonios, ya modificados por el hecho de relacionarse entre sí, todavía se modifican al proyectarse en la realidad fícticia, es decir, al convertirse en «forma». Esto que ocurre con la materia, con los temas, ocurre exactamente con la forma. También en lo que respecta a ella es una utopía pensar que existe una originalidad químicamente pura: la originalidad formal es el producto de impurezas, préstamos y saqueos tan abundantes y fatales como la originalidad temática. Así como el deicida no puede, en lo que se refiere a sus temas, escapar a un cierto condicionamiento que ejerce sobre él la realidad, tampoco puede, en lo relativo a la praxis de su vocación, a la forma narrativa, escapar a otro relativo condicionamiento de la realidad, que preexiste a él: el del lenguaje y la tradición literaria. Su originalidad no consistirá, pues, en tratar de evitar las influencias temáticas y formales, sino, más bien, en aprovecharlas de tal manera que dejen de ser influencias. En literatura el fin modifica los medios y la originalidad es retroactiva.

Al examinar los demonios culturales de García Márquez quiero mostrar, a través de su caso concreto, cómo el suplantador de Dios se sirve para su empresa de experiencias culturales exactamente del mismo modo que de experiencias personales e históricas.

FAULKNER La primera de estas influencias que es preciso mencionar es la de Faulkner, no sólo porque el gran novelista norteamericano ha sido un demonio tan provechoso para García Márquez como la violencia colombiana o la casa de Aracataca, sino, también, para fijar los límites de esta influencia, que le ha sido atribuida con frecuencia, y a veces con torpeza, por la crítica (al punto que García Márquez, que en un principio se vanagloriaba de ella, ha llegado luego, por irritación, a negarla).

La importancia de la lectura de Faulkner para García Márquez fue incluso anterior a la praxis de su vocación: afectó a ésta en su origen, ayudó a decidirla. «Fue cuando lo leí que entendí que yo debía escribir», le dijo a Schoo, en 1967, y un año antes le había confesado algo semejante a Harss.[40] El nacimiento de la vocación del deicida no es de ningún modo un acto irreversible, ni mucho menos irrepetible: se trata, más bien, en el caso del escritor que persevera, de una cadena de experiencias que apuntalan la ruptura con la realidad y la voluntad de sustituirla, y, en el caso del escritor que deja de serlo, de experiencias que son superadas, que se interrumpen en un momento dado de su vida. Que un novelista deje de escribir significa una de estas dos cosas: que el rebelde radical que había en él dejó de serlo, porque se ha resignado a la realidad, porque ha llegado a alguna forma de acomodo con la vida, o que ha dejado de ser un rebelde ciego, que ha tomado conciencia exacta de la naturaleza de su insatisfacción del mundo y ha preferido traducir su rebeldía en una praxis más concreta o menos quimérica que la edificación de espejismos verbales antagónicos de la realidad real. El deicida que sigue escribiendo es aquel que no consigue resolver, ni para bien ni para mal, el problema básico que es germen e impulso de su vocación: su rebeldía radical y el carácter ciego de esa rebeldía. En él, la ruptura con la realidad es una situación que se renueva y confirma, a través de experiencias sucesivas, semejantes o distintas de la inicial, y la praxis de la vocación sólo alivia esa insatisfacción profunda de la realidad mientras el deicida la asume, pero luego retorna, más imperiosa que antes, como la necesidad de alcohol para el borracho o de droga para el adicto. Por eso resulta más lógico hablar del vicio que de la profesión de la literatura: escribir

---

[40] Ernesto Schoo, *op. cit.*, y Luis Harss, *op. cit.*, pp. 396 y 397.

es para el deicida, como beber para el alcohólico o inyectarse para el narcómano, *su* manera de vivir.

El viaje que García Márquez hizo en ómnibus por el Deep South, con los libros de Faulkner bajo el brazo, fue una peregrinación a las fuentes. El conocimiento, a través de la lectura, del gran deicidio faulkneriano, lo ayudó a dar forma concreta, como ambición narrativa, a su vocación de suplantador de Dios e inspiró los grandes lineamientos de su mundo ficticio. El impacto mayor de la obra de Faulkner en García Márquez tiene que ver más con el proyecto de esta obra., globalmente considerada, que con detalles temáticos y formales. Estos últimos también repercutieron en él, pero de manera menos importante. Ese proyecto es el de erigir una realidad cerrada sobre sí misma, el de agotar literalmente a lo largo de la vocación la descripción de esta realidad. En esa voluntad de construir un mundo verbal esférico, autosuficiente, no sólo formalmente —como lo es toda ficción lograda— sino «temáticamente», un mundo en el que cada nueva ficción viene a incorporarse, o, mejor, a disolverse, como miembro de una unidad, en la que todas las partes se implican y modifican, un mundo que se va configurando mediante ampliaciones y revelaciones no sólo prospectivas sino también retrospectivas, la coincidencia entre García Márquez y Faulkner es, ciertamente, total (pero lo mismo podría decirse de Faulkner y Balzac). En este sentido, Faulkner fue para García Márquez un demonio cultural absorbente. La forma concreta en que estas ambiciones coincidentes se plasmarían resultaron, en cambio, muy distintas.

Pero, de otro lado, el que a través de la lectura de Faulkner, García Márquez diera una cierta forma a su ambición de suplantador de Dios tampoco es casual. Aquí también un demonio cultural aparece íntimamente conectado con demonios personales e históricos. El impacto que la saga de Yoknapatawpha County hizo en

García Márquez, y el hecho de que, como proyecto deicida, resultara para él un paradigma, se explica no sólo por la grandeza literaria del mundo faulkneriano, sino, quizás sobre todo, porque esta realidad verbal era la objetivación de demonios muy similares a los del propio García Márquez. La admiración de éste fue un reconocimiento: en la historia de Yoknapatawpha no identificó Macondo sino Aracataca. En las ficciones de Faulkner vio aparecer un mundo anacrónico y claustral, como el de su propia región, sobre el que gravitan obsesivamente las proezas y los estragos de una guerra civil, habitado por los derrotados, y que se desmorona y agoniza con la memoria fija en los esplendores de una opulencia ya extinta; vio aparecer un mundo dominado por el fanatismo religioso, por la violencia física y por la corrupción moral, social y política, un mundo rural y provinciano, de pequeñas localidades ruinosas separadas por vastas plantaciones que antes fueron el símbolo de su bonanza y ahora lo son de su atraso y —no es difícil imaginar con qué perplejidad, con qué alegría— vio encarnados en palabras sus demonios de infancia, vio traspuestos en ficciones los mitos, los fantasmas y la historia de Aracataca. Hasta en el medio físico brutal del universo faulkneriano pudo identificar a su región de calor y aguaceros infernales, y los alucinados, extravagantes y oligofrénicos de Yoknapatawpha debieron recordarle a esos personajes de su niñez que hablaban con espíritus, creían en huevos de basilisco, aseguraban que una muchacha había subido al cielo en cuerpo y alma y tejían su propia mortaja.[41] Muy naturalmente, su vocación todavía naciente, se orientaría, bajo el efecto de esta impresión, hacia un proyecto narrativo si-

---

[41] Hay que señalar, además, que en ambos casos un antepasado había intervenido personalmente en esas guerras civiles: el equivalente del *coronel* Nicolás Márquez es el bisabuelo de William Faulkner, el *coronel* William Clark Falkner, que peleó contra México y en la Guerra Civil, en la que fue jefe del Segundo Regimiento de Mississippi.

milar. Ese demonio cultural ayudó a *organizar* en un designio creador determinado, esos demonios personales e históricos que vivían hasta entonces como obsesiones, a plasmarlos en una ambición, no idéntica, pero sí equivalente. La deuda mayor de Macondo con Yoknapatawpha, de García Márquez con Faulkner, es más de designio que de método narrativo. La obra de García Márquez aspira a contar, a lo largo de todas sus instancias, una sola historia. En su realidad ficticia, escenarios, personajes, símbolos, pasan de ficción a ficción cumpliendo en cada una funciones distintas, revelando cada vez nuevos sentidos y rasgos, esclareciendo de modo gradual su naturaleza, y, por ello, cada nuevo cuento o novela constituye un enriquecimiento y una corrección de las ficciones anteriores, y, a la inversa, éstas modifican también, siempre, a las posteriores. Esta unidad material, cuyo paradigma decimonónico es *La Comédie humaine,* y cuyo remoto antecedente son las sagas caballerescas medievales, es el gran designio faulkneriano que sirvió a García Márquez de estímulo y ejemplo para establecer su propio proyecto narrativo.

Lo cual no significa, desde luego, que este demonio cultural no haya dejado trazas en los temas y en la forma de sus ficciones: «Los críticos han insistido tanto en la influencia de Faulkner en mis libros, que durante algún tiempo lograron convencerme. La verdad es que yo había publicado ya mi primera novela, *La hojarasca,* cuando empecé a leer a Faulkner por pura casualidad. Quería saber en qué consistían las influencias que me atribuían los críticos».[42] La memoria le juega una mala pasada a García Márquez, o, lo que es más probable, García Márquez le juega una mala pasada al periodista: según el testimonio de Germán Vargas y de Plinio Apuleyo, descu-

---

[42] Armando Durán, *op. cit.,* p. 26.

138

brió a Faulkner entre mediados de 1950 y 1954, en Barranquilla, precisamente en la época en que escribió *La hojarasca*.[43] En todo caso, es innegable que este demonio cultural se halla presente en su primera novela, pero no de manera destructiva sino beneficiosa: el deicida tiene ya el talento necesario para no servir a Faulkner, para servirse de él.

Ésta es, incluso, la única obra de García Márquez donde este demonio se manifiesta en el lenguaje, aunque sólo en esa breve introducción de *La hojarasca,* aparente fragmento de crónica, cuyo estilo es distinto del de los monólogos que componen el resto del libro: «Allí vinieron, confundidos con la hojarasca humana, arrastrados por su impetuosa fuerza, los desperdicios de los almacenes, de los hospitales, de los salones de diversión, de las plantas eléctricas; desperdicios de mujeres solas y de hombres que amarraban la mula en un horcón del hotel, trayendo como un único equipaje, un baúl de madera o un atadillo de ropa, y a los pocos meses tenían casa propia, dos concubinas y el título militar que les quedaron debiendo por haber llegado tarde a la guerra».[44] Frases que zigzaguean tortuosamente, simulan decaer, renacen con nuevo ímpetu y otra vez se arrodillan y levantan; enumeraciones, repeticiones, una sintaxis circular de ritmo encantatorio; un tono solemne, de oráculo o profecía bíblica; una lúgubre musicalidad, un soterrado pesimismo, un aliento fatídico: el modelo es la inconfundible escritura faulkneriana. Pero sólo en esas dos breves páginas que son el umbral de *La hojarasca;* el lenguaje de los tres personajes que monologan es más sobrio, menos subjetivo, y sólo esporádicamente destella en él —en un adjetivo ocasional, en el tono de una frase furtiva, en la respira-

---

[43] Germán Vargas, *op. cit.,* y Plinio Apuleyo Mendoza, *op. cit.*
[44] *La hojarasca,* Buenos Aires, Editorial Sudamericana, colección Índice, 1969, pp. 9 y 10 (cito siempre de esta edición).

ción trágica de un instante— la presencia de Faulkner. En el resto de la obra de García Márquez la prosa faulkneriana no asoma ni como reminiscencia remota.

Es, sobre todo, en la materia y en la estructura de *La hojarasca* donde este demonio es aprovechado eficazmente. Los lineamientos generales de la historia se hallan cerca de los de *As I Lay Dying* (Mientras agonizo), que transcurre también en torno a un ataúd y a un cadáver, antes del entierro. El tiempo narrativo de ambas historias está concentrado en el velorio del muerto y, en ambos casos, este velorio es inusitado, aunque por razones distintas (en *La hojarasca* el velorio mantiene a los personajes inmóviles en un cuarto, en *As I Lay Dying* se hallan en movimiento, por caminos y pueblos). Pero la estructura de las historias es semejante: no está contada por un narrador omnisciente sino por los propios personajes que velan al muerto, cuyas conciencias van sucediéndose en el primer plano del relato. En ambos casos los narradores-personajes-que-acompañan-al-muerto son los miembros de una sola familia. Esta multiplicación del punto de vista espacial es característica de Faulkner, al extremo que algunos críticos la suponen invención suya; en realidad, es un procedimiento tan viejo como la novela (baste recordar que, si damos a *La Celestina* una lectura novelesca, encontraremos en el gran texto medieval una construcción narrativa idéntica a las de *As I Lay Dying* y *La hojarasca*: allí también, quienes cuentan son narradores-personajes —voces que hablan, conciencias que piensan— que van rotando ante el lector y refiriendo la historia). En los personajes de *La hojarasca* aparecen también rasgos coincidentes con los de la sociedad ficticia faulkneriana. El médico suicida ha pasado largos años autosecuestrado, por razones cuyo sentido profundo es enigmático, como la heroína de *A Rose for Emily*, pero el parentesco es más acusado aún en el caso del cura de Macondo, el Cachorro, que antes de ser religioso participó en la guerra civil, donde alcanzó el título de coronel, y que pronuncia sermones delirantes en la Iglesia, y de Hightower, el famoso pastor de *Light in August* (Luz de agosto), en cuyos sermones de los domingos los temas religiosos se mezclan inevitablemente con la evocación de una carga de caballería en la guerra de Secesión. La contaminación de la religión por la locura, constante faulkneriana, perdura a lo largo de toda la obra de García Márquez, en cuyas ficciones los curas serán, siempre, estrafalarios y alucinantes. La circunscripción de Macondo, tal como es en *La hojarasca,* no sólo se parece al Condado de Yoknapatawpha por ser una remota provincia rural, de rígida estratificación clasista, ayer próspera y hoy ruinosa, sobre la que pesa una derrota en una guerra civil, sino, también, por la atmósfera malsana y pesimista que respiran sus habitantes. Se trata, en ambos casos, de una sociedad en la que el futuro parece abolido, que vive con los ojos obstinadamente vueltos hacia su pasado: éste no sólo es un lastre que la paraliza sino también la clave de todo lo que sucede en el presente. El clima histórico y psicológico tortuoso se encarna también, en ambos mundos ficticios, en una estructura narrativa tortuosa, en la que la materia no llega nunca al lector en el orden cronológico real de los sucesos, sino a través de fragmentos temporales fracturados, que corresponden a momentos distintos del pasado, y que van encontrando su cabal colocación, no en el texto, sino, retrospectivamente, en la memoria del lector. Esta distorsión del punto de vista temporal es paralela a una distorsión del punto de vista espacial: los datos de la historia nunca llegan objetivamente al lector; pasan siempre a través de un intermediario, de una subjetividad que los relativiza, complica y, a veces, adultera. Como en la realidad verbal faulkneriana, en *La hojarasca* el dato cronológico preciso (año, mes, día) desempeña una función de gran importancia en el desarrollo de la historia, a veces como elemento que esclarece, y a veces como elemento que oscurece significativamente (creando expectación, misterio) lo narrado.

Descrita aisladamente la presencia de este demonio en *La hojarasca,* puede surgir la impresión de que la novela es una mera derivación de ficciones faulknerianas. En el análisis del libro quedará desvanecido este error: los elementos faulknerianos son partículas útiles, pero insignificantes, del cuerpo total de la novela, en la que, incluso, otro demonio cultural —como lo muestra un ensayo de Pedro Lastra que reseño luego— se manifiesta de manera menos visible pero más importante. En todo caso, conviene desestimar la afirmación de Volkening, quien, en una reseña (por lo demás excelente) de los cuentos de García Márquez afirmó que «Las analogías que haya entre la obra del autor colombiano y la de Faulkner las encontramos, no tanto en las peculiaridades temperamentales y en la forma, es decir, en lo que realmente justificaría semejante comparación, cuanto en la temática».[45] En la primera novela, ya se ha visto, esas analogías son tanto de forma como de materia. Respecto a la presencia de este demonio cultural en *El coronel no tiene quien le escriba* y en *Los funerales de la Mamá Grande* el propio Volkening la ha subrayado con tanta exactitud que vale la pena transcribirlo:

«Macondo o como quiera que se le llame a aquel pueblo a orillas del bajo Cauca en donde se sitúa la mayor parte de los eventos relatados por García Márquez, ciertamente nos recuerda en su tristeza, su abandono y las metafísicas dimensiones de su tedio la célebre aldea de Yoknapatawpha en algún recoveco del Deep South. Ambas poblaciones son, por decirlo así, condensaciones de las imágenes superpuestas de infinidad de villorrios similares, reconstrucciones ideal-típicas de una realidad compleja o, si se me permite acuñar un término paradójico, abstracciones concretas. En García Márquez como en Faulkner, resalta ese rasgo, merced al eterno retorno de lo igual, hasta en las

---

[45] Ernesto Volkening, *op. cit.,* p. 23.

minucias aparentemente intranscendentes del relato: en los almendros de la plaza, cubiertos de una especie de polvo grisáceo, o en la semejanza de ciertos personajes, por ejemplo de la figura arquetípica del ricacho que en "La prodigiosa tarde de Baltasar" y en "La viuda de Montiel" se llama José Montiel, pero se parece, como un huevo a otro sacado de la misma canasta, al obeso, diabético, malhumorado e inescrupuloso don Sabas en *El coronel no tiene quien le escriba.*

»Asimismo anda vagando por las páginas del narrador latino la sombra, medio legendaria, medio fantasmal, del héroe de pretéritas guerras intestinas y campeón de una causa perdida, sólo que sus señas son las del coronel Aureliano Buendía en lugar de las de John Sartoris, su faulkneriano alter ego en el Ejército Confederado. Ni siquiera falta la evocación de una mítica figura ancestral de la talla de Lucius Quintus Carothers McCaslin, fundador de un inextricable embrollo de linajes legítimos y espurios, si bien se le han sustituido a su semblante de monumental, concupiscente, tenebroso y despótico patriarca del Antiguo Testamento los rasgos matriarcales de una protohembra, la Mamá Grande, cuya formidable humanidad tallada en carne y grasa descuella cual roca errática entre los enclenques ejemplares de nuestra especie contemporánea.

»Por último, Macondo, lo mismo que Yoknapatawpha para Faulkner, representa para García Márquez algo así como el ombligo del mundo, no porque se sienta inclinado a la sentimental idealización de usos y curiosidades regionales... sino, sencillamente, porque, escuchando los consejos de su sano y saludable instinto de narrador se orienta hacia "el punto de reposo en medio de la fuga perenne de los fenómenos", el eje en torno del cual van girando las constelaciones planetarias de su universo narrativo».[46]

---

[46] *Ibid.,* pp. 24-25.

Un demonio atrae a otros y cristaliza en un tema que es, siempre, producto de una compleja alquimia, un híbrido de múltiples cruces e injertos, el resultado de un proceso (irracional más que racional) en el que es imposible hacer el balance exacto de la invención, la adulteración y el pillaje. Hemos visto que en la figura del coronel Aureliano Buendía se confunden, como modelos, don Nicolás Márquez y el general Uribe Uribe. A ellos se superpone aquí, según la válida afirmación de Volkening, un modelo cultural: el coronel John Sartoris. Podría remontarse la genealogía de Aureliano Buendía: el justiciero de toda la novela romántica —Ivanhoe, D'Artagnan, el jorobado Lagardère—, los héroes caballerescos, los guerreros de los cuentos infantiles, los arquetipos de las historias patrióticas. También en el caso de la Mamá Grande, además de Lucius Quintus Carothers McCaslin y de doña Tranquilina, es posible establecer una serie de modelos complementarios que concurrieron a formarla.

Para *El coronel no tiene quien le escriba* y *Los funerales de la Mamá Grande* es válida, a grandes rasgos, la afirmación de Volkening de que en esos libros las coincidencias con Faulkner son sobre todo temáticas. Conviene matizar esa opinión, sin embargo: en «Un día después del sábado» (escrito poco después que *La hojarasca*) hay también reminiscencias faulknerianas, tanto en el estilo, más denso y mucho más subjetivo que el de los otros relatos (con excepción del que da título al libro), como en la estructura, con su eje rotativo y su desarrollo circular. En *La mala hora* ha desaparecido ese elemento principal de la realidad ficticia faulkneriana que es el *intermediario,* ese narrador implicado a través del cual pasan los datos de la historia como a través de una pantalla deformarte, que los carga de subjetividad, los desordena temporalmente, los dota de una oscuridad o ambigüedad significativas. La visión de la realidad en *La mala hora* es aparentemente objetiva, el narrador aspira a ser invisible, la organización del tiempo es lineal, y dentro de la realidad narrada prevalece el plano social y político, lo que en Faulkner no ocurre jamás. Pero en *Cien años de soledad* ese demonio reaparece: está en la ambición misma de la ficción —agotar la historia de Macondo, como las ficciones de Faulkner aspiran a representar totalmente a un mundo inventado— y en diversos aspectos de la materia narrativa. La obsesión familiar, sobre todo. El vínculo de sangre, el destino a lo largo del tiempo de una estirpe es uno de los temas más reincidentes en Faulkner, en quien las tortuosas ramificaciones familiares de los Sartoris o de los Suppes pueden seguirse de ficción a ficción. Según Rodríguez Monegal, los Sartoris tienen en los Buendía algo así como su contrapartida.[47] Pero el paralelismo no sólo tiene que ver con la importancia que en ambos mundos desempeña una genealogía familiar; también con el carácter confuso, inextricable, con que se presenta en ambos, y con la exacerbación de este tema en el paralelo del incesto, de gran importancia en la novela de García Márquez, y frecuente en Faulkner. La presencia obsesionante del sexo en *Cien años de soledad* tiene connotaciones faulknerianas, no tanto por la principalísima función que el sexo cumple en ambos mundos, sino, más bien, por el carácter anómalo y trágico que adopta en ellos: el equivalente de los fornicadores descomunales de García Márquez son los degenerados sexuales de Faulkner. Una cosa parecida puede decirse de la religión: en ambos adquiere una forma insólita y extrema, como el sexo, y, como éste, también desemboca en la anormalidad. En Faulkner la crispación del sentimiento religioso culmina en el sadismo, el masoquismo y en la enajenación, en tanto que en García Márquez la religión provoca guerras, milagros y locuras más benignas. En el Macondo de *Cien años de soledad* como en Yokna-

---

[47] Emir Rodríguez Monegal, *op. cit.*, p. 5.

patawpha no existe la libertad: un sino fatídico e ininteligible gobierna la historia de la comunidad, de la familia y del individuo, como en las tragedias clásicas. Ni la sociedad ni el hombre hacen su historia; la padecen: ella está escrita desde y para siempre. Si el parecido entre el coronel Aurelian Buendía y el coronel Sartoris ya se insinuaba en las ficciones anteriores, en *Cien años de soledad* se acentúa: ambos son cabeza de familia de estirpes más o menos malditas, ambos son derrotados en una guerra civil, ambos alcanzan en el tiempo una estatura mítica.

HEMINGWAY   Luego de Faulkner es preciso hablar de Hemingway, pues, como García Márquez le dijo bromeando a Luis Harss, este segundo demonio le sirvió para contrarrestar al primero.[48] Sólo puede hablarse de Hemingway como un demonio cultural en García Márquez a partir de *El coronel no tiene quien le escriba*. En *La hojarasca* esta presencia no existe. En cambio, en los tres libros siguientes contribuye, no de la misma manera, pero sí con la misma importancia que Faulkner en el primero, a la edificación del mundo ficticio. Esta contribución no es temática sino formal, tanto de estilo como de técnica narrativa. En este caso, el aprovechamiento del demonio ha sido más consciente que en el de Faulkner, como puede verse en el texto «Dos o tres cosas sobre la novela de la violencia en Colombia», en el que luego de atribuir el fracaso de los novelistas de la violencia al tremendismo temático y retórico, les opone el ejemplo de Hemingway: «Otro gran escritor de nuestro tiempo —Ernest Hemingway— explicó su método a un periodista, tratando de contarle cómo escribió *El viejo y el mar*. Para llegar a ese pescador temerario, el escritor había vivido media vida entre pescadores; para lograr que pescara un pez titánico, había tenido él mismo que pescar muchos peces,

---

[48] Luis Harss, *op. cit.*, p. 398.

146

y había tenido que aprender mucho, durante muchos años, para escribir el cuento más sencillo de su vida. "La obra literaria —decía Hemingway— es como el iceberg": la gigantesca mole de hielo que vemos flotar, logra ser invulnerable porque debajo del agua la sostienen los siete octavos de su volumen».[49] Y un año después, en un artículo a la muerte de Hemingway, García Márquez vuelve a recordar el ejemplo del iceberg, que le parece «la mejor definición de su obra»: «La trascendencia de Hemingway está sustentada precisamente en la oculta sabiduría que sostiene a flote una obra objetiva, de estructura directa y simple, y a veces escueta inclusive en su dramatismo. Hemingway sólo contó lo visto por sus propios ojos, lo gozado y padecido por su experiencia, que era al fin y al cabo lo único en que podía creer».[50] En las citas está explicado en qué consiste la deuda de esos tres libros de García Márquez con Hemingway: en lo que se refiere al asunto, en la decisión de escribir sólo a partir de experiencias personales directas y profundas; en lo relativo al lenguaje, en el ideal de máxima sencillez y sobriedad; en lo que concierne a la técnica, en el uso constante del dato escondido, la omisión significativa. Salvo el cuento «Los funerales de la Mamá Grande», y de manera algo atenuada «Un día después del sábado», todas las otras ficciones de esos tres libros están escritas según dichas pautas. (En *Cien años de soledad* la influencia de Hemingway se desvanece totalmente.)

También en este caso el demonio cultural está ligado a demonios personales e históricos y es imposible marcar los límites entre influencia y coincidencia. El bogotazo de 1948 y el período de la violencia en Colombia pasaron a ser material decisivo en la obra de García Márquez sólo a partir de su segundo libro, y desempeñaron este papel

---

[49] Véase la nota 27 del cap. I, p. 32.
[50] «Un hombre ha muerto de muerte natural», en *México en la Cultura,* suplemento de *Novedades,* México, 9 de julio de 1961.

primordial en sus dos libros siguientes. En dichas ficciones —*El coronel no tiene quien le escriba*, varios cuentos de *Los funerales de la Mamá Grande* y *La mala hora*— la presencia de ese demonio histórico tiene dos consecuencias. En la materia narrativa: lo político y social pasa a prevalecer sobre los otros planos de la realidad ficticia. En la forma: un lenguaje informativo reemplaza al estilo subjetivo y artístico. Ahora bien: es en esos mismos tres libros en los que Hemingway aparece como un demonio fecundo para García Márquez. Aquí también hay que ver una especie de encuentro inevitable entre dos deicidas, que, en un momento dado, coinciden debido a una cierta comunidad de demonios personales e históricos y de designios creadores. Cuando García Márquez comenzó a escribir la historia de los pasquines —de la que se desprendería *El coronel no tiene quien le escriba*— intuyó que su mundo sufriría una muda radical: iba a descender de la subjetividad a la objetividad, iba a pasar del mundo interior de los recuerdos y las reflexiones al exterior de los actos y las observaciones, de la psicología a la historia. Porque, a diferencia de *La hojarasca,* los demonios que ahora lo urgían a escribir, aquellas experiencias que quería rescatar y exorcizar, tenían una naturaleza objetiva, exterior e histórica: la injusticia social, la represión y la corrupción políticas, la miseria, el hambre, los efectos que en una colectividad tienen acontecimientos como la revolución y la guerra. Aquí se produjo el encuentro o la coincidencia: la realidad ficticia creada por Hemingway era esencialmente objetiva, exterior e histórica. Un mundo dominado por los actos humanos, en el que todas las otras experiencias de lo real aparecían a través de comportamientos individuales. Un mundo conmovido por la violencia política (*To Have and Have Not* [Tener o no tener], *For Whom the Bell Tolls* [¿Por quién doblan las campanas?]), por la guerra (*A Farewell to Arms* [Adiós a las armas]), por el riesgo y la aventura, en el que la vida es sobre todo una prueba constante para el individuo de su capacidad de resistencia y desafío y de los límites de su coraje. Hemingway debía su grandeza como suplantador de Dios a que había encontrado un método para dotar a esa realidad ficticia así constituida de un vigoroso poder de persuasión. Es este método el que el otro deicida va a poner inmediatamente al servicio de sus propios demonios en *El coronel no tiene quien le escriba*, en varios cuentos de *Los funerales de la Mamá Grande* y en *La mala hora:* ese método se va a convertir para él en un demonio cultural.

¿En qué consiste este método? En el dominio del lenguaje, en un estilo despojado al máximo de elementos subjetivos, y que, en las antípodas del de Faulkner, aspira a la transparencia total: su sencillez de vocabulario, su exactitud en la mención del objeto, la lógica de su sintaxis, el verismo de sus diálogos, su carácter visual, tienden a ocultar su presencia, a disimular su función de creador y distribuidor de la materia narrativa, a hacer sentir al lector que esta materia le llega directamente, sin pasar por las palabras. (Este lenguaje informativo es, desde luego, algo tan trabajado como el de los grandes barrocos: la claridad de Hemingway es tan artística como la oscuridad faulkneriana.) Se ha repetido hasta el cansancio que para la forja de esta escritura ceñida y matemática fue muy útil a Hemingway su experiencia periodística. García Márquez había pasado por un entrenamiento semejante: otro denominador común, que embrolla la distinción entre influencia y coincidencia. En todo caso, el lenguaje de *El coronel no tiene quien le escriba*, de *La mala hora* y de la mayoría de los relatos de *Los funerales de la Mamá Grande* tiene las mismas características que el de Hemingway en sus ficciones más objetivas.

En el dominio de la estructura, el método de Hemingway consiste, ante todo, también en las antípodas de Faulkner, en dotar de objetividad al mundo ficticio mediante la disimulación del narrador. La historia que no parece encarnada en palabras, tampoco parece contada por alguien: está ahí, autosuficiente, generada por sí misma. En el punto de vista espacial, esto significa la eliminación del narrador-personaje, el predominio del narrador omnisciente, que está en todas partes y en ninguna de la realidad ficticia: se narra desde la tercera persona de singular. Esa ausencia que narra no se traiciona jamás, no se inmiscuye en la marcha de los sucesos: los datos son objetivos, las cosas que se hacen o se padecen pertenecen a la exclusiva experiencia de los personajes, nunca contienen una interpretación que no sea estrictamente la de los propios actores. En el punto de vista temporal, impera la cronología recta, los hechos de la historia ocurren en la misma sucesión en que se narran. En el punto de vista de nivel de realidad también, como en el temporal, hay casi una coincidencia de los planos del narrador y lo narrado: se narra desde un plano objetivo hechos que ocurren también en un plano objetivo de realidad. Ésta es, en efecto, la estructura que tienen las ficciones de García Márquez en las que el plano social y político prevalece sobre los otros de la realidad ficticia. ¿Pero son acaso exclusivos de Hemingway el lenguaje objetivo y las técnicas de la neutralidad narrativa? También aquí se podría enumerar una frondosa tradición de deicidas. Baste recordar al más ilustre, al maniático de «le mot juste» y de la impasibilidad del narrador: Flaubert.

El talento de un novelista suele patentar estilos y técnicas que le pertenecen a medias, que son producto de un denso, inconsciente proceso de invención, transformación y saqueo. Así ocurre con la multiplicidad de puntos de vista de Faulkner, con el procedimiento del dato escondido en Hemingway. Su metáfora del relato como un iceberg alude, en efecto, a un procedimiento que usó con excelencia, al que él dio una funcionalidad notable. Está admirablemente usado en «The Killers»: el dato principal de la historia ha sido omitido. ¿Matarán los asesinos al hombre? ¿Quiénes los han enviado a matarlo? ¿Por qué la víctima no huye, por qué espera resignado a sus ejecutores? Es el lector quien debe completar, según su fantasía y voluntad, esos silencios locuaces, esos datos escondidos. Este procedimiento se puede utilizar como un hipérbaton y como una elipsis. En el primer caso, el dato está escondido sólo por un tiempo, en realidad ha sido descolocado para provocar un interés, una inquietud, una confusión significativos. Ésta es la forma en que aparece con más frecuencia en García Márquez. Pero también el dato escondido elíptico —como en «The Killers», como en la condición de impotente del Jake de *The Sun Also Rises* (Fiesta)— es usado a menudo en esos tres libros de García Márquez. En «La siesta del martes», por ejemplo: el cuento termina cuando lo más importante está por ocurrir. La madre y la hermana del ladrón se disponen a atravesar el pueblo: ¿qué les sucederá, cómo las va a tratar la gente aglomerada en la calle? También en *La mala hora* la clave de la construcción es un dato escondido elíptico: nunca se sabrá quién pone los pasquines, en tanto que esta revelación parecía ser el dato culminante hacia el cual confluían todos los otros de la novela. Pero aquí surge una coincidencia con *La hojarasca,* cuya anécdota tiene también forma de iceberg. Toda ella se orienta hacia ese cortejo fúnebre, presidido por el coronel, que debe cruzar el pueblo con el cadáver, pese a la oposición de los vecinos. ¿Qué va a ocurrir? Cuando estamos a punto de saberlo, la novela acaba. Se trata de un dato escondido elíptico, como el origen de los pasquines en *La mala hora,* como la suerte de la mujer y la niña cuando salgan a la calle en «La siesta del martes», como el destino final del coronel y de su gallo en *El coronel no tiene quien le escriba* (¿acabará por venderlo?, ¿ganará el gallo la pelea tan esperada?), que aparece en una ficción en la que este demonio cultural es aún inexistente. Aquí tenemos un hecho más que explica los vínculos entre esas dos obras como coincidencias que preceden o explican la influencia. Hasta en la afirmación, varias veces repetida por García Márquez, de que «escribir la primera frase es el secreto de todo», vemos esa semejanza de experiencias, de manías y de sistemas de trabajo: una frase igual acostumbraba repetirse a sí mismo Hemingway, según cuenta en *A Moveable Feast* (París era una fiesta). Cuando la realidad ficticia cambia de significado, en *Cien años de soledad*, y el plano social y político, o, más ampliamente, la dimensión objetiva de lo real pasa a segundo plano, este demonio desaparece. Lo cual no quiere decir que la realidad ficticia se transforme en algo absolutamente distinto: toda la obra de García Márquez, ya lo dijimos, tiene un carácter orgánico. La presencia de Hemingway es, sin embargo, indetectable, aunque la escritura de esta novela sea también meridianamente clara (pero ya no es objetiva) o la materia narrativa se organice, muchas veces, en datos escondidos.

SÓFOCLES   García Márquez parece tener una conciencia más o menos clara del beneficio que extrajo de la lectura de Faulkner y de Hemingway; en el caso de otros modelos es seguro que esto ocurrió de manera menos racional. Pienso que es lo que sucedió con un clásico, que desempeña una función muy importante en *La hojarasca,* y que ha sido brillantemente estudiada por Pedro Lastra: Sófocles.[51] García Márquez, es cierto, había confesado varias veces su admiración por él, lo suele citar entre sus autores preferidos.[52] Sófocles es uno de los contados autores que figura como motivo en una de sus ficciones («Un día después del sábado») y el único que haya citado como epígrafe en un texto. Pero nadie antes de Lastra había investigado *La hojarasca* a partir de esta cita tomada de

---

[51] Pedro Lastra, «La tragedia como fundamento estructural de *La hojarasca*», en *Anales de la Universidad de Chile,* año CXXIV, núm. 140, octubre-diciembre de 1966 (separata).

[52] Véase, por ejemplo, Armando Durán, *op. cit.,* p. 26, donde Sófocles encabeza la lista de sus lecturas predilectas.

Antígona. Lastra muestra el paralelismo que existe entre las situaciones planteadas en la tragedia de Sófocles y la novela de García Márquez, al extremo que puede verse en esta ficción la reencarnación de un mito griego, a la manera como T. S. Eliot volvió a narrar, en *Cocktail Party,* con apariencia moderna, el *Alcestes* de Eurípides. La diferencia está en que Eliot lo hizo deliberadamente y García Márquez sin proponérselo: el demonio operó en su caso de manera inconsciente. Vale la pena resumir el artículo de Lastra, para que se vea cómo puede influir un demonio cultural en una materia narrativa, sin restarle originalidad. Éstas son las correspondencias que Lastra comprueba entre los motivos centrales de *La hojarasca* y las tragedias de Sófocles: 1) *Formulación de una promesa, cuyo cumplimiento tendrá consecuencias dramáticas o fatales:* en *Edipo en Colono,* Polinices obtiene la promesa de Antígona de que le tributará honras fúnebres a su muerte, y esta promesa va a ser la raíz de todo el drama representado en *Antígona;* en *La hojarasca,* tres años antes de su suicidio, el médico obtiene el compromiso del coronel de que lo enterrará cuando muera («écheme encima un poco de tierra cuando amanezca tieso. Es lo único que necesito para que no me coman los gallinazos»), esta promesa es la raíz del drama de la novela, es decir, de la decisión del coronel de enterrar al médico, pese a que el pueblo ha jurado dejarlo insepulto. 2) *La condenación:* en *Antígona,* Creonte decreta que Polinices, que pretendió invadir la tierra natal, no será sepultado sino que su cadáver servirá de alimento a perros y aves de rapiña; en cambio, Eteocles, el hermano de Polinices, es inhumado gloriosamente; en *La hojarasca* el pueblo de Macondo jura dejar insepulto al médico («condenó al doctor a pudrirse detrás de estas paredes») por un acto que fue considerado una traición a la ciudad: el haberse negado a atender a los heridos de una noche electoral. La condenación de Polinices y la del médico es la misma (ser dejados insepultos), y la razón de ella, semejante: traición a la Ciudad. 3) *Actitudes de los personajes:* a) El carácter inflexible de Antígona y del coronel: ambos están dispuestos a cumplir su promesa de inhumar a Polinices y al médico desafiando las iras de toda una ciudad; b) la situación de Polinices y Eteocles es equivalente a la del médico y el Cachorro en la novela; aquéllos son hermanos; éstos pudieran serlo (llegaron el mismo día a Macondo, hay un parecido físico entre ellos, la única vez que se encuentran surge una extraña corriente de afinidad entre los dos); ambos encarnan, frente a la ciudad, los destinos antagónicos de Eteocles y Polinices: el Cachorro se integra al pueblo, llega a ejercer sobre él un verdadero dominio espiritual y cuando muere es enterrado gloriosamente, como Eteocles; el médico va concitando la antipatía, la distancia y el odio del pueblo, y por ello es condenado; c) Ismena, en la tragedia, encarna dos actitudes: primero, se atemoriza y no se atreve a ayudar a Antígona en el cumplimiento de su promesa; luego, reivindica su parte en la acción de Antígona y está dispuesta a afrontar el castigo; la primera Ismena está representada en la novela por la esposa del coronel, Adelaida, que se niega a acompañar a su esposo a cumplir su promesa, y la segunda, por la hija del coronel, Isabel, que vela el cadáver junto a su padre; 4) *el motivo del entierro del cadáver con sus pertenencias:* como se hacía en la antigüedad, el coronel echa al ataúd del médico todas las cosas que le pertenecieron en vida; 5) *la forma del suicidio:* el ahorcamiento, en el mundo clásico, era considerado una manera de matarse infamante, propia de impuros (Yocasta), y ésta es la forma de quitarse la vida que elige el médico de la novela; 6) Como en la tragedia griega, en *La hojarasca* los hechos que ocurren son sentidos como muestra de «la presencia de la fatalidad» y como «la expiación de oscuras culpas» («otro capítulo de la fatalidad había empezado a cumplirse desde hacía tres meses», piensa el coronel).

Un demonio cultural no es nunca exclusivo. Hemos visto que en *La hojarasca* Faulkner desempeña un papel importante tanto en la materia como en la forma. ¿Será preciso recordar que todos los críticos, empezando por Malraux, han subrayado la influencia de la tragedia griega en la obra de Faulkner? El examen de las fuentes de un escritor nos arrastra, inevitablemente, por un camino que desemboca en remotísimas genealogías y en la comprobación de que la originalidad tiene que ver tanto con la selección y la combinación como con la pura invención. Y, también, en el convencimiento de que es utópico pretender fijar en cada obra los límites entre ambas. En ninguna otra ficción de García Márquez se puede establecer el aporte de un mito clásico de manera tan próxima como en *La hojarasca,* pero esto no significa que en el resto de su obra no haya vestigios de este demonio: la concepción fatalista de la vida aparece en casi todas las ficciones que transcurren en Macondo, en tanto que una más historicista prevalece en aquellas que suceden en el pueblo. En cierta forma, estos dos polos del mundo verbal encarnan la dialéctica de la libertad y la necesidad.

Un autor que García Márquez cita con frecuencia entre sus favoritos es Virginia Woolf. ¿Puede hablarse de ella como de otro de sus demonios culturales? Que su obra lo entusiasmara no significa nada: un autor puede fascinar a otro sin dejar trazas en su vocación, y, a la inversa, la lectura de un libro que lo irritó o lo dejó indiferente puede convertirse, imperceptiblemente para él, en un provechoso estímulo, en un fértil material de trabajo. Lo primero que es preciso deslindar es cuál de las novelistas que hay en ella pudo contribuir a la edificación de la realidad ficticia de García Márquez, ya que la obra de Virginia Woolf no es rigurosamente orgánica, se compone de mundos bien diferenciados. De las nueve novelas que escribió, las

VIRGINIA WOOLF

tres primeras se confunden estilística y temáticamente con la tradicional novela inglesa: dibujan personajes según el método psicológico convencional, describen ambientes, generalmente mundanos, con rigurosa observancia de la temporalidad lineal y la perspectiva espacial verista. Su interés es ahora histórico, como antecedente de la obra posterior, que es la que constituyó una verdadera revolución, con las nuevas técnicas que introdujo para la presentación de la vida mental, con sus sutilísimas estructuras temporales y espaciales, y su estilo capaz de inyectar vida a las experiencias más menudas y fugitivas. Son estas novelas de la segunda etapa —*Mrs. Dalloway* (La señora Dalloway), *To the Lighthouse* (Al faro), *The Waves* (Las olas)—, destinadas a la ambiciosa captura y expresión de *the moment* (ese instante, vertiginoso y privilegiado, que da sentido y orden a un destino humano, ese inasible estado veloz que es explicación y fuente de la vida), las que han determinado la influencia de Virginia Woolf en la novela moderna. Entre las ficciones de esta segunda etapa hay una, *Orlando,* que se diferencia nítidamente de las otras: un juego rutilante de la imaginación, una ingeniosa alegoría que, a través de una anécdota imposible, ironiza los mitos, las costumbres, las imágenes convencionales de la literatura y la historia inglesa. Es este último grupo de novelas el que García Márquez leyó con pasión, a partir de 1950, en Barranquilla, y entre ellas hay dos que recuerda siempre: «Imprevistamente, mientras García Márquez conduce —a la perfección— su Opel casi blanco, por el ordenado laberinto de las autopistas que ciñen a la Ciudad de México, sus bigotes dejan caer el nombre de otra influencia: Virginia Woolf. Se le erizan las cejas cuando presume que pueda ser, hoy, una figura semiolvidada; y cuando se recuerda la transformación de Orlando en mujer, y el irónico humor, atemperado con melancolía, de la señora Dalloway, se comprende cómo la espiritual dama inglesa, que enloquecía entre rosas y torreones, pudo haber destilado su sabiduría estilística sobre la obstinada cabezota del colombiano».[53]

Acabo de leer (en algunos casos releer) para los fines de este ensayo las novelas de Virginia Woolf y estoy convencido que la huella de su obra en la de García Márquez es escasa y que no se manifiesta en ningún caso en el lenguaje: nada tan distante de las diversas escrituras de García Márquez como el estilo de Virginia Woolf (el único que conozco, con el de Colette, que pueda llamarse femenino). Sólo en el caso de *Mrs. Dalloway* y del *Orlando* se encuentran ciertas coincidencias, pero de significado muy menor. *Mrs. Dalloway*,[54] la novela en la que Virginia Woolf rompió con la forma tradicional, es una historia contada desde la perspectiva de la vida mental (recuerdos, asociaciones de ideas, impresiones) de la protagonista, de los seres que la rodean, o de personas que coinciden con ella un instante en un parque, en la calle. Esas conciencias en movimiento, esas mentes que producen ideas, divagan, que se extravían, que van y vienen en el espacio y en el tiempo, a través de las cuales va rotando el punto de vista espacial de la narración, constituyen el primer plano de la realidad ficticia. La realidad exterior de los actos es secundaria, el lector la conoce sólo en la medida en que se refleja en esa pantalla sensible que son las conciencias de los personajes. Es el caso, desde luego, de *La hojarasca,* donde la historia se arma mediante monólogos entrecruzados: aquí también la vida de la mente es la pantalla obligatoria en la que debe proyectarse la realidad exterior (los actos, el paisaje). Esta voluntad de contar una historia desde una perspectiva itinerante y subjetiva, mediante el uso del monólogo interior, es el único paralelo que puede hacerse entre estos dos libros, de

---

[53] Ernesto Schoo, *op. cit.*
[54] Gustavo Esteva niega influencia alguna de *Mrs. Dalloway* en García Márquez, y, en cambio, encuentra huellas de *El elegido,* de Thomas Mann, en *Cien años de soledad.* En «Un galeón en 1967», *El gallo ilustrado,* suplemento dominical de *El Día,* México D. F., 30 de julio de 1967.

otro lado tan diferentes: *Mrs. Dalloway* no cuenta propiamente una historia, muestra un fragmento de vida cualquiera, insiste en los detalles, se demora en lo intrascendente y banal porque su fin es reproducir, representar la vida mental, en tanto que la ambición de *La hojarasca* es contar una historia precisa. En Virginia Woolf el *stream of consciousness*, que usó por primera vez en *Mrs. Dalloway* con eficacia (lo había intentado defectuosamente en *Jacob's Room* [El cuarto de Jacob]), y que luego perfeccionó en *To the Lighthouse* y *The Waves*, es casi un fin, y, en esta parte de su obra, su procedimiento narrativo esencial y constante. En García Márquez el monólogo interior es apenas un medio, y no es una representación del flujo espontáneo de la conciencia como en Virginia Woolf: en él es lógico, narrativo, adopta siempre las características del discurso dicho y no pensado. De otro lado, García Márquez no vuelve a utilizar el monólogo interior hasta *Cien años de. soledad,* y allí, sólo por un momento brevísimo: el monólogo de Fernanda ante Aureliano Segundo (pp. 274 y 275), que es más indirecto que interior. Esa levísima coincidencia es irrelevante, porque podrían citarse una veintena de novelas anteriores a *La hojarasca,* construidas a base de monólogos, y en este aspecto es mucho más evidente su parentesco con *As I Lay Dying.* Nilita Vientós Gastón, lectora inteligente de Virginia Woolf, ha visto una coincidencia de intención entre *La hojarasca* y la obra de la novelista inglesa, pero sólo puedo citarla de memoria, pues la escuché en un diálogo universitario. Toda la ambición de la primera novela de García Márquez residiría en la captación de un momento álgido y luminoso de la vida de los tres personajes atrapados en ese espacio claustral donde velan al médico, en ese tiempo encerrado y casi inmóvil que son las pocas horas que dura la acción. Allí, silenciosos, quietos, secuestrados, bajo la incertidumbre y la amenaza, obligados a pensar en sí mismos y en quienes tienen al frente, viven un instante de autenticidad, a la luz del cual sus vidas pasadas, y, quizá, futuras, encuentran sentido. La intención del deicida habría sido en esta novela la revelación de *the moment* woolfiano, de esa escurridiza, evanescente materia que es la vida.

Es en *Orlando,* sin embargo, donde pueden encontrarse contribuciones menos sutiles al mundo ficticio de García Márquez, en la etapa de *Cien años de soledad.* Rodríguez Monegal ha señalado los elementos comunes: la «tranquila aceptación de lo sobrenatural», «la afirmación rotunda de la existencia de dimensiones paralelas a la realidad» y el hecho de que ambos libros traten el tiempo «con la misma libertad con que se trata la materia o el espacio, la memoria o el olvido, la ley de causalidad o la existencia (o inexistencia) de los ángeles»; «El tiempo en esas obras es también mágico y no está sometido a la servidumbre de la cronología... Es un tiempo totalmente libre. El tiempo de la fábula».[55] Atinadamente precisa, sin embargo, que esas características proceden de la robusta tradición de la narración fantástica, de modo que, en este sentido, podría fraguarse una genealogía exuberante para *Cien años de soledad.* El paralelismo se puede concretar mucho más, y para ello hay que separar las semejanzas en la materia y en la forma entre ambos libros. Los dos constituyen una excursión, condensada y fantástica, a lo largo de un tiempo histórico verosímil, que se inicia en un período remoto (el período colonial, la época isabelina) y termina en un tiempo contemporáneo. Hechos históricos reales están incorporados en los dos casos a la ficción, y en ambas novelas predominan lo anecdótico (en ambas están sucediendo cosas todo el tiempo), lo exótico y lo pintoresco. El equivalente, o tal vez prototipo, de las grandes plagas y catástrofes que caen sobre Macondo —el insomnio y el olvido, el diluvio— es en *Orlando* «the Great Frost», descrito con la

---

[55] Emir Rodríguez Monegal, *op. cit.,* pp. 14 y 15. Véase también el artículo de Alone, *«Orlando* y *Cien años de soledad»,* en *Crónica literaria,* suplemento de *El Mercurio,* Santiago de Chile, 21 de julio de 1970.

misma naturalidad y el mismo humor que las calamidades de Macondo: «At Norwich a young country woman started to cross the road in her usual robust health and was seen by the onlookers to turn visibly to powder and be blown in a puff of dust over the roofs as the icy blast struck her at the street corner. The mortality among sheep and cattle was enormous. Corpses froze and could not be drawn from the sheets. It was no uncommon sight to come upon a whole herd of swine frozen immovable upon the road. The fields were full of shepherds, ploughmen, teams of horses, and little bird-scaring boys all struck stark in the act of the moment, one with his hands to his nose, another with the bottle to his lips, a third with a stone raised to throw at the raven who sat, as if stuffed, upon the hedge within a yard of him. The severity of the frost was so extraordinary that a kind of petrifaction sometimes ensued; and it was commonly supposed that the great increase of rocks in some parts of Derbyshire was due to no eruption, for there was none, but to the solidification of unfortunate wayfarers who had been turned literally to stone where they stood. The Church could give little help in the matter, and though some landowners had these relics blessed, the most part prefered to use them either as landmarks, scratchingposts for sheep, or, when the form of the stone allowed, drinking troughs for cattle, which purposes they serve, admirably for the most part, to this day».[56] Luego del «Great Frost», el deshielo tiene también

---

[56] Virginia Woolf, *Orlando*, Penguin Modern Classics, 1967, pp. 23 y 24. «En Norwich una aldeana rozagante quiso cruzar la calle y, al azotarla el viento helado en la esquina, varios testigos presenciales vieron que se hizo polvo y fue aventada sobre los techos. La mortandad de rebaños y de ganado fue enorme. Se congelaban los cadáveres y no los podían arrancar de las sábanas. No era raro encontrar una piara entera de cerdos, helada en el camino. Los campos estaban llenos de pastores, labradores, yuntas de caballos y muchachos reducidos a espantapájaros paralizados en un acto preciso, uno con los dedos en la nariz, otro con la botella en los labios, un tercero con una piedra levantada para arrojarla a un cuervo que estaba como disecado en un cerco. Era tan extraordinario el rigor de la helada que a veces ocurría una especie de petrificación; y era general supo-

la forma de otra plaga fantasmagórica. Algunos motivos pintorescos de ambas ficciones se parecen. Por ejemplo, los gitanos, que ocupan lugar importante en la historia de Macondo, y todo un episodio en *Orlando* (capítulo tercero), cuando el protagonista, recién convertido en mujer, se refugia en una tribu de gitanos cuyas vidas y andanzas comparte por un tiempo, como José Arcadio Buendía. En ambos libros hay apariciones literarias (personajes de Carpentier, Fuentes y Cortázar en *Cien años de soledad* y Shakespeare, Marlowe, Ben Jonson, Brown y Donne, entre otros, en *Orlando*) además de mudanzas exteriores de carácter fantástico, que marcan el paso del tiempo: Orlando es en cada época un ser físicamente distinto, así como Macondo tiene un semblante diferente en cada uno de sus períodos históricos. Desde el punto de vista de la forma, los paralelismos al nivel de la escritura son nulos (el párrafo citado del «Great Frost» es excepcional), pero existen al nivel de la estructura. Uno de los procedimientos que convierte la materia, en ambas ficciones, de realidad objetiva en realidad imaginaria es la *exageración*. Consiste en aumentar cuantitativamente las propiedades de un objeto (situación, personaje, cosa) real objetivo hasta provocar en él un salto cualitativo y tornarlo real imaginario: que algunos hombres queden petrificados por el frío está dentro de lo real objetivo; que los roquedales de Derbyshire sean muchedumbres de guerreros petrificados pertenece ya a lo imaginario; que un hombre tenga un falo descomunal está dentro de lo real objetivo, pero que lo tenga tan grande como

---

ner que el notable aumento de rocas en determinados puntos de Derbyshire se debía, no a una erupción (porque no la hubo), sino a la solidificación de viandantes infortunados que habían sido convertidos literalmente en piedra. La Iglesia pudo prestar poca ayuda, y aunque algunos propietarios hicieron bendecir esas reliquias, la mayoría las habilitó para mojones, postes para rascarse las ovejas, o, cuando la forma de la piedra lo permitía, bebederos para las vacas, empleo que desempeñan, en general admirablemente, hasta el día de hoy.» (De la traducción de Jorge Luis Borges, que fue la que García Márquez leyó. Buenos Aires, Editorial Sudamericana, 1951, pp. 34-35.)

el de José Arcadio Buendía, que pueda estar tatuado «con letreros en varios idiomas» pertenece a lo imaginario. Tampoco aquí las coincidencias deberían sugerir un parecido grande, también aquí las diferencias son más importantes que las semejanzas. Hay una, sobre todo, que distancia astronómicamente a ambos mundos ficticios: el sexo («this odious subject», escribe el narrador de *Orlando*), que aparece en la novela de Virginia Woolf como referencia lejana e inocente y es en Macondo una presencia volcánica. La diferencia mayor está, sin embargo, en que *Cien años de soledad* es una novela más ambiciosa y lograda que *Orlando,* que es apenas algo más que un brillante juego.

EL GRAN BURUNDÚN BURUNDÁ HA MUERTO Una obra se convierte en demonio para un autor por razones estrictamente subjetivas, por factores que tienen que ver poco con la excelencia artística de la obra y mucho con la psicología del autor. Para un escritor, un mediocre cuento ajeno puede ser extraordinariamente provechoso, porque su anécdota truculenta, la impericia de su técnica, la rudeza de su prosa, bruscamente, lo ayudan, por similitud o por contraste, a dar caras, nombres, situaciones, a una materia que lo acosaba hasta entonces como una nebulosa, o a descubrir la forma en que esa materia *tenía que* encarnarse. Para ese escritor, la lectura de ese cuento olvidable habrá sido más útil que Cervantes.

En 1952, cuando estaba exiliado en Argentina, el escritor colombiano Jorge Zalamea publicó *El gran Burundún Burundá ha muerto,*[57] poema en prosa o relato poético cuyas conexiones con «Los funerales de la Mamá Grande» son abundantes y justifican la comparación. Ambas ficciones responden a un proyecto idéntico: narrar en forma de

---

[57] Jorge Zalamea, *El gran Burundún Burundá ha muerto,* Buenos Aires, Imprenta López, 1952. Se reeditó en 1959, en edición popular, Primer Festival del Libro Colombiano, octavo volumen, seguido de *El rapto de las sabina,* Talleres Gráficos Torres Aguirre, Lima, Perú, 1959.

crónica barroca, hiperbólica y peyorativa, los funerales de un caudillo todopoderoso. En Zalamea el caudillo es un patriarca, Burundún Burundá, y en García Márquez, una matriarca, la Mamá Grande: ambos son los amos fantoches de un mundo fantoche, aunque en Zalamea está más acentuada la nota esperpéntica. En ambos casos se advierte una intención de sátira política emboscada en la ficción literaria: la denuncia del arquetípico dictador sudamericano, omnímodo y pintoresco, sanguinario y ridículo, con sus entorchados y ritos circenses, su retórica hueca y ruidosa, y su corte aduladora (pero también esa intención es mucho más visible en Zalamea). El desfile fúnebre que en ambos casos constituye el cuerpo de la acción (simplificando, podría decirse que ambos textos son una enumeración, la relación de un corso de feria) tiene, incluso, similitudes de detalle: «la dentada máscara del Caballero Tigre» del mundo burunduniano se parece al Duque de Marlborough, que con «su atuendo de pieles y uñas y dientes de tigre» desfila también ante los restos de la Mamá Grande (el Duque aparece en *La hojarasca*, escrita antes que *Burundún Burundá ha muerto*, por lo que, en este motivo, la filiación, si la hubiera, se invertiría). En ambos casos, la crónica de los funerales está escrita en un lenguaje hinchado y grotesco, de pregón o de discurso, y en ambos chisporrotea un humor venenoso. Pero en esto también hay diferencias: el lenguaje de Zalamea es más poético y el de García Márquez más narrativo, aquél sobre todo comenta y éste sobre todo cuenta. El estilo de Zalamea es más fabricado y libresco; el de García Márquez más suelto y natural en su desmesura, menos académico. Según Alfredo Iriarte, García Márquez «recibió y elaboró admirablemente la influencia burunduniana».[58] Las influencias, según este crítico, establecen automáticamente

---

[58] Véase el «Ensayo crítico» que precede a *El gran Burundún Burundá ha muerto* y *La metamorfosis de Su Excelencia*, Bogotá, 1966, pp. 24-28.

una relación de maestro a discípulo entre el que suministra la fuente y el que la utiliza; la influencia prestigia al predecesor, disminuye al aprovechador. En realidad, es lo contrario: el deicida se sirve del modelo, no lo sirve, y lo que establece una jerarquía cuando dos o más autores emplean una misma materia o una misma forma no es el orden cronológico, sino la riqueza de realización: es posible que *Les lauriers sont fleuris* fuera el modelo de los monólogos interiores de Joyce, pero lo que hizo con ellos éste en *Ulises* convirtió a esa fuente en una mera premonición. Es probable que García Márquez escribiera su relato bajo la impresión, consciente o inconsciente, del texto de Zalamea y utilizara materiales y formas que había usado éste. Algo parecido podría decirse del texto de Zalamea respecto de *El Señor Presidente* de Miguel Ángel Asturias (epopeya grotesca de un dictador caricatural y bárbaro) y de *El señor presidente* respecto de *Tirano Banderas* de Valle-Inclán y todavía podría escalarse el árbol de la sátira literaria del dictador hasta sus orígenes clásicos. El propio Zalamea había escrito en 1949 otro relato que es un antecedente de *Burundún Burundá:* «La metamorfosis de Su Excelencia». En el caso del relato de García Márquez, el demonio cultural está ligado también a experiencias históricas: fue escrito en Colombia, en 1960, poco después de la caída de un tirano caricatural (Pérez Jiménez), de la que García Márquez había sido testigo, y de un viaje a Cuba, y ya vimos que esos dos hechos le sugirieron la idea de escribir una novela sobre un dictador. «Los funerales de la Mamá Grande» no es un antecedente de *Cien años de soledad,* como se ha dicho, sino más bien de *El otoño del patriarca.*

Un mismo tema, un mismo proyecto, un estilo semejante dan, sin embargo, textos de calidad desigual. La diferencia está en la estructura de ambas ficciones: en la de García Márquez tanto el asunto como el lenguaje encuentran una justificación en su organización interna, en tanto que la de Zalamea, aunque vistosa y, por momentos, creadora, es víctima de su propio exceso retórico. Tanto abulta la realidad que quiere expresar que naufraga en la irrealidad (es decir, en la falta de vivencias). La desmesura grotesca en *Burundún Burundá ha muerto* es una característica objetiva del mundo ficticio, responde a una voluntad de estilo del poeta-narrador, que el lector sólo puede aceptar o rechazar. Por momentos esa voz persuade y por momentos suena artificial. En «Los funerales de la Mamá Grande» el lenguaje grotesco, esa materia superlativizada, no aparece como una cualidad objetiva del mundo ficticio, sino como una interpretación, como una deformación de un nivel de la realidad —lo objetivo— por otro —lo legendario o mítico—, que hace las veces de espejo deformante en el que el lector ve distorsionarse la historia. Esta ambigüedad imprime al relato un poder de persuasión mayor; esta estrategia permite que el exceso retórico, que podía haber convertido la ficción en una parodia rígida y desvitalizada, se justifique, se explique y sea aceptado por el lector.

Atendiendo a esa vena desmesurada, que aparece en «Los funerales de la Mamá Grande», y luego reaparece (con semblante distinto) en *Cien años de soledad,* los críticos han hablado de García Márquez como de un autor rabelesiano. ¿El jocundo, coprolálico creador de *Gargantúa y Pantagruel* es modelo de este rasgo de su mundo ficticio? La primera pista de ese demonio la dio García Márquez en las páginas finales de *Cien años de soledad:* «El pueblo había llegado a tales extremos de inactividad, que cuando Gabriel ganó el concurso y se fue a París con dos mudas de ropa, un par de zapatos y las obras completas de Rabelais, tuvo que hacer señas al maquinista para que el tren se detuviera a recogerlo» (p. 340). En junio de 1967, todavía reconocía esta fuente, pues confesó a un periodista haber leído a Rabelais con amor: «... se extasió con las maravillas de *Gargantúa y Pantagruel* (nada más

RABELAIS

165

afín a su exuberancia imaginativa, que todo lo mide en leguas y toneladas, en hombres gigantescos, mujeres que esparcen a su alrededor una fecundidad demencial, criaturas que hacen estallar los trajes nuevos a fuerza de crecer sin tasa)».[59] En septiembre de ese año, sin embargo, probablemente fastidiado de que, al igual que en el caso de Faulkner, los críticos le recordaran esa influencia como una acusación, es más reticente: «Yo creo que la influencia de Rabelais no está en lo que escribo yo sino en la realidad latinoamericana; la realidad latinoamericana es totalmente rabelesiana».[60] En enero de 1969 niega a Rabelais y se burla de quienes lo consideran uno de sus modelos: «Otro crítico se iluminó con el hallazgo de que Gabriel, que es un personaje de mi novela a quien tratan de identificar conmigo mismo, se lleva a París las obras completas de Rabelais. Esto, ha dicho el crítico, es el reconocimiento de una influencia, y ella explica los desafueros sexuales y el apetito bestial de Aureliano Segundo y las desproporciones fálicas de José Arcadio, el tatuado, y en general, los excesos pantagruélicos de todos los personajes y aún la descomunalidad del estilo. Me divierte leer estas cosas, porque en realidad, el libro que se llevó Gabriel a París fue el *Diario del año de la peste,* de Daniel Defoe: cedí a la travesura de cambiarlo a última hora para ponerle una trampa a los críticos».[61]

Donde el crítico erró fue al hablar de la descomunalidad del *estilo;* en lo otro no estuvo tan desacertado. El lenguaje truculento, indisciplinado, genialmente grosero de Monsieur Alcofrybas, no tiene nada que ver con el de *Cien años de soledad,* que es un dechado de precisión y de orden y que, aun en los momentos de mayor brutalidad de la materia, conserva una sutil delicadeza.

---

[59] Ernesto Schoo, *op. cit.,* p. 52.
[60] García Márquez y Vargas Llosa, *op. cit.,* p. 53.
[61] Armando Durán, *op. cit.,* p. 27.

La descomunalidad, que es, sin duda, un denominador común entre la obra de Rabelais y la de García Márquez (en el período de *Cien años de soledad,* exclusivamente)[62] tiene que ver con la materia narrativa y con ciertas técnicas de lo imaginario. La coincidencia más flagrante concierne a la naturaleza de ambos mundos ficticios, a su particularísima esencia, tal como aparecen en el Macondo de *Cien años de soledad* y, principalmente, en la segunda obra de Rabelais, *La vie très horrificque du grand Gargantua.* Ambos mundos concilian en una síntesis perfecta e imposible la realidad más estricta y la irrealidad más desbocada (es decir, son una realidad donde lo real objetivo y lo real imaginario se confunden en una sustancia irreductible): lo histórico y lo fabuloso, lo cotidiano y lo quimérico, lo vivido y lo inventado. Macondo y «le royaume de Grandgousier» son comarcas donde los prodigios, los milagros, las más audaces proyecciones de la fantasía, tienen carta de ciudadanía, y al mismo tiempo, dos territorios profundamente enraizados en lo real objetivo, cuyas aldeas, paisaje, guerras, dramas, y hasta nombres podemos identificar en la ficción. Un crítico de Rabelais escribe: «L'aventure symbolique ne nous emmène jamais loin des êtres et des choses d'un pays matériel; la pesanteur de la terre empêche le recit d'être un mythe, fiction pure, rêve malléable au gré du conteur».[63] La cita vale para *Cien años de soledad.* En ambos casos, la gravedad terrestre consiste no sólo en que asuntos, personajes y ambientes han sido secuestrados de la realidad real e injertados en la realidad ficticia, sino también en que el

---

[62] En la obra posterior a *Cien años de soledad* aparece, sin embargo, un personaje descomunal, que puede ser llamado rabelesiano: la abuela de Eréndira, gorda gigantesca, en el guión *La triste historia de la cándida Eréndira y de su abuela desalmada.* Se trata de una reaparición del personaje, que asoma en *Cien años de soledad.*

[63] Jean Yves Pouilloux, Introducción de *La vie très horrificque du grand Gargantua,* París, Garnier-Flammarion, 1968, p. 22.

modelo geográfico, histórico y cultural a imagen y semejanza del cual fueron edificados ambos mundos es una
pequeña y verídica circunscripción provinciana, un diminuto microcosmos existente, que, aunque agigantado,
universalizado y añadido de prodigios en su transposición (negación) literaria, sigue anidando, como marca de
su estirpe terrestre, en el corazón de la fábula. Ese modelo
es, en el caso de Macondo, Aracataca, y en el de Rabelais,
la región donde se reúnen Turena y Poitou. También de
Macondo podría decirse, cambiando los nombres: «Le
royaume de Grandgousier couvre à peine quelques peti-
tes communes bien réelles, autour de la Devinière, leurs
nommes évoquent moins l'Utopie lointaine qu'une cam-
pagne familière».[64]

   ¿Cómo han pasado estos mundillos provincianos de
su escueta realidad a ser universos de maravilla en las ficciones a las que sirvieron de materia prima? Mediante
varios procedimientos, desde luego, pero principalmente
el del gigantismo. Este particular uso de la viejísima técnica de la muda o salto cualitativo (aumentar cuantitativamente las propiedades de un objeto hasta provocar un
salto de cualidad), ya mencionado en el caso de *Orlando,*
es considerado una técnica rabelesiana, y con cierta justicia, pero no porque Rabelais la inventara, sino por el uso
formidable que le dio. El mundo de Gargantúa y Pantagruel es real imaginario, no tanto porque contenga seres
sobrenaturales o hechos *intrínsecamente* inverosímiles,
sino porque las proporciones de sus seres y las características cuantitativas de sus hechos lo son. La realidad objetiva
ha sido aumentada hasta un extremo en que es ya realidad imaginaria. Éste es, también, uno de los procedimientos esenciales al que el Macondo de *Cien años de soledad* debe su filiación imaginaria. El paralelismo todavía

---

[64] *Ibid.,* p. 22.

puede ceñirse más: esta operación de desmesurar cuantitativamente lo real objetivo hasta mudarlo en imaginario, se aplica en Rabelais, de manera sistemática, sólo a algunos aspectos de lo real objetivo, en tanto que los otros pasan a la ficción con los rasgos cuantitativos que tienen en la realidad real. Exactamente lo mismo ocurre en *Cien años de soledad*. Y en ambos mundos los elementos exagerados coinciden: los apetitos físicos, los fenómenos naturales, la violencia humana. En ambos, las pasiones de la carne, las proezas del vientre y del falo han sido tan vertiginosamente ampliadas como, en el mundo ficticio de Sade, la de causar dolor, o en el de Sacher-Masoch, la de sufrirlo, o en el de Borges, la de pensar. Veamos el sexo de José Arcadio, en la frase ya citada: «En el calor de la fiesta exhibió sobre el mostrador su masculinidad inverosímil, enteramente tatuada con una maraña azul y roja de letreros en varios idiomas» (p. 84) y los efectos que produce en Rebeca Buendía: «Ella tuvo que hacer un esfuerzo sobrenatural para no morirse cuando una potencia ciclónica asombrosamente regulada la levantó por la cintura y la despojó de su intimidad con tres zarpazos, y la descuartizó como un pajarito. Alcanzó a dar gracias a Dios por haber nacido, antes de perder la conciencia en el placer inconcebible de aquel dolor insoportable, chapaleando en el pantano humeante de la hamaca que absorbió como un papel secante la explosión de su sangre» (pp. 85-86). José Arcadio parece directamente venido de esa raza de hombres que «inflan por el miembro» descrita en el primer capítulo de *Pantagruel:* «Les aultres enfloyent en longueur par le membre, qu'on nomine le laboureur de nature, en sorte qu'ilz le avoyent merveilleusement long, grand, gras, gros, vert et acresté à la mode antique, si bien qu'ilz s'en servoyent de ceinture, le redoublans à cinq ou à six foys le corps; et s'il advenoit qu'il feust en poinct et eust vent en pouppe, à les veoir eussiez dict que c'estoyent gens qui eussent leurs lances en l'arrest pour jouster à la quintaine».[65] La fuerza del mismo José Arcadio, que derrota a cinco hombres pulseando y es capaz de levantar en vilo un mostrador que once hombres sólo pueden arrastrar, lo emparenta también con Grandgousier, Gargamelle y Gargantúa (aunque, en esto, los gigantes lo dejen muy atrás). También la asombrosa capacidad de ingerir alimentos enlaza a seres de ambos mundos: en Macondo, José Arcadio se desayuna con dieciséis huevos crudos, y él y Aureliano Segundo y Camila Sagastume, la Elefanta, son los personajes más rabelesianos. Las orgías y comilonas que organizan Aureliano Segundo y Petra Cotes —al compás de cuyas fornicaciones aumenta la fecundidad de los animales— exigen verdaderos genocidios: «Se sacrificaban tantas reses, tantos cerdos y gallinas en las interminables parrandas, que la tierra del patio se volvió negra y lodosa de tanta sangre. Aquello era un eterno tiradero de huesos y tripas, un muladar de sobras, y había que estar quemando recámaras de dinamita a todas horas para que los gallinazos no les sacaran los ojos a los invitados» (p. 219). Esto, y el menú de que se compone la apuesta entre Aureliano Segundo y la Elefanta, que dura cuarenta y ocho horas, los hacen (casi) dignos sucesores del propio Gargantúa que necesitaba diecisiete mil novecientas trece vacas «pour l'alaicter ordinairement». Pero incluso en este nivel, donde las coincidencias parecen tan estrechas, las diferencias son más importantes: la exageración es usada con más moderación en *Cien años de soledad* que en Rabelais, y, de otro lado, la magnificación de los apetitos sexuales y sensuales es, en el mundo de Gargantúa y Pantagruel, un rasgo principal y constante, en tanto que en Macondo es una nota muy llamativa pero esporádica y menos significativa que otras. Lo mismo ocurre con el humor, otra característica distintiva de ambos mundos

---

[65] *Pantagruel, roy de dipsodes, restitué a son naturel, avec ses faictz et prouesses espoventables,* París, Garnier-Flammarion, 1969, p. 34.

ficticios, en los que adopta, generalmente, las formas de la truculencia, la ferocidad sarcástica y el puro delirio, pero en Rabelais es más directo y crudo, incluso más sano, que en *Cien años de soledad,* donde está contrapesado por experiencias como la soledad y la frustración, y por un sentimiento corrosivo de fatalidad. Sin embargo, este humor cristaliza a veces en picardías semejantes: en los años finales de Macondo, el autor se introduce en su mundo ficticio con su nombre propio, Gabriel, como Rabelais, a través de su seudónimo Alcofrybas, invade su ficción para observar de cerca la boca de uno de sus gigantes. También hay ciertas aproximaciones anecdóticas. Igual que el primer José Arcadio Buendía, Pantagruel descubre y funda la primera colonia de Utopía; como el coronel Buendía, hace la guerra y ésta tiene carácter religioso: también lo tuvo el enfrentamiento entre liberales y conservadores. Para éstos, aquéllos eran tan infieles como los musulmanes para los cristianos.

Cien años de soledad es una realidad literaria cuidadosamente construida, que va edificándose a través de una historia de una estricta coherencia que subyace a la premeditada confusión de identidades y a la repetición de ciertos hechos, una totalidad en la que el encaje de las partes es necesario y absoluto. El mundo de Rabelais carece, narrativamente, de organización y de cohesión (lo que no afecta en absoluto a su calidad, desde luego): es una sucesión de historias, de anécdotas, de estampas, entre las que a menudo no hay continuidad, que forman más una amalgama que un todo, y en el que las partes, como en un libro de cuentos, son separables del conjunto y también barajables. Esta diferencia estructural, que predomina sobre otras muchas —la importancia del elemento cultural en Rabelais la tiene en *Cien años de soledad* el histórico-social, el sello de la época en ambos mundos se manifiesta de manera muy distinta—, hace que estas dos realidades sean, por encima de sus semejanzas, profundamente diferentes. Hay una carac-

terística más, sin embargo, en la que coinciden: la proliferación anecdótica. En ambos mundos los sucesos se adelan-
tan unos a otros, el narrador parece devorado por la
urgencia de contar. ¿Tiene su antecedente directo en Rabelais el vertiginoso ritmo episódico de *Cien años de soledad*?
Una vez más se abre ante nosotros la espesa jungla de una
tradición. Si la desmesura ha sido patentada por Rabelais,
todos los críticos están de acuerdo en señalar que la incon-
tinencia anecdótica de Monsieur Alcofrybas, esa necesidad
acumulativa de hechos, le viene de la narrativa épica medieval: de las novelas de caballerías.

LAS
NOVELAS
DE CABALLERÍAS

Se trata de una tradición que, para un escritor de lengua española, debería ser más viva y actual que para uno
de otra lengua, ya que, aunque la novela de caballerías
surgió en España más tarde que en Alemania, Inglaterra o
Francia, y, al principio, fue sólo una derivación de las ficciones caballerescas de estos países, en ninguno de ellos
alcanzó la popularidad, la variedad y la riqueza que llegó
a tener en España. *Debería:* en realidad ocurrió lo contrario. Esta tradición se interrumpió brutalmente, por razones religiosas, históricas y culturales que no es el momento de analizar, y a partir aproximadamente del *Quijote*
(los críticos todavía repiten que mató de ridículo a la novela caballeresca), la ficción en lengua española dio un
viraje en redondo, y se orientó por un camino de sistemática represión de lo real imaginario, de sometimiento a lo
real objetivo, a tal punto que muchos historiadores cuya
visión llega sólo hasta el Siglo de Oro, afirman que la novela española fue *siempre* rigurosamente realista. Esto es,
como tónica general, lo característico de la ficción española a partir del Renacimiento, pero no lo es de la fecunda, múltiple, audaz narrativa precervantina, y, sobre
todo, dentro de ella, de las novelas de caballerías. Éstas no
son irreales; son realistas, pero su concepto de realidad es
más ancho y complejo que la ajustada noción de realidad

172

que estableció el racionalismo renacentista. En *El caballero Cifar,* en el *Amadís de Gaula* la realidad reúne, generosamente, lo real objetivo y lo real imaginario en una indivisible totalidad en la que conviven, sin discriminación y sin fronteras, hombres de carne y hueso y seres de la fantasía y del sueño, personajes históricos y criaturas del mito, la razón y la sinrazón, lo posible y lo imposible. Es decir, la realidad que los hombres viven objetivamente (sus actos, sus pensamientos, sus pasiones), y la que viven subjetivamente, la que existe con independencia de ellos y la que es un exclusivo producto de sus creencias, sus pesadillas o su imaginación. Esta vasta noción de realismo literario totalizador que confunde al hombre y a los fantasmas del hombre en una sola representación verbal es la que encontramos, justamente, en *Cien años de soledad.* La historia de los Buendía, como la del Amadís o la de Tirant, transcurre simultáneamente en varios órdenes de realidad: el individual y el colectivo, el legendario y el histórico, el social y el psicológico, el cotidiano y el mítico, el objetivo y el subjetivo. Los novelistas de lengua española habían aprendido a moderar su fantasía, a elegir una zona de la realidad como asiento de sus ficciones con exclusión de las otras, a ser medidos en sus deicidios. *Cien años de soledad* significó, entre otras cosas, un desdeñoso desaire a siglos de pudor narrativo y la resurrección inesperada, en un novelista de la lengua, del ambicioso designio de los suplantadores de Dios medievales: competir con *toda* la realidad, incorporar a la ficción cuanto existe en la vida y en la fantasía del hombre. El paralelismo, como se ve, no tiene tanto que ver con la naturaleza de lo imaginario en *Cien años de soledad* y en la novela de caballerías, sino, ante todo, con el hecho de que este elemento en la novela de García Márquez, como en las ficciones caballerescas, no es excluyente: está integrado a otras experiencias de lo humano, coexiste con otras dimensiones de lo real. La semejanza tiene que ver con la noción total de

173

realidad y con la ambición de edificar una ficción totalizadora que sea representación de aquélla.

En ambos casos, ese proyecto ecuménico se concreta en un método narrativo afín, que es, también, rasgo esencial de la realidad ficticia: la fecundidad episódica. La realidad es movimiento, sucesión vertiginosa, acontecimientos que se encadenan a un ritmo de aceleración constante, que se cruzan y descruzan, desaparecen y reaparecen, cambiados o idénticos, que se mezclan de manera inextricable, estableciendo estructuras temporales delirantes, a veces ininteligibles, cronologías que es imposible desentrañar. Estas ficciones donde todo el tiempo están ocurriendo cosas, son novelas *de superficie:* los hechos prevalecen sobre los pensamientos y los sentimientos, y son el vehículo a través del cual éstos se transparentan. Novelas de aventuras, el elemento épico les es consustancial: la guerra, la conquista, el descubrimiento, la fundación de ciudades y reinos es el prontuario del héroe caballeresco. Como los Buendía, los Amadises, Palmerines y Floriseles atraviesan paisajes ignotos, exploran selvas encantadas, guerrean interminablemente, fundan pueblos y realizan las proezas más inverosímiles. El coronel Buendía, que promueve treinta y dos guerras, tiene diecisiete hijos en diecisiete mujeres distintas, escapa a catorce atentados, a setenta y tres emboscadas y a un pelotón de fusilamiento, sobrevive a una carga de estricnina que habría bastado para matar a un caballo y muere de muerte natural, parece descender en línea recta de los cruzados caballerescos. En ambos casos, el héroe no aparece como individuo aislado, sino como miembro o fundador de una estirpe excepcional: la tribu de los Buendía, donde los Aurelianos suceden a los Aurelianos y los José Arcadios a los José Arcadios, refleja como un espejo esos laberintos genealógicos que pueblan las historias de los Amadises y Palmerines, en las que también se heredan los nombres y las virtudes y los defectos y donde también cuesta trabajo reconocer las identidades individuales. Junto al héroe y a la heroína, un personaje irremediable frecuenta la novela caballeresca, como personero de una dimensión hermética de lo real: el mago. Como el omnipresente Merlín o como Urganda la Desconocida, Melquíades, en *Cien años de soledad,* hace milagros, aparece y desaparece, domina las ciencias ocultas y es capaz, incluso, de volver de la muerte. Hasta esa vena ocultista y hermética —que provocó las iras de la Inquisición contra la novela caballeresca— se halla presente en *Cien años de soledad,* donde toda una rama de los Buendía vive obsesionada con la idea de descifrar los manuscritos mágicos de Melquíades. Asimismo, se puede extender el paralelismo hasta una convención narrativa típica de la novela de caballerías, aquella que Cervantes parodió en el personaje de Cide Hamete Benengeli. Casi todos los autores caballerescos disimulan al narrador de sus historias mediante un clisé: sus novelas son manuscritos encontrados en lugares exóticos, o ellos se limitaron a traducir textos que misteriosos sujetos (ermitaños, brujos, peregrinos) les encomendaron. Al final de *Cien años de soledad* descubrimos también que el narrador está terminando de contar una historia escondida hasta entonces en los manuscritos de un mago.

En una nota que publiqué, recién aparecida *Cien años de soledad,* mencioné este sorprendente contacto entre la novela y la ficción caballeresca,[66] y luego García Márquez la ha admitido. Pero hemos visto, por confesión suya, que no conviene tomar al pie de la letra sus reportajes, pues acostumbra jugarles bromas a los periodistas. En una entrevista de mayo de 1968[67] cita, entre sus lecturas españolas, el romancero anónimo, el *Lazarillo de Tormes,*

---

[66] «*Cien años de soledad:* el Amadís en América», en *Amaru,* Lima, núm. 3, julio-septiembre de 1967, pp. 71-74.

[67] Algazel, «Diálogo con García Márquez», en *El Tiempo,* Bogotá, 26 de mayo de 1968.

las novelas de caballerías y añade: «Una de las grandes y gratas sorpresas de mi vida me la dio Mario Vargas Llosa... cuando señaló... algunas coincidencias entre *Cien años de soledad* y *Amadís de Gaula*. En verdad, yo leí este libro con verdadera pasión». El año anterior había hablado también con afecto del *Amadís,* y señalado con exactitud que el elemento común entre su novela y la ficción caballeresca era la libertad narrativa: «... uno de mis libros favoritos, que sigo leyendo y al que tengo una inmensa admiración, es el *Amadís de Gaula...* Como tú recuerdas, en la novela de caballerías, como decíamos alguna vez, al caballero le cortan la cabeza tantas veces como sea necesario para el relato. En el capítulo III hay un gran combate y necesitan que al caballero le corten la cabeza, y se la cortan, y en el capítulo IV aparece el caballero con su cabeza, y si se necesita, en otro combate se la vuelven a cortar. Toda esta libertad narrativa desapareció con la novela de caballerías, donde se encontraban cosas tan extraordinarias como las que encontramos ahora en la América Latina todos los días».[68] También a Durán le citó, entre sus libros preferidos, el *Amadís de Gaula.*[69] Aun así, todavía no estoy seguro de que su entusiasmo por *el Amadís* sea real, ni de que lo leyera integralmente: conozco a García Márquez lo bastante para saber que es capaz de atribuirse admiración por ese libro sólo para hacer quedar bien a un amigo.[70] Mis dudas se fundan en dos razones. La primera es que, antes de publicada *Cien años de soledad,* no he encontrado ninguna declaración suya en la que aluda siquiera a las novelas de caballerías, y, en cambio, en una carta personal a uno de sus íntimos amigos, que hay que tomar más en serio que sus reportajes, habla

---

[68] García Márquez y Vargas Llosa, *op. cit.,* p. 17.
[69] Armando Durán, *op. cit.*
[70] En los últimos escritos de García Márquez hay premeditadas alusiones a las novelas de caballerías; por ejemplo, en el guión *La increíble y triste historia de la cándida Eréndira y de su abuela desalmada* dos hermanos se llaman los Amadises.

así de sus demonios culturales: «Éstas son las influencias que considero importantes en mis novelas: del punto de vista técnico, Virginia Woolf, William Faulkner, Franz Kafka, Ernest Hemingway. Del punto de vista literario, *Las mil y una noches,* que fue el primer libro que leí a los siete años; Sófocles y mis abuelos maternos».[71] La segunda es la enorme dificultad que existe aún hoy (hace diez años era peor) para leer libros de caballerías: cuesta trabajo imaginar a García Márquez malográndose los ojos en las bibliotecas para leer la edición del *Amadís* de la Biblioteca de Autores Españoles o la de Clásicos Castellanos, o la más accesible, pero todavía más atroz para la vista y la paciencia, de la editorial Aguilar. Mi impresión es que si leyó el *Amadís* de niño o de adolescente, fue en la versión modernizada y refundida de Ángel Rosenblat (apareció en 1940), o simplemente en esas adaptaciones infantiles de la novela que han circulado tanto por América Latina. Cabe incluso la posibilidad de que ni siquiera la leyera. Pero eso no invalida las coincidencias. La tradición épica caballeresca pudo llegar hasta él siguiendo una sinuosa trayectoria: la de los libros de Dumas o de Walter Scott o de Salgari, las hazañas de «El zorro» y «El coyote», las seriales cinematográficas, los westerns, los folletines de aventuras. Al hablar de este demonio cultural he evitado referirme a una novela precisa para subrayar que, en este caso, el parecido no es con un libro sino con un género, con una concepción de lo real, con un método narrativo y con ciertas constantes anecdóticas, que son elementos comunes a una gran variedad de obras, entre las que existen, además, grandes diferencias de materia y de forma. Muchas más existen todavía entre ellas y *Cien años de soledad:* la noción de realidad total es semejante, la voluntad de dar una representación verbal totalizadora de esa

---

[71] «Fragmento de una carta» reproducido por Germán Vargas en *Encuentro Liberal,* núm. 1, Bogotá, 29 de abril de 1967, p. 22.

realidad es la misma, pero todo lo demás son diferencias. Respecto a los materiales ante todo: en los siglos que median entre las novelas de caballerías y *Cien años de soledad* el contenido de la noción realidad total ha cambiado sustancialmente. Ni lo real objetivo ni lo real imaginario son, en nuestro tiempo, lo que eran en el siglo xv; no sólo la historia y la geografía evolucionan con el tiempo, no sólo lo real objetivo se amplía o se reduce con el progreso de la ciencia; también lo imaginario muda al compás de esos cambios: los fantasmas son tan distintos como los hombres de una época a otra. Esto es lo que determina la enorme diferencia que hay, en la materia narrativa, entre *Cien años de soledad* y cualquier novela de caballerías. Lo mismo ocurre con la forma: la escritura y la estructura de la ficción han ido adaptándose a los cambios sufridos por la realidad real, para poder representarla (negarla) con autenticidad. En cuanto a la proliferación anecdótica —característica de la realidad ficticia en la obra de García Márquez sólo a partir de *Cien años de soledad*—también aquí vemos dibujarse sobre el demonio algo más personal: esa predilección por lo pintoresco y lo inusitado, esa tendencia a considerar la realidad como una suma de anécdotas que hizo de García Márquez un gran reportero antes de hacer de él un gran escritor. Esa inclinación estaba frenada en su obra hasta *Cien años de soledad:* allí se volcó caudalosamente.

LAS MIL Y UNA NOCHES Es posible, asimismo, que la tradición caballeresca llegara hasta él por asociación con un libro que lo deslumbró de niño y que se relaciona por más de un motivo con la épica española: *Las mil y una noches.* En la carta citada dice que es el primer libro que conoció, «a los siete años», y esto indica claramente que no leyó la versión completa (traducida por Blasco Ibáñez del texto francés del Dr. Mardrus) sino alguna de las adaptaciones infantiles. A Schoo le dio a entender que su vida literaria había comenzado, tal vez, con estos cuentos: «Tal vez su historia debería empezar a partir de la rampa de lanzamiento que fueron las historias de la abuela, con la lectura de *Las mil y una noches*, con la que le ocurrió lo mismo que a su personaje Aureliano Segundo en *Cien años de soledad*, que le preguntaba a su abuela Úrsula si todo aquello era verdad, y ella le contestó que sí, que muchos años antes los gitanos llevaban a Macondo las lámparas maravillosas y las esteras voladoras».[72] Las circunstancias en que leyó esos cuentos tienen doble importancia: se vinculan a las historias de su abuela, uno de sus demonios personales, con lo que, una vez más, vemos coaligarse una experiencia cultural y una personal. De otro lado, la atmósfera de la casa de Aracataca, con sus supersticiones y fantasmas, propició que la credulidad del niño y su apetito de prodigios, tan estimulados por el ambiente familiar, viesen en el mundo maravilloso de los cuentos árabes una prolongación de esa realidad real, que, para él, estaba contaminada por lo imaginario. Años más tarde intentará racionalizar esta asociación entre lo maravilloso y la realidad latinoamericana: «Yo creo que, particularmente en *Cien años de soledad*, yo soy un escritor realista, porque creo que en América Latina todo es posible, todo es real. Es un problema técnico en la medida en que el escritor tiene dificultad en transcribir los acontecimientos que son reales en la América Latina porque en un libro no se creerían. Pero lo que sucede es que los escritores latinoamericanos no nos hemos dado cuenta de que en los cuentos de la abuela hay una fantasía extraordinaria en la que creen los niños a quienes se les está contando y me temo que contribuyan a formarlo, y son cosas extraordinarias; son cosas de *Las mil y una noches*, ¿verdad? Vivimos rodeados de cosas extraordinarias y fantásticas y los escrito-

---

[72] Ernesto Schoo, *op. cit.*

179

res insisten en contarnos unas realidades inmediatas sin ninguna importancia».[73] Como generalización no es convincente: que la historia latinoamericana esté constelada de hechos extravagantes es indiscutible (lo mismo podría decirse de la historia de otros continentes), pero ello no la hace imaginaria. La cita es un valioso testimonio sobre la naturaleza de los demonios históricos de García Márquez: los relatos sobre las guerras civiles en las que participó su abuelo, sobre la opulencia de Aracataca, llegaron a él contaminados de irrealidad, por los recuerdos de una viejecita para quien los milagros eran tan objetivos como el agua y el pan, y por la memoria de una colectividad propensa a la fantasía como cualquier región antillana, que, además, por las condiciones de su vida presente, tendía a enriquecer imaginariamente su pasado. En la memoria colectiva de Aracataca ese pasado era tan prodigioso como la realidad de *Las mil y una noches:* así, la historia del pueblo contribuía a dar verosimilitud a los prodigios de la ficción, y, a la inversa, ésta proyectaba en el espíritu del niño su propia fantasmagoría sobre la historia del pueblo. Otra vez aparecen estrechamente asociados, en torno a un demonio cultural, demonios personales e históricos. Cuando, en un momento dado, García Márquez trasponga en una ficción toda la historia de Aracataca, ésta adoptará un método narrativo bastante próximo al de esos cuentos cuya lectura estuvo tan ligada en la experiencia de García Márquez a esos episodios personales e históricos decisivos. Son esos demonios históricos de infancia, exclusivamente, los que se coaligan con este demonio cultural: en sus ficciones escritas bajo la influencia de demonios históricos más tardíos —como la violencia— los cuentos árabes no dejan huella.

---

[73] García Márquez y Vargas Llosa, *op. cit.,* pp. 19-20.

¿De qué modo contribuyen *Las mil y una noches* a la edificación de *Cien años de soledad*? Aportan muchos de los elementos que señalé como típicos de las novelas de caballerías: una concepción totalizadora de lo real que funde lo real objetivo y lo real imaginario; el método de la proliferación anecdótica que convierte a la realidad ficticia en un continuo suceder, en un desfile incesante de episodios; una irrefrenable libertad de inventiva que no vacila en desbaratar la lógica real objetiva y sustituirla por una lógica real imaginaria en la que el efecto puede preceder a la causa y en la que el tiempo puede ser extensible y retráctil. Hay, sin embargo, elementos característicos de los célebres cuentos árabes, que no aparecen (o aparecen apenas) en las novelas de caballerías y que están en *Cien años de soledad*. Son los complementos del elemento real imaginario. Uno es el humor: en la novela de caballerías los prodigios tienen generalmente un carácter serio y a menudo se asocian a episodios dramáticos y trágicos. Incluso en *Tirant lo Blanc*, la única novela de caballerías donde el humor desempeña una función importante, el elemento risueño no se asocia con lo imaginario sino con lo erótico. En *Cien años de soledad*, la maravilla y el milagro, igual que en las historias de Sherezada y Dinazarda, suele presentarse matizado de gracia y de picardía, con un aire jocoso y ligero. Otro es la asociación de lo imaginario al objeto trivial y cotidiano: en las novelas de caballerías, los objetos imaginarios son dragones, hadas, genios, gigantes. En *Las mil y una noches* abundan, desde luego, estos seres sobrenaturales, pero junto a ellos aparecen también, metamorfoseadas en fantásticas, las cosas más corrientes: alfombras, lámparas, botellas, llaves, cajas, vestidos. En *Cien años de soledad* éste es el procedimiento tal vez más perfectamente utilizado para crear una realidad fantástica: la atribución de propiedades real imaginarias a los objetos más cotidianos. Basta recordar las maravillas del primer capítulo: el hielo, una dentadura postiza, la brújula, el catalejo, alfombras, un imán. Otro es la sensualidad: con excepción de *Tirant lo Blanc,* la novela de caballerías es puritana; en *Las mil y una noches* el contrapeso real objetivo de lo real imaginario es una recargada, regocijada exaltación de los instintos, sobre todo el sexual, exactamente como en la historia de Macondo. Si García Márquez leyó los cuentos árabes de niño, es seguro que en esa versión este complemento de lo imaginario había sido suprimido; es posible que más tarde leyera el texto completo, o, simplemente, que por propia intuición incorporara a su mundo ficticio, para cumplir una función similar, esa desaforada sensualidad que lastra de realidad objetiva a la realidad imaginaria de *Las mil y una noches.* Algunos críticos han señalado, como prueba de filiación entre *Cien años de soledad* y *Las mil y una noches,* el exotismo. La referencia a razas, credos, geografías y naciones diversas, que es constante en *Cien años de soledad,* sería una resonancia de esos cuentos que se ramifican por el mundo árabe, el cristiano, el indio, el japonés y el chino. Esos críticos olvidan la peculiar naturaleza del mundo antillano, el «exotismo» de ese rincón del mundo donde han coincidido desde hace siglos todas las culturas, religiones y razas. En la costa atlántica colombiana, la fiebre del banano atrajo a seres de las procedencias más diversas. Que en Macondo convivan gitanos, sirios, indios, europeos, norteamericanos y haya alusiones a realidades exóticas procede, evidentemente, de una experiencia vivida por el propio García Márquez y no de lecturas (o en todo caso de ambas).

BORGES   Sin embargo, precisamente donde estos dos mundos convergen —lo imaginario y sus complementos— radican también sus diferencias. Porque lo imaginario en *Cien años de soledad* no aparece siempre con un atuendo risueño, sensual y cotidiano, como en *Las mil y una noches.* Al igual que lo real objetivo, lo real imaginario en Macondo consta también de planos bien diferenciados.

Hay una veta imaginaria en *Cien años de soledad* que no tiene ese aire espontáneo y vital, sino más bien el carácter abstracto que adopta en un Jorge Luis Borges. Reinaldo Arenas ha percibido muy bien la presencia de este demonio en la novela: «La presencia de Borges es evidente en algunos giros verbales, que son exclusivos del gran poeta argentino: "Se extravió por desfiladeros de niebla, por tiempos reservados al olvido, por laberintos de desilusión. Atravesó un páramo amarillo donde el eco repetía los pensamientos y la ansiedad provocaba espejismos premonitorios". También algunas imágenes oníricas son indiscutiblemente borgianas: "Soñó que entraba en una casa vacía, de paredes blancas, y que lo inquietaba la pesadumbre de ser el primer ser humano que entraba en ella. En el sueño recordó que había soñado lo mismo la noche anterior y en muchas noches de los últimos años, y supo que la imagen se habría borrado de su memoria al despertar, porque aquel sueño recurrente tenía la virtud de no ser recordado sino dentro del mismo sueño».[74] No sólo los giros verbales tienen reminiscencias borgianas: la materia, en esas dos citas de *Cien años de soledad,* trasluce su estirpe borgiana por su naturaleza de lúcido artificio mental, de objeto acuñado con una inteligencia audaz y fría, y lo mismo podría decirse de uno de los efectos de la peste de insomnio en Macondo, cuando las gentes en «estado de alucinada lucidez no sólo veían las imágenes de sus propios sueños, sino que los unos veían las imágenes soñadas por los otros» (p. 45). Hay otro momento de la novela en el que el modelo borgiano es todavía más flagrante, esta vez sí en el exclusivo nivel de la escritura, y es cuando el coronel Buendía, instantes antes de morir, contempla el desfile de un circo: «Vio una mujer

---

[74] Reinaldo Arenas, «En la ciudad de los espejismos», en *Recopilación de textos sobre Gabriel García Márquez,* La Habana, Casa de las Américas, Serie Valoración Múltiple, 1969, p. 152.

vestida de oro en el cogote de un elefante. Vio un dromedario triste. Vio un oso vestido de holandesa que marcaba el compás de la música con un cucharón y una cacerola. Vio los payasos haciendo maromas en la cola del desfile, y le vio otra vez la cara a su soledad miserable...» (p. 229). Se trata de una enumeración de ritmo encantatorio que sigue de cerca a la célebre enumeración de *El Aleph:* «Vi el populoso mar, vi el alba y la tarde, vi las muchedumbres de América, vi una plateada telaraña en el centro de una negra pirámide, vi un laberinto roto (era Londres), vi interminables ojos inmediatos escrutándose en mí como en un espejo...».

Tampoco aquí hay que engañarse. La presencia de Borges en *Cien años de soledad* es fugaz. Resulta más visible que la de otros demonios culturales, no por su importancia en la novela, sino debido a lo inconfundiblemente peculiares que son la materia y la forma borgianas. Ni siquiera es necesario mencionar las astrales diferencias que separan a un Borges, con sus meticulosos laberintos intelectuales, sus perfectos sofismas, sus juegos teológicos, sus trampas metafísicas, su mundo de suprema inteligencia y de absoluta asexualidad, con el territorio sanguíneo de pasiones encabritadas, instintos desmedidos y violenta espontaneidad que es Macondo. Lo interesante en el caso de Borges y *Cien años de soledad* es comprobar cómo un demonio puede servir a un suplantador de Dios no sólo sin que éste tenga clara noción de ello, sino aun cuando su temperamento, sus convicciones o su sensibilidad sean alérgicos a esa obra ajena. García Márquez profesa por Borges una admiración distante, no exenta de antipatía: «Con Borges a mí me sucede una cosa: Borges es uno de los autores que yo más leo y que más he leído y tal vez el que menos me gusta. A Borges lo leo por su extraordinaria capacidad de artificio verbal; es un hombre que enseña a escribir, es decir, que enseña a afinar el instrumento para decir las cosas. Desde ese punto de vista sí es una calificación. Yo creo que Borges trabaja sobre realidades mentales, es pura evasión... A mí, personalmente, esa literatura no me interesa. Yo creo que toda gran literatura tiene que fundarse sobre una realidad concreta».[75]

Hemos visto que García Márquez dice bromeando que el Gabriel de *Cien años de soledad* no se llevó a París las obras de Rabelais, sino el *Diario del año de la peste,* de Daniel Defoe. Se ha referido en otras ocasiones a este libro, siempre en términos elogiosos: «Yo releo un libro que es muy difícil saber qué tiene que ver conmigo, pero lo leo y lo releo y me apasiona. Es el *Diario del año de la peste,* de Daniel Defoe. No sé qué habrá en eso, pero es una de mis obsesiones».[76] Obsesión es en este caso una palabra muy justa y conviene aclarar qué es lo que hay en eso, porque en este ejemplo, realmente privilegiado, se puede observar cómo un libro se convierte en demonio cultural en función de demonios personales e históricos, cómo se coaliga con otros demonios culturales, y en qué forma sutil contribuye a la edificación de una realidad ficticia. Hay que subrayar que en este caso el demonio no es la obra entera de un autor, sino un libro específico. No fueron *Robinson Crusoe* ni *Moll Flanders,* sino únicamente *A Journal of the Plague Year* lo que deslumbró a García Márquez. ¿Qué tenía ese libro para provocar en él ese entusiasmo? Como en el caso de Faulkner, aquí también hubo un reconocimiento: el fervor por la obra literaria brotó de una identificación previa con los demonios encarnados en esa ficción, en los que García Márquez reconoció (evidentemente esto no fue consciente: intuyó, presintió) ciertas experiencias suyas, decisivas para su vocación, y que hasta ese momento, quizá, se hallaban en su espíritu como presencias informes, como urgencias nebu-

---

[75] García Márquez y Vargas Llosa, *op. cit.,* p. 36.
[76] *Ibid.,* p. 53.

losas. Esa ficción lo fascinó porque vio en ella, materializados en símbolos, en episodios, en situaciones, algunos de sus propios demonios.

Es preciso recordar brevemente qué es y en qué circunstancias fue escrito el libro de Defoe. En 1665, cuando Daniel Defoe tenía apenas cinco años, una peste («the Great Plague» la llamarían los historiadores) asoló Londres: murieron millares de personas y la ciudad vivió unas semanas de indescriptible horror, con la hambruna, los crímenes y robos, los amurallamientos, el pánico y los desenfrenos de todo orden que, además de las muertes, provocó la epidemia. Cincuenta y seis años más tarde, en 1721, la sombra de la peste despuntó nuevamente sobre Europa, hacia el sur de Francia, donde ciudades enteras eran diezmadas por el flagelo. El gobierno inglés, al igual que otros gobiernos europeos, tomó enérgicas medidas para evitar que la epidemia penetrara en el país; entre otras cosas, decretó un embargo a todas las naves procedentes del Mediterráneo, lo que desencadenó las iras de comerciantes e industriales que excitaron a la opinión pública contra el gobierno, acusando a éste de arruinar la economía del país. Los ministros de George I, por su parte, justificaron sus medidas con una campaña destinada a alertar al público sobre la amenaza que significaba la propagación de la peste a Inglaterra. Éste es el momento en que Daniel Defoe publica *A Journal of the Plague Year*. Es muy posible, como sostienen algunos, que lo escribiera por encargo del gobierno (para el que en ese momento trabajaba como agente secreto), pero, aun si no fue así, por su misma naturaleza el libro vino a prestar una ayuda invalorable a la campaña deliberadamente alarmista en que estaba empeñado el régimen sobre los peligros de la epidemia: en las páginas de Defoe los lectores pudieron experimentar premonitariamente la macabra vida que sería la de Londres bajo el imperio absoluto de la «Black Death». El éxito enorme del libro se debió, en parte, a que objetivaba un demonio histórico que estaba en la memoria colectiva —la peste de 1665— y un demonio que latía en el temor de las gentes —la peste actual, en el continente—, y, de otro, a su apariencia de reportaje periodístico, de documento, de testimonio de hechos ocurridos, que daba al indescriptible horror de su materia una inmediatez cotidiana, una espeluznante verosimilitud. Montado como una crónica —Defoe ha sido llamado el padre del periodismo moderno— el libro describe con meticuloso detallismo una calamidad histórica de contornos bíblicos, un cataclismo que como castigo divino o hazaña demoníaca, se abate sobre una comunidad, la corrompe física y moralmente y la destruye. En tanto que la relación de los efectos de la peste es tenazmente objetiva, la peste misma va adquiriendo, en el desarrollo de la ficción, una naturaleza claramente simbólica. A medida que se extiende y contamina todas las manifestaciones de la vida con su aire putrefacto y su atroz fealdad, vamos descubriendo que la peste es una encarnación del mal, del pecado, de Satán. Y, también, un símbolo de la impotencia de los individuos, de la fatalidad de la historia. Los pueblos y los hombres no hacen sus destinos: los sufren. Su historia es la historia del heroísmo o la cobardía, de la serenidad o la locura con que individuos y colectividades se enfrentan a acontecimientos inevitables que caen sobre ellos, como pestes.

Quizá ahora se vea más claro por qué deslumbró a García Márquez el libro de Defoe: como los habitantes de Londres en esa ficción, los hombres de Macondo, en *La hojarasca* y en *Cien años de soledad,* y los del pueblo en *La mala hora,* viven una historia que es cataclismo natural o castigo divino, fuerza superior que irrumpe sobre la comunidad y la arrolla. Así se describe en *La hojarasca* la llegada de la compañía bananera: «De pronto, como si un remolino hubiera echado raíces en el centro del pueblo, llegó la compañía bananera perseguida por la hojarasca.

187

Era una hojarasca revuelta, alborotada...» (p. 9). El vocabulario botánico y la imagen de fenómeno físico no son gratuitos: el hecho histórico es sentido, igual que el movimiento del viento y la caída de las hojas, como algo inevitable y autónomo, generado por sí mismo o por una instancia superior, sin intervención del hombre. Los efectos de la llegada de los forasteros a Macondo están descritos, por eso, como los de una epidemia o calamidad natural: «La hojarasca era implacable. Todo lo contaminaba de su revuelto olor multitudinario, olor de secreción a flor de piel y de recóndita muerte. En menos de un año arrojó sobre el pueblo los escombros de numerosas catástrofes anteriores a ella misma, esparció en las calles su confusa carga de desperdicios» (p. 9). No fue la brillante reconstrucción histórica de la peste lo que convirtió al libro de Defoe en un demonio cultural de García Márquez, sino aquello en lo que la peste se había convertido en ese libro gracias a la maestría del narrador: en un complejo símbolo del mal, de la fatalidad histórica, del destino trágico de la condición humana. Quizá ahora se entienda mejor, también, el entusiasmo de García Márquez por Sófocles, y se aclare más aún su admiración por Faulkner. En casi todas las ficciones de García Márquez se describen pestes o calamidades que se abaten intempestivamente sobre la colectividad: en «Isabel viendo llover en Macondo» una lluvia de cuatro días que está a punto de hacer desaparecer la ciudad; en *La hojarasca* la llegada y la partida de la compañía bananera, es decir la opulencia y la decadencia de Macondo; la lluvia de pájaros muertos en «Un día después del sábado»; los pasquines anónimos en *La mala hora;* el misterioso olor de rosas en «El mar del tiempo perdido», que precede la llegada de la bonanza personificada en Mr. Herbert y desaparece con éste; y en *Cien años de soledad,* la peste de insomnio y la de olvido, el diluvio de cuatro años y, por último, el viento infernal que se lleva a Macondo por los aires. Éstas son calamidades o pestes colectivas; hay, además, sucesos que afectan sólo a familias o a individuos y que tienen también el carácter inevitable, sorpresivo y terrible de la «Black Death» o de un terremoto. El punto de coincidencia entre García Márquez y el libro de Defoe está en la naturaleza simbólica de un elemento concreto de la materia narrativa, la peste, que ilustra una cierta concepción de la historia y del destino humano.

Tratando de buscar más profundamente las raíces de este demonio cultural, podría decirse, desde luego, que no tiene nada de sorprendente para un hombre de la región más privilegiada del planeta por las calamidades físicas —aguaceros, ciclones, tifones— y por el carácter extremo de su clima, que haya surgido en él una cierta concepción cataclísmica de la historia, y explicar ese demonio cultural por ese demonio personal: la naturaleza y el clima del mundo de su infancia. En realidad, hay una explicación más aceptable. Ocurre que para Aracataca y toda la zona, la historia tuvo, en cierto sentido, un carácter cataclísmico. Es legítimo suponer que, desde la perspectiva del hombre sencillo de la provincia de Magdalena, la inesperada bonanza que trajo a la región la fiebre del banano —la afluencia de forasteros, el sarampión de plantaciones, las diversiones, la circulación del dinero—, y luego, la súbita decadencia que significó la crisis del banano en el mercado mundial —el abandono de las tierras, la partida de los forasteros, la desocupación, la miseria— parecieran hechos tan incomprensibles, tan prodigiosos, como la llegada y la partida de la peste para los londinenses de 1665. Con el tiempo, este carácter cataclísmico de la historia de Aracataca debió de acentuarse en la memoria popular. Esta concepción de la historia, que impregnaba los relatos y anécdotas familiares, es la que García Márquez proyectó en su mundo ficticio. Es esta concepción, que se hallaba tal vez en estado gaseoso en él, la que vio objetivada en el libro de Defoe —como, en cierta forma, en las tragedias de Sófocles y en las novelas de Faulkner—: ése fue el reconocimiento. Pero así como un demonio histórico determinó el demonio cultural, éste, a su vez, en ese proceso dialéctico que hemos observado en los ejemplos anteriores, contribuyó a que el demonio histórico cuajara en ciertos temas recurrentes. Hasta podríamos suponer que, en algunos motivos concretos, se proyectó sin transposición. Por ejemplo, en la imagen de los muertos que flotan. Isabel se despierta en la noche y exclama: «El olor. Deben ser los muertos que están flotando por las calles».[77] La imagen aparece en Defoe: «bodies were seen sometimes to drive up and down with the tide in the river» (Algunas veces se vieron cadáveres en el río balanceándose con la marea).[78]

Pero hay otro demonio histórico esencial para la vocación de García Márquez, que fue vivido no sólo por su región sino por todo su país como una verdadera peste por las proporciones que tuvo: la violencia, a partir de 1948. Basta leer cualquiera de los testimonios literarios sobre este período de la historia colombiana para ver, aun en los de más rigurosa confesión marxista, por sobre las tentativas racionales para reducir la violencia a esquemas lógicos, que irrumpe en ellos un sentimiento de apocalipsis, de hecatombe, de conmoción bíblica. Hasta en los ensayos y artículos de dirigentes políticos se transparenta esta noción de la violencia como un fenómeno autosuficiente, generado por una dinámica propia, igual que una convulsión geológica: «Producido el primer ataque sangriento de liberales contra conservadores o viceversa, el proceso se desarrollaría automáticamente; vendría entonces el deseo de venganza y quedaría urdida la cadena de la violencia, que

---

[77] *Isabel viendo llover en Macondo,* Buenos Aires, Editorial Estuario, 1967, p. 17 (cito siempre de esta edición).
[78] *A Journal of the Plague Year,* Chicago, The New American Library, 1960, p. 115.

después sería imposible de romper».[79] He aquí cómo describe la violencia un dirigente liberal: «Nadie se impresiona ante el atentado criminal. Asesinatos en que los bandidos ultiman a familias enteras, ancianos y niños; venganzas que recuerdan la *vendetta* corsa; actos de crueldad estúpida como desollar a las víctimas y mutilarlas en forma salvaje; asesinatos de sacerdotes octogenarios, para robarlos; el puñal y el revólver usados en reyertas por centavos; el atraco en pleno día en las calles de la capital; la inseguridad en las ciudades y en los campos. Tal es el cuadro».[80] Como Londres en el libro de Defoe, el cuadro es el de un país viviendo una experiencia semejante a la de Sodoma y Gomorra; la violencia, como la peste, ha roto sus límites humanos y se ha convertido en una manifestación del Mal. Hasta en el admirable trabajo de Monseñor Guzmán, Fals Borda y Umaña Luna, la más seria tentativa para explicar científicamente la violencia, se siente a veces el hálito de una fuerza sobrehumana sumergiendo a una colectividad: «El odio rompió los patrones elementales de convivencia, relación personal, nexos familiares y cívicos y su manifestación se tradujo en una gama siniestra: desafección, animadversión, repugnancia, malquerencia, enemistad, enconamiento, rencor, desprecio, fobia, abominación, homicidio, asesinato, multihomicidio, sadismo, tanatomanía. || Trizada la norma moral, se desencadenan los instintos primarios que ya sin freno echan a andar con incertidumbre y desorden creciente hasta parar en carrera de locura, anarquía y exterminio».[81] Desde luego, no es para menos: que en un período de pocos años sucumban más de trescientas mil personas por vías de hecho, que el número de heridos

---

[79] Roberto Urdaneta Arbeláez, *El materialismo contra la dignidad del hombre*, Bogotá, Editorial Lucrós, 1960, p. 282.
[80] José M. Nieto R., *La batalla contra el comunismo en Colombia*, Bogotá, Empresa Nacional de Publicaciones, 1956, p. 52.
[81] *La violencia en Colombia. Estudio de un proceso social*, tomo II, Bogotá, Ediciones Tercer Mundo, 1964, p. 388.

y damnificados de un modo u otro alcance todavía una cifra mayor, que departamentos enteros queden literalmente arrasados, y que todo esto ocurra en un país que, oficialmente, no está en guerra, explica de sobra que las víctimas y los testigos asociaran inconscientemente la violencia con viejos mitos, con terrores religiosos ancestrales, que la imaginación colectiva tendiera irresistiblemente, como en los habitantes de una ciudad del siglo XVIII ante las epidemias devastadoras, a identificar en la violencia a una fuerza destructiva sobrenatural. Esta noción, latente en el espíritu colectivo colombiano, contamina en una buena parte de su obra la visión del hombre y de la historia de García Márquez, y explica que *A Journal of the Plague Year* sea uno de sus demonios culturales.

LA PESTE, DE CAMUS — Explica también otro: *La peste,* de Camus. Esta novela, todavía más tributaria del libro de Defoe —usa su estructura, su anécdota, el procedimiento acumulativo ascendente del dominio de la peste sobre la ciudad, algunos de sus símbolos— que los libros de García Márquez de ambas ficciones, fue en un tiempo otra novela de cabecera para él. Harss encontró en *La peste* el modelo de las pestes que recurren en el mundo ficticio: «La historia de Macondo, como la relata García Márquez, parece una crónica de calamidades medievales. Hubo plaga y azotes en *La hojarasca,* cataclismo moral en el *Coronel.* El mal continúa en los *Funerales.* Si los pájaros que caen en el cerco de alambre de la viuda Rebeca recuerdan las ratas de *La peste* de Camus, es, dice García Márquez, porque "ése es el libro que a mí me hubiera gustado escribir". La peste como un símbolo de la completa destrucción de los valores establecidos en un país crónicamente al borde del colapso aparece con toda su fuerza en *La mala hora».*[82] En realidad el modelo, bastante

---

[82] Luis Harss, *op. cit.,* p. 411.

anterior a Camus, es el mismo que sirvió a éste para su novela: Defoe. Tampoco aquí el punto de contacto es casual, sino resultado de un proceso de dos vocaciones que demonios históricos, personales y culturales coincidentes acercan y, en determinado momento, enlazan, para luego seguir cada una trayectorias divergentes. En la novela de Camus —escrita también como una crónica de diario— la peste tiene una significación simbólica precisa, que el propio Camus se encargó de subrayar: las bestiecillas pardas que ocupan Orán, sumiendo a la ciudad en la corrupción y la muerte, alegorizan la ocupación nazi y la atmósfera de cuarentena, inseguridad y horror que vivió Francia bajo el dominio de los camisas pardas. Un simbolismo histórico y social parecido tendrá la peste en las ficciones de García Márquez casi siempre. Pero si en la materia narrativa podría hablarse sólo de una coincidencia, la verdadera contribución de este demonio a la edificación de la realidad ficticia es formal: tiene que ver con el tratamiento austero del horror. Es la gran diferencia entre *La peste* de Camus y el libro de Defoe: éste ataca su materia de frente y con voz clara; Camus, de manera oblicua y a media voz. Defoe describe el apocalipsis, Camus lo sugiere; uno lo muestra, el otro lo hace adivinar. El procedimiento del dato escondido (narrar por omisión) prevalece en Camus, en tanto que en Defoe domina la muda o salto cualitativo. En las ficciones anteriores a *Cien años de soledad*, García Márquez tratará el tema de la peste según el método de Camus. Y lo hará de manera perfectamente consciente: si la elección del tema es el aspecto más irracional de la creación, la materialización del tema en un lenguaje y un orden es el más lúcido. Vimos que García Márquez pensaba que «Probablemente, el mayor desacierto que cometieron quienes trataron de contar la violencia, fue el de haber agarrado —por inexperiencia o por voracidad— el rábano por las hojas» y que «la descripción minuciosa de la crueldad... no era probablemente el camino que llevaba a la novela. El drama era el ambiente

193

de terror que provocaron esos crímenes». A quienes así fracasaron, les enfrenta el caso de Camus: «Quienes hayan leído las crónicas de las pestes medievales, comprenderán el rigor que debió imponerse Camus para no desbocarse en descripciones alucinantes. Basta recordar las saturnales de los pestíferos de Génova, que cavaban sus propias sepulturas y se entregaban al borde de ellas a toda clase de excesos, hasta cuando sucumbían a la peste y otros pestíferos de última hora los empujaban con un palo a las sepulturas. Hay que recordar las luchas encarnizadas en que los agonizantes se disputaban un hueco en la tierra, para darse cuenta de que Camus tenía suficiente documentación para ponernos los pelos de punta durante dos noches. Pero acaso la misión del escritor en la tierra no sea ponerles los pelos de punta a sus semejantes».[83] Luego cita el ejemplo del iceberg de Hemingway y añade: «Algo semejante ocurre en *La peste*. Apenas estalla el dramatismo cuando salen las ratas a morir en la calle, o en el vómito negro y los ganglios supurados de un portero, mientras la invisible población de Orán está siendo exterminada por la peste. Camus —al contrario de nuestros novelistas de la violencia— no se equivocó de novela. Comprendió que el drama no eran los viejos tranvías que pasaban abarrotados de cadáveres al anochecer, sino los vivos... Sin duda, Camus no vio la peste. Pero debió sudar hielo en las terribles noches de la ocupación, escribiendo editoriales clandestinos en su escondite de París, mientras sonaban en el horizonte los disparos de los nazis contra los resistentes. || La alternativa del escritor, en ese momento, era la misma de los habitantes de Orán en las interminables noches de la peste, y era la misma de los campesinos colombianos en la pesadilla de la violencia. || Como modelo de la terrible novela que aún no

---

[83] No sé a qué crónicas alude García Márquez cuando habla de «las saturnales de los pestíferos de Génova»; es posible que sea una transmutación del libro de Defoe donde se describen episodios idénticos a los que menciona.

se ha escrito en Colombia, tal vez ninguno sea mejor que la apacible novela de Camus».[84]

En la cita se ve, ante todo, que la peste fascina a García Márquez como asunto. También, que le atribuye un simbolismo político-social (el que cree detectar en *La peste*), y que el método alusivo de Camus le parece ideal para tratar literariamente el horror, un modelo para novelar la violencia en Colombia. Obviamente, está hablando de sí mismo: lo que propone a sus compatriotas es lo que ha estado haciendo en los meses y años anteriores. El artículo está escrito en Caracas, en 1960. En su maleta, amarrada con una corbata multicolor, tenía la primera versión de su novela de los pasquines en la que el demonio histórico de la violencia aparece emboscado en una peste de anónimos que sacude a un pueblo en sus entrañas, y en la que el horror es descrito con la sobriedad y la reticencia que lo impresionaron en el libro de Camus.

Se podría continuar así indefinidamente: cuando se comienza a tirar del hilo de los demonios culturales de un suplantador de Dios, se descubre que la madeja crece consecutivamente con la parte liberada, que cada fuente remite invenciblemente a otras y éstas a otras. La exploración de los modelos de una ficción nos precipita por un laberinto que tiene principio pero no fin. «Cada escritor crea sus precursores», dice Borges. La exacta averiguación de los precursores de un creador consiste, en última instancia, en un sondeo de la cultura universal. Lo mismo podría decirse de los demonios personales e históricos. La catalogación matemática de *todas* las experiencias que se hallan en la raíz de una ficción nos llevaría insensiblemente a un inventario puro y simple de las experiencias humanas, en la medida en que todas se hallan conectadas y son, en definitiva, sólo *enteramente* comprensibles en

---

[84] «Dos o tres cosas sobre la novela de la violencia», en *Tabla Redonda,* Caracas, núms. 5-6, abril-mayo de 1960, pp. 19-20.

cuanto se las juzga dentro de un proceso totalizador. Exactamente lo mismo puede decirse de los demonios históricos: a partir de los acontecimientos históricos determinantes de la vocación de un escritor, podría remontarse el curso de la historia que hizo a aquéllos posibles e inevitables (o evitables) para entenderlos cabalmente, y así se puede afirmar que *todos* los materiales históricos de una ficción son, sencillamente, la historia universal. Pretender agotar únicamente, entre los demonios culturales de García Márquez, los citados por él o señalados por sus críticos sería ya abrumador:[85] Kafka, Conrad, Melville, la Biblia, Carpentier, Graham Greene, Balzac,[86] la novela de la tierra, la novela de aventuras, los cuentos de hadas, son los modelos literarios más citados. Para un crítico inglés,[87] «the most obvious comparison» de *Cien años de soledad* «is with Homer's *Odyssey*»; ambos mundos literarios comunican, según él, la misma impresión de orali-

---

[85] Sergio Benvenuto ve resumida en la novela «toda la mitología universal» y descifra así «los mitos más evidentes: José Arcadio-Prometeo, encadenado al castaño; Melquíades-Nostradamus; la Asunción de la Virgen de los Remedios, la Bella; el diluvio, la destrucción de Babilonia...». En el artículo «Estética como historia», *El Caimán Barbudo,* La Habana, septiembre de 1968.

[86] Un periodista venezolano probó en un artículo que *Cien años de soledad* era un plagio de *À la Recherche de l'Absolu* de Balzac: Balthazar sería José Arcadio Buendía; Úrsula sería la esposa de Balthazar, y Melquíades sería Lemulquinier. El asunto provocó una divertida polémica. Véase: «¿Coincidencia o plagio?», por Luis Cova García, en *El Espectador,* magazine dominical, Bogotá, 11 de mayo de 1969, p. 12, y la respuesta de Alfredo Iriarte, «Los buscadores de plagios», en el mismo diario, el 18 de mayo de 1969, p. 13. Dos años después, Miguel Ángel Asturias resucitó esta peregrina teoría y acusó nuevamente a García Márquez de haber plagiado a Balzac (véase el reportaje de Vladimir Pacheco: «*Cien años...* ¿Un plagio? Asturias ratifica su acusación», en *Oiga,* Semanario de Actualidades, Lima, Perú, núm. 433, año IX, 23 de julio de 1971, pp. 30-32, y una certera crítica a las afirmaciones de Asturias: Jorge Ruffinelli: «*Cien años de soledad:* ¿un plagio?», en *Marcha,* Montevideo, 2 de julio de 1971, año XXXIII, núm. 1550, p. 3). He releído *À la Recherche de l'Absolu* y no salgo de mi asombro: el único fundamento para la acusación es que en ambas novelas hay, en efecto, un alquimista. Con esta implacable noción de la originalidad la literatura quedaría muy maltratada. ¿Qué calificativo merecería a Asturias un Shakespeare, por ejemplo, que tantas veces prefirió, en vez de inventar temas y personajes, tomarlos literalmente de la historia y la literatura de su tiempo?

[87] Henry Tuhe, en la reseña de la traducción inglesa de *Cien años de soledad,* en *Spectator,* Londres, 27 de junio de 1970, pp. 850-851.

dad: «His basic unit is the anecdote and he is so prodigal of it that he seems sometimes in danger of using up the material for several books on a single page; but just as the *Odyssey* always strikes one as a very short book, so the reader emerges at Sr. García Márquez's 422nd and last page with a feeling that he has scarcely got into his stride» (Su unidad básica es la anécdota y es tan pródigo con ellas que a veces parece en peligro de gastar el material de varios libros en una simple página; pero, así como la *Odisea* da la impresión de ser un libro muy corto, el lector termina la página 422 del Sr. García Márquez, con la impresión de que éste no ha agotado sus posibilidades). El elemento común le parece la mezcla de «the marvellous and the everyday», que es el «real secret» de *Cien años de soledad* «as also surely of the *Odyssey*». Añade esta justa observación: «Some good writers can invent fantasy, others can catch the minutiae of ordinary life, but only the greatest can stir the two together without causing themselves a nasty accident» (Algunos buenos escritores pueden inventar prodigios, otros pueden describir las minucias de la vida ordinaria, pero sólo los más grandes pueden mezclar ambas cosas sin fracasar clamorosamente). «The Buendías are smalltown people, as Odysseus and Penelope are, but they are also mythical creatures, their scale equally that of a monumental landscape and of the human figure, in the manner of a sculpture by Henry Moore» (Los Buendía son provincianos, como Odiseo y Penélope, pero también son criaturas míticas, su escala es simultáneamente la de un paisaje monumental y la de la figura humana, a la manera de una escultura de Henry Moore). Quizá todavía más fundada sea la comparación entre *Cien años de soledad* y *Nostromo* de Conrad, cuya historia se sitúa en una imaginaria Sulaco, región provinciana y costera de una República de Costaguana, que, como Macondo, tiene riberas en el Caribe. No sólo el ambiente tropical es semejante; también la abigarrada muchedumbre donde los indígenas se codean con forasteros venidos de los cuatro rincones del mundo en busca de fortuna. Lo que es el banano en Macondo —fuente de bienestar y de corrupción, de locura y de violencia política— lo es en Sulaco una mina de plata: en ambos casos quienes descubren y explotan esa riqueza son gringos (americanos en uno, ingleses en otro). Las dos novelas transcurren a un ritmo rápido, donde los sucesos parecen competir unos con otros, y donde la exuberancia, la pasión y la generosidad de los hombres son tan desmedidas como el calor. En ambos casos la guerra civil desangra al país y es, además de catastrófica, absurda. Pero todavía más justo que decir que ambos libros tienen rasgos comunes (sus diferencias son, desde luego, mayores), sería decir que son complementarios: ofrecen la visión de una realidad semejante desde perspectivas opuestas. Esa tierra subdesarrollada, remota y tropical, que son Macondo y Sulaco, de clima y fauna humana tan parecidos, de un pasado histórico tan semejante (Conrad utilizó en *Nostromo*, en abundancia y desorden, materiales históricos latinoamericanos), está descrita, en *Cien años de soledad*, desde el punto de vista de los indígenas, que un día ven instalarse en la región a poderosos forasteros de otra mentalidad y otra lengua, y con quienes sus relaciones serán siempre distantes y difíciles. En *Nostromo* es desde la atalaya social de los forasteros que este mundo es visto y explicado: el mundo remoto y un poco misterioso que es en Macondo el de los norteamericanos de los campamentos bananeros, lo es en Sulaco el de los indígenas. El Mr. Brown de Conrad se llama Charles Gould y él y quienes le sirven de ayudantes y capataces ocupan en la novela el lugar primordial para juzgar y mostrar esa realidad que ocupan en Macondo el coronel Buendía o Úrsula Iguarán.

En todo caso, además de infinita, la empresa de agotar los demonios culturales de un autor sería inútil. Las fuentes sólo sirven para mostrar cómo funciona en la praxis una vocación, para seguir de cerca las combinaciones, usurpaciones, modificaciones e invenciones a través de las cuales se va edificando una realidad ficticia. Sobre esta realidad ficticia, las fuentes no explican nada. Es al revés. Si aquellas operaciones tienen éxito, la ficción resultante es algo más que la suma de sus distintos e innumerables materiales —personales, históricos y culturales—, y su valor sólo puede medirse en relación a sí misma y por confrontación con su modelo total: la realidad real. Si esas operaciones no plasman en una creación valiosa, las fuentes tampoco nos iluminan sobre el fracaso: no lo provocaron los materiales que el autor trabajó, sino lo que hizo con ellos. Hay un libro donde esto se halla magistralmente descrito: *The Road to Xanadu. A Study in the Ways of the Imagination,* de John Livingston Lowes, que analiza el complejísimo proceso de selección y elaboración de los materiales de dos poemas de Coleridge («The Rime of the Ancient Mariner» y «Kublai Khan») y quien se interese por ese aspecto de la creación debería acudir a él como a una fuente insustituible. Vale la pena repetir lo que dice Lowes sobre las fuentes literarias: «"Origins prove nothing", William James bluntly declared with reference to a very different problem; nor do they prove anything here. All they do is to afford a welcome answer to the question: What has creative genius framed from its inert stuff? The raw materials and the manner of their framing possess or most human beings, as they should, perennial interest; but both matter and process are subsidiary to the fabric which crowns the work —a fabric which nevertheless reveals to the full the artificer's triumph only when they too come into the reckoning» ("Los orígenes no prueban nada", declaró con suavidad William James en relación a un problema muy diferente; tampoco en este caso prueban nada. Sólo sirven para responder esta pregunta: ¿qué ha elaborado el genio creador con esa materia inerte? Las materias primas y la manera en que son organizadas tienen para muchas personas un interés profundo; pero tanto el asunto como el proceso son subsidiarios de la estructura que corona la obra —una estructura, sin embargo, que sólo revela plenamente el triunfo del artífice cuando también aquellos elementos son tomados en cuenta).[88] A este saqueo de la realidad cultural, Cyril Connolly lo llama el plagio inconsciente: «By unconscious plagiarism I mean the natural process by which writers appropriate ideas and phrases necessary to their development» (Llamo plagio inconsciente al proceso natural por el que los escritores se apropian de las ideas y frases necesarias para su desarrollo).[89]

Los orígenes no prueban nada: de los centenares de lectores que tuvieron los libros de viajes y los ensayos filosóficos y científicos que Lowes analiza en su ensayo, sólo uno escribió «The Rime of the Ancient Mariner». De las innumerables personas cuya memoria quedó marcada por Faulkner, Hemingway, *Las mil y una noches,* Defoe, Borges, Camus, Conrad, Virginia Woolf, sólo una escribió *Cien años de soledad.* La revelación de las fuentes de una ficción, que, por lo demás, es siempre parcial y relativa, nos ilustra sobre el proceso de la creación pero no nos explica su producto. Satisface una curiosidad, no proporciona una clave. La grandeza o la pobreza de una ficción sólo puede medirse, internamente, analizando su poder de persuasión, que depende de su forma, y, externamente, examinando sus relaciones con la realidad real de la que toda realidad ficticia es representación y negación.

UN CREADOR BÁRBARO

Hay algo, sin embargo, en torno a una ficción, que queda aclarado con la descripción de los demonios de un autor. Mejor dicho, apuntado, insinuado, y en este senti-

---

[88] John Livingston Lowes, *The Road to Xanadu. A Study in the Ways of the Imagination,* Boston, Houghton Mifflin Company, Boston, Sentry Edition, 1964, pp. 130-131.
[89] Cyril Connolly, «Bleak Utopia», *The Sunday Times,* Londres, 8 de febrero de 1970.

do debemos corregir ligeramente la afirmación del profesor Lowes. Las fuentes culturales no son nunca gratuitas: vienen determinadas (de una manera muy amplia y elástica, desde luego) por experiencias personales e históricas, a las que ayudan a dar forma en el espíritu del deicida, a organizarse en situaciones, ambientes y personajes, a fijarse en ideas y símbolos. Fueron circunstancias personales e históricas las que llevaron a Coleridge —*The Road to Xanadu* lo muestra— a seleccionar, de manera inconsciente, sus demonios culturales, a encontrarlos dentro de una tradición que le pertenecía: la de su lengua, la de su cultura. Su apetito de exotismo, que está en el aire de la época y que él siente con más urgencia que nadie, tiene un abundante material con que saciarse. Coleridge sólo necesita ir a la Biblioteca de Bristol: los viajeros ingleses recorren los mares del planeta y sus crónicas, memorias y fantasías repletan los estantes. Los mundos más remotos llegan a él a través de unos ojos, unas mentes y una lengua condicionados por una historia y una cultura que son las suyas propias. Y aun en los (raros) casos en que su curiosidad lo lleva a frecuentar autores extranjeros, como el jesuita José de Acosta o el francés Conde de Benyowski, puede hacerlo en su lengua, pues esos libros han sido traducidos, anotados y presentados por autores ingleses, es decir, incorporados ya a su tradición. Y cuando lee a los clásicos en su lengua original, la cultura griega llega a él también, en cierta forma, a través de su tradición: destilada, interpretada, revisada, a lo largo de siglos, en las aulas monacales de Cambridge y de Oxford, donde él aprendió a conocerla y a amarla. Como sus demonios personales e históricos, sus demonios culturales le son impuestos por el lugar y el tiempo en que vivió, por un medio en el que la literatura se halla estrechamente integrada a la historia y a la vida personal.

¿Es éste el caso de García Márquez? Diríamos que es exactamente el contrario. En tanto que el mundo de su infancia lo nutrió con fértiles experiencias personales e históricas, en el plano literario lo dejó en una casi total orfandad: sus demonios literarios debió encontrarlos en un extravagante periplo por todas las comarcas culturales del planeta. Francia, Inglaterra, Estados Unidos, Grecia, la España medieval, son algunas de las estaciones donde se formó, pero se podrían citar muchas otras. Y, a diferencia de un Coleridge, llevó a cabo esta tarea por su propia cuenta. Nadie, o casi nadie, le facilitó el trabajo de selección, aclimatación y vinculación de estas distintas tradiciones culturales a su propia tradición, por la sencilla razón de que esta tradición suya era inexistente. Es decir, era algo tan fragmentado y embrionario, tan rústico, que no asimilaba a una visión original de la realidad, producto de su propia historia, las ideas, mitos y símbolos exóticos: simplemente los adoptaba. Esa tarea de selección, adaptación y relación debió hacerla él mismo. Inventó su tradición cultural, de acuerdo a sus propios demonios personales e históricos. De ahí el caos de fuentes, las inconcebibles mezclas, la fusión de elementos tan dispares. Hablando de los novelistas de la violencia, García Márquez había escrito: «No teniendo en Colombia una tradición que continuar, tenían que empezar por el principio y no se empieza una tradición literaria en 24 horas».[90]

Eso es lo que prueban los demonios culturales[91] que hemos examinado: la diferencia en que se hallan, respecto a las fuentes culturales con las que trabajan, el escritor de un país civilizado y el de un país bárbaro. Ellas muestran que, en un comienzo, el primero se halla respecto del se-

---

[90] En el artículo «Dos o tres cosas sobre la novela de la violencia» ya citado (véase la nota 84 de este capítulo).

[91] Entre los demonios culturales de García Márquez me he referido únicamente a fuentes *literarias*, pero, naturalmente, la literatura es sólo una de las vetas que forma culturalmente a un novelista. Los demonios culturales pueden proceder de las artes plásticas, de la música, de la filosofía, de la religión o de las ciencias, tanto como de la literatura.

gundo en una situación de ventaja: su propia realidad, al mismo tiempo que los materiales de trabajo de carácter personal e histórico, le va suministrando el aparato cultural necesario para convertir a aquéllos en mito literario. Del mismo modo que su vida personal y la vida de su comunidad, la vida cultural de su país ejerce sobre él un cierto condicionamiento —una invisible presión para que oriente su vocación en un sentido dado—, que podrá serle muy útil, si es capaz de utilizar esa tradición como un punto de partida, para ir más adelante, vitalizando o renovando las estructuras ideológicas, míticas y lingüísticas de su mundo, o que, al contrario, podrá ser para él un lastre, un freno que lo reducirá al papel del repetidor o del epígono si no tiene el genio necesario (la energía, la paciencia, la terquedad) para romper la coacción cultural del propio medio. En este último caso, pertenecer a un mundo civilizado es una grave desventaja: la rica tradición cultural propia es, también, una mole que sofoca la originalidad, que modera la ambición, que amortigua y mata lo esencial de la vocación de un deicida: la rebeldía contra la realidad. Una rica tradición literaria puede canalizar esta rebeldía, enrumbándola por las formas ya establecidas en el pasado, en las que se mecanizará y desvanecerá. Para el suplantador del Dios bárbaro, al principio, la falta de tradición cultural traerá sólo desventajas. Tener que inventarse, librado a sus propias fuerzas, una cantera de la cual extraer los materiales literarios e ideológicos útiles para su vocación es una empresa difícil y penosa, en la que, a cada paso, corre el riesgo de extraviarse. Sin una tradición propia, el bárbaro no tiene más remedio que sentirse dueño de la cultura universal. A muchos, esta infinita posibilidad los reduce a caricaturas. Es decir a mimos, a ventrílocuos de ideas y de formas heterogéneas, no integradas a las experiencias personales e históricas que nutren su vocación, y, por lo tanto, no funcionales como material de trabajo. De ahí esas ficciones en las que escritura, estructura y asunto son forzadas yuxtaposiciones, elementos alérgicos uno al otro, amalgamas absurdas en las que, en vez de una visión integradora, existen varias, desintegradoras de la unidad de la ficción. El deicida bárbaro corre el riesgo —como los hombres de Macondo— de descubrir a cada rato la pólvora. Sin el soporte de una tradición viviente y universal, sus ficciones pueden ser vehículos de mistificaciones, falsificaciones o errores que la inteligencia y el conocimiento humano ya superaron, o meros anacronismos. Si el peso de una sólida tradición cultural puede reducir al civilizado a la condición de epígono, una tradición pobre o nula fomenta la improvisación, la indisciplina mental, la estúpida arrogancia que da la semicultura, la chabacanería y el espíritu provinciano.

Pero el defecto puede ser virtud, la desventaja traducirse en privilegio. La falta de una tradición cultural significa un vacío que es también suprema libertad. No sólo porque el bárbaro, ese huérfano, puede saquear con igual comodidad todas las reservas culturales de la tierra (lo que el civilizado no puede hacer, limitado como está frente a las otras culturas por la visión que de ellas le impone la suya propia), sino, sobre todo, porque su condición adánica, de pionero, en el dominio de la creación, constituye un aliciente para su ambición: autoriza a ésta todos los excesos, el ímpetu y la audacia de la inocencia. Una rica tradición es debilitante: las sombras augustas de un Shakespeare, de un Goethe, de un Cervantes ejercen, *también,* un efecto moderador y disuasorio en la ambición de un creador inglés, alemán y español. El bárbaro no tiene nada que perder, tras él no hay monumentos que lo hagan sentirse diminuto y que le inspiren cautela o timidez: sólo un vacío reconfortante. El escritor europeo debe crear venciendo cierto complejo de inferioridad ante su formidable pasado. El complejo de superioridad que puede nacer en el bárbaro que mira hacia atrás y ve pigmeos puede traducirse, desde luego, en obras cuyo fracaso es más clamoroso por su misma osadía. Pero, de pronto, en ciertos casos, por su pasión, por su energía, uno de esos bárbaros que apuntó tan alto porque no tenía esa camisa de fuerza adormecedora de una tradición, acierta y construye un mundo verbal en el que la realización está a la altura de esa irresponsable ambición que la inspiró. Entonces aparecen un Borges, un Neruda: la barbarie fue para ellos tan fecunda como lo fue la civilización para un Eliot, un Proust o un Thomas Mann.

Cómo se origina la vocación y de qué se alimenta constituye la prehistoria de un suplantador de Dios; su historia comienza cuando esta vocación se hace una praxis. Sólo la experiencia inicial de ruptura con la realidad real es necesariamente anterior a la praxis, desde luego; las fuentes de esta vocación se van renovando y enriqueciendo con la praxis, en un proceso simultáneo que sólo cesa cuando el deicida muere o deja de escribir, pero es evidente que, en cada ficción, es imprescindible una cierta distancia (emocional, cronológica) entre la experiencia y su reelaboración literaria. Esa distancia da al novelista la frialdad indispensable para trabajar esa materia prima con libertad, sin escrúpulos.

Si la intervención del elemento racional en la primera fase de la vocación es secundaria, en cambio, en la segunda y decisiva, todo depende de la manera como asume su vocación el suplantador de Dios. Su victoria o su fracaso no dependen del origen ni de las fuentes de la vocación; sí de su praxis. El que fracasa, decidió fracasar; el que triunfa, quiso triunfar. Si en la naturaleza de esta vocación anida una ambición desmedida —representar la realidad en una imagen verbal que sea su reflejo y su negación—, la victoria del deicida sólo puede ser resultado de una entrega a esta vocación tan desmedida como la ambición que la alimenta. Quien se sirve de toda la realidad humana como cantera para un fin tan egoísta y demencial (rivalizar con Dios) sólo puede lograr su propósito sirviendo esa vocación con un egoísmo y una demencia semejantes. Esa vocación sacrifica la vida entera a sus fines; el deicida no tiene otro remedio que sacrificar su vida a su vocación. Ella lo ha hecho el ser más libre, porque lo autoriza a convertir la realidad en botín; al mismo tiempo lo hace el más esclavo, porque le exige una asiduidad total. Para el deicida escribir no es una manera de vivir entre otras posibles: es la única manera de vivir. No escribe para vivir, vive para escribir: «Ahora, lo cierto es que el hecho de escribir obedece a una vocación apremiante, que el que tiene la vocación de escritor tiene que escribir pues sólo así logra quitarse sus dolores de cabeza y su mala digestión».[92] No se nace escritor, se aprende a serlo: «Se aprende leyendo, trabajando, sobre todo sabiendo una cosa: que escribir es una vocación excluyente, que todo lo demás es secundario: que lo único que uno quiere es escribir».[93] Las actividades paralelas no ayudan a la vocación; la entorpecen: «Lo que uno quiere es ser escritor y todo lo demás le estorba y lo amarga mucho tener que hacerlo, tener que hacer otras cosas. Yo no estoy de acuerdo con lo que se decía antes: que el escritor tenía que pasar trabajos y estar en la miseria para ser mejor escritor. Yo creo de veras que el escritor escribe mucho mejor si tiene sus problemas domésticos y económicos perfectamente resueltos, y que mientras mejor salud tenga y mejor esté su mujer, dentro de los niveles modestos en que nos podemos mover los escritores, siempre escribirá mejor. No es cierto que las malas situaciones económicas ayuden, porque el escritor no quiere hacer sino escribir y lo mejor para escribir es tener todo esto resuelto».[94] En efecto, tener los problemas materiales resueltos dará al escritor mayores posibilidades de asumir mejor su esclavitud, su total entrega a su vocación, esa bestia que, como una solitaria, forma parte

---

[92] García Márquez y Vargas Llosa, *op. cit.*, p. 8.
[93] *Ibid.*, p. 28.
[94] *Ibid.*, p. 29.

de su ser, se nutre de él, crece con él y a medida que él la alimenta y la cuida se vuelve más posesiva y tiránica. De ahí el egoísmo del creador: reclama todo para su vocación y no acepta conceder nada en lo que a ella respecta. El deicida que fracasa no fue lo suficientemente egoísta como para anteponer el servicio de la solitaria a todo lo demás; por generosidad hacia otras causas o por falta de convicción, dejó que otros designios o intereses desplazaran su vocación a segundo término. Les ocurrió a muchos escritores latinoamericanos de los años treinta: «En general escribían los domingos o cuando estaban desocupados y les sucedía una cosa de la que no sé hasta qué punto eran conscientes. Y es que la literatura era su trabajo secundario. Escribían cansados, es decir, después de haber trabajado en otra cosa, se ponían a escribir literatura, y estaban cansados. Tú sabes perfectamente que un hombre cansado no puede escribir... Las mejores horas, las horas más descansadas hay que dedicárselas a la literatura, que es lo más importante».[95]

Son estas convicciones, o, mejor dicho, la conducta inspirada en estas convicciones lo que hizo de García Márquez un escritor. Sus mejores libros, los escribió en épocas de su vida en que su vocación fue una práctica que ocupó totalmente su tiempo y su pasión: *El coronel no tiene quien le escriba,* encerrado en una buhardilla del Hotel de Flandre, y *Cien años de soledad,* amurallado en la Cueva de la Mafia, mientras Mercedes acumulaba deudas. Este largo aprendizaje de la esclavitud más extrema y de la más extrema libertad reunidas, separa *La hojarasca,* la novela decorosa con que inaugura su vocación, de *Cien años de soledad,* el deicidio con que alcanza su plenitud.

Pero aún quedan anécdotas: «Escribo todos los días, inclusive los domingos, de nueve de la mañana a tres de la

---

[95] *Ibid.,* p. 31.

tarde, en un cuarto cerrado y con buena calefacción, porque lo único que me perturba son los ruidos y el frío. Si escribo un cuento, me siento satisfecho de avanzar una línea por día. Si es una novela, trato de avanzar una página. En términos generales, el trabajo es más fluido a medida que se avanza, y el rendimiento es mayor. Por eso la novela es más hospitalaria que el cuento: sólo hay que empezar una vez, en tanto que empezar cada cuento cuesta tanto trabajo como empezar una novela completa. Hay ocasiones en que podría escribir más, pero sé que al día siguiente, habiendo descansado bien, las cosas saldrán mejor.

»Nunca tomo notas, salvo apuntes de trabajo diario, porque tengo la experiencia de que cuando se toman notas uno termina pensando para las notas y no para el libro. Nunca interrumpo el trabajo por más de una semana, en el peor de los casos, porque luego tengo que empezar todo desde el principio. Durante el tiempo que dura el trabajo —y *Cien años de soledad* duró más de 18 meses— no hay un solo minuto del día o de la noche en que piense en otra cosa. Siempre hablo de lo mismo, con mis amigos más íntimos y más comprensivos, pero no les leo una sola línea, ni permito que la lean ni que toquen mis borradores, porque tengo la superstición de que el trabajo se pierde para siempre.

»Durante las horas de trabajo fumo cuarenta cigarrillos negros, y el resto del día se me va tratando de desintoxicarme. Los médicos me dicen que me estoy suicidando, pero no creo que haya un trabajo apasionante que de algún modo no sea un suicidio. Escribo con un overol de mecánico, en parte porque es mucho más cómodo y en parte porque cuando no encuentro las soluciones en la máquina y tengo que levantarme a pensar, desarmo y armo con un destornillador las cerraduras y las conexiones eléctricas de la casa, o pinto las puertas de colores alegres.

»Escribo directamente a máquina, sólo con los indices, y la cinta tiene que ser negra, de seda o nylon, y el papel tiene que ser bond blanco de 36 miligramos, tamaño carta. Cada vez que cometo un error, aunque sea de mecanografía, tengo que cambiar la hoja y copiar todo de nuevo. Acabo de terminar un cuento de diez páginas en el cual gasté unas 700 hojas, pero éste es un caso extremo porque tenía mucho tiempo sin escribir.

»Lo primero que hago al levantarme es corregir a mano, con tinta negra, el trabajo del día anterior, y en seguida saco todo en limpio. Hago otras correcciones muy claras en el original completo, y se lo voy llevando, poco a poco, a una mecanógrafa, porque nunca dejo copia de lo que escribo, y si algo se pierde en las idas y venidas, no será tanto que no lo pueda rehacer en un día. Siempre leo las pruebas por precaución, pero en *Cien años de soledad* los editores me autorizaron para cambiar todo lo que quisiera y sólo cambié dos palabras. Todavía no la he leído impresa. En realidad, el libro me deja de interesar para siempre en el momento en que hago la última lectura satisfactoria de los originales, y leo muy pocas notas críticas.»[96]

[96] «García Márquez: calendario de 100 años», en *Ercilla,* Santiago de Chile, 24 de abril de 1968, pp. 50-51.

II. La realidad ficticia

Life is a thing of form.

JOSEPH CONRAD, *Under Western Eyes*

Si Dieu le Père a créé les choses en les nommant, c'est en leur ôtant leur nom, ou en leur donnant un autre, que l'artiste les recrée.

MARCEL PROUST

1. La prehistoria morbosa
(Los primeros cuentos)

García Márquez ha contado lo que le ocurría cuando comenzaba a escribir, allá por 1947, esa época en la que era estudiante de Derecho y empeñoso lector de Kafka: «Siempre tenía frente a mí el problema de los temas: estaba obligado a buscarme el cuento para poderlo escribir».[1] La frase da la clave de la decena de relatos, escritos entre 1947 y 1952, que constituyen su prehistoria literaria. Se trata de una actitud típica: el joven que comienza a escribir cree que la originalidad consiste en rechazar como materiales de trabajo los que le ofrecen su propia experiencia y el medio en que vive. Para no copiar la realidad reprime a sus demonios personales e históricos y se impone temas que le parecen químicamente puros, incapaces de ser verificados en la realidad real, aunque ellos tengan poco o nada que ver con su sensibilidad. Los demonios culturales vienen a alimentar entonces, exclusivamente, el proceso creativo, y así, sin saberlo, el joven cae en la trampa que quería evitar: esos escritos que no reflejan su vida ni la de su mundo serán, en cambio, testimonios implacables de sus lecturas. Cuesta trabajo adivinar al futuro creador en estos relatos iniciales. No parecen los primeros peldaños de su vocación, anuncian tendencias enemigas a las que luego van a orientar la edificación de la realidad ficticia desde *La hojarasca* hasta «El último viaje del buque fantasma». Un rasgo sorprende, sobre todo, en estos textos por ser tan ajeno a la obra posterior:

---

[1] En *Papeles,* revista del Ateneo de Caracas, núm. 5, año I, noviembre-diciembre de 1967, enero de 1968.

el intelectualismo. Un mundo de una extremada sofisticación, lleno de tics y remedos literarios, es el de estos relatos fríos y sin humor, escritos, los primeros, bajo la devastadora impresión de Kafka, y, los últimos, bajo la (también devastadora) de Faulkner. Ocurre que García Márquez no ha asumido totalmente su vocación, ésta se halla todavía en un estado informe. Es un rebelde ya, sin duda, pero aún no el rebelde radical que al regresar a Aracataca con su madre descubre el colapso del mundo que lo ayudaba a vivir y toma conciencia de la realidad que desde entonces se dedicará a rescatar (exorcizar) con la pluma. Es muy claro a este respecto: aunque no recuerda la fecha, sí sabe que el viaje a Aracataca con su madre[2] ocurrió cuando todos estos cuentos, salvo «La noche de los alcaravanes», estaban escritos. Esa experiencia afirmó su incipiente vocación, le descubrió sus materiales de trabajo, sustituyó al aprovechado lector que servía en sus relatos a Kafka y a Faulkner por un escritor que iba a servirse *también* de ellos para erigir su propio mundo.

Aunque el interés literario de estos relatos es mínimo, son curiosos retratos de la vida emocional y cultural del adolescente que, a fines de la década de los cuarenta, lejos de su amado trópico, se resignaba a ser abogado y descubría con deslumbramiento a los grandes novelistas modernos. Diez cuentos escribió que nunca recogería en libro; les puso títulos casi siempre enigmáticos: «La tercera resignación», «Eva está dentro de su gato», «Tubal-Caín forja una estrella», «La otra costilla de la muerte», «Diálogo del espejo», «Amargura para tres sonámbulos», «Ojos de perro azul», «Nabo», «Alguien desordena estas rosas» y «La noche de los alcaravanes».[3] Los cinco primeros fue-

---

[2] Véase «La ruptura con la realidad», en el capítulo II de la primera parte.

[3] Los cuentos aparecieron en este orden: «La tercera resignación», *El Espectador,* sección Fin de semana, núm. 80, ¿1947? (el cuento está fechado en Bogotá, 1947); «Eva está dentro de su gato», *El Espectador,* sección Fin de semana, núm. 86, ¿1947 o 1948?; «Tubal-Caín forja una estrella», *El Espectador,* sección Fin de

ron escritos en Bogotá, entre 1947 y mediados de 1948, y los demás en Cartagena y en Barranquilla.

El tema dominante en casi todos es la muerte: a veces los narradores describen desde la muerte lo que ocurre en la vida, a veces se narra la muerte desde la vida, a veces se muere varias veces en la muerte. La mayoría de los cuentos quieren situarse fuera del espacio y del tiempo, en una realidad abstracta. En todos, la perspectiva de la narración es subjetiva e interior: el mundo de la vida o el de la muerte están vistos desde una conciencia que se cuenta a la vez que cuenta. La objetividad no aparece ni siquiera en los que tienen una anécdota real objetiva, como «Amargura para tres sonámbulos» y «Nabo». Fuera de estos dos, todos los otros son real imaginarios, en grados que van de lo mítico-legendario («La noche de los alcaravanes», cuento inspirado en una creencia popular) hasta lo estrictamente fantástico. La consistencia de la realidad ficticia es sobre todo psicológica: las sensaciones extrañas, las emociones insólitas, los pensamientos imposibles son más importantes que los actos, muy escasos. Se cuenta lo que los personajes sienten o piensan; casi nunca lo que hacen. Atmósferas de pesadilla y de neurosis rodean a estas historias, en las que el sueño y el desdoblamiento son también temas importantes. En «La otra costilla de la muerte» y «Diálogo del espejo» aparece por primera vez la idea del ser repetido, atisbo del gran tema de los nombres, destinos y personalidades recurrentes de *Cien años de soledad*. El último cuento tiene un dato concreto que

---

semana, núm. 97, ¿1947 o 1948?; «La otra costilla de la muerte», *El Espectador,* Dominical, 29 de julio de 1948; «Diálogo del espejo», *El Espectador,* Dominical, 23 de enero de 1949 (fue publicado también en el diario *Crónica,* el 2 de septiembre de 1950, dedicado a Alfonso Fuenmayor); «Amargura para tres sonámbulos», *El Espectador,* Dominical, 13 de noviembre de 1949; «Ojos de perro azul», *El Espectador,* Dominical, 18 de junio de 1950; «Nabo», *El Espectador,* Dominical, 18 de marzo de 1951; «Alguien desordena estas rosas», *El Espectador,* Dominical, 1 de junio de 1952, y «La noche de los alcaravanes», revista *Crítica,* Bogotá, 1952.

permite asociarlo materialmente a la historia de la realidad ficticia: esos alcaravanes pertenecen a un mundo que es ya el de *La hojarasca*. Tal vez por eso el único de estos diez textos recuperado por *Cien años de soledad* (p. 333) sea «La noche de los alcaravanes». En el cuento anterior, sin embargo, «Alguien desordena estas rosas», como por una afloración del subconsciente que jugó una mala pasada a la voluntad abstractizante del autor, se han filtrado dos datos locales que más tarde constituirán dos costumbres establecidas en la sociedad ficticia, tal como aparece en *La hojarasca:* a) a un niño muerto le ponen palillos en los ojos para que en el velorio los tenga abiertos y duros, y b) en el umbral de una casa hay colgados «el pan y el ramo de sibila» de la buena suerte, como ocurrirá en muchos hogares de Macondo. Un esquema que podríamos llamar metafísico-masturbatorio se repite en varios de los diez relatos: un solitario personaje se autotortura con pensamientos de desintegración ontológica, de duplicación y de extinción. Naturalmente, no todos los cuentos siguen una línea única ni tampoco su calidad es parejamente nula. Las diferencias se advertirán mejor, sintetizando qué y cómo narra cada uno de ellos.

En «La tercera resignación» late un convulsivo terror a la muerte. Desde las primeras lineas, el narrador omnisciente instala al lector en lo real imaginario al indicar que el insistente ruido que oye el personaje «lo había sentido, por ejemplo, el día en que se murió por primera vez». La mezcla de fantasía delirante con el tono de naturalidad cotidiana, así como el horror congelado en el que brotan toques risueños («Se sintió bello envuelto en su mortaja; mortalmente bello») son kafkianos. Un niño de siete años muere de fiebre tifoidea, pero el médico consigue «conservarle la vida más allá de la muerte». En su ataúd, el niño muerto sigue creciendo durante dieciocho años, bajo la atención amorosa de la madre que cada día lo mide con una cinta métrica. Al cumplir los veinticinco años, deja de crecer y tiene «su segunda muerte». Su organismo comienza a descomponerse y a apestar. El muerto sabe que ahora tendrán que enterrarlo y padece un infinito horror pues, como su conciencia sigue alerta, tiene la sensación de que será enterrado vivo. Imagina la vida dentro de la tumba, la lenta desaparición de su carne, de sus huesos, de la madera del ataúd, y, luego, cómo todo ese polvo subirá a la superficie, a la existencia, hecho árbol, fruta. Será igual que volver a vivir. Pero, probablemente, estará entonces tan resignado a su condición que morirá de nuevo, esta vez «de resignación». La leve línea argumental se pierde en la descripción de las sensaciones del muerto, y abundan los detalles atroces: al cadáver vivo se lo comen los ratones a pedazos, un ruido enloquecedor taladra sus oídos, la pestilencia de su propia carroña atormenta su olfato. El narrador omnisciente se mantiene tan cerca del personaje, tan encerrado en la intimidad de éste, que el relato parece a veces un monólogo del muerto. Es uno de los escasos méritos del texto: la impecable coherencia en el punto de vista espacial, infrecuente en un autor que comienza. El lenguaje es poco personal, pero fluye con soltura y se adecúa bien a la materia: su vocabulario es denso, de una turbia sensorialidad, y la sintaxis tortuosa. Algunos elementos del relato regresan en la obra de García Márquez: la voluntad de montar una historia en torno a un cadáver está en *La hojarasca,* en *Los funerales de la Mamá Grande* y, al parecer, en *El otoño del patriarca,* y la idea de que se puede morir dentro de la muerte reaparece en *Cien años de soledad* con las varias muertes de Melquíades y de Prudencio Aguilar («la otra muerte que existía dentro de la muerte...», *Cien años de soledad,* p. 73), y en «El mar del tiempo perdido» en cuyo mar de los muertos hay diferentes niveles donde los cadáveres navegan según el tiempo que llevan en ese estado: los más próximos a la superficie son los más antiguos, los que han alcanzado «mayor reposo».

Seis semanas después que el primer cuento, apareció «Eva está dentro de su gato», casi idéntico al anterior en esencia, aunque la apariencia haya cambiado. Se trata de la muerte otra vez, de la reencarnación, del torturante deseo de que no todo termine con la tumba. La Eva del cuento es un pálido antecedente de Remedios, la bella: también bellísima y, como Remedios, un día súbitamente transita a otra vida, se convierte en «espíritu puro». El narrador la persigue por esa otra región o existencia, que es «un mundo más fácil, descomplicado, en el que habían sido eliminadas todas las dimensiones». Al principio, Eva cree estar en el limbo, luego duda. Vive en tinieblas y es ubicua, está simultáneamente en todas partes de la vida real y en esta otra vida (o muerte). Algo la torturaba cuando era carnal: su belleza, «enfermedad» que desvelaba sus noches, porque era resultado de la acción en su sangre «de unos insectos diminutos y calientes que con la cercanía de la madrugada, diariamente, se despertaban y recorrían con sus patas movedizas, en una desgarradora aventura subcutánea, ese pedazo de barro frutecido donde se había localizado su belleza anatómica». De pronto, Eva tiene deseos de comerse una naranja; es una urgencia gratuita y enorme. Recuerda entonces que los espíritus puros pueden encarnarse en un ser viviente y decide hacerlo en su gato (aunque teme, un momento, que al ser gato prefiera los ratones a las naranjas). Pero cuando trata de localizar al animal descubre que ya no existe, ni tampoco su casa: han pasado tres mil años desde que inició esta otra vida (o muerte) y no lo había notado. Esta síntesis podría sugerir que se trata de un relato risueño. Nada de eso: la historia está referida con una meticulosa angustia. Además de Eva, que vive en la muerte como el personaje del relato anterior, hay otro cadáver: un niño que murió y cuyo recuerdo es una tortura suplementaria para Eva. La muerte está presente en toda la obra de García Márquez, pero nunca de la manera tan obsesiva y excluyente como en estos primeros años de su vida de escritor.

Dos meses y medio después se publica «Tubal-Caín forja una estrella», relato de una dispersión incoherente. La ínfima anécdota se desvanece en la masa de ideas y sensaciones enfermizas que constituyen la materia narrativa: recurren al delirio de persecución, la sensación esquizofrénica del doble, alusiones al suicidio. Otra vez asoma el motivo kafkiano de los ratones que está en los dos primeros relatos. El título es gratuito: no es seguro que el único personaje se llame Tubal-Caín, ni siquiera que haya personaje. Por momentos, el cuento parece ser la cascada de imágenes que atraviesa la conciencia lastimada de un loco («¿Qué dice? ¿Que estoy loco? Bah... Una... Pero estaré loco?»), o la descripción de una sensibilidad exacerbada por la droga (el personaje se siente «bello y solo bajo el amargo cielo de la cocaína» y oye voces que gritan «Somos los marihuanos, somos los invertidos!») o la precipitación de recuerdos inconexos de un suicida en el instante que demora la soga en cerrarse sobre su cuello, pues el párrafo final indica que el personaje muere ahorcado (a menos que sea una pesadilla más): «La soga se apretó a su garganta, ahora sí, definitivamente. Sintió el crujido, el golpe tremendo de las vértebras cervicales que se desarticularon». La muerte es una presencia tan fuerte como en los cuentos anteriores; incluso cabe la posibilidad de que, al igual que en ellos, el relato describa las experiencias de un ser fallecido («Quiero que me dejen solo con mi muerte, con esa muerte que yo conocí hace doce años cuando regresaba a casa tambaleando, transfigurado por la fiebre...»). En su conjunto, el relato es de lectura fastidiosa, por su artificiosidad injustificada, pero hay en él momentos eficaces, como el diseño de ciertas alucinaciones: el personaje, en pocos segundos, ve crecer desmesuradamente a su padre, quien, por lo demás, acaba de descender de un cuadro («Él adivinaba el cuerpo que iba creciendo, tomando formas arbitrarias, ramificándose contra el techo que empezaba a vacilar») y luego lo ve disminuir de tamaño y multiplicarse en seres minúsculos: «... un ser pequeño, único, que se desdoblaría y se multiplicaría por todos los rincones de la habitación en un puñado de figuras iguales, idénticas, movedizas, que correrían desordenadamente...».

«La otra costilla de la muerte» comienza con un sueño surrealista, en el que se combinan angustia y humor negro: el personaje va en un tren que cruza un paisaje «de naturalezas muertas, sembrado de árboles artificiales, falsos, frutecidos de navajas, tijeras...», y de pronto, sin aviso, con un destornillador se extrae del pie la cabeza de un forúnculo. Por la cicatriz ve apuntar «el extremo de un cordón grasiento y amarillo». Tira del cordón y sale «una cinta larga, larguísima, que surgía espontáneamente, sin molestias ni dolor», y en eso divisa a su hermano «vestido de mujer frente a un espejo, tratando de extraerse el ojo izquierdo con unas tijeras». Sólo el comienzo del cuento es tan pintoresco; luego sobreviene un drama mental, alimentado por las obsesiones de la muerte y del doble. La perspectiva es la de un personaje que, al amanecer, permanece entre la vigilia y el sueño, asaltado por sensaciones extrañas, oscuros terrores y sombrías visiones. Pronto, algo más nítido y nervioso se perfila entre las atropelladas imágenes: el recuerdo del hermano gemelo, muerto de un tumor en el vientre. Con masoquismo, el personaje imagina ese tumor, lo siente crecer en su organismo, lo adivina devastando vísceras, músculos, arrastrándolo a él también a la muerte. Entonces lo posee el terror a su hermano, al otro, a ese doble suyo («Así eran exactos. Dos hermanos idénticos, inquietantemente repetidos»). Piensa que la separación en el espacio entre su hermano muerto y él es aparente, que tienen una naturaleza única. Teme que «cuando llegue hasta el muerto la descomposición orgánica, él, el vivo, empiece a pudrirse también dentro de su mundo animado». ¿Pero, y si el fenómeno fuera el inverso y la influencia la ejerciera «el que permanecía con vida»? Entonces, tal vez, «tanto él como su hermano permanezcan intactos, sosteniendo un equilibrio entre la vida y la muerte para defenderse de la putrefacción». ¿Y no podría ocurrir «que el hermano sepultado continuara incorruptible en tanto que la podredumbre invadía al vivo con sus pupilas azules»? A estas interrogaciones viscosas, sucede una beatífica sensación de paz y el personaje cierra los ojos, apaciguado, «para esperar el nuevo día». ¿Todo lo pasado no ha sido sino un devaneo imaginario? Efectivamente, seis meses después de este relato aparece «Diálogo del espejo», que continúa «La otra costilla de la muerte» y en el que se revela que lo que el cuento anterior narraba eran sólo «preocupaciones y desasosiegos de la madrugada». El nuevo texto es tan inmaterial como el anterior. El anónimo sujeto, al despertar esa misma mañana, se toca la cara y tiene la revelación de su cuerpo, toma conciencia de la complicada unidad biológica que es, y permanece fascinado y perplejo, palpándose: «Allí, bajo las yemas —y después de las yemas, hueso contra hueso— su irrevocable condición anatómica había sepultado un orden de compuestos, un apretado universo de tejidos, de mundos menores, que lo venían soportando, levantando su armadura carnal hacia una altura menos duradera que la natural y última posición de sus huesos». Pero despierta, se levanta y, frente al espejo del cuarto de baño, ve o cree ver, en la imagen que aquél le devuelve, la cara de su hermano gemelo muerto. Se abandona entonces al juego enloquecedor del desdoblamiento y la imitación: piensa que los gestos y muecas de la imagen del espejo no son los de su cara, sino los de su hermano, que repite los suyos sincrónicamente o a quien él repite. Por instantes cree percibir (quizás inventa) furtivas desarmonías entre sus propios movimientos y los de la imagen. De pronto, al afeitarse, la imagen se hace un corte y empieza a sangrar: él se toca la piel y no hay herida. En ese mismo instante recuerda una palabra (Pandora) que ha estado buscando durante todo el relato y lo invade una repentina felicidad. Este relato, como los cuatro anteriores, se sitúa en una realidad interior y subjetiva que conviene denominar abstracta: toda referencia local y temporal está evitada, el lenguaje es porfiadamente neutro, en los cinco cuentos se repite una situación idéntica (personaje único, tendido, presa de sensaciones inusitadas), así como una misma ambigüedad respecto a la naturaleza de la realidad que describen: ¿se trata de historias real imaginarias o real objetivas? Serían lo primero si esos muertos lo son de veras, y lo segundo si las resurrecciones, muertes sucesivas y duplicaciones son sólo fantasías de conciencias enfermas. Esta rigurosa coherencia en la incoherencia que existe entre estos primeros cinco relatos, comienza a alterarse en el sexto, y la diferencia es aún mayor en los últimos: García Márquez ha empezado a leer a Faulkner y esa lectura ha dejado una huella luminosa en esos cuentos.

«Amargura para tres sonámbulos» (aparecido diez meses más tarde) significa una muda de lo interior a lo exterior, de lo abstracto a lo concreto en la realidad ficticia. Está narrado en primera persona de plural, por los tres sonámbulos del título, pero su materia es una niña. Se trata de una estampa poética más que de un relato, de una elegía a una muchacha que, alguna vez, cayó al patio desde la ventana del segundo piso de una casa, y no murió pero quedó con «los órganos sueltos, desasidos de la voluntad, como un muerto tibio que no hubiera empezado a endurecerse». Es, desde entonces —parece haber transcurrido mucho tiempo desde el accidente—, un ser solitario, que vive en un mundo propio y alucinado («Una vez nos dijo que había visto el grillo dentro de la luna del espejo, hundido, sumergido en la sólida transparencia, y que había atravesado la superficie de cristal para alcanzarlo») en el que se va extinguiendo a pocos, y, en cierto modo, a voluntad: un día decidió no moverse más, permanecer sentada en el suelo de cemento, y ahora acaba de anunciar: «No volveré a sonreír». Los tres narradores, que la evocan con gran amargura y nostalgia (son, tal vez, sus hermanos menores), piensan que más tarde les dirá «No volveré a ver», «No volveré a oír» y que «espontáneamente, se iría acabando sentido a sentido, hasta el día en que la encontráramos recostada a la pared, como si se hubiera dormido por primera vez en su vida». El lenguaje es menos difuso que en los textos anteriores, pero sigue siendo muy literario, trabajado con esfuerzo y reminiscente de (buenas) lecturas. La atmósfera de misterio y de amenaza, de inminente revelación ha sido conseguida mediante la faulkneriana sintaxis indirecta, potencial y zigzagueante («Todo eso —y mucho más— lo habríamos creído aquella tarde...», «Podríamos haber dicho que estábamos haciendo lo que habíamos hecho todos los días de nuestras vidas...») y también gracias a la intrusión, como pantalla deformante de la materia narrativa, del personaje-narrador, cuya única función en la historia es la de intermediario técnico.

«Ojos de perro azul» recuerda a un relato de Sartre, «Eróstrato», por su situación inicial —una mujer se desnuda en una habitación ante un hombre que la observa, y éste exclama: «Siempre había querido verte así, con el cuero de la barriga lleno de hondos agujeros...»— pero luego se descubre que se trata de una historia onírica: la loca relación de la pareja sucede en el impalpable, precario mundo de los sueños. Una vez, el narrador-personaje vio llegar a su cuarto durante un sueño a una mujer cuyos ojos lo sorprendieron y a quien él apodó: «ojos de perro azul». Desde entonces han seguido viéndose en sus respectivos sueños, a lo largo de varios años. La mujer ha intentado encontrar en la vida real a este amigo o amante de su vida onírica («Su vida estaba dedicada a encontrarme en la realidad, a través de esa frase identificadora: Ojos de perro azul») y anda pronunciando la frase clave en los restaurantes, en las calles, y hasta la escribe «en los cristales empañados de los hoteles, de las estaciones, de todos los edificios públicos...». Pero su búsqueda es inútil, pues el narrador es «el único hombre que al despertar no recuerda nada de lo que ha soñado». El relato todavía es más complicado y dudoso: ¿la mujer busca realmente en la realidad al narrador? Esto lo sabe él porque ella se lo cuenta en sus citas oníricas, pero pudiera ocurrir que lo que ella cree hacer cuando está despierta sea algo que también sueña, que también ella olvide despierta lo que ha soñado. Pese a su ingeniosa anécdota, éste es el peor escrito y el de estructura más indecisa de todos los relatos iniciales de García Márquez.

Más digno de atención es «Nabo», en el que, como en «Amargura para tres sonámbulos», hay un ser poético y marginal, una criatura muda, que no puede caminar, que no reconoce a nadie, una «niña muerta y sola que oía la ortofónica». Es el más faulkneriano de los relatos y no sólo por su forma, sino también por su materia: parece situado en el Deep South, entre peones semiesclavos, haciendas con caballos, niñas aristócratas con servidumbre de color y bandas de saxofonistas en las plazas. El relato narra, entrelazadamente, dos partes o dimensiones de una historia, mediante dos narradores que se alternan: un narrador omnisciente y un narrador-personaje plural (seguramente los hermanos o padres de la niña). Ambas partes de la historia ocurren en planos distintos de realidad: una en la realidad exterior de los hechos, otra en la fantasía o locura del protagonista. La historia objetiva es la siguiente: Nabo, un negrito, es el encargado de cepillar los caballos de la finca, y de tocar la ortofónica que entretiene a la niña idiota. La niña aprende —se supone que gracias a Nabo— a mover la manivela de la ortofónica y un día se la oye pronunciar el nombre del negrito: «Nabo». Éste suele ir los sábados por la noche a la plaza, a escuchar a un saxofonista negro, quien, un día, deja de tocar en la banda y desaparece para siempre. Una mañana Nabo es pateado en la frente por un caballo y queda atolondrado para el resto de su vida. Sus amos lo encierran atado de pies y manos en un cuarto, donde le pasan la comida por debajo de la puerta. Vive así, como un animal, quince años, hasta que un día, en un arrebato, rompe la puerta de su prisión y sale corriendo —enorme, feroz— en busca de la caballeriza y de los caballos, ya desaparecidos hace tiempo. Al escapar destruye espejos, derriba cosas. Cruza junto a la niña (una mujer ya) quien profiere al verlo la única palabra que ha aprendido: «Nabo». Y ésta es la historia subjetiva: la conciencia lastimada de Nabo reactualiza una y otra vez, en la soledad de su prisión, el instante trágico de la patada del caballo que le partió la frente. Nabo ignora el paso del tiempo, su imaginación ronda, obsesiva, en torno a ese único recuerdo. De pronto, oye una voz que lo llama y lo urge a seguirla. Reconoce en las sombras al saxofonista negro que iba a escuchar a la plaza. La sombra le habla con afecto, lo exhorta a acompañarla: «te estamos esperando en el coro». Nabo no se anima, el hombre insiste, le asegura que todo lo que le ha ocurrido fue decidido por «ellos» a fin de tenerlo en «el coro». Pero Nabo no quiere y habla de los caballos, del peine con el que les peinaba la cola. Al fin la sombra le da la idea: «Si lo único que esperas para venir al coro es encontrar el peine, anda a buscarlo». Es el momento en que Nabo rompe la puerta de la prisión y sale, convertido en un «enorme negro bestial». Esta segunda parte o dimensión de la historia tiene la característica ambigüedad de cierta literatura real imaginaria: para decidir su filiación el lector debe eliminar una de dos interpretaciones posibles. La sombra del saxofonista muerto que viene a invitar a Nabo a seguirlo al coro (es decir al más allá, al cielo) puede ser mera alucinación del protagonista, y, por lo tanto, esa parte del cuento ocurriría en un plano subjetivo de la realidad objetiva. Pero cabe otra posibilidad: el saxofonista aparece de veras en la oscura prisión de Nabo, como un enviado del más allá, y es, entonces, no una visión sino un ser milagroso o fantástico. En ese caso esta parte de la historia transcurriría en una realidad subjetiva y el relato ya no sería real objetivo sino real imaginario. De otro lado, en «Nabo» apuntan algunos motivos que luego tendrán carta de ciudadanía en la realidad ficticia. Uno de ellos es la idea de la secuestración: la niña de «Amargura para tres sonámbulos» vive encerrada, pero Nabo lo está mucho más que ella, y en su encierro puede advertirse un precedente del enclaustramiento del médico de *La hojarasca*. Otro motivo es el de la niña o mujer distinta, que vive en un mundo marginal: las idiotas poéticas de estos dos relatos son crudos esbozos de seres como Santa Sofía de la Piedad y de Remedios, la bella. En todo caso, lo importante es señalar que en este cuento prevalece ya la intención de contar una historia, y que la complejidad técnica y la trabajosa escritura están al servicio de esta intención, en tanto que en los relatos anteriores la historia parecía un pretexto para justificar ciertos alardes de estilo. No importa que la construcción, la lengua y aun la materia de «Nabo» sean, en buena parte, ajenas. El atento lector está comenzando a ser un escritor: al pasar de lo abstracto a lo concreto, de lo mental a lo vital, está mostrando una aptitud cada vez mayor para contar una historia de manera *convincente*.

En «Alguien desordena estas rosas» aparece otro inválido, como en «Amargura para tres sonámbulos» y en «Nabo», pero ha cambiado de sexo (es un niño) y de condición (aquí está muerto). También el narrador del relato es un muerto, como en los primeros cuentos: «Como es domingo y ha dejado de llover, pienso llevar un ramo de rosas a mi tumba». Una mujer muy piadosa, que cultiva flores para vender y que habita una casa solitaria, uno de cuyos cuartos es una capilla, siente cada domingo que un viento invisible desordena las rosas del altar. En realidad, no es el viento sino el espíritu de un niño, muerto cuarenta años atrás, al caerse de una escalera, y con quien la mujer había jugado de niña. El narrador del cuento es ese espíritu-inválido que, luego de muerto, esperó veinte años sentado en la silla del cuarto donde está ahora el altar, que alguien viniera a ocupar la casa abandonada. Un día vio llegar a la mujer: pese a los veinte años transcurridos reconoció a la niña con la que buscaba nidos en el establo. Desde entonces —otros veinte años— vive junto a la mujer, ahora una vieja, a quien observa zurcir, dormir, rezar. Cada domingo, el espíritu trata en vano de llevarse un ramo de rosas del oratorio de la casa, a su propia tumba, en la colina del pueblo: ése es el «viento invisible» que desarregla las flores del altar. Éste es el cuento más logrado de los diez; el mejor escrito y el de más hábil construcción. A pesar de su carácter milagroso o fantástico, hay detalles real objetivos pintorescos que corresponden al Macondo de *La hojarasca* («el pan y el ramo de sábila» en el umbral de la casa, los «palillos» en los ojos del niño muerto). De otro lado, la imagen de un niño-sentado-en-una-silla-esperando es la imagen-motor de *La hojarasca*, como hemos visto, y la situación en que permanece, en el curso de toda la novela, el narrador-nieto. Poco a poco, la realidad ficticia va pasando del magma de los primeros relatos a un cierto estado de solidificación, y va encajando en las coordenadas dentro de las que evolucionará y se irá creando y recreando en el futuro.

«La noche de los alcaravanes» es la frontera entre la prehistoria y la historia de la realidad ficticia. Está basado en una creencia popular de la costa atlántica: que los alcaravanes le sacan los ojos a quien imita su canto. Tres hombres estaban tomando cerveza en el patio de un burdel donde había siete alcaravanes. Uno de los bebedores se puso a imitar el canto del alcaraván y entonces «los pájaros saltaron a la mesa y les sacaron los ojos». El cuento está narrado por los tres ciegos, desde el instante en que quedaron así: con naturalidad, como si no hubiera ocurrido nada, se toman de las manos y tratan de adaptarse a ese mundo en el que desde ahora se guiarán sólo por la memoria, el olfato y el tacto. Ambulan, asidos de las manos, por un laberinto en el que les salen al encuentro voces de niños, voces de mujeres, una de las cuales les cuenta que los periódicos han recogido su historia pero que nadie la cree. No hallan quien los guíe hasta sus casas. Llevan ya tres días perdidos, sin poder descansar. Entonces, se sientan a tomar el sol, pasivos, «habiendo perdido ya la noción de las distancias, de la hora, de las direcciones». La historia no está narrada de una manera real objetiva, sino más bien imaginaria: acentuando las notas de misterio y de sorpresa, abusando de los datos escondidos. Tiene el interés anecdótico de ser un relato casi enteramente dialogado, lo que no es frecuente en la obra de García Márquez. Es también la primera vez que aparecen los alcaravanes en la realidad ficticia, en la que serán una constante del paisaje a partir de la primera novela. Éste es el único de los diez relatos canibalizado por *Cien años de soledad,* como si García Márquez hubiera querido subrayar que sólo a partir de este texto comenzaba verdaderamente su vida de suplantador de Dios.

2. Macondo: la visión aristocrática («Isabel viendo llover en Macondo» y *La hojarasca*)

«Isabel viendo llover en Macondo». No se puede separar este breve relato de *La hojarasca:* nació entre los borradores de esa novela, se trata de un fragmento que sólo puede ser cabalmente entendido si se reintegra al contexto del que fue apartado. Esto es común a muchos cuentos de García Márquez: su naturaleza fragmentaria, ser partes de un todo omitido. Incluso *La hojarasca* y *La mala hora* tienen una personalidad algo incompleta; sólo *El coronel no tiene quien le escriba,* a pesar de haber nacido como un desprendimiento de la novela de los pasquines, y *Cien años de soledad* dan la impresión de ser autosuficientes. La materia de «Isabel viendo llover en Macondo» es un pequeño diluvio verosímil: comienza el domingo y el jueves ha pasado. El aguacero aparece y reaparece en distintos momentos de la historia del mundo ficticio: aquí es tema central; en *El coronel no tiene quien le escriba* la lluvia es marco constante de la acción; en *Cien años de soledad* diluvia más de cuatro años. Es uno de los métodos del enriquecimiento de la realidad verbal, de ficción a ficción: la reincidencia de motivos y de temas aumentados cuantitativamente. En buena parte, el salto cualitativo de Macondo en *Cien años de soledad* en relación con las imágenes que ofrecen de él las ficciones anteriores, resulta, al mismo tiempo que de la incorporación de elementos inéditos, del retorno de elementos tradicionales ampliados numéricamente. La historia de este aguacero que, luego de siete meses de verano sofocante, irrumpe sobre Macondo y amenaza destruirlo, es referida por una mujer que monologa, y el sentido último de muchas cosas que dice sólo se revela en *La hojarasca*. Todos los personajes del cuento están en la novela; Isabel, la madrastra, el padre de Isabel (aún no se dice que es coronel), el marido de ésta, Martín, la madre de Isabel, las mellizas de San Jerónimo, la pordiosera que pide una ramita de toronjil todos los martes, la mujer cuyo nombre grita Isabel cuando es ya una especie de sonámbula: «¡Ada, Ada!». En *La hojarasca* sabremos que la misteriosa Ada del relato es una de las sirvientas de la casa. Esta cierta dependencia entre el cuento y la novela, en lo que respecta a la materia, es típica de las ficciones de García Márquez: cada una se modifica desde la perspectiva de las otras. Todas arrojan luces sobre todas, hilos más fuertes o más delgados las enlazan, todas son, al mismo tiempo, entidades autónomas y capítulos de una vasta, dispersa ficción.

PRIMERA IMAGEN DE MACONDO
¿Qué imagen de la realidad ficticia presenta «Isabel viendo llover en Macondo»? Descubre más el medio físico que el social, más la naturaleza que los hombres. No dice nada de su historia, dice poco sobre su gente, pero bastante sobre su paisaje y clima. Se trata de un pueblo tropical, de calor sofocante y lluvias desorbitadas, ¿Cómo vamos conociendo a Macondo? A través de la tormenta, precisamente. Quien lo revela no es Isabel sino el aguacero, por los estragos que causa; se conocen en casa de Isabel al tercer día de desencadenado. Hasta entonces Macondo era una iglesia; ahora es un tren inmovilizado, pues la lluvia ha destruido los rieles, y un cementerio anegado por el agua que, según los rumores, ha violado las tumbas y arrastra a los muertos por las calles. Estos ingredientes urbanos son más visibles que los hombres; pero los elementos naturales tienen todavía una vitalidad mayor. El pueblo padece «siete meses de verano intenso», las noches de agosto son maravillosamente silenciosas, el aire es polvoriento. Los seres que conocemos son canjeables: carecen

232

de intimidad. El único en el que se advierte una débil dimensión subjetiva es Isabel. Todos tienen algo común: su condición de víctimas del huracán. A medida que dura, la tormenta los va deshumanizando. El primer día se sienten atontados; el segundo, pierden el sentido del tiempo; el tercero, se han convertido en animales, casi en plantas: no piensan, apenas se mueven, sólo viven. La presencia más poderosa en esta primera imagen de Macondo es la naturaleza.

¿Algo diferencia a los borrosos seres de este pueblo? Isabel presiente la súbita tempestad, cuando la tormenta rompe ella ya «sabía desde antes» que iba a caer. ¿Y por qué? Porque se había sentido «estremecida por la viscosa sensación en el vientre» (p. 9). Al tercer día de lluvia, Isabel se siente «convertida en una pradera desolada, sembrada de algas y líquenes, de hongos viscosos y blandos, fecundada por la repugnante flora de la humedad y las tinieblas» (p. 15). Se trata de una aptitud sutil de ciertos habitantes de Macondo: entre sus organismos y los fenómenos naturales existe una relación que no es lógica, que no corresponde a nuestra experiencia de lo real. Es el primer indicio del elemento añadido en la realidad ficticia, la primera furtiva diferencia con su modelo, la realidad real. El héroe de *El coronel no tiene quien le escriba* sale un día de su casa y «experimentó la sensación de que nacían hongos y lirios venenosos en sus tripas» (p. 7). ¿Qué pasa? «Era octubre.» Octubre opera sobre el cuerpo del coronel como una droga instantánea y repugnante, el organismo del anciano segrega esa misma materia blanda y corrupta que es la atmósfera física de Macondo en la primera imagen que tenemos de él. En *La hojarasca,* el coronel y el médico viven una sola noche de intimidad en veinticinco años, y aquél recuerda: «Ambos permanecimos callados un instante, sudando esa sustancia gorda y viscosa que no es sudor sino la suelta baba de la materia viva en descomposición» (p. 92). La podredumbre que el extremo calor y la lluvia obstinada propagan en la naturaleza de la realidad ficticia, se desliza también, igual que en las plantas y en el aire, en ciertos organismos humanos, a los que corrompe misteriosamente. Esta íntima relación entre ciertos cuerpos y el mundo natural es sobre todo física (en *Cien años de soledad* [p. 226] se dice del coronel Buendía: «La llovizna persistía desde el sábado, y él no hubiera tenido necesidad de oír su minucioso cuchicheo en las hojas del jardín, porque de todos modos lo hubiera sentido en el frío de los huesos»), pero en algunos casos es espiritual: el Cachorro de *La hojarasca* mezcla en sus sermones los versículos bíblicos y las «predicciones atmosféricas» del Almanaque Bristol, y, en el fragmento de crónica con que se inicia la novela, la llegada de la compañía bananera y de la hojarasca a Macondo están descritas con el símil de un huracán. En la realidad ficticia, ciertos cuerpos humanos, la historia, la religión tienen vínculos profundos y extraños con los fenómenos naturales. En este relato ello consta, de un lado, en la materia —una tormenta—, y, de otro, en una escritura cargada de metáforas destinadas a crear un ambiente de viscosa descomposición. El primer día, el cielo es para Isabel «una sustancia gelatinosa y gris» que «aletea» (p. 9); al segundo, la tierra «se había convertido... en una sustancia oscura y pastosa, parecida al jabón ordinario» (p. 10); al tercero el aire es «una humedad caliente y pastosa» y «el agua apretaba y dolía como una mortaja en el corazón» (p. 13).

La lluvia del relato, entonces, no es sólo un fenómeno natural: es también un símbolo. Sintetiza los diferentes estados expresados en aquellas imágenes: la descomposición, la decadencia, el perecimiento. El efecto que tiene sobre el pueblo es el de la enfermedad sobre un cuerpo. Primero «aburre» a la familia de Isabel y a ella «la entristece»; luego es sentida como «una mortaja»; el martes anula toda actividad en la casa. Ese mismo día provoca una muerte: este episodio es el cráter del relato. Quien muere no es un ser humano sino una vaca que se había instalado frente a la casa al segundo día de tormenta. Hay algo noble en la bestia que resiste un día entero, hundiendo las pezuñas en el fango, la furia de la naturaleza. Su heroísmo es inútil; muere y la descripción de su muerte nos descubre, justamente, el contenido simbólico de la tormenta: «De pronto, un profundo rumor sacudió sus entrañas y las pezuñas se hundieron en el barro con mayor fuerza. Luego permaneció inmóvil durante media hora, como si ya estuviera muerta, pero no pudiera caer porque se lo impedía la costumbre de estar viva, el hábito de estar en una misma posición bajo la lluvia, hasta cuando la costumbre fue más débil que el cuerpo. Entonces dobló las patas delanteras (levantadas todavía en un último esfuerzo agónico las ancas brillantes y oscuras), hundió el babeante hocico en el lodazal y se rindió por fin al peso de su propia materia en una silenciosa, gradual y digna ceremonia de total derrumbamiento» (p. 14). Esto que le sucede a la vaca le está ocurriendo al pueblo entero durante el relato: se está hundiendo, está decayendo, muriendo. Desde la perspectiva de *La hojarasca,* comprobaremos que este desmoronamiento, además de físico, es histórico y moral.

En este texto la naturaleza tiene más vida que el hombre: es su limitación. El relato describe una realidad más física que humana, y la forma elegida para la narración, el monólogo, es el método de expresión por excelencia de experiencias íntimas, de la vida mental o emocional. No de los actos y menos aún de los elementos. La subjetividad humana casi no asoma en el relato, todo en él es objetivo y exterior. Esta falta de adecuación entre materia y forma impregna al texto cierta artificialidad.

Sin embargo, aunque el orden natural sea el más importante, algo se transparenta sobre el orden social de la realidad ficticia. El pueblo no es una sociedad igualitaria;

hay jerarquías. Es evidente que Isabel, su madrastra, el padre y Martín no son lo mismo que esos seres agrupados en una denominación genérica: los guajiros. Anónimos, gregarios, pasan rápidamente por la historia y siempre están sirviendo: salen al jardín a tratar de ahuyentar a la vaca, mueven los muebles, tienen a su cargo las tareas domésticas y reciben órdenes. No hay duda que, socialmente, están en una escala inferior a quienes se las imparten. Pero, además de esta familia y de los guajiros que la sirven, figuran esas mellizas de San Jerónimo que vienen a cantar y la pordiosera que todos los martes pide una ramita de toronjil. Parecen integrar un estrato intermedio entre los otros dos. Hay algo interesante en las mellizas y la pordiosera: son seres pintorescos. En esta sociedad *hay* seres pintorescos. ¿Por qué lo son ellas? Porque las define una actividad que repiten, son un acto reincidente e idéntico. La pordiosera pide ramitas de toronjil los días martes, las mellizas lo son y además cantan: su humanidad parece reducida a esa función única, que dura como la lluvia a lo largo del cuento.

MUDAS EN EL PUNTO DE VISTA ESPACIAL

El monólogo, forma de expresión generalmente individual, tiene aquí una naturaleza ambigua. Es Isabel quien monologa, pero, por momentos, esa voz singular se convierte en voz plural, el yo del narrador se transforma en nosotros. El punto de vista espacial es el de un narrador situado *dentro* de la realidad narrada, la que, por eso, es descrita desde la primera persona gramatical. Pero el narrador-personaje sufre a lo largo de la narración numerosas *mudas,* rota de una voz individual a una voz colectiva. Se trata de mudas tan rápidas que la conciencia del lector casi no las registra: él tiene la sensación de que quien habla todo el tiempo es Isabel. Pero si es así, debemos admitir que hay dos Isabeles: una que se expresa sólo a sí misma, y otra que, por instantes, adopta la actitud de portavoz de una comunidad. Este tipo de muda (vamos a llamarla del *segundo caso*) puede definirse así: saltos cualitativos tan constantes y veloces en los puntos de vista espacial, temporal o de nivel de realidad que el lector no los registra en el momento que ocurren. Registra sólo los efectos que provocan en la materia narrativa. Este tipo de muda tiene como objetivo, esencialmente, crear determinadas atmósferas, dotar a un episodio o a una ficción entera de un ambiente particular. En este relato, a través de esas mudas en el punto de vista espacial, la forma comunica la estrecha cohesión, la compacta solidaridad que vive un puñado de seres frente al drama común. La tormenta establece un vínculo muy fuerte entre la parte y el todo social, hermana a todos como víctimas, da relieve y saca a la luz ese elemento que comparten. Pero eso, la voz del narrador, se convierte en «nosotros» *sólo* cuando se refiere a la tormenta, es decir al peligro que establece la solidaridad social: «Después de misa, antes de que las mujeres *tuviéramos* tiempo de encontrar el broche de las sombrillas, sopló un viento espeso y oscuro... Alguien dijo junto *a mí:* "Es viento de agua". Y *yo* lo sabía desde antes... Entonces llovió. Y el cielo fue una sustancia gelatinosa y gris que aleteó a una cuarta de *nuestras* cabezas» (p. 9). «Pero sin que lo *advirtiéramos,* la lluvia estaba penetrando demasiado hondo en *nuestros* sentidos» (p. 10). «En la casa había cesado toda actividad. Nos sentamos en el corredor, pero ya no *contemplábamos* la lluvia como el primer día. Ya no la *sentíamos* caer. Ya no *veíamos* sino el contorno de los árboles...» (p. 13). El narrador se pluraliza siempre que alude a la lluvia, el mal que roe al pueblo. En cambio, se individualiza cuando se aparta de la amenaza concreta y cuando se aleja del presente para evocar una realidad viva sólo en la memoria: «Y *yo* me acordé de los meses de calor. *Me* acordé de agosto... *Vi* las paredes lavadas... *Vi* el jardincillo... *Vi* a mi padre sentado en el mecedor... *Me* acordé de las noches de agosto, en cuyo silencio maravillado...» (pp. 11 y 12). ¿A quién expresa el «nosotros» cuando el narrador se pluraliza? A veces a todas las mujeres de Macondo, a veces al pueblo entero, a veces a la familia de Isabel. También esa voz plural sufre mudas o cambios cualitativos, no hay uno sino tres «nosotros»: se trata de mudas dentro de las mudas del punto de vista espacial. La voz plural se refiere a las mujeres sólo al comenzar el relato, a la salida de la misa. Luego es, alternativamente, la comunidad de Macondo y la familia de Isabel. ¿Qué persiguen estas mudas y submudas del narrador? Describir el hecho central de la historia desde perspectivas diferentes. Se trata de una intención totalizante; la catástrofe que padece Macondo es narrada casi simultáneamente a tres niveles: el de un individuo (Isabel), el de una familia y el de toda la comunidad.

MUDA
EN EL NIVEL
DE REALIDAD   El procedimiento principal que dota de vivencias al relato no son, sin embargo, estas mudas espaciales del narrador, sino una muda en el punto de vista de nivel de realidad. Este punto de vista es la relación que existe entre el nivel o plano de realidad en que se sitúa el narrador y el nivel o plano de realidad donde ocurre lo narrado. Para contar la tormenta —cuyas características y efectos son espectaculares y extremos, pero perfectamente identificables por el lector como posibles en su propia realidad— Isabel se sitúa en una *realidad objetiva* (opuesta, como noción, a una *realidad imaginaria*), y, dentro de esta realidad objetiva, en un plano subjetivo o interior, ya que monologa, es decir, aparece como una conciencia que *piensa,* no que habla. ¿En qué nivel de la realidad objetiva se sitúa lo narrado? Hay algo turbador en esta lluvia: su duplicidad. Es agua que cae del cielo y, también, símbolo de destrucción, metáfora de la lenta muerte de las cosas y los seres de la realidad ficticia. Pero la lluvia no es ambas cosas al mismo tiempo. Al principio del relato, aparece como un estricto fenómeno atmosférico, es decir, como un hecho que ocurre en el *nivel físico* de la realidad objetiva. Luego, al avanzar la narración, se va insinuando su

238

segunda naturaleza, y, en un momento dado, ya resulta evidente su carácter de símbolo de la condición de los hombres y de los objetos de la realidad ficticia, presas de un proceso de descomposición. Esta materia narrativa, pues, en el transcurso del relato *ha mudado* de nivel de realidad. Siempre dentro de la realidad objetiva, ha saltado del nivel físico a un *nivel simbólico,* ha pasado a ser además de fenómeno natural un hecho de otro orden, difícil de definir por la vaguedad y multiplicidad de significados congénitos al símbolo, pero que indudablemente concierne a los planos histórico, moral y hasta ontológico de la realidad objetiva: depende del sentido último que demos a esas nociones de ruina y acabamiento que la lluvia simboliza. Así, a lo largo del monólogo la lluvia ha sufrido una muda o salto cualitativo, pero distinta de las mudas que hemos visto en el punto de vista espacial. En primer lugar, en este caso la muda no es del narrador sino de lo narrado, no afecta a quien cuenta sino a lo contado. Se trata de una muda en el punto de vista de nivel de realidad. A este tipo de muda (vamos a llamarla del *primer caso*) se la puede definir así: una situación, personaje o dato de la materia narrativa se va transformando, en el curso de la narración, en una situación, personaje o dato de naturaleza distinta sin que el tránsito de un nivel a otro dentro de una misma realidad, o de una a otra realidad, sea perceptible para el lector. Cuando éste tiene conciencia de la muda sufrida por la materia, aquélla ya ha ocurrido y de este modo la historia se modifica retroactivamente. En este caso no se trata de mudas veloces, que pasan inadvertidas por su carácter instantáneo y continuo, sino de un cambio único, lento, gradual, por acumulación de elementos cuantitativos que en un momento dado provocan un «salto» de cualidad en la materia. Es por su duración, por el número creciente de datos sobre los efectos que produce en Isabel y en el pueblo, que la tormenta va adquiriendo una dimensión inusitada e inquietante, hasta que, en un instante dudosamente localizable (¿la muerte de la vaca?), deja de ser sólo lluvia y se convierte también en símbolo de devastación y decadencia. Éste es el procedimiento al que el relato debe, sobre todo, su poder de persuasión.

¿Qué se perfila tras estas sombrías imágenes de destrucción espiritual y material que constituyen la realidad ficticia? La experiencia crucial del autor que hemos llamado la ruptura con la realidad real, ese demonio decisivo. La lluvia está infligiendo a Isabel, a su familia y a todo Macondo la misma muerte que la realidad infligió a la Aracataca de la memoria de García Márquez cuando él volvió al pueblo con su madre. Su primer esfuerzo para reconstituir con palabras ese átomo de realidad real agonizante que hizo de él un creador es el espectáculo de una realidad donde *todo* agoniza.

LA ESCRITURA   El lenguaje del monólogo aspira a ser objetivo, es decir invisible; no quiere erigirse como una presencia autónoma entre lo narrado y el lector, sino cumplir la función de un mensajero discreto. Se trata de un lenguaje antagónico al de, por ejemplo, *Viaje a la semilla,* de Carpentier, que, a la vez que cuenta una historia, se cuenta a sí mismo, subrayando su presencia, entrometiendo una realidad formal que no es indispensable a la historia sino un añadido, que constituye *otra* historia superpuesta a la primera. Aquí no: el lenguaje es transparente, quiere ser devorado por la materia. Esa vocación objetiva de la escritura se traiciona en los momentos en que Isabel deja de describir la realidad exterior para expresar su estado de ánimo, su angustia, y ese desajuste es una consecuencia de la forma de narración elegida: el monólogo no congenia del todo con la materia narrada, que pertenece a la realidad exterior. Estas fugaces incongruencias están contrapesadas por aciertos. Por ejemplo, el recurso a través del cual el narrador representa formalmente el asunto central del relato. En ciertos momentos, el lenguaje, a la vez que describe la tormenta, la va mimando mediante enumeraciones. La lluvia se asocia a la idea de gotas que caen, de monotonía, de reiteración. El estilo encarna esas sensaciones en palabras que se repiten, en verbos reincidentes, en ritmos que recurren: «Y yo *me acordé* de los meses de calor. *Me acordé* de agosto, de esas siestas largas y pasmadas en que nos echábamos a morir bajo el peso de la hora... *Vi* las paredes lavadas, las junturas de la madera ensanchadas por el agua. *Vi* el jardincillo, vacío por primera vez, y el jazminero contra el muro, fiel al recuerdo de mi madre. *Vi* a mi padre sentado en el mecedor... *Me acordé* de las noches de agosto...» (p. 11). Palabras que vuelven, gotas que caen, el ritmo monótono de la enumeración, la letárgica continuidad del aguacero: la escritura representa la materia al mismo tiempo que la nombra.

La hojarasca. Esta segunda imagen de la realidad ficticia es una considerable ampliación de la primera. Los personajes de «Isabel viendo llover en Macondo» reaparecen en *La hojarasca,* y también motivos y ambientes. No sólo reaparecen; se enriquecen, revelan elementos nuevos sobre su condición, como Ada, que aquí descubrimos es la sirvienta de la familia, o como el padre de Isabel y Martín, cuyas personalidades sólo se diseñan enteramente en la novela. En el cuento, una frase de Isabel era enigmática: «Vi el jardincillo, vacío por primera vez, y el jazminero contra el muro, fiel al recuerdo de mi madre» (p. 11). Ahora entendemos que este jazminero es producto de una creencia supersticiosa de Macondo; fue plantado a la muerte de la madre de Isabel, porque los macondinos creen que el jazmín es «una flor que sale». Las características físicas del pueblo se confirman: una localidad tropical, lluviosa y ardiente. Su semblante urbano, apenas entrevisto en la tormenta, se precisa: el tren, la iglesia cobran relieve, y la casa de Isabel, borrosa en el monólogo, luce aquí su majestuosa vetustez, su grandeza de mansión provinciana. Lo que ocurre en *La hojarasca* respecto de «Isabel viendo llover en Macondo», ocurre en todas las ficciones de García Márquez respecto de todas, anteriores y posteriores. No siempre la iluminación que una historia arroja sobre las demás tiene, como en este caso, un carácter lógico y anecdótico; a menudo, una ficción no completa los datos de la anterior: los relativiza o rectifica o los niega o los cambia de naturaleza. En el fondo, se trata de lo mismo: hay una orgánica interrelación entre estas ficciones, cada una de las cuales opera sobre todas las otras.

MATERIALES QUE VIENEN Y VAN

Así, en *La hojarasca* se esbozan asuntos que cobrarán importancia en los próximos estadios de la realidad ficticia. En el fragmento de crónica con que se abre la novela, cruza una frase fugaz: «Allí vinieron... hombres... trayendo como un único equipaje un baúl de madera.., y el título militar que les quedaron debiendo por haber llegado tarde a la guerra» (pp. 9 y 10). Esta situación, tan vaga, es el embrión de una ficción futura, *El coronel no tiene quien le escriba,* construida alrededor de un hombre cuyo drama es su fe en un inservible título militar. Asimismo, en *La hojarasca* apunta el tema de *La mala hora* (los pasquines): un pasquín aparece en la puerta del médico francés acusándolo de haber asesinado a su concubina (p. 33) y luego se sabe que las consecuencias de ese papel anónimo han sido gravísimas (p. 110). Surgen también motivos que retornan en *Cien años de soledad.* Cuando Meme narra a Isabel la llegada de sus padres a Macondo, el antiguo esplendor familiar, se transparenta ese sentido de estirpe fatídica, de claustro endogámico que es la concepción de la familia en *Cien años de soledad.* Una corta frase de Isabel revela que sus «padres eran primos hermanos entre sí» (p. 39). En *Cien años de soledad* un dato idéntico inicia la maldición de los Buendía, cuyo primer monstruo nace de un matrimonio entre primos hermanos y, también, la vocación incestuosa del clan. En una imagen de *La hojarasca* se predice el final de Macondo: «Veo la casa por la ventana y pienso que mi madrastra está allí, inmóvil en su silla, pensando quizás que antes de que nosotros regresemos habrá pasado ese viento final que borrará este pueblo» (p. 129). La frase cobra su verdadera fuerza al final de *Cien años de soledad,* cuando el pueblo desaparece, en efecto, arrebatado por «un viento final». Como en «Isabel viendo llover en Macondo», los fenómenos atmosféricos importan en *La hojarasca* no sólo como rasgos del ambiente físico, sino por sus enigmáticas relaciones con los individuos y con la historia. El Cachorro tiene «una preocupación casi teológica por las tempestades» (p. 97), las que se deslizan en sus sermones, y hechos esenciales del pasado de Macondo, por ejemplo la llegada de la compañía bananera y de la hojarasca, son sentidos como catástrofes atmosféricas: «Y esos desperdicios, precipitadamente, al compás atolondrado e imprevisto de la tormenta, se iban seleccionando...» (pp. 9 y 10), «En medio de aquel ventisquero, de aquella tempestad de caras desconocidas...» (p. 10). Esas metáforas se convierten luego en sucesos literales de la realidad ficticia: un diluvio bíblico transformará a Macondo, un viento final lo borrará. Todavía hay otros elementos de *La hojarasca* que regresan, alterados. El matrimonio de Isabel y Martín insinúa el de Aureliano Buendía con la impúber Remedios. La relación de Martín con su mujer es un ensayo pálido de las relaciones entre el coronel Buendía y la suya. Pero la niña de la primera novela será una criatura, casi una bebe, en *Cien años de soledad.* La fuga de Genoveva García con unos titiriteros en *La hojarasca* (p. 115) resulta una premonición de la fuga de José Arcadio con los gitanos en la última novela. En *La hojarasca* aparece por primera vez el Duque de Marlborough, a quien veremos, siempre disfrazado de tigre, en los libros posteriores: su imagen transitará por las ficciones, idéntica en su pintoresco misterio. Bastan estos ejemplos para mostrar cómo en esta obra que crece en espiral, cada uno de los círculos implica a los otros: los datos de uno profundizan los datos de los demás. Al nivel de la materia existe, pues, entre estas ficciones una relación de vasos comunicantes: al asociarse, las historias mutuamente se iluminan, rehaciéndose unas a otras.

LA HISTORIA DE LA REALIDAD FICTICIA ¿Qué período de la historia de Macondo abarca *La hojarasca*? Hay un equívoco que repiten muchos críticos y que parece partir de Luis Harss, quien afirma que la novela transcurre entre 1903 y 1928.[1] Es inexacto: en 1903 llegan el médico y el Cachorro a Macondo, pero en *La hojarasca* se evocan (es verdad que de pasada) episodios muy anteriores a esa fecha. En realidad, la novela abraza (débilmente) un período que va desde la fundación de Macondo hasta 1928. Y, atendiendo a la frase profética de Isabel, se puede incluso sugerir que menciona el instante final del pueblo, de modo que los datos de esta ficción se extienden, dispersos, por el tiempo histórico completo de la realidad ficticia. Esa historia se inicia con la fundación del lugar, a fines del siglo pasado, por gentes que, como los padres de Isabel, «huían de los azares de la guerra» (p. 38). En la novela se evocan hechos capitales de esta historia, desde su comienzo hasta el presente de la narración, situado en 1928:

1) *La fundación.* ¿Cómo se fundó este pueblecito del que hasta ahora sólo sabemos que es un lugar aquejado de calor y lluvias? Algo sobre su origen se filtra a través de lo que Meme cuenta del pasado de la familia. Dice Isabel: «Me habló del viaje de mis padres durante la guerra, de la áspera peregrinación que habría de concluir con el establecimiento en Macondo. Mis padres huían de los azares de la guerra y buscaban un recodo próspero y tranquilo donde sentar sus reales y oyeron hablar del becerro de oro y vinieron a buscarlo en lo que entonces era un pueblo en

---

[1] Luis Harss, *op. cit.*, p. 393.

formación, fundado por varias familias refugiadas, cuyos miembros se esmeraban tanto en la conservación de sus tradiciones y en las prácticas religiosas como en el engorde de sus cerdos. Macondo fue para mis padres la tierra prometida, la paz y el Vellocino. Aquí encontraron el sitio apropiado para reconstruir la casa que pocos años después sería una mansión rural, con tres caballerizas y dos cuartos para los huéspedes» (pp. 38 y 39). Una comunidad rural un tanto arcádica, fundada por familias severas y laboriosas: es la visión más antigua que tenemos de Macondo, gracias a la memoria de Meme. Los fundadores huían de la guerra, a fines del siglo XIX, y llegaron allí como a una tierra prometida. ¿Qué clase de gentes eran? Sólo sabemos algo de la familia del coronel: antes de esa guerra grande, había vivido en un lugar desconocido, en medio de «un esplendor feudal» (p. 38).

2) La *compañía bananera.* Parece haber sido capital en la historia de Macondo: su establecimiento en la región corresponde a un período de bonanza y de progreso material. El dato está en el prólogo, fechado en 1909: «De pronto, como si un remolino hubiera echado raíces en el centro del pueblo, llegó la compañía bananera perseguida por la hojarasca» (p. 9), Ignoramos de dónde viene; sólo se dice que llega y provoca una revolución. Algunos de los cambios que introdujo en Macondo, aparecen en forma de recuerdos del coronel: «Fue el único médico en el pueblo hasta cuando llegó la compañía bananera y se hicieron los trabajos del ferrocarril» (p. 68). El tren del que en «Isabel viendo llover en Macondo» sólo sabíamos que existía, aquí tiene un origen: lo instaló la compañía. De otro lado, el coronel revela que el descalabro profesional del médico ocurrió cuando «la compañía organizó el servicio médico para sus trabajadores» (pp. 68 y 69). Así, esos médicos que privan de dientes al suicida vinieron también por la compañía. Pero ésta, además, determina otro hecho esencial en la vida del pueblo, ese que está subrayado en el título de la

novela: la llegada de esos forasteros a quienes los viejos macondinos designarán desdeñosamente como «la hojarasca».

3) *La hojarasca.* Vinieron de distintos sitios en busca de trabajo y de dinero, tras de la compañía bananera, y, aunque dan título al libro, no son el tema central de su historia: sólo un horizonte remoto, un trasfondo que nunca pasa al primer plano de la narración. Pero el brusco crecimiento que la llegada de la hojarasca significó para el pueblo, gravita como un hecho histórico decisivo en el destino de Macondo y de los personajes: «En menos de un año arrojó sobre el pueblo los escombros de numerosas catástrofes anteriores a ella misma, esparció en las calles su confusa carga de desperdicios. Y esos desperdicios, precipitadamente, al compás atolondrado e imprevisto de la tormenta, se iban seleccionando, individualizándose, hasta convertir lo que fue un callejón con un río en un extremo y un corral para los muertos en el otro, en un pueblo diferente y complicado, hecho con los desperdicios de los otros pueblos» (p. 9). El idílico pueblecito rural deja de serlo con la hojarasca: se multiplica, se complica, llega a surgir «todo un pueblo de tolerancia dentro del pueblo» (p. 10). La compañía bananera no sólo trae progreso material y aumento demográfico; el prólogo insiste en que, sobre todo, trae caos, corrupción, desenfreno.

4) *El apogeo de Macondo.* El período de bonanza del pueblo se sitúa, aproximadamente, hacia 1915, y el coronel lo evoca así: «Me acordé de Macondo, de la locura de su gente que quemaba billetes en las fiestas; de la hojarasca sin dirección que lo menospreciaba todo, que se revolcaba en su ciénaga de instintos y encontraba en la disipación el sabor apetecido» (p. 95). La vida era alocada, la prosperidad fácil, ardían billetes en las fiestas, se vivía al día, prevalecían los instintos. Isabel recuerda también esa época: «Nuestras vidas habían cambiado, los tiempos eran buenos y Macondo un pueblo ruidoso en el que el dinero alcanzaba hasta para despilfarrarlo los sábados en

la noche...» «Mientras afuera se trasquilaba el becerro de oro...» (p. 41). Ni el coronel ni su hija recuerdan con nostalgia el apogeo de Macondo, cuando el dinero corría y había diversiones a raudales; Meme tampoco: mientras pasaba todo esto, ella «vivía aferrada a un pasado mejor» (p. 41). ¿Por qué la familia no vio con simpatía este período de bonanza? Porque el coronel no forma parte de la hojarasca, su familia no vino al pueblo confundida en esa masa anónima y ávida, es *anterior* a la compañía, una de las familias fundadoras. Se advierte en esto algo que tiene estrecha relación con las jerarquías sociales en Macondo. La llegada de la compañía provocó el resentimiento de los antiguos vecinos, quienes se sintieron agredidos por esta invasión. Esto aparece muy claramente en el prólogo de *La hojarasca.* No hay duda, la voz colectiva que allí habla es la de ellos: «Después de la guerra, cuando vinimos a Macondo y apreciamos la calidad de su suelo, sabíamos que la hojarasca había de venir alguna vez, pero no contábamos con su ímpetu. Así que cuando sentimos llegar la avalancha lo único que pudimos hacer fue poner el plato con el tenedor y el cuchillo detrás de la puerta y sentarnos pacientemente a esperar que nos conocieran los recién llegados» (p. 10). Esa voz, entonces, sólo expresa a un sector de la colectividad. Habla desde una perspectiva social: la de los fundadores, la de las viejas familias que ven en la hojarasca algo intruso y hostil. Importa tenerlo presente, porque, como veremos, la visión de la realidad ficticia que nos da *La hojarasca* es la de una familia tradicional, que, en ese Macondo revolucionado por la compañía bananera y por la hojarasca, sigue fiel a una sociedad que ya no existe: el viejo pueblo adonde trasplantó su antiguo «esplendor feudal».

5) *La decadencia.* Otro hecho histórico clave del pueblo es el fin de la prosperidad económica, la decadencia, también íntimamente ligada a la compañía, pues comienza con su partida y la de su estela, la hojarasca. El

principio de la ruina de Macondo se sitúa en la novela, de manera precisa, hacia 1918. El coronel recuerda que él y el Cachorro fueron a visitar al médico «hace diez años» (el presente es 1928): «Para entonces, la compañía bananera había acabado de exprimirnos, y se había ido de Macondo con los desperdicios que nos había traído. Y con ellos se había ido la hojarasca, los últimos rastros de lo que fue el próspero Macondo de 1915» (p. 110). No sabemos en qué forma terminó de exprimir a Macondo la compañía ni por qué se marchó; sólo que ese éxodo dejó al lugar convertido en un pueblecito miserable: «Aquí quedaba una aldea arruinada, con cuatro almacenes pobres y oscuros; ocupada por gente cesante y rencorosa, a quien atormentaban el recuerdo de un pasado próspero y la amargura de un presente agobiado y estático. Nada había entonces en el porvenir salvo un tenebroso y amenazante domingo electoral» (p. 110). Esto es Macondo cuando ocurren en él los sucesos de «Isabel viendo llover en Macondo» y de *La hojarasca*. Hay dos referencias importantes a este período de decadencia que está viviendo el pueblo desde 1918, esos diez años de muerte lenta. Dice Isabel: «... vuelvo el rostro hacia la ventana y veo, en la otra cuadra, los melancólicos y polvorientos almendros con nuestra casa al fondo. Sacudida por el soplo invisible de la destrucción, también ella está en vísperas de un silencioso y definitivo derrumbamiento. Todo Macondo está así desde cuando lo exprimió la compañía bananera. La hiedra invade las casas, el monte crece en los callejones, se resquebrajan los muros y una se encuentra en pleno día con un lagarto en el dormitorio. Todo parece destruido desde cuando no volvimos a cultivar el romero y el nardo; desde cuando una mano invisible cuarteó la loza de Navidad en el armario y puso a engordar polillas en la ropa que nadie volvió a usar. Donde se afloja una puerta no hay una mano solícita dispuesta a repararla» (p. 128). En unas amargas reflexiones, el coronel señala a los culpables de ese estado de cosas: «Hace diez años, cuando sobrevino la ruina, el esfuerzo colectivo de quienes aspiraban a recuperarse habría sido suficiente para la reconstrucción. Habría bastado con salir a los campos estragados por la compañía bananera; limpiarlos de maleza y comenzar otra vez por el principio. Pero a la hojarasca la habían enseñado a ser impaciente; a no creer en el pasado ni en el futuro. Le habían enseñado a creer en el momento actual y a saciar en él la voracidad de sus apetitos. Poco tiempo se necesitó para que nos diéramos cuenta de que la hojarasca se había ido y de que sin ella era imposible la reconstrucción. Todo lo había traído la hojarasca y todo se lo había llevado» (p. 122). Según él todo el daño proviene de la compañía y es eminentemente moral. El coronel no ve el problema en términos políticos ni económicos, a su juicio el mal está en el espíritu. La compañía trajo un espejismo de prosperidad que corrompió al pueblo, enseñó a no creer en el pasado ni en el futuro, a ser imprevisor, a no contar con el propio esfuerzo, a derrochar, a saciar los apetitos. La destrucción física de Macondo es consecuencia de su destrucción moral, y ésta ha sido resultado de un agente maligno: la compañía bananera. Así interpreta el coronel los altibajos de Macondo.

6) *La guerra civil.* Aparece, como la compañía y la hojarasca, en el prólogo, y se trata de un acontecimiento importante, pues, de un lado, por ella se fundó Macondo, y, de otro, los elementos que componían la hojarasca fueron también sus residuos, «rastrojos de una guerra civil que cada vez parecía más remota e inverosímil» (p. 9). Macondo es un producto de la guerra civil. Huyendo de los azares de la guerra llegaron los viejos vecinos, como el coronel, a asentarse en la región. Luego, durante la bonanza, los rastrojos del conflicto invadieron el pueblo. A diferencia de los otros hechos históricos, la guerra civil no afecta directa sino indirectamente el destino de Macondo y por eso aparece en la novela de manera más oblicua que

aquéllos. A través de los recuerdos de Meme, que llegan filtrados por otros recuerdos (caja china), los de Isabel (p. 38), conocemos que la familia vino a Macondo huyendo de «la guerra grande». Es decir, esta guerra es una entre otras, hubo al menos una más, de menor importancia. ¿Qué se dice de la guerra grande? Una reminiscencia de Isabel indica que tuvo lugar en 1885 y refiere una anécdota sobre dos protagonistas: «... mi padre habló de aquel extraño militar que en la guerra del 85 apareció una noche en el campamento del coronel Aureliano Buendía, con el sombrero y las botas adornadas con pieles y dientes y uñas de tigre, y le preguntaron: "¿Quién es usted?". Y el extraño militar no respondió; y le dijeron: "¿De dónde viene?". Y todavía no respondió; y le preguntaron: "¿De qué lado está combatiendo?". Y aún no obtuvieron respuesta alguna del militar desconocido, hasta cuando el ordenanza agarró un tizón y lo acercó a su rostro y lo examinó por un instante y exclamó, escandalizado: "¡Mierda! ¡Es el duque de Marlborough!"» (p. 120). Este coronel Aureliano Buendía es el hombre que recomienda al médico, y su carta de presentación basta para que el padre de Isabel hospede al forastero en su casa ocho años; indudablemente, es alguien a quien el coronel profesa gran respeto. El año que llega el médico a Macondo, 1903, Buendía es comandante general del Litoral Atlántico y se halla en Panamá. ¿Se sabe algo más de este personaje? Sí: tenía «una hija sietemesina» y «un primogénito atolondrado» (p. 57). Es muy poco y muy vago lo que sabemos de la guerra civil.

LA SOCIEDAD
FICTICIA
¿Cuál es la organización social de este mundo cuyos hechos históricos principales acabamos de averiguar? La primera certeza que tenemos es que hay una división básica en la sociedad ficticia entre la hojarasca y los viejos vecinos, que estos dos grupos están separados y hasta enemistados. Es desde la perspectiva de las familias fundadoras, la aristocracia de Macondo, que se narra la historia

de *La hojarasca*. Ya vimos que el narrador colectivo del prólogo considera a la hojarasca el otro, el intruso. ¿Quiénes constituyen esta aristocracia? Sólo conocemos a una familia: la del coronel. Como éste tiene tal ascendiente sobre el pueblo, impone tanto respeto que delante de él hasta la autoridad tartamudea, no es difícil deducir que esta clase antigua está bien representada por la familia del coronel. ¿Qué sabemos de ella? Tuvo un esplendoroso pasado feudal y era rica al venir a Macondo, a juzgar por el viaje, en el que hasta los caballos tenían mosquiteros. En su desplazamiento, llevaba adscrita una pequeña comitiva: cuatro guajiros y esa guajirita que era Meme. En 1928, la familia todavía conserva a «sus» cuatro guajiros. Los habíamos visto en «Isabel viendo llover en Macondo», apartando muebles y apaleando a una vaca. Aquí siguen siendo esa humanidad promiscua, pero dos de ellos se van a individualizar. Uno, apenas: el mayor, cuyo nombre se nos revela, Cataure. Es quien descuelga al suicida, quien clava su ataúd. En cambio a Meme la vamos a conocer mucho más de cerca. Es una india asimilada a la familia, como los cuatro hombres, desde hace años: ella será la única que rompa el vínculo. Pero, antes, volvamos a la familia. Es poderosa: no sólo tiene objetos, caballos, mosquiteros, una casa; también tiene guajiros. Su residencia es opulenta: tres caballerizas, dos cuartos para huéspedes. Meme recuerda que en el viaje a Macondo «No hubo padecimientos ni privaciones», y, aparentemente, el coronel no ha trabajado nunca. Por lo menos ahora, en 1928, no lo hace. Y vive bien: es verdad que la casa se ha deteriorado, que la vajilla ha envejecido, pero la familia goza de holgura y hasta de elegancia. El coronel ha perdido a su primera esposa y se ha vuelto a casar en Macondo, con Adelaida. Su segunda mujer parece provenir de una familia todavía más refinada. Esto se hace visible en esa cena que ofrecen al médico la noche que llega a Macondo: «Adelaida tenía hábitos más refinados que los nuestros, cierta experiencia social que desde nuestro matrimonio empezó a influir en las costumbres de mi casa. Se había puesto el medallón familiar, el que lucía en momentos de excepcional importancia, y toda ella, como la mesa, como los muebles, como el aire que se respiraba en el comedor, producía una severa sensación de compostura y limpieza» (pp. 57 y 58). La cena fue un verdadero banquete: «En los platos había carne de res y de montería. Todo igual, por otra parte, a nuestras comidas corrientes de aquel tiempo; pero su presentación en la loza nueva, entre los candelabros pulidos recientemente, era espectacular y diferente a la acostumbrada» (p. 58).

Es evidente que la familia constituye el vértice de la pirámide social de Macondo: ella sola, o ella y las otras familias fundadoras. También es evidente que, por sus medios y por sus costumbres, se halla socialmente en un peldaño más elevado que el alcalde, el cura, o el propio médico, quienes no gozan de las comodidades de la familia del coronel, ni se sienten aristocráticos. El médico, por ejemplo, ilustra bien las relaciones entre este otro grupo —profesionales, autoridades, curas— y el vértice de la pirámide. Ha sido alojado en la casa varios años: la familia jamás le cobra un centavo. Nunca existió una relación de verdadera igualdad entre el médico y la familia. Este profesional, aun en la época en que ejerce la medicina y lleva una vida regular, está en una situación inferior a la del coronel. No sólo tiene menos riqueza; además, la familia merece en el pueblo mayores consideraciones, ejerce más influencia. En cambio, el médico no parece estar por debajo ni por encima del Cachorro, el cura del pueblo. Y podría decirse lo mismo del alcalde: es muy claro, en la entrevista que la autoridad y el coronel celebran ante el cadáver, que socialmente —no sólo moralmente— quien está por encima es el coronel. A través de estos personajes —el padre Ángel, el Cachorro, el médico, sus invisibles colegas, el alcalde— podemos avistar un segundo segmento social en Macondo, inmediatamente por debajo del vértice aristocrático: la clase media. El peluquero podría integrar también este sector: no parece haber diferencia entre él y el médico. Lo que es indudable es que por debajo de la aristocracia y de este sector intermedio se hallan los guajiros.

¿Qué sabemos de ellos? Son sirvientes, viven adscritos a las familias. El coronel se refiere a ellos diciendo «mis» hombres (pp. 121, 124). En los monólogos de la novela se precisa varias veces que hay tres personas velando al médico: el coronel, su hija, su nieto. En realidad, en el cuarto también están los guajiros. Se hallan sentados allí, pero no los sentimos: son unos objetos más, entre los otros del cuarto, los objetos del coronel. Se trata de seres tan por debajo de la familia, o incluso del alcalde, que apenas son personas: meras presencias, se confunden con las vigas, con el catre solitario, con el ataúd. No los vemos pensar. Se mueven: descuelgan ahorcados, levantan muebles, fuman, tienen nombres. ¿Qué más podemos saber de este estrato inferior de la pirámide social? Que el guajiro que quiere dejar de ser guajiro, comete un acto que no es bien visto, un acto que la sociedad castiga. Es el caso de Meme: se aparta de ese lodo borroso que es el mundo guajiro, se hace concubina del médico y, un día, se viste de «señora» y se presenta así en la misa. Al salir de la iglesia, los hombres de Macondo la rodean en una actitud amenazadora. ¿Iba a ser reprendida, golpeada? La salva el coronel, rescatándola del cerco humano: una prueba más del respeto que inspira al pueblo. Basta que dé el brazo a Meme, que la ponga bajo su protección, para que los hombres se aparten. ¿Qué se quería castigar en Meme? Lo que irrita al pueblo no es que sea concubina o prostituta (como sugiere el médico), sino que se presente en la iglesia vestida «como una señora, o como se habrían vestido tres señoras juntas», y que, «ridícula en su disfraz de pavo real con tacones altos», oiga la misa «adelante, entre las señoras» (pp. 31 y 32). Es ese disfraz que se ha puesto con tanta falta de gusto, «con esa cursilería florida y resplandeciente», lo que resulta intolerable para los otros. *Eso* es lo que se iba a castigar en Meme: querer aparecer como señora siendo guajira. Es muy importante: muestra la falta de movilidad que existe entre los grupos sociales de Macondo. Las personas no cambian fácilmente de estrato, las clases no canjean sus miembros. La división social es rígida, está cristalizada. Lo revela no sólo el episodio de Meme; también el hecho de que, en todo el período histórico evocado en la novela —unos veinticinco años— no veamos a nadie cambiar de estatuto social. Hace un cuarto de siglo el coronel representaba el vértice y sus guajiros la base: en 1928 ocupan la misma posición. Es como si en Macondo se perteneciera a una clase social para siempre.

¿Qué relaciones tienen el vértice y la base de la pirámide? La familia, que detesta a la hojarasca, trata en cambio a sus sirvientes cordialmente, incluso les permite ciertas confianzas. Meme, por ejemplo, tutea a Isabel y la llama Chabela, e Isabel, refiriéndose a Meme, habla de su «simpatía de india que nunca dejó de tener». Cuando la familia cree que Meme está enferma, se inquieta, se afana por curarla. La tratan de manera condescendiente y paternal, mientras es guajira, Cuando comete una falta —hacerse concubina del médico— la relación se interrumpe: Meme es expulsada y no se la ve más. Estas relaciones podrían llamarse feudales: los guajiros forman parte de la familia, se desplazan con ella por el mundo, comparten su suerte, son mantenidos, protegidos, se les autoriza cierta intimidad con los amos. En contrapartida, deben servir y mantenerse en su lugar; si tratan de escapar a su condición, son castigados. Estos sirvientes, además, son de otra raza: se les llama indios, lo que indica que el coronel y sus familiares son o se consideran blancos. El vértice de la pirámide no tiene mucha conciencia de los seres que le sirven, pero, a veces, las expresiones que utiliza permiten suponer que, seguramente sin saberlo, los considera personas a medias, contagiadas de cierta animalidad. Isabel describe así a Cataure: «Es un indio espeso y bajo, que ha estado fumando en la cama y que al oír su nombre levanta la cabeza y busca el rostro de mi padre con sus pequeños ojos sombríos» (p. 116). Y para el nieto los cuatro guajiros son unos pajarracos lúgubres: «Los otros han dejado de fumar y permanecen sentados en la cama, ordenados como cuatro cuervos en un caballete. Cuando entra el del revólver los cuervos se inclinan y hablan en secreto y uno de ellos se levanta, camina hasta la mesa y coge la cajita de los clavos, y el martillo» (p. 117). Espesos, bajos, de ojos sombríos, parecidos a los cuervos: no los odian, pero los sienten más próximos al perro o al pájaro que a ellos mismos, ¿Cuáles son las costumbres de estos seres del pie de la escala social? A juzgar por Meme, malas costumbres. La única vez que parece volcar un poco de su intimidad, el médico le dice al coronel: «Perdóneme que se lo diga así, pero si usted compara a su hija con la india, ofende a su hija» (p. 105). Lo dice porque, al parecer, Meme es una mujer fácil: se anda acostando por las calles, el hijo que espera no es de él. ¿Por qué es así Meme? Si se toma literalmente la frase del médico, se diría que se comporta así no porque es Meme sino porque es india. El médico no dice «si compara a su hija con la perdida, con la inmoral», dice con «la india». Probablemente no se propuso decir que Meme es mala porque es india, como tampoco quiso decir Isabel que Cataure tiene algo de perro cuando lo retrató como un ser espeso y bajo que alza instintivamente sus ojos sombríos hacia el amo. Pero ambos usan de tal modo las palabras para hablar de Meme y de Cataure, que el subconsciente los traiciona; lo mismo le ocurre al niño cuando ve a los sirvientes y piensa en cuervos. Sabemos algo más de lo que significan los guajiros para el resto del pueblo, en el velorio del niño de Paloquemado, cuando Isabel y otras muchachas que parecen pertenecer a su misma clase —Genoveva García, Meme

Orozco— le dicen a Martín, cada vez que habla de supersticiones: ésas son cosas de guajiros. Aquí tenemos una confirmación de que, para el vértice de la pirámide, los guajiros no son totalmente humanos. El subconsciente traiciona también a Genoveva García cuando oye decir a Martín que va a poner alfileres en el retrato de Isabel y exclama: «Son tonterías que aprenden los hombres con los guajiros» (p. 77). De un lado están los hombres, de otro los guajiros. Y cuando Martín insiste en lo de los alfileres, Genoveva repite: «Son porquerías de los guajiros». Así, la superstición sería patrimonio del sector social inferior. Hay otros personajes que, sin ser sirvientes, se hallan también, como los guajiros, debajo de las otras clases: la pordiosera que pide una ramita de toronjil, la vagabunda que se instala en la construcción vecina a la iglesia, tal vez las mellizas que cantan de casa en casa.

¿Y la hojarasca? En 1928 ya se ha marchado de Macondo. Pero cuando estuvo, evidentemente, no podía ser confundida con los sirvientes o vagabundos; trabajaba para la compañía bananera. Nosotros no la vemos. Ningún individuo se desprende de ese horizonte enigmático que se designa con el nombre de hojarasca. Ignoramos quiénes son, sus modos de vivir, los sentimos como algo remoto, sólo sabemos que para el mundo del coronel representan una masa desenfrenada y pródiga, que envileció al pueblo.

La sociedad ficticia consta de un vértice aristocrático, compuesto por los vecinos fundadores, como la familia del coronel; de un sector medio de profesionales, artesanos y autoridades; de la masa anónima de trabajadores de la compañía, y de un estrato inferior, integrado por sirvientes, mendigos y vagabundos.

MACONDO
EN 1928

En un momento de la historia, Isabel se distrae del cadáver, de su padre y de su hijo, y se pone a pensar en Macondo. Esa divagación ofrece una imagen cotidiana del pueblo en 1928. Podemos ver de cerca a algunas personas, enterarnos de las cosas que hay en el lugar. Se trata de uno de los momentos más *informativos* de la narración (pp. 19 y 20). Descubrimos que el tren llega a las dos y media a la estación, que los periódicos se reciben una vez por semana (los miércoles), que el correo se distribuye en una mula, que las mujeres caminan por las calles con sombrillas, que hay ventiladores eléctricos. En otro instante, también gracias a Isabel, sabemos que en 1917 —hace once años— había cuatro máquinas de coser (marca Domestic) en Macondo. Datos escasos, pero dan una idea del grado de civilización a que ha llegado la sociedad ficticia: se trata de una localidad atrasada, con pocas comunicaciones, que goza sin embargo de ciertos adelantos, como la electricidad. El divagar de Isabel nos muestra también a un puñado de vecinas; no cumplen ninguna función en la historia, aparecen y desaparecen: la señora Rebeca, la tullida Águeda, Solita. La primera parece vecina antigua: vive en una casa señorial, una mansión llena de cuartos. En cambio, es difícil ubicar socialmente a la tullida y a Solita; lo único cierto es que no son guajiras.

¿Cómo se divierte la gente en la sociedad ficticia? Isabel recuerda a su novio: «Lo había conocido en febrero, en el velorio del niño de Paloquemado. Varias muchachas cantábamos y batíamos palmas procurando agotar hasta el exceso la única diversión que se nos permitía. En Macondo había un salón de cine, había un gramófono público y otros lugares de diversión, pero mi padre y mi madrastra se oponían a que disfrutáramos de ellos las muchachas de mi edad. "Son diversiones para la hojarasca", decían» (p. 73). Así, pues, las diversiones se dividen según el grupo social. Las hay de dos tipos: unas, para la hojarasca; otras, para la clase de Isabel. Las primeras están enumeradas ahí: un cine, un gramófono público, y «otras». «Otras»: sin duda, aquellas que censura el coronel

DIVERSIONES

cuando recuerda a esos hombres ávidos que «satisfacen sus apetitos» y «queman sus billetes» en ese «pueblo de tolerancia» que surgió dentro del pueblo debido a la hojarasca, según deplora la voz colectiva del prólogo. De modo que la hojarasca se divierte también en burdeles o bares. Al parecer, a esos sitios los viejos vecinos no se acercan. ¿Cuáles son las diversiones de las jóvenes como Isabel? Ella lo dice: la única que se les permitía eran los velorios. En otro momento, verificamos que, en efecto, Isabel, Genoveva García y Meme Orozco están divirtiéndose mucho en el velorio del niño de Paloquemado: cantan, chismean, bromean con Martín. Otra diversión es la boda, como se ve en el caso de Isabel. Desconocemos las diversiones de los guajiros, si las tienen. Es posible que las tengan y que quienes nos narran la historia no se hayan percatado de ello. Lo que sabemos de Macondo nos llega a través de una pantalla: el coronel, su hija y su nieto. Los datos de la materia narrativa pasan, antes de alcanzar al lector, por este tamiz discriminatorio: una familia tradicional. Su visión de la realidad es la de un grupo concreto, distinto de los otros de la sociedad ficticia. Durante la lectura estamos recibiendo, pues, un material informativo prejuiciado, partidista.

COSTUMBRES   ¿Cuáles son las costumbres de Macondo? Hay un velorio descrito con detalle: el del niño de Paloquemado. Hemos visto que en él las muchachas cantan y baten palmas. Ocurre no sólo en este velorio: Isabel recuerda que, en una fresca noche de febrero, en todo el pueblo «se oían las voces de las mujeres cantando en los velorios de los niños» (p. 74). El niño muerto ha sido adornado de una manera especial. Las muchachas lo ven en su «cajita, la cara cubierta con polvos de arroz, una rosa en la boca y los ojos abiertos con palillos» (p. 75). Durante el velorio se convida café. Los asistentes se divierten y, por su parte, Isabel encuentra novio. Los velorios también producen noviazgos. Hay un velorio de adultos, el del médico. Se trata de uno fuera de lo común, desde luego, pero sucede en él un hecho curioso: el coronel mete en el cajón del suicida todas sus pertenencias, para enterrarlo con ellas. ¿Es algo excepcional o una costumbre de Macondo? Lo vamos a saber en el capítulo siguiente de la historia de la realidad ficticia. Otro dato sobre la muerte: la madre de Isabel fue enterrada con su vestido de novia.

¿Y los noviazgos? Asistimos a uno, aristocrático: el de Martín con Isabel. Lo vemos nacer, afirmarse, culminar en boda. ¿Qué es lo más característico de él? Su estrictez. Se forja casi sin intervención de Isabel. Los novios se conocen casualmente en el velorio, pero, desde que Martín comienza a visitar la casa de ella, sus relaciones son sobre todo con los padres, no con la muchacha. La familia mantiene separados a los jóvenes. Aún la víspera de la boda, en ese almuerzo que los padres de Isabel ofrecen a Martín, Adelaida se preocupa de que la novia esté separada por tres sillas del novio, tanto en el comedor como en la sala, para que no pueda cruzar palabra con él. Los novios no se ven nunca a solas, apenas si se hablan. Se tratan de usted y la noche de bodas, por primera vez, tutea Martín a Isabel. El coronel acepta al novio, decide la fecha de la boda, la adelanta. Todo, sin consultar con su hija. Son datos reveladores sobre la condición de la mujer en la sociedad ficticia. No existe una igualdad entre los sexos, además de jerarquías de clase hay otras: la mujer está en una situación inferior a la del hombre y los padres deciden el destino de los hijos.

¿Cuánto dura un noviazgo? El de Martín e Isabel, un año. Durante este tiempo Isabel «No había estado sola con él en ningún momento» (p. 88), de modo que cuando se casan el novio es para ella un extraño al que no la «vinculaba ni siquiera una amistad superficial» (p. 89). El matrimonio se celebra en la iglesia —sólo parece existir el matrimonio religioso—; los padrinos asisten «vestidos de paño» y las señoras «con los sombreros puestos». El amor es algo muy especial para gente como Isabel y Martín: está canalizado a través de instituciones, decisiones familiares, ritos. Carece de espontaneidad. Es difícil imaginar que Isabel y Martín pudieran tener relaciones sexuales prematrimoniales. Pero ¿y Genoveva García? Se escapó con un titiritero, regresó con seis hijos, y esto no parece haber atraído hacia ella una censura social. La amistad entre ambas muchachas se mantiene, no descubrimos en Isabel el menor reproche contra Genoveva por lo que hizo. Tal vez porque lo hizo fuera del pueblo, tal vez porque ha pasado mucho tiempo ya. En todo caso, conviene subrayar que Meme fue severamente sancionada por hacerse concubina del médico, una persona tan distinta de su clase como el titiritero de Genoveva. La censura social no parece ejercerse tanto en relación con las violaciones a la moral en abstracto, sino según pertenezcan quienes las cometen a uno u otro grupo social.

CREENCIAS ¿Qué sentimientos religiosos tienen asidero en el pueblo? ¿Cómo se distribuye socialmente la fe? El catolicismo es la religión oficial y está íntimamente ligado a lo establecido: basta ver la función que cumplen los curas en Macondo, el padre Ángel primero, luego el Cachorro. La vida social está regulada por ceremonias católicas; el matrimonio, los entierros. ¿Cómo se practica individualmente? En quien se manifiesta con mayor ortodoxia es en Adelaida. Ella se preocupa por deslindar las fronteras entre su religión y las otras formas de fe que existen en Macondo. La inquieta la superstición y, en un instante de amargura, piensa que sus rezos no servirán mientras aquélla tenga raíces en el pueblo: «Mis oraciones seguirán siendo inútiles mientras esa mujer venga todos los martes a pedir una ramita de toronjil» (p. 119). Es la única persona que tiene conciencia autónoma de su fe. En los otros personajes, en quienes a menudo la religión convive sin problemas con la superstición, el catolicismo parece mucho más social que espiritual: cumplen los ritos católicos de manera visiblemente exterior y formal. El Cachorro es un cura que tiene hijos y esto no ha generado críticas hacia él, sino, tal vez, favoreció la simpatía popular que lo rodea; es un «hombre derecho» dice el coronel, Martín se casa por la iglesia, pero la superstición está siempre en su boca. Tal vez bromea, pero es un hecho que casi todas las veces que aparece en la narración, habla de hechizos.

¿Qué clase de supersticiones hay en Macondo? Veamos las de Martín: dice que va a clavar el retrato de Isabel con alfileres y que cuando éstos se caigan Isabel se habrá enamorado de él; dice que ha leído el destino de Isabel en el café; dice a Isabel que cuente siete estrellas y que, a la séptima, soñará con él. Pero, descendamos de clase social hasta el pie de la pirámide: la vagabunda, al instalarse en la casucha abandonada, cuelga «un atadillo de sábila y de pan» (p. 45) en la puerta para convocar la buena suerte, e Isabel, cuando está pensando en irse a vivir al cuarto que abandonó el médico, afirma que lo primero que haría sería colgar un ramito de sábila en el dintel (p. 73). Así, esta superstición particular abraza a distintos grupos sociales. La sirvienta Ada cree que «el jazmín es una flor que sale» (p. 66), que puede ser morada de un espíritu. Cuando desaparece el cuerpo, el alma «sale» en el jazmín que se siembra sobre la tumba. Ada cree también en aves agoreras: «los alcaravanes cantan cuando sienten el olor a muerto» (p. 132). En la clase de vecinos antiguos se considera que la superstición está mal, pero la practican. Genoveva García insiste, la noche del velorio del niño de Paloquemado, en que las supersticiones son tonterías, mentiras y porquerías. Pero esa misma noche se despide de Martín como una verdadera bruja: «¡Mafarificafá! Se le va a pudrir encima ese saco de cuatro botones» (p. 77). La fe marginal se halla, pues, muy extendida, quizá más que el catolicismo. No socialmente: la Iglesia en este campo cumple una función dominante, que no le disputa ningún culto. Pero en la vida diaria la superstición está asomando constantemente la cabeza. El niño cree en el fantasma de la cocina, ese «muerto que todas las noches se sienta, con el sombrero puesto, a contemplar las cenizas del fogón apagado» (p. 53). Ada niega que ese fantasma exista. Así, las supersticiones constituyen una materia relativa, con vigencia desigual en la fe de los macondinos. ¿Existen creencias marginales distintas para cada grupo social? Los indicios son vagos: Martín habla de hechizos que no aparecen en boca de ningún otro personaje y sólo a Genoveva le oímos la fórmula «Mafarificafá». Pero la creencia en las virtudes bienhechoras del ramito de sábila es compartida por el vértice y la base.

¿Cómo se llevan la fe oficial y la marginal en Macondo? Coexisten sin mayores obstáculos, aunque en algunos casos pueden entrar en conflicto, como en el episodio de la hija del peluquero y el espíritu (pp. 80 y 81). La muchacha ha sufrido «durante un año entero la persecución de un espíritu, un amante invisible que echaba puñados de tierra en sus alimentos y enturbiaba el agua de la tinaja y nublaba los espejos de la peluquería y la golpeaba hasta ponerle el rostro verde y desfigurado». La iglesia interviene a través del Cachorro para poner fin a este escándalo, pero fracasa: «Fueron inútiles los esfuerzos del Cachorro, los estolazos, la compleja terapéutica del agua bendita, las reliquias sagradas y los ensalmos administrados con dramática solicitud». El peluquero se resigna entonces a casar a su hija con el espíritu, en una ceremonia muy distinta de la que unió a Isabel y Martín: «... encerró a la hija hechizada en el cuarto, regó puñados de arroz en la sala y entregó al amador invisible en una luna de miel solitaria y muerta, después de la cual hasta los hombres de Macondo dijeron que la hija del peluquero había concebido». Aunque institucionalmente no puede competir con la religión —este matrimonio supersticioso es excepcional—, en la fe y la fantasía de los individuos la superstición llega en ciertos casos a derrotar al catolicismo. Adelaida es la única en afirmar, categóricamente, que todo esto es una invención fraguada para disimular una travesura de la hija del peluquero, que fue embarazada por un hombre de carne y hueso (pp. 83 y 119). Sin esta explicación, en la realidad ficticia lo sobrenatural no sería sobrenatural sino verdad científica, acontecer verificable, existiría con independencia de la subjetividad humana: el mundo de *La hojarasca* sería real imaginario. Gracias a Adelaida, el que los espíritus fecunden a las mujeres en Macondo deja de ser hecho objetivo y pasa a suceder en un plano subjetivo de la realidad ficticia: en la creencia y/o en la imaginación de las personas. Esto permite comprobar que la historia se narra desde una perspectiva racional y lógica (siempre que aceptemos la explicación de Adelaida) y que en la realidad ficticia los planos o niveles tienen la misma relación que en la realidad real: lo imaginario no existe independientemente, es una dimensión de lo real objetivo, algo que la subjetividad de los hombres crea, alimenta o mata. Hay otro dato interesante en este episodio, el único de la novela de dudosa filiación en cuanto al nivel de realidad en que se sitúa. Según el coronel «hasta los hombres de Macondo dijeron que la hija del peluquero había concebido». *«Hasta»:* la superstición resulta más comprensible en las mujeres que en los hombres. Una prueba más de esa jerarquía, paralela a la de clase, que separa a los sexos en la sociedad ficticia.

Políticamente, sabemos pocas cosas, no porque no POLÍTICA
haya actividades políticas en esta sociedad, sino en razón de la perspectiva desde la cual es narrada la historia. El coronel ve la política con repugnancia. Sabemos que ha habido una guerra: no por qué tuvo lugar, ni quiénes la disputaron, ni qué intereses e ideologías se enfrentaron en ella. Lo que el coronel recuerda de la guerra son anéc-

dotas: la aparición del Duque de Marlborough, que el Cachorro fue coronel a los dieciocho años, etc. Respecto al presente, la política es también algo enigmático. Tenemos una imagen desastrosa de la autoridad: el alcalde es borracho, cobarde y corrupto. No quiere dejar enterrar al médico, no porque lo considere su obligación, sino por temor al pueblo. Pero cambia de parecer por dinero. La autoridad no actúa en función de principios, sino de conveniencias personales: puede ser amedrentada y comprada. Se nos da otra prueba de que la política es algo turbio; el coronel recuerda que «a fines de 1918... la cercanía de las elecciones hizo pensar al gobierno en la necesidad de mantener despierto e irritado el nerviosismo de sus electores» (p. 110). Para conseguir sus propósitos, comete un atropello: manda invadir la casa del médico, la hace registrar, y el coronel piensa que si no hubiera intervenido el Cachorro «habrían arrastrado al doctor, lo habrían atropellado y seguramente habría sido un sacrificio más en la plaza pública y en nombre de la eficacia oficial» (p. 111). Un sacrificio *más:* los abusos y hasta crímenes son corrientes, por lo visto, cuando se acercan las elecciones. Además de corrupción, la política significa violencia. Las autoridades proceden así para crear un clima determinado. ¿Con qué fin? No está claro, porque para el coronel, además, la política es también algo muy confuso. Vez que en *La hojarasca* se recuerdan las elecciones, se alude a un «tenebroso domingo electoral», a un «sangriento domingo electoral». ¿Qué ocurrió ese domingo? Es difícil saberlo porque el hecho, aunque mencionado varias veces, aparece siempre como algo muy oscuro: lo único cierto es que el doctor se niega a curar los heridos que resultan de ese día electoral. ¿Cómo fueron heridos? ¿Hubo una lucha entre facciones, represión policial, un accidente, una refriega que surgió en el fuego de la borrachera? Las autoridades propiciaban el jolgorio, en todo caso, pues ordenaron llevar al pueblo «damajuanas de aguardiente»

(p. 123). ¿Querían embriagar a los ciudadanos para conseguir sus votos o evitar, mediante una borrachera colectiva, que hubiera votantes? No lo sabemos. Lo único claro es que las elecciones —según la pantalla aristocrática que narra— son una farsa sangrienta y que la política es vulgar y brutal. Quienes gobiernan no practican ninguna noción de justicia. Realizan una actividad que no está guiada por ideales, sino por intereses, individuales en el caso del alcalde, de grupo o partido en el de las invisibles autoridades que promueven el nerviosismo durante las elecciones, cometiendo atropellos y emborrachando a la gente para lograr sus esotéricos designios. ¿Por qué son autoridades, entonces, estos seres egoístas y malsanos? ¿Están en el poder por la estupidez y la abulia de los ciudadanos, o gracias al fatalismo colectivo?

El pueblo parece respetar la energía: el único personaje en quien vemos una especie de líder es el Cachorro. ¿A qué debe ese ascendiente sobre los demás? No a su función de ministro de Dios, porque el padre Ángel no es ni remotamente un conductor espiritual de Macondo. El Cachorro ejerce una autoridad moral sobre el pueblo gracias a su firmeza: lo aseguran el coronel e Isabel. Según ellos, la condición del liderazgo real sobre los hombres es la energía, incluso la dureza. Estas cualidades hacen que la gente respete, acate y estime a sus guías, quienes no son, por cierto, las autoridades políticas. Hay que repetir que quien siente esto no es una familia guajira ni de clase media, sino el vértice social de Macondo.

La praxis política tiene poco que ver con ideologías en la sociedad ficticia. No hay una competencia de ideas entre partidos con diferentes concepciones de la organización social, ni un régimen unipartidario con un claro programa de acción y una filosofía propia. La praxis política es una comedia rústica donde ciertos individuos sirven sus propios intereses en desmedro de los de la comunidad. Sólo puede asociarse de manera sesgada la praxis política del sistema de valores de Macondo. ¿Qué nociones de bien y de mal prevalecen en la realidad ficticia, cuál es la concepción del hombre en esta sociedad?

IDEALISMO

En el episodio en el que se enfrentan el alcalde y el coronel, la autoridad y la aristocracia (p. 33), no sólo vemos la pugna entre dos hombres y, tal vez, entre dos grupos, sino sobre todo la de dos actitudes morales. La actitud generosa, humana, moral frente al problema del entierro del médico la encarna el coronel. La actitud del alcalde es mezquina, inhumana, inmoral. Ahora bien: la injusticia que la autoridad pretende cometer (que se deje insepulto al cadáver) es lo que el pueblo entero quiere que suceda. El alcalde cuenta con la adhesión de la sociedad unánime; más: la gente de Macondo lo ha obligado, prácticamente, a asumir esa actitud negativa. Es claro que *los valores aquí no dependen de lo que piense o quiera la comunidad.* Un solitario individuo percibe y practica el bien y muestra con su actitud y su convicción que la sociedad toda es prejuiciosa y malvada.

Se trata de un mundo individualista. Una persona aislada puede representar, en un momento dado, lo humano, y todas las demás lo inhumano. ¿Cómo se distingue una cosa de otra? En relación con valores que están fuera de la historia, que existen al margen de la sociedad. No dependen de las actitudes, las creencias ni los sentimientos de la colectividad. Lo vemos en este episodio: el gobierno, la iglesia y el pueblo están moralmente errados, sólo el coronel quiere lo justo. ¿Por qué? Porque actúa en función de nociones que no son las de los demás, que no determinan la conducta de los otros. Esos valores que existen fuera del sentir y el querer sociales, y por lo mismo eternos —la noción de bien, de justicia, de solidaridad humana—, deben ser descubiertos y convertidos en conducta por cada cual. Además de individualista, esta concepción es idealista. Los valores no están condicionados por la praxis histórica: existen en un orden intemporal, puro y abstracto, ajeno a los percances de la vida humana. Son eternos, inmutables, lo que los hombres sienten y hacen no los afecta. La manera de ser bueno, de actuar justamente, es un problema estrictamente personal: consiste en percibir esos valores ahistóricos, abstractos e inmutables y traducirlos en actos.

Esta concepción idealista e individualista de los valores FATALISMO calza perfectamente con el hondo fatalismo de los personajes que cuentan *La hojarasca*. En relación con lo que le ha ocurrido al médico, con el destino de la familia y con la historia de Macondo, la actitud de Isabel y de su padre es siempre la misma: sólo podía ocurrir así, estaba escrito, no había fuerza humana que pudiera evitarlo. Isabel: «Mi castigo estaba escrito desde antes de mi nacimiento y había permanecido oculto, reprimido, hasta este mortal año bisiesto» (p. 21). El coronel: «Lo que venía después estaba más allá de nuestras fuerzas, era como los fenómenos atmosféricos anunciados en el almanaque, que han de cumplirse fatalmente» (p. 99). En otro momento: «Pero algo me indicaba que era impotente ante el curso que iban tomando los acontecimientos. No era yo quien disponía las cosas en mi hogar, sino otra fuerza misteriosa, que ordenaba el curso de nuestra existencia, y de la cual no éramos otra cosa que un dócil e insignificante instrumento. Todo parecía obedecer entonces al natural y eslabonado cumplimiento de una profecía» (p. 99). Y en otro: «Desde cuando el doctor abandonó nuestra casa, yo estaba convencido de que nuestros actos eran ordenados por una voluntad superior contra la cual no habríamos podido rebelarnos, así lo hubiéramos procurado con todas nuestras fuerzas o así hubiéramos asumido la actitud estéril de Adelaida que se ha encerrado a rezar» (p. 121). Este fatalismo concierne por igual a los destinos particulares y al destino de Macondo. Los dramas de los individuos como los hechos históricos son, para el coronel, resultado de una fuerza misteriosa que ordena el curso de la existencia y de la cual los hombres son dócil e insignificante instrumento. En otra ocasión, el coronel piensa en «esa amarga materia de fatalidad que ha destruido Macondo» (p. 122). El mismo fatalismo tiñe la voz colectiva de los viejos vecinos que en el prólogo evoca la llegada del mal a Macondo —la compañía y la hojarasca— como una tormenta, es decir como algo inevitable: es evidente que esta visión de la historia no es exclusiva del coronel y de su hija, que la comparten con el grupo social al que pertenecen.

Ahora resulta más claro por qué el coronel desprecia la política y por qué entiende la historia como anécdota. La historia está escrita, como dice Isabel, es algo que los hombres no inventan: la interpretan como un papel dramático. Los seres humanos no escriben ese texto que es su vida: lo encarnan, lo hacen praxis. La acción política no puede modificar el destino preestablecido de un pueblo, la «amarga materia de fatalidad» de que está hecha la historia. Es natural que se nos hable de la llegada de la compañía y de la hojarasca como de cataclismos físicos. Para esta visión fatalista, la historia es una sucesión de fenómenos similares a los naturales, en el sentido de que no son controlables ni modificables. Como las tormentas, los hechos históricos ocurren y deciden la vida de un pueblo: contra ellos no hay acción posible. Ni Dios puede cambiar lo escrito. Isabel mira a su hijo y ve en su rostro los rasgos del padre: «En vano rogaré a Dios que haga de él un hombre de carne y hueso, que tenga volumen, peso y color como los hombres. En vano todo mientras tenga en la sangre los gérmenes de su padre» (p. 114). Y ya vimos que el coronel afirma que es imposible rebelarse contra la voluntad superior: por eso le parece actitud estéril la de Adelaida que se ha encerrado a rezar.

El destino precede al individuo, la vida es materialización de una peripecia decidida para y desde la eternidad.

Individualista, idealista, fatalista, esta concepción es ante todo esencialista. El hombre es una esencia anterior a su existencia, que la praxis no puede en ningún caso cambiar. El destino individual y el colectivo, la historia de un hombre y la de la comunidad, son meras manifestaciones de «esencias» eternas e inmutables. La voluntad humana no puede alterar lo que existe como potencialidad fatídica en cada hombre o pueblo desde antes de su nacimiento. Si las existencias singulares y colectivas son mera encarnación de esencias contra las que la acción humana (y aun divina) es impotente, la consecuencia lógica es la visión pesimista. También el individualismo: cada existencia expresa una esencia intransferible, un destino único, por lo tanto cada hombre es una isla, una indestructible unidad. Desde esta concepción, la política es un quehacer desprovisto de importancia en lo que respecta a la historia de la comunidad, una acción que, simplemente, ciertas personas cumplen obedeciendo a su sino. Esta visión del mundo niega que los hombres y los pueblos sean responsables de su destino y la noción misma de libertad: eso explica el desdén hacia la política y la falta total de iniciativa de los personajes en este campo.

Explica también la ausencia de rebelión consciente en los individuos o en los grupos sociales. Las actitudes rebeldes que aparecen son sui géneris: no se traducen en una voluntad de cambio del destino individual o colectivo (ya que éstos no se pueden cambiar) sino en gestos trágicos. La rebeldía de Meme, por ejemplo, consiste en disfrazarse de señora. Su audacia manifiesta una honda alienación: no es un rechazo de la estructura social, sino, al revés, un acatamiento llevado a la desesperación de los principios que rigen su mundo. Revela la poderosa vigencia de esa estructura. Ella quiere elevarse, pasar de una clase inferior a una superior: ¿qué mejor manera de demostrar que las señoras valen más que las guajiras? Preferir ser señora a ser Meme es pensar exactamente como las señoras. En vez de impugnar el orden establecido, la rebelión de Meme lo apuntala, y muestra que los valores (o desvalores) que rigen la sociedad ficticia han calado profundamente aun en quienes son sus víctimas.

La rebeldía no produce cambios en esta sociedad de relentes feudales. La cristalización social hace que en Macondo no se esté en una clase, sino que se sea de una clase; pero, al mismo tiempo, la conciencia de clase es nula, salvo en el vértice de la pirámide. Los seres humanos no se sienten integrantes de un sector social, se sienten individuos. Lo que diferencia a unos y otros no son las empresas que colman sus vidas, sino algo anterior e invariable: sus irreductibles esencias.

LA RAREZA
Y LO INSÓLITO A partir de esto podemos comprender mejor por qué los narradores de la novela se empeñan, todo el tiempo, en destacar lo que distingue a cada cual de los demás. En la sociedad ficticia imperan la rareza y lo insólito. Casi todos los personajes encarnan alguna forma de excepcionalidad: es otro de los componentes del *elemento añadido* en la realidad ficticia. Lo que en la realidad real es marginalidad, en el mundo de *La hojarasca* (los narradores se esfuerzan por presentarlo así) es característica colectiva, normalidad. Todos los seres, o casi, de la ficción son de algún modo marginales: salen de lo común. Lo común, en la realidad ficticia, es salir de lo común. Todos hacen algo distinto o tienen algo que los diferencia nítidamente de los otros. No importa qué: actos, atuendos, detalles físicos. Lo que importa es esa nota diferencial a través de la cual se manifiesta la individualidad, la particular esencia. Por ello el mundo ficticio es pintoresco: una comunidad de rarezas, una sociedad de excepciones. El doctor come yerbas como los burros y se autosecuestra. El Cachorro, coronel a los diecisiete años, niño sádico que se encarniza con los pájaros, es un cura con hijos y sus sermones mezclan la teología y el Almanaque Bristol. La ra-

reza es la justificación ontológica del individuo en la sociedad ficticia: ser distinto es ser. La rareza pone en evidencia lo que el hombre es: una inexpugnable esencia. No necesita ser explicada, ella es en sí misma una explicación ejemplar de la naturaleza humana. Por eso, el Duque de Marlborough, rareza en estado puro, cruza la novela disfrazado de tigre, sin más aclaraciones. Su rareza lo define: es tan distinto que ya es.

Esta concepción de lo humano que domina en Macondo —o, más justamente, en quienes nos narran a Macondo: el coronel y su familia, los viejos vecinos—, impregna la escritura narrativa. Los personajes están caracterizados a partir de esas peculiaridades que los distinguen a unos de otros. En esta sociedad los hombres no son una praxis, una cadena de actos que los vayan haciendo. Son esencias inmutables: es la razón por la cual casi no cambian las palabras con que la narración presenta a cada personaje. Las fórmulas estilísticas con que cada personaje es expuesto al lector se repiten porque el hombre en Macondo es repetición, no cambian porque el hombre en Macondo no cambia jamás. Por eso, vez que aparece el doctor, aparecen, definiéndolo, frases invariables que diseñan características invariables; mira con «ojos de perro» (pp. 21, 23, 41, 42, 61), «se alimenta de yerba» (pp. 21, 59, 82), tiene «duros ojos amarillos» (pp. 26, 50, 69, 123, 126) y habla con «parsimoniosa voz de rumiante» (pp. 59, 93, 101, 102, 112), Estas cuatro características se desplazan con él en todas sus apariciones en la historia, destacando su diferencia con los demás, su personalidad inmodificable. El Cachorro, aparte de los discursos que entreveran religión y meteorología (el dato se repite), es un «rostro de calavera de vaca» (pp. 46, 47, 124). ¿Y Martín? Es un aire un tanto irreal y, sobre todo, un «saco de cuatro botones» (pp. 88, 98, 115, 116). La señora Rebeca es la pereza, la inmovilidad frente a un ventilador eléctrico y una preocupación por el diablo: «El diablo tiene la mano en todo esto» (p. 19), «Señorita es el diablo» (p. 21), «Miércoles en Macondo. Buen día para enterrar al diablo» (p. 62).

Esta manera de caracterizar a los personajes no es superficial: expresa la concepción del hombre de los narradores. En ella vemos una perfecta adecuación entre la materia (la visión esencialista) y la forma (las fórmulas reiterativas). El uso repetido de imágenes o de adjetivos en torno a cada personaje representa formalmente lo que para el coronel y los suyos es la naturaleza humana: repetición eterna.

TIEMPO CIRCULAR

En este mundo donde nada cambia —ni el individuo, ni las clases, ni las relaciones humanas—, donde no hay libertad, no existe, propiamente hablando, un transcurrir. Todo es igual a sí mismo: veinticinco años después el doctor sigue siendo unos ojos de perro, una boca que come yerba y una voz de rumiante; tres años después Martín es todavía un saco de cuatro botones. ¿Cómo se puede entender el tiempo en esta realidad? Como algo circular: cada minuto contiene a los otros, el final está en el principio y viceversa. Así lo intuye el coronel: el destino final de Macondo está escrito en su origen. El tiempo, desde el punto de vista de la historia social o individual, no es retroceso ni avance, sino movimiento en redondo. La estructura de la novela refleja esta noción temporal circular. La historia de *La hojarasca* carece de progresión: el tiempo en ella es un remolino, un fluir en el sitio. Hay una circulación que se parece al estatismo, en la que presente —los tres personajes, quietos en torno al cadáver— y pasado —todos los antecedentes de esa situación— se confunden: el pasado no precede al presente en la ficción, coexiste con él, mana de él mismo. *La hojarasca* comienza y termina en la inmovilidad: la historia cesa precisamente cuando va a haber movimiento: el cortejo fúnebre *va a* abandonar el cuarto del suicida. La razón de este quietismo es, profundamente, la visión esencialista del hombre y de la historia.

Esto nos explica por qué ciertos temas tienen importancia en la novela: la muerte, la autosecuestración. La muerte es una presencia constante, no sólo por el cadáver alrededor del cual monologan los narradores; hay, además, esos velorios que llenan la noche de cantos, el velorio del niño de Paloquemado; el entierro de la madre de Isabel; la muerte que imagina la propia Isabel cuando se viste de novia. ¿Por qué esta preocupación por la muerte? Porque ella expresa más perfectamente que ninguna otra condición lo que es la vida en Macondo: esa inmovilidad, esa identidad sin escapatoria que es el hombre. De otro lado, si la vida es esencia, la vida no es acto: lo fundamental no está en el mundo exterior. Los actos humanos son mero reflejo de una naturaleza, de una condición inexorable, de un sino que dicta. No es extraño que este mundo sea descrito mediante una forma narrativa que no está destinada a mostrar el movimiento sino la inmovilidad, no la vida exterior sino la interior: el monólogo. Esos personajes quietos, conciencias que fluyen, paralelas y autónomas, encerradas en sí mismas, incomunicables, expresan funcionalmente lo que es la vida en Macondo: coexistencia glacial de esencias solitarias. Y es porque en algunos momentos el autor viola las leyes que ha creado —de inmovilidad e intimidad— y los personajes salen de sí mismos, dejan de rumiarse para ponerse a *contar,* a describir el mundo exterior, que sentimos una contradicción en la novela. No deberían poder salir de sí mismos: cuando lo hacen, el poder de persuasión de la historia se empobrece. Cuando abandonan su claustral intimidad y se transforman en descriptores del mundo exterior, se vuelven otros. Es una inconsecuencia: en Macondo, nadie puede escapar de sí; prisionero de su propia esencia, el hombre está como *secuestrado* en sí mismo.

MUERTE
Y MONÓLOGO

Ahora podemos comprender mejor la historia de *La hojarasca* cuyo asunto central es, justamente, el enclaustramiento o secuestración. El médico se encierra, como el héroe sartreano de *Les séquestrés d'Altona*. El coronel afirma que es odiado por el pueblo desde que se negó a curar a los heridos, esa noche electoral. Tal vez el coronel esté mintiendo. Ese odio rencoroso del pueblo contra el doctor quizá no tenga como origen ese lejano incidente, sino algo que afecta más hondo a los seres de este mundo. Ocurre que el doctor, con su manera de actuar, está arrojándoles a la cara lo que son, lo que es su destino, la que es su condición. Es decir, su destino de secuestrados, su condición de esclavos. Esas existencias prisioneras de una fatídica esencia, condenadas a ser siempre lo mismo, odian tal vez en el doctor lo que ellas son. Porque el médico ha asumido resueltamente esa experiencia universal, la ha traducido en una praxis consecuente: su proceder es el que refleja más lealmente la condición humana en Macondo. La vida es encarcelamiento, quietismo, soledad en este mundo de esencias: todo ello está prístinamente representado en el autosecuestramiento del doctor y eso es lo que, sin duda, los macondinos odian en él. Su actitud les recuerda de manera implacable el encierro sin salida, las eternas paredes de sus vidas. Al odiar al doctor al extremo de querer, primero, asesinarlo, y, luego, dejarlo insepulto, los macondinos revelan algo que se filtra a través de (pero, sobre todo, *a pesar de*) los narradores, la pantalla aristocrática que se empeña en creer que el odio colectivo tiene su raíz en un remoto, oscuro episodio electoral: que los macondinos no están tan resignados como el coronel a su propia suerte, que no comparten su fatalismo. La actitud del pueblo hacia el médico nos muestra, oblicuamente, que no todas las existencias se conforman tan fácilmente a sus esencias. Sucede que en el reparto hecho desde la eternidad de la inmutable condición humana, al coronel, afortunadamente, le tocó ser la cúspide de la pirámide, jefe de familia fundadora, hombre superior; no ser guajiro sino lo más ilustre y favorecido de la comunidad. Ha tenido suerte: no poder cambiar, no poder aspirar a otra cosa, no es para el coronel y para los suyos demasiado grave. Al contrario: ellos son el tope social (y moral y cultural) de Macondo. Se comprende que exhiba su pesimismo esencialista con tanta convicción.

El odio colectivo contra el doctor permite adivinar un sordo, ciego, inconsciente sentimiento de rebelión en Macondo. Esa gente que odia al símbolo viviente de su condición, no está resignada, evidentemente, a la rígida y compartimentada estructura que es la vida social, ni ha aceptado plenamente esa concepción fatídica e inmutable del destino humano que profesan el coronel y los suyos. El odio contra el doctor expresa el instintivo rechazo de los macondinos de su propio mundo y de la filosofía que lo sostiene. La novela no explica en ningún momento la actitud del doctor. ¿Por qué se enclaustra? Nunca lo sabemos. Se insinúa que expía una culpa, pero no cuál es. A lo mejor ni siquiera el doctor lo sabe. Esta vaguedad (un dato escondido elíptico) permite interpretar su gesto de encarcelarse como una representación simbólica y trágica de la cristalización de la vida social en este mundo de rasgos feudales y del encierro ontológico del ser en la visión esencialista. La decisión del médico no tiene motivación lógica: es gratuita, un raro impulso de autopunición. Nosotros, situados a distancia de la realidad ficticia, con una percepción global de ella, podemos advertir en esta extraña conducta que el doctor reivindica con su gesto extremo el destino social y la condición metafísica del hombre en Macondo. Lo que el coronel y los suyos dicen del doctor y de sus relaciones con el pueblo, es una *interpretación* que no tenemos por qué aceptar al pie de la letra. Es posible que lo crean, pero al mismo tiempo es evidente que esa interpretación les conviene: el coronel encarna los valores, y, el pueblo, en su odio al doctor, los desvalores. ¿Las cosas son realmente así? Esa hostilidad

—subterránea, instintiva, confusa— que la comunidad vierte sobre el médico puede ser menos estúpida y malvada: a lo mejor es hostilidad hacia lo que es la vida en Macondo. El coronel y los suyos dan una versión que parece una justificación de ellos mismos. A lo largo de la historia, dos figuras se enfrentan: de un lado el coronel; de otro el pueblo. Él y su hija dicen (lo creen) que ello se debe a que, en ese episodio concreto del entierro del doctor, el coronel representa la actitud generosa, solidaria, moral, en tanto que el pueblo representa la mezquindad, el prejuicio, la inhumanidad. Pudiera no ser tan sencillo y nítido; quizás todo esto no es sino una elaboración sutil de los narradores para disimular el verdadero problema. El eje de la discordia entre el coronel y el pueblo no es, tal vez, ese cadáver que él se empeña en enterrar y que los macondinos quieren dejar insepulto, sino, más bien, una forma de vida y una concepción que la apoya que ese cadáver representó durante muchos años a los ojos de todos. Eso es probablemente lo que los macondinos odiaron tanto (sin saberlo) en el médico y lo que ahora odian en el coronel.

LA ESCRITURA NARRATIVA ¿En qué estructura se encarna esta ficción? Llamo estructura narrativa al orden de revelación de los datos de la historia, a la disposición de los distintos elementos que componen el cuerpo del relato. Hay cuatro grandes principios estratégicos de organización de la materia narrativa que abrazan la infinita variedad de técnicas y procedimientos novelísticos: *los vasos comunicantes, la caja china, la muda o salto cualitativo* y *el dato escondido*. Son meras direcciones, esquemas generales que cada autor utiliza de acuerdo a sus propias necesidades, introduciendo variantes y combinaciones, y por ello estos métodos de ordenación de los datos de la ficción adoptan en cada novela características particulares. Pero, de hecho, contra lo que se suele afirmar, la estructura de la novela ha conservado a lo largo de su evolución histórica una sorprendente continuidad, una fidelidad tenaz a estos principios estratégicos. Las revoluciones formales de la novela han sido siempre el descubrimiento de uno o varios usos, inéditos hasta entonces, de estos cuatro sistemas rectores de ordenación de la materia narrativa. En el análisis de las ficciones iremos definiendo a cada uno de ellos, para mostrar cómo aplica García Márquez, en cada caso, estos principios estratégicos. Conviene añadir que ninguna novela utiliza estos sistemas con carácter excluyente; siempre son complementarios, aunque uno domine sobre los otros como método de revelación de los datos de la ficción.

La hojarasca describe una realidad en la que los actos son secundarios; la fuente de la vida son esencias que las conductas reflejan como un espejo a un rostro. La realidad interior es más importante que la exterior: se trata de una novela de atmósfera. García Márquez ha utilizado los procedimientos que más convenían a la creación de un clima particular, ya que el clima es lo que denuncia mejor la naturaleza del mundo ficticio: el ambiente denso, oscuro, amenazador, pesimista, de tiempo suspendido y vida rígida ha sido logrado, sobre todo, gracias al dato escondido. Este método consiste en *narrar por omisión o mediante omisiones significativas, en silenciar temporal o definitivamente ciertos datos de la historia para dar más relieve o fuerza narrativa a esos mismos datos que han sido momentánea o totalmente suprimidos.*[2] Ese vacío premeditado sugiere, ese silencio habla, esa mutilación turba, intriga, contamina al resto del relato cierto enigma, cierta zozobra, y obliga al lector a intervenir en la narración para llenar ese hueco significativo, añadiendo, adivinando, inventando, en complicidad activa con el narrador. Hay

DATOS
ESCONDIDOS

---

[2] Véase el capítulo II de la primera parte, en *Hemingway*, pp. 146 y ss.

dos grandes formas de utilización del método: el *dato escondido elíptico* y el *dato escondido en hipérbaton*. En el primer caso, el dato es totalmente omitido de la historia. En el segundo, el dato es provisionalmente suprimido, está sólo descolocado, ha sido arrancado del lugar que le correspondía pero luego es revelado, a fin de que la revelación modifique retrospectivamente la historia.[3] Datos escondidos elípticos y en hipérbaton hacen brotar la vivencia en la materia narrativa y dotan de poder de persuasión a la realidad descrita en *La hojarasca*. Esa combinación, hábilmente graduada, de silencios momentáneos y totales va creando la naturaleza distinta de Macondo.

ELÍPTICOS   Ciertos aspectos de los personajes son insólitos porque son presentados sin explicación de su origen, omitiendo el dato que, tal vez, justificaría esa manera de ser o de comportarse:

¿Por qué come yerba el doctor y por qué se autosecuestra?

¿Por qué esa pordiosera viene todos los martes a pedir ramitas de toronjil?

¿Por qué se disfraza de tigre el Duque de Marlborough?

¿Por qué esa fascinación del Cachorro por las tempestades?

¿Por qué esa obsesión de la viuda Rebeca con el diablo?

¿Por qué Martín viste siempre un saco de cuatro botones?

Esa acumulación de rarezas individuales sirve al autor para, provocando una *muda o salto cualitativo del primer caso*, imprimir a la realidad ficticia un rasgo general: ser

---

[3] Todo un subgénero —la novela policial— ha mecanizado este método de ordenación de los datos de la ficción.

278

insólita. La muda o salto cualitativo consiste en la aplicación del principio dialéctico según el cual la acumulación cuantitativa produce un cambio cualitativo. La suma de rarezas individuales (acumulación cuantitativa) en determinado momento transforma a *toda* la realidad ficticia en rara e insólita (salto cualitativo). Una consecuencia de la serie de datos escondidos elípticos en relación con las actitudes insólitas de ciertos personajes es provocar esta muda en la realidad ficticia; otra es, ya vimos, comunicar la visión esencialista de los narradores. Tenemos así dos de los elementos que contribuyen a crear el *elemento añadido,* es decir la soberanía de la realidad verbal.

Los datos escondidos elípticos son el procedimiento básico para la presentación de ciertos personajes. El médico aparece como una suma de interrogantes sin respuesta. Ignoramos de dónde y por qué vino a Macondo. Y, sin embargo, la narración está constantemente sugiriendo que estos datos omitidos son importantes, tal vez la clave de su manera de ser. ¿Cuál es ese pasado del médico «contra el cual parecía inútil toda tentativa de rectificación» (p. 78)? La frase tiene por objeto crear una curiosidad que nunca va a ser aplacada. Otros datos escondidos elípticos del doctor:

¿cuál ha sido su relación con el coronel Aureliano Buendía? ¿Por qué este personaje (en sí otro dato escondido elíptico) lo recomienda al coronel y qué clase de influencia ejerce este Aureliano Buendía para que, por esa simple recomendación, el coronel hospede al médico siete años?;

¿a quién es el parecido del doctor que impresiona tanto a Adelaida? Cuatro veces habla de ese parecido, nunca dice a quién es. Y cuando el coronel trata de que se lo diga, responde: «Te reirías de mí si te lo dijera» (p. 118). Esto crea una expectativa que nunca es satisfecha;

¿qué se oculta detrás de la extraña relación entre el médico y el Cachorro? Algo misterioso une a estos dos hombres, que, cuando se encuentran delante del coronel, hace que éste se sienta incómodo. ¿A qué se debe su silenciosa afinidad? ¿Ya se conocían, son parientes? Nunca lo sabremos;

¿por qué renuncia el médico a ejercer la medicina? Los narradores sugieren que por despecho, debido a que sus clientes lo abandonan cuando llegan los médicos de la compañía. ¿Es suficiente? La personalidad del médico parece esconder una razón más profunda, insinúa que dejó de trabajar a consecuencia de una crisis de la que sólo conocemos síntomas, no la raíz;

¿y ese período de su vida cuando iba donde el peluquero? ¿Estaba realmente enamorado de la hija, quería apenas tener una relación social, trataba de probarse algo? ¿Por qué cambió bruscamente de conducta y se volvió hosco y solitario?;

¿y esas noches tormentosas en que la familia lo siente dando vueltas, desvelado y angustiado? ¿Qué lo tortura, qué crisis padece?;

¿por qué se autosecuestra?;

¿por qué se ahorca?

Se trata del personaje que reúne en torno suyo el mayor número de enigmas. Estos datos escondidos contribuyen a crear la atmósfera misteriosa de Macondo. Son omisiones habladoras: concentran la atención, avivan la curiosidad del lector hacia ese ser que es puro por qué, y, además y sobre todo, van revelando poco a poco el carácter simbólico del personaje, en cuyo destino asumido trágicamente como pesimismo, individualismo, rareza, autosecuestración y muerte está representada la condición humana en la realidad ficticia.

También Meme está cercada de datos escondidos elípticos:

¿qué ocurrió con su hijo? Ese hijo provoca la ruptura entre el médico y la familia, decide la salida de Meme de la casa. ¿Estuvo realmente embarazada? ¿Abortó, tuvo al niño? El coronel se lo pregunta al médico, una vez: «¿Qué fue de la criatura?», y él responde, imperturbable: «Hasta me había olvidado de eso» (p. 114). Es evidente que no se trata de un dato escondido casual, que hay premeditación en el silenciamiento;

¿y qué fue de Meme misma? ¿La mató el médico como denuncia el pasquín o se marchó del pueblo como dice el médico? Dos veces se alude al hecho y en ambos casos es visible que la narración quiere infundir desasosiego, dudas, una impresión equívoca: «Meme no está aquí, pero es probable que de haber estado —si no hubiera sucedido lo que sucedió y que nunca se pudo esclarecer...» (p. 19). ¿Qué es lo que nunca se pudo esclarecer? «Pero en el pasquín que apareció en esta esquina se decía que el médico asesinó a su concubina y le dio sepultura en el huerto... Lo inexplicable es que se dijera eso, en una época en que nadie habría tenido motivos para tramar la muerte del doctor» (p. 111). Se insinúa que la denuncia no tenía por qué ser interesada; si nadie quería hacer daño al doctor ¿por qué calumniarlo? Es decir, tal vez el pasquín no mintió, a lo mejor era cierto que había asesinado a Meme. El dato está presentado con deliberada ambivalencia, despierta una duda que nunca se aclara. Eficazmente utilizado, el dato escondido hace brotar en el espíritu del lector emociones que dotan de vivencias al relato: la materia narrativa se alimenta de las sensaciones que provoca en el lector y que éste, a su vez, retransmite a la ficción.

También Martín se mueve bajo una aureola de datos escondidos elípticos; las interrogaciones van diseñando su nebulosa personalidad:

¿se casó con Isabel por amor o por interés? Al principio se diría que se enamoró. Pero luego la narración está siempre sugiriendo que *también* hubiera podido casarse por interés. Las personas que lo conocieron no nos lo quieren decir, o, quizá, tampoco lo saben;

¿huyó Martín de Macondo o fue realmente a cumplir una misión con los documentos que le había firmado el coronel y algo le impidió volver? Ese personaje que flota por la vida a lo mejor se extravió en el mundo; ¿pero es auténtico ese aire soñador que ve en él Isabel? ¿O es la impresión que dio astutamente a su mujer? ¿Se trataba de un ser ido o de un cuidadoso estafador?;

¿cuáles son las negociaciones secretas entre Martín y el coronel?: «Pasaría largas horas en la oficina con mi padre, convenciéndolo de la importancia de algo que nunca pude descifrar» (p. 76). Algo, descifrar: la frase nos deja con una inquietud. Nunca sabremos el motivo de esas entrevistas, ni por qué el coronel súbitamente decide adelantar la fecha de la boda. Hay algo extraño y turbio al respecto, que permanece en tinieblas.

Hay varios otros datos escondidos elípticos, pero señalemos uno solo, esencial, con el que, significativamente, finaliza la historia: ¿qué va a pasar cuando el cortejo fúnebre atraviese Macondo? ¿Cumplirá el coronel su promesa de enterrar al médico o cumplirá el pueblo la suya de impedirlo? *La hojarasca* termina con una interrogación.

EN HIPÉRBATON   Aún más constantes que los elípticos son los datos escondidos en hipérbaton: los datos de la novela (sobre todo los importantes) se hallan barajados según una cronología distinta a la que tuvieron, a fin de crear ambigüedades, claroscuros, ambivalencias. Se suele revelar primero las consecuencias de un hecho y más tarde el hecho mismo. Esta inversión de la secuencia real de los datos de la historia, determina el *elemento añadido* temporal, da al mundo de *La hojarasca* su transcurrir circular de realidad donde el tiempo se halla suspendido o aun abolido. Cinco casos de datos escondidos en hipérbaton pueden mostrar el uso que García Márquez da a este método en la organización de la materia narrativa:

1) *La muerte del médico:* terminado el prólogo, la conciencia del niño nos revela que allí, frente a él, hay un cadáver (p. 11): la cara del muerto es descrita y nos ente-

ramos que también la madre y el abuelo del niño velan el cadáver (p. 12). En el segundo monólogo, Isabel divaga sobre las razones que la movieron a llevar al niño allí, menciona sombríos temores, recuerda que su familia conoce al muerto hace veinticinco años. Este monólogo insinúa, brumosamente, la identidad del muerto. Sin embargo, lo esencial en relación al muerto sólo aparece, intempestivamente, en la última línea, cuando Isabel recuerda que su padre entró a la casa y le dijo: «El doctor se ahorcó esta madrugada» (p. 21). Allí descubrimos lo principal del episodio: el cadáver es el de un suicida. Inmediatamente surge otro interrogante en el lector: ¿por qué se ahorcó? Un episodio se ha completado, mediante la inversión de los datos que lo componen (secuencia real: a) un hombre se suicidó y b) la familia ha venido a velar su cadáver; secuencia narrativa: a) la familia está velando un cadáver y b) ese cadáver es el de un suicida), pero en el instante en que el dato descolocado aparece, surge otro dato escondido (la razón del suicidio), que continuará planeando sobre la narración, sin aclararse jamás.

2) *El odio del pueblo hacia el médico:* es un hecho esencial, que da dramatismo al presente de la historia. El pueblo se niega a que el doctor sea enterrado: ¿por qué lo odia así?

a) Descubrimos que el médico es odiado, a través de Isabel: «un hombre desvinculado de todo lo que pueda ser considerado como afecto o agradecimiento», «la cínica persona a quien el pueblo había querido ver así, conducida al cementerio en medio de un implacable abandono»; por querer enterrar al médico «es posible... que mañana no se encuentre nadie dispuesto a seguir nuestro entierro» (p. 16). ¿Cuál es la razón de esta hostilidad tan grande que, por el solo hecho de asistir a su entierro, uno puede ganarse a la vez la enemistad colectiva?

b) El coronel da su versión de este odio: «Ahora me doy cuenta de que el alcalde comparte los rencores del

283

pueblo. Es un sentimiento alimentado durante diez años, desde aquella noche borrascosa en que trajeron los heridos a la puerta» (p. 25) y recuerda que el médico se negó a atenderlos. Como en el caso anterior, hay una inversión de la secuencia real de los datos: primero se menciona la consecuencia (odio) y luego la causa (heridos). Sin embargo, la versión que da aquí el coronel del episodio de los heridos es oscura, una mención escueta y evasiva («noche borrascosa», «hace diez años», «el rencor crecía, se ramificaba»). El episodio nunca se revelará del todo, pero se aclara considerablemente mucho después, con

c) la revelación de nuevos datos sobre el incidente: el coronel recuerda que esa noche hubieran podido linchar al médico a no ser por el Cachorro, quien se enfrentó a la multitud enfurecida que se disponía «a incendiar la casa y reducir a cenizas a su único habitante» (pp. 123, 124). No sabíamos que el Cachorro había participado en el episodio, que el médico le debía la vida, que el suceso ocurrió durante las elecciones.

Se ha invertido la cronología, descomponiendo además uno de los datos en subdatos (el episodio de los heridos), que han sido separados y entregados al lector de una manera dislocada. Esta reordenación temporal, distinta del orden real de los sucesos, contribuye a abolir la noción de tiempo, a dotar a la realidad ficticia de una temporalidad peculiar. El *elemento añadido* se va precisando: así como su atmósfera no corresponde a la del modelo, tampoco el tiempo de la realidad ficticia es el de la realidad real.

3) *El médico y la enfermedad de Meme:*

a) Descubrimos por Isabel que en una imprecisa ocasión el médico se negó a atender a Meme: «le negó sus servicios, con todo y que ambos compartían la casa de mi padre... Por mi madrastra supe que el doctor era un hombre de mala índole, que había sostenido un largo alegato con papá para convencerlo de que lo de Meme no revestía ninguna gravedad. Y lo dijo sin haberla visto, sin haberse movido de su cuarto... No sé cómo sucedieron las cosas» (pp. 30 y 31). Este primer dato se va a revelar como falso más tarde, cuando se nos aclaren las circunstancias de la conversación entre el coronel y el médico y sepamos que la enfermedad de Meme no era tal, que estaba embarazada. Esa revelación posterior modificará retroactivamente este dato. Para que esta revelación sea posible tendrá que haber una muda espacial: Isabel *no sabe* más de lo que aquí ha revelado, el punto de vista espacial deberá rotar de ella al coronel para que sepamos la verdad. La *relativa* verdad: ya vimos que incluso el embarazo de Meme es dudoso.

b) Isabel vuelve a recordar que el médico se negó a atender a Meme: «Me conmovía imaginar a Meme con este hombre que una noche le negó sus servicios y que seguía siendo un animal endurecido» (p. 41). Esta reincidencia es capciosa: aquí se da por hecho que la actitud del médico fue un acto de crueldad, una expresión de su animalidad, de su endurecimiento.

c) Se precisan algunas circunstancias del episodio. El dato escondido se combina con una *caja china:* dentro del monólogo de Isabel, quien cuenta es Adelaida (voz dentro de la voz de Isabel): Meme, en aquella ocasión, se presentó demudada a servir la mesa, el coronel le aconsejó que se acostara, poco después oyeron cómo la loza caía de las manos de la guajira y vieron a ésta apoyarse en la pared, mientras el coronel iba a buscar al médico. En el recuerdo de Isabel, Adelaida sigue recordando: «En ocho años que llevaba de estar en nuestra casa... nunca habíamos solicitado sus servicios para nada grave. Las mujeres fuimos al cuarto de Meme, la friccionamos con alcohol y aguardamos a que volviera tu padre. Pero no vinieron, Isabel. No vino a ver a Meme...» (pp. 83-84). El episodio se ha perfilado mucho más, pero aún ignoramos lo esencial. Desde la perspectiva de Isabel y de Adelaida todo está dicho: ellas también ignoran por qué se negó el médico a atender a Meme.

d) El coronel reconstruye su conversación con el médico (pp. 101-106). Sabíamos que lo había ido a buscar, que permaneció mucho rato en su cuarto, que volvió solo. Ahora sabemos de qué hablaron. Los nuevos datos corrigen radicalmente las versiones de Isabel y de Adelaida: el médico no fue a atender a Meme porque sabía lo que le ocurría. El episodio ha sido desmembrado en cuatro partes, que sucesivamente han ido despejando o añadiendo incógnitas hasta la revelación final del hecho clave —la explicación de la conducta del médico— que relativiza o anula todos los datos anteriores. Este dato escondido se ha despejado, pero entonces surge otro, elíptico: ¿dijo la verdad el médico, estaba Meme embarazada? Ya vimos el misterio que rodea a ese niño.

4) *La enfermedad del coronel.* La enfermedad de la cual resulta la cojera del coronel y, años después, su decisión de enterrar al médico pese a la hostilidad del pueblo, constituye también una unidad que ha sido descompuesta en datos, dispersados con astucia en la estructura narrativa, que van siendo revelados, gradualmente, según una cronología distinta de la real:

a) Isabel menciona de pasada el hecho escueto: «Cuando la enfermedad de papá, hace tres años, el doctor no había salido de esta esquina una sola vez» (p. 33). Hace tres años el coronel estuvo enfermo y ello coincidió con la primera salida del doctor a la calle. El hecho parece anodino e insignificante; ni siquiera está claro que la enfermedad del coronel y la salida del doctor tengan una relación de causa y efecto.

b) Nos enteramos, a través del coronel, que éste le debe la vida al doctor: «No podemos negar que le debo la vida —dije. || Y ella dijo: || —Era él quien nos debía a nosotros. No hizo otra cosa al salvarte la vida, que saldar una deuda de ocho años de cama, comida y ropa limpia» (habla Adelaida) (p. 118). Todavía no sabemos que estos datos y los anteriores están ligados, que el doctor salvó la vida al coronel esa vez que estuvo enfermo y que abandonó su encierro expresamente para ello.

c) Descubrimos, por Isabel, el origen de la cojera, y, oscuramente, que ella se vincula a la decisión de enterrar al suicida: «Entonces olvida lo que pensaba decirle a Cataure, y trata de dar una vuelta sobre sí mismo, apoyado en el bastón, pero la pierna inútil le falla en la vuelta, y está a punto de irse de bruces, como se fue hace tres años cuando cayó en el charco de limonada entre los ruidos del jarro que rodó y los zuecos y el mecedor y el llanto del niño que fue la única persona que lo vio caer. || Desde entonces cojea... Ahora... pienso que en esa pierna inhábil está el secreto del compromiso que se dispone a cumplir contra la voluntad del pueblo» (p. 119). La enfermedad se ha enriquecido: ahora sabemos que de ella deriva la cojera y, sobre todo, algo todavía enigmático, que de algún modo está relacionado con el hecho de que el coronel esté aquí, junto al cadáver, decidido a enterrarlo a pesar del pueblo.

d) Todas estas menciones y alusiones quedan aclaradas, mediante una muda espacial (quien relata ahora no es Isabel sino el coronel): el coronel había sido desahuciado por los médicos de Macondo, el doctor sale de su cueva para atenderlo y lo cura (indirectamente, descubrimos que es mentira que haya olvidado su profesión como, según el coronel, dijo la noche de los heridos), y, a cambio de esa curación, el coronel se compromete a enterrarlo el día que muera (pp. 125-126).

5) *Llegada del doctor a casa del coronel.* Es el dato escondido en hipérbaton más importante de la novela; los materiales que organiza están manipulados simultáneamente con mudas espaciales y temporales y con cajas chinas. La dislocación de los datos y de la cronología es mayor que en los ejemplos anteriores:

287

a) Isabel menciona el hecho: «Desde hace veinticinco años, cuando este hombre llegó a nuestra casa, papá debió suponer (al advertir las maneras absurdas del visitante) que hoy no habría en el pueblo una persona dispuesta ni siquiera a echar el cadáver a los gallinazos» (p. 17). Sabemos que el doctor llegó a casa del coronel hace un cuarto de siglo y que sus maneras eran absurdas.

b) La segunda alusión al hecho, también de Isabel, añade un dato: «Ahora estaría yo en la casa, tranquila, si hace veinticinco años no hubiera llegado este hombre donde mi padre con una carta de recomendación que nadie supo nunca de donde vino» (p. 21). El hombre traía una carta de recomendación, Isabel ignora de quién.

c) El punto de vista espacial muda de Isabel al coronel y éste revela de quién era la carta: «Entonces recuerdo el día de hace veinticinco años en que llegó a mi casa y me entregó la carta de recomendación, fechada en Panamá y dirigida a mí por el Intendente General del Litoral Atlántico a fines de la guerra grande, el coronel Aureliano Buendía» (p. 28). Esta mención añade otros pormenores de la llegada: el médico traía un baúl con sólo dos camisas, una dentadura postiza, un retrato y un formulario.

d) La cuarta mención viene en una caja china: es Meme, en el recuerdo de Isabel, quien recuerda haber anunciado al coronel (veinticinco años atrás) la llegada del médico: «Dijo [Meme] que lo otro había empezado cinco años después, cuando llegó hasta el comedor donde almorzaba mi padre y le dijo: "Coronel, coronel, en la oficina lo solicita un forastero"» (p. 43). Con este suspenso termina ese monólogo de Isabel y la narración muda espacialmente al coronel, quien evoca hechos de otra clase.

e) Mediante una muda espacial (de Isabel al coronel) y temporal (del presente a un cuarto de siglo atrás) la narración regresa al instante de la llegada del médico a Macondo. El coronel evoca con lentitud el hecho, pero manteniendo y acentuando la niebla sobre lo principal: en las cinco páginas que ocupa su evocación todavía no vemos al forastero. Meme ha entrado al comedor a anunciarlo y, durante todo el monólogo, a través de tres cajas chinas, oímos una conversación en la que Adelaida le cuenta al coronel el comportamiento inusual del recién llegado, a quien ha ido a saludar al escritorio y a quien encontró jugando con una bailarina de cuerda. Adelaida (en el recuerdo del coronel) recuerda el parecido del forastero a alguien que no dice quien es, su reserva, sus ojos amarillos, su indumentaria de militar (pp. 48-52).

f) En otro monólogo del coronel (pp. 48-52) se aclara enteramente lo sucedido ese día: sabemos cómo fue el encuentro entre el médico y el coronel, su conversación sobre el coronel Buendía, su hija sietemesina y el primogénito atolondrado, el banquete que Adelaida preparó, cómo el recién llegado pidió que le sirvieran un poco de yerba. El dato escondido en hipérbaton se despeja del todo, pero genera, a su vez, una serie de datos escondidos elípticos (sobre el propio médico, sobre Aureliano Buendía). Lo mismo puede decirse de los otros episodios organizados según este método en la novela.

Se podrían mencionar también algunos datos escondidos semielípticos, porque no se puede saber objetivamente si hay algún elemento suprimido: depende de la interpretación que dé el lector a la historia. Es el caso del episodio de los heridos la noche de elecciones.

En estos ejemplos se ve cómo el dato escondido se combina con otros procedimientos: mudas temporales del segundo caso (los datos saltan al pasado o al futuro en relación con el presente narrativo), mudas espaciales (cambios del narrador) y cajas chinas, pues a menudo estos datos no son revelados por los tres narradores que monologan, sino por personajes que hablan dentro de los monólogos de esos narradores. Es decir, esos datos vienen doblemente relativizados, antes de alcanzar al lector pasan a través de dos intermediarios. La caja china es el procedimiento básico en el episodio de la llegada de la familia a Macondo: Isabel narra lo que Meme le narró a ella. Lo mismo ocurre con la enfermedad de Meme, que conocemos por un monólogo de Isabel, en el que ésta cuenta lo que le contó su madrastra. La forma más obvia y tradicional de la caja china aparece en el *collage* o transcripción de un texto dentro de un texto: la carta de Martín a Isabel la víspera de la boda (p. 89). El hecho de que, con la excepción del prólogo, toda la novela conste de monólogos alternados que se van complementando y modificando, significa, también, que la organización más general de la materia narrativa obedece al sistema de vasos comunicantes. Pero aunque todos estos métodos coexistan es el dato escondido, en sus dos formas, el decisivo en la estructura de *La hojarasca.*

3. El pueblo: el idealismo optimista
(El coronel no tiene quien le escriba)

El coronel no tiene quien le escriba significa, en relación con «Isabel viendo llover en Macondo» y *La hojarasca,* una ampliación de los límites espaciales de la realidad ficticia: a Macondo se suma ahora el pueblo sin nombre donde ocurre la historia, y, además, por una brevísima mención (p. 44). Manaure, hito geográfico que reaparecerá en «Un día después del sábado» y en *Cien años de soledad.* Significa también una ampliación de sus límites temporales: la historia ficticia cesaba en 1928 y ahora se acerca al presente de la realidad real, pues el pasado inmediato en el que ocurre *El coronel no tiene quien le escriba* se sitúa en una fecha algo posterior a la nacionalización del canal de Suez (pp. 21 y 23), es decir 1956. Desde el punto de vista de los planos y niveles de la realidad, esta ficción incorpora a la realidad ficticia el nivel retórico, del que sólo había hasta ahora atisbos. Al mismo tiempo, profundiza la descripción de ciertos planos específicos de la vida ficticia. «Isabel viendo llover en Macondo» y *La hojarasca* describían Macondo desde un nivel interior y subjetivo; en *El coronel no tiene quien le escriba* la atalaya desde la cual se narra el mundo ficticio es exterior y objetiva. El relato contiene menos informaciones generales sobre la realidad verbal, porque se concentra en algunos niveles concretos, como la vida social y política.

La realidad ficticia crece, ya lo dijimos, como una sucesión de círculos excéntricos en la que cada círculo contiene una parte de los otros. Las distintas ficciones guardan vínculos no sólo formales, sino también argumentales. En el relato reaparecen personajes de *La hoja-*

AMPLIACIÓN Y CONCENTRACIÓN

rasca: el padre Ángel, el coronel Aureliano Buendía, el Duque de Marlborough. Igual que en la anterior, tienen una función secundaria. El padre Ángel alcanzará categoría importante en *La mala hora* y el coronel Buendía en *Cien años de soledad.* Algo dudoso se esclarece: descubrimos que los indios entierran a sus muertos con todas sus pertenencias y que a un músico del pueblo lo entierran con su cornetín (pp. 14 y 36). La actitud del coronel de *La hojarasca,* al meter en el cajón del suicida las cosas que le habían pertenecido, no era caprichosa ni insólita: se trata de una *costumbre* en la sociedad ficticia. Temas y motivos anteriores se van perfilando como constantes: aquí también el héroe es un coronel, ex combatiente de una guerra civil; aquí también la muerte es esencial. El nudo de *La hojarasca* era un velorio y la novela cesaba cuando el velorio se iba a convertir en entierro. En las primeras páginas de *El coronel no tiene quien le escriba* asistimos a un velorio seguido de un entierro (p. 12) y esto tiende un puente sutil entre ambas ficciones. En la descripción de los dos velorios, un detalle idéntico: las moscas en el ataúd (p. 13).

En el relato apuntan asuntos y personajes que en las ficciones posteriores cobran relieve mayor. Un instante divisamos en un balcón a la autoridad del pueblo, el alcalde, con una «mejilla hinchada sin afeitar» (p. 15). Imagen trivial que regresa, convertida en decisiva, en «Un día de éstos» y en *La mala hora.* La suma de detalles recurrentes da a esta obra su carácter de proceso orgánico en el que cada ficción es una etapa inseparable de las otras en la edificación de la realidad ficticia, tanto en la materia como en la forma narrativas. Por primera vez oímos hablar de «la mala hora». Dos veces aparece la expresión y usada en un sentido muy particular. Las dos veces la pronuncia la esposa del coronel (pp. 47 y 48) y, según ella, la mala hora no es, simplemente, algo que un individuo padece, un mal que el destino pone en su camino, sino algo que uno mismo provoca o concita, una elección más que un azar. Encontramos así una premonición del tema de *La mala hora*, novela cuyo título primitivo era «Este pueblo de mierda»: esta definición del pueblo aparece en *El coronel no tiene quien le escriba*, en boca de don Sabas (p. 47). Como fuegos fatuos cruzan por el relato dos gérmenes de pintorescos episodios de *Cien años de soledad*: alfombras voladoras (p. 32), y un desfile de circo (pp. 81, 82). Y están, además, Álvaro, Germán y Alfonso, ese trío que, menos politizado y más disoluto, llenará de amistad y de orgías los días finales de Macondo.

Lukács describió en su juventud el esquema tradicional de la novela como la búsqueda demoníaca de valores auténticos que lleva a cabo un héroe en un mundo degradado. Es demoníaca porque la degradación de ese mundo ha degradado también la búsqueda de autenticidad del héroe, de modo que se halla condenada al fracaso y alcanza contornos trágicos. Toda novela, según Lukács, opone a un individuo y a una sociedad, y es por eso, al mismo tiempo, una biografía individual y una crónica social.[1] Esta estructura es, en efecto, la de buen número de novelas clásicas: el *Quijote, Le rouge et le noir, Madame Bovary,* por ejemplo. En las tres, un ser en antagonismo radical con su mundo, emprende una aventura en pos de la autenticidad y el absoluto, y en los tres casos se frustra porque el ideal que estimula la rebeldía del héroe está lastrado de la inautenticidad de ese mismo mundo que la generó, es un mito: el mito caballeresco, el mito napoleónico, el mito romántico.[2] La definición de Lukács no es válida

UN ESQUEMA
CLÁSICO

---

[1] Georg Lukács, *Teoría de la novela*, Barcelona, Editorial Edhasa, 1971. Véase sobre todo la segunda parte, «Ensayo de tipología de la forma novelesca», y, en especial, el cap. I: »El idealismo abstracto».

[2] Lucien Goldmann examina estos tres ejemplos y otros en función de la tesis de Lukács, en *Sociología de la novela*, Madrid, Editorial Ciencia Nueva, cap. 1, «Introducción a los problemas de una sociología de la novela» (pp. 1-36).

para toda la novela clásica (menos para la novela moderna) pero en el caso de *El coronel no tiene quien le escriba* conviene recordarla pues esta ficción responde exactamente a ese esquema: su estructura es clásica. El personaje central, como ciertos inconformes trágicos, está en conflicto con su mundo y busca valores genuinos, pero la forma que adopta su búsqueda se halla envenenada por el medio en que vive y es por ello vana. Rebelde inconsciente, el coronel aspira a un mundo limpio, a una vida auténtica. Pero la conducta en que traduce esta aspiración está empapada de idealismo abstracto: él cree posible lo imposible, tiene fe en la eficacia de lo ineficaz, afirma con terquedad y casi locura la existencia de algo que no existe en su mundo: la justicia, el respeto a la palabra empeñada, la vigencia de la ley, el funcionamiento de la administración. En el relato, asimismo, se distinguen con nitidez esos dos componentes: una biografía individual y una crónica social.

UNA CRÓNICA SOCIAL 1) *Macondo.* El relato ensancha el conocimiento del lugar que servía de escenario a las ficciones anteriores. El coronel Buendía había estado allí, una vez, y en Macondo un grupo de partidarios le «aconsejó que no se rindiera» (p. 45). Así, esa guerra que *La hojarasca* —por equivocación, por inducirnos a error o porque la lógica de la realidad ficticia es *distinta* a la de la realidad real— nos decía que había sido algo lejano, en verdad abrazó al pueblo, Macondo *participó* en ella. Lo confirma el hecho de que el héroe del relato fuera el «tesorero de la revolución en la circunscripción de Macondo» (p. 40). La guerra no fue, pues, anterior a la fundación del pueblo. En otro momento, vemos acercarse algo, esencial en la historia de Macondo, que en *La hojarasca* aparecía también como remoto y borroso: la hojarasca. Esa tormenta maligna que el lector conocía sólo por referencias simbólicas, aquí es una masa de hombres concretos que desembarca de un tren atestado, un día preciso:

«En el sopor de la siesta vio llegar un tren amarillo y polvoriento con hombres y animales asfixiándose de calor, amontonados hasta en el techo de los vagones. Era la fiebre del banano. En veinticuatro horas transformaron el pueblo. "Me voy", dijo entonces el coronel. "El olor del banano me descompone los intestinos." Y abandonó Macondo en el tren de regreso, el miércoles veintisiete de junio de mil novecientos seis a las dos y dieciocho minutos de la tarde» (p. 66).

2) *La guerra civil.* Hecho clave en la historia de Macondo, igual que la compañía y la hojarasca, la nebulosa guerra civil se precisa algo más, a través de datos fragmentarios pero concretos. Es evidente que ahora el gobierno, y, tal vez, el país entero, por una razón oscura no quieren acordarse de esa guerra. El coronel examina meticulosamente los periódicos que llegan al pueblo, comprueba que no dicen nada de los veteranos, y más tarde revela que «Al principio por lo menos publicaban la lista de los nuevos pensionados. Pero hace como cinco años que no dicen nada» (p. 22). Nos enteramos de que en esa guerra hubo un bando de alzados contra el poder establecido, de revolucionarios, y de que el coronel, Aureliano Buendía y el Duque de Marlborough pertenecieron a la facción insurgente (p. 23). Hace «quince años» (1941, si la cronología equivale a la de la realidad real) existía una Asociación municipal de veteranos compuesta por elementos de los dos bandos; ahora ya no. ¿Por qué? Porque todos los compañeros del coronel «se murieron esperando el correo», es decir sin recibir las pensiones que esperaban (p. 37). «Nosotros nos rompimos el cuero para salvar la república», dice el coronel (p. 38). No puede ser más vaga como motivación de una guerra, pero es la primera que oímos. El coronel está convencido de lo que dice, pues en otra ocasión, aludiendo a la guerra, afirma: «Cumplimos con nuestro deber» (p. 65). En su caso no hay remordimiento alguno por haber interveni-

do en el conflicto, todavía cree en la justicia de la causa que su bando defendió.

La guerra cesó con un Tratado de Neerlandia y conocemos algunas de las circunstancias en que fue firmado (p. 38). El batallón del coronel, que asistió a la firma, estaba compuesto por adolescentes y niños. En esa ocasión, el gobierno prometió auxilios de viaje e indemnizaciones a doscientos oficiales de la revolución e incumplió su promesa. Antes de la firma del Tratado, el héroe del relato hizo entrega de los fondos de la guerra civil, que trajo desde Macondo hasta la ceiba de Neerlandia en un viaje muy penoso, en mula, que le tomó seis días. Fue el coronel Aureliano Buendía quien recibió esos fondos; en esa época tenía el cargo que le atribuye *La hojarasca* de «intendente general de las fuerzas revolucionarias en el litoral Atlántico» (p. 40). Sobre las cláusulas del Tratado, conocemos por lo menos una, que no se cumplió: la de dar pensiones a los veteranos. Pese a que ninguno de sus compañeros la recibió, el coronel (es lo demoníaco de su rebeldía) la sigue esperando, con una fe a prueba de balas: su espera lleva muchos lustros, más de un cuarto de siglo (p. 66). Desde ese episodio, su vida se halla condicionada por él: «no había tenido un minuto de sosiego después de la rendición de Neerlandia» (p. 66). Es importante: el Tratado significó una rendición para los revolucionarios. Uno de ellos, al menos, todavía no se ha resignado a la derrota.

Aparecen informaciones nuevas sobre el coronel Aureliano Buendía, figura tan enigmática en la novela anterior. Aquí cobra perfil más concreto: era jefe de los revolucionarios, pues él extiende recibo por los fondos que entrega el coronel, a él le piden sus partidarios que no se rinda y es a *su* campamento donde se presenta el inglés disfrazado de tigre. Estuvo en Macondo y tenía tanta popularidad que cuando pasaba por los pueblos le arrimaban muchachitas para que las preñara (pp. 40, 45 y 61). Ahora podemos entender un gesto del coronel de *La hojarasca:* era devoción profunda lo que lo llevó a hospedar siete años en su casa a un hombre sólo por ser recomendado del coronel Buendía.

Los datos sobre Macondo y la guerra civil son secundarios en esta ficción, pues ella sucede en otro punto de la realidad ficticia: el «pueblo» anónimo. ¿Cómo es este lugar? En lo relativo al medio físico no hay diferencias importantes con Macondo: el calor, los aguaceros, la fauna y la flora son idénticos. También el pueblo luce almendros en la plaza y tiene alcaravanes, esas aves zancudas que, según la gente, dan la hora. La diferencia mayor es que hay un río que pasa junto al pueblo, y en Macondo no lo había, o, si lo había, no era mencionado.

En la descripción del medio urbano, *El coronel no tiene quien le escriba* es más explícito que *La hojarasca,* y la razón es la muda del narrador que hay de una a otra ficción: la primera novela estaba narrada desde un plano interior y nos mostraba, básicamente, la subjetividad de los tres narradores-personajes. En este relato, el punto de vista espacial es el de un narrador omnisciente que describe sobre todo la vida exterior y objetiva. Por eso, todo lo que compone la realidad visual adquiere una concreción, una materialidad mucho mayor que la que teníamos en *La hojarasca.* La visión de las calles, las casas, los objetos y los hombres del pueblo es más nítida e inmediata que la de Macondo. El medio de comunicación principal (quizás único) no es aquí un tren, sino el río: las lanchas llegan, al parecer en caravana, todos los viernes y una de ellas es la del correo. Los pasajeros han hecho un viaje de «ocho horas». No sabemos qué lugar es ese que dista ocho horas, pero se trata, sin duda, del sitio poblado más próximo. Como Macondo, el pueblo vive en un gran aislamiento: sus contactos con el resto del mundo son fatigosos y escasos.

Ese punto al que llegan las lanchas, el embarcadero, es el más pintoresco y populoso del pueblo, «un laberinto de almacenes y barracas con mercancías de colores en exhibición» (p. 19). Son las tiendas de esos comerciantes a los que se llama, indistintamente, los sirios o los turcos. En ese afán de concretización característico de este relato, luego de haber sido mencionado este grupo social, vemos que uno de esos comerciantes se corporiza ante nuestros ojos: el sirio Moisés (p. 81). Puede darnos una idea de esta comunidad de mercaderes. A juzgar por él, se hallan hace bastante tiempo en el lugar, pues comienzan a olvidar su idioma nativo. A Moisés le cuesta esfuerzo traducir a «su árabe casi olvidado» lo que le dice el coronel. Sin embargo, pese a llevar tantos años en el pueblo, no se han integrado, constituyen una colectividad aparte. Lo muestra la etiqueta con que todos los designan. No son los comerciantes, los mercaderes: son los sirios, los turcos, los árabes. Moisés es un hombre supersticioso e ingenuo, que cree, por ejemplo, que los maromeros del circo comen gatos para no romperse los huesos. En un sector del pueblo, al menos, hay un prejuicio contra estos inmigrantes. La mujer del coronel, que ha estado tratando de vender el cuadro, dice: «Estuve hasta donde los turcos» (p. 64). *Hasta:* ha hecho la máxima concesión, se ha rebajado al extremo.

Este sector medio al que pertenecen los comerciantes era en Macondo periférico y minúsculo —costó trabajo identificarlo a través de los curas, el peluquero, los artesanos—, pero en el pueblo es preponderante, mucho más visible que el estrato inferior o el superior de la pirámide social. Distinguimos los grupos que componen la clase media, y, dentro de los grupos, a individuos como Moisés que dan una idea de la vida que llevan y de los valores que los rigen. Entre los comerciantes, al parecer, se congregan los extranjeros: aparte de los sirios tenemos noticia de un alemán relojero (p. 50).

Vemos muy de cerca a los profesionales. El médico es un hombre respetable, ocupa la posición más elevada en ese sector medio. Sólo una persona está por encima de él, socialmente: don Sabas. Dentro de la clase media hay jerarquías: no cabe duda que el médico se halla en una situación superior a la de los sirios. Otro profesional, un abogado, es un negro. Un negro puede llegar a ser abogado en esta sociedad y ocupar el peldaño más alto de la clase media. En todo el relato no hay rastro de prejuicio contra los negros; las relaciones del abogado con el coronel son de absoluta igualdad. Es un dato interesante sobre la sociedad ficticia: es posible descubrir en ella un discreto, acaso inconsciente prejuicio contra los guajiros y contra los turcos, pero no contra los negros. El abogado no es el único negro del pueblo; está además ese curandero, parado en un tabladillo de la plaza, con una serpiente en el cuello, que vende medicinas (p. 84). En el pueblo hay también indios, y así como en *La hojarasca* la figura del indio se asociaba para ciertos personajes a la idea de animalidad, aquí ocurre lo mismo. Aparece un rostro «aindiado» y es descrito mediante una imagen repelente: «pequeños y redondos ojos de murciélago» (p. 78). También en el pueblo, inconscientemente, la humanidad del indio es cuestionada, al menos desde una perspectiva de clase media. Todavía desfilan otros representantes de ese sector: el telegrafista, los aprendices de sastrería. Se los ve aunque sea un instante, con verdadera inmediatez, y logramos intuir lo que son y el lugar que ocupan en la comunidad. En el pueblo hay, pues, una pluralidad racial y cultural, muchos inmigrantes se dedican al comercio, la clase media consta de subgrupos y hay jerarquías entre ellos que tienen que ver con la actividad, con el dinero, y también, quizá, con la procedencia.

¿Quiénes están por debajo de esa clase media que constituye el sector más importante en la sociedad ficticia? Los peones, seguramente guajiros, como en *La hojarasca*. Son

LOS PEONES

figuras sin nombre. Casi no los vemos, los *sentimos* castrando los animales de don Sabas (p. 67). A diferencia de lo que ocurre en las ficciones anteriores, esos guajiros no son sirvientes sino individuos entregados a tareas agrícolas y ganaderas. El patrón no se entiende rectamente con ellos, como sucedía en *La hojarasca,* donde el coronel y la familia convivían con sus guajiros. Aquí, entre don Sabas y esos peones, hay un intermediario: el capataz. Recibe las instrucciones del patrón y las transmite a los hombres (p. 68); lo vemos también recibiendo dinero de don Sabas en relación con el trabajo o los jornales. Al pie de la pirámide hay igualmente jerarquías: el capataz tiene una situación privilegiada en comparación con esos trabajadores invisibles.

EL RICO   ¿Y por encima de la clase media? Está don Sabas, el rico del pueblo, el vértice de la pirámide social. Se trata de un cambio importante en relación con el mundo de *La hojarasca.* En ese Macondo de 1928 se estaba en el vértice de la pirámide por antigüedad, por pertenecer a una familia fundadora, tal vez por méritos adquiridos en la guerra grande. En el pueblo de 1956 no se está en el vértice por antigüedad familiar, por ser fundador, ni por ser aristócrata (por «esencia») sino por dinero. Esto es clarísimo: don Sabas llegó al pueblo, igual que el negro de la plaza, como un charlatán de feria, con una culebra enrollada al cuello. De otro lado, no importa cómo se obtiene ese dinero. Don Sabas lo adquirió de la manera más turbia: traicionó a sus copartidarios políticos, haciendo un pacto vil con el alcalde. Éste expulsaba del pueblo a sus copartidarios y él aprovechaba para comprarles sus bienes «a mitad de precio» (p. 76). Ésta es, al menos, la versión que da el médico del origen de la fortuna de don Sabas. En «La viuda de Montiel» veremos que otro rico de la sociedad verbal, don Pepe Montiel, hizo su riqueza idénticamente a don Sabas. Este motivo recurrente aparece también, con algunas diferencias, en *La mala hora* y en

Cien años de soledad, donde José Arcadio Buendía, el marido de Rebeca, construye su fortuna mediante sucias operaciones. En la realidad ficticia, la fortuna es *siempre* («elemento añadido») el resultado de alianzas traidoras con la autoridad política y de maquinaciones viles. Quien está en el vértice social del pueblo, además de estar allí por razones muy distintas a las del viejo patricio de *La hojarasca,* mantiene también relaciones diferentes con su sociedad. Don Sabas no está identificado con el pueblo, no siente que haya entre él y el resto de la pirámide una unión visceral y fatídica, como ocurría con el coronel de *La hojarasca* que sentía su destino fundido al de Macondo. Don Sabas no oculta su desprecio por el lugar en que vive, éste es para él «un pueblo de mierda». De otro lado, para don Sabas los símbolos carecen de significación. Es un hombre fundamentalmente pragmático. Le importan los hechos, casi se diría los bienes: en eso cree. No entiende de esos lazos simbólicos que nacen entre un hombre y un lugar, o entre un hombre y un animal. Por eso se asombra tanto con la relación entre el coronel y el gallo: «El mundo cayéndose y mi compadre pendiente de un gallo», dice (p. 69). La relación entre el coronel y el gallo es semejante a la que existía en *La hojarasca* entre el coronel y Macondo: don Sabas no lo puede entender.

¿De qué consta su fortuna? Compró bienes, ya sabemos, pero eso fue en el pasado. No es un comerciante. Su poder es agrícola: tiene una finca algo alejada del pueblo a juzgar por los preparativos que hace para viajar. No sabemos qué cultiva, pero un dato fugaz, el cruce por el río de «Una barcaza cargada de caña de azúcar» (p. 75), quizá sea indicio de lo que producen sus tierras.

Vive en una casa que no parece suntuosa pero sí amplia y cómoda, y por esta casa deducimos que en el pueblo no debe haber bancos. Don Sabas guarda su dinero en una caja fuerte, objeto magno del decorado hogareño. Esa caja fuerte se abre y salen de ella billetes que don Sabas se mete «en todos los bolsillos» como si fueran dulces (p. 75), billetes que da al capataz, al coronel. Tosco, rústico, materialista, provinciano, sin la más remota pátina de elegancia, es el polo opuesto al coronel de *La hojarasca*, que tenía tanto sentido de las formas. Don Sabas siempre está a punto de montar a caballo (no parecen existir los automóviles) y viste botas, pantalón de montar, chaqueta de cuero con cerradura de cremallera (pp. 73, 75). Al coronel de *La hojarasca* la gente lo respetaba; don Sabas no despierta afecto. El médico piensa que es un «animal que se alimenta de carne humana» (p. 76). Es verdad que nunca pudimos saber en *La hojarasca, directamente,* qué pensaban los macondinos del coronel. Dedujimos que había un resentimiento informe e inconsciente contra su mundo; pero su persona parecía reverenciada y hasta querida. La persona de don Sabas, en cambio, es públicamente despreciada, por razones éticas y políticas. Entre el mundo del médico y el de don Sabas hay una tensión que se transparenta, también, en la conversación irónica, llena de sobrentendidos, que ambos tienen en presencia del coronel (pp. 72-74).

EL DINERO   Algo ha cambiado, fundamentalmente, entre Macondo y el pueblo: la importancia que en esta sociedad tiene el dinero. Aquí es lo determinante de la clase social en que se está. Esa sociedad aristocrática de la ficción anterior —en la que la situación social tenía que ver con el nombre, la antigüedad, el prestigio— aquí ha sido reemplazada por una sociedad de tipo burgués. El cambio, sin embargo, no es tan radical: esta nueva sociedad arrastra todavía muchos rasgos de la sociedad semifeudal de *La hojarasca.* La diferencia más importante entre ambas reside en la función que desempeña el dinero en el pueblo: agente decisivo de la posición que ocupa don Sabas, en Macondo existía, desde luego, pero era invisible, no se mencionaba. Aquí la unidad monetaria es el peso y todo en la vida se refiere al dinero, todo está medido y condicionado por el dinero: la situación de don Sabas, el drama del coronel, las angustias de su esposa. Aquí sabemos lo que cuestan las cosas: un gallo puede costar 900 pesos, un par de zapatos 13 pesos (p. 86), un reloj 40 pesos. Las jerarquías sociales, la dicha y la desdicha, las cosas, están valorizadas en términos monetarios: no ocurría en *La hojarasca*.

¿Qué lugar ocupa el coronel en el pueblo? A través de él descubrimos que la estructura social ha cambiado sólo parcialmente en relación con las ficciones anteriores, que los valores que regían la sociedad de *La hojarasca* no han sido totalmente reemplazados en *El coronel no tiene quien le escriba*. ¿Quién es el héroe anónimo de este relato? Nació hace setenta y cinco años, tal vez en Manaure, o, por lo menos, estudió de niño en ese lugar (p. 44). Fue coronel a los veinte años, en esa guerra civil en la que participó en el bando revolucionario del coronel Buendía (p. 37). Tesorero de la revolución en Macondo (p. 40), asistió a la aparición del Duque de Marlborough, vestido de tigre, en el campamento del coronel Buendía. Llegó a Neerlandia poco antes del Tratado, después de un viaje difícil, para entregar los fondos de la revolución y el coronel Buendía le expidió un recibo, con el que inició los trámites de reconocimiento de servicios. Luego de la guerra vivió en Macondo, pero en 1906, cuando la fiebre del banana, huyó de allí asqueado de la hojarasca y del olor del banano. Es un punto de coincidencia con el héroe de *La hojarasca:* también al viejo patricio de Macondo le repelían la hojarasca y la fiebre del banano. A partir de su llegada al pueblo, su vida es esperar. El relato dice que su espera ha durado medio siglo (p. 66), pero la estadística de los datos de la novela indica sólo treinta y un años. Las instancias de esta espera son confusas (para el mismo coronel): luego de Neerlandia «esperó diez años», a que se cumplieran las promesas (p. 66); hace «diecinueve años» se promulgó una ley en el Congreso, probablemente refrendando la cláusula de Neerlandia relativa a la pensión de los veteranos (p. 35), y el coronel inició entonces un «proceso de justificación que duró ocho años» (van dieciocho), Necesitó «seis años más para que lo incluyeran en el escalafón» (p. 35) (van veinticuatro). Esto ocurrió el «12 de agosto de 1949» (p. 43), y, como se deduce por la alusión a Suez que la historia ocurre en 1956, han pasado siete años desde entonces, sin que tuviera noticias de su trámite: treinta y un años. A pesar de esta larguísima demora, no ha perdido la esperanza: todos los viernes va a apostarse al embarcadero, confiado en que le llegará la carta. Se casó hace cuarenta años (p. 65) y en 1922 nació su hijo Agustín, a quien asesinaron hace nueve meses en la gallera por repartir propaganda clandestina. De su pasado familiar sólo tenemos una imagen: él, su esposa y su hijo asistiendo a un espectáculo público, un día de lluvia (p. 84). En el pasado, tuvo cierta actividad política: él recuerda a esos copartidarios que se reunían en su misma casa para un acto, no sabemos bien de qué índole, en el que incluso tocaba una banda (p. 84). Participó en elecciones, y, al parecer, poniendo no sólo su inteligencia sino también su fuerza. Ahora está en la miseria, pero es un optimista empecinado y su filosofía se resume así: «Nunca es demasiado tarde para nada» (p. 59). A pesar de la penuria cotidiana que padece, cree que «la vida es lo mejor que se ha inventado». Es un hombre con sensibilidad, capaz de emociones artísticas, al que la luz de diciembre exalta: «En una mañana así dan ganas de sacarse un retrato» (p. 79). Hay algo infantil en esa personalidad que se alegra tanto al ver llegar el circo al pueblo, después de diez años. Es muy sensible a los símbolos, ellos ocupan una parte importante de su vida.

Por sus medios, en este mundo donde el dinero es decisivo, debería pertenecer al último estrato de la pirámide, estar por debajo de esa clase media cuyos representantes gozan, todos, de una situación económica muy superior a la de él. Sin embargo, no es así. Pese a su pobreza, forma parte de esa clase media, e incluso don Sabas lo trata con deferencia y amistad. Socialmente ¿qué es este coronel? Una reliquia, un sobreviviente, una pieza de museo que esta sociedad conserva. Aunque por su dinero (falta de) debería ser un guajiro, la clase media y el rico lo tratan como a un igual, y aún más. ¿Por qué? Por su nombre, por su pasado, por su grado, es decir atendiendo a valores que ya no rigen esa sociedad, que eran los que regían el mundo de *La hojarasca*. Valores de otro tiempo, de otro mundo: los valores tradicionales han sido sustituidos sólo en parte, no han desaparecido del todo. En ciertos casos —como el del protagonista— los valores de la vieja sociedad todavía operan.

El pueblo tiene una escuela, como Macondo, y tam- DIVERSIONES bién recibe los periódicos de afuera, una vez por semana. Aquí se ven de cerca esas diversiones que en *La hojarasca* se observaban de muy lejos, a través de referencias negativas, porque los narradores las consideraban impropias. En Macondo había dos tipos de diversiones: unas para la hojarasca y otras lícitas, para Isabel y sus amigas. En el pueblo no existe esa estratificación de las diversiones según las clases. Nadie piensa que el cine o el billar sean sólo para la hojarasca. Hay un cine, efectivamente, y el padre Ángel ha establecido una censura a base de campanadas: desde hace un año las películas son «malas para todos» (p. 21). Pero la prohibición no debe ser muy efectiva pues el cine sigue abierto. Es un detalle interesante sobre la fuerza que tiene la iglesia en el pueblo. Otra diversión es el salón de billar, donde también se juega a la ruleta (p. 77). Vivimos su atmósfera humosa, la expectación de los jugadores, oímos la música (mambos, canciones de Rafael Escalona). Hay, además, una gallera: parece ser la diversión más popular, está muy asociada a la historia, en ella murió Agustín y en ella esperan el coronel y el pueblo conseguir, con la victoria del gallo, recompensas diversas: dinero, desquite político y moral. También entramos a la gallera: vemos ese ambiente de extraordinaria excitación el día del entrenamiento del gallo (p. 82), que al coronel le produce un sentimiento de rechazo (como si esa muchedumbre le recordara la hojarasca que lo ahuyentó de Macondo). Está, por fin, el circo, que vemos llegar al pueblo después de diez años (p. 81). El cuadro de las diversiones es mucho más amplio y preciso que en Macondo.

El relato es elocuente respecto a costumbres relacionadas con la muerte (pp. 13, 14). En Macondo se describía el velorio de un niño; aquí, el de un adulto. Esta vez el muerto no está maquillado. Aparte de las ofrendas florales, el luto de las mujeres, el cortejo, hay un elemento pintoresco: el muerto, un músico, es enterrado con su instrumento de trabajo en las manos: un cornetín. En el pueblo existe la institución del pésame, la visita a los parientes del difunto luego del entierro.

LA SITUACIÓN POLÍTICA: DATOS ESCONDIDOS Y CAJAS CHINAS

Pero el elemento más importante de esta sociedad no es el paisaje natural o urbano, ni las clases sociales, ni el dinero, ni las diversiones, sino la situación política. Es el factor que le imprime sus características primordiales, el contexto sin el cual la anécdota de la ficción resultaría incomprensible: don Sabas está en el vértice de la pirámide gracias a un pacto político; el coronel y su esposa son huérfanos de su hijo por la política; el interés de Álvaro, Germán, Alfonso y el resto del pueblo en el gallo es en el fondo político. ¿Cuál es, pues, la situación política del pueblo?

Es tema central del relato, y, sin embargo, no está abordado directamente: se insinúa en la narración de manera gradual, astutamente dosificada. El pueblo vive un clima de violencia y de opresión, de resistencia urbana clandestina y de acciones armadas en el campo. Todo ello es revelado de modo casi subrepticio, a través de informaciones dispersadas con sabiduría en el cuerpo del relato. Esa masa de datos sobre la situación política está ordenada según un sistema combinado de *datos escondidos en hipérbaton* y de *cajas chinas*.

La mujer del coronel ganó su paraguas en ruinas en una tómbola política (p. 10). Luego, el relato insiste en que el paraguas es un símbolo de mal agüero: la primera mención política se asocia a un objeto funesto. En la página siguiente sabemos que el hombre a quien el coronel va a velar «Es el primer muerto de muerte natural que tenemos en muchos años» (p. 11). Se insinúa el dato escondido en hipérbaton: ¿de qué murieron los otros, entonces? Esa incógnita, al irse despejando, va a dibujar la realidad política del pueblo. En el entierro, el coronel encuentra a don Sabas, «el padrino de su hijo muerto, el único dirigente de su partido que escapó a la persecución política y continuaba viviendo en el pueblo» (p. 14). Es breve pero elocuente: ha habido una represión que liquidó a todos los dirigentes de un partido, salvo a don Sabas. Se abre otro interrogante: ¿por qué escapó don Sabas a la suerte de sus compañeros? Todavía hay otro dato escondido en hipérbaton en la frase, pero sólo descubriremos que es tal (que nos ocultaba algo) posteriormente: «su hijo muerto». Cuando el incidente del cortejo fúnebre con el alcalde, brota una lacónica frase de don Sabas: «Siempre se me olvida que estamos en estado de sitio» (p. 15). Así, pues, hay estado de sitio. Debe ser algo bastante antiguo pues ha perdido su carácter excepcional: alguien se ha familiarizado con el estado de sitio tanto que siempre lo olvida. Dos páginas después se aclara en parte uno de los datos escondidos: el hijo del coronel fue una víctima de la represión política. La información, brevísima, viene como un dato accidental, cuando el relato habla de otra cosa: «... el gallo, herencia del hijo acribillado nueve meses antes en la gallera, por distribuir información clandestina» (pp. 17-18). Otro componente clave de la situación política queda revelado: además de represión, hay también (o había hasta la muerte de Agustín) una resistencia urbana, una organización que distribuye textos clandestinos. Una caja china (es decir, un intermediario: el dato no lo comunica el narrador al lector, se desprende de una conversación entre dos personajes) revela que la prensa está censurada. El dato es una frase corta y lateral: «Es difícil leer entre líneas lo que permite publicar la censura», dice el médico al coronel (p. 21). Allí mismo descubrimos que no se celebran elecciones hace mucho tiempo, también por (otra caja china) un diálogo fugaz: «No hay esperanzas de elecciones —dijo el coronel» || «No sea ingenuo, coronel —dijo el médico—. Ya nosotros estamos muy grandes para esperar al Mesías» (p. 21). Muy poco después, sabemos que hay toque de queda: a partir de las once la gente no puede salir a la calle. Es una noticia escueta, sin comentarios: «A las once sonó el clarín del toque de queda» (p. 22). Ese clarín lo vamos a oír otras veces (pp. 35, 44, 63) y —como el olvido de don Sabas— las reacciones que despierta nos hacen sentir a qué extremo se ha institucionalizado la violencia política en el pueblo. El toque de queda es escuchado con naturalidad y ha pasado a cumplir una misión apolítica: recordar la hora. El coronel «pone su reloj cuando oye el toque de queda».

Aparece un dato importante: la resistencia clandestina que llevó a Agustín a la muerte sigue actuando en el pueblo. El médico entrega al coronel «tres pliegos» que dan «una síntesis de los acontecimientos nacionales impresa a mimeógrafo para la circulación clandestina». Esa resistencia dura ya diez años y —otra revelación— no sólo es urbana y política: hay también una «resistencia armada en el interior del país» (p. 25). El dato escondido en hipérbaton relativo a don Sabas se aviva: nos enteramos que los copartidarios del coronel «fueron muertos o expulsados del pueblo, y él quedó convertido en un hombre solo sin otra ocupación que esperar el correo todos los viernes» (pp. 26-27). ¿Cuáles son las consecuencias de la censura? Las noticias nacionales son mínimas: «Desde que hay censura los periódicos no hablan sino de Europa», dice el coronel (p. 34). Según el procedimiento constante de esta ficción de ir de lo general a lo particular, de lo abstracto a lo concreto, la resistencia clandestina se materializa en caras y nombres: los tres aprendices del taller de sastrería forman parte de ella y «Agustín» es la contraseña que utilizan para hablar de la hoja clandestina (pp. 50, 77). Al entrar el coronel a la sastrería, divisamos un cartelito: «Prohibido hablar de política» (p. 51). Cuelga, precisamente, en uno de los focos de la resistencia y muestra el sometimiento psicológico de la población: la sola idea de política resulta peligrosa en el pueblo. Mientras los compañeros de guerra del coronel murieron sin recibir sus pensiones, los del otro bando disfrutaban de privilegios parlamentarios: la esposa del coronel recuerda a esos que «cumplieron con ganarse mil pesos mensuales en el senado durante veinte años» (p. 65). Se revela al fin el dato escondido sobre la fortuna de don Sabas, su pacto con el alcalde y la matanza o exilio de los copartidarios del coronel (p. 76). Asistimos a una batida en el billar —los policías entran encañonando a la gente con sus fusiles— y vemos la cara del hombre que mató a Agustín. Sólo aquí sabemos (se aclara del todo el dato escondido) que su asesino fue un policía (p. 78). En el pasado las cosas no eran así, la oposición no había sido exterminada ni acallada. El coronel recuerda a los dirigentes de su partido, peinados y encorbatados, asistiendo a un acto político (p. 84), y poco después rememora «la tumultuosa muchedumbre de los remotos domingos electorales». También en Macondo se hablaba de los domingos electorales como de algo tumultuoso. El dato sobre las antiguas elecciones se amplía cuando la esposa dice al coronel:

«También tenías derecho a que te dieran un puesto cuando te ponían a romperte el cuero en las elecciones» (p. 90). ¿En qué forma actuaba el coronel en esas elecciones? «Romperte el cuero» puede significar que trabajaba mucho, pero también que se arriesgaba físicamente, que su participación era violenta.

Los datos políticos, insertados con malicia a lo largo del relato, van esbozando la represión, el rencor, la censura, la resistencia, los odios, los tráficos, gradual y, se diría, involuntariamente. Todos estos datos tienen las mismas características: brevedad y apariencia casual. Surgen como pequeñas desviaciones de la que, en ese instante, es materia narrativa principal, y casi siempre como datos escondidos y cajas chinas. ¿Cuál es la razón de las exageradísimas precauciones del narrador para comunicar los datos políticos? ¿Por qué los ha ido filtrando como de contrabando en la narración si constituyen el elemento esencial de la sociedad ficticia? Para dotarlos de poder de persuasión, para darles carácter objetivo y hacerlos admitir por el lector. Por su extrema violencia, la situación política del pueblo llega a ser truculenta y este material podría despertar la desconfianza, la incredulidad del lector: por eso, los datos no le son impuestos de frente y a la vez; le son comunicados indirectamente, de manera tan fragmentada y rápida que casi no tiene la impresión de estarlos recibiendo. La postración y el clima angustioso del pueblo se deben en gran parte a su situación política. La atmósfera que allí se respira es consecuencia de la institucionalización de la violencia política. Ésta viene de tan lejos y abarca tanto, que ha perdido carácter inusual, se ha convertido en vida cotidiana. Constituye la normalidad del pueblo, contamina toda su existencia. Los dos símbolos de la represión (política y moral), las campanadas de la censura cinematográfica y el clarín del toque de queda, por eso, no llaman la atención: sirven para verificar la hora.

La diferencia entre Macondo y el pueblo consiste en una muda sufrida por la realidad ficticia: en este relato ha dejado de ser primordialmente interior, subjetiva e individual para ser, primordialmente, exterior, objetiva y social. ¿A qué se debe que en la realidad ficticia desempeñen ahora función dominante lo social, lo económico y lo político? A que el héroe se ha empobrecido, a que está muriéndose de hambre por culpa de la política. La condición que vive lo ha zambullido en preocupaciones que el coronel de *La hojarasca* podía permitirse ignorar. Esto no quiere decir que el héroe de *El coronel no tiene quien le escriba* carezca de dimensión interior, que sea incapaz de reflexiones morales, filosóficas o abstractas, sino que su situación lo obliga fatalmente a dar primacía a problemas que el otro coronel podía desdeñar porque no los vivía. Los problemas urgentes del héroe son aquí la miseria y el hambre: constituyen su realidad más inmediata, y, junto con la política, forman el asunto central de esta ficción. Es significativo que el libro se abra con una imagen de miseria (el coronel prepara café raspando un tarro, de modo que la bebida resulta una infusión de café con óxido de lata) y que se cierre con otra peor. El coronel ha decidido no vender el gallo, a pesar de que faltan quince días para la pelea. «Y mientras qué comemos», se angustia su mujer. El coronel responde: «Mierda» (p. 92). La nueva faz de la realidad ficticia está condensada en esta imagen final: la materialidad del pueblo, su carnalidad un poco abyecta. Es la condición del protagonista la que ha trocado el eje de la realidad ficticia del plano interior, subjetivo e individual, al exterior, objetivo y social. El hambre y la miseria han dado conciencia social, económica y política al personaje, o, mejor dicho, a los seres de la sociedad ficticia, pues todos ellos están afectados por estos tres niveles de lo real. Esa conciencia se expresa en la sorda afirmación de la mujer del coronel: «Nosotros ponemos el hambre para que coman los otros» (p. 90).

Si la situación política es lo principal de la sociedad ficticia, la pobreza es el alma de la historia que ocurre en aquella sociedad. La materia de la ficción distribuye así esos dos temas: la situación política es la base de la crónica social y la miseria la de la biografía individual. Al igual que la política, las características de la miseria surgen por una serie de datos espaciados, breves y luminosos. ¿Qué significa ser pobre en el pueblo? El coronel y su esposa tienen la casa hipotecada y es probable que dentro de dos años se la quiten; viven de créditos y, lo que fastidia más al coronel, de mentiras: «Tuvo que apretar los dientes muchas veces para solicitar crédito en las tiendas vecinas. "Es hasta la semana entrante", decía, sin estar seguro él mismo de que era cierto» (p. 46). Su mujer prepara el almuerzo con fiados, y van perdiendo sus cosas para sobrevivir: quieren vender el reloj y el cuadro y antes vendieron su máquina de coser (p. 49). Llegan a alimentarse con el maíz que les regalan los amigos para el gallo (p. 62). Se avergüenzan de que la vecindad sepa su situación y, fuera de no comer, deben simular que comen: «Varias veces he puesto a hervir piedras para que los vecinos no sepan que tenemos muchos días de no poner la olla» (pp. 64-65). La vida que llevan ha reducido sus aspiraciones a una modestia lastimosa: la máxima ambición de la mujer es comprar un par de zapatos nuevos para el coronel y un espejo para el dormitorio (p. 71). Hacen milagros para vestirse: la mujer remienda y resucita ropas, incansablemente.

Esta situación agobiante del coronel y su esposa ha dado al pueblo su agresiva materialidad, en comparación con la espiritualidad de Macondo. Se han alterado los términos de relación entre los planos de la realidad ficticia: en Macondo, el nivel básico, a través del cual se mostraban los otros, era interior, subjetivo e individual y los problemas dominantes eran morales y metafísicos; aquí, el nivel básico es exterior, objetivo y social y los problemas dominantes son históricos y sociales. Sólo se han alterado los términos de relación, pues en ambas sociedades los dos planos aparecen, aunque en una jerarquía distinta.

Otro cambio esencial es la visión del mundo. En *La hojarasca* prevalecía la noción de fatalidad: los destinos colectivos e individuales estaban escritos, manifestaban las esencias eternas y peculiares de cada hombre y de cada pueblo. En *El coronel no tiene quien le escriba,* aunque la vida social e histórica es objetivamente tan monótona y estática como en Macondo, subjetivamente no lo es: en esta sociedad donde, en los hechos, nada cambia, hay sin embargo una puerta abierta sobre la posibilidad de cambio, que se llama la esperanza, la ilusión. La visión esencialista de *La hojarasca* ha variado al bajar el eje de la narración del vértice de la pirámide social al estrato segundo, a esa clase media que es aquí la perspectiva desde la que se divisa la realidad. En el pueblo las cosas no cambian, pero hay quienes esperan que cambien, lo que significa que *quieren* que cambien. La visión del mundo sigue siendo idealista, pero ya no es pesimista. Esa voluntad de cambio se refleja en lo colectivo (la política no es considerada vana y despreciable: el médico, los aprendices de la sastrería y demás resistentes están empeñados en una acción para cambiar la vida del mundo en que viven) y en lo individual (pese a los años de miseria, el coronel tiene una terca fe en el cambio de su destino: está convencido que un viernes llegará la carta, que el gallo ganará la pelea y que así se resolverán sus problemas).

Es decir, los destinos colectivos pueden cambiar, los destinos individuales también pueden cambiar. Pero la diferencia fundamental entre esta visión del hombre y de la historia y la de la ficción anterior, está en que aquí se cree en la intervención del individuo y de la comunidad en la marcha de su destino: pueblos e individuos contribuyen a esos cambios. El fatalismo pesimista ha desaparecido en la concepción histórica que permea a esta ficción.

EL IDEALISMO OPTIMISTA

¿En qué forma pueden intervenir la colectividad y la persona en la evolución de su destino? A juzgar por las conductas de los personajes, los instrumentos de cambio no son tanto ciertas acciones como ciertas actitudes emocionales y mentales: se trata de tener fe, de no perder la esperanza. ¿Por qué? Porque los cambios en la historia colectiva y en la vida individual dependen, esencialmente, del azar. La sociedad y el héroe están mal, pero éste es un estado provisorio: hay que tener paciencia, conservar la confianza a pesar de los desengaños diarios, porque, en algún momento, algo va a ocurrir. ¿Qué puede ocurrir? Un viernes la lancha del correo traerá la carta, el gallo ganará la pelea, la resistencia urbana y la guerrilla triunfarán. Entonces, el mundo y el individuo pasarán a una situación mejor, quedará atrás «la mala hora» que estuvieron viviendo. La historia social y la individual encierran esa posibilidad de mejora y de superación: ello depende de la fe y del azar. El idealismo pesimista de *La hojarasca* ha sido reemplazado por un idealismo optimista. La visión sigue siendo esencialista, pero se trata ahora de un esencialismo dialéctico: en él se alternan el bien y el mal, la justicia y la injusticia, según un ritmo caprichoso, como los ganadores y perdedores en el juego.

SÍMBOLOS DEL AZAR HISTÓRICO

Por eso tienen tanta importancia en *El coronel no tiene quien le escriba* los símbolos del azar individual (la carta que debe llegar, el triunfo del gallo) e histórico (la ruleta, la gallera). El gallo, sobre todo, es una figura representativa del cambio: simboliza la esperanza de mejora económica del coronel; para los resistentes es un símbolo político, y, en cierta forma, lo es también para el pueblo entero, como se ve cuando todos siguen al coronel con el gallo por las calles (p. 84). La victoria del gallo es presentada como una victoria psicológica y moral de la comunidad: por eso lo alimentan, por eso esperan con tanta ansiedad la pelea. «Esa cosa tan viva, tan decidida,

314

tan fuerte, es algo más que un gallo de pelea; es la soterrada decisión resistente de todo el pueblo», dice Ángel Rama, «no se puede evitar la asociación entre el gallito de pelea y el pueblo joven decidido a luchar».[3] Sí, pero esa lucha consiste sobre todo en esperar y en creer que el cambio ocurrirá. De otro lado, el gallo no simboliza lo mismo para todos. Para la mujer del coronel (más pragmática que su marido) representa una locura, es un pájaro de mal agüero. Y para don Sabas, a quien toda idea de cambio en este momento sólo puede repeler, el gallo tiene únicamente valor mercantil. Lo cual muestra otra cosa importante: la visión del mundo no sólo ha cambiado, también se ha relativizado. La razón es la muda espacial entre *La hojarasca* y *El coronel no tiene quien le escriba*. En la novela anterior había un narrador-personaje, encarnado alternativamente en tres miembros de una familia. Aquí, hay un narrador omnisciente, que, aunque en la mayor parte del relato adopta la perspectiva del coronel, guarda, sin embargo, suficiente objetividad como para indicar los puntos de vista de los otros personajes, de modo que el lector puede distinguir las afinidades y divergencias entre ellos. Esta visión idealista-optimista, que es la del coronel, y, de manera general, la de la clase media del pueblo, no tiene ese carácter rígidamente unilateral y excluyente que tenía la visión idealista-pesimista, que —por ser la concepción de los *narradores*— quería presentarse como objetiva, universal y única. Aquí podemos establecer diferencias de matiz y grado entre los personajes. La esposa del coronel es menos optimista que su esposo, y también menos idealista: hay en ella una fe preponderante en lo inmediato y en lo tangible, tiene un espíritu materialista y práctico que la aproxima a don Sabas. Como el rico, aunque por razones

---

[3] Ángel Rama, «Un novelista de la violencia americana», en *9 asedios a García Márquez*, Santiago de Chile, Editorial Universitaria, 1969, pp. 118, 119.

distintas, desconfía de los símbolos y es escéptica en lo que se refiere al azar.

La creencia en el azar como agente decisivo del cambio individual y social, aunque profunda, no es una ideología consciente, sino informe e instintiva; orienta las conductas, puede rastrearse a través de ellas, pero no está intelectualmente formulada en ninguno de los personajes: aparece como una praxis de la clase media del pueblo, no como una teoría. Ante todo, es significativo que los resistentes más militantes sean, al mismo tiempo, los personajes más entusiastamente dedicados a la ruleta y a la gallera. Fue el caso del hijo del coronel, también, quien, antes de ser asesinado por repartir propaganda, era un apasionado de la lidia de gallos: «Me parece que lo estuviera viendo cuando salió con el gallo debajo del brazo. Le advertí que no fuera a buscar una mala hora en la gallera y él me mostró los dientes y me dijo: "Cállate, que esta tarde nos vamos a podrir de plata"» (pp. 47-48). Como Agustín esperaba encontrar la fortuna en la gallera, Álvaro, Germán, Alfonso, y, al parecer, el resto de esa clase media que, activa o moralmente, es solidaria de ellos, esperan encontrar en esa misma gallera, gracias al mismo gallo, un triunfo que tiene clara significación política. La perspectiva de esa victoria política simbólica decide a los amigos de Agustín, primero, a alimentar al gallo por su cuenta, y, luego, a arrebatárselo a la mujer para llevarlo al entrenamiento: «Dijeron que se lo llevarían por encima de nuestros cadáveres —dijo—. Dijeron que el gallo no era nuestro sino de todo el pueblo» (p. 85). Ese empecinamiento no es un capricho pintoresco: el pueblo identifica su voluntad de cambio con la posible victoria del gallo. Basta ver la explosión de entusiasmo con que todos saludan el triunfo del animal durante el entrenamiento: «Germán saltó la barrera, lo levantó con las dos manos y lo mostró al público de las graderías. Hubo una frenética explosión de aplausos y gritos. El coronel notó la desproporción entre el entusiasmo de la ovación y la intensidad del espectáculo» (p. 83). La muchedumbre sale luego en manifestación, acompañando al coronel, quien percibe «la confusión de rostros cálidos, ansiosos, terriblemente vivos». Ante esta masa delirante, el narrador hace una observación que, sin duda, expresa lo que está sintiendo el coronel: «Desde hacía mucho tiempo el pueblo yacía en una especie de sopor, estragado por diez años de historia. Esa tarde —otro viernes sin carta— la gente había despertado». La muchedumbre frenética trae a la mente del coronel dos recuerdos políticos: los dirigentes de su partido, abanicándose en el patio de su casa, y la tumultuosa muchedumbre de los remotos domingos electorales. No es casual: historia y gallera (o, mejor, historia y juego, historia y azar) se asocian en este episodio de manera íntima e irracional. Para el coronel, y, sobre todo, para Álvaro, Germán, Alfonso y la multitud que ha seguido expectante el entrenamiento y ha estallado de júbilo y avanza en procesión detrás del gallo, el pueblo y la gallera son una misma cosa, están regidos por una norma semejante, son escenario de procesos idénticos: en ambos se suceden las malas horas y las buenas horas, las victorias y las derrotas, y esa fe y ese entusiasmo que vuelcan todos allí, en el azar encarnado en el gallo, los están volcando en realidad en el destino del pueblo, cuyo rumbo —fortuna o infortunio— se decide por el mismo sistema misterioso y cambiante que las victorias o las derrotas en el ruedo. En el pueblo los cambios históricos se logran, según esta concepción idealista-optimista, por una mezcla indiferenciable de confianza, de paciencia, de obstinación y de colaboración del azar. En *El coronel no tiene quien le escriba* aparece materializada, en cierto modo, la concepción lúdica de la historia que Johan Huizinga describió en un ensayo célebre: la evolución de la vida social como una sucesión ritual de pruebas agónicas (competencias, justas de todo orden), en cuyo resultado intervienen confundidos la acción individual y el azar, el talento o la fuerza y la suerte, como factores inseparables y simultáneos.[4]

¿Sólo la oposición participa de esta fe en el azar como agente histórico de cambio? Hay síntomas de que —tan informe e inconscientemente como la oposición— el poder comparte también la concepción lúdica de la historia. Está tan atento a los símbolos del azar como los resistentes. Agustín, no hay que olvidarlo, fue asesinado por la policía *en la gallera*. Y, además, cuando vemos la represión en acción ¿dónde ocurre? En el billar, junto a la ruleta, donde está apostando Álvaro, en medio de una muchedumbre expectante, y donde el coronel acaba de experimentar «la fascinación, el sobresalto y la amargura del azar» (pp. 77 y 78). En el episodio de la ruleta, el azar se confunde también con la política: Álvaro entrega al coronel, mientras apuesta, una hoja clandestina, y la batida policial tiene lugar inmediatamente después que Álvaro ha perdido por apostar al número que le aconsejó el coronel. La derrota en el juego coincide con la aparición ante el coronel del policía que disparó contra su hijo.

EL CONFLICTO
DRAMÁTICO

El conflicto dramático del relato nace de una contradicción que se mantiene de principio a fin: esta concepción idealista-optimista de la vida que es el principio rector de la conducta del héroe, es desmentida constantemente por la realidad objetiva, que, en todos los momentos de la narración, aparece negando con brutalidad ese optimismo. El idealismo del héroe no encuentra eco, no encaja en la realidad histórica en que vive: los hechos no lo confirman. De este conflicto entre la actitud espiritual del personaje y la situación histórica del medio, nace la estatura heroica y trá-

---

[4] Johan Huizinga, *Homo ludens, A Study of the Play Element in Culture*, Londres, Paladin, 1970. Véanse, sobre todo, los capítulos 3, «Play and Contest as Civilizing Function» (pp. 66-96), y 11, «Western Civilization Sub Specie Ludi» (pp. 198-220).

gica del coronel y la fuerza dramática de la ficción. El conflicto es esencial e invisible: es una pugna entre dos planos de lo real, entre subjetividad individual y objetividad histórica, entre espíritu y materia. En términos estrictos, en los tres meses que dura la historia, no ocurre nada importante en el plano material, en el mundo de los hechos. Lo principal ocurre en el ánimo del personaje, en su ambición, sus decisiones o sus sueños. Este conflicto entre subjetividad y objetividad, entre espíritu y materia está reflejado en la propia persona del coronel de manera curiosa: este espíritu idealista alienta en un anciano miserable que apenas puede comer; este optimista insobornable es un cuerpo que se pudre, un organismo devastado. Gráficamente, esta oposición puede representarse, al nivel del protagonista, así:

Espíritu	Materia
Idealismo	Miseria, vejez
Optimismo	Torturas fecales

La concepción idealista-optimista está en la personalidad espiritual y moral del personaje, en esa férrea, loca fe en la justicia inmanente que lo lleva cada viernes al embarcadero a esperar la carta y que lo hace preferir conservar el gallo (la ilusión de una victoria) a venderlo (un beneficio inmediato). La realidad objetiva que desmiente este optimismo idealista está en su propio cuerpo, envejecido por los años, sometido a la estrechez y al hambre, y, sobre todo, al suplicio de la retención fecal.

De un lado, el coronel es el más espiritual de los seres de la realidad ficticia, el más limpio y noble, moralmente hablando, el de sentimientos más altos. De otro, es el personaje de carnalidad más inmediata, el organismo más íntimamente descrito, sobre todo a un nivel particular: el de sus vísceras. Tan importante como su grandeza moral es esa otra cara de su personalidad: su estreñimiento. Ese

319

rasgo material característico de su persona se asocia con una de las particularidades de la realidad ficticia que contribuyen a dotarla del *elemento añadido:* la misteriosa relación que existe en Macondo y en el pueblo entre los elementos naturales y ciertos organismos humanos. La retención fecal del coronel está profundamente ligada a octubre. Su humillante tortura física, documentada a lo largo de la historia con detalles naturalistas, aquí, además, cumple una función de primer orden: ilustrar la oposición entre una concepción de la realidad y la realidad misma, entre subjetividad y objetividad. Todos los datos de *El coronel no tiene quien le escriba* están organizados según una técnica de contrapunto, de modo que las actitudes que revelan la concepción idealista-optimista de la realidad (el espíritu del personaje) alternen con situaciones en que la realidad objetiva contradice con crudeza esa concepción. En esta organización de la materia narrativa, según el procedimiento de los *vasos comunicantes* (fundir en una unidad narrativa situaciones o datos que ocurren en tiempo y/o espacio diferentes o que son de naturaleza distinta, para que esas realidades se enriquezcan mutuamente, modificándose, fundiéndose en una nueva realidad, distinta de la simple suma de sus partes) cada vez que en un episodio se hace patente la grandeza moral del personaje, el episodio inmediatamente posterior hace patente su miseria física: su vejez, su hambre, y, sobre todo, su estreñimiento. El excremento tiene también una función simbólica, es uno de los combatientes en esa pugna de la que extrae la historia su dramatismo.

Las torturas estomacales del coronel están repartidas de principio a fin de la historia: «experimentó la sensación de que nacían hongos y lirios venenosos en sus tripas» (p. 7), «Contemplando la vegetación que reventaba en verdes intensos, las minúsculas tiendas de las lombrices en el barro, el coronel volvió a sentir el mes aciago en los intestinos» (p. 8), «Compadre, hágase ver del médico».

«No estoy enfermo —dijo el coronel—. Lo que pasa es que en octubre siento como si tuviera animales en las tripas» (p. 16), «No escampó en varios días. En el curso de la semana reventó la flora de sus vísceras» (p. 17), «Llovió después de la medianoche. El coronel concilió el sueño pero despertó un momento después alarmado por sus intestinos» (p. 22), pero donde está mejor representado, en una síntesis admirable, el conflicto central —la oposición entre subjetividad y objetividad— es cuando vemos al coronel en el excusado: «Era una falsa alarma. Acuclillado en la plataforma de tablas sin cepillar experimentó la desazón del anhelo frustrado. El apremio fue sustituido por un dolor sordo en el tubo digestivo. "No hay duda", murmuró. "Siempre me sucede lo mismo en octubre." Y asumió su actitud de confiada e inocente expectativa hasta cuando se apaciguaron los hongos de sus vísceras» (p. 23). El episodio comienza con el coronel, despertando «en una realidad turbia alborotada por el canto del gallo» y dirigiéndose medio dormido hacia el excusado. La escena concentra los objetos que simbolizan las dos fuerzas en conflicto, y lo hace simultáneamente en los dos planos en que el conflicto tiene lugar: en la realidad y en el personaje. El canto del gallo alborota (el verbo tiene una connotación risueña, saludable, positiva, optimista) una realidad turbia; el organismo del coronel sufre, pujando angustiosamente en el pozo con moscas triangulares, mientras su espíritu conserva una actitud de confiada e inocente expectativa. Las alusiones continúan, metódicas, enfrentando la terrestre podredumbre a la ilusión: «Agonizó muchas horas en el excusado, sudando hielo, sintiendo que se pudría y se caía a pedazos la flora de sus vísceras. "Es el invierno", se repitió sin desesperarse. "Todo será distinto cuando acabe de llover." Y lo creyó realmente, seguro de estar vivo en el momento en que llegara la carta» (p. 46). Inmediatamente después de que don Sabas asegura que el gallo se puede vender por novecientos pesos, el coronel siente «una fuerte torcedura en las tripas» y se precipita hacia la oficina de correos: «Estoy esperando una carta urgente —dijo—. Es por avión» (p. 60): tres elementos simbólicos del conflicto —el gallo, la carta, las vísceras— están reunidos en una clara relación antagónica. En la p. 80 se dice que el coronel «Se sentía bien. Diciembre había marchitado la flora de sus vísceras». ¿Se siente bien porque es diciembre o porque, momentáneamente, ha cesado la tensión de la que es sede? En ese momento, ha decidido vender al gallo, renunciar a su idealismo, ceder al pragmatismo de su mujer, rendirse a la realidad objetiva. Pero en los días siguientes da marcha atrás y decide conservar el gallo. La frase final del relato restituye, genialmente, la pugna insoluble, cuando la mujer pregunta «qué comemos», y el coronel se siente «puro, explícito, invencible, en el momento de responder: —Mierda» (p. 92).

La abundancia de referencias al estreñimiento del coronel no es gratuita; la materia fecal representa a una de las fuerzas que guerrean en la realidad ficticia y en el propio protagonista, es el contrapeso de esa otra fuerza representada por el gallo y la carta. Al mismo tiempo, ese elemento vil apuntala una característica del mundo ficticio ya insinuada en las ficciones anteriores. Todas las alusiones a las vísceras del coronel y las angustias que le significan, están conectadas con la lluvia y el tiempo (octubre, diciembre) y con los símbolos adversarios.

No sólo la peripecia del héroe está trazada según este sistema de vasos comunicantes. La pugna se proyecta por toda la realidad ficticia, en la que constantemente vemos este contrapunto entre una subjetividad optimista que espera, que tiene fe en el azar como agente de cambio, y una objetividad que la desmiente en la forma más ruda. En todo el relato esas fuerzas enemigas están enfrentándose y negándose, sin que el conflicto se resuelva jamás. A ello debe *El coronel no tiene quien le escriba* su extraordinario dinamismo interior, su tensión sin altibajos, esa esfericidad que, según Cortázar, es la mayor hazaña del relato corto.[5] Ese conflicto, que dinamiza a toda la historia, entre una visión ideal y una realidad objetiva que no casa en aquella idealidad, se halla materializado también en el caso de los resistentes activos y pasivos: su acción, que se prolonga ya muchos años, no retrocede ni avanza, consiste sólo en durar, en esperar, en creer en el cambio, en aferrarse a ciertos símbolos como la ruleta y la gallera. La realidad objetiva que desmiente ese optimismo está en el marco exterior —físico y social— de ese idealismo optimista, que es idéntico de principio a fin, incambiable y sombrío; lluvia, suciedad, monotonía, censura, represión, miseria. Esto explica, también, por qué abundan las enfermedades (la diabetes de don Sabas, el asma de la mujer, la mejilla hinchada del alcalde) y las muertes. Todos los elementos de la ficción, desde el paisaje hasta los organismos individuales, encuentran su lugar y su función en uno de los bandos de esa pugna total y sin resultado de que es escenario la realidad ficticia y que el sistema de vasos comunicantes aprovecha, a través de antinomias múltiples, para dotar a la historia de su apretada vitalidad.

También la construcción de *El coronel no tiene quien le escriba* puede ser llamada clásica. En relación con las ficciones anteriores, constituye una simplificación de los tres puntos de vista. El espacial: muda del narrador-personaje al narrador omnisciente, característico de la novela tradicional. El de nivel de realidad: muda del plano interior (conciencias que monologan) al plano exterior de la realidad objetiva, que sigue siendo la dominante de la realidad ficticia. Lo real imaginario no existe, o existe *como* PUNTOS DE VISTA

---

[5] Julio Cortázar, *Último round,* México, Siglo XXI Editores, 1969, pp. 35-46.

tal, es decir como una dimensión subjetiva de lo real objetivo. El temporal: el narrador, que se sitúa en un presente desde el cual narra hechos que corresponden a un pasado mediato e inmediato, sigue una cronología lineal, también típica de la novela clásica. Cronología lineal es, desde luego, una expresión figurada: sólo un puñado de novelas pueden preciarse de haber organizado los datos de la historia en su orden estricto de sucesión. Esto no ocurre casi nunca: hay un avance temporal que, en términos generales, corresponde al orden de sucesión de los hechos, pero que es frecuentemente vulnerado por breves retornos a distintos momentos del pasado, a través de reminiscencias, diálogos, evocaciones, sueños, etc. Es lo que sucede en *El coronel no tiene quien le escriba.* Ya vimos que una serie de materiales de la historia son datos escondidos y cajas chinas: esos procedimientos retrotraen al pasado inmediato de la ficción, ciertos datos del pasado mediato.

LA
ESCRITURA

Pero el poder de persuasión de este relato depende, más aún que de su limpia construcción, de la eficacia de su escritura. Esta adquiere en *El coronel no tiene quien le escriba* una importancia que no tenía en las ficciones anteriores, y que no volverá a tener hasta *Cien años de soledad.* En relación con *La hojarasca* ha sufrido una cura de adelgazamiento, de purificación de todo elemento no estrictamente indispensable: ese estilo objetivo y transparente es funcional porque se adecúa totalmente a su materia, el lector tiene, todo el tiempo, la impresión de que la historia del coronel sólo podía ser contada así, con esas mismas palabras. Economía descriptiva, diálogos breves y sentenciosos, precisión maniática en la designación del objeto, fuerza significativa de las imágenes: estas características, sin embargo, no nos dicen nada sobre la originalidad de este lenguaje.

El sistema de escritura no ha variado totalmente, y es explicable: la visión del mundo de *La hojarasca* sólo ha variado en parte en esta ficción. En el pueblo sobreviven elementos sociales e ideológicos de Macondo. Ese rasgo común a ambas sociedades se refleja en rasgos estilísticos comunes. Así, la caracterización de algunos personajes en *El coronel no tiene quien le escriba* se realiza mediante la repetición de fórmulas estilísticas idénticas o parecidas, como en *La hojarasca*. Ocurre que aquí también perdura, parcialmente, la noción esencialista, origen de esa forma de caracterización. Como el médico suicida o el Cachorro, algunos personajes son unas fórmulas recurrentes, una etiqueta verbal que los acompaña en sus apariciones y que tiende a revelar su diferencia, su esencia. Esto ocurre, justamente, con el personaje que participa menos de la concepción idealista-optimista que es la gran novedad ideológica en la realidad ficticia: la esposa del coronel. Ella es una respiración pedregosa («Siguió sorbiendo el café en las pausas de su respiración pedregosa» [p. 8], el coronel «percibió la pedregosa respiración de la mujer» [p. 45], «La pedregosa respiración de la mujer se hizo angustiosa con el aire helado» [p. 86]), unos silbidos pulmonares («Pasó varias noches en vela, atormentado por los silbidos pulmonares de la asmática» [p. 17], «"Trata de no moverte", dijo, sintiendo los silbidos dentro de sus propios pulmones» [p. 48]), el asma («Con un asma como ésa yo estaría preparado para vivir cien años» [p. 25], «Con un asma como ésa yo estaría preparado para enterrar a todo el pueblo» [p. 45]),[6] y una mujer-que-reza-el-rosario («Encontró a su mujer rezando el rosario» [p. 63], «La mujer saltó hacia el mosquitero en busca del rosario» [p. 66], «El coronel esperó que su esposa terminara el rosario...» [p. 86]). Pero la esposa del coronel no es el único caso. El médico es una dentadura blanquísi-

---

[6] En ambos casos quien pronuncia estas frases casi idénticas es el médico, de modo que la fórmula estilística recurrente sirve para definir a la esposa del coronel y al propio médico. Algunos personajes son ciertas etiquetas, otros dicen ciertas etiquetas.

ma: «Había algo increíble en la perfección de su sistema dental» (p. 19), «El médico respondió en silencio con el estereotipado esmalte de sus dientes» (p. 25), «El médico vio sus propios dientes reflejados en la cerradura niquelada del maletín» (p. 73). En el caso del coronel el procedimiento está matizado, la fórmula estilística ha sido traspuesta a una actitud recurrente: él *es* el hombre-que-espera-la-carta, el hombre-que-sufre-de-estreñimiento, el hombre-que-confía-en-la-victoria-del-gallo. Este método de caracterización significa la supervivencia (parcial) en esta sociedad de la concepción esencialista de *La hojarasca*.

TRUCULENCIA
Y HUMOR

Otro elemento nuevo en esta ficción (en la realidad ficticia) es el humor. Aparece como antídoto de fuerzas que, sin él, ahogarían la vivencia, impedirían que la historia tuviera poder de persuasión. La maestría con que el humor es usado en el relato es tan grande como la importancia estilística que este componente tiene en la ficción: sin él, o, más bien, sin su forma particular de humor, *El coronel no tiene quien le escriba* sería, por su severo realismo, una historia irreal. Analizando este rasgo estilístico comprobamos, además, que el procedimiento de los vasos comunicantes funciona también, al igual que en la estructura, en el lenguaje de esta ficción.

Es preciso distinguir dos formas netamente diferenciadas que puede tener el humor en una ficción: el humor de situación o asunto y el humor de expresión o forma. En el primer caso, el humor brota de cosas que hacen o padecen los personajes, de sus comportamientos, de las situaciones que viven: el humor forma parte de la materia narrativa. En el segundo, el humor brota sólo de la boca de los personajes o del narrador, está en ciertas cosas que dicen o que dejan de decir, y en este caso se puede hablar del humor como un recurso formal, que transpira únicamente la expresión narrativa, la escritura (desde luego que en una ficción pueden combinarse ambos usos del humor). En *El coronel no tiene quien le escriba* el humor es *siempre* de expresión o forma: no aparece en la situación que viven los personajes sino en cosas que dicen. El asunto de esta ficción es lo menos humorístico que cabe imaginar: la violencia, la injusticia, el hambre, la sordidez, la miseria, la rutina. Estos temas, aunque correspondan a experiencias auténticas de la vida real, tienen, todos ellos, una cierta carga desvitalizadora como asuntos literarios: su presencia en una ficción es de por sí una amenaza de irrealidad, de inverosimilitud. Les ocurre, como al tema del sexo, que, aunque expresen una realidad muy vigente, su representación literaria es cada vez más difícil y riesgosa, pues, por razones sociales, ideológicas y también literarias, se ha ido levantando contra ellos una verdadera muralla de prevenciones y prejuicios. El lector tiende a rechazar ciertos temas, a no creer en ellos: apenas los detecta en una ficción se arma de sospechas, se acoraza de incredulidad, y esta actitud hace que, en las ficciones elaboradas a partir de aquellos asuntos, dotar al mundo ficticio de poder de persuasión sea mucho más arduo y complejo para el creador. No basta decir que la miseria, el hambre, la injusticia social provocan, de antemano, una cierta desconfianza o incredulidad en el lector por razones de egoísmo y de prejuicio ideológico —esos temas lo acusan social, moral y políticamente—, y que tiende a rechazarlos como una medida de defensa, para conservar su buena conciencia, aunque, por supuesto, sea cierto. También la propia literatura ha contribuido a envilecer (es decir a irrealizar) estos temas por el uso simplista, demagógico y torpe que hizo de ellos. La literatura naturalista y populista, y, en América Latina, la narración indigenista y de protesta social redujeron la representación literaria (constante y obsesiva) de la miseria, el hambre y la violencia política y social, a historias de un esquematismo burdo, a la exposición maniquea y mecánica de los problemas, a catálogos miserabilistas y truculentos de tipos humanos y de males sociales. El resultado ha sido contraproducente: en vez de provocar una toma de conciencia social, esa literatura contribuyó, con sus ficciones caricaturales y melodramáticas, a irrealizar esos temas, a desnaturalizarlos por las formas rústicas en que los encarnaba, a hacerlos increíbles pese a su verdad y actualidad histórica. En lugar de indignarse por el hambre y la miseria, el lector se vacunó de incredulidad. Lo que ha hecho la literatura rosa con el tema del amor, lo hizo la literatura social con los temas del hambre y la injusticia. Exageró tanto, o simplificó a tal extremo la brutalidad implícita en estos asuntos, que los contaminó de irrealidad. En muchos creadores de talento, el procedimiento para representar en sus ficciones estos temas amenazados de irrealidad, ha sido oblicuo o indirecto: filtrarlos casi a escondidas, mostrarlos a través de sus ecos más laterales. En *El coronel no tiene quien le escriba*, García Márquez ha seguido otro método: ha encarado estos temas sin el menor disimulo, de manera objetiva y frontal. El hambre, la miseria, la injusticia aparecen en esta ficción en toda su crudeza, son el nervio de la historia, la sustancia que irriga todos los episodios de la narración. Incluso ha cargado las tintas sin ningún pudor. Y, sin embargo, la irrealidad no brota nunca; su relato tiene un poder de persuasión sólo comparable al de *Cien años de soledad*. ¿En qué forma ha conseguido neutralizar estos excesos que hubieran convertido a su relato en una ficción truculenta, es decir irreal? Mediante el humor de expresión, gracias a una escritura risueña. Fuerza disolvente, contemporizadora, suavizadora, letárgica, este humor formal distrae la atención del lector del asunto, la desvía hacia la expresión que lo divierte, que lo marea, que aligera y embota con un juego rápido y brillante su sentido crítico, desarma su desconfianza, elimina sus sospechas hacia esa materia que, de este modo, va siendo aceptada por él, que lo va contaminando y persuadiendo. El humor es aquí una envoltura, un halo, una alegre neblina que disimula los rasgos feos de una realidad y lleva al lector, distrayéndolo, engañándolo, a aceptar como cierta y viviente una experiencia humana que, por su dureza, podría de otro modo rechazar en un movimiento de defensa. Ese contrapeso, que existe de principio a fin de la novela, entre ciertos temas y cierto uso humorístico de la escritura, se ejerce mediante un empleo admirable del procedimiento de los vasos comunicantes: dos realidades están íntimamente fundidas, modificándose y negándose, en una pugna tan equilibrada que ninguna de las dos fuerzas contrarias llega a destruir a la otra. De la permanente tensión de esta estrategia estilística brota la rica y palpitante vida del libro.

En *El coronel no tiene quien le escriba* el humor consiste casi exclusivamente en dichos y refranes que pronuncian los personajes, sobre todo el coronel. *Dichos y refranes:* frases hechas, clisés estilísticos, fórmulas que pertenecen al fondo común del lenguaje oral, que expresan cosas distintas de las que literalmente dicen y cuya significación está en el ánimo de la colectividad porque son el producto de una convención social, de un entendimiento colectivo previo y tácito. Lo que esos dichos y refranes expresan vez que aparecen en boca de un personaje, no es una individualidad, la de quien los emite, sino la comunidad (el grupo, la clase o todo el cuerpo social) de la que este individuo forma parte; o, más precisamente aún, ciertas convenciones morales, sociales y políticas, ciertos mitos, ciertas creencias, ciertos valores que son, oficialmente, los de esa colectividad y que han cristalizado en esas expresiones-fórmulas. Es lo que podemos llamar el *nivel retórico* de la realidad objetiva lo que estos dichos y refranes —ese fondo común— representan. Es la primera vez que en la realidad ficticia aparece este nivel convencional —las convenciones morales, sociales, ideológicas, en este caso, de esa clase media dominante en la

EL NIVEL RETÓRICO

ficción— de la realidad objetiva, tal como ha quedado aprisionado en ciertas expresiones. Así, el humor, además de contrapesar el excesivo realismo de ciertos asuntos, sirve también para añadir a la realidad ficticia una dimensión que en las ficciones anteriores no tenía: el nivel retórico o convencional.

Veamos algunos ejemplos:

1) Al comienzo del tercer episodio, dos frases risueñas salen de la boca del coronel:

> *«Éste es el milagro de la multiplicación de los panes»*, repitió el coronel cada vez que se sentaron a la mesa en el curso de la semana siguiente. Con su asombrosa habilidad para componer, zurcir y remendar, ella parecía haber descubierto la clave para sostener la economía doméstica en el vacío... Reconfortada por el sol de cobre la mujer destinó tres tardes a su laborioso peinado. *«Ahora empieza la misa cantada»*, dijo el coronel la tarde en que ella desenredó las largas hebras azules con un peine de dientes separados. La segunda tarde, sentada en el patio con una sábana blanca en el regazo, utilizó un peine más fino para sacar los piojos... (p. 31).

«Éste es el milagro de la multiplicación de los panes», *«Ahora empieza la misa cantada»*: dos alegres frases bonachonas y simpáticas que nos informan, como de casualidad, que la religión contamina la vida social, que episodios bíblicos y ritos litúrgicos están presentes en el habla doméstica y suministran fórmulas para ironizar sobre lo cotidiano. ¿Qué asuntos concretos están debilitando con su gracia estas aureolas sonrientes? Imágenes sórdidas y crueles: el hambre que espera a la pareja cada vez que se sienta a la mesa, la miseria que obliga a la mujer a remendar y zurcir sin descanso y que ha llenado su cabeza de piojos. Lo tremendo de las imágenes está mediatizado por dos frases burlonas que contagian a esas situaciones

extremas un aire superficial y juguetón: el resultado es una apariencia de normalidad. Poco después, las hambrunas del coronel están expresadas en una imagen lastimosa, que inmediatamente es trivializada mediante una broma:

«—Estás en el hueso pelado —dijo».

«—Me estoy cuidando para venderme —dijo el coronel—. *Ya estoy encargado por una fábrica de clarinetes»* (p. 46).

La imagen del hombre-esqueleto —el mecanismo de defensa entra en acción, el lector endereza las orejas, intuye un exceso, cierta truculencia, está a punto de disentir, de no creer— es neutralizada por la imagen del hombre-clarinete —el lector sonríe, tranquilizado por la bonhomía del coronel, se abandona de nuevo, sigue creyendo—; las dos imágenes se han fundido en una, distinta de la simple suma de sus componentes: la imagen hombre-esqueleto-clarinete, ser que, pese a estar reducido a puro pellejo, tiene todavía suficiente locura o grandeza para divertirse a costa de su propia miseria.

2) En la entrevista que celebran, el abogado y el coronel tienen el siguiente diálogo:

—Mis agentes me escriben con frecuencia diciendo que no hay que desesperarse.

—Es lo mismo desde hace quince años —replicó el coronel—. *Esto empieza a parecerse al cuento del gallo capón* (p. 37).

La frase risueña atenúa, disuelve en humor una situación *excesiva:* que el coronel esté esperando algo «desde hace quince años». La paciencia proyectada a esa dimensión cuantitativa ya no es drama sino melodrama: la irrealidad implícita en esa desmesura, que puede disuadir al lector, provocar su duda, es instantáneamente contrarrestada por una frase-fórmula («empieza a parecerse al cuento

331

del gallo capón») que emplean los niños en un juego sobre el *infinito*. La situación exageradamente dramática queda así infantilizada, aligerada, convertida en pretexto de chiste: los quince años de espera ya no son sino, como el cuento del gallo capón, un instrumento de diversión, de juego. En la misma página, el abogado dice que hace quince años el reconocimiento de servicios era más fácil porque existía la «asociación municipal de veteranos»:

> Se llenó los pulmones de un aire abrasante y pronunció la sentencia como si acabara de inventarla:
> —*La unión hace la fuerza.*
> —En este caso no la hizo —dijo el coronel, por primera vez dándose cuenta de su soledad—. Todos mis compañeros se murieron esperando el correo (p. 37).

El movimiento está invertido; primero aparece el humor, en forma de un dicho —y el carácter de clisé de la frase está subrayado: como si acabara de inventarla—: «La unión hace la fuerza». La gracia ya no es gracia sino gracejería: el lector pestañea, siente la artificialidad de ese material retórico que quiere arrancarle la risa, esa intromisión de lo mecánico, de lo superficial, de lo irreal. Viene entonces el antídoto, una doble descarga de realidad cruda: a) el coronel se da cuenta por primera vez de su soledad, y b) instala en la narración este dato atroz: «Todos mis compañeros se murieron esperando el correo». Se ha restablecido el equilibrio: dos extremos irreales, fundidos por un sistema de vasos comunicantes, reintroducen la realidad, hacen brotar la vida en el episodio.

3) El coronel, que ha decidido cambiar de abogado, reclama los documentos de su expediente. El abogado dice que será imposible recuperarlos porque llevan quince años rodando por oficinas administrativas, y que, ade-

más, si se retiran ahora tendrían que someterse a un nuevo turno para el escalafón:

—No importa —dijo el coronel.
—Será cuestión de siglos.
—No importa. *El que espera lo mucho espera lo poco.*

El humor del refrán cumple doble función: está suavi-
zando el exceso que significa la perspectiva (melodramática
y truculenta) de iniciar un nuevo trámite cuando el actual
lleva ya quince años y aún no ha concluido, y está humani-
zando —por la carga de humanidad promedio, de perte-
nencia a una comunidad social que el dicho o refrán con-
fiere a quien lo usa— una actitud del personaje que, por
extrema, está a punto de inhumanizarlo: estar dispuesto a
esperar otros quince años para llegar al mismo punto
muerto en que se halla ahora. Eso ya no significa paciencia,
fe admirables; significa locura irredimible, estupidez sin
atenuantes. El coronel bordea peligrosamente lo artificial,
lo irreal. El clisé que emite (que lo emparenta al hombre
común, a la mesura, al equilibrio, que lo funde en una
masa) restablece la credulidad del lector en su humanidad:
ese hombre, capaz de burlarse de sus propios excesos, ya no
es excesivo.

4) El coronel, «en la segunda quincena de noviembre», cree que el gallo va a morir de hambre. Entonces se
acuerda «de un puñado de habichuelas que había colgado
en julio sobre la hornilla. Abrió las vainas y puso al gallo
un tarro de semillas secas». La situación límite está en esas
semillas petrificadas (tienen cuatro meses) que el coronel
sirve al gallo. Entonces viene la frase que entibia el hielo:

—Un momento —respondió el coronel, observando la reacción del gallo—. *A buena hambre no hay
mal pan* (p. 47).

El dicho, además de servir de anticongelante, contribuye, como los otros dichos y refranes del relato, a precisar la visión del mundo del héroe, su concepción de la vida. Explica el sentido de ese optimismo sistemático que orienta sus actos. Su infinita paciencia revela ser, gradualmente, algo más que mera pasividad. Pronto descubrimos, por acumulación, que es consecuencia de una fe inquebrantable en la justicia inmanente, de la convicción de que *las cosas cambian si uno espera a que cambien*. Según esta concepción, ser paciente no es ser resignado sino al revés: la paciencia es un agente dinámico del cambio en la noción de la vida que tiene el coronel. Así, el refrán, además de ser utilizado como elemento retórico, es usado simultáneamente en una acepción distinta a la que tiene en ese fondo común del lenguaje oral del que procede, y contribuye a perfilar la ideología del protagonista.

5) El coronel conversa con la mujer de don Sabas, y toda la charla rezuma comicidad al nivel de la expresión; el asunto del que hablan, en cambio, es la muerte. La conversación más seria del libro chisporrotea humor: los dos elementos antagónicos pierden su carga irrealizante al entrar en contacto y se humanizan. Pero aquí hay algo más: la mujer de don Sabas es el personaje que congrega el mayor número de clisés mentales. Sus creencias son una suma de convenciones, todo lo que dice expresa el *nivel retórico* de la realidad ficticia. Ella encarna, de manera ejemplar, la vida convencional (los prejuicios, los tópicos, los mitos, las represiones, los tabúes) de la clase media del pueblo. Como en el Monsieur Homais de *Madame Bovary,* como en la Talita de *Rayuela,* el nivel retórico de su sociedad encuentra en ella su expresión más auténtica: es decir, se trata del personaje más inauténtico de este mundo. Carece de personalidad propia: la suya es esa personalidad colectiva de la que todos participan, parcialmente, en la vida social. Ella es siempre lo que los demás son sólo cuando están en relación. A través del diálogo

aparece muy clara la dimensión retórica del pueblo: la mujer de don Sabas cree que el paraguas es de mal agüero («El paraguas tiene algo que ver con la muerte»), que la muerte es femenina («Todo el mundo dice que la muerte es una mujer»), o, quizá, una bestia («Yo creo que es un animal con pezuñas»), y en ella vemos que la religión se puede banalizar hasta la tontería: «Una inyección para un gallo como si fuera un ser humano —dijo—. Eso es un sacrilegio» (pp. 56-58). Días después, descubrimos que la mujer cree en fantasmas y en la reencarnación: «La semana pasada se me apareció una mujer en la cabecera de la cama», dijo. «Tuve el valor de preguntarle quien era y ella me contestó: soy la mujer que murió hace doce años en este cuarto». Después de esta tétrica imagen, el humor viene a restablecer el equilibrio:

> —La casa fue construida hace apenas dos años —dijo el coronel.
> —Así es —dijo la mujer—. *Eso quiere decir que hasta los muertos se equivocan* (p. 68).

6) El coronel, que ha ido por enésima vez a reclamar la carta, dialoga con el administrador de correos:

> —Tenía que llegarme hoy con seguridad —dijo el coronel.
> El administrador se encogió de hombros.
> —*Lo único que llega con seguridad es la muerte, coronel* (p. 60).

La rigurosa ortodoxia del procedimiento: el humor, casi siempre un dicho o refrán, aligera, superficializa a un elemento dramático y la unidad resultante de la fusión es distinta de la simple suma de estos componentes antagónicos. La situación dramática es la ceremonia que el coronel oficia hace tantos años, el reclamo de la carta que no va a recibir. El patetismo del episodio está contrarrestado por la simpática frase del administrador, por ese clisé retórico popular. Pero aquí también el humor cumple simultáneamente otra función: el dicho destaca un elemento fundamental de la concepción de la vida de esa clase media del pueblo que el coronel y el administrador representan. El contexto del relato otorga a este dicho un significado auténtico, lo exonera de su carácter de clisé. En la mentalidad de esa clase media, en efecto, nada está escrito, el azar es factor determinante de los destinos colectivos e individuales, todo puede cambiar en cualquier momento, la única certidumbre implacable es la muerte. El refrán es, por naturaleza, lenguaje figurado y aquí lo es, desde luego. Pero, al mismo tiempo, el contexto permite que la frase sea entendida también en sentido literal, como expresión fiel de la visión histórica dominante en el relato. Ese rejuvenecimiento, esa vitalización del dicho o refrán es otro rasgo estilístico de *El coronel no tiene quien le escriba*. Esta desretorización de lo retórico, además, enriquece el elemento añadido: «lo único que llega con seguridad es la muerte» en la realidad real es una metáfora gastada, una convención; en el pueblo, el eje de una filosofía.

7) El coronel fantasea sobre el dinero que tendrá cuando el gallo gane la pelea:

> —Es un gallo contante y sonante —dijo. Hizo cálculos mientras sorbía una cucharada de mazamorra—. Nos dará para comer tres años.
> —*La ilusión no se come* —dijo la mujer.
> —*No se come, pero alimenta* —replicó el coronel. (p. 61).

La situación semitruculenta consta de dos ingredientes: a) el coronel y su esposa están comiendo una mazamorra hecha con el maíz del animal, y b) el coronel hace proyectos sobre un dinero ilusorio, ya que el triunfo del gallo es tan dudoso como la llegada de la carta. El humor, en forma de dicho, descarga el dramatismo de esa situación, la priva de aristas emocionales. Pero, al mismo tiempo, el dicho revela el idealismo optimista del coronel. Aunque no se coma, la ilusión efectivamente alimenta en el pueblo: esperando y creyendo —según esta concepción— se modifica la realidad. La ilusión no es en el mundo ficticio, como en el real, un estado de ánimo, una disposición subjetiva: es una forma de acción, una estrategia para cambiar la historia individual y la colectiva. Eso es lo que indican las acciones *rituales* de los personajes (el coronel yendo a reclamar la carta, los resistentes reimprimiendo y distribuyendo la hoja clandestina): se trata de mantener la esperanza. Los cambios vendrán: desearlos, creer en ellos, es la manera más eficaz de provocarlos. Como en el ejemplo anterior, el clisé verbal vale aquí en un sentido figurado y en un sentido literal.

8) Dos frases risueñas matizan un episodio que muestra la desesperación de la mujer del coronel, y su miseria representada en la heterogénea colección de retazos que es su vestido. Ambas están estratégicamente colocadas para cumplir su misión disolvente:

> —Lo que pasa es que a ti te falta carácter —dijo luego—. Te presentas como si fueras a pedir una limosna cuando debías llegar con la cabeza levantada y llamar aparte a mi compadre y decirle: «Compadre, he decidido venderle el gallo».
> —*Así la vida es un soplo* —dijo el coronel.
> Ella asumió una actitud enérgica. Esa mañana había puesto la casa en orden y estaba vestida de una manera insólita, con los viejos zapatos de su marido, un delantal de hule y un trapo amarrado en la cabeza con dos nudos en las orejas. «No tienes el menor sentido de los negocios», dijo. «Cuando se va a vender una cosa hay que poner la misma cara con que se va a comprar.»

El coronel descubrió algo divertido en su figura.

—Quédate así como estás —la interrumpió sonriendo—. *Eres idéntica al hombrecito de la avena Quaker* (pp. 70 y 71).

Quizá en ninguno de los ejemplos se vea tan bien como en éste en qué consiste la eficacia con que García Márquez usa los vasos comunicantes: en el sentido infalible de la medida. Dramatismo y humor están graduados de tan milimétrica manera que ninguno de ellos llega a anular al otro, a crear una desproporción, una incongruencia: el equilibrio de las fuerzas en pugna es tan perfecto que la pugna desaparece y la situación adquiere una mansa naturalidad. Las observaciones del coronel dan un toque de ligereza y de juego a lo que, en el fondo, es doloroso y triste; lo dramático no desaparece, pero pierde aspereza, excepcionalidad, asume una apariencia natural.

9) El coronel ha decidido ceder, traicionarse a sí mismo:

Pero en realidad el coronel había decidido vender el gallo esa misma tarde. Pensó en don Sabas, solo en su oficina, preparándose frente al ventilador eléctrico para la inyección diaria. Tenía previstas sus respuestas.

—Lleva el gallo —le recomendó su mujer al salir—. *La cara del santo hace el milagro* (pp. 71 y 72).

El humor, siempre de forma o expresión, no es atributo especial de nadie sino de todos, es un atributo del lenguaje, una forma oral (dicho, refrán, clisé) que adopta por momentos el habla de cualquiera. No hay un personaje humorístico; hay frases humorísticas, siempre del mismo tipo, que pronuncian indiferentemente unos y otros. Por lo general, el humor brota del personaje que en el episodio hace de observador o acompañante, en tanto que el elemento dramático se concentra en el protagonista: es una de las reglas de este sutil equilibrio de contrarios. En los dos últimos

ejemplos se observa bien: en este caso, quien vive la situación dramática es el coronel, que ha decidido vender el gallo, y la frase risueña la pronuncia la mujer. En el anterior, el
patetismo lo comunicaba la mujer, con su angustia y sus
harapos, y el coronel emitía el antídoto burlón.

10) Don Sabas recibe la diaria inyección de insulina
que le salva la vida. La situación es truculenta; el episodio
no, porque el médico y el propio don Sabas lo desdrama-
tizan con bromas:

> —Habrá que fusilarlo —dijo el médico dirigién-
> dose al coronel—. *La diabetes es demasiado lenta para*
> *acabar con los ricos.*
> «Ya usted ha hecho lo posible con sus malditas
> inyecciones de insulina», dijo don Sabas, y dio un
> salto sobre sus nalgas fláccidas. *«Pero* yo *soy un clavo*
> *duro de morder»* (pp. 72 y 73).

Aquí el humor cumple tres funciones simultáneas:
a) modera los padecimientos del gordo ricachón cuya
vida depende de la insulina; b) contribuye a fijar la visión idealista optimista. «Soy un clavo duro de morder»
es algo que dice don Sabas, pero ¿no define sobre todo
la personalidad del coronel, su espíritu de resistencia a
toda prueba?, y c) disimula una verdadera batalla entre
el médico y don Sabas, es decir, entre dos sectores sociales (el vértice y la clase media) y políticos (la oposición y
el régimen). El humor permite al médico decir lo que
realmente piensa de don Sabas, sin que éste se dé por
enterado: quien sí se da es el lector, que complementa la
frase «Habrá que fusilarlo...» con lo que el médico ha
dicho al coronel a solas sobre don Sabas. El semblante
humorístico de las frases oculta a don Sabas la verdad que
contienen.

11) En el episodio más sugestivo en lo que se refiere a
la visión histórica dominante en el pueblo, una broma de

Álvaro está incrustada como una cuña entre estos dos extremos: a) Álvaro y otros jugadores apuestan al once, a sugerencia del coronel, y pierden, y b) la policía allana el local donde está circulando la hoja clandestina. Entre ambos sucesos, como una bocanada de aire refrescante, que despeja la atmósfera del billar, hinchada de tensión, Álvaro formula el inevitable dicho:

> Salió el cinco.
> —Lo siento —dijo el coronel avergonzado, y siguió con un irresistible sentimiento de culpa el rastrillo de madera que arrastró el dinero de Álvaro—. Eso me pasa por meterme en lo que no me importa.
> Álvaro sonrió sin mirarlo.
> —No se preocupe, coronel. *Pruebe en el amor.*
> De prontos se interrumpieron las trompetas del mambo. Los jugadores se dispersaron con las manos en alto... (p. 78).

«Pruebe en el amor»: el dicho completo es afortunado en el juego, infortunado en amores o a la inversa. La frase risueña es un puente que une los dos focos de tensión del episodio, y, asimismo, un orificio por el que esa doble tensión se evapora. Es algo más que eso, también: el clisé está situado en un lugar tan justo que el contexto le otorga una significación inédita y vital. Deja de ser elemento retórico, lenguaje inanimado, y se convierte en pensamiento original. Esa fe en la relación inversamente proporcional entre la fortuna en el juego y el amor, está en el corazón de la concepción idealista-optimista del destino humano. «Pruebe en el amor» deja de ser en la realidad fícticia lo que es en la realidad real, una expresión retórica, y se convierte en enunciado vivo de una filosofía que cree en la justicia inmanente, en la rotación compensatoria de la justicia y la injusticia, de la dicha y la desdicha, que divide el tiempo en buenas horas y malas horas. El humor en *El coronel no tiene quien le escriba* es pretexto para dotar de persuasión a los materiales de mayor patetismo y desmesura, o subterfugio para expresar —mediante una operación casi mágica en la que el humor deja de ser humor— una visión de la realidad que no es risueña en ningún sentido.

4. La perspectiva popular
(Los funerales de la Mamá Grande)

Esta colección es un puente espacial entre los dos polos del mundo ficticio ya conocidos: los relatos de *Los funerales de la Mamá Grande* suceden alternativamente en Macondo y en el pueblo.[1] Es también un puente temporal, ya que las historias transcurren en épocas distintas y cada una esclarece algún momento particular de la realidad ficticia. Desde el punto de vista del nivel de realidad, el libro amplía la descripción del plano social, introduciendo al lector en la intimidad de la clase popular —que en las ficciones anteriores aparecía a distancia, como una vaga promiscuidad—, pero su aporte principal en este dominio es la apertura de algunos relatos hacia nuevas dimensiones de lo real, la relación inédita que sugieren entre lo real objetivo y lo imaginario. En las ficciones anteriores esa relación era racional, correspondía a la del modelo: la realidad primera era la objetiva y lo imaginario, cuando se insinuaba, aparecía como una realidad segunda, derivada de la subjetividad humana (la fantasía, la superstición o la fe). En algunos instantes de *Los funerales de la Mamá Grande,* en cambio, lo imaginario cobra una personalidad invasora y se perfila como algo autónomo, en pugna con la realidad objetiva. Al modificarse la relación entre los planos objetivo e imaginario de lo real, la naturaleza del mundo ficticio cambia. También en este sentido estos

---

[1] Tres suceden en Macondo («La siesta del martes», «Un día después del sábado» y «Los funerales de la Mamá Grande») y cuatro en el pueblo («Un día de éstos», «En este pueblo no hay ladrones», «La prodigiosa tarde de Baltazar» y «Rosas artificiales»).

cuentos son un puente entre la obra anterior, cuyo asiento básico era lo real objetivo, y la posterior, enraizada primordialmente en lo imaginario. El mundo ficticio, ya lo dijimos, es un proceso que los cuentos y novelas van edificando prospectiva y retrospectivamente.

1) «LA SIESTA DEL MARTES»: LOS VALORES RELATIVOS

«La siesta del martes» confirma y amplía ciertas cosas que sabíamos de Macondo. La señora Rebeca, furtiva silueta de viuda preocupada por el diablo, que se aburría junto a un ventilador, se precisa mucho más: su soledad dura ya veintiocho años, vive en el terror, ha matado a Carlos Centeno, un presunto ladrón. Una mención resucita, en su lejanía enigmática, a una sombra ilustre: el revólver que mató a Carlos Centeno no había sido disparado «desde los tiempos del coronel Aureliano Buendía» (p. 19). La rapidísima mención reafirma la importancia que tiene para Macondo el borroso coronel: su nombre designa una época, un período histórico. Otra conocida que reaparece es la muerte, presencia inevitable hasta ahora, tanto en Macondo como en el pueblo.

LAS AFUERAS Y EL CENTRO

Teníamos de Macondo una visión algo nublada por la subjetividad de los macondinos que oficiaban de narradores en «Isabel viendo llover en Macondo» y en *La hojarasca;* además, permanecían en la ciudad y apenas nombraban el campo. Aquí, nuestros ojos ven las afueras de Macondo, examinan el centro del pueblo, recorren ese tren que hasta ahora era sólo ruido. Macondo está lejos del mar, el tren que lo une con el mundo cruza innumerables plantaciones de banano, estaciones sin pueblo, pueblecitos minúsculos que se parecen a Macondo; los sembríos se interrumpen a cierta distancia de la ciudad, de modo que entre ella y los campos bananeros hay una tierra de nadie, árida y despoblada. Algo que sólo existía por las reacciones hostiles que inspiraba, la compañía, se materializa al fin con sus «oficinas con ventiladores eléctricos», sus «campamentos de ladrillos rojos» y sus «residencias con sillas y mesitas blancas en las terrazas, entre palmeras y rosales polvorientos» (p. 13). La influencia que ha tenido es evidente: las casas de Macondo imitan a las de los campamentos. Tenemos una visión inmediata del centro un día de agosto, a las dos de la tarde: llegamos a la estación abandonada, de baldosas que revientan por la presión de la yerba, y nos recibe el silencio caluroso de las calles. Es la hora de la siesta, las puertas están cerradas y las persianas bajas, hay gente que duerme a la sombra de los almendros, sólo el hotel, su cantina, el salón de billar y el telégrafo permanecen abiertos. Nada de esto modifica lo que sabíamos del semblante urbano de Macondo: concreta ese conocimiento, lo cuaja en imágenes nítidas. Los curas de Macondo eran figuras evocadas de lejos y por sus actos excéntricos; aquí, el cura aparece en sus funciones cotidianas, en su propio ambiente. Entre otras cosas, tiene a su cargo la vigilancia del cementerio.

En la descripción de las plantaciones falta aquí algo que asomaba siempre que los coroneles evocaban la fiebre del banano y la hojarasca: el desprecio, la cólera. El cuento sucede durante la presencia en Macondo de la hojarasca y no es mencionada ni una vez; la compañía impera en la región y, al señalar su existencia, el relato se ha vuelto imparcial, casi indiferente. ¿Qué ha ocurrido? Que ni el punto de vista aristocrático de *La hojarasca* ni el punto de vista de clase media de *El coronel no tiene quien le escriba* es la atalaya desde la cual ve el mundo el narrador de «La siesta del martes». Se ha instalado en la base de la pirámide: la clase popular es ahora el punto de mira de la realidad ficticia. El narrador omnisciente casi no se aparta, en el curso de la historia, de los ojos, de la situación y, en cierto modo, de la mentalidad de la madre de Carlos Centeno, casi se confunde con ella en su afán de objetividad. La mujer no es aristócrata ni pertenece a la clase media; sale de ese confuso nivel inferior que habíamos entrevisto siempre de lejos, de esa masa social representada por los guajiros que removían muebles, descolgaban un cadáver, clavaban un ataúd y castraban animales. ¿Cómo lo sabemos? El tren tiene tres clases y la mujer viaja en tercera. Su vestido, su comida, lo que sabemos sobre su hijo, acentúan la sospecha: la mujer está, sin la menor duda, en un escalón social inferior al del cura y su hermana. La clase popular se individualiza en personajes centrales; antes, había sido telón de fondo, comparsas. Desde la atalaya popular, la actitud de los coroneles ante ciertos hechos históricos ha desaparecido: no hay odio hacia la compañía, ni repugnancia por la fiebre del banano ni desprecio a la hojarasca. Estos sucesos ahora pasan inadvertidos. En las ficciones siguientes, vez que la perspectiva de la narración descienda a la clase popular, veremos que, automáticamente, estos hechos históricos de la sociedad ficticia dejan de preocupar, casi diríamos de existir. Es interesante: en la realidad ficticia, lo real objetivo cambia cuando cambia la perspectiva social desde la cual se lo observa.

¿Qué aprendemos sobre la base de la pirámide? Son pobres, el relato lo recalca varias veces. Descubrimos, además, que la tercera clase sólo constituye un cuerpo homogéneo e indiferenciable para las clases superiores. Vista de cerca, aparece como una colectividad heterogénea. No sólo eran sirvientes, peones y mendigos: también hay ladrones entre ellos. Pero no a la manera de don Sabas, cuyos robos eran complejas operaciones sociopolíticas. Robar, para Carlos Centeno, es una actividad más modesta, un quehacer expeditivo: coger un objeto, huir. Antes, había sido boxeador: también hay boxeadores en la base de la pirámide. Centeno no boxeaba por amor al deporte; era un pugilista mediocre, cada pelea lo enviaba tres días a la cama, en sus combates perdió todos los dientes. ¿Cómo se visten estas gentes? El día de su muerte, a Centeno lo encontraron descalzo, con «una franela a rayas de colores» y «un pantalón ordinario con una soga en lugar de cinturón» (p. 19). Su madre llega a Macondo con «un traje cortado como una sotana» (p. 14). ¿Qué comen? La madre y la hija llevan raciones idénticas: un pedazo de queso, medio bollo de maíz y una galleta dulce. ¿Qué pasa en esas cabezas? Es difícil saberlo: el relato no los penetra, los muestra como pura exterioridad. En las ficciones anteriores eran cuerpos moviéndose, brazos en acción. Aquí todavía los vemos sólo de afuera, como acto y voz.

Pero aunque el narrador no nos introduzca en sus conciencias, algo podemos averiguar por lo que hacen y dicen. Sus reacciones frente a ciertos hechos históricos son distintas a las de otras clases. De otro lado, la mujer tiene una puntillosa dignidad. Por las instrucciones que imparte a su hija sobre la conducta que debe guardar, por la compostura de ambas en la casa del cura, por la tranquila arrogancia con que se disponen a enfrentarse a la curiosidad del pueblo, comprobamos que entienden la dignidad como el protagonista de *El coronel no tiene quien le escriba:* como apariencia, como la imagen que se ofrece de uno a los demás. Pero hay algo más importante que transparenta la conducta de la mujer y que constituye una novedad radical en la realidad ficticia: ella no ve el mal y el bien de la misma manera que los personajes de las ficciones anteriores. «¿Nunca trató de hacerlo entrar por el buen camino?», pregunta el cura a la madre de Carlos Centeno. «Era un hombre muy bueno», responde ella: «Yo le decía que nunca robara nada que le hiciera falta a alguien para comer, y él me hacía caso. En cambio, cuando boxeaba, pasaba hasta tres días en cama postrado por los golpes» (p. 20). Era bueno porque le hacía caso a su madre, ella le decía no robes a los pobres y él, obediente, sólo robaba a los ricos. Para la mujer, el robo no puede ser catalogado como un mal en abstracto, fuera de ciertas circunstancias concretas. En *El coronel no tiene quien le escriba,* el doctor Giraldo condenaba a don Sabas no por la forma en que robaba, ni por quiénes eran sus víctimas, sino porque robar le parecía en sí mismo condenable, un mal absoluto. La concepción de los valores de la mujer es relativista: en ciertos casos, robar está bien; en otros, mal. Depende de a quién se roba y de por qué se roba. Acepta que su hijo robara, teniendo en cuenta que, antes, debía hacerse destrozar a golpes: «Cada bocado que me comía en ese tiempo me sabía a los porrazos que le daban a mi hijo los sábados en la noche» (p. 20). Para ella, el muchacho no era ladrón de nacimiento, no estaba escrito que sería ladrón. Robaba debido a ciertas circunstancias (por necesidad, para que no lo siguieran golpeando) y dentro de ciertos límites (no a los que les hiciera falta). Estas circunstancias y límites hacían que, aunque robara, fuera un hombre muy bueno. En otras circunstancias, esos robos habrían hecho de él un hombre malo. Robar, como acto aislado, no basta para definir a un hombre. Esta concepción relativista subordina la ideología a la praxis, lo abstracto a lo concreto. Los valores se determinan en función de una situación social: este marco concreto y variable justifica o condena los actos. Es importantísimo: la mujer ha destruido las esencias en Macondo, su concepción contradice profundamente la de los coroneles. Para ellos se hacían ciertas cosas porque se era algo; para ella, se es algo porque se hacen ciertas cosas de cierta manera. El destino no es, para la mujer, encarnación de una esencia fatídica, sino, al revés, esta esencia es el resultado de una praxis. La noción de libertad despunta en Macondo al descender la perspectiva de la narración de las clases alta y media a la clase popular. La experiencia social distinta de la mujer en relación con los personajes anteriores ha modificado su vision del hombre. Así, estas clases no se distinguen solamente por bienes que poseen o por el trabajo que realizan; también la manera de ver la vida las distancia.

En «La siesta del martes» encontramos una situación que conocíamos desde *La hojarasca:* una presencia inocente enfrentada a algo brutal. El niño de la novela es en el cuento una niña, en ambos casos el hecho brutal es la muerte. El dramatismo es aquí mayor, porque el muerto es el hermano, y porque, además, la niña sufre una brutalidad complementaria: la humillación. Al comenzar la historia, la muerte ya ha ocurrido; la humillación va a ocurrir después que termine el relato. La niña aparece ante nosotros en el período intermedio entre esos dos focos de tensión, que han sido omitidos. Pero la situación que genera la mayor carga de energía es, desde luego, la mujer enfrentada a esa doble experiencia angustiosa: la muerte del hijo, la vergüenza que la espera cuando atraviese la calle hacia el cementerio ante la gente apostada en ventanas y veredas para ver a la madre del ladrón. La situación es potencialmente melodramática. ¿Cómo ha sorteado el peligro el narrador? No mediante el humor; el recurso formal empleado ahora para impedir que lo excesivo debilite el poder de persuasión de la historia es el silencio, el escamoteo de ciertos datos. Los hechos esenciales son datos escondidos. El primer escamoteo significativo está en el punto de vista de nivel de realidad y en la escritura. El narrador omnisciente se ha fijado una limitación rígida: no revelar lo que ocurre en la intimidad de la mujer, no referir sus sentimientos. Sin embargo, es *allí* donde está ocurriendo lo importante, el drama que su conducta exterior cuidadosamente disimula. El lenguaje objetivo y visual contrasta con el drama de la mujer, que es interior y subjetivo. Al enclaustrarse en el nivel exterior de lo real y describir sólo la conducta visible de la mujer, el narrador nos obliga a adivinar o a inventar lo primordial: el sufrimiento del personaje, la violencia que debe hacerse para disimularlo a los demás.

El cráter de la historia es un dato escondido elíptico: la imagen de la madre y la niña cruzando dignamente el pueblo, en dirección al cementerio, ante la curiosidad maligna de las gentes, es algo que (igual que el cortejo fúnebre de *La hojarasca*) sucederá después que cese la narración. Todo el relato ha estado preparándonos para un acontecimiento del que nos priva, ha venido despertando en nosotros un apetito que no va a colmar. Así provoca la participación del lector: él debe crear esa abolida imagen, que es decisiva porque de ella se desprende la personalidad de la mujer, su temple. El relato fluye hacia un vacío que el lector tiene que llenar: ese dato escondido es la vivencia principal de la historia. Hay datos escondidos secundarios. Uno elíptico: no sabemos con certeza si Carlos Centeno iba a robar a la viuda Rebeca. Ha sido ladrón, su madre lo reconoce, es posible que su intención fuera robarle. Pero no fue sorprendido in fraganti. La viuda «sintió... que alguien trataba de forzar la puerta», dice el narrador, pero dice también que esta mujer «tenía 28 años acumulados de terror» (p. 19). ¿Y si el terror le hubiera jugado una pasada? Porque hay un hecho curioso: la viuda dispara «a la altura exacta de la cerradura» y Carlos Centeno aparece muerto «con la nariz despedazada». ¿Y si hubiera estado sólo espiando, si por esa vez no hubiera sido ladrón sino mirón?

Hay también una serie de datos escondidos en hipérbaton, omisiones que se revelan luego de que la narración ha insinuado su existencia con indicios que tienen por objeto involucrar emocionalmente al lector, excitando su curiosidad y su impaciencia. Al comienzo, vemos a la mujer y a la niña en el vagón, guardando «un luto riguroso y pobre» (p. 13). ¿Por quién es el luto? Se aclara cuando sabemos que son la madre y la hermana de Carlos Centeno, momento en que se resuelve también el dato escondido del motivo y destino del viaje (p. 18). Antes, sólo podíamos sospechar que el viaje se relacionaba con el luto, pues llevaban flores. ¿Adónde van?, es la pregunta que surge cuando la madre indica a la niña que, en el sitio al que van a llegar, «aunque te estés muriendo de sed no tomes agua en ninguna parte. Sobre todo, no vayas a llorar» (p. 15). ¿Por qué debe portarse así la niña?[2] Queda flotando una inquietud, un malestar: todos estos vacíos se llenan en la casa cural. Pero allí, entonces, surgen nuevos datos escondidos, ventosas destinadas a reavivar la curiosidad y la atención. El cura abre la puerta de la calle (en la que «a esa hora, de ordinario, no había nadie»), para que la mujer y la niña salgan hacia el cementerio: «y entonces comprendió» (p. 21). ¿Qué ha comprendido? Seis líneas de texto para saberlo: «La gente se ha dado cuenta, murmuró su hermana». ¿Cómo y de qué se ha dado cuenta? A través de cortos vacíos, de omisiones momentáneas el relato nos lleva hasta el silencio mayúsculo del final: «Tomó a la niña de la mano y salió a la calle».

Pero el dato escondido no es el único procedimiento que organiza la materia narrativa. Hay dos mudas o saltos cualitativos (del segundo caso) en el punto de vista temporal. El narrador se sitúa en un presente para narrar cosas que ocurren en un pasado inmediato (llegada de la mujer y la niña a Macondo, su charla con el cura, su salida hacia el cementerio) y en un pasado mediato (la muerte de Carlos Centeno, su vida de ladrón y de boxeador). La primera muda —la muerte de Centeno— tiene lugar sin que se altere el punto de vista espacial. El narrador se desplaza hacia el pasado y narra: «Todo había empezado... Nadie lo conocía en el pueblo» (pp. 18 y 19). Esta

---

[2] Algún lector recordará un episodio de *El conde de Montecristo:* la primera vez que Edmundo Dantés, vuelto al mundo, va a casa de su enemigo y llama la atención porque no prueba bocado ni bebe, y alguien recuerda que en casa del enemigo no se debe beber ni comer, según un refrán oriental. Otros lectores recordarán, simplemente, el refrán.

muda retrotrae un hecho básico para esclarecer los datos escondidos de la presencia de la mujer y la niña en Macondo, del luto, de su conducta en el lugar. La segunda muda temporal es también una caja china, porque quien cuenta cómo Carlos Centeno se convirtió en ladrón no es el narrador omnisciente al lector, sino la mujer al cura (relato dentro del relato): gracias a este diálogo descubrimos la concepción de los valores de la madre.

PERSONAJES EN SITUACIÓN

La concepción esencialista determinaba una manera de presentar al personaje: cada ser, esencia inmutable, era una característica reiterada e idéntica. Aquí, para la mujer, los seres humanos se definen en situación, por una conducta sólo inteligible si se conocen las circunstancias que la enmarcan. A esta nueva concepción, corresponde una nueva forma de presentar al personaje, cuyas características se dan dentro de un marco que las explica y relativiza, que las despoja de todo carácter absoluto. La mujer «Tenía la serenidad escrupulosa de la gente acostumbrada a la pobreza» (p. 14). La serenidad no es un atributo esencial, sino resultado de una situación. Es serena porque es pobre y porque se ha acostumbrado a esa condición. Si no fuera pobre tal vez no sería serena, o su serenidad sería de otra índole. La viuda Rebeca vive «un terror desarrollado en ella por 28 años de soledad» (p. 19). El terror no es una cualidad de su ser, es consecuencia de una situación: la soledad. Si no hubiera vivido sola tanto tiempo, no sería una mujer aterrorizada. El despacho del cura es muy ordenado y limpio: «Se notaba que era un despacho arreglado por una mujer soltera» (p. 17). Esa mujer tiene la manía del orden y de la limpieza debido a su soltería. Si esa circunstancia desapareciera, tal vez ya no sería tan ordenada. En la forma vemos reflejarse el paso de la realidad ficticia de un mundo metafísico de absolutos a un mundo histórico de relatividades.

2) «UN DÍA DE ÉSTOS»:
DOLOR FÍSICO Y VIOLENCIA POLÍTICA

La pasajera cara hinchada del alcalde que divisa el protagonista de *El coronel no tiene quien le escriba* (p. 15) es un antecedente de este relato, que narra cómo el dentista Aurelio Escovar extrae sin anestesia la muela que tortura hace cinco días al alcalde, su enemigo político. El episodio se repite en *La mala hora*. El alcalde de ambas novelas es el del pueblo y esto permite situar a «Un día de éstos», ya que en el cuento no hay mención explícita del lugar donde sucede. Confrontado a ese antecedente, el cuento es una ampliación, y lo mismo puede decirse del episodio de *La mala hora,* enriquecido por un contexto que hace evidentes las implicaciones sociales y políticas que en «Un día de éstos» son sólo atisbos.[3] El dolor físico es símbolo de la violencia política en ambos episodios, en el de *La mala hora* de manera más acusada que en el cuento. En una imagen retórica de «En este pueblo no hay ladrones» es símbolo de la violencia social: Ana ve que, en la puerta del billar por donde se introdujo Dámaso, «una de las argollas había sido arrancada como una muela» (p. 37). Otro motivo que retorna es la situación ya clásica de una presencia inocente enfrentada a algo brutal.

La perspectiva de la narración se eleva de la base de la pirámide —atalaya del cuento anterior— a la clase media, representada por el dentista y el alcalde. El modesto nivel de vida de este grupo se diseña en el atuendo de Escovar («camisa a rayas, sin cuello, cerrada arriba con un

OPOSICIÓN
Y CLASE MEDIA

---

[3] Véase la comparación de ambos episodios que hace Emir Rodríguez Monegal («Novedad y anacronismo de *Cien años de soledad»*, en *Revista Nacional de Cultura,* Caracas, junio-agosto-septiembre de 1968, núm. 185, pp. 6-8). En el cuento, según él, funciona sobre todo el antagonismo psicológico, en tanto que en la novela la situación política está jugada al máximo.

botón dorado» y «pantalones sostenidos con cargadores elásticos») (p. 25) y en su consultorio de «cielo raso desfondado» del que cuelga «una telaraña polvorienta con huevos de arañas e insectos muertos» (p. 28). La ciencia y la tecnología se mantienen en un nivel primario y anacrónico, a juzgar por «la vieja silla de madera, la fresa de pedal», «la vidriera con pomos de loza», «la escupidera» y «el aguamanil» que componen el «gabinete pobre» (p. 27). Que Escovar sea un «dentista sin título» es también significativo. En el plano social, el hecho dominante es la reaparición de la política, que había desaparecido en «La siesta del martes», al bajar la perspectiva a la clase popular. Al subir a la clase media, la política recobra sus fueros como elemento importante de la vida social. Las relaciones entre el dentista y el alcalde están regidas por la política: aquél es un opositor. Este dato y los de *El coronel no tiene quien le escriba* autorizan una hipótesis sobre la división política en la sociedad ficticia: la oposición parece reclutarse exclusivamente entre la clase media. Escovar ocupa una posición semejante a la de los opositores de la novela: el médico, los ayudantes de sastrería. La presunción se confirmará en los otros cuentos y en *La mala hora,* donde reaparecen, en la oposición, el médico, el dentista, el barbero. En esas ficciones comprobaremos, igualmente, que la clase popular no sólo es indiferente a la compañía y a la hojarasca sino, de manera general, a la política. Gradualmente, la realidad ficticia descubre sus leyes.

Los datos sobre la situación política del pueblo en «Un día de éstos» (el título tiene resonancias amenazadoras sólo inteligibles si se las dota de contenido político) son pocos pero bastantes para colorear el contexto de violencia institucionalizada que rodea a la anécdota y que le da toda su significación. La actitud de los personajes y el suceso mismo del relato encuentran su verdadero sentido gracias a ese marco. El alcalde es un teniente: la fusión cargo político-profesión militar hace

354

sospechoso al régimen que representa. Que ese régimen aplica la fuerza es patente, por la expresión del dentista cuando se dispone a extraer la muela: «Aquí nos paga veinte muertos, teniente» (p. 27). El alcalde no replica, no es una sorpresa para él que le atribuyan esas muertes. Entonces se comprende la seriedad de su amenaza: «Dice que si no le sacas la muela te pega un tiro» (p. 26). Evidentemente, no es una fanfarronada. El dentista no la toma así; su reacción es verificar la presencia del revólver en la gaveta. Otro dato revelador: la gente anda armada. El dentista trabaja con un arma al alcance de la mano para cualquier emergencia. ¿Emergencia? Tal vez lo más extraordinario sea la naturalidad con que recibe la amenaza del alcalde de pegarle un tiro, la tranquilidad con que responde, luego de mirar su revólver: «Dile que venga a pegármelo». Parece que un incidente así no fuera inusitado, que ocurriera con frecuencia. Ni siquiera el hijo del dentista, de once años, se muestra alarmado: transmite la amenaza como un mensaje banal. La vida cotidiana del pueblo parece familiarizada con armas y amenazas. La enemistad entre el alcalde y el dentista es política, sin la menor duda: es el sobrentendido lógico de la frase «Aquí nos paga veinte muertos, teniente». La violencia envenena las relaciones humanas, las actividades profesionales en el pueblo. El régimen, además, es corrupto. En todo caso, el alcalde lo es: sin pudor confiesa a Escovar que su dinero y el del municipio «Es la misma vaina» (p. 28).

Sin ese contexto de violencia institucionalizada, la peripecia del cuento perdería fuerza dramática: esa muela arrancada en frío es ante todo una instantánea objetivación de la barbarie que es la vida para el pueblo. También en este caso una presencia inocente sirve de testigo y da relieve a la brutalidad. El niño no es ni siquiera un cuerpo, sólo una voz que recibe y entrega el tenso diálogo entre el dentista y el alcalde, sobre todo la amenaza de éste. Lo hace con soltura, pero al pasar por esa voz inocente la violencia queda magnificada.

El punto de vista espacial es el de un narrador omnisciente situado a distancia mínima de lo narrado y que realiza algunas mudas del segundo caso (tan rápidas que el lector no las registró, registra sólo sus consecuencias): comienza el relato instalado frente al dentista, se traslada hacia la voz del niño, vuelve al dentista, salta de éste, por segundos, a los ojos y a la conciencia del alcalde: «Cuando sintió que se acercaba, el alcalde afirmó los talones...», «El alcalde lo miró a los ojos...», «Pero el alcalde no lo perdió de vista...». El punto de vista temporal es el de un narrador instalado en un presente (imposible saber qué ocurrirá *después* que termina el relato, pero es evidente que los sucesos tienen un futuro) que narra sucesos de un pasado inmediato: esa continuidad que va desde que el dentista abre su consultorio hasta que el alcalde se marcha. Hay también dos mudas temporales del segundo caso, dos rapidísimos saltos hacia un pasado anterior al de los acontecimientos principales: la alusión a las «cinco noches anteriores» de dolor de muelas, y a los «veinte muertos». El punto de vista de nivel de realidad es idéntico al del cuento anterior: el narrador narra desde una realidad objetiva, sucesos que ocurren en una realidad también objetiva y en un plano casi exclusivamente exterior. *Casi* porque hay tres mudas del segundo caso hacia un plano interior de lo real objetivo: «El dentista vio en sus ojos marchitos muchas noches de desesperación», el alcalde «sintió un vacío helado en los riñones», la muela «Le pareció tan extraña a su dolor, que no pudo entender la tortura de sus cinco noches anteriores». Son inmersiones del narrador en la intimidad del personaje, datos que, a diferencia de los que suceden en el plano exterior, sólo conocen el personaje que los vive, el narrador y el lector: *no* los otros personajes.

El cráter del relato, la extracción de la muela en la que cuaja toda la violencia del contexto, resulta un dato escondido elíptico: ¿el dentista no emplea la anestesia porque el alcalde tiene un absceso o por venganza política? El astuto narrador se esfuma en el momento que Escovar se inclina: «Después de observar la muela dañada, ajustó la mandíbula con una cautelosa presión de los dedos. || —Tiene que ser sin anestesia, dijo. || —¿Por qué? || —Porque tiene un absceso» (p. 27). No es el narrador quien «ve» el absceso sino el dentista. ¿Su testimonio es sincero? Imposible saberlo. Cuando su hijo le transmitió la amenaza, parecía decidido a no atender al alcalde, aun cuando tuviera que usar el revólver. ¿En qué momento cambió de opinión? Cuando «vio en sus ojos marchitos muchas noches de desesperación». Entonces dice «suavemente: || —Siéntese». Es posible que su cambio de actitud responda a la súbita determinación de hacer sufrir todavía más al alcalde, como insinúa la frase: «Aquí nos paga veinte muertos, teniente». Pero también la hipótesis de que se apiadó al ver la cara de dolor y al descubrir el absceso es defendible. La alusión a los muertos, en este caso, sería una referencia a la justicia inmanente o casual, ajena a su propia conducta. El hecho clave ha sido enriquecido con una incertidumbre.

Igual que en «La siesta del martes», el nivel de realidad elegido por el narrador determina las características del estilo: objetividad, precisión científica, falta de humor, imágenes visuales. Hay el mismo contraste significativo entre el plano donde ocurre lo más importante y el plano en el que se sitúa la narración. Lo terrible ocurre en la intimidad, en lo real invisible: es el dolor. El lenguaje sólo muestra sus efectos exteriores: barba, cara hinchada, frase del dentista sobre los muertos. Esa escritura seca, neutra, aminora la brutalidad de lo que está contando.

3) «EN ESTE PUEBLO NO HAY LADRONES»: LA RALEA Y LO REAL IMAGINARIO

Aunque el lugar donde ocurre «En este pueblo no hay ladrones» no es mencionado, sus características indican que se trata del pueblo: el puerto, las lanchas, los sirios. Lo confirmamos en *La mala hora* al ver reaparecer a don Roque, el dueño del billar. Es el único personaje del cuento que regresa, pero los enlaces son muchos más. Igual que en *La hojarasca* la autoridad es sobornable: la prostituta Gloria consigue por veinte pesos que el alcalde no la lleve a la cárcel (p. 49). La relación erótico-maternal de Pilar Ternera y José Arcadio y Aureliano Buendía en *Cien años de soledad* está esbozada embrionariamente en la relación entre Dámaso y Ana (que es diecisiete años mayor). El incesto transferido que ambos Buendía cometen con Pilar Ternera es semejante al de Dámaso con Ana. También hay enlaces retóricos. Para Ana el robo de Dámaso es producto de «la mala hora», como la muerte de Agustín para la mujer de *El coronel no tiene quien le escriba.* En el salón de baile, el agente viajero inspira al narrador (tal vez a Dámaso) esta reflexión: «Parecía feliz, y era evidente que habría sido aún más feliz si además de las piernas y los brazos hubiera tenido una cola» (p. 56). Así aparece en la realidad ficticia, como una simple pirueta de la escritura, la imagen de un hombre con cola. La metáfora retorna en *La mala hora,* cuando el alcalde encuentra a «alguien que caminaba como si arrastrara una cola enorme» (p. 161). Vimos cómo un motivo anecdótico, la extracción de la muela del alcalde, podía dejar trazas en la escritura de otro cuento, adelgazado a mera imagen retórica (la argolla «arrancada como una muela»). Éste es el caso inverso: una imagen retórica, presente en dos ficciones, se eleva a motivo anecdótico en *Cien años de soledad,* donde la idea de engendrar un hombre con cola es la obsesión de los Buendía (engendran dos).

La perspectiva de la narración retorna a la base de la pirámide, la clase popular es nuevamente la atalaya de la realidad. La consecuencia inmediata es la que advertimos en «La siesta del martes»: la historia deja de gravitar sobre la sociedad ficticia (ni la compañía, ni la fiebre del banano ni la hojarasca aparecen) y hay una abolición de la política. No hay datos sobre la fundación o sucesos pasados del pueblo, la realidad es exclusivo presente. En cambio, se enriquece extraordinariamente la visión de la clase popular: costumbres, tipos humanos, actividades, diversiones, valores. Confirmamos la variedad de esta clase popular que, vista desde el punto de mira de la clase media o alta, parecía un horizonte uniforme de peones, mendigos y sirvientes. Aquí no aparece ninguno de esos grupos, sino otro, que es sometido en el relato a una minuciosa reseña, casi a una autopsia: la ralea (chulos, prostitutas, vagos, ladrones). Observada de cerca o de adentro, la clase popular tiene una composición compleja, consta de grupos diferenciados.

Ana y Dámaso habitan un conventillo, su cuarto forma parte de «una galería de habitaciones iguales e independientes, con un patio común atravesado por alambres de secar ropa» (p. 34). Su vida es estrecha y antihigiénica, carecen de baño, Dámaso orina al aire libre, se lava en el chorro que comparten con la vecindad. Las paredes del cuarto son «tabiques de lata», el piso es de tierra, la única habitación sirve a Ana de vivienda y centro de trabajo, en ella se apiñan «el anafe para cocinar y calentar las planchas, y una mesita para comer y planchar» (p. 34). El cuartito se alumbra con una «lámpara de petróleo» y Ana ha empapelado las paredes con «carátulas de revistas» y «litografías de actores de cine» (p. 52). Estos seres que duermen con la ropa que llevan en el día aman los colores. La elegancia de Dámaso es «una camisa de cuadros rojos», las mujeres llevan «vestidos brillantes», la prostituta del salón de baile luce primero un «traje rojo» y luego otro «con grandes flores amarillas» y hasta su hijo duerme «envuelto en trapos de colores» (p. 47). Desde esta perspectiva social, de hecho, la realidad entera se ha coloreado. El pueblo es más pintoresco y populoso que antes. Descubrimos la existencia del mercado, adonde llega el domingo la gente del campo con «productos para vender». Oímos los ruidos del mercado, sentimos sus olores, vemos sus tonos chillones: «toldos en medio de los puestos de frituras y las mesas de lotería» (p. 39), «la vistosa cacharrería del mercado público y las mujeres vestidas de colores brillantes que salían con sus niños de la misa de ocho» (p. 46).

En el pueblo hay una rica vida, vulgar y vistosa, que ignorábamos. El deporte ingresa a la sociedad ficticia con este estrato social. El campeonato nacional de béisbol ocupa buena parte del ocio de Dámaso y de la gente reunida en el billar (pp. 39, 45, 46, 53). El cine, hasta ahora vinculado a prohibiciones o prejuicios, pierde esa aura negativa, es un entretenimiento popular. Descubrimos su rusticidad (no tiene techo), vemos que dan una película de Cantinflas, comprobamos que influye en la vida de este sector: Ana ha decorado su cuarto con carátulas de artistas, a Dámaso lo llaman «Jorge Negrete» (pp. 39, 47). Pero la diversión principal es el salón de billar. Dámaso ha «pasado una parte de su vida en los escaños destinados a los espectadores del billar» (p. 42). Allí se bebe, se juega a las cartas, se oye la transmisión del béisbol, se escucha música (corridos mexicanos, por ejemplo). Ha desaparecido la ruleta de la ficción anterior. Para Dámaso y toda la clientela exaltada que se precipita al salón de billar cuando es reabierto, el local hace las veces de hogar y es un símbolo del pueblo. De ahí el remordimiento de Dámaso por haber robado las bolas de billar: «Total... que sin quererlo nos tiramos al pueblo» (p. 53). El cuento, además, revela el salón de baile, hogar nocturno de Dámaso, así como el billar es su refugio diurno. Allí aparece la fauna marginal de la sociedad. Es un híbrido de restaurantebar-dancing y burdel. Habitación «enorme y escueta, adornada con guirnaldas de papel descolorido», en uno de sus rincones toca una «banda de músicos sobre una tarima de madera», que, luego de cada pieza, pasan el platillo. Hay un mostrador, un comedor (se sirve cerveza, arroz con frejoles y carne frita) y un patio con animales donde están los cuartitos de las prostitutas. Fuera de ellas, está el cantinero que se luce «empolvado y con un clavel en la oreja» y que tiene voz de falsete. Es uno de los dos maricas de toda la realidad ficticia.[4] La clientela es masculina, desde luego, y pertenece al mundo de Dámaso, aunque también caen por allí algunos forasteros (pp. 46, 55).

La perspectiva, pues, no sólo ha bajado a la clase popular; dentro de este estrato ha descendido al sector más turbio: prostitutas, vagos, ladrones, mantenidos. Cuando empieza el relato, Dámaso es un chulo, y, además, acaba de iniciar su carrera de ladrón. No con eficacia, pero ha actuado con cierta técnica. Sus instrumentos de trabajo: una «ganzúa improvisada, la linterna de pilas y el cuchillo» (p. 32). Ladrón en ciernes, es sobre todo un experimentado don Juan a quien alimentan las mujeres. ¿A qué debe su dominio sobre ellas? A sus veinte años, sin duda, y a su apostura: «Jorge Negrete» le dicen Ana y la prostituta, que están prendadas de él. ¿Qué clase de belleza masculina seduce a estas mujeres? El rostro de Dámaso está «petrificado por la viruela» y ostenta un «bigotito lineal» que ha cultivado con «secreto espíritu de sacrificio» y «cierta ternura» (p. 35). Su elegancia son camisas y franelas de colores vivos. Cuida su físico como una *cocotte*: la «talla milimétrica del bigote» y el «laborioso proceso de su peinado» le llevan tres horas cada día (p. 39). No trabaja y a las mujeres que le dan comida, cigarrillos y ropa las trata con aire suficiente y castigador. No vacila en gol-

---

[4] El otro, Catarino, también vinculado a la prostitución, aparece en «El mar del tiempo perdido» y en *Cien años de soledad*.

pearlas hasta hacerlas sangrar. Pero más que el macho prototípico, Dámaso parece una estilización o calcomanía de él: mima pases de boxeo y, cuando está borracho, proclama que la comida es cosa de mujeres, que «los machos no comen» (p. 58).

Se ha producido una verdadera revolución en la sociedad fícticia: la diferencia de costumbres entre esta clase y las otras es enorme. El matrimonio es desconocido: existen aparejamientos, concubinatos, los esporádicos encuentros de la prostitución. Las parejas se hacen y deshacen con rapidez y esto vale no sólo para la prostituta y Dámaso, sino también para Ana, la lavandera, quien «Había perdido la cuenta de los hombres que paulatinamente, de tanto mirarlos desde la cama, se habían ido llevando esos colores» (de las carátulas de revista) (p. 52). La religión ocupa un lugar ínfimo en la vida de esta gente. Subsisten de ella sólo gestos, despojados de todo contenido ético o ideológico: Dámaso entra al lugar de su robo santiguándose (p. 61). La autoridad encarna desde esta perspectiva una imagen brutal: golpea al negro en el cine, lo tortura privándolo de comida y amarrándolo en la cubierta para que el sol de plomo lo abrase, Ana sueña que Dámaso, la noche del robo, ha sido «bañado en sangre». No es una perspectiva de opositores políticos, sino de seres al margen de la ley. Ninguna preocupación por el pasado del pueblo ni por la política: la vida es para esta gente un presente que se sobrelleva y un futuro que se imagina o desea. Instalados en el hoy, miran adelante; exactamente lo contrario de los coroneles, quienes, instalados en el presente, miraban sobre todo hacia atrás.

Las diferencias de este grupo social con los otros son también morales e ideológicas. Las nociones de bien y de mal, de justicia e injusticia en la esfera de Dámaso y Ana son muy particulares. Lo que para los coroneles significa

362

inmoralidad, vicio, delito, para ellos es vida cotidiana, normalidad. El concubinato, la prostitución, el robo no tienen en su caso un contenido moral negativo en términos absolutos, como para las clases media y alta. Para Dámaso y Ana no existen valores (o desvalores) absolutos, como no los existían para la madre de Carlos Centeno. Sin embargo, esto no significa que coincidan con la mujer de «La siesta del martes». Para ésta, robar era una acción justa cuando se robaba por necesidad y a quien no le hiciera falta. La actitud de Ana y Dámaso es mucho menos clara. Pero ni siquiera entre Ana y Dámaso coinciden, también entre ellos hay diferencias de moral y de ideología que conviene destacar, pues a partir de la oposición que encarnan, vamos a ver introducirse en la realidad ficticia un nuevo conflicto, una pugna que será crucial en las ficciones posteriores.

Ana tiene una visión del mundo individualista, relativista y pragmática. Juzga el robo únicamente en función de sus resultados: hecho con habilidad y deja beneficios, está justificado; mal hecho y no deja beneficios, es un acto malo. ¿Por qué malo? Porque al robar uno invierte la vida, arriesga que «le peguen un tiro» o «lo bañen en sangre». La vida es para Ana una guerra en la que todos los actos se pesan como batallas contra un enemigo: se debe dar batallas para ganar, no para ser derrotado. No deplora que Dámaso entrara al salón de don Roque, lo que no entiende es que corriera semejante peligro para robar tres bolas: «Han debido pegarte un tiro», dice, decepcionada: «Y todo eso para salir con tres bolas de billar» (p. 32). Según ella «nadie hubiera sido tan bruto de traerse las bolas» (p. 53), porque: «Ya que se van a hacer las cosas... es mejor hacerlas bien hechas» (p. 54). Robar no está mal siempre y cuando se robe bien. Esta concepción es idéntica a la de don Roque, quien queda perplejo cuando sorprende a Dámaso, y murmura: «No puedo creer que seas tan bruto» (p. 63). Decide entregarlo a la policía no porque sea un ratero «sino por bruto» (p. 64). Igual que para Ana, para don Roque robar es sólo una cuestión de viveza o de torpeza.

Pero Ana no es una pragmática absoluta (a este nivel social ni siquiera la concepción relativista se da en términos absolutos). Su egoísmo individualista y calculador se volatiliza ante Dámaso. El muchacho no es para ella un medio sino un fin, le importa más que ella misma, como lo muestra cuando trata de impedir que vuelva al salón a devolver las bolas: «De aquí no sales mientras yo esté viva», «Te prometo que yo misma las llevo mañana», «Puedes decir que fui yo... Así como estoy no pueden meterme en el cepo» (pp. 58 y 59). Cuando se trata de Dámaso es generosa, su razón cede ante su pasión, porque Dámaso esté libre arriesgaría ir a la cárcel. Con Ana el amor ingresa a la realidad ficticia, un tipo de amor. Compárese la anodina, inmaterial relación de las parejas anteriores, como Isabel y Martín. El amor aquí tiene que ver sobre todo con el cuerpo y con el placer. Ana está todo el tiempo tocando a Dámaso: se le pega, lo abraza (p. 31), lo besa, apoya contra él su vientre abultado, le mete la pierna entre las rodillas (p. 33), en la plaza lo «hurga con los índices en los riñones» (p. 50). El amor en esta esfera social es libremente instintivo. ¿Vistos desde otras perspectivas sociales, los seres de la base eran mostrados rozando la animalidad? Dámaso tiene «ojos de gallo», Ana lo llama «burro», le grita «animal, animal». El forastero del salón de baile, entrevisto desde la posición de Dámaso, tiene «dientes de conejo», «salta como un mono», sería feliz si «tuviera cola». Es como si esa animalidad que (inconscientemente) las otras clases le atribuyen, hubiera sido (inconscientemente) asumida por la clase popular para afirmar su diferencia.

Dámaso es poco pragmático: el suyo es un curioso relativismo idealista. No cree en valores abstractos y universales, desde luego, pero tampoco se parece a Carlos

Centeno. Él no roba por necesidad: «El problema era entrar... No podía venirme con las manos vacías» (p. 33). El problema no era apoderarse de algo específico, sino demostrarse a sí mismo que podía robar (aunque fuera tres bolas). Robar es un acto a través del cual se mide a sí mismo. Cuando le cuenta a Ana los pormenores de la operación, lo hace como si evocara los «recuerdos de un viaje», una «aventura» (p. 33). El robo es para Dámaso algo interior y mental, vale por sí mismo y no por sus resultados materiales. ¿Por qué se encoleriza tanto cuando sabe que don Roque anda diciendo que el ladrón se llevó 200 pesos del salón de billar además de las tres bolas? Su primer impulso, irracional, es ir a «desbaratarle la cara» a don Roque por haber mentido, por haber dicho esa mentira. ¿Por qué ésa? Porque esa mentira mercantiliza, da una finalidad práctica y funcional a esa acción que, en el fondo, para él es pura y desinteresada. Este relativista es un idealista: robar es una manera de materializar el sueño. Una de las ocupaciones de Dámaso es abandonarse a la fantasía, imaginar cosas imposibles. Idea negocios fantásticos: «Me voy de pueblo en pueblo... Me robo las bolas de billar en uno y las vendo en el otro. En todos los pueblos hay un salón de billar» (p. 44). Cuando decía esto se ahogaba en su propio entusiasmo. Y sigue: entonces se compraría «una hilera de vestidos, cincuenta pares de zapatos». Apenas concibe su plan, lo olvida. Ocurre que ya lo ha realizado, porque él vive, en cierta forma, en lo imaginario: «Tenía la virtud de olvidar sus proyectos con tanto entusiasmo como necesitaba para concebirlos» (p. 45). Lo importante para él no es la acción concreta de robar sino la *idea* del robo. Individualista, rufián, soñador, su actitud ante el sexo no es la de Ana: en él no hay avidez. Hace el amor como quien se resigna a ello. Está algo desasido de lo real objetivo, porque una parte importante de su personalidad vive en lo imaginario. No es un racionalista, es un sentimental: se arrepiente porque su robo ha matado la atmósfera cálida del salón de billar: «Total, que sin quererlo nos tiramos al pueblo». El pueblo es para él algo distinto que para los coroneles. No es una abstracción, una historia, sino un lugar donde se oye radio, se toma cerveza y se charla con los amigos.

La energía del relato, sus vivencias, resultan del desarrollo de la tensión entre estas dos actitudes, el relativismo pragmático de Ana y el relativismo idealista de Dámaso, con motivo del robo de las bolas de billar, hecho que hace de factor desencadenante del proceso. Las bolas de billar (como la jaula de «La prodigiosa tarde de Baltazar», la lluvia de pájaros en «Un día después del sábado» y los pasquines de *La mala hora*) son un objeto que, por las reacciones que provoca en los personajes, revela no sólo la mentalidad de cada cual, sino también el conflicto que, a partir de este relato, divide a la realidad ficticia en dos grandes fuerzas enemigas: lo real objetivo y lo real imaginario.

LO IMAGINARIO — Este conflicto, impreciso aquí, es claramente reconocible en las ficciones posteriores. La pugna entre esas dos dimensiones de la realidad se resuelve en este relato de manera racional y lógica: Dámaso fracasa, va a la cárcel no por ratero sino por bruto. Lo que se castiga en él no es el robo sino su fantasía, su falta de sentido práctico, su ilógica manera de actuar. El título del cuento no es un grito de victoria de la virtud sobre el delito sino de la razón sobre la sinrazón. Quiere decir: la sustitución de lo real objetivo por lo imaginario es imposible. La derrota de Dámaso confirma su marginalidad, su expulsión de una sociedad donde reina el sentido común. El relato da la razón a Ana y a don Roque y desmiente a Dámaso. Derrotado en la persona del muchacho, lo imaginario es, sin embargo, una presencia que por primera vez se manifiesta en la realidad ficticia como insatisfecha de su cárcel, la subjetividad humana, con pretensiones de autonomía, como deseosa de materializarse en una praxis independiente. A partir de este relato comienza el proceso de emancipación de lo imaginario: la realidad ficticia acabará siendo sumergida por él.

Lo real imaginario no sólo se muestra en ciertas actitudes de Dámaso; se insinúa de manera más dispersa, siempre dentro de una cautelosa ambigüedad. Hay dos datos escondidos elípticos, que *podrían* ser dos manifestaciones de lo imaginario: los doscientos pesos y el misterioso gato blanco. ¿Robó o no robó Dámaso esos doscientos pesos? Parece que no, hasta que don Roque y Dámaso se enfrentan en el salón de billar. «¿Y los doscientos pesos?», dice don Roque. La seguridad del lector vacila. El hombre afirma tan enfáticamente que el dinero estaba en la gaveta, que surge la duda; pero, al mismo tiempo, es evidente que Dámaso no lo sacó de allí. ¿Cómo desapareció entonces? Lo extraño, lo dudoso, lo inquietante: ventanas por las que se desliza como una sombra lo imaginario. ¿Y ese gato? Dámaso, a pesar de haber pasado buena parte de su vida en el billar, no lo ha visto nunca allí. Sólo aparece las dos veces que él entra de noche y a ocultas: esa casualidad hace al gato enigmático, algo irreal. ¿Existe también de día o sólo en las noches? ¿Pertenece a lo real objetivo o a lo imaginario? Es curioso que para Ana Dámaso tenga «ojos de gato». Quizá hasta la aparición del cantinero marica sea de doble sentido: este varón «empolvado y con un clavel en la oreja» representa la fantasía tratando de anclar en lo real objetivo, una realidad mental, imaginaria, que pugna por ser praxis. Y, además; hay esas «muñecas de mantequilla» que ve Ana dormida: el sueño es otra de las puertas de entrada de lo imaginario en la realidad ficticia.

El cuento describe, además, lo relativo de la verdad, el proceso por el cual un hecho ocurrido en un plano de lo real pasa a otro, cómo se forjan leyendas y mitos. Dámaso ha entrado al salón y robado tres bolas de billar.

CREACIÓN
DEL MITO

Esta sencilla verdad se transforma en algo distinto al propagarse por el pueblo. Al día siguiente sabemos por Ana que las gentes «No han hablado de otra cosa en toda la mañana» (p. 34). La fantasía popular ha convertido el robo de las tres bolas en esto: «Que se metieron al salón de billar y cargaron con todo, dijo la muchacha. || Parecía minuciosamente informada. Explicó cómo desmantelaron el establecimiento, pieza por pieza, hasta llevarse la mesa de billar» (p. 35). La muchacha habla con tanta convicción que «Dámaso no pudo creer que no fuera cierto». Naturalmente: Dámaso está dispuesto a sustituir lo real objetivo por lo imaginario. Mientras anda por el pueblo, Ana oye otra vez «versiones diferentes y contradictorias» del robo (p. 36) y cuando está observando la puerta violada del billar, un desconocido le asegura que el ladrón se llevó también «Doscientos pesos» (p. 37). Más tarde, Ana cuenta que la policía ha identificado al autor del robo: un forastero que llegó el jueves y a quien se vio «dando vueltas por el puerto». Dámaso entonces piensa en el forastero y «por un instante sospechó de él con una convicción sincera» (p. 38). Un hecho real objetivo es deformado al pasar al dominio de la murmuración y el chisme colectivos: magnificado, superlativizado, enriquecido con detalles y elementos que proceden de la fantasía. El hecho ha sido contaminado por lo imaginario y ha sufrido una muda del primer caso, ha pasado a existir también en otro plano de lo real, distinto de aquel en que sucedió. Lo imaginario, a su vez, va a repercutir en lo real objetivo. Cuando la gente del cine ve a la policía golpeando al negro, todos comienzan a gritar «¡Ratero! ¡Ratero!» (p. 40). Este nuevo hecho, la captura del negro, es sometido de inmediato al proceso de deformación subjetiva: Ana le cuenta a Dámaso «una versión desfigurada» de lo sucedido, y, desde luego, «Dámaso no la rectificó» (p. 41). Dámaso no se sorprende ni irrita por esas deformaciones de lo real objetivo que obra la fantasía popular; al contrario, él, por su proclividad a la fabulación, está dispuesto a creer en esas mentiras, a soñar despierto. La transformación de un hecho histórico en legendario o mítico, el paso de elementos de lo real objetivo a lo real imaginario a través de la fantasía popular, es un tema que regresa en el episodio de la matanza de trabajadores bananeros en *Cien años de soledad*. Y «Los funerales de la Mamá Grande» es un cuento narrado, precisamente, desde la perspectiva de la recreación imaginaria de lo real objetivo por una colectividad.

Aunque lo imaginario se manifiesta en esos elementos que acabamos de rastrear, lo real objetivo es la presencia más visible, lo dominante en la realidad ficticia. Lo imaginario es sólo una silueta huidiza, el grueso de la materia narrativa pertenece a lo real objetivo. El punto de vista espacial y el temporal son los tradicionalmente usados para la descripción de lo real objetivo: un narrador omnisciente, que concentra su observación en el plano exterior de lo real objetivo, con breves y rígidas mudas hacia el plano interior («Dámaso la imaginó con los ojos abiertos...», «Dámaso comprendió que su mujer quería decirle algo...»), e instalado en un presente para referir hechos de un pasado próximo, que son narrados dentro de una sucesión lineal, con cortas mudas a un pasado más remoto («Tres meses antes, cuando cumplió 20 años...»). El punto de vista de nivel de realidad es más sutil: aparentemente, el narrador cuenta, desde una realidad objetiva, hechos que son también real objetivos. No hay duda que se puede dar una lectura estrictamente lógica a todo lo narrado, interpretar esos síntomas de lo imaginario como casualidades (el gato negro que sólo aparece de noche) y explicarlos racionalmente (los doscientos pesos existen, don Roque inventa que se los han robado). Sin embargo, si se admite la posible insinuación de lo imaginario a través de estos hechos, entonces el narrador, instalado en lo real objetivo (nada nos indica que, *para él*, esos hechos

LO REAL OBJETIVO

dudosos no tengan una explicación lógica y racional), narra hechos alternativamente real objetivos y real imaginarios. La caracterización de los personajes continúa la manera iniciada en «La siesta del martes». Ha quedado desplazada la noción de absoluto, lo que define a las personas es siempre relativo: los movimientos de Ana «tenían esa suave eficacia de la gente acostumbrada a la realidad» (p. 34), don Roque «moviéndose casi a tientas, con una silla en cada brazo, parecía un viudo reciente» (p. 43), las prostitutas «juiciosamente sentadas contra la pared, parecían a la espera de una carta» (p. 56). Las actitudes son resultado de una situación que las provoca y explica. Sin embargo, en un caso, la presentación del personaje no es tan racional: «Parecía feliz, y era evidente que habría sido más feliz si además de las piernas y los brazos hubiera tenido una cola» (p. 56). Esto es lo que Dámaso «ve» en el agente viajero: se trata de una fabulación, de una interpretación real imaginaria.

4) «La prodigiosa tarde de Baltazar» o la condición marginal

El conflicto entre dos órdenes de lo real que asoma en «En este pueblo no hay ladrones» es mucho más evidente en «La prodigiosa tarde de Baltazar», relato que ocurre en el pueblo, como se deduce de la presencia del doctor Giraldo, personaje de *El coronel no tiene quien le escriba* y *La mala hora* (su nombre y ocupación son idénticos en las tres ficciones; su físico y edad cambian), y que tiene personajes comunes con «La viuda de Montiel» cuya historia sucede bastantes años después. Igual que en *La hojarasca*, «La siesta del martes» y «Un día de éstos», aquí también un ser inocente es testigo de un hecho violento. Como en algunas ficciones anteriores, un objeto tiene una función decisiva, en este caso una jaula: provoca las reacciones que revelan la existencia del conflicto básico, y, sobre todo, el campo en el que se halla cada cual en la guerra que divide a la realidad ficticia. Aparte de esto, podemos rastrear en este texto síntomas de componentes futuros del mundo verbal. El nombre de Úrsula aparece por primera vez; es el de una mujer sólidamente anclada en lo real objetivo, en tanto que su marido, Baltazar, vive en lo imaginario: la misma oposición existirá entre la Úrsula de *Cien años de soledad* y su marido, José Arcadio Buendía.

La perspectiva se mantiene al nivel de la clase popular, aunque rota, dentro de ese estrato social, del subgrupo de Dámaso, la ralea, a un sector más integrado, el de los artesanos. El pasado del pueblo se ha borrado, ya sabemos que desde esta atalaya la historia no existe. Hay apuntes escuetos sobre el paisaje natural y sólo uno inédito: la trompetería de las chicharras. El decorado urbano es el que conocemos: el salón de billar, un tocadiscos automático, una pista de baile por la que pasean alcaravanes. El escenario se ha adelgazado al mínimo: la realidad social es una presencia que desvanece a la naturaleza y a la ciudad. Aquí coexisten, encarnados en tres personajes, los tres estratos de la pirámide y es la primera vez en que muestran tan nítidamente sus diferencias. La pugna primordial que describe el relato no es, sin embargo, social ni económica.

Un médico representa al sector medio, Baltazar es artesano; el rico se llama José Montiel. Hasta ahora, tanto en Macondo como en el pueblo, el vértice de la pirámide daba la impresión de ser una sola familia. Aquí se señala que Baltazar «nunca se sintió bien entre los ricos»: parece que hubiera varias familias de ricos.

¿Cómo es el rico del pueblo en este relato? Aunque su nombre es nuevo, nos resulta familiar por su parecido a don Sabas. El origen de la fortuna de éste era muy turbio: don José Montiel «había sido capaz de todo» por llegar a donde se halla. Es también un enfermo, aunque no de diabetes: a él el médico le ha «prohibido coger rabia» (p. 73). Tampoco cree en símbolos ni en abstracciones, sólo en cosas contantes y sonantes. Es el único para quien la jaula pasa totalmente inadvertida, ni presiente que se trata de un objeto hermoso. Para Montiel sólo cuenta el dinero: en su casa «nunca se había sentido un olor que no se pudiera vender» (p. 71). Al igual que la señora Rebeca, es un ser tan desconfiado y asustado del mundo que duerme «sin ventilador eléctrico para vigilar durante el sueño los rumores de la casa» (p. 72). En estas dos citas, se nota un cambio en la forma de caracterizar al personaje: se lo presenta mediante cualidades extremas, superlativas, que numéricamente lo distinguen de los demás. La técnica de la exageración alcanza una especie de clímax en «Los funerales de la Mamá Grande» y es uno de los recursos estilísticos principales de que se vale el narrador para trasladar seres, objetos y situaciones de lo real objetivo a lo imaginario en *Cien años de soledad*.

El doctor Giraldo es un hombre «contento de la vida pero cansado de la profesión» (p. 68). Tiene sentido estético (su mujer ama las flores y los canarios), sensibilidad: la jaula lo impresiona por ser un objeto bello. ¿Cuál es su reacción? Quiere comprarla. Sin pérdida de tiempo, la valoriza en dinero, le asigna un precio que está dispuesto a pagar. Su actitud ante el hecho estético, la jaula, equidista de las actitudes extremas de José Montiel y de Baltazar: para aquél la jaula no tiene precio porque no le concede importancia, para éste no tiene precio porque le importa demasiado. Sólo Giraldo puede, con facilidad, traducir en valor económico el valor artístico; él está como a caballo entre esas dos esferas excluyentes de Montiel y de Baltazar: el dinero y el arte. Esas dos esferas representan en este relato dos dimensiones de lo real: lo real objetivo y lo real imaginario. Giraldo no está encarcelado en ninguna de esas dos esferas: él se empeña en acercarlas, en tender un puente entre ambas. Es capaz de reducir lo bello, ese producto de lo imaginario, a mercancía, objeto dotado de precio y susceptible de ser adquirido. Exactamente la operación contraria a la de Dámaso, que elevaba el robo a aventura imaginaria al desvalorizarlo, al despojarlo de todo beneficio material. El doctor Giraldo no está ciego ante lo real imaginario: lo acepta en la medida en que puede adaptarlo a lo real objetivo. Cuando ve la jaula y queda prendado de ella, elogia así a Baltazar: «Hubieras sido un extraordinario arquitecto» (p. 69). Lo ideal sería que este carpintero que sabe producir belleza, fabricara cosas que fueran simultáneamente bellas y útiles, no contaminadas de cierta gratuidad. Cosas que, siendo hermosas, fueran prácticas, pudieran ser propiedades, bienes. Una jaula tan opulenta es sospechosa: una casa sería distinto. La arquitectura es ese vínculo ideal entre lo real objetivo y lo imaginario que el médico quisiera establecer. Tiene una mentalidad profesional y su sensibilidad estética es inseparable de su individualismo y su sentido de la propiedad privada.

Baltazar ocupa socialmente un lugar más elevado que el de los rufianes, vagos, sirvientes y campesinos, pero, al mismo tiempo, inferior al de la clase media: lo revela el tratamiento que da al doctor Giraldo. Es un artesano acostumbrado a «hacer jaulas desde niño» y la vida le ha dado «muchos motivos para estar alerta, pero ninguno para estar asustado» (p. 67). ¿Es un representante típico de su clase, como parecen serlo de las suyas Montiel y el médico? ¿Su condición de artesano define fundamentalmente su posición en la sociedad? No, su vida está determinada sobre todo por otra condición que la de formar parte de la clase popular. Baltazar, hombre del pueblo, es, además, un *ser marginal* en la medida en que es un artista (él no está consciente de ello): lo que hace le importa —como el robo a Dámaso— no por el provecho material que le trae, sino por sí mismo. Su mujer es más representativa de su clase: como Ana, Úrsula tiene los pies y la cabeza en lo real objetivo, es un espíritu práctico. Está disgustada porque Baltazar ha «descuidado el trabajo de la carpintería para dedicarse por entero a la jaula, y durante dos semanas había dormido mal, dando tumbos y hablando disparates, y no había vuelto a pensar en afeitarse» (p. 68). Baltazar olvidó algo de lo que Úrsula está muy consciente: la jaula es un medio. Su marido ha actuado como si ese quehacer fuera un fin, se entregó a él de manera tan absorbente que descuidó su aseo y empezó a delirar. Durante esas dos semanas, Baltazar estuvo viviendo lo que vivió Dámaso, fugazmente, cuando inventó el negocio de las bolas de billar: la fantasía. Ha estado sumergido en lo imaginario, ausente de lo real objetivo: eso irrita a Úrsula.

LA DOBLE
CONDICIÓN

El individualismo de Baltazar, como el de Dámaso, es excluyente. Al final del relato en el pueblo quedan de un lado todo el cuerpo social, y del otro Baltazar, ser tirado en medio de la calle al que las mujeres no se atreven a mirar «creyendo que estaba muerto» (p. 76). Antes, hemos visto surgir entre Baltazar y todas las gentes que lo rodean una incompatibilidad, una diferencia: es la frontera que separa, en la realidad ficticia, en este momento de su gestación, a lo real objetivo de lo imaginario. En ficciones posteriores la barrera cae y lo real objetivo es absorbido por lo imaginario, pero aquí está bien delimitada. Baltazar vive en un enclave que lo aísla de lo real objetivo y que determina una ruptura entre él y su sociedad en la medida en que lo que él representa niega lo que es aquélla. Pero, al igual que en el caso de Dámaso, su marginalidad profunda está disimulada por una marginalidad social más inmediatamente visible y que establece una calculada ambigüedad sobre su verdadera condición. Baltazar *también* es un ser marginal porque es pobre. Esta doble marginalidad opaca la naturaleza profunda de su conflicto con el mundo, que no deriva de la lucha de clases sino de la oposición entre lo real objetivo y lo imaginario. Esto complica sutilmente los datos de la materia narrativa sobre la sociedad ficticia.

Baltazar tiene cierta conciencia de clase; se sabe distinto de los ricos, a los que considera algo ajeno y hasta enemigo: «Nunca se sintió bien entre los ricos», «Cuando entraba en sus casas no podía moverse sin arrastrar los pies» (p. 72). Hace jaulas para ellos pero no los quiere. Estas reacciones congenian con su condición social, son representativas de la mentalidad de su clase. Pero resulta que Baltazar también compadece a los ricos: «Solía pensar en ellos, en sus mujeres feas y conflictivas, en sus tremendas operaciones quirúrgicas, y experimentaba siempre un sentimiento de piedad» (p. 72). En su borrachera dice a gritos: «Cómo estarán de jodidos que ya ni siquiera pueden coger rabia» (p. 75). Situado tan por debajo de ellos y los compadece y se apiada de ellos: esos sentimientos revelan que, de algún modo, se considera superior. Esa superioridad que le permite mirar a los ricos desde arriba (la compasión es una forma elegante del desprecio) no tiene que ver nada con su condición social de pobre, sino con algo que no comparte con los otros miembros de su estrato social: su condición de artista.

El conflicto entre Baltazar y el mundo, asunto principal del relato, no es de clases sociales, sino más vasto y complejo: es un conflicto con la realidad objetiva. Una vez más reaparece, con vestidura anecdótica distinta, el tema de la marginalidad, el divorcio con la realidad que lleva a un hombre a crear otra realidad. Esta vocación de creador genera un divorcio entre él y los demás: lo que él hace significa para él una cosa y algo distinto para la sociedad. Su obra, para él fin en sí mismo, para los otros siempre es un medio. Hacer jaulas no es para Baltazar una profesión sino una vocación. El doctor Giraldo, en cambio, trabaja por necesidad, está cansado de su profesión. La relación entre Baltazar y su oficio y la del médico con el suyo son distintas. Por eso, Baltazar no sabe *valorizar* su trabajo, asignarle un precio, medir su jaula en dinero, por eso la regala tan

EL
CONFLICTO

fácilmente al niño. Son Úrsula y el doctor Giraldo quienes pueden traducirla inmediatamente a moneda, juzgarla por los valores que rigen su mundo, el de la realidad objetiva. El drama de Baltazar está en que, en su sociedad, todo se mide por dinero: esta noción es común a Úrsula, al médico y a Montiel. La noción de Baltazar es distinta. Este conflicto, no de clases sino de individuos, es el núcleo del que brota la vida del relato.

El conflicto parece insuperable, pero Baltazar no es derrotado como Dámaso. Éste vivía lo imaginario de tal modo que acabó estrellándose contra lo real objetivo: por eso fue destruido, apartado, enviado a la cárcel. Baltazar puede continuar viviendo en la sociedad como ser marginal. ¿Por qué? Dámaso convertía lo imaginario en una praxis inaceptable para la sociedad y a la cual castiga. Baltazar, en cambio, vive lo imaginario a través de una praxis que es tolerada dentro de ciertos límites: sus productos han sido asimilados, transformados en real objetivos. Por vía del arte lo imaginario encuentra un acomodo en lo real objetivo. Ese acomodo, sin embargo, no resuelve una contradicción: el significado distinto que tiene la jaula para Baltazar y para los otros. ¿Todos los otros? No podemos decir que, en la pugna secreta que divide a este mundo, los niños estén definitivamente en el bando de Montiel, el doctor Giraldo o Úrsula. Al principiar el relato, los niños del pueblo vienen a contemplar entusiasmados la jaula y hay entre ellos y Baltazar una silenciosa comunicación. El hijo de Montiel, cuando su padre decide privarlo de la jaula, reacciona como un animal atacado. Su actitud conmueve a Baltazar, quien decide regalársela. Se diría que los niños están más cerca que los adultos de aquello que representa la jaula para Baltazar. Parecería que en la niñez se estuviera más cerca de lo imaginario que en la edad adulta. Asimismo, a juzgar por el relato anterior y por éste, se diría que los hombres, como tendencia general, son más proclives a lo imaginario que las mujeres. Seres y objetos del mundo verbal se reordenan en función de esa tirantez que opone a los dos órdenes de lo real.

Cuando su divorcio con los demás se hace evidente ¿cuál es la reacción de Baltazar? ¿Desalentarse, renegar de lo imaginario, asumir lo real objetivo? Al contrario: es zambullirse más profundamente en la invención. Sale de casa de los Montiel y, como Dámaso cuando idea su negocio quimérico, imagina que ha vendido la jaula, que está lleno de dinero, y pasa a *vivir* esta realidad fabulosa que acaba de crear. Su conducta es una nueva tentativa de inserción de lo imaginario en lo real objetivo. Una gran borrachera ocurre en la sala de billar; la gente, invitada por Baltazar, celebra la venta de la jaula, brinda por la «suerte y fortuna» del carpintero, y durante dos horas se diría que Baltazar ha triunfado: lo imaginario se ha convertido en cosa vivida. Pero pronto lo real objetivo recobra sus poderes: primero «lo dejaron solo en el salón» y más tarde amanece tendido en media calle. Da la impresión de estar «muerto», pero, en realidad, en esos momentos tiene «el sueño más feliz de su vida» (p. 76). Es la primera vez que Baltazar bebe; apenas se emborracha, se dispara hacia lo imaginario: «hablaba de un fabuloso proyecto de mil jaulas de a sesenta pesos, y después de un millón de jaulas hasta completar sesenta millones de pesos» (p. 75). Una de las puertas hacia lo imaginario era el sueño, otra la fantasía. Aquí aparece un nuevo agente: la embriaguez.

5) «LA VIUDA DE MONTIEL»: CORRUPCIÓN POLÍTICA Y EVASIÓN IMAGINARIA

Sucede también en el «pueblo» (algunos de sus personajes y situaciones serán trasplantados a Macondo en *Cien años de soledad*) en un período que se inicia en 1945, año en que comienza la represión política, y termina después de la muerte de Chepe Montiel, que ocurre en 1951.

MOTIVOS
RECURRENTES

El relato permite situar la historia de «La prodigiosa tarde de Baltazar» (ahora resulta claro que transcurre durante los años de bonanza de Montiel, entre 1945 y 1951), cuento con el que comparte personajes: Montiel y su esposa. Esta última, aquí viuda, regresa en *La mala hora,* y de ella, así como de sus hijos enviados a Europa y del administrador Carmichael, tendremos noticia en *Cien años de soledad.* Aparece por primera vez, como fantasma o visión, la Mamá Grande, personaje central del último relato del libro, que vuelve como figura pasajera en *Cien años de soledad.* El relato esclarece con lujo de detalles el origen de la riqueza de Chepe Montiel: comprobamos que su parecido con Sabas no sólo tiene que ver con su psicología, su enfermedad y su visión del mundo. Ambos han hecho su fortuna de manera idéntica: sirviendo de delatores a la autoridad política, industrializando la represión.[5] Se trata de otra situación típica (elemento añadido) de la realidad ficticia, al igual que la imagen del apestado cruzando un pueblo hostil y la del niño enfrentado a un hecho violento: una fortuna erigida al precio de la traición y la extorsión política. El motivo recurrente mayor, sin embargo, es el conflicto básico que describe la historia, el mismo de los dos relatos anteriores, que opone a lo real objetivo y a lo imaginario. Aquí adopta nuevas formas y cobra visibilidad mayor.

LA VIOLENCIA   Del mundo físico no quedan sino esas «lluvias pantanosas» de octubre, que, ya sabemos, están asociadas en la realidad ficticia a la idea de desmoronamiento, de catástrofe: la decadencia de la familia Montiel tiene el marco clásico del aguacero. El relato abunda en datos políticos, sociales y económicos, aspectos de la realidad objetiva que tienen aquí importancia primordial: no son el telón de

---

[5] Ambos guardan su dinero en su propia casa, en una caja fuerte.

fondo, las coordenadas de la historia, sino el corazón de la materia narrativa. Esa violencia política que era el contexto inseparable de las historias de *El coronel no tiene quien le escriba* y de «Un día de éstos», aquí sabemos cómo nació: fue seis años antes la muerte de Montiel, en 1945 más o menos, cuando llegó el nuevo alcalde, «un sargento de la policía, zurdo y montaraz», con órdenes expresas «de liquidar la oposición» (p. 83). Para ejecutar su misión, se alió con Chepe Montiel, comerciante modesto, casado con una mujer de clase superior.[6] Montiel se convierte, como don Sabas, en delator. El alcalde y su aliado dividen a la oposición en dos bandos, de acuerdo a esa medida de lo real objetivo en esta sociedad: el dinero. Opositores pobres y opositores ricos. A los pobres, que no pueden ser explotados, se les acribilla a balazos en la plaza pública. A los ricos se los asusta, disparándoles cargas de fusilería en las puertas de sus casas, y se les concede 24 horas para salir del pueblo, de modo que en este plazo puedan vender sus bienes a Montiel, a precios que fija él mismo. Así nació su fortuna: «Nadie en la historia del país se había enriquecido tanto en tan poco tiempo» (p. 83).

El relato muestra que, en la sociedad ficticia, existe una solidaridad honda entre el poder político y el poder económico y entre la fortuna y la Iglesia. No hay incompatibilidad entre ser rico a la manera de Montiel y la religión; él fue, aparentemente, un hombre devoto, todos los domingos se lo veía en misa con un crucifijo en las manos. Cuando este hombre odiado murió, sólo asistieron a su entierro «sus copartidarios y las congregaciones religiosas» y las únicas coronas que llegaron fueron «las de la administración municipal» (p. 80). Montiel demostraba su fe según los valores comerciales de su mundo: prometió regalar al templo un San José de tamaño natural si se

---

[6] Antes de casarse, la señora Montiel no pudo ver nunca a su novio «a menos de diez metros de distancia» (p. 80), como la Isabel de *La hojarasca*.

ganaba la lotería, y la ganó y cumplió su promesa. Esto le dio fama de «afortunado y buen creyente» (p. 83). No sólo vemos nacer su fortuna: la vemos aumentar, apoderarse del pueblo en «seis años de asesinatos y tropelías». Llega a monopolizar el comercio local por el terror. Al ser rico, se eleva a la posición social de su mujer. Antes de la llegada del alcalde, no se le había visto con zapatos; muerto, lo vemos «embutido con almohadas y sábanas de lino» dentro del ataúd, «vestido de blanco y con botas de charol», a punto de ser enterrado en un «aparatoso mausoleo» (p. 79). Ha enviado a dos hijas a París y a su hijo le ha conseguido un «puesto consular en Alemania» (p. 80).

LUCHA
DE CLASES Pero la fortuna trae otra consecuencia para Chepe Montiel: el odio de la gente. La áspera relación entre los distintos estratos de la pirámide social, discernible de modo no siempre claro en las ficciones anteriores, asume en «La viuda de Montiel» carácter violento y descubre un contenido económico y político. La estructura social de la realidad ficticia no es nada armoniosa, como lo creía el coronel de La hojarasca: se revela erosionada por una enemistad implacable que se traduce en actos concretos de lucha. Montiel es odiado por su fortuna y por su poder: cuando muere «todo el mundo se sintió vengado menos su viuda» y a «todo el mundo» le pareció «increíble» que acabara con él una rabieta, pues todos esperaban «que lo acribillaran por la espalda en una emboscada» (p. 79), El odio lo persigue más allá de la muerte: casi nadie va a su entierro, y, apenas enterrado, la gente pasa a tomar represalias: dejan de comprar su leche, su miel y sus quesos, empiezan a robarle sus ganados; de este modo su imperio comienza a desmoronarse, hasta que un día el señor Carmichael confiesa a la viuda «que se estaba quedando en la ruina». Noticias de este odio llegan hasta Alemania; el hijo de Montiel, luego de responder con evasivas a los llamados de Carmichael para que venga a ponerse al frente de los negocios, admite que no se atreve a regresar «por temor de que le dieran un tiro» (p. 85). El rasgo principal de esta sociedad es la violencia: matanzas, extorsiones, robos, una atmósfera de rencor, odio y miedo. Dentro de este contexto, resulta casi lógico que Montiel muera de una «rabieta».

«*Todo* el mundo se sintió vengado», «*todo* el mundo esperaba que lo acribillaran por la espalda», «*el pueblo* tomaba represalias», «*Nadie* volvió a la casa»: el narrador señala como enemiga de Montiel a toda la colectividad. LA PERSPECTIVA MÓVIL Esto no es exacto, algunos miembros de esa sociedad no lo odian: el alcalde, Carmichael, esos copartidarios y esas congregaciones que asisten a su entierro. ¿Qué significa esta generalización? Tiene que ver con ese nuevo procedimiento formal, que apunta en el relato anterior: la exageración. Significa también que el narrador narra *tomando partido*. Esa perspectiva desde la cual se permite lanzar afirmaciones tan tajantes, aumentando —según se desprende de los propios datos de la historia— los enemigos de Montiel, reduciendo esquemáticamente la lucha social a, de un lado, el rico, y del otro, toda la comunidad, olvidando al sector (sin duda ínfimo) de aliados de don Chepe, es la clase popular. Las exageraciones son un discreto acto de solidaridad del narrador con uno de los bandos en la lucha que divide a esta sociedad. En todos los momentos de la historia que describen la pugna que tiene lugar en el plano social de lo real objetivo, el narrador se instala en la perspectiva de la clase popular y hace suyos sus puntos de vista y su combate. Pero el relato sólo en ciertos momentos describe esta pugna; en los demás, la mayoría del tiempo narrativo, refiere un conflicto de naturaleza distinta, simultáneo y superpuesto a aquél, de dimensiones más vastas porque afecta no sólo a componentes de lo real objetivo, como son las clases sociales, la política y lo económico, sino a lo real objetivo en su conjunto, y a una fuerza adversaria, que está cobrando cada vez más relieve y poder dentro de la realidad ficticia: lo imaginario. El título del relato insinúa el papel principal que tiene este otro conflicto. Porque es un hecho que la viuda de Montiel no participa en la lucha social entre don Chepe y quienes lo odian. Más: ignora la existencia de ese conflicto. Tal vez quiere ignorarlo; en todo caso, ha encontrado una solución para huir a la tirantez político-social, a la violencia que roe a la comunidad: lo imaginario. En los momentos en que el eje de la materia narrativa rota de lo real objetivo a lo imaginario (esta rotación es tan ambigua que nunca podremos saber si lo imaginario acaba por objetivarse como realidad autónoma, o si sigue teniendo la existencia subjetiva y derivada que en las ficciones, anteriores) el narrador se sitúa en una perspectiva que ya no es la de un estrato social de lo real objetivo, sino en lo real objetivo como totalidad enfrentada a lo imaginario. La perspectiva es, pues, móvil, sufre constantes mudas del segundo caso.

LA
ALTERNATIVA
ONÍRICA
«La viuda de Montiel» desarrolla, hábilmente entrelazados, estos dos conflictos que vive la realidad ficticia: uno, dentro de lo real objetivo, entre dos grupos sociales, el vértice y la base de la pirámide; otro, que enfrenta a dos órdenes: la realidad objetiva y la imaginaria. De esa doble tensión, unida mediante el procedimiento de vasos comunicantes, brota la energía de la historia. Estos dos conflictos no son autónomos, están muy ligados. Es esa violencia que impregna a todo lo real objetivo la que precipita la inmersión de la viuda de Montiel en lo imaginario. Lo real objetivo es aquí algo horrible: abusos, crímenes, robos, odio, terror. Por eso la viuda piensa que «El mundo está mal hecho», por eso lamenta que Dios descansara el domingo: «Ha debido aprovechar ese día para que no se le quedaran tantas cosas mal hechas» (p. 82). Aristócrata, comparte la visión fatalista que, ya vimos, es la de su clase en la sociedad

382

ficticia: Dios hizo el mundo mal hecho, mal hecho se quedará. ¿Qué hacer, entonces, si no hay como cambiar ese mundo cuya esencia es estar mal? El mundo quiere decir para ella lo real objetivo: la solución es prestarle la menor atención posible, alejarse de él. La alternativa a ese mal es la evasión hacia lo imaginario. La viuda «no había estado nunca en contacto directo con la realidad» (p. 80). ¿Qué puertas le permitían huir de la realidad? La superstición, la inocencia, el sueño. Fue siempre una mujer «frágil, lacerada por la superstición», convencida de que entrar a la casa con el paraguas abierto traía desgracia y capaz de creer en «las predicciones atmosféricas de los callos del señor Carmichael» (pp. 81 y 82). Inocente hasta la ceguera, es la única que no se da cuenta del siniestro papel de su marido cuando la represión. Cree que todo es culpa del alcalde, incluso dice a don Chepe que use sus influencias para que el gobierno aparte del lugar al alcalde, «esa bestia que no va a dejar un ser humano en el pueblo», y cuando ve a Montiel comprando los bienes de los exiliados, le dice, angelicalmente: «Te arruinarás ayudándolos para que no se mueran de hambre en otra parte, y ellos no te lo agradecerán nunca» (p. 84). A Montiel le resulta excesiva tanta estupidez: «No seas tan pendeja». No lo es tanto, su tontería es una manera de fugarse del «pueblo maldito». Cuando comienza a arruinarse, dice a Carmichael, con la mayor indiferencia: «Estoy hasta la coronilla de quesos y de moscas. Si usted quiere, llévese lo que haga falta y déjeme morir tranquila» (p. 85). Siempre había vivido encerrada y luego de la muerte del marido es peor, pues la gente deja de venir a la casa. Éstas son etapas de un proceso de desasimiento de lo real objetivo, de ingreso en una nueva realidad —la locura, el sueño—, que culmina en la imagen final del relato, en la que el mundo lógico y racional queda bruscamente abolido ante una realidad (subjetiva u objetiva, no hay modo de saberlo) imaginaria e irracional. La viuda ve a la «Mamá Grande en el patio con una sábana blanca y un peine en el regazo, destripando piojos con los pulgares» (p. 86). ¿Se trata de un sueño o de una aparición? ¿La realidad imaginaria, representada aquí por ese personaje que (lo sabremos en un relato posterior) ha muerto hace años, es todavía un producto subjetivo, un objeto onírico, o la viuda está viendo un fantasma materializado, una objetivación de esa realidad imaginaria en la que ha estado viviendo mentalmente hasta ahora? No lo sabemos, se trata de un dato escondido elíptico. El diálogo que tienen es enigmático: la viuda quiere saber cuándo va a morir y la Mama Grande le responde: «Cuando te empiece el cansancio del brazo». La frase hermética que cierra la historia es una puerta abierta sobre lo imaginario. Como Baltazar, la viuda de Montiel ha encontrado un medio para conciliar lo imaginario con lo real objetivo: el sueño o la demencia.

6) «UN DÍA DESPUÉS DEL SÁBADO» Y LA HISTORIA DE MACONDO

EL PASADO
ESPLENDOR

Este relato está situado en Macondo, en el período de la decadencia. La perspectiva es itinerante, se desplaza de un personaje a otro, pero la mayor parte de la historia está referida desde una atalaya que corresponde a la de seres inequívocamente instalados en el vértice de la sociedad: la viuda Rebeca y el padre Antonio Isabel del Santísimo Sacramento del Altar Castañeda y Montero. Desde la perspectiva aristocrática, ya sabemos, la historia gravita con fuerza sobre el presente, y, en efecto, aquí, como en *La hojarasca,* hay muchos datos relativos al pasado de la sociedad ficticia. Algunos confirman datos anteriores, otros los amplían, otros los modifican. El antiguo esplendor está asociado, en la memoria del padre Antonio Isabel, al banano. Desde hace años sólo pasan por Macondo cuatro vagones desvencijados y descoloridos, de los que nadie desciende: «Antes era distinto, cuando podía estar una tarde entera viendo pasar un tren cargado de banana: ciento cuarenta vagones cargados de frutas, pasando sin parar, hasta cuando pasaba, ya entrada la noche, el último vagón con un hombre colgando una lámpara verde» (p. 102). Ciento cuarenta vagones, la desmesura: lo que era una imagen retórica en los relatos anteriores, se convierte en característica de la realidad ficticia. Las dos épocas de Macondo, el apogeo y la decadencia, están claramente diferenciadas aquí también, como en *La hojarasca,* en función de las plantaciones bananeras. Aparece un nuevo dato histórico: «Tal vez de ahí vino su costumbre de asistir todos los días a la estación, incluso después de que *abalearon a los trabajadores* y se acabaron las plantaciones de bananos...» (p. 103). Es la primera mención de la matanza de trabajadores que tendrá amplio desarrollo en *Cien años de soledad.*

En lo relativo a las guerras civiles, «Un día después del sábado» no es esclarecedor sino oscurecedor. En *La hojarasca* se insinuaba que la fundación de Macondo la habían llevado a cabo gentes que, como la familia del coronel, huían de las guerras, lo que permitía situar la fundación hacia fines del XIX. Sin embargo, aquí se indica que el padre Antonio Isabel «se enterró en el pueblo, desde mucho antes de la guerra del 85» (p. 94), lo que retrocede la fundación de manera considerable y desbarata la cronología que parecía regir la historia ficticia. El muchacho de Manaure nació «una lluviosa madrugada de la última guerra civil» (p. 106) y durante la acción del relato tiene veintidós años. Si esa última guerra civil es la del 85, el cuento ocurriría en 1907, más o menos, pero esta época no corresponde a la decadencia de Macondo, la que, según *La hojarasca,* comenzó hacia 1918. Estas contradicciones de la realidad ficticia (que para ella no lo son) muestran la libertad y la movilidad de que goza, su naturaleza diferente de la realidad real, que sólo puede cambiar hacia adelante, en tanto que aquélla se va modificando también hacia atrás.

385

El coronel Aureliano Buendía aparece nuevamente, como una reminiscencia, y su silueta resulta siempre enigmática. Algo más se sabe de él, sin embargo: es primo hermano de la viuda Rebeca y primo del que fue su marido, José Arcadio Buendía; la viuda lo considera, no sabemos por qué, un descastado. Parece estar ausente, como en *La hojarasca*. La viuda Rebeca, borrosa en sus apariciones anteriores, se enriquece biográficamente: vive en una casa con dos corredores y nueve alcobas, acompañada de su sirvienta y confidente Argénida; su bisabuelo paterno peleó durante la guerra de la Independencia en el bando de los realistas; una leyenda turbia la vincula a la muerte de su esposo, quien veinte años atrás, luego de un pistoletazo que nadie sabe quien disparó, «cayó de bruces entre un ruido de hebillas y espuelas sobre las polainas aún calientes que se acababa de quitar» (p. 98). Este episodio reaparece, con contornos real imaginarios, en *Cien años de soledad*. La viuda vive enclaustrada, viste ridículamente, permanece en Macondo por un oscuro temor a la novedad. El padre Antonio Isabel retorna en «Los funerales de la Mamá Grande», en *La mala hora* y en *Cien años de soledad*. El alcalde asoma sólo un momento y no se dice que esté asociado a hechos de violencia y corrupción, aunque su físico inspira a la viuda Rebeca una impresión de solidez bestial. ¿Han desaparecido la violencia y la corrupción políticas en Macondo? Ha desaparecido el interés por ese plano de lo real objetivo. Ha cambiado la perspectiva y ya vimos que para la visión aristocrática la política es algo remoto y repulsivo, una experiencia prescindible. La viuda Rebeca y el padre Antonio Isabel son tan ciegos para la política como la clase popular: sólo cuando la perspectiva se sitúa en la clase media, la política ocupa lugar dominante en lo real objetivo. Aquí ha sido abolida y son el pasado, la religión y lo imaginario lo que prevalece en la realidad ficticia.

Manaure, donde había ido a la escuela el protagonista de *El coronel no tiene quien le escriba*, adquiere una dimensión mayor. El forastero de la historia ha nacido allí, precisamente en la escuela, que su madre había atendido durante dieciocho años. Comparado a Macondo, es más pequeño, aislado y pobre. El muchacho lo recuerda como «un pueblo verde y plácido, con unas gallinas de largas patas cenicientas que atravesaban el salón de clases para echarse a poner debajo del tinajero». Está lejos y en la altura, pues allí no se siembra banano sino café y carece de alumbrado eléctrico. Como el héroe de *El coronel no tiene quien le escriba*, la madre del forastero espera una jubilación.

El semblante urbano de Macondo se perfila más. Conocíamos su estación, sus almendros, sus alcaravanes, su calor: ahora conocemos su hotel. Se llama también Macondo, carece de clientes, su menú es un plato de sopa con un hueso pelado y picadillo de plátano verde, tiene un gramófono de cuerda, sus propietarios son una madre y su hija de caras idénticas. Habíamos visto a Macondo a la hora de la siesta; ahora lo vemos un domingo de mañana: «calles sin hierba, casas con alambreras y un cielo profundo y maravilloso sobre un calor asfixiante»; la calle principal desemboca «en una pequeña plaza empedrada con un edificio de cal con una torre y un gallo de madera en la cúspide y un reloj parado en las cuatro y diez» (p. 112).

En la realidad ficticia hasta ahora sólo se leían periódicos, volantes políticos clandestinos, el Almanaque Bristol, presumiblemente las revistas de cine con cuyas carátulas Ana había empapelado su cuarto. En «Un día después del sábado» un personaje ha tenido una formación clásica. El padre Antonio Isabel leyó en el seminario a los griegos, sobre todo a Sófocles, «en su idioma original» (p. 93). Los clásicos se le confundían, los llamaba «los ancianitos de antes». Aparentemente, también estudió francés. Su monaguillo se llama (o él lo llama) Pitágoras.

En este relato, la religión deja de ser elemento secundario, una referencia, y pasa a formar parte del asunto central. Vimos que la religión desempeñaba en la realidad ficticia una función eminentemente social, que los ritos católicos regulaban la vida comunitaria: misas, entierros, matrimonios. Aquí las cosas han cambiado. La Iglesia ha perdido importancia, la población ha dejado de aceptar ese papel regulador de la vida social que cumplía en las otras ficciones. Hace años que nadie va a misa, años que nadie se confiesa, años que nadie da limosnas. ¿Qué ha ocurrido en Macondo? La muchacha del Hotel da la siguiente explicación al forastero: el cura «está medio chiflado» (p. 111). ¿Es convincente? No lo es. Todos los curas de la realidad ficticia eran algo chiflados, aunque, es cierto, de manera distinta al padre Antonio Isabel: el Cachorro mezclaba los evangelios con el Almanaque Bristol, el padre Ángel censuraba las películas a campanadas. Esas chifladuras no alejaban a la gente de la Iglesia y en cambio la del padre Antonio Isabel sí. No es la locura la que ahuyenta a los fieles, es la forma particular de locura que aqueja al padre Antonio Isabel. ¿Cuál es esa chifladura que inspira la enemistad de la gente? Aquella que abre las puertas de lo real objetivo a lo real imaginario. Es esta presencia, este orden adversario lo que la gente instintivamente rechaza en el padre Antonio Isabel. Una vez más aparece, encarnado en materiales distintos, el conflicto básico de la realidad ficticia.

Como en Dámaso, en Baltazar y en la viuda de Montiel, lo imaginario impregna la persona del padre Antonio Isabel. Él ha llegado a ese otro orden, ha escapado de lo real objetivo, no a través del arte ni del sueño, sino de la locura y la vejez. Es un buen hombre, pacífico y servicial, «pero que andaba habitualmente por las nebulosas» (p. 92), y ya años atrás había ganado «el sólido prestigio de ser exageradamente imaginativo, intrépido para la interpretación y un poco disparatado en sus sermones» (p. 94). Ahora que ha cumplido noventa y cuatro años asegura «haber visto al diablo en tres ocasiones» (p. 91) y, durante la acción del relato, cree ver o ve al Judío Errante (p. 102). «Le gustaba extraviarse por vericuetos metafísicos» (p. 95) y vive tan encerrado en sí mismo, tan al margen de los otros, que para «él mismo no habría sido una sorpresa descubrir que estaba muerto» (p. 95). Su vida mental no está gobernada por la razón, sino por pulsiones irracionales: la visión de una bandada de gallinazos le recuerda el texto de una tarjeta escrita en francés que vio caer de un libro medio siglo atrás; la plaza empedrada de un pueblo le trae a la memoria un trozo de Sófocles que había leído treinta o cuarenta años antes; la primera vez que oye hablar de los pájaros muertos está pensando «en Satanás y en los pecados que pueden cometerse por el sentido del olfato» (p. 93). Es un ser distinto, marginal, en cierta forma un apestado. Significativamente, acostumbra dar un paseo hasta la estación «precisamente a la hora en que el resto del pueblo se acostaba a dormir la siesta» (p. 96). Mientras esa población que lo considera un chiflado duerme, el anciano visionario atraviesa el pueblo desierto, bajo el calor: es la cuarta vez que aparece en la realidad ficticia esta imagen.

Lo que revela la naturaleza del conflicto que afecta a esta realidad y la diferente posición que toman ante él los personajes, es —como las bolas de billar y la jaula en los cuentos anteriores, como los pasquines en *La mala hora*— un hecho equívoco: la lluvia de pájaros que rompen las alambradas de las casas para morir en las habitaciones. Este «extraño fenómeno», por las reacciones que provoca, nos revela la presencia de dos órdenes enfrentados y la actitud de los personajes ante ello. El narrador omnisciente va trasladándose de un personaje a otro, va rotando por Macondo mediante mudas espaciales del segundo caso hasta establecer una perspectiva plural. ¿Esa lluvia de pájaros muertos pertenece a lo real objetivo o a lo imaginario? ¿Se trata de algo curioso pero posible, objetivamente hablando, o de un hecho fantástico? ¿Esos pájaros son reales (real objetivos) o irreales (real imaginarios)? Para el alcalde se trata sólo de un problema práctico, que exige reparar las alambradas, de un suceso que trae complicaciones por lo infrecuente. La muchacha del hotel toma el asunto con cierta excitación, como algo novedoso, pero no parece atribuirle importancia. En cambio, a su madre la sola mención del fenómeno le causa «un temblor nervioso» y por eso niega al forastero que estén cayendo pájaros muertos. Ésta es también la actitud de la viuda Rebeca, a la que lo ocurrido confunde y alarma. Sin embargo, ante el padre Antonio Isabel miente diciendo que sólo le preocupa que los pájaros le rompan las alambradas. Es como si para algunos —el alcalde, la muchacha— lo real objetivo fuera la única versión de la realidad, y como si otros —la viuda, la dueña del hotel— tuvieran la intuición, la adivinanza de lo imaginario pero se resistieran a aceptarlo y se empeñaran en negar su existencia. A la viuda Rebeca el «aire de nebulosidad» del padre Antonio Isabel «le producía terror» (p. 98) y no hay que olvidar que permanece en Macondo sólo por un oscuro temor a la novedad. De manera distinta, todos estos personajes defienden lo real objetivo, se oponen a la inserción de lo imaginario en su mundo.

¿Está solo el padre Antonio Isabel? Él toma el extraño fenómeno con interés, pero también con naturalidad: esos pájaros le son familiares, vienen del orden en que vive. Cuando oye mencionar el hecho se le forma en la cabeza «un confuso revoltijo de prevenciones evangélicas, de malos olores y de pájaros muertos» (p. 93). Luego toma conciencia de la «maravillosa revelación de que sobre el pueblo estaba cayendo una lluvia de pájaros muertos» y asocia el acontecimiento con el Apocalipsis, con una «sensación nauseabunda y la pezuña de Satanás atascada en el barro», y, por último, con el Judío Errante, al que ve o cree ver atravesando Macondo. Exactamente como la aparición de la

Mamá Grande en «La viuda de Montiel», la presencia del ser mítico-legendario, que permitiría saber si la realidad ficticia ha pasado a estar dominada por lo real imaginario, si ha cobrado una naturaleza irreal, resulta dudosa. El narrador utiliza un dato escondido elíptico: no cuenta si el padre *ve o sueña o inventa* al Judío Errante; sólo dice que levanta «una mano asombrada como para iniciar un saludo que se perdió en el vacío» y que «exclamó aterrorizado: "El Judío Errante"» (p. 102). La sabia omisión mantiene el conflicto dentro de la misma ambigüedad que los cuentos anteriores; depende de la lectura que se quiera dar al texto, no del texto mismo, que la historia sea realista o imaginaria.

El padre Antonio Isabel no está solo. Entre él y el joven de Manaure hay una comunicación silenciosa; en esa escena final, en la Iglesia semidesierta, apenas el padre divisa al joven se establece entre ellos una muda complicidad. ¿Qué presiente en ese forastero el anciano, por qué le regala el dinero de la limosna? Sucede que el muchacho es un recién llegado a lo real objetivo, hasta entonces ha vivido más cerca de lo imaginario: «El *cuidado de las gallinas* fue su primer contacto con la realidad. Y había sido el único...» (p. 107). La palabra realidad, usada idénticamente que en la presentación de la viuda de Montiel, sólo puede significar realidad objetiva. Alguien más permanece cerca del padre Antonio Isabel, en esa iglesia que la gente rehúye: Pitágoras, el monaguillo. Es un niño y ya sabemos que en ese mundo los niños se hallan más próximos al otro orden que los adultos.

7) «Rosas artificiales»: CEGUERA Y CLARIVIDENCIA

Este relato ocurre en el pueblo, en época cercana a la de *La mala hora,* ficción en la que reaparecen sus personajes principales —el padre Ángel, Trinidad, Mina, la abuela ciega— y uno de sus motivos, los ratones que recoge Trinidad en la iglesia. Un dato escondido elíptico de «Rosas artificiales» se convierte en dato escondido en hipérbaton en *La mala hora,* cuando descubrimos que las mangas postizas de Mina son una estratagema que usan las mujeres para entrar a misa con los brazos cubiertos, como ordena el cura, y poder descubrírselos apenas pisan la calle.

La perspectiva desciende una vez más a la clase popular; Mina está en la posición de Baltazar, es como él una artesana. Una modesta industria doméstica se revela en la sociedad ficticia: la fabricación de flores artificiales. El taller de Mina está en su casa y consta de «una cesta llena de pétalos y alambres, un cajón de papel elástico, dos pares de tijeras, un rollo de hilo y un frasco de goma». Trinidad es «experta en el rizado de pétalos» y Mina fabrica «tallos de alambre forrados en papel verde» (p. 124). Además, Trinidad trabaja en la iglesia, como ama de llaves y sirvienta del padre Ángel.

Desde la perspectiva popular, ya sabemos, el nivel político queda abolido: ninguna alusión a la violencia, a la autoridad corrupta, a la oposición. El pasado deja de incidir sobre el presente. En cambio, la Iglesia cobra importancia y el relato suministra datos interesantes sobre el culto y la práctica religiosa. El padre Ángel ha prohibido que las mujeres concurran a la iglesia maquilladas y descotadas, y a las que desobedecen les niega la comunión (p. 122). Los fieles suelen comulgar todos los primeros viernes e incluso una mujer humilde como Mina va a misa con mantilla y un libro de oraciones (p. 122). ¿Estas prácticas comprometen profundamente la vida de los fieles? Sólo la abuela ciega, para quien es «sacrilegio comulgar cuando se tiene rabia» (p. 122), parece entender la fe como una norma de conducta interior; para Mina la práctica religiosa sólo condiciona la apariencia. Usa mangas postizas para engañar al padre Ángel e «ir a la Iglesia» es el pretexto que le permite salir de casa a sus citas sentimentales.

El relato extrae su vivencia del mismo conflicto que hemos analizado en los cuentos anteriores entre lo real objetivo y lo imaginario. La novedad de «Rosas artificiales», en relación con esta pugna, está en que añade una nueva forma de inserción de lo imaginario en la vida ficticia. Sabíamos que ciertos oficios —los artísticos, los que se ejercían como fines y no como medios: el robo de Dámaso, la jaula de Baltazar— podían ser vehículos hacia lo imaginario. El de Mina es uno de éstos: la acerca, sin ella quererlo, hacia ese orden distinto: cuando «terminó los tallos», tenía «un rostro que parecía acabado en algo inmaterial» (p. 124). Pero se trata de instantáneos relámpagos que la llevan hacia la irrealidad sólo cuando se abandona a su quehacer, que se esfuman apenas recobra esa preocupación secreta que la tiene anclada en lo real objetivo: el amor. El hombre con quien se entrevista en los quince minutos que pasa fuera de casa, mintiendo que va a la iglesia, con el que sin duda ha tenido amores y que se marcha del pueblo (este tema secundario del relato debe ser reconstruido a base de datos escondidos) retiene a Mina en la realidad. Quien aquí vive y comunica lo imaginario es la abuela ciega. Por eso, el duelo verbal que ella y Mina protagonizan tiene carácter simbólico; a través de ellas se enfrentan esas dos dimensiones enemigas de la realidad ficticia.

Ya sabemos que a cierta edad (la niñez, la vejez) se está más cerca de lo imaginario que en otra (la adulta): como la viuda de Montiel y el padre Antonio Isabel, la abuela de Mina (no aparece su nombre, sólo su condición de abuela, como para subrayar su vejez) es anciana y es posible que esto la haya vuelto más receptiva al otro orden. Además, como aquellos personajes, está algo chiflada y la locura es otra vía de acceso a lo imaginario: «Ya te he dicho que me estoy volviendo loca» (p. 123), «Que estoy loca —dijo la ciega—. Pero por lo visto no piensan mandarme para el manicomio mientras no empiece a tirar piedras» (p. 127). Sin embargo, lo que más la aproxima a lo imaginario es su ceguera. Mejor dicho: la clarividencia, la pasmosa intuición que esta miseria física ha desarrollado en ella. Es el elemento inédito del relato: una facultad humana, sometida a un proceso de exageración, puede trasladar al sujeto de lo real objetivo a lo imaginario, convertirlo de humano en maravilloso, de hombre en fantasma.

UNA MUDA
CAUTELOSA

El primer caso de muda o salto cualitativo consiste en someter una situación, persona u objeto a un proceso de acumulación de sus elementos o tensiones constitutivos hasta que cambia de cualidad y muda en algo distinto. Este procedimiento es usado en «Rosas artificiales»: una situación real objetiva pasa insensiblemente, por acumulación cuantitativa, a un plano imaginario. La intuición de la ciega, que, en un comienzo, parece una facultad real objetiva sobresaliente, se convierte, por repetición, en una especie de atributo sobrenatural. Al principio del relato, Mina busca sus mangas postizas: «Están en el baño —dijo la ciega» (p. 121). Efectivamente, están allí. Después, la abuela adivina que Mina se dispone a secar las mangas en el fogón y le advierte que las piedras de la hornilla «están sucias». Acierta: las piedras tienen una costra de hollín. Luego, descubre la hora y alerta a Mina que va a llegar a misa «después del Evangelio» (p. 122). Mina se siente «perseguida por una mirada clarividente». La anciana descubre que Mina está llorando, y, poco después, que su nieta le ha contado a Trinidad un secreto; la aconseja: «Si quieres ser feliz, no te confieses con extraños» (p. 125). A partir de este momento, el proceso se acelera: las adivinanzas de la ciega se suceden en cascada hasta dar la impresión de que eso que parecía una facultad humana notable es omnisciencia, poder sobrenatural. Adivina que Mina está muy nerviosa, que no fue a misa, que en vez de ir a la iglesia encontró en el camino a alguien que le ocasionó una contrariedad, que guarda cartas amorosas en la gaveta del armario, que Mina acaba de echar al excusado dichas cartas, que Mina escribe en la cama hasta la madrugada, y, finalmente, que para ello se vale de una treta: encender una linterna cuando la abuela ha apagado la luz del dormitorio. Durante este enfrentamiento verbal entre la abuela y la nieta (entre dos órdenes de lo real). Mina siente «que la ciega sabía que la estaba mirando».

Si esta muda consistiera únicamente en dicha acumulación de adivinanzas, el conflicto básico de la realidad ficticia se resolvería en este cuento con el triunfo de lo imaginario. Éste se materializaría como realidad autónoma, la abuela ciega sería un ser cualitativamente distinto de los seres que la rodean. No ocurre así: también en este relato el narrador mantiene insoluble el conflicto, como en los anteriores. La muda es relativa, las adivinanzas de la ciega van acompañadas en cuatro ocasiones de una explicación racional, que establece una ambigüedad: las demás visiones podrían ser, también, resultado de una deducción, de una agudísima perspicacia, de una fina inteligencia. La ciega adivina que las mangas están en el baño, pero agrega «Las lavé ayer tarde»: la intuición es sólo buena memoria. Adivina que Mina tuvo una contrariedad, pero agrega: «Has ido al excusado dos veces esta mañana... Nunca vas más de una vez» (p. 126). Adivina que Mina escribe cartas cuando la creen dormida, pero añade: «Por tu respiración podría decirte entonces lo que estás escribiendo» (p. 127). Cuando Mina miente que fue al excusado a cagar, la abuela responde: «Me habrías convencido si no fuera la primera vez en tu vida que te oigo decir una vulgaridad» (p. 127). Estas explicaciones hacen de contrapeso lógico, reducen la clarividencia de la anciana a hecho real objetivo insólito, a algo poco común pero no definitivamente irreal. Este contrapeso restaura el (precario) equilibrio entre las dos fuerzas que batallan por el dominio de la realidad ficticia.

Lo real objetivo no sólo se halla representado por las explicaciones racionales de la videncia de la abuela; además, es sede del subtema del relato: los amores de Mina con ese desconocido a quien encontró cuando simuló ir a la iglesia y que acaba de marcharse del pueblo. Esta historia secundaria está narrada por un dato escondido elíptico (el encuentro de Mina con el desconocido es silenciado, deducimos que se realizó por la actitud de la muchacha al volver de la calle, por las cartas que echa al excusado, por las suposiciones de la abuela) y por una caja china (no es el narrador quien refiere al lector que el desconocido se ha ido del pueblo, sino Mina a Trinidad, en un diálogo brevísimo). También representan a lo real objetivo ciertos objetos, animales y expresiones que, por su carácter repulsivo o vulgar, evocan inmediatamente la noción más cruda de realidad: los ratones muertos de Trinidad (sintomáticamente, es lo único que la ciega no puede ver), el excusado, la frase «fui a cagar». Frente a esta presencia múltiple de lo real objetivo, encarnan al orden enemigo un oficio, y, sobre todo, la clarividencia de la ciega. Esta facultad no llega a ser imaginaria, precisamente por el número y la fuerza de elementos real objetivos entre los que va manifestándose.

8) «LOS FUNERALES DE LA MAMÁ GRANDE»: EXAGERACIÓN Y PERSPECTIVA MÍTICA

LA PERSPECTIVA MÍTICO-LEGENDARIA

A primera vista, este relato desentona en el libro, porque rompe la unidad de estilo y de asunto que existe entre los otros cuentos. En realidad, las diferencias son más de superficie que de fondo; corresponden a la escritura, que aquí se colorea y engola considerablemente en relación con la palabra tersa de los relatos anteriores. Este cambio de estilo no es gratuito: deriva de un cambio de la perspectiva de la narración, del plano de lo real desde el que se narra la historia. Este plano es el de la murmuración, la credulidad y el chisme colectivos, la perspectiva de la leyenda y el mito. La materia narrativa, en cambio, no se aparta en absoluto, ni constituye una ampliación demasiado importante, de la realidad ficticia ya conocida. Básicamente, es la misma, aunque aquí aparece extendida gracias a un nuevo nivel desde el cual se pueden conocer sus seres y situaciones. El argumento del relato es uno de los más recurrentes en la obra de García Márquez: el tema muerte-velorio-entierro, hilo anecdótico central de *La hojarasca*, reaparece como motivo secundario en *El coronel no tiene quien le escriba*, «La siesta del martes» y «La viuda de Montiel». Lo que sucede es que aquí el asunto muerte-velorio-entierro se ha superlativizado, se ha convertido en «la más espléndida ocasión que registren los anales históricos», en «los funerales más grandes del mundo». Por el procedimiento de la exageración, que vimos apuntar en relatos anteriores (y que cobrará importancia mayor en *Cien años de soledad*), la realidad ficticia se ha magnificado, ha aumentado cuantitativamente: todavía no ha cambiado de naturaleza. Se esclarecen algunos aspectos de lo real objetivo que conocíamos mal o ignorábamos, pero en esencia sigue siendo la misma. Aunque es verdad que la primera impresión que el relato comunica es la de que se trata de una realidad distinta. ¿Qué ocurre? Que la estamos observando desde una perspectiva inédita, desde una atalaya que sólo a partir de ahora existe en ella.

Es preciso, por eso, comenzar el análisis hablando de la forma narrativa antes que de la realidad ficticia. En este relato, a diferencia de los otros, las coordenadas del mundo ficticio no pueden ser claramente percibidas si no se describe antes la perspectiva de la narración, ya que ella ejerce una función relativizadora y deformarte sobre la realidad que expresa: los datos de la narración no son idénticos a los datos de la realidad ficticia, son una interpretación que los distorsiona, aumentándolos. Debido a la manera como se narra y a quien narra, lo narrado aparece como algo distinto de lo que realmente es.

La perspectiva en la cual se ha instalado el narrador es la de la leyenda y el mito, ese nivel de lo real que tiende a hinchar, a exagerar los datos de lo real objetivo, como vimos en «En este pueblo no hay ladrones»: al pasar al dominio de la murmuración y el chisme, el robo de las tres bolas se convierte en el robo de todos los objetos del salón de billar. Es esa voz callejera, la voz de la hipérbole y de la invención, la que nos cuenta esta historia. Esto queda advertido al lector desde la exhortación inicial: «Ésta es, incrédulos del mundo entero...» (p. 131). Todo el relato mantiene ese carácter de pregón, de cosa dicha en medio de la calle y a gritos, para que no la opaquen los otros ruidos transeúntes. Que el narrador habla *desde la calle* está dos veces indicado: «... es la hora de recostar un taburete a la puerta de la calle y empezar a contar desde el principio los pormenores de esta conmoción nacional, antes de que tengan tiempo de llegar los historiadores» (p. 131). Y, al final: «Sólo faltaba entonces que alguien recostara un taburete en la puerta para contar esta historia...» (p. 151). El narrador ha hecho suya la perspectiva de la gente que, en la calle, chismea, murmura, se apodera de los hechos real objetivos y los manipula con la fantasía, aumentándolos, coloreándolos, mudándolos en mito y leyenda. Ése es el sentido de la frase: «antes de que tengan tiempo de llegar los historiadores». Lo que se nos va a contar no es la verdad histórica, lo que ocurrió, sino aquello en que la fantasía y el chisme populares convirtieron lo ocurrido, el mito en que el suceso histórico quedó transformado. El texto da al lector las indicaciones suficientes para que sepa a qué atenerse respecto a lo que le cuenta; el lector queda advertido que el relato no es una narración objetiva sino subjetiva de ciertos hechos, que es una versión deformada de algo que ocurrió *y que ha sido omitido*. Por lo tanto, no cabe ninguna posibilidad de confrontación entre esa versión subjetiva de los hechos y los hechos mismos. En «En este pueblo no hay ladrones» era distinto, el lector tenía las dos versiones del robo de Dámaso. Una objetiva y otra subjetiva, lo que sucedió y lo que la gente inventaba que sucedía. Aquí sólo tenemos la versión mítico-legendaria de la muerte y el entierro de la Mamá Grande, la versión histórica es un dato escondido elíptico. Esta abolición del plano histórico no significa, de ningún modo, que la realidad ficticia cambie de naturaleza y se convierta en realidad imaginaria. El texto es meridiano al respecto: el narrador se sitúa en un *plano subjetivo de lo real objetivo,* no pretende contar hechos ocurridos (eso lo harían los historiadores) sino versiones que la imaginación y las habladurías de la calle han dado de ciertos hechos real objetivos. Este plano mítico-legendario se presenta *como tal,* puesto que revela que se funda en un contexto histórico omitido. El texto, al precisar la perspectiva en que se sitúa el narrador, está implícitamente indicando la existencia de una realidad histórica básica y anterior a la mítico-legendaria. Las deformaciones subjetivas no quieren sustituir a los hechos reales omitidos, se presentan como lo que son: es la razón por la que, en este caso, lo mítico-legendario no llega a constituir una realidad imaginaria autónoma. Los datos de la historia, al revelar el narrador la atalaya en que se ha colocado, vienen relativizados, aureolados de improbabilidad.

Esto significa que, aunque en esencia no ha cambiado, la realidad ficticia ha crecido con la aparición del plano mítico-legendario. Al cobrar tanta importancia este nuevo nivel, en el relato se hace patente un nuevo sistema de inserción de lo imaginario en lo real objetivo. Porque ocurre que lo mítico-legendario pertenece aquí a la realidad objetiva sólo porque se exhibe a sí mismo como tal, como subjetivización de lo real objetivo, es decir por la confesión que hace el narrador de la perspectiva que ocupa. Ese delgado vínculo que mantiene aquí a la materia en lo real objetivo desaparece en *Cien años de soledad* y en esa ficción lo mítico-legendario pasará a formar parte de lo real imaginario. En este relato vemos otro de los procedimientos mediante los cuales lo real objetivo puede perder terreno y ser sustituido por lo imaginario. Las leyendas y los mitos resultan del encuentro de dos elementos real objetivos: hechos históricos y fantasía colectiva. Esta facultad subjetiva se apodera de aquéllos y los somete a un proceso de desnaturalización que *puede* desembocar en lo imaginario.

La aparición de esta perspectiva mítico-legendaria es simultánea con la aparición de formas nuevas de tratamiento de la materia narrativa: la exageración, la enumeración y la escritura deformarte. Son recursos formales y, al mismo tiempo, contenidos nuevos, es decir características que adoptan, a partir de aquí, algunos seres, objetos, situaciones y símbolos del mundo ficticio. En *La mala hora* y «El mar del tiempo perdido» estos procedimientos y rasgos de la realidad verbal desaparecen, pero en *Cien años de soledad* retornan de manera más impetuosa y perfecta.

1) *La exageración.*[7] Desde la perspectiva mítico-legendaria, todos los componentes de la realidad ficticia sufren cambios cuantitativos. Aumentan, se alargan en el tiempo y se extienden en el espacio, sus propiedades se proyectan a un nivel de excepcionalidad, se potencian hasta un límite extremo. Seres, situaciones, objetos se

---

[7] Quien mejor ha estudiado el procedimiento de la exageración es Mijail Bajtin, en su ensayo sobre Rabelais. Según él, se trata de un procedimiento característico de la cultura cómica popular, del realismo grotesco: «Le superlatif domine, d'ailleurs tout est au superlatif. Mais ce n'est nullement un superlatif réthorique, il est gonflé, outré, non sans ironie ni traîtrise; c'est le superlatif du réalisme grotesque». Mijaïl Bakhtine, *L'oeuvre de François Rabelais et la culture populaire au Moyen Âge et sous la Renaissance,* París, Éditions Gallimard, 1970, p. 163. Véanse también, sobre la visión superlativa de los alimentos y el cuerpo en el realismo grotesco, las pp. 187, 276 y 303.

vuelven únicos, incomparables y paradigmáticos. El entierro de la Mamá Grande es «la más espléndida ocasión funeraria que registren los anales históricos» (p. 131). Su muerte provoca «una conmoción nacional», la nación queda «sacudida en sus entrañas» por este acontecimiento que la priva de «la matrona más rica y poderosa del mundo» (p. 134). Los cumpleaños de la Mamá Grande se festejaban «con las ferias más prolongadas y tumultuosas de que se tenga memoria» (p. 135); era una «soberana absoluta» (p. 131), el día que heredó el poder caminó sobre «doscientos metros de esteras que se tendieron desde la casa solariega hasta el altar mayor» (p. 137). Vivía en una «enorme mansión» y su físico era tan excesivo como su poder: de «tetas matriarcales», había sido «dotada ella sola para amamantar a toda su especie» (p. 137) y ostentaba «nalgas monumentales» (p. 141). Sus bienes llenan «veinticuatro folios escritos con letra muy clara» (p. 138) y son tan vastos que no tienen «límites definidos» (p. 139). Los remedios que le aplican son tan descomunales como ella misma: «julepes magníficos y supositorios magistrales» (p. 135). Ese exceso (vive hasta los noventa y dos años) contagia a lo que la rodea: su sobrino Nicanor es «titánico», el padre Antonio Isabel está «a punto de cumplir cien años» y para subirlo a la alcoba de la Mamá Grande se necesitan diez hombres (p. 132). En virtud del derecho de pernada, los descendientes varones «habían fecundado hatos, veredas y caseríos», generando una colectividad de bastardos. Los superlativos, las precisiones numéricas acentúan a cada paso la naturaleza fuera de lo común del personaje y de su contorno: es una excepcionalidad *de cantidad más que de calidad,* determinada por el procedimiento acumulativo de la exageración. Este proceso afecta también a las situaciones. La muerte de la Mamá Grande tiene consecuencias formidables: sacude a Macondo, a la capital de la nación, al Vaticano y al mundo entero, en este orden. Al cortejo fúnebre se suman, poco a poco, personajes de Macondo, del país, del mundo real objetivo, y, tal vez, hasta seres real imaginarios.

2) *La enumeración.* Además de aumentar, de elevarse a una condición de cantidad máxima, los componentes de la realidad ficticia se agrupan, se unen en formaciones autónomas, en pequeñas colectividades cerradas sobre sí mismas, que se desplazan unas detrás de otras, sin mezclarse. La realidad se convierte en un largo cortejo de minúsculos cortejos, en una gran cascada de diminutas cascadas. La parte tiene las características del todo y éste las de la parte: ambos se contienen y reflejan en un círculo vicioso como el que ha llegado a constituir la familia de la Mamá Grande, en la cual «los tíos se casaban con las hijas de las sobrinas, y los primos con las tías, y los hermanos con las cuñadas, hasta formar una intrincada maraña de consanguinidad» (p. 133). Si la exageración trastorna lo real objetivo mediante cambios cuantitativos, la enumeración lo modifica en dos sentidos: a) lo ritualiza, le impone un movimiento circular encantatorio, especie de inmovilidad vertiginosa o de movimiento inmóvil, y b) permite un contrabando sutil: en ese flujo incesante que se ha convertido la realidad, la velocidad y el clima envolvente facilitan que entre los seres y objetos real objetivos se filtren seres y objetos imaginarios, sin que esas presencias forasteras sean percibidas como tales. Veamos un ejemplo:

> Ahora que la nación sacudida en sus entrañas ha recobrado el equilibrio; ahora que los gaiteros de San Jacinto, los contrabandistas de la Guajira, los arroceros del Sinú, las prostitutas de Guacamayal, los hechiceros de la Sierpe y los bananeros de Aracataca han colgado sus toldos para restablecerse de la extenuante vigilia, y que han recuperado la serenidad y vuelto a tomar posesión de sus estados el presidente de la república y sus ministros y todos aquellos que

representaron al poder público y a las potencias sobrenaturales en la más espléndida ocasión funeraria que registren los anales históricos; ahora que el Sumo Pontífice ha subido a los cielos en cuerpo y alma, y que es imposible transitar en Macondo a causa de las botellas vacías, las colillas de cigarrillos, los huesos roídos, las latas y trapos y excrementos que dejó la muchedumbre que vino al entierro, ahora es la hora de recostar un taburete a la puerta de la calle y empezar a contar desde el principio los pormenores de esta conmoción nacional, antes de que tengan tiempo de llegar los historiadores (p. 131).

El párrafo consta de una enumeración principal (Ahora que... ahora que... ahora que) y de tres enumeraciones secundarias: 1) los gaiteros... los contrabandistas... los arroceros... las prostitutas... los hechiceros... los bananeros; 2) el presidente... y sus ministros... y todos aquellos que; 3) las botellas vacías... las colillas... etcétera.

a) *El ritmo encantatorio:* la realidad ficticia aparece como un orden riguroso e inflexible cuyas constantes son el número y la música, como la sucesión ininterrumpida de los elementos que la componen en movimientos de conjunto que guardan entre ellos simetría invariable. Ese ritmo reiterativo, ese movimiento sonoro al cual se pliegan todos los objetos de la realidad que el lenguaje va revelando a través de una ondulación, de un vaivén, de un compás sistemáticos e idénticos, es encantatorio, una vieja técnica para hipnotizar, va fijando obsesivamente la mente del lector, distrayéndola de todo lo que no sea su musicalidad adormecedora, su forma hechizarte que envuelve, marea y absorbe: la realidad acaba siendo sustituida por el orden musical que la organiza y anima. Lo cual quiere decir que ese ritmo acaba por desnaturalizar esencialmente al objeto: éste cuenta ahora no como unidad sino como parte constitutiva de la totalidad numérica y musical, como nota de una sinfonía; de todos sus valores importan ahora, únicamente, su presencia y su ruido, su contribución como pieza al círculo veloz en que se ha convertido la realidad y en cuyo centro, fascinado, debilitadas sus facultades críticas, empobrecida su razón, embebido por las sensaciones auditivas, se encuentra el lector. Es el instante propicio para perpetrar:

b) *el contrabando del objeto imaginario en lo real objetivo:* el ritmo encantatorio priva a la realidad ficticia de significado racional, la reduce a un río de sensaciones. Los objetos que la integran son nivelados, despojados de contenido lógico, subsiste de ellos lo que tienen en común como partes del todo, su valor visual y fonético. Se han abolido las barreras de significado entre los objetos y ya no es fácil, en ese torbellino rítmico, distinguir las fronteras que separan lo real objetivo de lo imaginario. Dentro de esa cascada tumultuosa de objetos real objetivos, en el párrafo pasa desapercibido, confundido, igualado con los demás, algo que pertenece a otro orden, que es de naturaleza distinta: «ahora que el Sumo Pontífice ha subido a los cielos en cuerpo y alma». Lo imaginario cruza velozmente en la segunda mitad del párrafo, cuando el ritmo encantatorio se ha adueñado ya del lector. Está flanqueado por compactas formaciones de objetos cuya filiación real objetiva es contundente. Antes de él: gaiteros de San Jacinto, contrabandistas de la Guajira, arroceros del Sinú, prostitutas de Guacamayal, hechiceros de la Sierpe, bananeros de Aracataca, todos nombres de lugares existentes en la realidad real. Después de él: botellas, huesos, latas, trapos y excrementos, objetos todos insospechables y frecuentes de lo real objetivo. El ritmo encantatorio y la naturaleza inequívocamente real de los demás objetos, permite ese contrabando, cuyos efectos son revolucionarios en la realidad ficticia. La presencia imaginaria contamina el contorno con su propia naturaleza, ese prodigio disimuladamente introducido en un mundo racional y lógico va a provocar una muda: lo real objetivo deja de serlo, al contacto con lo imaginario se vuelve realidad imaginaria.

La realidad ficticia sufre una *muda del tercer caso*. Esta vez no se trata de una muda lenta, originada por una acumulación cuantitativa que en determinado momento pasa a ser cambio cualitativo (del primer caso), ni una sucesión de cambios tan veloces que pasan inadvertidos y sólo se registran sus efectos (del segundo caso), sino una muda provocada por *la aparición de una presencia de naturaleza distinta, que, al revelarse como tal, modifica esencialmente la realidad que la rodea*. Basta un solo milagro para que la realidad entera se vuelva milagrosa. Esta muda, sin embargo, hay que recordarlo, está relativizada por la perspectiva de la narración: la subida al cielo en cuerpo y alma del Pontífice ocurre subjetivamente, es algo que existe en las habladurías exageradas de la calle. Si correspondiera a un hecho realmente sucedido en lo real objetivo, la realidad ficticia sería imaginaria a partir de este momento. Pero no nos consta que ese hecho ocurriera; sólo sabemos que ocurre en un nivel —el mítico-legendario— donde los hechos llegan desfigurados por la fantasía popular.

Todas las veces que la materia se organiza mediante enumeraciones (son muchas), ocurren mudas parecidas. Si en el caso anterior el ritmo encantatorio y la vecindad de objetos real objetivos daban una apariencia real objetiva a lo imaginario, en éste el ritmo hechicero y la compañía de objetos concretos mudan en objeto concreto a algo abstracto:

> ... la Mamá Grande era dueña de las aguas corrientes y estancadas, llovidas y por llover, y de los caminos vecinales, los postes de telégrafo, *los años bisiestos y el calor...* (pp. 133-134).

En este otro, la enumeración entrevera objetos concretos, objetos abstractos y estereotipos verbales (nivel retórico) que, a su vez, son estereotipos culturales, políticos e institucionales: lo concreto adquiere, por contagio rítmico, una apariencia abstracta y retórica, lo abstracto un semblante concreto y retórico, y el nivel retórico se contagia de rasgos concretos y abstractos a la vez. Esta triple desfiguración simultánea que sufre la materia en esta enumeración es producto de una técnica combinada de vasos comunicantes y mudas del tercer caso:

> La riqueza del subsuelo, las aguas territoriales, los colores de la bandera, la soberanía nacional, los partidos tradicionales, los derechos del hombre, las libertades ciudadanas, el primer magistrado, la segunda instancia, el tercer debate, las cartas de recomendación, las constancias históricas, las elecciones libres, las reinas de la belleza, los discursos trascendentales, las grandiosas manifestaciones, las distinguidas señoritas, los correctos caballeros, los pundonorosos militares, su señoría ilustrísima, la corte suprema de justicia, los artículos de prohibida importación, las damas liberales, el problema de la carne, la pureza del lenguaje, los ejemplos para el mundo, el orden jurídico, la prensa libre pero responsable, la Atenas sudamericana, la opinión pública, las elecciones democráticas, la moral cristiana, la escasez de divisas, el derecho de asilo, el peligro comunista, la nave del estado, la carestía de la vida, las tradiciones republicanas, las clases desfavorecidas, los mensajes de adhesión (p. 141).

Igual que en el primer ejemplo, en esta enumeración un ser imaginario se desliza entre seres real objetivos; lo original en este caso es que ese ser es imaginario por *exageración:*

... la reina universal, la reina del mango de hilacha, la reina de la ahuyama verde, la reina del guineo manzano, la reina de la yuca harinosa, la reina de la guayaba perulera, la reina del coco de agua, la reina del fríjol de cabecita negra, *la reina de 426 kilómetros de sartales de huevos de iguana...* (pp. 149-150).

Hay enumeraciones que no operan contrabandos imaginarios, ni trastocan la naturaleza de los objetos igualando lo abstracto y lo concreto, el nivel retórico y el histórico; son simples, hacen desfilar únicamente objetos real objetivos de un mismo nivel:

... se ponían ventas de masato, bollos, morcillas, chicharrones, empanadas, butifarras, caribañolas, pandeyuca, almojabanas, buñuelos, arepuelas, hojaldres, longanizas, mondongo, cocadas, guarapas... (pp. 135-136).

En este caso, la alteración de lo real objetivo no se debe a una presencia de naturaleza distinta que trastorna su contorno (muda del tercer tipo) sino, exclusivamente, al ritmo encantatorio (muda del primer tipo: cambios de cantidad que se convierten en cambio de cualidad).

Las enumeraciones no sólo constituyen párrafos; aparecen también en el seno de las frases, las que, con frecuencia, constan de enumeraciones de tres palabras o de tres grupos de palabras:

... después de interminables noches de *cataplasmas, sinapismos y ventosas...* (p. 132).
... los varones habían fecundado *hatos, veredas y caseríos...* (p. 133).
... la Mamá Grande había sido el centro de gravedad de Macondo, como *sus hermanos, sus padres y los padres de sus padres...* (p. 133).

... embadurnó a la moribunda... con... *emplastos académicos, julepes magníficos y supositorios magistrales* (p. 135).

... se habían instalado en ellas *trapiches de caña, corrales de ordeño y una piladora de arroz* (p. 140).

En los autobuses decrépitos, en los ascensores de los ministerios, en los lúgubres salones de té forrados de pálidas colgaduras, se susurró... (p. 142).

La Mamá Grande ejercitaba «*la prioridad del poder tradicional sobre la autoridad transitoria, el predominio de la clase sobre la plebe, la trascendencia de la sabiduría divina sobre la improvisación mortal*» (p. 143).

El procedimiento enumerativo, constantemente utilizado en este relato, tiene una razón de ser profunda. Expresa, de manera gráfica y formal, la organización de la realidad ficticia, el sistema que distribuye y mueve a sus componentes. La materia de este relato es un cortejo fúnebre central, con cortejos menores que lo preceden y que lo siguen. Es decir, la historia es un desfile, un armonioso discurrir de seres y objetos. La forma imita a esta anécdota a la vez que la cuenta: es una gran enumeración, constituida por párrafos que son enumeraciones y cuyas frases son también diminutas enumeraciones. Como el todo se refleja en la parte y la parte en el todo, la materia está representada en la forma y viceversa.

3) *La palabra deformante.* La exageración y la enumeración tienen que ver con la *mención* de los componentes de la realidad ficticia, no con su situación temporal, con el orden de relación de los datos de la historia. Son procedimientos de escritura, no de estructura narrativa. Esto constituye una novedad en la obra de García Márquez. En los cuentos y novelas anteriores la escritura ambicionaba la transparencia: precisa, discreta, se soldaba al objeto para mostrarlo imparcialmente, desaparecía en él. La palabra *decía* el mundo ficticio, era invisible, describía sin opinar,

exponía sin interferir. Aquí ocurre algo distinto: esa perfecta adecuación de palabra y objeto, esa fusión total entre escritura y materia, ha cedido el lugar a una distancia o rivalidad. La escritura es ahora una presencia viva e independiente, una pantalla que refleja a la materia *modificándola:* exagerándola, musicalizándola, privándola de significado lógico, dotándola de valores puramente sensoriales, interpretándola. La escritura aspira aquí a la opacidad, a constituirse como realidad en sí misma, a ser diferente de lo que nombra, a transformar aquello de lo que antes sólo quería ser vehículo. Esa dimensión mítico-legendaria de la vida que aparece en este relato es fundamentalmente *una retórica:* una operación verbal que transmuta lo real objetivo en real imaginario. Pero, ya lo dijimos, se trata de una transmutación aparente: este uso deformante de la palabra y la perspectiva del narrador indican que lo real objetivo no ha desaparecido, que no ha sido sustituido por lo imaginario. Lo real objetivo y su versión subjetiva desfigurada (su leyenda o su mito) coexisten, aunque en el relato sólo aparezca esta desfiguración y aquello sea un contexto ausente, un dato escondido elíptico.

La realidad construida por las ficciones anteriores no cambia de naturaleza, pero se enriquece en «Los funerales de la Mamá Grande» con una nueva perspectiva y con una masa de datos que completan, corrigen o anulan sus coordenadas sociales, históricas e ideológicas conocidas. Sin embargo, los datos de este relato sobre la realidad ficticia no pueden ser tomados, como los anteriores, al pie de la letra: su veracidad es dudosa, vienen empañados de subjetividad. No la subjetividad del autor, sino la de los mismos habitantes de la realidad ficticia.

La Mamá Grande, que había aparecido veloz y enigmática al final de «La viuda de Montiel», vuelve en dos ocasiones posteriores. En *La mala hora* se indica que la viuda de Montiel vive sola «en la sombría casa de nueve

MOTIVOS RECURRENTES

409

cuartos donde murió la Mamá Grande» y que de noche «se encontraba a la Mamá Grande destripando piojos en los corredores» (p. 95). Esta mención es subversiva: demuestra que la Mamá Grande había muerto cuando se le apareció a la viuda en el cuento y establece que el pueblo de «La viuda de Montiel» y de *La mala hora* es una misma cosa con Macondo, escenario explícito de «Los funerales de la Mamá Grande», es decir el lugar, la casa donde muere la matriarca y donde vivirá luego la viuda de Montiel. Esto podría ser considerado incongruente, ya que hasta *La mala hora*, el pueblo y Macondo eran lugares diferentes. Ocurre que a partir de *La mala hora* la realidad ficticia deja de ser real objetiva, es decir lógica y racional, pasa a ser real imaginaria y en ella ya no hay ningún obstáculo para que lugares geográficamente distintos se conviertan de pronto en uno solo: las leyes de lo imaginario son arbitrarias, no pueden ser impugnadas con la razón. En *Cien años de soledad* se recuerda el carnaval funerario de la Mamá Grande. Antes y después de este relato, el personaje es siempre una referencia ligera y algo insólita. Tiene alguna semejanza con la viuda Rebeca (quien vive también en una casa de dos corredores y nueve alcobas), pero, sobre todo, la Mamá Grande es el arquetipo de esas matriarcas omnímodas que abundan en la sociedad ficticia: Rebeca de Asís *(La mala hora)*, Úrsula Iguarán *(Cien años de soledad)* y la abuela gorda y tiránica *(La increíble y triste historia de la cándida Eréndira y de su abuela desalmada)*.

Descubrimos que el padre Antonio Isabel es pariente de la Mamá Grande (quien se llama María del Rosario Castañeda y Montero), y que ha vivido varios años más después del episodio de los pájaros muertos de «Un día después del sábado». En esa época tenía noventa y cuatro años y ahora está a punto de cumplir cien, detalle que permite situar cronológicamente la muerte de la Mamá Grande en la historia de Macondo. Entre la multitud de personajes que rinden honores a la Mamá Grande hay seres conoci-

410

dos, como el Duque de Marlborough, el coronel Aureliano Buendía y los veteranos de la guerra que esperan «desde hacía sesenta años» el pago de sus pensiones. Pero, además, hay en «Los funerales de la Mamá Grande» algunos personajes que resultan primeras versiones de seres de *Cien años de soledad*, el destino final de la sobrina mayor de la Mamá Grande, Magdalena, quien se rapa la cabeza y termina sus días de monja, es idéntico al de Meme Buendía, que muere de monja en un tenebroso hospital de Cracovia; el Papa recuerda algo a José Arcadio Buendía, el seminarista enviado a Roma y destinado a ser Pontífice, y a Remedios, la bella, quien también sube al cielo en cuerpo y alma. Los nueve sobrinos de la Mamá Grande son una colectividad homogénea y compacta muy parecida a los diecisiete hijos del coronel Buendía, y los «hombres con culebras enrolladas en el cuello que pregonaban el bálsamo definitivo para curar la erisipela y asegurar la vida eterna», que vienen a Macondo durante los funerales de la matriarca (p. 148), repiten una imagen de *El coronel no tiene quien le escriba*, que reaparece con los gitanos de *Cien años de soledad*, y que cuajará finalmente en el protagonista del relato «Blacamán el Bueno, vendedor de milagros». El tema del incesto, que apuntaba en «En este pueblo no hay ladrones», se precisa en la descendencia de la Mamá Grande, quien «había cercado su fortuna y su apellido con una alambrada sacramental, dentro de la cual los tíos se casaban con las hijas de las sobrinas, y los primos con las tías, y los hermanos con las cuñadas, hasta formar una intrincada maraña de consanguinidad que convirtió la procreación en un círculo vicioso» (p. 133): la frase es síntesis profética del destino de la familia Buendía.

Una constante de la realidad ficticia es el sentido histórico del vértice de la pirámide social. Vez que la perspectiva de la narración se sitúa en el nivel aristocrático (*La hojarasca*, «La viuda de Montiel», «Un día después del

LA REALIDAD HISTÓRICA Y SOCIAL

sábado») la preocupación por el pasado cobra gran importancia. Aquí es lo mismo. La Mamá Grande está en la cúspide de esta sociedad: los datos sobre la historia de Macondo proliferan en la narración. Pero hay que mostrarse desconfiados con este material que ha sido fraguado, según confesión propia, «antes de que lleguen los historiadores». La exageración mítico-legendaria consiste, en lo que respecta a la historia ficticia, en un ensanchamiento temporal y espacial de Macondo. La *fundación*, según *La hojarasca*, tuvo lugar a fines del siglo pasado y fue obra de gentes que huían de la guerra civil. Aquí el origen de Macondo retrocede brutalmente: la hegemonía de la familia de la Mamá Grande en el lugar lleva ya dos siglos, éste se fundó alrededor del apellido de esa familia (p. 133) y su origen fueron «tres encomiendas adjudicadas por Cédula Real a principios de la Colonia» (p. 139). Es decir, el lugar tiene cerca de tres siglos. Esta rectificación sobre el origen de la sociedad ficticia será rectificada, a su vez, en *Cien años de soledad,* donde Macondo aparece fundado por un Buendía en el siglo pasado. Estas contradicciones son, en realidad, una constante muy coherente: las familias aristocráticas (el coronel de *La hojarasca,* la Mamá Grande, los Buendía) tienden a identificar el tiempo histórico de Macondo con el tiempo histórico familiar, todas quieren ser *familias fundadoras.*

«Los funerales de la Mamá Grande» son más innovadores aún en lo que se refiere a la posición de Macondo en la realidad ficticia. Hasta ahora, aunque se tenía noticia de otros puntos geográficos (Panamá, Suez, Francia, Manaure), el pueblo y Macondo parecían ejes del mundo. Aquí Macondo revela ser un minúsculo y perdido lugar, excéntrico dentro de la nación a la que pertenece, cuya capital lo considera «el distrito del calor y la malaria». Nos enteramos que Macondo es un distrito compuesto de seis poblaciones y la cabecera del municipio (p. 139). Esa capital, de la que el protagonista de *El coro-*

nel no tiene quien le escriba esperaba una carta, aparece por fin, con sus iglesias que tocan a muerto, sus autobuses decrépitos, su Catedral Metropolitana y su Capitolio Nacional donde los mendigos duermen envueltos en papeles «al amparo de columnas dóricas y taciturnas estatuas de presidentes muertos» (pp. 142, 143). El resto del mundo ficticio se vislumbra como algo más vasto de lo que las ficciones anteriores sugerían: aparecen Roma, el Vaticano, las habitaciones pontificias de Castelgandolfo. Pese a este ensanche físico, sin embargo, la realidad verbal no llega a coincidir, ni remotamente, con la realidad real: en el mundo ficticio es posible tomar una limusina negra a orillas del Tíber y esa misma noche llegar «a los caños intrincados y las ciénagas sigilosas que marcaban el límite del Imperio Romano y los hatos de la Mamá Grande» (p. 146). Conocemos los lugares y pueblos vecinos a Macondo: San Jacinto, la Guajira, el Sinú, Guacamayal, la Sierpe, Aracataca, San Jorge, el Cabo de la Vela, la Ciénaga, Tasajera, la Mojajana, Manaure, Valledupar, Ayapel, San Pelayo, la Cueva, las Sabanas de Bolívar, Reboto, el Magdalena y Monpox. La geografía ficticia ha crecido extraordinariamente.

Los datos sobre las guerras civiles en «Los funerales de la Mamá Grande» no despejan la incertidumbre que dejaban las ficciones anteriores sobre ese hecho histórico capital de la realidad ficticia; en cierto sentido, la aumentan. En la guerra de 1875, la abuela de la Mamá Grande «se enfrentó a una patrulla del coronel Aureliano Buendía, atrincherada en la cocina de la hacienda» (p. 134). La Mamá Grande confiaba en vivir más de cien años, pero, al sentir su muerte próxima, comprende «que Dios no le concedería el privilegio de liquidar personalmente, en franca refriega, a una horda de masones federalistas» (p. 134). Confirmamos que ha habido varias guerras civiles, nos enteramos que el bando del coronel Buendía es considerado por sus adversarios «masón» y «federalista»:

quizá las motivaciones de esas nebulosas contiendas hayan sido, pues, asuntos como laicismo o religión de Estado, sistema federal o centralismo. De otro lado la cita es inquietante: ¿continúan las guerras civiles, como lo sugiere el final de la frase? La duda se acentúa poco después, cuando el narrador recuerda como algo remoto («la primera semana del siglo») que bajo los almendros de Macondo acamparon las legiones del coronel Aureliano Buendía (p. 135). Entre quienes desfilan ante el cadáver de la Mamá Grande están los veteranos del coronel Buendía, que esperan sus pensiones de guerra «desde hace sesenta años» (p. 149), lo que indicaría que las guerras terminaron, efectivamente, hace mucho tiempo. Confusión y contradicciones son características de los hechos históricos principales de la sociedad ficticia: las guerras, la fundación, la compañía y la hojarasca. Esto es un indicio del escaso desarrollo cultural de la sociedad ficticia, de su primitivismo. Esta sociedad, al parecer, carece de historia escrita, de un pasado oficial impuesto a la comunidad a través de la educación. Gran parte de la comunidad ignora el pasado del lugar y no tiene sentido histórico. La historia es, apenas, una masa de recuerdos, una conciencia tradicional que alienta en ciertas familias dirigentes, una preocupación de carácter privado. Por lo mismo, ese pasado está subjetivizado al máximo: los hechos se recuerdan sólo en la medida en que afectaron personal o familiarmente a los vivos. Por eso, estos hechos tienen naturaleza elástica.

UNA SOCIEDAD FEUDAL
A diferencia de la versatilidad de su pasado, la sociedad ficticia mantenía, a través de las distintas ficciones, cierta continuidad en su estructura económica y en su organización social: sociedad preindustrial, fundamentalmente agraria y de pequeños comerciantes, tuvo un período de auge cuando la fiebre del banano trajo a la región a una compañía extranjera y una inmigración

414

masiva (la hojarasca). Luego, la compañía bananera se retiró, tras ella los forasteros, y la sociedad ficticia entró en decadencia. Este proceso no modificó la rigurosa estructura clasista, pero la naturaleza aristocrática de la jerarquía social del Macondo de *La hojarasca* había cedido el lugar en el pueblo a un orden social burgués: don Sabas y Montiel estaban en la cumbre no por antigüedad ni apellido, sino por el dinero que acumularon. En «Los funerales de la Mamá Grande» esas coordenadas se rectifican totalmente, se ofrece un cuadro de la historia económica-social de Macondo muy distinto, desde el origen remoto de la región hasta la muerte de la Mamá Grande, en la actualidad. La compañía bananera no se instaló jamás en la región, la fiebre del banano no ocurrió, el vértice de la pirámide social y el poder económico no fueron nunca compartidos, sino monopolio hereditario de una sola familia: la de la Mamá Grande. A través del tiempo, Macondo ha seguido siendo, idénticamente, una sociedad feudal, agraria y paternalista. Más de tres siglos atrás, a principios de la Colonia, la región fue repartida en tres encomiendas que, al cabo de los años, «en virtud de intrincados matrimonios de conveniencia» (p. 139), se concentraron bajo el dominio de la Mamá Grande. En ese inmenso territorio ocioso, que abarca cinco municipios, «no se sembró nunca un solo grano por cuenta de los propietarios». Éstos arriendan las tierras a colonos (vasallos) —352 familias exactamente— y la Mamá Grande «recibía personalmente el pago del derecho de habitar en sus tierras, como durante más de un siglo lo recibieron sus antepasados de los antepasados de los arrendatarios» (p. 139). La señora feudal vive de rentas. Sus arrendatarios le pagan en dinero y en especies, y luego de los tres días de la recolección el patio de su residencia queda «atiborrado de cerdos, pavos y gallinas, y de los diezmos y primicias que se depositaban allí en calidad de regalo» (p. 139). La extensión del dominio feudal es, a primera vista, de unas cien mil hectáreas y dentro de sus límites han surgido seis poblaciones. Una relación matriarcal y semirreligiosa une a la Mamá Grande y a los súbditos: sus cumpleaños son fiestas populares, su sepelio un duelo colectivo. Su poder es absoluto: «acordaba y desacordaba canongías, prebendas y sinecuras, y velaba por el bienestar de los asociados así tuviera para lograrlo que recurrir a la maniobra solapada o al fraude electoral» (p. 144). En la lejana capital se honra a la Mamá Grande porque durante muchos años ha «garantizado la paz social y la concordia política de su imperio» (p. 143). La iglesia, la economía, la vida familiar penden de la voluntad de la señora feudal. Los varones de la familia ejercen el derecho de pernada y la descendencia bastarda es acogida en la casa feudal, en calidad de «ahijados, dependientes, favoritos y protegidos de la Mamá Grande» (p. 133). Una muchedumbre habita la enorme mansión de «oscuros aposentos atiborrados de arcones y cachivaches de cuatro generaciones», en cuyo corredor central «en otro tiempo se colgaron cerdos desollados y se desangraban venados» (p. 132).

La ideología dominante en este mundo estático y jerárquico es también feudal: nadie cuestiona lo establecido porque, simplemente, no existe la noción de cambio, de movimiento histórico. Como en *La hojarasca* la visión de la realidad es esencialista y fatídica: la sociedad de hoy es la de ayer y será la de mañana, aunque cambien las personas. Todo se hereda y se lega, la continuidad familiar del vértice asegura la quieta armonía, el sosiego inmóvil del cuerpo y de la base de la pirámide. Entre el poder económico, el poder espiritual y el poder político, trilogía reinante de esta sociedad feudal, hay una estrecha alianza. Pero el poder económico prevalece sobre los otros, que constituyen, de hecho, el segundo estrato de la pirámide, inmediatamente debajo de la riquísima matriarca, ese ser semidivino. La Mamá Grande nombra las autoridades religiosas; además, la Iglesia le ha concedido el privilegio de no arrodillarse en la misa ni en el instante de la elevación (p. 136), y su figura se confunde, desde la perspectiva popular, con la del mismo Dios, puesto que en las fiestas se venden «estampas y escapularios con la imagen de la Mamá Grande» (p. 136). Asimismo, la matriarca nombra a las autoridades políticas, amaña las elecciones, designa a los candidatos, no vacila en convertir a la autoridad en un simple paje que durante las misas debe abanicarla (p. 136). Que el Papa y el Presidente de la República asistan a su entierro es una manifestación de la hegemonía, en este mundo, del poder económico sobre el poder político y el espiritual.

Sin embargo, una frase perdida en el relato, abre una leve grieta en ese mundo monolítico: «la incertidumbre política de los últimos tiempos» (p. 133). La pequeña grieta se ensanchará lo bastante en la ficción siguiente para que irrumpan nuevamente en la realidad ficticia el movimiento y la violencia.

5. La revolución silenciosa
(La mala hora)

La mala hora ocurre en el pueblo, entre el 4 y el 21 de octubre de un año que es posible identificar con el de *El coronel no tiene quien le escriba*. El pueblo, como colectividad, no es escenario sino protagonista: la historia le sucede al pueblo entero, la vive toda la comunidad, aun cuando ciertos individuos —el alcalde, el padre Ángel— tengan una participación algo más importante en la experiencia colectiva. En algunos relatos anidaba ya una intención plural parecida: «Isabel viendo llover en Macondo» y «Un día después del sábado», donde sucedían fenómenos que afectaban a toda la comunidad, y «Los funerales de la Mamá Grande», donde la historia de la matriarca se confundía con la de Macondo. Esta tentativa colectivista encontrará su desarrollo más logrado en *Cien años de soledad*. Allí aparece un intermediario entre el individuo y la colectividad que en esta novela es casi inexistente: la familia. Ese núcleo de transición entre la unidad y el todo social es en *La mala hora* una presencia muy débil y quizá a ello se deba la impresión tan atomizada que da el pueblo, cuyos términos exclusivos parecen ser aquí el hombre aislado y esa aglomeración de solitarios, la sociedad. De todas las que hemos visto, es la narración que hace más patente el carácter orgánico de la obra de García Márquez, las correspondencias y préstamos entre ficción y ficción, tanto en la materia como en la forma, la índole totalizadora de esta vocación. *La mala hora* es, clarísimamente, la matriz de varios relatos, desprendidos de ella, como «Isabel viendo llover en Macondo» de *La hojarasca*.

El parentesco más cercano es con *El coronel no tiene quien le escriba:* ambiente, personajes y motivos anecdóticos casan a ambas historias. La imagen del pueblo es idéntica, las dos ocurren en octubre, entre lluvias, aire húmedo e inundaciones. La primera se inicia con el velorio de un músico y la segunda con el asesinato del clarinetista Pastor. Un alcalde sin nombre aparece rápidamente en el relato, en lo alto de un balcón, con la mejilla hinchada, y aquí lo vemos torturado por el dolor, intoxicándose de analgésicos y obligando al dentista, su enemigo político, a extraerle la pieza malograda. «Un día de éstos» es el puente que une aquella pasajera mejilla abultada con los episodios de la novela en que el dolor de muelas del alcalde es motivo principal. Otros personajes comunes aparecen con los mismos nombres y empeñados en los mismos trajines: el padre Ángel, censurando películas a campanadas; el doctor Giraldo, con sus rizos charolados y su dentadura resplandeciente, aunque aquí se lo ve casado y algo más maduro; don Sabas y las inyecciones de insulina que lo mantienen vivo; el sirio Moisés y su tienda de mercancías multicolores; el telegrafista. Aquí también uno de los policías tiene rostro aindiado y en ambos relatos asistimos a la llegada al pueblo, después de mucho tiempo, de un circo de fieras. La violencia es el factor social determinante en ambas ficciones, aunque con diferencias de matiz, y en ambas la represión política vive una especie de inquietante pausa, de repliegue amenazador. También en esta novela hay toque de queda y estado de sitio, también aquí los profesionales de clase media (el dentista, el médico, el peluquero) se hallan en la oposición y hacen circular volantes clandestinos. En *El coronel no tiene quien le escriba,* Agustín había sido asesinado cuando repartía propaganda política en la gallera; el joven asesinado de *La mala hora,* Pepe Amador, es capturado repartiendo hojas subversivas en el mismo lugar. El lenguaje de la novela es tan austero e impersonal como el del relató, aunque el humor, allá tan importante, aquí es secundario y distinto.

Todos los relatos de *Los funerales de la Mamá Grande* que suceden en el pueblo son primeras versiones de episodios de *La mala hora* o desprendimientos de la novela. «Un día de éstos» es un boceto simplificado y esquemático de la extracción sin anestesia de la muela del alcalde. Don Roque, personaje de «En este pueblo no hay ladrones», reaparece al frente del salón de billar, institución cálida y bienhechora de la comunidad en las dos ficciones. En «La prodigiosa tarde de Baltazar» la familia Montiel está en un período de su vida bastante anterior al de *La mala hora*: entonces don Chepe se hallaba vivo y en plena opulencia, su esposa era joven y cuerda y su hijo un niño mimado y llorón; en *La mala hora* don Chepe ha muerto años atrás, su viuda es una anciana sumergida en lo imaginario gracias a una locura cierta o fingida, y el hijo ocupa un consulado en Alemania. El cuento «La viuda de Montiel» sintetiza la peripecia histórica de la familia entre esas dos imágenes. Con el doctor Giraldo ocurre al revés que con los Montiel: en «La prodigiosa tarde de Baltazar» es un médico viejo y en la novela sólo un hombre maduro. Retornan todos los personajes de «Rosas artificiales»: Mina fabrica flores de papel, Trinidad caza ratones en la iglesia, la abuela ciega es clarividente. Aquí se aclara la verdadera función de las mangas postizas de Mina, cuando nos enteramos que el cura «no les da la comunión a las mujeres que llevan mangas cortas, y ellas siguen usando mangas cortas, pero se ponen mangas postizas antes de entrar a la iglesia» (p. 106).

La mala hora también tiene nexos con los cuentos situados en Macondo. La novela inicia el acercamiento de los escenarios principales de la realidad ficticia: el pueblo y Macondo revelan cada vez más cosas en común, ciertas incongruencias anecdóticas confirman que ambos lugares no son separables, que se trata del anverso y reverso de una sola realidad que adopta de ficción a ficción distintas máscaras. El paisaje del pueblo no ha variado (lluvias, plaza con almendros, alcaravanes, zancudos), subsisten los rasgos que lo diferencian de Macondo: la comunicación con el mundo es por el río, las lanchas viajan ocho horas hacia un destino que ignoramos; no existen el tren ni el banano. Pero en el pueblo se recuerda a seres identificados con Macondo, como la Mamá Grande (p. 95), el coronel Aureliano Buendía (p. 56), el padre Antonio Isabel (p. 49) y el suicida de *La hojarasca* (pp. 97-98). Como el héroe de *El coronel no tiene quien le escriba* recordaba su pasado macondino, aquí el padre Ángel evoca su época de principiante en aquella localidad. En *La mala hora* la viuda de Montiel vive sola en «la sombría casa de nueve cuartos donde murió la Mamá Grande, y que José Montiel había comprado sin suponer que su viuda tendría que sobrellevar en ella su soledad hasta la muerte» (p. 95). La Mamá Grande moría, inequívocamente, en Macondo: ¿qué operación ha trasladado a esa casa y a esa muerte al pueblo? ¿Un olvido del autor, una contradicción casual? Probablemente, pero también es un anuncio de la fusión del pueblo y Macondo que tendrá lugar en *Cien años de soledad.* Los puntos de contacto entre el pueblo de *La mala hora* y Macondo son numerosos. El cráter de «Isabel viendo llover en Macondo» era una vaca aniquilada por el aguacero. Una vaca muerta durante la inundación es uno de los motivos de la novela: el cadáver en descomposición apesta al pueblo y el alcalde ofrece una recompensa a quien consiga desvarar al animal inmovilizado a orillas del río (pp. 80, 89 y 92). El alcalde de *La hojarasca* recibía dinero para autorizar el entierro del médico; el de *La mala hora* aprovecha su cargo para desvalijar a César Montero (pp. 85-86), don Sabas (pp. 179-180) y la viuda de Montiel (pp. 188-189). Es verdad que comparado con el de *La mala hora,* ya rico a base de tráficos y extorsiones, el de *La hojarasca* parece un delincuente aprendiz. Pero hay que recordar que la primera novela ocurre en 1928 y ésta en 1956 o 1957: la autoridad ha tenido tiempo de perfeccionar sus fechorías. Otra coincidencia: el nombre propio de ambos alcaldes es dato escondido elíptico. César Montero, en la cárcel, no quiere comer pues teme que lo envenenen (p. 40), igual que el médico de *La hojarasca* se negaba a beber creyendo que los macondinos lo querían envenenar. La novela aporta algunas anécdotas a la historia de Macondo: el manso padre Antonio Isabel murió de cien años, seis años después del episodio de los pájaros muertos (p. 49); el coronel Aureliano Buendía, cuando iba a convenir en Macondo los términos de la capitulación de la última guerra civil, durmió una noche en el hotelito del pueblo, un hotelito que, por lo demás, es gemelo de aquel de Macondo donde se aloja el forastero de «Un día después del sábado» (p. 56). Otro vinculo entre *La mala hora* y las ficciones anteriores son los símbolos: antecedentes de los pasquines de esta ficción son los pájaros muertos de «Un día después del sábado», y, en menor grado, las bolas de billar de «En este pueblo no hay ladrones», la jaula de «La prodigiosa tarde de Baltazar», y, más indirectamente, la carta que no llega y el gallo de *El coronel no tiene quien le escriba* y la tempestad de «Isabel viendo llover en Macondo». La estructura de *La mala hora* complica una fórmula que aparece en «Un día después del sábado»: el eje narrativo rota por distintos personajes hasta constituir una perspectiva numerosa y circular, un punto de vista espacial plural.

1) Lo real objetivo

El pueblo de *El coronel no tiene quien le escriba* y el de *La mala hora* son el mismo lugar, pero al finalizar el segundo texto esa comarca de la realidad ficticia ha cambiado de naturaleza. «Éste es un pueblo de mierda», dice don Sabas en *El coronel no tiene quien le escriba* (p. 55); «Éste es un pueblo fantasma», dice el juez Arcadio en *La mala hora* (p. 172). Las frases resumen la revolución que transmuta al pueblo entre una y otra ficción: lo imaginario acaba por derrotar a lo real objetivo, el pueblo pasa a ser, efectivamente, un pueblo fantasma. El hecho es trascendente, estrena una nueva etapa en el proceso de edificación de la realidad verbal. Pero esta muda no es flagrante y llamativa, al contrario. Es tan sutil, tan disimulada la victoria de lo imaginario en el conflicto que veníamos siguiendo paso a paso desde el libro anterior, que a muchos críticos *La mala hora* les parece el más realista de los libros de García Márquez. No: es el primer texto fantástico que escribe.[1] Ocurre que lo imaginario en *La mala hora* no resulta de la introducción en la realidad ficticia de hechos o seres constitutivamente imaginarios (eso sucederá, en parte, en las ficciones posteriores), sino, como en los cuentos y novelas de Kafka, de la discreta conversión, mediante una muda del primer caso, de objetos de apariencia real objetiva —por su cotidianidad, por su humanidad— en objetos de otro orden. Por eso, en una lectura rápida, la novela parece enfrentar al lector con un mundo en el que lo real objetivo, y, dentro de él, los niveles más exteriores (lo social, lo político) tienen hegemonía absoluta. Porque es cierto que esta última visión del pueblo enriquece extraordinariamente nuestro conocimiento histórico de esta comunidad y traza una síntesis coherente de los datos de las ficciones anteriores sobre el pasado y la sociedad del pueblo.

LOS RICOS   El pasado gravitaba con menos fuerza sobre el pueblo que sobre Macondo, la tradición significaba poco en esa sociedad en la que el dinero había sustituido a la antigüedad y al nombre en la jerarquía social. Esto es todavía válido, en sus grandes lineamientos, en *La mala hora*.

---

[1] Sin contar los cuentos prehistóricos, no recogidos en libro.

Ante todo, confirmamos que el cambio entre la sociedad aristocrática de Macondo y la sociedad burguesa del pueblo es efectivo pero no total, que la nueva sociedad arrastra resabios feudales. Aquí aparece una familia —los Asís— que resulta ser en el pueblo lo que eran en Macondo la familia del coronel y la Mamá Grande y lo que serán luego los Buendía. «Los turbulentos Asís, fundadores del pueblo cuando no eran más que porquerizos» se han elevado en la escala social y económica hasta el vértice y son ahora ricos y tienen ínfulas aristocráticas. Se trata de ocho hijos y de su madre, la viuda de Asís, a quien obedecen ciegamente y quien lleva las riendas del hogar, como una Mamá Grande de proporciones humanas, no superlativizada por la perspectiva mítico-legendaria. La familia Asís está en la cúspide del pueblo por antigüedad y por fortuna, como el coronel de *La hojarasca* en Macondo, y es por lo tanto una familia más tradicional que la de don Sabas. Su poder es agrícola o ganadero: con excepción de Roberto, todos los hijos se pasan la vida en el campo. Ocupan dos casas que deben ser las mejor equipadas del lugar: ventiladores eléctricos, refrigeradoras, un ejército de sirvientas,[2] y, en un momento, vemos a la viuda paseando «por entre un reguero de pollos maneados, legumbres y quesos y panelas oscuras y pencas de carne salada» (p. 150). La casa es una versión terrestre de la mansión de la Mamá Grande; también el hogar de los Asís está lleno de «ahijadas y protegidas de todas las edades». Ahora que el origen porquerizo quedó lejos, los Asís lucen costumbres refinadas: guardan culto al pasado familiar, en el dormitorio de la viuda «penden fotografías de niños antiguos enmarcados en viñetas de cobre», algunos de los cuales

---

[2] Todas negras, con lo cual corregimos la impresión que nos había dado sobre el pueblo *El coronel no tiene quien le escriba*: no hay prejuicios contra el negro, pero debe existir alguna discriminación económica cuando *toda* la servidumbre es de color.

murieron decrépitos y de mal humor en la cama tronal del aposento (p. 37). La viuda, estricta en la selección de las amistades, reprocha a su hijo Mateo que invitara al alcalde: «una cosa es cuidar el pellejo y otra cosa es saber guardar las distancias» (p. 171). Pero es sobre todo en su comercio con la Iglesia donde aparece la índole feudal de los Asís. «La Divina Providencia está de nuestra parte», afirma la viuda, porque ellos eran «gentes de Dios antes de que hubiera curas a muchas leguas a la redonda» (p. 171). La viuda da de comer al padre Ángel, él trata a los Asís con respeto y temor. La viuda integra comisiones que hacen colectas religiosas, es una mecenas, y reacciona con arrogancia cuando el cura no obedece sus órdenes: abandona la iglesia en pleno oficio porque el padre Ángel no pronunció el sermón que ella quería (p. 152).

Además de esta familia fundadora, en el pueblo hay otros ricos; el vértice lo ocupan media docena de familias a las que el narrador llama explícitamente una «clase» (p. 39). En las ficciones anteriores, aun cuando se dejara entrever la existencia de otras familias pudientes, era siempre una la que imperaba en la ficción: el coronel, don Sabas, los Montiel, la Mamá Grande. Aquí aparecen varios ricos y advertimos que entre los componentes de la clase adinerada hay diferencias en el origen del dinero y en la manera de ser. Don Sabas y los Montiel son ricos más recientes que los Asís; no son familias fundadoras. La fuente de su poder era una traición y un chantaje político idénticos: don Sabas y Chepe Montiel (oscuros comerciantes) se aliaban con un alcalde recién llegado al pueblo a ejercer la represión, para delatar a los opositores y, aprovechando la persecución, comprarles sus bienes a precios ínfimos. Aquí el episodio también es evocado. Sabemos que el alcalde, a su llegada al pueblo, tenía instrucciones de «encontrar al día siguiente sentado en calzoncillos a la puerta de una piladora de arroz» a un oscuro partidario del gobierno: ¿don Sabas o Chepe Montiel? La novela intenta una reconciliación ecléctica del episodio que recurre en los cuentos con dos sujetos distintos y nos dice que «hace cinco años, don Sabas le dio a José Montiel la lista completa de la gente que estaba en contacto con las guerrillas, y por eso fue el único jefe de la oposición que pudo quedarse en el pueblo» (p. 189). En términos lógicos no podría tratarse del mismo Montiel de los cuentos, ya rico cuando su hijo era un niño llorón; aquí el hijo está de diplomático en Alemania y don Chepe ha muerto hace tiempo, a juzgar por el estado de su viuda: imposible que eso ocurriera en cinco años. En todo caso, comparados con los Asís, don Sabas y los Montiel son ricos nuevos y plebeyos. Todavía hay que matizar en el caso Montiel: el plebeyo era don Chepe, su mujer pertenecía a una clase más elevada, y aquí la vemos, en efecto, conducirse de manera tan aristocrática como la viuda de Asís: su relación con Carmichael, quien la sirve con lealtad canina, más parece una relación de amo a vasallo que de patrón a empleado. Fuera de esa sombría operación inicial, don Sabas es acusado de otros negocios sucios: se dice que los burros vendidos por él amanecían muertos, que él mismo entraba de noche a las huertas «y les disparaba adentro a los burros, metiéndoles el revólver por el culo» (p. 102). Don Sabas asegura, no sin cierta razón, que la riqueza va fatalmente amarrada al delito: «Lo que pasa es que en este país no hay una sola fortuna que no tenga a la espalda un burro muerto» (p. 102). Él incrementa su ganadería con robos. Aprovechando el desorden en que han quedado los bienes de su antiguo cómplice, se dedica a sacar y contramarcar con su hierro las reses de la viuda de Montiel. Cuando el alcalde le recuerda que eso tiene un nombre, él mismo lo pronuncia: «Abigeato» (p. 179). La coexistencia de los Asís, los Montiel y don Sabas hace que esta sociedad, desde el punto de vista económico, sea una transición entre el mundo feudal de *La hojarasca* y *Los funerales de la Mamá Grande* y la sociedad burguesa de *El coronel no tiene quien le escriba,* en la que el dinero ha barrido a los otros agentes de poder.

Otra novedad de *La mala hora* es que, además de los ricos establecidos, en esta novela vemos a un individuo en plena ascensión económica, abriéndose paso, con tanta eficacia como falta de escrúpulos, hacia el vértice del pueblo. Es el alcalde, oscuro teniente que, años atrás, desembarcó furtivamente en el lugar, con sólo «una vieja maleta de cartón amarrada con cuerdas y la orden de someter al pueblo a cualquier precio» (p. 160). Ha cumplido su misión: exterminó a muchos opositores y, mediante el terror, tiene sometidos a los otros, al menos en apariencia. Además se ha valido y se vale de su poder para enriquecerse. Éste ha pasado a ser ahora su objetivo, como percibe el juez Arcadio: «El teniente se está hundiendo en el pueblo. Y cada día se hunde más, porque ha descubierto un placer del cual no'se regresa: poco a poco, sin hacer mucho ruido, se está volviendo rico» (p. 173). Se trata de un fenómeno nuevo e interesante en la sociedad ficticia. Hasta ahora, la autoridad era utilizada por los ricos para obtener cosas o hacer negocios; aquí, la autoridad pasa a servirse de ellos, a disputarles el poder económico. Sin duda, el vértice de la pirámide albergará pronto un nuevo tipo de ricos, distintos de los fundadores y los comerciantes: las autoridades venales. ¿En qué forma usa el alcalde su poder para hacer fortuna? Sus armas son la extorsión, el cohecho, la maniobra jurídica. A César Montero, otro rico del pueblo, que asesinó al clarinetista Pastor, el alcalde le saca cinco mil pesos en terneros de un año para hacer un informe con atenuantes que le reduzcan la sentencia (p. 86). Cuando el empresario del circo le propone «que ponga el toque de queda a las once y repartamos entre los dos las ganancias de la función nocturna» (p. 137), el alcalde no muestra entusiasmo: él vuela más alto ahora, sus negocios son más productivos. Por ejemplo, el de los terrenos del cementerio, unos descampados que ha inscrito como su-

yos. Cuando se produce una inundación y un barrio pobre se anega y la gente debe trasladar sus casas, el teniente
ordena que se instalen en esos terrenos y luego pregunta
al juez Arcadio qué debe hacer: «Es la cosa más sencilla
del mundo: el municipio adjudica los terrenos a los colonos y paga la correspondiente indemnización a quien de-
muestre poseerlos a justo título». El negocio no tiene
pierde: el avalúo de los terrenos lo hacen peritos nombrados por el municipio, es decir por el mismo dueño de los
terrenos (pp. 118-119). Pero la operación de más enver-
gadura que está a punto de realizar es la compra, en condiciones fijadas por él, de los bienes de la viuda de Montiel, con lo que su instalación en el vértice, junto a los
otros ricos, será definitiva. El obstáculo es el fiel Carmichael que defiende los intereses de la viuda aun en contra
de ella misma: para vencer su resistencia el alcalde lo tiene encarcelado y sin comer. Los negocios de este rico naciente son siempre seguros. Don Sabas reconoce en él a
un par: «—Qué maravilla, teniente —dijo—. Esto debe
parecerle un sueño» (p. 180). Es a causa de este sueño que
vemos al teniente tan empeñado en asegurar que las cosas
han cambiado, que el pueblo es ahora feliz, que el pasado
de violencia y encono está cancelado. Como dice el juez
Arcadio, para el alcalde «en estos momentos, no hay mejor negocio que la paz» (p. 173).

Y, en efecto, esos diecisiete días en que transcurre *La* LA PAZ
mala hora se sitúan en un período que, comparado con el RENCOROSA
pasado y el futuro del pueblo, puede ser llamado de paz.
Se trata de una paz exacerbada, en la que nadie cree fuera
del alcalde y del padre Ángel. Al resto de la comunidad
esa pausa histórica le parece mentirosa y momentánea.
Políticamente, los ricos no declaran sus opiniones, pero
sabemos que al menos dos de ellos deben su fortuna al
régimen; las rivalidades de don Sabas y Montero con el
alcalde son económicas, no políticas. La oposición orga-

nizada se recluta aquí también en la clase media; los enemigos conscientes del gobierno son el dentista, el médico, el peluquero, etc. Reparten hojas clandestinas, están convencidos de que «va a haber vainas» (p. 176), esconden armas esperando el momento de pasar a la acción (p. 202). Sin embargo, la clase popular, apolítica en las ficciones anteriores, aunque no milite en la oposición como los profesionales, ya no es indiferente: alienta resentimiento y deseo de venganza contra la autoridad, y no lo oculta. En su nuevo papel de guardián de la paz, el alcalde trata de ser amable con una mujer humilde que le da de comer, pero ella, al servirle el plato, murmura: «Quiera Dios que se le indigeste». ¿Hasta cuándo van a seguir así?, pregunta el alcalde. Y la mujer: «Hasta que nos resuciten los muertos que nos mataron» (p. 77). Ese odio latente, ese furor, llamean en la turbamulta que se concentra en la puerta de la cárcel, tratando de forzar la entrada, cuando corre la noticia que han matado a Pepe Amador (p. 193). Por más que el alcalde afirme que las cosas han cambiado, la gente se empecina en afirmar «Son los mismos con las mismas», y cuando se restablece el toque de queda se siente como aliviada al comprobar que, en efecto, «las cosas no habían cambiado» (p. 141). El pasado de terror pesa demasiado sobre el pueblo para que la gente acepte la política de borrón y cuenta nueva del teniente. ¿En qué consistió, pues, ese pasado que vive tan tenaz en la memoria del pueblo?

ELECCIONES
Y CRIMEN

Los datos sobre la represión política y la institucionalización de la violencia se hallan distribuidos de la misma manera gradual y trenzada que en *El coronel no tiene quien le escriba*. El pasado de horror se filtra en el presente a través de datos escondidos y de cajas chinas. Descubrimos otra constante (elemento añadido) de la sociedad ficticia: en el pueblo, como en Macondo, las elecciones van unidas en el espíritu de la gente a la idea de violencia: «Cuando vuelva a haber elecciones volverá la matanza —replicó el empresario, exasperado—. Siempre, desde que el pueblo es pueblo, sucede la misma cosa» (p. 25). Es cierto: la novela muestra que las elecciones, además de una farsa, son una ocasión en que la brutalidad del poder se desboca. Al antiguo juez Vilela, por ejemplo, tres policías lo perforaron a tiros en su propio despacho, a la vista de su secretario, sólo por haber dicho «en una borrachera que él estaba aquí para garantizar la pureza del sufragio» (p. 31). La autoridad comete crímenes en tiempo de elecciones y, además, se apodera de los bienes ajenos para financiar su propaganda. El alcalde se lo recuerda a César Montero: «Había orden de asesinarte en una emboscada y de confiscar tus reses para que el gobierno tuviera cómo atender a los enormes gastos de las elecciones en todo el departamento» (p. 85). Como si no bastara, el gobierno toma precauciones para que los opositores ni siquiera puedan votar: «A raíz de las últimas elecciones la policía decomisó y destruyó las cédulas electorales del partido de oposición. La mayoría de los habitantes del pueblo carecía ahora de instrumentos de identificación» (p. 71). Meses antes se había nombrado un registrador para que viniera al pueblo a empadronar a los habitantes, pero cuando el alcalde preguntó por teléfono cómo debía recibirlo, le contestaron: «A tiros» (p. 72). El vacío legal y administrativo del pueblo es casi absoluto; el alcalde se propone luego nombrar un personero o agente del ministerio público, pero no resulta fácil, como ironiza el secretario: «Hace año y medio le desbarataron la cabeza a culatazos al personero, y ahora anda buscando un candidato para regalarle el puesto» (p. 74). Casi todos estos datos son presentados con la máxima neutralidad: no los comunica el narrador al lector, sino un personaje a otro (caja china).

¿Cuándo comenzó este horror? El día que el alcalde desembarcó en el pueblo para hacerse cargo de su destino. Traía orden de someterlo a cualquier precio y una carta para un oscuro partidario del gobierno que había de encontrar al día siguiente (p. 160). Ya sabemos lo que ocurrió: don Sabas y Montiel le proporcionaron listas de los miembros de la oposición y, mientras ellos se apoderaban de sus bienes, el alcalde los suprimía o exiliaba. Para organizar el terror, disponía de «la entraña implacable de los tres asesinos a sueldo que lo acompañaban» (p. 160). ¿Quiénes son estos tres personajes? El alcalde lo revela en una conversación con el padre Ángel: «para nadie es un secreto que tres de ellos [los policías del pueblo] son criminales comunes, sacados de las cárceles y disfrazados de policías» (p. 129). El disfraz se ha convertido en uniforme legítimo, los criminales *son* ahora policías. Lo que el alcalde y sus asesinos hicieron para someter al pueblo está en anécdotas que permiten reconstruir ese período. Los crímenes eran moneda corriente cada noche, en el interior de las casas los hombres se preguntaban cuándo les tocaría el turno. El narrador evoca esa pesadilla desde la perspectiva del doctor Giraldo y su esposa: «En otro tiempo, ambos velaban hasta el amanecer, tratando de precisar el lugar y las circunstancias de los disparos. Varias veces el ruido de las botas y las armas llegó hasta la puerta de su casa y ambos esperaron sentados en la cama la granizada de plomo que había de desbaratar la puerta. Muchas noches, cuando ya habían aprendido a distinguir los infinitos matices del terror, velaron con la cabeza apoyada en una almohada rellena con hojas clandestinas por repartir. Una madrugada oyeron frente a la puerta del consultorio los mismos preparativos sigilosos que preceden a una serenata, y luego la voz fatigada del alcalde: "Ahí no. Ése no se mete en nada"» (p. 146). Otro de los hombres que velaba en su hogar, esperando a los asesinos, era el dentista: «Le habían perforado las paredes a tiros, le habían puesto un

432

plazo de 24 horas para salir del pueblo, pero no consiguieron quebrantarlo. Había trasladado el gabinete a una habitación interior, y trabajaba con el revólver al alcance de la mano, sin perder los estribos, hasta cuando pasaron los largos meses de terror» (p. 122). Los crímenes no se cometían únicamente a domicilio; se mataba también en la cárcel, que aún conserva los muros «jaspeados de sangre seca y con impactos de proyectiles», y que en esa época estaba siempre tan abarrotada «que no era suficiente la capacidad de las celdas y se ponían los presos a la intemperie» (p. 142). Esa orgía de violencia ha inoculado en la mayoría de los habitantes ese odio sordo hacia el alcalde que se manifiesta en actitudes como la del dentista y frases como la de esa mujer de pueblo (p. 77). Por su magnitud, la violencia ha calado hondo en esa sociedad, está en el aire que las gentes respiran, constituye ya rasgo esencial del pueblo. Esto se halla admirablemente expresado por el peluquero: «Usted no sabe lo que es levantarse todas las mañanas con la seguridad de que lo matarán a uno, y que pasen diez años sin que lo maten» (p. 173).

Este horror es el contexto pretérito de la novela y va a ser, previsiblemente, el venidero: la historia misma está situada en un breve paréntesis (uno a dos años) entre el horror ya vivido y el horror que vendrá, ese futuro que va a repetir el pasado apocalíptico y que vemos asomar en las páginas finales, con el asesinato de Pepe Amador y con las palabras de Mina revelando que la cárcel está llena de presos, que los policías asesinos andan sueltos, que se han encontrado armas en la peluquería, que los hombres huyen al monte a las guerrillas (p. 202). El alcalde ha perdido: quería la paz, porque le convenía, y ahí está de nuevo ante sus ojos, resucitando cíclicamente, el infierno. ¿Cuánto ha durado la tregua? Ciertos datos sugieren que un año, otros que dos. Carmichael, quien está dispuesto a creer que las cosas han cambiado, se lamenta: «Hace más de un año se acabó la persecución y todavía se habla

433

de lo mismo» (p. 53). El padre Ángel, por su parte, admite que la actitud del gobierno ha cambiado (p. 167). Pero es el alcalde quien con más convicción trata de persuadir a la gente de que ha comenzado otra época. El inicio de todo fue un hecho político: «Cambió el gobierno, prometió paz y garantías, y al principio todo el mundo se lo creyó. Pero los funcionarios siguen siendo los mismos», dice Toto Visbal (p. 166). Hace casi dos años que no hay presos políticos (p. 166); el alcalde ha pedido que le cambien a los policías criminales, pero hasta ahora el gobierno no lo hace (p. 129). Él es optimista: cree que «el pueblo está tranquilo» y que «la gente empieza a tener confianza en la autoridad» (p. 128); asegura que «el nuevo gobierno se preocupa por el bienestar de los ciudadanos» y formula así su plan de trabajo: «Estamos tratando de hacer un pueblo decente» (p. 177). Al empresario de circo, señalándole la abigarrada población del embarcadero, le dice: «Éste es un pueblo feliz» (p. 89).

Los diecisiete días en que transcurre *La mala hora* son los últimos de ese período de paz crispada, ellos cancelan la mentira y devuelven el pueblo a la represión, el asesinato, la conspiración, el odio y el miedo. ¿Significa esto que *La mala hora* es la novela en que el asunto político-social ocupa el papel más destacado en la obra de García Márquez? En cierta forma sí. Pero los datos que muestran cómo en lo real objetivo los niveles social y político son los predominantes, forman sólo una de las coordenadas del mundo verbal: hay otros datos, menos numerosos, más disimulados en el cuerpo de la narración, que constituyen la otra coordenada o línea de fuerza de la historia, que es lo real imaginario. Porque aquí también, pese a la avasalladora presencia de lo social y lo político, el conflicto básico que vive la realidad ficticia es entre lo real objetivo y lo imaginario. La lucha entre un poder dictatorial y sanguinario y una oposición castigada y desorganizada sucede sólo en uno de los planos de la novela: el tema central, el espinazo de la historia, es la guerra entre este plano y lo real imaginario. Antes de describir este conflicto, conviene identificar esa otra dimensión de la realidad ficticia en *La mala hora*.

2) Lo real imaginario

Entreverados con los datos real objetivos, en la realidad ficticia aparecen otros, de filiación más ambigua: seres, situaciones, objetos que, como vimos en relatos precedentes, pueden encarnar lo imaginario o ser puertas hacia él. Al igual que los elementos real objetivos (entre éstos hemos visto sólo los sociales y políticos, pero, desde luego, hay otros), los hechos y personajes susceptibles de materializar lo imaginario o ligados de algún modo con él, se hallan dispuestos en la narración de una manera también gradual, y, se diría, simétrica para establecer un discreto contrapunto con los que representan a la fuerza adversaria. Junto a episodios que identificamos inmediatamente como realistas, aparecen de cuando en cuando experiencias más evasivas y secretas, menos comprobables. En «En este pueblo no hay ladrones» uno de los indicios de lo imaginario eran los sueños de Ana; en *La mala hora* los sueños son más abundantes que en las ficciones anteriores, y, lo que es más importante, son sueños que tienden a mostrar ese nivel onírico no como mera prolongación o reflejo de la vida objetiva (lógica y racional) sino, más bien, como una vida distinta, de índole irracional, inusitada o imposible. En el primer episodio de la novela, el padre Ángel trata de recordar los versos de una canción de Pastor, en los que se habla precisamente del sueño, y no lo consigue. El sueño que trata de atrapar con la memoria se le escapa porque es una materia huidiza y reversible: ¿era «Me llevará esta barca hasta tu sueño» o «Me llevará este sueño hasta tu barca» lo que cantaba Pastor? (pp. 7-9). Unas páginas después, la esposa de César Montero emerge del sueño, repitiendo otra versión

LOS
SUEÑOS

del mismo verso: «Me quedaré en tu sueño hasta la muerte» (p. 12). Para César Montero, el sueño es una extensión del mundo ilusorio del cine (la película que acaba de ver continúa en su sueño, en el que «indígenas despavoridos escapaban al tropel de los elefantes») (p. 10), y la hija de Roberto Asís se instala gracias al sueño en una realidad enteramente insólita: «—Soñé con un gato de vidrio —dijo la niña. || Él no pudo reprimir un ligero estremecimiento. || —¿Cómo era? || —Todo de vidrio —dijo la niña, tratando de dar forma con las manos al animal del sueño—; como un pájaro de vidrio, pero gato» (p. 36). Ya sospechábamos que en la realidad ficticia los niños se encontraban más cerca de lo imaginario que los adultos: aquí, la sola mención de un orden distinto provoca un estremecimiento en Roberto Asís. ¿No es sintomático que el alcalde encuentre «soñando» en su despacho al personaje más imaginario del libro, la adivina Casandra? (p. 148). Lo que resulta una sorpresa es descubrir que, años atrás, el terrestre don Sabas era un soñador impenitente, que, en la breve siesta del mediodía, podía soñar «con un roble que en lugar de flores producía cuchillas de afeitar» (p. 176).

PERSONAJES RAROS   Algunos personajes del pueblo, por estado o por oficio, representan la rareza, la anormalidad. El clarinetista Pastor, todas las mañanas, luego de la misa, tocaba su instrumento en el patio de su casa «purificando con notas diáfanas y articuladas el aire cargado de porquería de palomas» (p. 9). En esta sociedad roída por la violencia, la corrupción y el odio, este purificador del aire del pueblo, cuyas canciones hechizan a las mujeres y al padre Ángel, apartándolos de preocupaciones cotidianas, es una figura algo inmaterial, inmersa en una realidad propia y distinta:[3] su muerte, con la que se abre la novela, es sim-

---

[3] El caso de Pastor es el de Baltazar, el fabricante de la jaula monumental: un oficio artístico (fin en sí mismo para quien lo ejerce) acerca a ambos a lo imaginario.

bólica en más de un sentido (pp. 9, 11, 12, 14). El desapego hacia lo real objetivo de la viuda de Montiel es consecuencia de la locura, otra puerta hacia lo imaginario. Vive sola, en una casa sombría, y de noche, cuando recorre los aposentos vacíos, «se encontraba a la Mamá Grande destripando piojos en los corredores, y le preguntaba: "¿Cuándo me voy a morir?". Pero aquella comunicación feliz con el más allá no había logrado sino aumentar su incertidumbre, porque las respuestas, como las de todos los muertos, eran tontas y contradictorias» (p. 95). ¿El fantasma de la Mamá Grande se objetiva ante los ojos de la viuda? ¿*La mala hora* es una novela fantástica porque en ella un hecho que sólo puede ocurrir subjetivamente es presentado como objetivo? No está claro que el fantasma se corporice. El narrador narra desde la perspectiva de la viuda de Montiel, está tan cerca de ella en ese momento que es posible que esté narrando no lo que ocurre sino lo que la mujer cree que ocurre. Pero no sólo porque vea fantasmas está la viuda de Montiel más cerca de lo imaginario que de lo real objetivo. Para Carmichael, mucho más fantástico resulta que la viuda desprecie la fortuna que le dejó su marido, diga que «La plata es el cagajón del diablo» (p. 94), le pida que «haga un solo rollo con todo lo que encuentre en esta casa y écheselo a los puercos» (p. 134), y quiera abandonar toda su riqueza para irse a vivir lejos «en un cuarto con un fogón y una terracita con cajones para cultivar orégano» (p. 132). Cuando la oye decir estas cosas, Carmichael simula darle la razón y corre a llamar al médico. La viuda de Montiel vive con un presentimiento de catástrofe; al oír el redoblante en la plaza echa a gritar «¡Ha llegado la muerte!» (p. 131) y está convencida de que «La muerte está cebada en este pueblo» (p. 132). Otro personaje, que ya conocíamos desde «Rosas artificiales» como de sustancia más imaginaria que real objetiva, la clarividente abuela ciega, vive también lanzando pronósticos apocalípticos: «este año se acabará el mundo», «la sangre correrá por las calles y no habrá poder humano capaz de detenerla». En la atmósfera un poco irreal de la casa donde Mina fabrica flores, la anciana ve un porvenir terrible: el padre Ángel tiene la impresión de que «sus ojos muertos parecían penetrar en el secreto de las cosas» (p. 165). Otro personaje pretende también conocer el secreto de las cosas. Es esa mujer de ademanes resueltos y dentadura orificada, la adivinadora del circo, a quien sus compañeros llaman Casandra, espejo del porvenir (p. 91). Además de pitonisa es algo puta, pero al alcalde lo que le interesa de ella son sus poderes ocultos. Hace primero que le eche la suerte sobre negocios (p. 108), luego que le lea en el naipe quién pone los pasquines. Con dramatismo calculado, Casandra explica que ya hizo la averiguación: «Los signos eran tan evidentes que me dio miedo después de tenerlos sobre la mesa». Y luego: «Es todo el pueblo y no es nadie» (p. 149). El veredicto de Casandra parece el recurso fácil con que un charlatán salva una situación. Pero al terminar la novela descubrimos que, entre todas las hipótesis sobre el origen de los pasquines, la explicación de Casandra es la más aceptable.

HECHOS INSÓLITOS   Además de lo onírico y de la rareza individual, en este mundo en el que lo social, lo político y otros niveles real objetivos (como el sexo) parecen arrolladores, tienen cabida hechos y situaciones que por su carácter insólito y pintoresco contrastan con los hechos opresivos, obvios y monótonos que constituyen la vida cotidiana del pueblo, su realidad diaria, y sugieren la existencia de otra realidad, menos previsible, en la que reinan la fantasía, la extravagancia, cierto tipo de humor. Algunos de esos episodios pertenecen al pasado y nos llegan a través de nostalgias y evocaciones: la lejanía en el tiempo, sin duda, ha contribuido a reducir su carácter real objetivo. En el curso de los años, la fantasía popular ha ido desnaturalizando, sin duda, esos hechos, trasladándolos a una realidad imaginaria. Don Sabas recuerda con ternura esos «Tiempos felices en que una muchachita de dieciséis años costaba menos que una novilla» (p. 103), lo que quizás haya sido cierto, pero ¿no tiene una connotación imaginaria lo que se cuenta sobre la manera como el hotel del pueblo resolvió medio siglo atrás la falta de excusados?: «Un viejo agente viajero contaba que hasta principios de siglo hubo una colección de máscaras colgadas en el comedor a disposición de los clientes, y que los huéspedes enmascarados hacían sus necesidades en el patio, a la vista de todo el mundo» (p. 56). Más extraordinario aún es lo que, según la memoria popular, ocurrió en el pueblo diecinueve años atrás, cuando «una bailarina rusa ofreció en la gallera un espectáculo sólo para hombres y al final vendió en pública subasta todo lo que llevaba encima» (p. 46). A Adalgisa Montoya le contaron así el desenlace: «cuando la bailarina quedó completamente desnuda, un viejo empezó a gritar en la galería, subió al último peldaño y se orinó sobre el público. Le habían contado que los demás hombres, siguiendo el ejemplo, habían terminado por orinarse unos a otros en medio de una enloquecida gritería» (p. 47). Un coliseo atestado de hombres que aúllan mientras se orinan unos a otros y, en el centro, una bailarina desnuda: el episodio real, que nunca conoceremos, ha sido transformado, sin duda, por la fantasía y el tiempo en imaginario. El procedimiento ya lo vimos en «En este pueblo no hay ladrones» y, elípticamente, en «Los funerales de la Mamá Grande»: es el de la exageración. Quizá sea también el procedimiento que da a la anécdota del secretario un aura imaginaria: «Y contó la historia de un pueblo que fue liquidado en siete días por los pasquines. Sus habitantes terminaron matándose entre sí. Los sobrevivientes desenterraron y se llevaron los huesos de sus muertos para estar seguros de no volver jamás» (p. 33). Y es igualmente la exageración, el afán de crear un mito en torno a su potencia sexual, lo que permite al juez Arcadio vanagloriarse de «haber hecho el amor tres veces por noche desde que lo hizo por primera vez» (p. 27). La creación de mitos y leyendas —la conversión de hechos real objetivos en real imaginarios por la fantasía y la fe colectivas— es un motivo recurrente en la obra de García Márquez. En *La mala hora* podemos ver también las dos caras de un hecho que la murmuración y el chisme tornan leyenda. Se trata del esposo difunto de la viuda de Asís: «Se decía de él que había asesinado en ese mismo dormitorio a un hombre que encontró acostado con su esposa, y que lo había enterrado clandestinamente en el patio. La verdad era distinta: Adalberto Asís había matado de un tiro de escopeta a un mico que sorprendió masturbándose en la viga del dormitorio, con los ojos fijos en su esposa, mientras ésta se cambiaba de ropa. Había muerto cuarenta años más tarde sin poder rectificar la leyenda» (p. 39). Y hay además ese circo que llega, esa institución que simboliza como ninguna otra lo ilusorio, el triunfo de lo soñado sobre lo vivido. Es sintomático que el circo sea prácticamente expulsado del pueblo por el alcalde, el más encarnizado enemigo de lo imaginario en la novela.

SEXO Y GROSERÍA   Estos sueños, personajes y hechos insólitos no suman una fuerza real imaginaria capaz de dominar la realidad ficticia. Al revés: la importancia y el número de hechos real objetivos son tales que su presencia llega a ocultar toda esa madeja menor de episodios y seres extraordinarios y aparece como fuerza reinante y aun exclusiva en la realidad verbal. De otro lado, los hechos insólitos no están presentados objetivamente como real imaginarios; son mitos o leyendas, exageraciones visibles o posibles de lo real objetivo, datos que existen subjetivamente, en la credulidad y la invención de la gente. Los personajes raros pueden explicar racionalmente su rareza por la locura, el oficio que practican o la extrema vejez. Todo esto constituye, por eso, solamente una dimensión extraña, algo inquietante, risueña del mundo de *La mala hora,* una orla de irrealidad que pasa casi inadvertida en una lectura rápida, entre la masa de personajes y situaciones real objetivas cuya presencia es tan vigorosa. Esa pátina o espuma pintoresca no puede competir en la realidad ficticia con el drama social y político del pueblo, que es la faz más exterior y sugestiva de la historia.

No sólo lo social y lo político representan lo real objetivo; otro nivel de la experiencia humana, que por primera vez aparece en la realidad ficticia como importante, contribuye también a dar la impresión de que el mundo de esta novela es rigurosamente objetivo, es decir un mundo en el que los términos realidad e irrealidad (realidad objetiva y realidad imaginaria) tienen la misma relación que en el modelo, la realidad real: el sexo. Era algo menor o invisible en las ficciones anteriores, sólo en «En este pueblo no hay ladrones» cobraba alguna importancia. A partir de esta novela, la realidad ficticia se enriquece de veras con este nivel de la experiencia humana, que adopta aquí, como lo social y lo político, un semblante agresivamente real objetivo: salvo la leyenda de la bailarina y la gallera, el sexo en *La mala hora* asume siempre las formas más reconocibles por el lector, las de la estricta satisfacción biológica. Ninguna ficción era tan explícita sobre el deseo carnal y la cópula: ésta siempre es heterosexual, las variantes son sólo entre parejas matrimoniales, concubinas o adúlteras. Vemos al rijoso juez Arcadio excitándose con su mujer embarazada de varios meses y haciendo el amor con ella (p. 76). Escuchamos a don Sabas hacer una recapitulación espectral de sus proezas sexuales: se declara orgulloso de su potencia, hace gestos procaces, exclama: «Dicen que mis hijos se llevan por delante a cuanta muchachita empieza a despuntar por esos montes, y yo digo: son hijos de su padre» (p. 102). El sexo ingresa con vigor a la realidad ficticia; se habla de él, ocupa una parte principal de la vida de hombres y mujeres. A algunos, el deseo los lleva a cometer audacias, como al tío de Trinidad, Ambrosio, que está empeñado en acostarse con su sobrina; una noche, sin importarle que en el dormitorio de Trinidad duerman siete mujeres, se deslizó en la cama de la muchacha y se estuvo allí «quietecito, diciéndome que no quería hacerme nada, sino que quería dormir conmigo porque le tenía miedo a los gallos» (p. 113). Las mujeres piensan y se conducen sexualmente como los varones: Nora de Jacob, en las siestas solitarias, desea de modo apremiante a su ex marido Néstor Jacob (p. 140), hace el amor con su amante Mateo Asís, a quien recibe desde hace años (p. 168), y almuerza con el señor Benjamín, su novio oficial (pp. 139-140).

Pero no sólo la conducta sexual de la gente contribuye a dar una apariencia real objetiva a la realidad ficticia; también su procacidad. El narrador pone en boca de los personajes un número de expresiones vulgares superior al de todas las ficciones anteriores juntas. Los hombres se mandan a la «mierda», a la «puta mierda», se llaman «pendejos», «hijo de puta», emplean el verbo «joder» con frecuencia y naturalidad.[4] Las palabrotas, como los coitos, aumentan cuantitativamente en la realidad ficticia. La razón profunda es acentuar en esta novela la presencia de lo real objetivo, para la batalla decisiva que libra aquí contra lo imaginario. Es por esa acumulación de componentes real objetivos —lo social, lo político, lo sexual, las expresiones vulgares son sólo algunos—, que esa trenza de datos inusitados y pintorescos pasa desapercibida en una lectura desaprensiva, y por eso que lo real objetivo parece colmar la realidad verbal. El narrador ha cargado las tintas en los componentes real objetivos, para disimular al máximo el hecho esencial de *La mala hora:* la derro-

---

[4] Véanse, por ejemplo, las pp. 47, 115, 135, 136, 162, 168, 196.

ta de esta realidad objetiva por un objeto que, lenta, implacablemente, va revelando su naturaleza imaginaria en el curso de la historia: los pasquines.

La historia que cuenta *La mala hora* es el retorno del horror al pueblo, la destrucción de esa precaria tranquilidad que dura uno o dos años. Ese período de transición entre un pasado y un futuro atroces es anormal, observado desde la perspectiva histórica total de la sociedad ficticia: lo normal para el pueblo es el horror que fue y el que será, la suspensión de la violencia es más bien la excepción de la regla. Ese mundo que en el transcurso de la historia va a regresar a su estado natural, a salir de la ilusoria paz, ofrece la apariencia de la inmovilidad. La estructura de la novela, con su simetría rigurosa de cuadros estáticos e independientes,[5] el carácter rotativo y circular de la perspectiva, la prolijidad del narrador, el paso lentísimo del tiempo, el minucioso verismo de la prosa, todo ello contribuye a impregnar a esa realidad de un quietismo sofocante, de una estaticidad claustral. El pueblo sugiere una vida pedestre y monótona, regulada al detalle, donde todo se repite inacabablemente, como esas campanadas que, cada madrugada a las cinco, ponen en funcionamiento lo que el padre Ángel llama con justicia «el mecanismo del pueblo» (p. 9). En ese mundo letárgico, algo comienza a ocurrir, algo inusitado que provoca cambios, al principio cuantitativos, y, por acumulación, un cambio de cualidad que modifica la esencia de la realidad ficticia. El agente que determina con su presencia creciente ese proceso son los pasquines anónimos que amanecen pegados en las paredes del pueblo. Como antes la lluvia, el gallo, las bolas de billar, la jaula, los pájaros muertos, se trata de un objeto a primera vista tranquiliza-

---

[5] Consta de cuarenta y un cuadros, divididos en diez capítulos, de los cuales siete se componen de cuatro cuadros, uno de tres y dos de cinco.

dor, familiar, su humanidad parece flagrante. Pero la presencia de este agente está desarrollada según un método idéntico al de la clarividencia de la ciega de «Rosas artificiales»: una gradación acumulativa que hace que los pasquines en un determinado momento descubran una naturaleza distinta a la que podía atribuírseles en un principio. Esa muda del agente provoca, simultáneamente, una muda de la realidad verbal.

Este proceso no salta a la vista: ocurre con una cautela tal, rodeado de tantas precauciones, que mi interpretación no puede ser probada de manera excluyente. El texto deja suficientes pistas falsas para permitir otras interpretaciones contradictorias. Una muda del primer caso es la columna vertebral de la estructura de *La mala hora:* la repetición sistemática de ciertos hechos consigue mudar la naturaleza de estos mismos hechos de real objetiva en imaginaria, y, automáticamente, la realidad ficticia muda también de esencia en virtud de aquella operación. De este modo se resuelve, a favor de lo imaginario, el conflicto que habíamos visto surgir en la realidad ficticia desde los cuentos de *Los funerales de la Mamá Grande.* Pero esta derrota de lo real objetivo no es evidente, porque lo imaginario aquí, como en Kafka, viste el ropaje de lo cotidiano, se enmascara detrás de lo ordinario, ocurre en un mundo en el que todo parece más bien excesivamente real. Desde la perspectiva de las ficciones siguientes, en cambio, tenemos una comprobación retroactiva: en esos estadios futuros, vemos a la realidad ficticia colonizada por lo imaginario, que despliega su presencia sin disfraz alguno, ya no a la manera kafkiana, la suave corrupción pesadillesca de lo real objetivo, sino a la más clásica y directa de la proliferación de lo mítico-legendario, lo mágico, lo milagroso y lo fantástico. Esto es posible porque antes cesó la pugna, porque el equilibrio se rompió con la derrota de lo real objetivo. Esta novela ilustra, a lo largo de sus 41 cuadros, la batalla final de esa guerra. Todos los componentes de la materia narrativa han sido dispuestos en función de la muda secreta que tiene lugar en el instante mismo en que la ficción termina; durante buena parte de la acción, la lucha es invisible, luego aparece como algo menor y secundario; por fin, estalla al descubierto y en toda su magnitud, pero en ese preciso instante la novela termina. Vamos a seguir, paso a paso, este proceso de cambios cuantitativos hasta el salto cualitativo final, que es el alma de esta ficción.

1) *Aparecen pasquines en el pueblo.* Conocemos la noticia al final del primer cuadro, cuando Trinidad, luego de charlar con el padre Ángel sobre la serenata que dieran a Margot Ramírez la víspera, dice «anoche hubo algo mejor que la serenata»: pasquines (pp. 9-10). No hay más detalles: los pasquines parecen algo sin mucha importancia, Trinidad ha hablado de ellos después de tocar otros temas, como si una asociación fortuita hubiera traído el asunto a su memoria.

2) *Un crimen.* César Montero encuentra un pasquín en la puerta de su casa. Lo que lee en él es un dato escondido en hipérbaton, ya que después deduciremos que el pasquín acusa a su mujer de ser amante del clarinetista. Montero mata a Pastor (pp. 13-14). Lo que parecía algo trivial cobra otro cariz: el pasquín intriga, denuncia intimidades, puede provocar crímenes. No se trata de una broma; es una operación cruel, obra de algún ser cobarde y malvado.

3) *Tema de conversación en el pueblo.* Luego de un paréntesis en que no se los menciona, en el quinto cuadro nos enteramos que han seguido apareciendo pasquines («Hoy amanecieron cuatro»). El de Raquel Contreras decía que los viajes que ha hecho este año no fueron para calzarse los dientes, como ella dice, sino para abortar. El juez Arcadio comenta que «eso lo anda diciendo todo el mundo»: es la primera indicación de algo que, más tarde,

se revelará como una característica *inmutable* de los pasquines (pp. 28-29).

4) *Interpretaciones divergentes*. Descubrimos dos actitudes respecto a los pasquines: una consiste en darles importancia (el secretario) y otra en considerarlos unas pendejadas (el juez Arcadio). Para el secretario, la aparición de pasquines presagia dramas. Cuenta la anécdota del pueblo que fue liquidado en siete días por los pasquines, recuerda que ya hubo el primer muerto y augura, lúgubre: «Si las cosas siguen así tendremos una mala época» (p. 32). En la página siguiente, afirma: «Nunca desde que el mundo es mundo, se ha sabido quién pone los pasquines». El hombre que defiende la naturaleza real objetiva de los pasquines, hace entonces un desafío: «Te apuesto a que yo lo descubro». El juez Arcadio no sólo perderá su apuesta: además, será uno de los primeros vecinos en huir del pueblo.

5) *Pasquín corrompe un hogar*. En el cuadro siguiente, vemos cómo opera un pasquín en el seno de una familia: Roberto Asís ha perdido el sueño, vive torturado por los celos desde que leyó que su mujer lo engañaba y que Rebeca Isabel no era hija suya. Se va precisando una constante de los pasquines cuando Roberto Asís afirma que «sólo dicen lo que ya anda diciendo la gente... aunque uno no lo sepa» (pp. 34-35).

6) *Familias alertan a la Iglesia*. En el cuadro octavo vemos la primera reacción colectiva ante el efecto disolvente de los pasquines: una comisión de damas católicas visita al padre Ángel y pide que intervenga. Temen que «esta calamidad pueda a la larga traer consecuencias funestas» y destruir la moral familiar. Los pasquines, además de dramas individuales y familiares, provocan problemas sociales. El padre Ángel minimiza el asunto, trata de convencer a las damas que los pasquines no tienen importancia (pp. 44-49).

7) *Un falso culpable*. Los policías, por iniciativa propia, detienen a una mujer a la que acusan de poner los

pasquines; duerme en el calabozo y, sin embargo, el pueblo amanece empapelado. El alcalde la hace soltar y con un alarido fuerte, para que lo oiga todo el mundo, hace saber que para él los pasquines son una tontería: «Y no me sigan jodiendo con los papelitos» (pp. 58-59).

8) *El miedo a los pasquines.* Pero los papelitos prosiguen su metódica demolición de la paz social. En el cuadro décimo tercero vemos que los indiferentes, como el juez Arcadio, son ya pocos; los papelitos han comenzado a quitarle el sueño a la gente y el secretario formula muy bien la zozobra del pueblo: «Lo que quita el sueño no son los pasquines, sino el miedo a los pasquines». Han aparecido once en siete días y confirmamos que, además, de ser anónimos, tienen otros rasgos invariables: «estaban escritos a brocha, en tinta azul y con letras de imprenta, revueltas mayúsculas y minúsculas, como redactados por un niño» y «No revelaban ningún secreto: nada se decía en ellos que no fuera desde hacía tiempo del dominio público» (p. 75). Aquí apunta, muy pálida, la posible naturaleza imaginaria de los pasquines. No es sólo la progresión sistemática con que vienen apareciendo y socavando la estabilidad familiar y social, sino, sobre todo, el hecho de que tengan *características inmutables,* lo que los rodea de una aureola turbadora: esa fidelidad a sí mismos, esa invariabilidad imperturbable, dan a los pasquines cierto aire inhumano. Luego de haber insinuado de este modo la esencia extraordinaria del agente, como para disimular este desliz, el narrador retrae los pasquines a la realidad objetiva más estricta. Sin embargo, la acumulación cuantitativa continúa, inexorable.

9) *¿La mano de Dios?* La viuda de Montiel interpreta los pasquines como instrumentos del más allá: es, dice, «como si Dios hubiera dispuesto que sucedieran juntas todas las cosas que durante tantos años habían dejado de suceder» (p. 93). Ya sabemos que este personaje vive, en parte al menos, en lo imaginario. El cuerdo Carmichael, a quien un pasquín acusa de ser padre sólo de sus hijos de

piel negra, piensa: «Si uno presta oídos a los pasquines termina por volverse loco» (p. 95). Es algo que habrá que tomar casi al pie de la letra.

10) *La indiferencia del rico.* El poderoso don Sabas se ufana de estar «gozando como un japonés con el susto de la gente». Él no teme a los pasquines, a pesar de que ya le pusieron uno, diciendo las mismas pendejadas: «las vainas de mis hijos y el cuento de los burros». En el diálogo, confirmamos de nuevo un rasgo permanente de los pasquines: don Sabas estima que «se necesita ser bien pendejo para escribir un pasquín con lo que sabe todo el mundo» y el doctor Giraldo le recuerda que «Ésa ha sido siempre una característica de los pasquines» (pp. 100-102). Hay cierta coherencia en que el desprecio de don Sabas se manifieste a estas alturas, cuando la naturaleza de los pasquines resulta cada vez menos ordinaria. Su actitud es semejante a la que sentía hacia el gallo del coronel, objeto también simbólico: «El mundo cayéndose y mi compadre pendiente de ese gallo». En ambos casos, el desdén de don Sabas se debe a que esos objetos le parecen inútiles: para él sólo existe lo que puede medir en dinero. Su actitud ante el pasquín es, por lo mismo, reveladora, indicativa de la naturaleza fuera de lo común del agente. Don Sabas, tan férreamente instalado en lo real objetivo, *no puede entender a los pasquines.* En cambio, la viuda de Montiel, antípoda de don Sabas, tan desasida de lo real objetivo, da a los pasquines una importancia suma, los considera una tragedia, ve en ellos la mano de Dios. Por afinidad esencial, la viuda identifica la naturaleza de los papelitos antes que nadie.

11) *La estrategia del alcalde.* Mientras el agente corruptor de lo real objetivo continúa su tarea, el hombre empeñado en creer en la paz y en la felicidad del pueblo se empecina en su actitud: los pasquines no tienen importancia. Lo oímos decirle al cantinero, que le habla del asunto: «No me jodan con los papelitos», y se asombra cuando sabe que el juez Arcadio ha fichado a las personas que no

han recibido pasquines: «¡Ah carajo... De manera que también usted está pendiente de esta vaina» (p. 115). Es la actitud más inteligente que puede adoptar en esta guerra: la manera de derrotar a lo imaginario es ignorarlo, el modo de suprimirlo es privándolo del soporte de la fe. La indiferencia, la ceguera pueden cerrar a lo imaginario las puertas de lo real objetivo, contenerlo en su reserva de realidad secundaria, dependiente de una subjetividad. Es lo que hace el alcalde todavía, con cierto heroísmo, pese a que el pueblo se halla ya conquistado psicológicamente por los papelitos. Impávido, sigue afirmando que el asunto no le concierne: «Son vainas de la gente... y ellos sabrán cómo se las componen. Nosotros no tenemos por qué sudar esa camisa» (p. 118).

12) *Los primeros fugitivos.* En el cuadro siguiente el proceso se activa, hay una aceleración de cambios cuantitativos con la noticia de que una familia, aterrada por los pasquines, ha decidido marcharse: «Las Tovar se van del pueblo», «Están vendiendo todo a la carrera» (p. 123). En ese mismo cuadro surge una nueva interpretación de los pasquines: para el señor Benjamín son «un síntoma de descomposición social» (p. 122). El dentista —tan hundido, gracias a la política, en lo real objetivo— muestra cierta indiferencia ante los pasquines, pero su mujer está ya «dispuesta a abandonar el pueblo si les ponían un pasquín». El dentista se esfuerza, como el alcalde (en esta batalla, los implacables enemigos políticos son aliados), en restarles importancia: «Sería gracioso que no hubieran podido sacarnos a bala y nos sacaran con un papel pegado en la puerta» (p. 123).

13) *El padre Ángel, vencido.* El padre Ángel, a quien habíamos visto entre los indiferentes, cambia de actitud: piensa que los pasquines han originado un cierto estado de injusticia, que constituyen un caso de terrorismo en el orden moral y pide al alcalde que tome «ciertas medidas de autoridad» (p. 127). Esta gestión va a precipitar los

acontecimientos. El alcalde se aferra a su estrategia, asegura que «Los buenos ciudadanos... están muertos de risa con los pasquines», percibe el peligro contenido en la solicitud del padre Ángel: «Cualquier manifestación de fuerza en estos momentos sería un riesgo demasiado grande para una cosa sin mayor importancia» (p. 128). Las alusiones y hechos concernientes a los pasquines son ahora mucho más continuos en la narración.

14) *Visión de muerte.* En el cuadro siguiente vemos que el alcalde ha cedido a la presión del padre Ángel, que también él pierde terreno: ha restablecido el toque de queda y, aunque el bando no explica el porqué, «todo el mundo lo dice: los pasquines» (p. 132). Es el primer elemento objetivo del regreso del horror, la primera manifestación concreta del retorno de la violencia. Como antes, nadie podrá salir a la calle entre ocho de la noche y cinco de la mañana sin un salvoconducto, la policía disparará contra quienes no obedezcan la voz de alto. Es significativo que la narración consigne el restablecimiento del toque de queda desde la perspectiva (real imaginaria) de la viuda de Montiel, quien al oír el redoblante, ese espectro del pasado, aúlla: «¡Ha llegado la muerte!» (p. 131).

15) *¿Brujas?* El alcalde hace saber a la gente que va a formar patrullas de ciudadanos para capturar al autor de los pasquines. El peluquero hace un chiste cuando se entera que van a repartir armas: «Más bien una escoba... Para cazar brujas, no hay mejor fusil que una escoba» (p. 134). Cuando veamos de qué sirven las patrullas y los fusiles contra los pasquines, sabremos que esa broma escondía una espeluznante verdad.

16) *Últimas escaramuzas.* El alcalde cede más terreno: redacta el decreto creando las patrullas «en términos drásticos». La reacción de la gente a partir de ahora va a facilitar la destrucción de la paz ficticia. Al ver que retorna el pasado hay «una sensación de victoria colectiva por la confirmación de lo que estaba en la conciencia de todos: las cosas

450

no habían cambiado». Esto va a ser verdad gracias a los pasquines; aún no lo es. El alcalde todavía finge no alarmarse: «De aquí al domingo tendremos en la jaula al gracioso de los papelitos» (p. 141). Los papelitos, con un rasgo de buen humor (justificado: su triunfo es ya visible en el horizonte), en los últimos días contienen también dibujos.

17) *El alcalde, vencido.* Quien defendía con más obstinación y olfato lo real objetivo es derrotado por lo imaginario. El alcalde admite la importancia sobresaliente de los pasquines y —signo de desesperación, intuición de fracaso— para averiguar quién es el autor recurre a lo imaginario: la adivina Casandra. Según ésta, el autor es todo el pueblo y no es nadie (p. 149). Una interpretación real imaginaria de los pasquines ya es a partir de aquí *posible.*

18) *Los pasquines proliferan.* El proceso de cambios cuantitativos llega en el cuadro 32 a su máxima intensidad y se aproxima a la línea de ruptura cualitativa: pese al toque de queda y a las patrullas armadas, los pasquines se multiplican e, incluso, han llegado hasta la puerta del alcalde, donde apareció uno diciendo: «No gaste pólvora en gallinazos, teniente» (p. 158). Hay que entender casi literalmente el refrán: el terror policial no puede con los pasquines. El teniente es todopoderoso en la realidad objetiva, pero está indefenso contra ellos, porque no proceden de esa misma realidad. Por eso, «A pesar de su diligencia, de sus noches en claro, los pasquines continuaban».

19) *El salto cualitativo.* Unas páginas después, en ese mismo cuadro, Pepe Amador es detenido en la gallera, cuando repartía hojas clandestinas. Este hecho marca, definitivamente, el retorno del horror. No sólo había represión en el pretérito, sino también, frente a ella, una oposición militante a la que se quería aterrorizar y diezmar. El retorno del pasado estaba incompleto, sólo una de sus caras había vuelto. En este momento resucita también el complemento del terror policial y de la violencia del poder: las hojas clandestinas, símbolo de la existencia de una oposi-

ción activa. El teniente queda pulverizado con la noticia: «—De manera que han vuelto —se dijo en voz alta. || Habían vuelto. Como antes, estaban impresas en mimeógrafo por ambos lados, y habrían podido reconocerse en cualquier parte y en cualquier tiempo por la indefinible huella de zozobra que imprime la clandestinidad. || Pensó mucho tiempo en las tinieblas, doblando y desdoblando la hoja de papel, antes de tomar una decisión» (p. 162). La decisión que toma va a sellar su derrota, pues acelera la reinstalación del horror, la propagación de la violencia. A partir de este instante, vemos el regreso minucioso del pasado: el teniente ordena que los policías torturen a Amador para que denuncie a sus cómplices (p. 163), de ello resulta la muerte de Amador (p. 193), que provoca un conato de motín popular ante la cárcel (p. 194), la huida del pueblo del juez Arcadio, y, finalmente, la carta blanca que da el alcalde a sus asesinos cuando los suelta a la calle. En la última página sabemos por Mina que han recomenzado los tiroteos, que se han descubierto armas en la peluquería, que la cárcel está llena de opositores, que los hombres se están echando al monte para meterse en las guerrillas. La paz mentirosa ha terminado: el pueblo vuelve a su cotidiano infierno. ¿Quién ha originado todo esto? Ese agente anónimo y proliferante, los implacables papelitos. Desde la detención de Amador, es decir desde que el horror se reinstala en el pueblo, los pasquines, una presencia obsesiva en los episodios anteriores, *pierden instantáneamente toda importancia en la narración* y casi no se habla más de ellos: han cumplido su tarea. Desde la detención del muchacho ya no aparecen pasquines en las paredes (p. 170), —y la gente, absorbida de nuevo por los acontecimientos políticos, los olvida: «Nadie hablaba de los pasquines. En el fragor de los últimos acontecimientos eran apenas una pintoresca anécdota del pasado» (p. 201). Cuando el retorno del horror es evidente, los pasquines desaparecen, tan brusca y misteriosamente como habían surgido: es el instante del salto cualitativo, el momento en que el pasquín se revela como emisario fantástico, que, por su presencia objetiva en la realidad objetiva, convierte a ésta en imaginaria. La realidad ficticia es ahora distinta de lo que era: en ella lo imaginario ya no vive de una subjetividad, tiene soberanía. Pero, aunque los pasquines desaparecen con la detención de Amador, hacen una brusca reaparición en forma de dato escondido elíptico en la página final de *La mala hora,*[6] cuando Mina dice al padre Ángel: «—Y eso no es nada... Anoche, a pesar del toque de queda y a pesar del plomo...» (p. 203). El padre Ángel queda inmóvil y Mina lo mismo: antes de concluir la frase la muchacha inicia «una sonrisa nerviosa». Esto cierra el círculo: en el primer cuadro, Trinidad también anunciaba al padre Ángel la aparición de los pasquines con una sonrisita nerviosa. Esos puntos suspensivos, ese blanco con que termina la novela, son irremediablemente llenados por el lector con la imagen de los pasquines. ¿Cuál es la razón de este regreso inesperado y espectacular? Ya no cumplen ninguna función, su tarea está acabada. Este retorno elíptico de los pasquines, al término de la novela, no es sólo un recurso efectista: remacha, en última instancia, por si todavía no hubiera quedado claro, el carácter extraordinario, insólito del agente, su procedencia anti o sobrenatural. A partir de este segundo la realidad ficticia pasa a pertenecer a lo imaginario.[7]

---

[6] La novela termina, idénticamente como *La hojarasca* y «La siesta del martes», en una interrogación, en un silencio o vacío significativo.

[7] El argumento que García Márquez esbozó en la mesa redonda de Caracas (la revista *Imagen,* núm. 6, Caracas, 1-15 de agosto de 1967, reproduce su intervención) tiene un desarrollo semejante al de los pasquines de *La mala hora:* el temor de que ocurra algo va creciendo en el pueblo de la historia, de la misma manera sistemática y fatídica, provocando trastornos personales y familiares (cambios de cantidad) hasta acabar con el pueblo entero, que es incendiado y abandonado por todos sus habitantes (cambio de cualidad).

6. La localidad marina: lo imaginario liberado («El mar del tiempo perdido»)

Este relato[1] es un eslabón curioso en la historia de la realidad ficticia: marca la transición entre *La mala hora* y *Cien años de soledad,* es decir entre un mundo en el que la pugna realidad objetiva-realidad imaginaria se decide con la secreta victoria de ésta y uno en el que lo imaginario impera y retroactivamente absorbe en una ficción total las etapas precedentes de la realidad ficticia. En este relato vemos a lo imaginario, recién independizado, tomando posesión de la realidad ficticia de manera todavía insegura; la fantasía del narrador se dispara audazmente, pero luego, como asustada de sí misma, retorna hacia zonas humildes de lo real objetivo. Este relato que, de otro lado, incorpora a la realidad verbal un tercer escenario, distinto de Macondo y del pueblo —una localidad marina—, es un ejercicio preliminar de la novela siguiente; en la breve historia que cuenta y el minúsculo mundo que lo puebla se hallan, en estado fetal, situaciones, personajes y temas de *Cien años de soledad.*

«El mar del tiempo perdido», pese al cambio de naturaleza de la realidad ficticia, utiliza algunos materiales familiares, que anchan, revisan o repiten los de ficciones anteriores. Aquí también aparece, desde luego, la figura del viejo ex combatiente de las guerras civiles. No tiene grado militar (no se dice que tenga); sí, en cambio, nom-

REGRESOS Y PARTIDAS

[1] Escrito en México, en septiembre de 1961, fue publicado al año siguiente en la *Revista Mexicana de Literatura* (México, nueva época, núms. 5-6, mayo-junio de 1962, pp. 3-21), de donde cito.

bre propio: se llama don Máximo Gómez y «había sobrevivido intacto a dos guerras civiles y sólo había dejado un ojo en la tercera» (p. 5). Retorna también el fiero Duque de Marlborough y la novedad, en este texto, consiste en que don Máximo Gómez intenta explicar su aparición: «Durante la guerra, cuando la revolución estaba perdida, habíamos deseado tanto un general, que vimos aparecer al Duque de Marlborough, en carne y hueso» (p. 9). Se trata de una explicación real imaginaria: el misterioso duque habría sido una corporización del deseo de los revolucionarios. En los textos anteriores, su llegada tenía carácter insólito; aquí, si creemos a don Máximo Gómez, fue un hecho fantástico: una necesidad psicológica colectiva produjo un hombre de carne y hueso. En el cura del cuento alientan la locura y el fanatismo típicos de los curas de la realidad ficticia. Como el padre Ángel, tiene la manía de las prohibiciones «y poco a poco iba prohibiendo todo lo que le había precedido: los juegos de lotería, la música nueva y el modo de bailar, y hasta la reciente costumbre de dormir en la playa» (p. 11). Además, es una versión primitiva del padre Nicanor Reyna de *Cien años de soledad:* como éste, cuando andaba recolectando dinero para construir el templo más grande del mundo, «un domingo se elevó a dos cuartas sobre el nivel del suelo» (p. 18). Levita a la misma altura que el padre Reyna, tiene sus ideas estrafalarias (está empeñado, por ejemplo, en poseer una campana cuyo clamor sacara a flote a los ahogados), y anuncia un motivo de la novela cuando, refiriéndose al juego de damas, declara no entender «el sentido de una contienda entre dos hombres que estaban de acuerdo en los principios» (p. 17): una frase idéntica le dice el coronel Aureliano Buendía al padre Reyna, precisamente, cuando éste lo invita a jugar a las damas (*Cien años de soledad,* p. 78). Entre las comparsas del relato, vemos la imagen recurrente de «hombres con una culebra enrollada en el cuello que vendían el elixir de la vida eterna», y también a la localidad marina llegan, como al pueblo y a Macondo, «músicas y tómbolas, mesas de lotería, adivinas y pistoleros» (p. 10). Este desfile del mundo ilusorio recuerda a los circos anteriores, y, por su número caudaloso, predice la entrada en el Macondo de los Buendía de las caravanas de gitanos, del circo de fieras y de las matronas de Francia. Ya se ve en qué consiste *el elemento añadido,* la soberanía de una realidad ficticia: en características inconfundiblemente propias, en constantes (leyes, motivos, formas) que la van distinguiendo de su modelo y cantera, la realidad real. A estas alturas es ya visible la organicidad, la relación visceral en la obra de García Márquez entre las ficciones que la componen, la función de partes o estadios que las novelas y cuentos tienen, observados desde la perspectiva global. Personajes y asuntos de cada ficción están en germen en la anterior y cada nuevo cuento o novela completa, corrige o renueva totalmente esos materiales, los que, de este modo, *son siempre los mismos siendo siempre diferentes de un texto a otro:* esa unidad en la diversidad y esa diversidad en la unidad representa fielmente el proceso de la vida.

Buen número de hombres y mujeres de «El mar del tiempo perdido» volverán en *Cien años de soledad,* con los mismos o con distintos nombres, caracterizados en forma parecida o idéntica. El Mr. Herbert del relato se desdobla en Mr. Herbert y en Mr. Brown en la novela; tiene de común con el segundo el que ambos perpetran en la localidad marina y en Macondo una operación igual: crean un espejismo de felicidad y de bonanza, y luego, al marcharse, dejan un vacío desolador. En estos seres se personifica un tema que la realidad ficticia arrastraba desde sus orígenes: el de la peste. Este tema —lluvia en «Isabel viendo llover en Macondo», tormentas históricas en *La hojarasca,* pájaros muertos en «Un día después del sábado», pasquines en *La mala hora*— aquí se concreta en dos pestes que invaden la localidad marina: la fragancia de rosas y Mr. Herbert. Por primera vez la peste es un personaje: sólo la presunta nacionalidad de Mr. Herbert da a su llegada una vaga connotación política en el cuento, en tanto que Mr. Brown y Mr. Herbert y su peripecia en Macondo tienen una significación explícitamente sociopolítica. El cuento nos permite sorprender la etapa penúltima por la que pasa un tema reincidente de la realidad ficticia antes de encontrar su forma más perfecta. Otro personaje de *Cien años de soledad* que brota aquí es Catarino y su tienda, es decir, su burdel: las proporciones del prostíbulo son modestas en el relato y pertenecen a lo real objetivo, en tanto que en la novela alcanza en algún momento dimensiones babilónicas. Por primera vez suena el nombre de Petra, que asociamos, desde luego, con la Petra Cotes de *Cien años de soledad.* Pero sólo coinciden los nombres, porque los rasgos de la Petra del cuento son, matemáticamente, los de otro personaje de la novela: Amaranta Buendía. Como ésta, tiene la premonición exacta de su muerte y se alista con cuidado y sosiego para el viaje. No teje su mortaja, como Amaranta: prepara las ropas de viudo de su esposo. Muere y la vemos viajando por la muerte, en tanto que a Amaranta sólo la seguiremos hasta la víspera de la partida, cuando recibe mensajes y recados para el más allá. En este caso las anécdotas no son coincidentes sino complementarias. Una frase pasajera del relato será un episodio multicolor en la novela: Tobías lleva a su mujer «a conocer el hielo» (p. 11).

Pero donde mejor se puede rastrear el proceso de enriquecimiento de los materiales de la realidad verbal de ficción a ficción es en la putita frágil y sus innumerables clientes. Ocupa una página de «El mar del tiempo perdido»; la historia se complica algo y aumenta a dos páginas en *Cien años de soledad;* finalmente se ramifica en un vasto guión cinematográfico aún inédito: *La increíble y triste*

458

historia de la cándida Eréndira y de su abuela desalmada.[2]
Veamos la evolución de la anécdota, en sus tres etapas, ya
que este proceso reproduce en pequeño el de la realidad
ficticia entera, que se va forjando así, de texto a texto. En
«El mar del tiempo perdido» una prostituta de la tienda
de Catarino, joven y de huesos frágiles, quiere reunir qui-
nientos pesos; como cobra cinco por cliente, debe hacer
el amor con cien hombres, que le va enviando el munifi-
cente Mr. Herbert. Éste controla toda la noche el ingreso
de hombres al cuarto de la muchacha y al día siguiente
todavía *sesenta y tres* individuos están haciendo cola. Tobías es uno de los clientes. Entra al cuarto y ve a la muchacha, «con sus teticas de perra», tendida en la cama:
«De tanto ser usado, y amasado en sudores y suspiros, el
aire del cuarto empezaba a convertirse en lodo». La sábana, empapada, «Pesaba como un lienzo»: «La exprimieron, torciéndola por los extremos, hasta que recobró su
peso natural. Voltearon el colchón, y el sudor salía del
otro lado» (pp. 14-15). Tobías hace «las cosas de cualquier modo», paga y sale.

Esta breve estampa pasa a ser en *Cien años de soledad*
una pequeña historia. Allí, la joven frágil es «una mulata
adolescente de aspecto desamparado» que años atrás se
había quedado dormida, provocando un incendio, a consecuencia del cual la casa de su abuela «quedó reducida a
cenizas». Desde entonces la abuela la lleva de pueblo en
pueblo, «acostándola por veinte centavos», para pagarse
la casa incendiada. Cuando la muchacha y la vieja llegan a Macondo, a la tienda de Catarino, a aquélla (gran
muda cuantitativa) «todavía le faltaban unos diez años de
setenta hombres por noche» para cancelar la deuda. El

---

[2] El original tiene 132 holandesas, mecanografiadas a doble espacio; algunos
fragmentos se publicaron en *Papeles,* revista del Ateneo de Caracas, núm. 11,
Caracas, junio de 1970, pp. 7-25, y en *La Cultura en México,* suplemento de
Siempre!, México, núm. 456, noviembre de 1970, pp. I-VIII.

papel que cumplía Mr. Herbert —proveedor de clientes— lo tiene aquí la abuela; la materia se ha dramatizado con el antecedente del incendio y el rescate que la muchacha debe pagar; y, sobre todo, se ha multiplicado: los cien del relato son ahora millares de hombres. Pero el incidente en la tienda de Catarino es muy similar: quien entra al cuarto es Aureliano Buendía; ve a la putita, con sus teticas de perra, tumbada en la cama. Antes de Aureliano, «sesenta y tres hombres» habían pasado esa noche por el cuarto, es decir el mismo número que faltaban pasar en el relato. La descripción es igual: «De tanto ser usado, y amasado en sudores y suspiros, el aire de la habitación empezaba a convertirse en lodo». La sábana, empapada, que «Pesaba como un lienzo», «La exprimieron, torciéndola por los extremos, hasta que recobró su peso natural. Voltearon la estera, y el sudor salía del otro lado». A diferencia de Tobías, Aureliano es incapaz de hacer nada y sale de allí, aturdido por el deseo de llorar. Esa noche decide casarse con la mulata para liberarla de su abuela, pero al día siguiente, cuando llega donde Catarino, ya han partido (*Cien años de soledad,* pp. 50-53).

La corta historia de *Cien años de soledad* se vuelve un extenso relato en *La increíble y triste historia de la cándida Eréndira y de su abuela desalmada,* donde asistimos al desarrollo prolijo de esos episodios que eran apenas una mención en la novela: el incendio de la casa de la abuela por un descuido de la muchacha, la terrible expiación que impone a la nieta la despótica matrona, el peregrinar por pueblos y pueblos de la indecible comitiva en busca de clientes. La estampa desencadenante —la muchacha con el cliente en el cuarto de aire enlodado—, esencial en las dos primeras versiones, ha desaparecido y son más bien los antecedentes y hechos futuros, antes apenas apuntados, los que proliferan en el guión. El proceso que se puede seguir en estas tres estancias de una historia, desde su embrión hasta su plenitud, es un espejo de lo que ocurre con la obra entera de

García Márquez: la edificación de la realidad ficticia se lleva a cabo de esa manera partenogenética. Cada ficción se compone de fragmentos que, al desarrollarse, generan las ficciones siguientes, las que, a su vez, modifican a las ficciones anteriores y sientan las bases de las ficciones futuras que las modificarán: esta dialéctica de *fragmentación y proliferación* está en la esencia misma del arte narrativo de García Márquez.

La localidad marina carece de nombre pero se distingue nítidamente de los otros dos escenarios de la realidad ficticia. Su diferencia más importante es que está a orillas del mar, en tanto que el pueblo y Macondo se hallan en el interior. La única alusión geográfica en el relato es Guacamayal, mencionado también en «Los funerales de la Mamá Grande» (p. 131), de modo que Macondo y la localidad marina son relativamente cercanos, pues ambos están cerca de Guacamayal. Es un lugar árido, con un suelo duro, cuarteado por el salitre, bañado por un mar cruel que hacia fines de enero se va volviendo áspero y empieza a vaciar sobre el pueblo una basura espesa; pocas semanas después el aire queda contaminado de su humor insoportable. En ciertas temporadas, cuando los pescadores sólo consiguen sacar del mar basuras en suspensión, «las calles del pueblo quedaban llenas de pescados muertos cuando se retiraba la marea. La dinamita sólo sacaba a flote los restos de los antiguos naufragios» (p. 4). Da la impresión de ser un lugar muy pequeño, donde todos se conocen. Una figura familiar es el viejo Jacob, quien saca cada día el tablero de damas a la puerta de su tienda; los transeúntes se detienen a jugar una partida con él (p. 5). Desde ese punto, se ve «el pueblo en ruinas, las casas desportilladas con rastros de antiguos colores carcomidos por el sol, y un pedazo de mar al final de la calle» (p. 5). Así, se trata de un sitio muy pobre. Debe ser caluroso, pues la gente duerme en hamacas colgadas en el patio de

EL TERCER ESCENARIO

las casas (p. 7), hasta donde llegan los cangrejos de la playa; se los oye en las noches tratando de subir por los horcones, lo que indica que las viviendas están construidas en alto. También aquí caen grandes lluvias en ciertas épocas del año (p. 7). El lugar de diversión es la tienda de Catarino, una «apartada casa de madera frente al mar», con «un salón grande con asientos y mesitas» y «varios cuartos al fondo» en el que hay además una ortofónica: las mismas características del salón-bar-burdel del pueblo que aparece en «En este pueblo no hay ladrones», donde había un cantinero marica. Nada indica en este relato que Catarino tenga esas aficiones, pero, en cambio, en *Cien años de soledad* lo veremos empolvado, con flores entre los dientes, tocando a los hombres donde no debía (*Cien años de soledad,* p. 51).

El pasado de la localidad marina es casi desconocido; sólo hay dos referencias a él: la alusión a las tres guerras civiles de don Máximo Gómez, en las que los revolucionarios fueron derrotados y a quienes se les apareció, cuando la revolución estaba perdida, el Duque de Marlborough (p. 9). El dato establece un común denominador histórico entre la localidad marina y los otros escenarios. La segunda referencia es una anécdota: años atrás, «un barco japonés vació a la entrada del puerto un cargamento de cebollas podridas» y el hecho causó impacto en la memoria colectiva porque ahora es hito de una época (p. 7). Ocurre que lo pintoresco es rasgo destacado de la localidad marina: las personas, las costumbres, aun las cosas son diferentes; lo inusitado y extraordinario en la realidad real, aquí es lo cotidiano, lo usual. Esto no es novedad absoluta en la realidad ficticia: en el Macondo de *La hojarasca* abundaba lo insólito y en los otros cuentos y novelas aparecía siempre lo excepcional. Pero en la localidad marina lo insólito ha pasado a ser elemento dominante en la realidad ficticia. Además, en tanto que antes era una dimensión algo sobresaliente de lo real objetivo, aquí se codea con lo imaginario: a veces pertenece a él, a veces la frontera se pierde. Porque lo imaginario ocupa tres cuartas partes de la realidad ficticia; lo real objetivo se halla arrinconado en la cuarta zona sobrante.

El cementerio de la localidad marina es el mar: allí arrojan a los muertos desde una roca (p. 10) y los deudos vienen ciertos días a echar flores a las aguas (pp. 3-4). La muerte no espanta a las gentes: Petra quiere que la entierren viva para verificar que «me pondrán bajo tierra, como a la gente decente» (p. 4).[3] La misma Petra puede predecir su muerte, de modo que organiza con calma el luto de su esposo (p. 6). Tobías se pasa las noches despierto «asombrado de las cosas que ocurren en el mundo mientras la gente duerme» (p. 7); su tarea es vigilar el mar y lo hace al principio con la mirada fija y luego sin mirarlo siquiera: esa ocupación «se convirtió en su manera de ser». En algunos casos lo insólito ha sido obtenido mediante la exageración. Este procedimiento, usado ya en «Los funerales de la Mamá Grande», es una de las claves para entender la conversión de Macondo en tierra imaginaria en *Cien años de soledad*. Aumentar, hiperbolizar hasta convertir lo probable en improbable, lo ordinario en extraordinario: en la localidad marina Patricio es capaz de imitar las voces de 48 pájaros diferentes (p. 13), la putita frágil capaz de hacer el amor con cien clientes uno tras otro (p. 15), Mr. Herbert capaz de ganar partidas de damas jugando «vendado, adivinando la posición del adversario» (p. 15) y un olor puede ser tan fuerte que Clotilde debe apartarlo «con los dedos como una telaraña para poder incorporarse» (p. 8). En el caso del olor, lo insólito no sólo resulta de un aumento numérico, sino también de la atribución al olor de una propiedad en sí no insólita,

---

[3] «Bajo tierra» es, claro está, una incongruencia; la expresión legítima en su caso sería «bajo el agua».

pero que aplicada a él lo resulta: el ser palpable. Éste será otro procedimiento para mudar lo real objetivo en imaginario en *Cien años de soledad:* trastocar las propiedades de los objetos.

Ese famoso olor no pertenece a una dimensión curiosa de lo real objetivo: es fantástico, forma parte de lo real imaginario. Ésta es la diferencia esencial de la localidad marina con los otros escenarios de la realidad ficticia: aquí lo imaginario se ha independizado de lo real objetivo, ya no pende de la subjetividad de los personajes, es autónomo. En *La mala hora* esto sucedía al final de la novela de un modo secreto: los pasquines se revelaban como real imaginarios y, por lo tanto, esa presencia fantástica contagiaba irrealidad a todo el pueblo. Pero esa muda estaba presentada de manera tan ambigua que sólo una *interpretación* de ciertos hechos podía revelárnosla; lo real imaginario, para convertirse en entidad soberana, exigía en *La mala hora* la intervención de la subjetividad de los lectores. En este relato no: lo que nuestra experiencia de la realidad real nos muestra que sólo puede existir subjetivamente, en la localidad marina existe objetivamente: no necesita de la mente de nadie para ser, no vive porque alguien crea en ello. Lo fantástico, lo mágico, lo milagroso existen, como los fenómenos naturales, con prescindencia de la fantasía y la credulidad humanas. Ese olor, por ejemplo, viene del fondo del mar y tiene consecuencias formidables: a Petra le da muerte, atrae al lugar muchedumbres de toda índole, y, por último, parece generar al propio Mr. Herbert. Es, claramente, un agente imaginario, como los pasquines de *La mala hora;* pero aquí su naturaleza se hace explícita cuando descubrimos que procede de jardines de rosas situados *bajo el mar.* Lo imaginario liberado es, desde luego, lo que da a la localidad marina sus colores más sugestivos. Dos personajes, en un momento de escasez, tranquilamente deciden bajar al fondo del mar en busca de comida, y a través del paseo que dan descubrimos las maravillas que esconde el mar de la realidad ficticia. Consta de cuatro capas: a) el mar de las catástrofes comunes, donde destella «un pueblo de casitas blancas con millones de flores en las terrazas» (p. 21); b) el mar de los muertos, en el que «flotaban, inmóviles, bocarriba» todos los muertos antiguos, ya olvidados; c) el mar de los muertos recientes, a quienes se ve rejuvenecidos y adornados con flores, como a Petra, y d) el fondo del mar, donde sólo hay millares de tortugas. Durante el viaje submarino de Tobías y Mr. Herbert conocemos otras propiedades imaginarias de la realidad ficticia: los muertos navegan bajo las aguas, incorruptos, por todos los mares de la tierra (p. 19), a Petra la narración la sorprende en su viaje post mortem navegando «casi a flor de agua en un mediodía radiante del Golfo de Bengala» (p. 10). También en la tierra contemplamos la inserción del prodigio en la vida cotidiana: al cura que levita a dos cuartas sobre el nivel del suelo hay que tomarlo al pie de la letra, evidentemente, cuando dice que su templo debe «tener una campana cuyo clamor sacara a flote a los ahogados» (p. 17). ¿Por qué va a ser imposible una campana con esas cualidades en un lugar donde el corazón de una tortuga degollada sale «dando saltos por todo el patio» y debe ser perseguido y matado por tres personas? (p. 20).

Las reacciones de los personajes frente a lo imaginario objetivado no son parejas. Hay quienes lo aceptan como algo natural, con lo que nos revelan su propia naturaleza, parcial (Tobías) o totalmente (Mr. Herbert) imaginaria; otros no lo admiten, pese a su carácter manifiesto. Clotilde es capaz de negar la evidencia: aunque tiene que apartar con los dedos el olor a rosas, duda de él y, al poco tiempo, afirma que nunca existió y que fue Tobías quien «embulló a todo el mundo» (p. 20). Así confirmamos una tendencia de la realidad ficticia: las mujeres se hallan más cerca de lo real objetivo, los hombres más cerca de lo imaginario. El caso de don Máximo Gómez es divertido: él necesita explicar racionalmente lo imaginario. Es otra guerra que pierde, sus explicaciones resultan tan fantásticas como lo que explican: según don Máximo, así como el Duque de Marlborough fue fabricado por el ansia de los revolucionarios, el olor de rosas que ha invadido la localidad marina es también hijo del deseo: «Después de tantos años comiendo tierra, con tantas mujeres deseando un patiecito donde sembrar sus flores, no es raro que uno termine por sentir estas cosas, y hasta por creer que son ciertas» (p. 9).

En ésta y otras ocasiones, lo imaginario hace sonreír. La localidad marina es risueña, un aire de picardía ligera, de suave burla es inseparable de sus prodigios. No sólo de boca de los personajes brotan frases divertidas, el narrador omnisciente también utiliza el chiste en las descripciones y al caracterizar a los personajes. Del olor de rosas dice que «era tan puro que daba lástima respirar» (p. 8), «una fragancia compacta que no dejaba resquicio para ningún olor del pasado»,[4] y de los recuerdos del viejo Jacob que «eran tan antiguos, que no existían discos suficientemente viejos para removerlos» (p. 9). Pancho Aparecido «hacía toda clase de cosas porque nunca tenía nada que hacer» (p. 8) y Mr. Herbert luce unas «manos tibias y lánguidas que siempre parecían acabadas de afeitar» (p. 12). El humor acompaña a situaciones y objetos imaginarios de «El mar del tiempo perdido»; un cura se hace tan liviano que un día flota en el aire, el corazón de una tortuga da brincos por un patio, una muerta levanta la cabeza para espiar un transatlántico, un par de amigos se sumergen porque en el fondo del mar hay tortugas de carne exquisita (p. 18), etc. El humor no es nuevo en la realidad ficticia: aparece en *El coronel no tiene quien le escriba*

---

[4] La frase anuncia la peste de olvido que cae sobre Macondo en *Cien años de soledad*.

y chispea (débilmente) en los cuentos y en *La mala hora*. Pero el humor de aquí no es el de antes, que era fundamentalmente de expresión y consistía sobre todo en el uso de dichos y refranes para desdramatizar las situaciones excesivas (el hambre, la miseria) que hubieran podido comunicar, sin esa compañía humorística, una impresión de artificialidad. Las truculencias de *El coronel no tiene quien le escriba*, gracias al irrealizante humor perdían algo de su ferocidad real objetiva, ganaban cierto nimbo de cosa natural, se humanizaban. En este relato, en cambio, el humor preludia, de manera imperfecta, lo que será la risa en *Cien años de soledad*. Ya no un recurso de expresión, aunque broten frases cómicas en situaciones que no lo son, sino una sustancia de la realidad ficticia, algo presente no sólo en las voces sino también en las situaciones y en los objetos. El humor ya no es una película superpuesta a ciertos asuntos para debilitar su extremismo dramático; ahora es ingrediente neurálgico del elemento reinante en la realidad ficticia: lo imaginario. Igual que en este relato, en *Cien años de soledad* lo fantástico, lo mágico, lo milagroso estarán siempre impregnados de humor, y en las ficciones posteriores el elemento risueño crecerá de la mano de la irrealidad y al mismo compás que ella. Se puede formular una nueva constante: a partir de «El mar del tiempo perdido», lo real imaginario monopoliza el humor en la realidad ficticia, mientras que lo real objetivo adopta un cariz casi exclusivamente serio. El cambio es radical: no sólo el humor es ahora de asunto, sino que está aferrado a lo imaginario; antes contaminaba sólo la forma narrativa, y venía adosado sistemáticamente a los más dramáticos episodios real objetivos.

¿Por qué al imponer lo imaginario su dominio en la realidad ficticia, el humor ingresa también en ella a raudales? Para impedir la irrealidad, la falta de vida, para defender ese elemento precioso y esencial del que depende la verdad de una historia: el poder de persuasión. Sin esa risa constante, lo imaginario, debido a su número y a su naturaleza libérrima, difícilmente sería capaz de convencer de su existencia, de su realidad: parecería irreal. En la ficción nada puede parecer irreal, todo debe parecer real, lo posible y lo imposible, lo cotidiano y lo maravilloso, el objeto más sólito y los fantasmas. Lo irreal es simplemente lo que carece de poder de persuasión (la mala literatura) y esto no tiene nada que ver con la filiación real objetiva o imaginaria de la materia sino con la forma en que se encarna. En «El mar del tiempo perdido» la risa lastra de realidad a la torrentosa irrealidad que ha tomado por asalto a la realidad ficticia: sirve de contrapeso a lo imaginario, da un aire humano a las locas aventuras de la fantasía, un relente de cotidianidad a lo imposible. Lo fantástico se humaniza al burlarse de sí mismo, los prodigios pierden el aire de tales al presentarse como juegos o burlas. Cuando la anécdota ha llegado en el desenfreno imaginativo a las puertas de lo irreal, brota el humor: es un guiño cómplice al lector, una voz que le susurra al oído «esta cosa tan fantástica no lo es tanto, es sólo una broma, un juego, no hay que tomarla muy en serio». El efecto es, paradójicamente, el contrario: gracias a esa sonrisa burlona, el lector consiente en jugar, acepta y cree lo que le cuentan, *toma en serio* esa materia narrativa que tiene la astucia diabólica de presentarse como algo no serio, no cierto, no real para conseguir comunicar una impresión de seriedad, de verdad, de realidad. Veamos el instante en que lo imaginario se objetiva por primera vez en el relato. El viejo Jacob llama a su mujer y ella no puede oírlo: «En aquel momento navegaba casi a flor de agua en un mediodía radiante del Golfo de Bengala. Había levantado la cabeza para ver a través del agua, como en una vidriera iluminada, un transatlántico enorme» (p. 10). La primera frase marca el ingreso de lo imaginario como elemento objetivo en la realidad ficticia, el instante en que ésta se presenta como escenario de hechos fantásticos que ocurren objetivamente. El lector es enfrentado a una imagen asombrosa: Petra, muerta, arrojada al mar días atrás, navega incorrupta a flor de agua por el Golfo de Bengala. Todas las certezas y convicciones que derivan de su experiencia de la realidad real y de la realidad ficticia (en el mundo real esto no ocurre, en el verbal hasta ahora tampoco ocurría) provocan en el lector un movimiento de incredulidad: el poder de persuasión del relato se debilita brutalmente con esa intervención de lo imaginario. Ahí surge entonces el risueño guiño cómplice, la segunda frase, el elemento tranquilizador: esa muerta, curiosa como todas las mujeres, alza la cabeza para ver pasar a un barco, la curiosidad es en ella más fuerte todavía que la muerte. Ya la imagen no es tan imposible puesto que el narrador se está burlando de lo que cuenta, sutilmente indicando con una sonrisa que esa situación no debe ser tomada al pie de la letra: esto hace que esa situación sea admitida por el lector, que esa imagen en el momento mismo que juega a ser mentira se vuelva verdad. Se trata de una dialéctica narrativa sutil que exige una gran habilidad en la dosificación de lo risueño y lo fantástico; la alquimia no es aquí todavía muy firme, como lo será en *Cien años de soledad,* donde la risa es el elemento humanizador por excelencia de lo imaginario. Aquí, a veces, en el afán de contagiar a lo imaginario un poco de realidad objetiva mediante el humor, al narrador se le va la mano, carga demasiado la tinta risueña, la gracia se convierte en gracejería y el remedio en algo tan dañino como la enfermedad: «Impregnó la madera de las casas [el olor de rosas], los alimentos y el agua de beber, y ya no hubo donde estar sin sentirlo. Muchos se asustaron de encontrarlo en el vapor de su propia cagada» (p. 10). Se trata de un ejemplo idéntico al anterior, en el que hay dos frases, la primera de las cuales enfrenta al lector con un hecho imaginario y la segunda con un motivo risueño destinado a debilitar la fantasía, a reducirla a proporciones humanas. Pero aquí el humor

469

resulta excesivo, en vez de contrabalancear lo fantástico lo sustituye: la imagen de la mierda humana despidiendo una fragancia de rosas y asustando a sus productores no parece complementaria de la principal sino, al revés, el olor fantástico resulta servir de pretexto para una broma hedionda. El equilibrio se ha roto, el efecto ha sido contrario a lo previsto. En cambio, es perfectamente feliz la broma anticlimática que cierra el relato, cuando Tobías va a empezar a referir su fantástica expedición con Mr. Herbert por el fondo del océano y su esposa lo calla con su insobornable sentido común: «Ay Tobías, por el amor de Dios, no vayas a empezar ahora con estas cosas» (p. 21). Aquí tenemos ya, en ciernes, ese humor que en *Cien años de soledad* reducirá lo prodigioso a un nivel doméstico: Fernanda del Campo preocupada por el destino de las sábanas que se llevó a los cielos Remedios, la bella, la taza de chocolate que precede las levitaciones del padre Nicanor Reyna...

OTRA HISTORIA DE *PESTES*   La historia de «El mar del tiempo perdido» es una de las más reincidentes en la realidad ficticia: una peste cae sobre una comunidad y trastorna su vida; cuando desaparece, el lugar vuelve a ser el de antes. Ese agente sedicioso que era en ficciones anteriores la lluvia, los pájaros muertos, los pasquines, aquí es un olor de rosas que viene del mar. Como en *La mala hora,* la localidad marina vive, durante el tiempo del relato, un período excepcional, un aluvión de hechos inesperados. Hasta entonces el lugar no tenía nada de prodigioso, quizás ni siquiera de insólito, y estaba, como el pueblo hasta la aparición de los pasquines, perfectamente instalado en lo real objetivo. Pero ese año, «el año en que vino el señor Herbert», empiezan a ocurrir cosas inusitadas: por primera vez el mar no arroja basuras como lo hacía siempre en febrero, y en marzo exhala una fragancia de rosas. El olor es inusitado porque en el pueblo, muy árido, no hay flores. Quien lo siente

470

primero es Tobías; Clotilde, su mujer, no se entera; Petra interpreta el olor (correctamente) como anuncio de su muerte. A la mañana siguiente el pueblo entero habla del olor, pero todos dudan haberlo sentido. Sólo Tobías está seguro que invadió el aire y desde entonces se dedica a vigilar el mar, a esperar que el olor vuelva. Petra muere en agosto y una noche, poco después, retorna el olor, densísimo, casi sólido: la gente sale a aspirarlo a la playa. Los efectos de la misteriosa fragancia comienzan a ser importantes: llegan tres hombres y una mujer a la tienda de Catarino, quien hace componer la ortofónica y, por primera vez en muchísimos años, se oye música en el pueblo. La gente pasa la noche en vela, divirtiéndose, y en este instante se produce la muda que transforma la localidad marina, hasta ahora real objetiva, en realidad imaginaria. Oyendo la música, el viejo Jacob llama a Petra, su mujer, y el narrador indica que ella no lo oyó porque en ese momento, «en un mediodía radiante del Golfo de Bengala», por donde está navegando, alzaba la cabeza para espiar un transatlántico. Se trata de una muda del segundo tipo, un cambio brusco y rápido que pasa casi inadvertido porque la narración continúa sin detenerse en él, afectando no concederle importancia. Dentro de la gran muda del primer tipo que es todo el relato, hay varias mudas breves y veloces, de paso furtivo de lo imaginario, que van creando un clima propicio para el final de la historia, un episodio imaginario puro. El olor lo ha invadido todo mientras la gente se divierte, hasta los excrementos lo exhalan, y el efecto aumenta: vuelven las mujeres que se habían ido cuando murió el pueblo, los hombres, que habían partido a hacer fortuna, y de pronto llegan muchedumbres, circos, adivinos, un cura alucinado, todos convocados por el incomprensible olor. Entre la multitud, llega Mr. Herbert. Se dice a sí mismo «el hombre más rico de la tierra», y trae dos grandes baúles llenos de billetes para resolver los problemas de los hombres. No regala el dinero; su sistema de distribución de la felicidad consiste en preguntar a la gente qué sabe hacer, y, según eso, remunerarla: a Patricio le da 48 pesos por imitar las voces de 48 pájaros; a la putita frágil le consigue los cien clientes necesarios para lograr los 500 pesos que ambiciona. Pero el viejo Jacob no puede derrotar a Mr. Herbert en un partido de damas y en vez de recibir algo pierde una suma enorme que no tiene como pagar. Entonces, Mr. Herbert pasa a apoderarse de la riqueza, y así se adueña de «las cosas y propiedades de otros que tampoco pudieron cumplir, pero ordenó una semana de músicas, cohetes y maromeros» y él en persona dirige esa fiesta loca en la que el pueblo se embriaga. Pero entonces el señor Herbert cae dormido y así permanece días y días; mientras duerme, la prosperidad, la alegría se hacen humo: la gente que vino se marcha, los que se quedan empiezan a pasar hambre. El pueblo va retornando a lo que era; en ese momento (otras dos mudas veloces) sobrevienen fugaces hechos imaginarios: las cosas se alivianan y flotan, el curita alucinado levita. Cuando Mr. Herbert despierta, está muerto de hambre. Como en el lugar no hay qué comer, invita a Tobías a buscar tortugas en el fondo del mar y (muda principal hacia lo imaginario) ambos realizan una expedición por las profundidades marinas, donde descubren toda clase de maravillas —ciudades con jardines llenos de rosas, naufragios, circos, muertos antiguos y recientes, un mundo de tortugas milenarias— y regresan a la superficie con una tortuga (la del corazón saltarín) que comen con Clotilde. El señor Herbert se marcha. Cuando, al anochecer, en ese pueblo que ha vuelto a ser lo que era antes de la peste, Tobías trata de contar a Clotilde los prodigios que esconde el mar, ella lo calla como a un niño demasiado fantaseador: la localidad marina ha recuperado su normalidad.

En este relato, la peste no es insólita sino desembozadamente fantástica y anuncia las grandes pestes imaginarias de *Cien años de soledad:* la del insomnio, la del olvido. Pero el esquema de la historia es semejante al de *La mala hora:* un pueblo es revolucionado por la llegada de un agente, que, luego de provocar ese cambio, desaparece. Por los pasquines el pueblo vuelve a ser rencoroso y violento; por el olor de rosas la localidad marina vive la mentira que había estado viviendo el pueblo de *La mala hora* hasta la llegada del agente. Aquí, el agente, en lugar de restablecer la normalidad, arranca a la localidad marina de su monotonía habitual, la hace vivir un espejismo de felicidad, y luego, al desaparecer, la devuelve a su miseria y rutina. No es difícil identificar en esta fábula real imaginaria, de manera muy precisa, los materiales real objetivos con que ha sido construida, los demonios que anidan en ella. Conviene detenerse un momento en esto porque muestra lo relativa que es la noción de imaginario, de fantástico en la ficción. Un cuento, una novela pueden ser —como este relato—totalmente imposibles, dar la impresión de una pura elaboración de la fantasía sin asidero en una realidad concreta: una investigación cuidadosa nos revela que esos delirios y asombros encierran, como las fábulas literarias más verificables, referencias y alusiones inequívocas a los planos más objetivos de la realidad real. En otras palabras, que lo imaginario puro no existe, que es en todos los casos (aun cuando no siempre sea descifrable) una metáfora de lo real objetivo.

Es evidente que la historia de «El mar del tiempo perdido» es una proyección real imaginaria de un demonio histórico de García Márquez, una representación fantástica de una experiencia vivida por su pueblo: la llegada y la partida de la compañía bananera a la costa atlántica, el período de la fiebre del banano en toda la zona. Como Aracataca, la localidad marina vive una falsa bonanza, un espejismo de prosperidad con la llegada de Mr. Herbert (norteamericano, como la United Fruit) y sus baúles cargados de dinero. Las fiestas, el derroche, la alegría marean a la gente, nadie se da cuenta que todo ese esplendor es precario, muchedumbres de forasteros (la hojarasca) llegan al lugar atraídos por ese señuelo de felicidad. De pronto, la ilusión se hace añicos: Mr. Herbert, que parecía haber traído la riqueza, termina arrebatándosela a las gentes, al apoderarse de sus propiedades. Luego, ocurre algo peor: Mr. Herbert se queda dormido y el pueblo retorna a su pobreza y a su abandono, a vivir de sus recuerdos, como Aracataca cuando el auge del banano acabó y la compañía se marchó y se marcharon tras ella los forasteros. Hasta en esa fuga hacia lo imaginario que es el viaje maravilloso de Mr. Herbert y de Tobías está simbólicamente descrita la condición de Aracataca, viviendo de fantasías y de sueños cuando la realidad se volvió cruel. En esta historia alienta la vieja ambición de García Márquez: representar en una fábula literaria toda la historia de Macondo. Como las novelas y cuentos anteriores, también es ésta una versión embrionaria de *Cien años de soledad*. El apetito que late en ella es más rico que la ficción en que se encarna, el relato resulta empequeñecido por ese deseo que lo anima y que no alcanza a aplacar enteramente. En una representación simbólica, los símbolos deben ser descifrables; si lo real imaginario aspira a reflejar lo real objetivo, la conexión debe resultar inteligible. Aquí no ocurre así; sólo un vasto contexto (las ficciones anteriores y posteriores, la biografía del autor) nos aclara el sentido último de la historia. Tomada en forma autónoma, es una especulación imaginaria de coherencia interna débil, de construcción algo artificiosa e incongruente. El episodio de Mr. Herbert y Mr. Brown en *Cien años de soledad* (pp. 194-198) consigue, en cambio, lo que este relato intenta: transponer en una anécdota real imaginaria un asunto real objetivo muy concreto. Otro elemento que contribuye al relativo fracaso del relato es el estilo. La realidad ficticia ha cambiado radicalmente, pero no la lengua que la crea. El lenguaje es el mismo de

El coronel no tiene quien le escriba, de *La mala hora,* de los cuentos: preciso, instrumental, aspira a la invisibilidad. Un lenguaje que, ya lo dijimos, resultaba ideal para expresar ciertos planos específicos de lo real objetivo, o, como en *La mala hora,* para disimular con una apariencia real objetiva al objeto imaginario. Pero aquí lo imaginario ya no es de índole kafkiana, ya no se enmascara en lo cotidiano: aquí el prodigio se exhibe, ostentosamente, como tal. En el relato apuntan, sin embargo, algunas de las características que darán a *Cien años de soledad* su extraordinaria eficacia: el uso del humor que hemos visto, el fingimiento de la naturalidad para narrar lo sobrenatural y algunas técnicas de conversión de lo real objetivo en imaginario, como la exageración y el trueque de cualidades entre objetos. Imperfectamente, «El mar del tiempo perdido» anuncia el estadio culminante de la realidad ficticia.

7. Realidad total, novela total
(Cien años de soledad)

El proceso de edificación de la realidad ficticia alcanza con *Cien años de soledad* su culminación: esta novela integra en una síntesis superior a las ficciones anteriores, construye un mundo de una riqueza extraordinaria, agota este mundo y se agota con él. Difícilmente podría hacer una ficción posterior con *Cien años de soledad* lo que esta novela hace con los cuentos y novelas precedentes: reducirlos a la condición de anuncios, de partes de una totalidad. *Cien años de soledad* es esa totalidad que absorbe retroactivamente los estadios anteriores de la realidad ficticia, y, añadiéndoles nuevos materiales, edifica una realidad con un principio y un fin en el espacio y en el tiempo: ¿cómo podría ser modificado o repetido el mundo que esta ficción destruye después de completar? *Cien años de soledad* es una novela total, en la linea de esas creaciones demencialmente ambiciosas que compiten con la realidad real de igual a igual, enfrentándole una imagen de una vitalidad, vastedad y complejidad cualitativamente equivalentes. Esta totalidad se manifiesta ante todo en la naturaleza plural de la novela que es, simultáneamente, cosas que se creían antinómicas: tradicional y moderna, localista y universal, imaginaria y realista. Otra expresión de esa totalidad es su accesibilidad ilimitada, su facultad de estar al alcance, con premios distintos pero abundantes para cada cual, del lector inteligente y del imbécil, del refinado que paladea la prosa, contempla la arquitectura y descifra los símbolos de una ficción y del impaciente que sólo atiende a la anécdota cruda. El genio literario de nuestro tiempo suele ser hermético, minoritario y agobiante. *Cien años de soledad* es uno de los raros casos de obra literaria mayor contemporánea que todos pueden entender y gozar.

Pero *Cien años de soledad* es una novela total sobre todo porque pone en práctica el utópico designio de todo suplantador de Dios: describir una realidad total, enfrentar a la realidad real una imagen que es su expresión y negación. Esta noción de totalidad, tan escurridiza y compleja, pero tan inseparable de la vocación del novelista, no sólo define la grandeza de *Cien años de soledad:* da también su clave. Se trata de una novela total por su materia, en la medida en que describe un mundo cerrado, desde su nacimiento hasta su muerte y en todos los órdenes que lo componen —el individual y el colectivo, el legendario y el histórico, el cotidiano y el mítico—, y por su forma, ya que la escritura y la estructura tienen, como la materia que cuaja en ellas, una naturaleza exclusiva, irrepetible y autosuficiente.

I) Una materia total

La realidad ficticia que describe *Cien años de soledad* es total en relación a las etapas anteriores de la realidad ficticia, que esta novela recupera, enlaza y reordena, y en relación a sí misma, puesto que es la historia completa de un mundo desde su origen hasta su desaparición. Completa quiere decir que abarca todos los planos o niveles en que la vida de este mundo transcurre.

Los temas y motivos de las ficciones anteriores son asimilados por la realidad ficticia en esta novela a veces mediante desarrollos y ampliaciones, a veces con la simple mención o recuerdo de lo sucedido. Este proceso es, literalmente, una canibalización: esos materiales son digeridos plenamente por la nueva realidad, trocados en una sustancia distinta y homogénea. García Márquez no sólo no ha querido dejar cabos sueltos; además se ha ocupado de vincular aquello que tenía autonomía en las obras anteriores. Macondo, el pueblo y la localidad marina, que eran escenarios diferentes de la realidad ficticia, son confundidos por el nuevo Macondo voraz en una sola realidad que, por ser real imaginaria, puede hacer trizas las unidades de tiempo y lugar, reformar la cronología y la geografía establecidas antes e imponer unas nuevas. Personajes que no se conocían traban relación, hechos independientes se revelan como causa y efecto de un proceso, todas las historias anteriores son mudadas en fragmentos de esta historia total, en piezas de un rompecabezas que sólo aquí se arma plenamente para, en el instante mismo de su definitiva integración, desintegrarse. En la mayoría de los casos la canibalización es simple y directa: personajes, historias, símbolos pasan de esas realidades preparatorias, las ficciones anteriores, a la nueva realidad, sin modificación ni disfraz. Pero en otros es indirecta: a veces no pasan personajes, sino nombres de personajes; a veces ciertos hechos enigmáticos reaparecen explicados; a veces datos precisos son corregidos en esta nueva reestructuración de los componentes de la realidad ficticia, y el cambio más frecuente que suelen registrar es el del número: en *Cien años de soledad* todo tiende a hincharse, a multiplicarse. Veremos que esta característica de la realidad ficticia, en esta versión definitiva —su gigantismo—, es ingrediente principal del elemento añadido y uno de los procedimientos al que debe su naturaleza real imaginaria.

Uno de los relatos más antiguos, «La noche de los alcaravanes», retorna como motivo pasajero en el período final de Macondo. El pequeño salón del cuento se ha convertido en un «inmenso salón al aire libre, por donde paseaban a voluntad no menos de doscientos alcaravanes que daban la hora con un cacareo ensordecedor» (p. 332). Se trata del burdel zoológico de Pilar Ternera, donde Alfonso «inventaba la historia truculenta de los alcaravanes

UNA HISTORIA QUE CONVIERTE LAS HISTORIAS ANTERIORES EN FRAGMENTOS Y PREMONICIONES que les sacaron los ojos a picotazos a cuatro clientes que se portaron mal la semana anterior» (p. 333). El asunto central de «Isabel viendo llover en Macondo» era una lluvia simbólica de cuatro días y medio, que representaba el desmoronamiento de un mundo; en la historia total de Macondo, un diluvio de cuatro años, once meses y dos días es la frontera entre el apogeo y la decadencia, el acontecimiento que inaugura la ruina física, histórica y moral de Macondo. Además de catástrofe natural es, como la lluvia del relato, un hecho simbólico de la desaparición de la estirpe de los Buendía, de la ciudad fundada por ellos, e incluso de la vida y de la realidad ficticia.

Cien años de soledad retorna a varios personajes de *La hojarasca:* al médico francés lo vemos llegar a Macondo (p. 232), se recuerda que comía yerba como los burros (p. 270) y que se suicidó ahorcándose de una viga (p. 294). Además, completa la historia de esa novela, despejando el dato escondido final, al afirmar que el médico «había sido enterrado contra la voluntad del pueblo por un antiguo compañero de armas del coronel Aureliano Buendía» (p. 294). *La hojarasca* terminaba cuando el coronel iba a enterrar al suicida y dejaba un interrogante: ¿cumpliría su promesa, el pueblo encolerizado lo permitiría? Ahora sabemos que la cumplió, que la voluntad del coronel fue más fuerte que la de los macondinos. Otros personajes que regresan: el Cachorro, de quien sabíamos que había peleado en las guerras pero sólo aquí se precisa en cuál (en la primera guerra federalista) (p. 130), y ahora nos enteramos con exactitud en qué período de Macondo fue párroco (reemplazó al padre Nicanor Reyna y lo sucedió el padre Antonio Isabel); la viuda Rebeca, un rostro efímero en *La hojarasca,* aparece aquí con toda su fértil biografía, y el único indio con nombre propio de *Cien años de soledad* se llama, como el único indio con nombre propio de *La hojarasca,* Cataure (p. 44); un nombre que nos era familiar desde esa primera novela, Meme, sirve de apodo a una de las Buendía y en *Cien años de soledad* hay también una hija de crianza, como la Meme de *La hojarasca,* que es la viuda Rebeca. El enigmático Duque de Marlborough asoma también aquí (pp. 145-146), donde por fin se aclaran esas guerras fantasmales, que eran un borroso fondo histórico en *La hojarasca:* descubrimos quiénes y por qué peleaban, cómo se iniciaron y cómo terminaron, y el peso que tuvieron en el destino de Macondo. Del mismo modo, la historia de la compañía bananera, allá tan nebulosa, se perfila con nitidez y enlazada con los otros capítulos de la vida de Macondo. De las vagas noticias políticas de *La hojarasca* sólo quedaba claro que las elecciones eran ocasión de fraude y de violencia: ahora vemos en qué consiste el fraude (don Apolinar Moscote y sus subalternos violan las ánforas, cambian los votos rojos de los liberales por los votos azules de los conservadores) y cómo esta corrupción electoral es uno de los factores que desencadenan la guerra civil. La separación clasista de la sociedad de *La hojarasca* perdura en el Macondo de *Cien años de soledad:* también aquí las familias fundadoras ven con malos ojos a los forasteros que trae la compañía («Los antiguos habitantes de Macondo se encontraban arrinconados por los advenedizos...») (p. 272), y Fernanda del Carpio, como la familia del coronel de la primera novela, piensa que «la gente de bien era la que no tenía nada que ver con la compañía bananera» (p. 217). Otro tema de *La hojarasca,* la autosecuestración, retorna en *Cien años de soledad,* y no sólo con el médico francés, sino también con Fernanda del Carpio, quien, al término del diluvio, clausura las ventanas de la casa y obedece «la consigna paterna de enterrarse en vida» (p. 294), y, sobre todo, con la viuda Rebeca, que sólo sale dos veces de la casa donde se encierra a piedra y lodo desde la extraña muerte de su marido (pp. 191 y 292). El aspecto urbano del Macondo de *La hojarasca* corresponde al que tiene, en un momento de su siglo de vida, el Macondo de *Cien años de soledad:* descubrimos, por ejemplo, desde cuándo sombrean las calles los polvorientos almendros (los mandó plantar José Arcadio Buendía, el fundador) (p. 40), y escuchamos, también, el «horario implacable de los alcaravanes» (p. 101). Pasan de una ficción a otra, incluso, ciertas supersticiones (la casa de los Buendía tenía un ramo de sábila colgado en el dintel hasta que Fernanda del Carpio lo cambió por un Corazón de Jesús) (p. 184), y en un caso, proyectadas hacia lo real imaginario. El coronel de *La hojarasca* echa en el ataúd del suicida sus pertenencias; en *El coronel no tiene quien le escriba* se decía que los indios de la región acostumbraban enterrar a sus muertos con las cosas que poseían: en *Cien años de soledad,* Amaranta es enterrada con un cajón lleno de cartas y mensajes que los macondinos envían a familiares y amigos en el más allá (p. 241). Hasta un rasgo de escritura de *La hojarasca,* el de las precisiones numéricas faulknerianas (que sirven, sobre todo, para distraer, que persiguen más bien confundir que aclarar), es frecuente en *Cien años de soledad,* como puede verse en esta síntesis inicial de un episodio: «El coronel Aureliano Buendía promovió treinta y dos levantamientos... Tuvo diecisiete hijos... en diecisiete mujeres... Escapó a catorce atentados, a setenta y tres emboscadas...» (p. 94).

El asunto de *El coronel no tiene quien le escriba,* la tragedia del anciano sobreviviente de las guerras que espera la imposible cesantía, además de ser reabsorbido por *Cien años de soledad,* sólo en esta novela, en cierto modo, es totalmente explicado. En el relato era muy claro el drama de la vejez del anciano coronel, y, en cambio, muy oscuras las circunstancias remotas de ese drama, muy confuso el contexto histórico, siempre aludido de manera enigmática. *Cien años de soledad* describe el origen y desarrollo de las guerras civiles en las que participó el anciano coronel, y desvela con lujo de detalles las biografías, anécdotas y episodios escondidos detrás de las furtivas menciones del relato (el Duque de Marlborough, el coronel Aureliano Buendía, la capitulación de Neerlandia, etc.). Aquí vemos al héroe del relato, jovencito, cuando era tesorero en la circunscripción de Macondo, llevando a Neerlandia el fondo revolucionario («setenta y dos ladrillos de oro») y obteniendo un recibo de puño y letra del coronel Aureliano Buendía (p. 155). Vemos también cómo se fragua su miseria, el instante en que el Presidente de la República «se negó a asignar las pensiones de guerra a los antiguos combatientes, liberales o conservadores, mientras cada expediente no fuera revisado por una comisión especial, y la ley de asignaciones aprobada por el congreso» (p. 157), y la justísima profecía del coronel Aureliano Buendía: «Se morirán de viejos esperando el correo». Efectivamente, los vemos irse muriendo de viejos; muchos años después, «un grupo de veteranos de ambos partidos» solicita el apoyo del coronel Buendía «para la aprobación de las pensiones vitalicias, siempre prometidas y siempre en el punto de partida» (p. 174). La tragedia sórdida y morosa del héroe del relato está resumida en la página que narra la ancianidad del coronel Gerineldo Márquez, con quien aquél tiene tanta semejanza. Gerineldo Márquez hizo también «la guerra triste de la humillación cotidiana, de las súplicas y los memoriales, del vuelva mañana, del ya casi, del estamos estudiando su caso con la debida atención; la guerra perdida sin remedio contra los muy atentos y seguros servidores que debían asignar y no asignaron nunca las pensiones vitalicias» (p. 210).

Pero no sólo el tema central de *El coronel no tiene quien le escriba* es canibalizado por la novela; también los motivos y aun los más insignificantes. En el relato, la llegada de la hojarasca disgustaba al héroe, que huía de Macondo. *Cien años de soledad* contiene la entera historia de la fiebre del banano, y también en la novela vemos llegar a la hojarasca «no sólo en los asientos y plataformas sino hasta en el techo de los vagones» (pp. 196-197). El héroe del relato recordaba que, durante la guerra, al coronel Buendía «le llevaban muchachitas para enrazar», frase confirmada y ampliada en *Cien años de soledad,* donde se habla del «fanatismo de algunas madres que enviaban a sus hijas al dormitorio de los guerreros más notables, según ellas mismas decían, para mejorar la raza» (p. 112), de «la costumbre de mandar doncellas a los dormitorios de los guerreros, como se les soltaban gallinas a los gallos finos» (p. 133), y contemplamos los resultados de esa costumbre en los diecisiete hijos del coronel Buendía engendrados entre batalla y batalla. En el relato, el toque de queda existía desde hacía tanto que la gente ya se servía de él para saber la hora; aquí asistimos al instante histórico en que se establece por primera vez en Macondo: al estallar la guerra civil (p. 92). Los rizos charolados del doctor Octavio Giraldo pasan en la novela al pintoresco Pietro Crespi, «cuya cabeza cubierta de rizos charolados suscitaba en las mujeres una irreprimible necesidad de suspirar» (p. 70). Manaure, antes una vaga mención, descubre su ubicación y su importancia (pp. 41, 50, 93, 112), y una de las maneras como Macondo absorbe al pueblo del relato es apoderándose de sus «lluvias, aciagas de octubre» (p. 98). La llegada del circo ponía una nota de pintoresca animación en el pueblo; en Macondo, las idas y venidas de los gitanos dan color, maravilla y exotismo al lugar, al que, además, llega un verdadero circo el día que muere el coronel Aureliano Buendía (p. 226). Como en el pueblo, en Macondo se escuchan también las canciones de Rafael Escalona (p. 348). Los materiales del relato están en la novela agigantados, integrados a un contexto infinitamente más vasto. El coronel pronunciaba esta frase: «Esto empieza a parecerse al cuento del gallo capón». En *Cien años de soledad* se *cuenta* el cuento del gallo capón: «... el cuento del gallo capón, que era un juego infinito en que el narrador preguntaba si querían que les contara el cuento del gallo capón, y cuando contestaban que sí, el narrador decía que no había pedido que dijeran que sí, sino que si querían que les contara...» (p. 46). Aun en detalles tan secundarios puede advertirse ese afán totalizador de esta ficción en relación con las que la precedieron.

El carácter residual que tenían los cuentos de *Los funerales de la Mamá Grande* desaparece desde la perspectiva de *Cien años de soledad*: los fragmentos dejan de serlo, la novela descubre el contexto que les faltaba, los completa. Veamos en qué forma retoca, al mismo tiempo que canibaliza, «La siesta del martes». El acontecimiento básico del cuento —la viuda Rebeca mata de un balazo a Carlos Centeno, porque cree que va a robarle— está consignado en la historia total de Macondo, con un dato nuevo: «La última vez que alguien la vio con vida fue cuando mató de un tiro certero a un ladrón que trató de forzar la puerta de su casa» (p. 119). Que Carlos Centeno iba a robar era dudoso en el cuento; aquí ya no lo es, ahora queda sentado que trató de forzar la puerta: un dato escondido elíptico se convierte así en dato escondido en hipérbaton. La novela nos dice que ese suceso coincide con otro: la última vez que se vio a Rebeca viva en Macondo fue el día que mató a Centeno. ¿Quién era la viuda Rebeca en el relato? Un ser raro y borroso, como en las otras ficciones. Sólo en *Cien años de soledad* comprendemos por qué vive sola, por qué anda medio loca, desde cuándo y de quién es viuda, las razones de ese terror desarrollado en ella por veintiocho años de soledad, y retrospectivamente entendemos mejor su conducta. Incluso la forma en que muere la gente en Macondo repite la forma en que moría en historias anteriores. Oímos morir a Carlos Centeno dando este grito: «Ay, mi madre». Un grito idéntico inaugura en *Cien años de soledad* la matanza de los trabajadores bananeros en la estación: «De pronto, a un lado de la estación, un grito de muerte desgarró el encantamiento: "Aaaay, mi madre"» (p. 259). El «ay mi madre» del relato sella la muerte de un hombre, el de la novela la de tres mil: otro ejemplo de ese paso aumentado de los materiales a *Cien años de soledad*. En el cuento, la madre y la hermana de Centeno ven desde el tren las plantaciones, las residencias y oficinas de la compañía y al llegar a Macondo comprueban que las casas están construidas sobre el modelo de aquéllas; *Cien años de soledad* nos confirma que Macondo en una época «fue un campamento de casas de madera y techos de zinc» (pp. 40 y 196) y describe los campamentos en términos muy parecidos a los del relato, pero siempre, desde luego, con cambios de cantidad: «... casas con ventanas de redes metálicas, mesitas blancas en las terrazas y ventiladores de aspas colgados en el cielorraso, y extensos prados azules con pavosreales y codornices. El sector estaba cercado por una malla metálica, como un gigantesco gallinero electrificado...» (p. 197).

Todo el contexto político omitido de «Un día de éstos» se esclarece en *Cien años de soledad,* donde averiguamos que las dos fuerzas en pugna en la sociedad ficticia son liberales y conservadores, que éstos representan el gobierno y aquéllos la oposición. El tema de la autoridad corrupta está también en la novela. En «En este pueblo no hay ladrones» apuntaba, en las relaciones entre Dámaso y Ana, lo que en la familia Buendía será un mal hereditario: la tentación incestuosa. Ana era por su edad y por su conducta la madre protectora de Dámaso. En *Cien años de soledad* el incesto, amagado o logrado, tiene siempre esas características: como Aureliano José con su tía Amaranta, y Aureliano el sanscritista con su tía Amaranta Úrsula, en las pasiones incestuosas ellas serán las madres y ellos los hijos.[1] Además, en *Cien años de soledad* vemos en el personaje de Catarino, que anda con

---

[1] Es el caso también de la relación de José Arcadio y su hermano, el futuro coronel Buendía, con Pilar Ternera, e incluso la de los gemelos Buendía con Petra Cotes.

una flor en la oreja y toca a los hombres donde no debe (p. 51), un desarrollo del cantinero de «En este pueblo no hay ladrones».[2] El origen criminal de la fortuna, tema de «La viuda de Montiel», retorna en *Cien años de soledad* (pp. 102 y 103), aunque en este caso el antecedente más próximo sea *La mala hora*, y, fuera de ello, en la novela (donde una Carmelita *Montiel* está empeñada en acostarse con Aureliano José) (p. 136), la relación entre Fernanda y sus hijos José Arcadio y Amaranta Úrsula, que se educan en Europa y a quienes escribe cartas aconsejándoles no volver al bárbaro Macondo, repite la relación de la viuda de Montiel y sus hijos, que andan en Alemania y París, y a quienes ella exhorta: «Quédense allá para siempre». Pero el relato más aprovechado es «Un día después del sábado», cuya historia está retomada y redondeada. *Cien años de soledad* da una explicación real imaginaria del suceso misterioso del cuento: la muerte de los pájaros que llovían contra las casas fue consecuencia del paso por Macondo del Judío Errante («... la época, en que pasó por el pueblo el Judío Errante y provocó un calor tan intenso que los pájaros rompían las alambreras de las ventanas para morir en los dormitorios») (p. 119). Escuchamos de nuevo el sermón del padre Antonio Isabel (con lo que se despeja un dato escondido, ya que *Cien años de soledad* sintetiza todo el sermón, en tanto que el relato apenas consignaba un párrafo), y, lo que es más importante, conocemos el final de la historia: la visión del padre Antonio Isabel no sólo era fidedigna (en el cuento el dato era dudoso), sino que los habitantes de Macondo pusieron trampas y capturaron unas semanas después al Judío Errante, y lo mataron y colgaron en un almendro de la plaza (pp. 291-292). De este modo, queda revelado que «Un día después del sá-

---

[2] Aparte de estos dos afeminados trasvestistas hay en la realidad ficticia un personaje probablemente pederasta: José Arcadio, el seminarista.

bado» era un relato real imaginario: el ser sobrenatural aparecía *objetivamente* en la realidad fícticia, no era producto de la subjetividad del padre Antonio Isabel. Además, *Cien años de soledad* totaliza las biografías de los principales protagonistas. Sabemos en qué momento llegó a Macondo el padre Antonio Isabel (p. 162) y que, más tarde, fue enviado a un asilo y reemplazado por el padre Ángel (p. 293). La vida anterior y posterior al episodio de los pájaros muertos de la viuda Rebeca: la salida que hace en el cuento es una de las dos únicas que realiza desde que se autosecuestra (en ambos textos calza en esa ocasión unos zapatos color de plata antigua y un sombrero con minúsculas flores artificiales) (p. 189), y descubrimos que llegó a Macondo procedente de Manaure (p. 41), exactamente como el forastero de «Un día después del sábado». Respecto a Argenida, un nombre sin historia en el cuento, la novela nos informa que era una «sirvienta desalmada que mataba perros y gatos y cuanto animal penetraba en la casa, y echaba los cadáveres en mitad de la calle para fregar al pueblo con la hedentina de putrefacción» (p. 189). Hay un dato secundario en el cual *Cien años de soledad,* caso único, disminuye la información del relato: los ciento cuarenta vagones cargados de banano que el padre Antonio Isabel recuerda de la época áurea de Macondo, en la novela son sólo «trenes de ciento veinte vagones» (p. 256).

La clarividencia extraordinaria de la ciega de «Rosas artificiales» está racionalmente explicada en *Cien años de soledad,* en la persona de Úrsula Buendía, cuando ésta siente que va a perder la vista por la extrema vejez y se empeña «en un callado aprendizaje de las distancias de las cosas, y de las voces de la gente, para seguir viendo con la memoria cuando ya no se lo permitieran las sombras de las cataratas» (p. 212). Lo consigue, en efecto, y ayudándose del recuerdo y de los olores, como la abuela de Mina llega a conocer «con tanta seguridad el lugar en que se encontraba cada cosa, que ella misma se olvidaba a veces de que estaba ciega» (p. 212). «Los funerales de la Mamá Grande» están también incorporados a la historia total de Macondo, donde se señala que el fastuoso entierro del fundador, José Arcadio Buendía, fue «superado apenas un siglo después por el carnaval funerario de la Mamá Grande» (p. 69). La casa de la Mamá Grande, símbolo del pueblo en el cuento, tiene mucho en común con la casa de los Buendía, cuya historia es también la de Macondo (p. 54).

Si ha parecido que *Cien años de soledad* asimila más cómodamente las ficciones situadas en Macondo que las del pueblo, *La mala hora* corrige esta impresión: lo esencial y mucho de lo accesorio de esta novela ha sido perfectamente asimilado por esa realidad total, El asunto primario de *La mala hora* —una peste— es tema cíclico en *Cien años de soledad,* donde la comunidad padece males colectivos en varios momentos de su historia: el insomnio, el olvido (pp. 44-49), el diluvio (p. 267), fuera de calamidades más benignas como «la peste irremediable de la proliferación» que circunda a Petra Cotes (p. 166). Como ocurre con los pasquines, las pestes que asolan a Macondo coinciden con cambios históricos y sociales importantes. En *La mala hora* los pasquines devolvían la violencia al pueblo. Las pestes del insomnio y la de olvido son consecuencia de la primera transformación socioeconómica de Macondo, de la oleada de inmigrantes que llega por la ruta descubierta por Úrsula, y así aparecen Visitación y Cataure, los transmisores del flagelo (pp. 39-44). Esto ocurre cuando la escueta aldea acaba de convertirse «en un pueblo activo, con tiendas y talleres... y una ruta de comercio permanente» (p. 39). Así como esas pestes marcan el ascenso histórico de Macondo, el diluvio es la frontera de su decadencia: después de esa lluvia, como el pueblo después de los pasquines, Macondo ya no será jamás lo que fue. No sólo esta curiosa relación entre las pestes y los cambios históricos (elemento añadido) que existe en

Cien años de soledad magnifica algo que estaba en *La mala hora;* lo mismo ocurre con el material político: la absorción del pueblo por Macondo se opera sobre todo a este nivel. En la historia total de Macondo descubrimos un perfil delictuoso, abominable: la opresión y la corrupción políticas. Igual que en *La mala hora,* el delito es la raíz de la riqueza. José Arcadio Buendía, el hijo del fundador, acumula una inmensa fortuna mediante abusos de poder: «Se decía que empezó arando su patio y había seguido derecho por las tierras contiguas, derribando cercas y arrasando ranchos con sus bueyes, hasta apoderarse por la fuerza de los mejores predios del contorno» (p. 103). Como don Sabas, como Pepe Montiel, incrementa su fortuna por la violencia: «A los campesinos que no había despojado... les impuso una contribución que cobraba cada sábado con los perros de presa y la escopeta de dos cañones» (p. 103). También en Macondo la alianza de las fortunas mal habidas y de la autoridad venal es frecuente. Igual que el alcalde de *La mala hora,* Arcadio, cuando es autoridad, usa el poder para enriquecerse, al extremo que «en los once meses de su mandato... había cargado no sólo con el dinero de las contribuciones, sino también con el que cobraba al pueblo por el derecho de enterrar a los muertos en predios de José Arcadio» (p. 103). Uno de sus negociados calca a otro del alcalde: «crear una oficina de registro de la propiedad para que José Arcadio legalizara los títulos de la tierra usurpada» (p. 103). La atmósfera opresiva del pueblo se traslada a Macondo en ciertas épocas, con los mismos ingredientes: el toque de queda (p. 82), los fraudes electorales (p. 89), y provoca, igual que en la novela anterior, la conspiración, la acción clandestina, las guerrillas. Lo que el alcalde decía del pueblo en pleno período de sordo resentimiento popular, lo dicen de Macondo los oficiales que vienen a reprimir a los trabajadores: «Éste es un pueblo feliz» (p. 263). Hasta el título de la novela, con el significado que hemos visto, resuena en *Cien años de soledad* cuando Úrsula advierte a Aureliano: «si te encuentras con la mala hora...» (p. 154). Los personajes comunes o parecidos son varios: el padre Ángel llega a Macondo a reemplazar al padre Antonio Isabel (p. 293), y lo vemos, como en la novela precedente, abotagado por «el sopor que le causaban las albóndigas del almuerzo en el calor insoportable de la siesta» (p. 293). Llega lleno de dinamismo, pero al año siguiente queda vencido por la negligencia general. No sabemos cuál es su fin; sólo que lo sucede un cura anciano, cuyo nombre nadie se toma el trabajo de averiguar, y que probablemente desaparece con el pueblo. Como el padre Ángel en *La mala hora,* el padre Antonio Isabel censura las películas en Macondo, aunque no a base de campanadas sino de sermones: Fernanda autoriza a Meme a ir al cine «siempre que la película hubiera sido autorizada desde el púlpito por el padre Antonio Isabel» (p. 231). *Cien años de soledad* confirma una anécdota de *La mala hora:* que los delegados curiales enviados a investigar la historia del Judío Errante encontraron al padre Antonio Isabel «jugando con los niños a la gallina ciega» (p. 293). En *La mala hora* desfila por el pueblo un circo casi idéntico al que ve el coronel Buendía atravesando Macondo (p. 226), y el parecido de Casandra con Pilar Ternera es tan grande que cabe afirmar que esta última es una ampliación de aquélla: ambas son adivinas, ambas usan los naipes para descifrar el porvenir, ambas combinan la nigromancia con la fornicación, pues leen el futuro y se acuestan con sus clientes alternativamente. Ya vimos que Pietro Crespi tiene los rizos charolados del Dr. Giraldo, pero, quizás, la relación más interesante entre los elencos de ambas novelas no sea de individuos sino de familias: los Asís son un embrión de los Buendía, la semejanza de la viuda de Asís con Úrsula (ambas raíz y brújula de sus familias) es tanta como la de Mateo Asís con José Arcadio Buendía, el marido de Rebeca: descomunalmente fuertes, rudos, silvestres, aparecen siempre yendo a, o viniendo de cazar, con sus escopetas y sus perros de presa. El viejo hotelito del pueblo, en cuyo balcón durmió el coronel Buendía, es mellizo del Hotel de Jacob de Macondo (Jacob es el nombre de uno de los personajes de *La mala hora*).

Ya vimos que «El mar del tiempo perdido» estrena muchos materiales de *Cien años de soledad:* como el curita de la localidad marina, el padre Reyna quiere construir el templo más grande del mundo, «con santos de tamaño natural y vidrios de colores en las paredes» y «una campana cuyo clamor sacara a flote a los ahogados» (p. 77). Ambos curas, el uno para recolectar fondos, el otro de delgadez, un buen día levitan. Diálogos y descripciones pasan a la novela, literalmente o con leves modificaciones: lo vimos en el caso de la putita frágil y en el del curita que «no conseguía entender el sentido de una contienda entre dos hombres que estaban de acuerdo en los principios», frase que repite el coronel Buendía (p. 78). En el relato, los coitos de Tobías y su mujer están descritos así: «Hicieron primero como las lombrices, después como los conejos y por último como las tortugas», en tanto que en *Cien años de soledad* Aureliano y Nigromanta hacen «primero como las lombrices, luego como los caracoles y por último como los cangrejos» (p. 326).

Este uso de materiales anteriores no es una simple apropiación; esos materiales son *integrados,* lo que quiere decir que, a la vez que se alimenta de esas ficciones, *Cien años de soledad* las modifica, añadiéndoles o suprimiéndoles algo a fin de conseguir esa totalización de la realidad ficticia. Hemos visto que en todas las ficciones precedentes, las historias estaban condicionadas en buena parte por sucesos históricos de los que esos cuentos y novelas incluían sólo datos vagos y fragmentarios. Todo ese contexto histórico-social de la realidad ficticia aparece ahora en *Cien años de soledad,* completando lo que sobre él se señalaba anteriormente o, en muchos casos, rectificándolo. Aquí, por fin, quedan explicados al detalle esos oscuros acontecimientos esenciales que motivaban buena parte de los hechos de las ficciones anteriores, como: la fundación de Macondo (el origen de los fundadores, su relación con los otros grupos sociales), las guerras civiles (orígenes, bandos en conflicto, ideologías, circunstancias de las guerras), la compañía bananera y sus consecuencias (la hojarasca, el apogeo económico, la violencia política, la matanza de trabajadores) y la ruina de la región luego de su partida. Este cuadro completo de la peripecia social, histórica y económica de Macondo destruye buen número de datos anteriores, pero al mismo tiempo ilumina con nuevos sentidos a las etapas de la realidad ficticia así reunidas en un asombroso esfuerzo de totalización.[3]

Cien años de soledad no es solamente la suma coherente (en un sentido ancho) de todos los materiales precedentes de la realidad ficticia: lo que la novela aporta es más rico, en cantidad y calidad, que aquello de lo cual se apodera. La integración de materiales nuevos y antiguos es tan perfecta que el inventario de asuntos y personajes retomados de la obra anterior da una remotísima idea de lo que esta construcción verbal es en sí misma: la descripción de una realidad total. *Cien años de soledad* es autosuficiente porque agota un mundo. La realidad que describe tiene principio y fin, y, al relatar esa historia completa, la fic-

UNA REALIDAD
TOTAL EN
RELACIÓN
A SÍ MISMA

---

[3] Sobre la organicidad de las distintas ficciones de García Márquez, Jaime Mejía Duque dice, exactamente: «... cuando hemos hecho únicamente la primera lectura de los cinco libros, atribuimos personajes y situaciones de unos a otros. Intercambiamos los elementos sin advertirlo. Nuestra imaginación circula por el interior de la totalidad de lo leído, como Pedro por su casa. En nuevas lecturas nuestra memoria va reubicando cada cosa en su lugar, pero guarda como dato preciso la unidad esencial de las páginas de los cinco libros en torno a un motivo invariable, mas no inmóvil. *Cien años de soledad* es, por fin, el Libro podado». En *Mito y realidad en Gabriel García Márquez*, Bogotá, Editorial La Oveja Negra, 1970, pp. 58-59.

ción abraza toda la anchura de ese mundo, todos los planos o niveles en los cuales esa historia sucede o repercute. Es decir, *Cien años de soledad* narra un mundo en sus dos dimensiones: la vertical (el tiempo de su historia) y la horizontal (los planos de la realidad). En términos estrictamente numéricos, esta empresa total era utópica: el genio de autor está en haber encontrado un eje o núcleo, de dimensiones apresables por una estructura narrativa, en el cual se refleja, como en un espejo, lo individual y lo colectivo, las personas concretas y la sociedad entera, esa abstracción. Ese eje o núcleo es una familia, institución que está a medio camino del individuo y de la comunidad. La historia total de Macondo se refracta —como la vida de un cuerpo en el corazón— en ese órgano vital de Macondo que es la estirpe de los Buendía: ambas entidades nacen, florecen y mueren juntas, entrecruzándose sus destinos en todas las etapas de la historia común. Esta operación, confundir el destino de una comunidad con el de una familia, aparece en *La hojarasca* y en «Los funerales de la Mamá Grande», pero sólo en *Cien años de soledad* alcanza su plena eficacia: aquí sí es evidente que la interdependencia de la historia del pueblo y la de los Buendía es absoluta. Éstos sufren, originan o remedian todos los grandes acontecimientos que vive esa sociedad, desde el nacimiento hasta la muerte: su fundación, sus contactos con el mundo (es Úrsula quien descubre la ruta que trae la primera invasión de inmigrantes a Macondo), sus transformaciones urbanas y sociales, sus guerras, sus huelgas, sus matanzas, su ruina. La casa de los Buendía da, con sus mudanzas, la medida de los adelantos de Macondo. A través de ella vemos convertirse la exigua aldea casi prehistórica en una pequeña ciudad activa de comerciantes y agricultores prósperos: «Dispuso [Úrsula] construir en el patio, a la sombra del castaño, un baño para las mujeres y otro para los hombres, y al fondo una caballeriza grande, un gallinero alambrado, un establo de ordeña y una pajarera abierta a los cuatro vientos para que se instalaran a su gusto los pájaros sin rumbo. Seguida por decenas de albañiles y carpinteros, como si hubiera contraído la fiebre alucinante de su esposo, Úrsula ordenaba la posición de la luz y la conducta del calor, y repartía el espacio sin el menor sentido de sus límites. La primitiva construcción de los fundadores se llenó de herramientas y materiales, de obreros agobiados por el sudor, que le pedían a todo el mundo el favor de no estorbar, sin pensar que eran ellos quienes estorbaban... En aquella incomodidad... fue surgiendo... la casa más grande que habría nunca en el pueblo» (p. 54). Lo que estamos viendo crecer no es sólo la casa de los Buendía: el pueblo entero aparece transformándose, enriqueciéndose, avanzando en el espacio. Pero, al mismo tiempo, es una casa específica que podemos ver, casi palpar, y en esa muchedumbre que entra y sale, hay un personaje que identificamos, menudo y enérgico, dirigiendo el trabajo: Úrsula. Ésta es la síntesis admirable lograda en la novela: la familia Buendía, como una mágica bola de cristal, apresa simultáneamente a la comunidad numerosa y abstracta, y a su mínima expresión, el solitario individuo de carne y hueso. El lector va descubriendo la realidad total que la novela describe, a través de dos movimientos simultáneos y complementarios a que lo obliga la lectura: de lo real objetivo a lo real imaginario (y viceversa), y de lo particular a lo general (y viceversa). De este doble movimiento envolvente va surgiendo la totalidad, esa realidad que, como su modelo, consta de una cara real objetiva (lo histórico, lo social) y de otra subjetiva (lo real imaginario), aunque los términos de esta relación en la realidad ficticia inviertan los de la realidad real. En esa cara real objetiva, están presentes los tres niveles históricos de la realidad real: el individual, el familiar y el colectivo, y en la subjetiva, los distintos planos de lo imaginario: lo mítico-legendario, lo milagroso, lo fantástico y lo mágico.

a) Lo real objetivo

Como la familia Buendía sintetiza y refleja a Macondo, Macondo sintetiza y refleja (al tiempo que niega) a la realidad real: su historia condensa la historia humana, los estadios por los que atraviesa corresponden, en sus grandes lineamientos, a los de cualquier sociedad, y en sus detalles, a los de cualquier sociedad subdesarrollada, aunque más específicamente a las latinoamericanas. Este proceso está «totalizado»; podemos seguir la evolución, desde los orígenes de esta sociedad, hasta su extinción: esos cien años de vida reproducen la peripecia de toda civilización (nacimiento, desarrollo, apogeo, decadencia, muerte), y, más precisamente, las etapas por las que han pasado (o están pasando) la mayoría de las sociedades del tercer mundo, los países neocoloniales. Fundado por José Arcadio Buendía y veintiún compañeros llegados del exterior (como los conquistadores ingleses, españoles, franceses o portugueses), la primera imagen histórico-social que tenemos de Macondo es la de una pequeña sociedad arcádico-patriarcal, una comunidad minúscula y primitiva, autárquica, en la que existe igualdad económica y social entre todos sus miembros y una solidaridad fundada en el trabajo individual de la tierra: en esa «aldea de veinte casas de barro y cañabrava», en ese mundo «tan reciente que muchas cosas carecían de nombre» (p. 9), Úrsula y sus hijos siembran en su huerta «el plátano y la malanga, la yuca y el ñame, la ahuyama y la berenjena» (p. 11), y lo mismo deben hacer las otras familias, ya que los Buendía son los patriarcas y modelos de esa pequeña sociedad: José Arcadio Buendía «daba instrucciones para la siembra» y todas las casas de la aldea estaban construidas y arregladas a «imagen y semejanza» de la casa de los Buendía (p. 15). En ese mundo de reminiscencias bíblicas, están prohibidas las peleas de gallos. Unos años después, Macondo ha crecido, es la «aldea más ordenada y laboriosa que cualquiera de las conocidas hasta entonces por sus 300 habitantes» (p. 16) y sigue siendo un mundo idílico, prehistórico, «donde nadie era mayor de treinta años y donde nadie había muerto» (p. 16), sin contacto con el resto del mundo, entregado a la fantasía y a la magia.

La primera transformación importante de esta sociedad (su ingreso a la historia) tiene lugar cuando Úrsula encuentra la ruta para salir de la ciénaga y comunica a Macondo con el mundo (p. 38): por esa ruta llega la primera oleada de inmigrantes que convierte a la comunidad agraria-patriarcal, en una localidad de talleres y comercios: «La escueta aldea de otro tiempo se convirtió muy pronto en un pueblo activo, con tiendas y talleres de artesanía, y una ruta de comercio permanente por donde llegaron los primeros árabes» (p. 39). Los macondinos se hacen artesanos y comerciantes, y esto se proyecta en la familia Buendía: el joven Aureliano aprende a trabajar la plata (p. 41) y Úrsula monta «un negocio de animalitos de caramelo» (p. 53). Poco después surgen nuevas instituciones para el gobierno de esta sociedad que, hasta entonces, ha tenido una estructura tribal: llega el Corregidor don Apolinar Moscote (p. 54), llega la Iglesia representada por el padre Nicanor Reyna (p. 76), se instala en el pueblo una fuerza de policía (p. 81). No mucho después se inician las guerras civiles que cubren un período de casi veinte años (p. 94) y que van a mantener a Macondo en un cierto receso histórico. Relativamente, sin embargo, pues es durante las guerras civiles que se trae el telégrafo (p. 116). Al terminar la guerra, Macondo es erigido municipio y se nombra su primer alcalde, el general José Raquel Moncada (p. 130). Al establecerse la paz, un período de prosperidad se inicia en Macondo, cuyo aspecto urbano se renueva («Las casas de barro y cañabrava de los fundadores habían sido reemplazadas por construcciones de ladrillo, con persianas de madera y pisos de cemento...») (pp. 168-169) y se introducen una serie de adelantos: el ferrocarril (pp. 192-193), la luz eléctrica y el cine (p. 194), gramófonos de cilindros y el teléfono (p. 195). El pueblo de artesanos y mercaderes tiene hasta una embrionaria producción industrial, desde que Aureliano Triste estableció una fábrica de hielo, que Aureliano Centeno transformará en fábrica de helados (p. 192).

La segunda gran transformación histórica de esta sociedad, que, hasta ahora, ha venido evolucionando dentro de límites restringidos pero según un modelo de desarrollo independiente, ocurre cuando es colonizada económicamente por la compañía bananera norteamericana y convertida en país monoproductor de materia prima para una potencia extranjera (pp. 194-197), en una sociedad dependiente. La fuente de la riqueza y el trabajo en Macondo es ahora el banano. La ciudad se transforma «en un campamento de casas de madera con techos de zinc» (p. 196), y junto al pueblo surge el de los gringos, «un pueblo aparte... con calles bordeadas de palmeras, casas con ventanas de redes metálicas, mesitas blancas en las terrazas y ventiladores de aspas colgados en el cielorraso, y extensos prados azules con pavosreales y codornices» (p. 197). Los antiguos comerciantes, artesanos o dueños de tierras se convierten en asalariados agrícolas, pero, además, la fuente de trabajo creada por la compañía, atrae hacia Macondo a multitud de forasteros: esta segunda, masiva inmigración (la hojarasca) cambia por completo el aspecto y la vida del pueblo. Surge un pueblo de diversión y para los forasteros que llegaban sin amor arriba «un tren cargado de putas inverosímiles» (p. 197). Hay un ambiente de derroche, de prosperidad (efímera pero real), de cambio vertiginoso, y «los antiguos habitantes de Macondo se levantaban temprano a conocer su propio pueblo» (p. 198). Mr. Jack Brown trae a Macondo el primer automóvil (p. 206). El poder de la compañía se refleja también en lo político: «los funcionarios locales fueron sustituidos por forasteros autoritarios» y «Los antiguos policías fueron reemplazados por sicarios de machetes» (p. 206). Surgen así los conflictos sociales: los trabajadores de la compañía van a la huelga general (pp. 252-256) y son brutalmente reprimidos por el Ejército (pp. 259-260).

El último período de la historia de Macondo se inicia con un cataclismo natural, el diluvio, y con la partida de la que era fuente de su vida económica. La compañía bananera «desmanteló sus instalaciones» y tras ella se marchan los miles de forasteros que atrajo la fiebre del banano. El lugar donde prosperaron las plantaciones se convierte en «un tremedal de cepas putrefactas» (p. 280) y Macondo inicia una existencia monótona y ruinosa de aislamiento y pobreza, hasta convertirse en «un pueblo muerto, deprimido por el polvo y el calor» (p. 319). Cuando otro cataclismo (la tormenta final) acaba con él y con los pocos supervivientes que lo habitan, esa sociedad había cumplido ya su ciclo vital, llegado al límite extremo de la decadencia.

La historia de esta sociedad se mezcla con la de una estirpe familiar, los destinos de ambas se condicionan y retratan: la historia de Macondo es la de la familia Buendía y al revés. El primitivismo, el carácter subdesarrollado de la sociedad ficticia se hace patente en la hegemonía social que hereditariamente ejercen los Buendía en Macondo, y, sobre todo, en la naturaleza de esa institución familiar, gran asociación que crece con las nuevas generaciones y con la adopción de nuevos miembros por crianza o matrimonio, que mantiene su carácter piramidal y una férrea solidaridad entre sus miembros fundada no tanto en el afecto o el amor, como en un oscuro y poderosísimo instinto gregario tradicional, típico de instituciones primitivas como el clan, la tribu y la horda. Igual que en el caso de la sociedad ficticia, García Márquez tuvo que recurrir a ciertas estratagemas para conseguir también al nivel de la historia familiar la totalización. Los orígenes de la estirpe no tienen, como

HISTORIA DE
UNA FAMILIA

499

los de Macondo, fecha y nombre: se pierden en una humosa vaguedad, se divisan borrosos a distancia, como en la realidad real el origen de todas las familias. Remontando cualquier genealogía se pasa infaliblemente de la historia a la leyenda y al mito. Es lo que ocurre con los Buendía. ¿Quiénes eran, antes de que existiera Macondo? Por la rama materna, el más antiguo ascendiente que conocemos es una bisabuela de Úrsula Iguarán, que vivía en Riohacha en el siglo XVI, casada con un comerciante aragonés, y por la paterna, un tal José Arcadio Buendía, que por la misma época era un criollo cultivador de tabaco (p. 24). Las familias traban contacto cuando el aragonés se traslada a la sierra donde Buendía cultivaba tabaco y se hacen socios. Luego, la prehistoria genealógica de los Buendía da un salto temporal: «Varios siglos más tarde, el tataranieto del criollo se casó con la tataranieta del aragonés» (p. 24). Desde entonces, las familias permanecen en la ranchería de las sierras de Riohacha, que crece con ellas hasta convertirse en «uno de los mejores pueblos de la provincia» (p. 25), y, desde luego, a lo largo de los años, los matrimonios entre miembros de ambos clanes son constantes. Es la razón por la que, según una creencia familiar, una tía de Úrsula, casada con un tío de José Arcadio Buendía, engendra un monstruo (p. 25). El temor inveterado en las familias de que estas «dos razas secularmente entrecruzadas pasaran por la vergüenza de engendrar iguanas» hace que haya oposición cuando quieren casarse Úrsula Iguarán y José Arcadio Buendía, que son primos. Pese a ello, se casan. Este matrimonio es el límite entre la prehistoria y la historia de los Buendía; el cambio coincide significativamente con un desplazamiento y con una fundación: de las sierras de Riohacha, la pareja se traslada a Macondo y a partir de allí vamos a seguir, con minucia, el desarrollo de la estirpe hasta su declinación.

Incluida la pareja fundadora, José Arcadio Buendía y Úrsula Iguarán, siete generaciones de Buendías van a compartir la historia de su pueblo. La estratagema que da a esta familia unas dimensiones sensatas y la salva de una confusa proliferación de personas es la siguiente: la línea familiar se prolonga sólo por una rama de los varones, la de los José Arcadios. Los Aurelianos tienen descendencia que siempre queda truncada: el hijo del coronel Aureliano Buendía en Pilar Ternera (Aureliano José) muere sin dejar hijos y lo mismo los diecisiete Aurelianos engendrados por el coronel durante las guerras. Parecería que esta ley se contradice en la cuarta generación, ya que es Aureliano Segundo y no su hermano el padre de los Buendía de la quinta (José Arcadio el seminarista, Renata Remedios y Amaranta Úrsula); pero ocurre que los gemelos tienen caracteres y nombres trastocados, y que, en realidad, Aureliano Segundo es José Arcadio Segundo: la equivocación en el entierro restablece la verdadera relación entre las personas y nombres de los gemelos. Éstas son las siete generaciones:

primera) Úrsula Iguarán y José Arcadio Buendía;
segunda) José Arcadio el protomacho, el coronel Aureliano Buendía y Amaranta;
tercera) Arcadio (hijo de José Arcadio y Pilar Ternera), Aureliano José (hijo del coronel Buendía y Pilar Ternera), y diecisiete Aurelianos de la guerra;
cuarta) Remedios, la bella, José Arcadio Segundo y Aureliano Segundo;
quinta) José Arcadio el seminarista, Renata Remedios y Amaranta Úrsula (todos hijos de Aureliano Segundo y Fernanda del Carpio);
sexta) Aureliano Buendía, quien descifra los manuscritos, y
séptima) Aureliano, el niño monstruo (hijo de Aureliano el sanscritista y de su tía Amaranta Úrsula). El último de la estirpe vive apenas unas horas o minutos, antes que lo devoren las hormigas.

La historia de la familia, además de estar narrada verticalmente, siguiendo la cronología, lo está horizontalmente: las constantes y variantes que hay de padres a hijos y entre los miembros de cada generación; la vida pública de la familia, expuesta al conocimiento de todos los macondinos, y la vida íntima, oculta por los muros de la casa y que los demás sólo conocen por rumores o ignoran. Como la sociedad ficticia, la familia está concebida a imagen y semejanza de una institución familiar primitiva y subdesarrollada; también en ella identificamos ciertas características de un mundo preindustrial. El rasgo familiar dominante es la inferioridad de la mujer y esta división estricta de funciones perdura los cien años de la estirpe: los varones son los miembros activos y productores, los que trabajan, se enriquecen, guerrean y se lanzan en aventuras descabelladas, en tanto que la función de las mujeres es permanecer en el hogar y ocuparse de las tareas domésticas, como barrer, cocinar, fregar, bordar; en tiempos difíciles, pueden improvisar algún negocio casero, como los animalitos de caramelo que vende Úrsula (p. 53). El hombre es amo y señor del mundo, la mujer ama y señora del hogar en esta familia de corte feudal. Las mujeres tienen la responsabilidad de mantener la casa en pie, funcionando, las que deciden los cambios y mejoras, como lo hacen Úrsula (pp. 54; 168) y Renata Remedios (p. 318), poniéndose incluso al frente de «carpinteros, cerrajeros y albañiles». Estas matronas sometidas a maridos y padres están investidas, sin embargo, de una autoridad ilimitada sobre los hijos, que no cesa cuando éstos crecen, y pueden llegar a azotar en público a sus nietos maduros, como lo hace Úrsula con Arcadio, cuando éste quiere fusilar a don Apolinar Moscote (pp. 95-96), y decidir desde la cuna la vocación de los varones (Úrsula y Fernanda del Carpio educan al pequeño José Arcadio, hijo de ésta, para que sea seminarista y luego Papa), o el destino final de las mujeres, como cuando Fernanda del Carpio encierra a su hija Meme en un convento de clausura por sus amores con Mauricio Babilonia (pp. 250-252).

Hay dos pesos y dos medidas para los hombres y para SEXO las mujeres: aquéllos pueden realizar todos los oficios y actividades; éstas, confinadas al hogar, dirigen negocios domésticos o aprenden música (como Meme, que toca el clavicordio). Los hombres gozan también de una libertad que las mujeres no tienen: la sexual. A nadie sorprende en la familia que los varones, además de la mujer legítima, tengan queridas o amoríos en la calle, y las Buendía aceptan de buena gana criar a los hijos bastardos de sus maridos e hijos: Úrsula se hace cargo del hijo que tiene José Arcadio en Pilar Ternera, y del de Aureliano en esa misma mujer (pp. 39, 81). La orgullosa Fernanda del Carpio acepta con naturalidad que su marido tenga una amante oficial y lo único que le pide es que «no se dejara sorprender por la muerte en la cama de la concubina» (p. 182). En cambio, Fernanda no resiste la idea de que su hija Meme haya engendrado un hijo ilegítimo; piensa primero en ahogarlo, pero como le falta valor debe «soportarlo contra su voluntad por el resto de su vida» (p. 249). Úrsula, tan comprensiva y complaciente, no vuelve a ver más a Rebeca y a José Arcadio cuando se casan, porque no le perdona a *ella* esa «inconcebible falta de respeto» (p. 86). Así pues, a través de las peripecias de la familia Buendía, vemos que el ser señora establece limitaciones de las que están exoneradas las mujeres de la calle, concubinas o putas: la libertad de Pilar Ternera y la de Petra Cotes es casi tan grande como la de los varones en lo que se refiere al trabajo (ambas se mantienen a sí mismas, y Petra Cotes llega a mantener a la familia entera de su amante) y al sexo. En este detalle se percibe bien el carácter masculino feudal de la sociedad ficticia: esas mujeres gozan de tanta libertad porque son inferiores, porque son queridas o prostitutas. Las mujeres legítimas sólo tienen relaciones con sus maridos, públicamente; a veces, sin embargo, mantienen secretos amoríos semi o totalmente incestuosos con los sobrinos, como Amaranta con Aureliano José (p. 131) y Amaranta Úrsula con Aureliano (p. 335). Con la excepción de Rebeca (que es, significativamente, una hija de crianza) todas las Buendía llegan al matrimonio vírgenes (como Úrsula, Remedios Moscote, Fernanda del Carpio y Amaranta Úrsula), o mueren vírgenes si no se casan (como Amaranta y Remedios, la bella) o conocen sexualmente a un solo hombre en su vida (como Rebeca, Santa Sofía de la Piedad y Renata Remedios), si no llegan vírgenes al matrimonio o no se casan. Sólo una Buendía tiene relaciones extramatrimoniales (siempre dentro de la familia y secretas): Amaranta Úrsula con Aureliano Buendía, ya que Amaranta y Aureliano José apenas celebran amagos sexuales. Los varones, en cambio, lucen un prontuario sexual muchísimo más rico: salvo el bebe monstruo, ningún Buendía muere sin haber tenido experiencias sexuales, ninguno llega casto al matrimonio, y, con la excepción de José Arcadio el protomacho, todos los varones casados tienen relaciones sexuales extramatrimoniales, a veces abundantes, y queridas oficiales. Aparte de la vocación incestuosa que reaparece de generación en generación, la vida sexual de los Buendía es heterosexual, sin mayor imaginación ni complicaciones, lo que confirma también el primitivismo de este mundo. El único refinado sexual de la estirpe, José Arcadio, el ex seminarista, no se educó en Macondo sino en Roma: sibarita decadente, le gusta rodearse de niños y es muy posible que sea pederasta (pp. 313-317).

Los mitos y prejuicios sexuales más típicos de las sociedades subdesarrolladas figuran como verdades objetivas en Macondo: el placer sexual de la mujer es del tamaño del falo del varón que la fornica y el coito ejemplar es aquel en el que el varón domina, esclaviza y destruye y en el que la mujer es dominada, esclavizada y destruida, es decir el coito que reproduce la situación de servidumbre y dependencia en que se halla la mujer respecto del hombre en la sociedad. El gran fornicador de la estirpe, José Arcadio, debe su gloria ante las mujeres a la longitud sobresaliente de su órgano sexual: Pilar Ternera pierde la cabeza al descubrirlo «tan bien equipado para la vida» y primero lo manosea pese a ser un niño (p. 29), y luego lo lleva a la cama, aun a riesgo de despertar a su familia, que duerme en el mismo cuarto (p. 31). Al ver la desproporción del sexo de José Arcadio, Pilar Ternera pronostica: «Será feliz» (p. 29), y la mujer de circo, al ver el «magnífico animal en reposo» lo examina «con una especie de fervor patético» y exclama: «Muchacho... que Dios te la conserve» (p. 36). Cuando ya es un hombre, a José Arcadio le basta poner «sobre el mostrador su masculinidad inverosímil» para que las mujeres de la tienda de Catarino enloquezcan: «A las mujeres que lo asediaron con su codicia les preguntó quién pagaba más. La que tenía más ofreció veinte pesos. Entonces él propuso rifarse entre todas a diez pesos el número. Era un precio desorbitado, porque la mujer más solicitada ganaba ocho pesos en una noche, pero todas aceptaron» (p. 84). Ocurre que estas mujeres subdesarrolladas extraen todo su placer de la brutalidad que puede inferirles el varón en el acto del amor. Son animales pasivos a quienes, en el lecho, corresponde recibir, que alcanzan su máxima felicidad cuando el falo las obnubila y acerca a la muerte. En esto, todas las mujeres de Macondo son idénticas, sin distinción de clases. He aquí cómo padece la gitanilla a José Arcadio, el protomacho: «Al primer contacto, los huesos de la muchacha parecieron desarticularse con un crujido desordenado como el de un fichero de dominó, y su piel se deshizo en un sudor pálido y sus ojos se llenaron de lágrimas y todo su cuerpo exhaló un lamento lúgubre y un vago olor de lodo. Pero soportó el impacto con una firmeza de carácter y una valentía admirables» (p. 36). Firmeza de carácter y valentía *admirables:* toda la participación que se exige de la mujer en el amor es *sufrir* sin quejarse, *resistir* el impacto del varón. Pero lo ideal es que en este sufrimiento pasivo, en esta resistencia sin combate la mujer encuentre su placer, como Rebeca, cuando el protomacho la hace suya: «Ella tuvo que hacer un esfuerzo sobrenatural para no morirse cuando una potencia ciclónica asombrosamente regulada la levantó por la cintura y la despojó de su intimidad con tres zarpazos, y la descuartizó como a un pajarito. Alcanzó a dar gracias a Dios por haber nacido, antes de perder la conciencia en el placer inconcebible de aquel dolor insoportable, chapaleando en el pantano humeante de la hamaca que absorbió como un papel secante la explosión de su sangre» (pp. 85-86). El otro aventajado sexual de la estirpe, Aureliano el sanscritista, provoca también esta clase de placeres homicidas a las mujeres, gracias a la enormidad de su órgano. La prostituta Nigromanta, que se había preparado para «despacharlo como si fuera un niño asustado», se encuentra «con un hombre cuyo poder tremendo exigió a sus entrañas un movimiento de reacomodación sísmica» (p. 326). Ese poder tremendo de Aureliano, en el instante que penetra en la vagina de su tía Amaranta Úrsula, provoca este goce mortal: «Una conmoción descomunal la inmovilizó en su centro de gravedad, la sembró en su sitio, y su voluntad defensiva fue demolida por la ansiedad irresistible de descubrir qué eran los silbos anaranjados y los globos invisibles que la esperaban al otro lado de la muerte. Apenas tuvo tiempo de estirar la mano y buscar a ciegas la toalla, y meterse una mordaza entre los dientes, para que no se le salieran los chillidos de gata que ya le estaban desgarrando las entrañas» (p. 335). La vida de alcoba de la familia Buendía nos revela que en esta sociedad primitiva y machista no hay diferencias en lo relativo al sexo entre los grupos y clases sociales: amas de casa o aventureras, aristócratas o rameras son pasivas y gozan con el placer masoquista de ser brutalizadas, en tanto que las iniciativas y el placer sádico de brutalizar son privilegios reservados a los varones. Si hay mujeres que difieren de las otras en esto es, simplemente, porque son frígidas, como Fernanda del Carpio y Remedios, la bella.

A través de la historia de los Buendía descubrimos la estructura social de Macondo, o, mejor dicho, la evolución de esta estructura en su siglo de vida. Hasta la llegada de la primera ola de inmigrantes, Macondo es una comunidad igualitaria y patriarcal de tipo bíblico, en la que José Arcadio hace de guía espiritual, y en la que reina plena armonía entre sus miembros, tanto económica como socialmente: todos son los fundadores, todos comienzan a levantar sus casas y a cultivar sus huertas del mismo modo. Racialmente, los macondinos parecen ser en ese entonces criollos, como los antecesores de José Arcadio y de Úrsula, ya que los gitanos van y vienen, son aves de paso, y no pueden considerarse miembros de esa sociedad. La primera diferenciación social perceptible es resultado de la primera oleada de forasteros: junto a (por debajo de) esa clase social de fundadores, se instala en el pueblo una comunidad de comerciantes «árabes de pantuflas y argollas» (p. 39), que va a perdurar, con sus características originales, hasta la extinción de Macondo. Será siempre una colectividad cerrada sobre sí misma, dedicada al comercio, con la que el resto de la sociedad mantiene tratos económicos, y, quizás, amistad, pero con la que no se mezcla: en los días finales vemos emergiendo del diluvio a «los árabes de la tercera generación», «sentados en el mismo lugar y en la misma actitud de sus padres y sus abuelos, taciturnos, impávidos, invulnerables al tiempo...» (p. 281). Algunos árabes llegan a tener dinero, como Jacob, dueño de hotel de Macondo, y, a diferencia de lo que vimos en el pueblo, aquí no se detecta en las otras comunidades menosprecio contra los árabes: que éstos se mantengan aislados no parece debido a los otros, sino tal vez a ellos mismos. Lo que sí es evidente es que en la estructura social esta comunidad de comerciantes se halla debajo del estrato de los fundadores y, más tarde, del de los criollos: ni las responsabilidades políticas, sociales y militares, ni las grandes fortunas serán jamás de ningún árabe.

El caso de los indios o guajiros es distinto: confirmamos que están al pie de la pirámide, que su función es servir de domésticos y de bestias de carga a los demás. Visitación y su hermano Cataure, que llegan a Macondo con esa primera oleada de inmigrantes, son «dóciles y serviciales» y Úrsula se hace «cargo de ellos para que la ayudaran en los oficios domésticos» (p. 39). Son los seres distintos por antonomasia, y en su diferencia los otros ven barbarie e inferioridad: hablan «lengua guajira», sus comidas son «caldo de lagartijas» y «huevos de araña» (p. 39). Siempre los veremos de sirvientes, como a esta pareja de hermanos en casa de Úrsula, o como a los cuatro indios que llevan «cargada en un mecedor» a la abuela de la putita adolescente (p. 50). Sin embargo, la guerra puede llegar a abrir excepcionalmente las puertas del ascenso social a algún indio: el general Teófilo Vargas, por ejemplo, es un «indio puro, montaraz, analfabeto» (p. 145).

Es a partir de esa primera inmigración, que la casa de los Buendía va a ir adquiriendo cada vez más un halo feudal: de choza bíblica se convertirá en castillo de la Edad Media. A la casa solar se van añadiendo miembros de índole distinta hasta convertirla en una verdadera colmena: sirvientes (Cataure y Visitación), hijas de crianza (Rebeca), bastardos (Arcadio, Aureliano José) y semibastardos (Remedios, la bella, los gemelos José Arcadio Segundo y Aureliano Segundo), las esposas legítimas (Remedios, Fernanda del Carpio) y las ilegítimas (Santa Sofía de la Piedad), fuera de los hijos legítimos. Aparte de ello, la casa de los Buendía adopta de hecho a ciertos seres que pasarán en ella buena parte de su vida (como Melquíades, Pietro Crespi, Gerineldo Márquez) o de su muerte (como el propio Melquíades y Prudencio Aguilar). El vicio primordial de la casa es cultivar hasta la locura la hospitalidad: sus puertas están abiertas de par en par al forastero, sin condición de ninguna clase. Así, cuando llegan a Macondo los diecisiete bastardos del coronel Buendía, la mansión los acoge, los festeja «con una estruendosa parranda de champaña y acordeón» y a nadie le importa los destrozos que causan: «Hicieron añicos media vajilla, destrozaron los rosales persiguiendo un toro para mantearlo, mataron las gallinas a tiros, obligaron a bailar a Amaranta los valses tristes de Pietro Crespi, consiguieron que Remedios, la bella, se pusiera unos pantalones de hombre para subirse a la cucaña, y soltaron en el comedor un cerdo embadurnado de sebo que revolcó a Fernanda, pero nadie lamentó los percances, porque la casa se estremeció con un terremoto de buena salud» (pp. 187-188). Esta hospitalidad sin ceremonias, esta generosidad desenfrenada y primitiva, se pone también de manifiesto cuando Meme invita «a pasar una semana en familia» a «cuatro monjas y sesenta y ocho compañeras de clase» y los Buendía no sólo hospedan a esta muchedumbre sino que compran «setenta y dos bacinillas» para hacer frente a las circunstancias (pp. 223-224). La mansión alcanza su máxima prodigalidad en el período de bonanza que sigue a la firma del Tratado de Neerlandia, cuando llega la segunda gran oleada de inmigrantes y los Buendía abren sus puertas a la avalancha: «La casa se llenó de pronto de huéspedes desconocidos, de invencibles parranderos mundiales, y fue preciso agregar dormitorios en el patio, ensanchar el comedor y cambiar la antigua mesa por una de dieciséis puestos...». La casa dispone en esos días de cuatro cocineras que trabajan bajo la dirección de Santa Sofía de la Piedad; la ancianísima Úrsula truena cada mañana: «Hay que hacer carne y pescado... Hay que hacer de todo... porque nunca se sabe qué quieren comer los forasteros» (p. 198).

Con esa segunda oleada de inmigrantes Macondo va a sufrir otra gran transformación social. Junto a los grupos existentes, surgen otras comunidades: los gringos y los peones que vienen a trabajar en las bananeras (la hojarasca). La estructura semifeudal no desaparece del todo, sin embargo, coexiste con esas nuevas clases sociales —técnicos y obreros— típicas de una sociedad industrial; a partir de este momento, la composición social de Macondo será la de un país neocolonizado por el capital extranjero. Esa comunidad de gringos, que vive casi sin mezclarse con el resto del pueblo, pasa a ejercer el poder económico y político que era hasta entonces de los criollos (liberales o conservadores): los Buendía y los Moscote quedan convertidos en piezas de museo, a las que sólo resta compensar psicológicamente la pérdida del poder real con una nostalgia aristocratizante, y en afirmar, como hace Fernanda, que «la gente bien era la que no tenía nada que ver con la compañía bananera» o en hablar de «la sarna de los forasteros» (p. 217). Es una defensa subjetiva e inútil proclamar esa superioridad sobre los gringos: éstos hacen nombrar a los funcionarios locales y a los policías (p. 206), tienen a su servicio a los políticos (p. 196) y al Ejército (p. 257). La mejor prueba de la sustitución de poder en la sociedad ficticia es que hasta uno de los Buendía, José Arcadio Segundo, pasa a servir como *capataz* en la compañía bananera (p. 211). Las relaciones de los gringos con los macondinos son características de una sociedad neocolonial: viven dentro de su gallinero electrificado, en casas modernas y dotadas de toda clase de comodidades, y casi sin juntarse con los indígenas («... los bailes de los sábados, que eran los únicos en que los gringos alternaban con los nativos») (p. 234). Sólo contadas personas de la aristocracia de Macondo llegan a alternar con ellos, como Meme Buendía, que se hace amiga de

Patricia Brown y a quien los Brown invitan a almorzar, a bañarse en la piscina y a tocarles el clavicordio (p. 235). Aves de paso, con una lengua y unas costumbres distintas, están en Macondo sólo por razones de trabajo y de interés, sintiéndose siempre extranjeros, y, cuando la compañía se marcha, desaparecen con ella.

Es el caso, también, del otro grupo atraído a Macondo por la compañía bananera. El nombre que los designa en las ficciones anteriores, la hojarasca, aquí no aparece, pero la actitud de rechazo de los viejos macondinos hacia esos aventureros vulgares es la misma de los coroneles: «Los antiguos habitantes de Macondo se encontraban arrinconados por los advenedizos, trabajosamente asidos a sus precarios recursos de antaño» y pensaban que el pueblo se había «convulsionado por la vulgaridad con que los forasteros despilfarraban sus fáciles fortunas» (p. 217). La implantación de estos trabajadores agrícolas es también precaria, cuando la compañía parte se esfuman (los sobrevivientes, ya que en la matanza perecen tres mil). Siempre los vemos de lejos, por lo reacios que son los viejos macondinos a juntarse con ellos; el único obrero que conocemos es el distraído Mauricio Babilonia, aprendiz de mecánico, de «manos percudidas» y «uñas astilladas por el trabajo rudo» (p. 243), a quien no sólo la orgullosa Fernanda sino también el democrático Aureliano Segundo encuentran un candidato inaceptable para Meme (p. 248). José Arcadia Segundo no es un obrero, sino un capataz, que pasa a ser luego dirigente sindical. La decadencia de los Buendía se inicia con la fiebre del banano: pierden el poder, comienzan a arruinarse económicamente, la estirpe se disgrega por el mundo. La quinta generación se educa fuera de Macondo, José Arcadio y Amaranta en Europa, y Meme donde las monjas. Esta última, por sus amores secretos con Mauricio Babilonia, es sepultada en un convento, y su hijo ilegítimo, Aureliano, por la vergüenza que inspira a la familia, crece como un salvaje primitivo, como un antropófago (p. 139). Es la agonía de la estirpe: este bastardo *es* la sexta generación de los Buendía; la siguiente va a ser, literalmente, un animal: ese niño con cola de cerdo que se comen las hormigas. Como Macondo, la estirpe de los Buendía estaba ya muerta, cuando el viento final la desaparece.

USOS Y
COSTUMBRES La familia Buendía es, además, un espejo que refleja los usos y costumbres de la sociedad ficticia. A través de ella conocemos las creencias de los seres de Macondo, sus prejuicios, la manera como ocupan sus días y sus noches, las cosas que aman u odian. Estos usos y costumbres son heterogéneos, pero ello se detecta también en el hogar de los Buendía, donde repercuten las variantes y contradicciones del pueblo. Por ejemplo, así como Fernanda representa la rama más aristocrática y formalista, Úrsula encarna la mentalidad más desprejuiciada y popular.

A través de la familia, averiguamos la función exacta de la religión en la sociedad ficticia. Se trata de la religión católica, desde luego, salvo durante el período de la compañía, en el que aparece el protestantismo; pero, aparentemente, no sale del gallinero electrificado (a Úrsula le parecía bien que Meme fuera amiga de las muchachas norteamericanas siempre que «no se dejara convertir a la religión protestante») (p. 234) y desaparece con los gringos. El catolicismo se hace presente algo tarde en la historia de Macondo, con la venida del padre Nicanor Reyna cuando la segunda generación de Buendías es ya adulta. Hasta entonces los macondinos habían vivido «sujetos a la ley natural, sin bautizar a los hijos ni santificar las fiestas» (p. 76) y arreglaban «los negocios del alma directamente con Dios» (p. 77). Reciben con cierta reticencia al padre Reyna, pero éste los conquista con ayuda del milagro, emprende la construcción del templo y hace de Macondo una sociedad católica. Hay que entender esto en un sentido eminentemente social: desde entonces la religión estará asociada a todas las *ceremonias* importantes de la vida: nacimientos, bautizos (p. 81); matrimonios (p. 75); ofrendas, confirmaciones y confesiones (p. 188); educación (pp. 211, 299); muertes (p. 240) y duelos (p. 230). Este carácter social y práctico de la religión, ya advertido en las ficciones anteriores, está más acentuado: la religión sirve a Fernanda para librarse de la hija que la avergüenza, metiéndola a un convento (p. 250) y hasta para prevenir catástrofes (Amaranta Úrsula viaja a Europa con «un cuaderno escrito... por el padre Ángel, con seis oraciones para conjurar la tempestad») (p. 299). Los Buendía son católicos practicantes sólo en este sentido: se bautizan, se casan por la iglesia, envían a sus hijos a colegios religiosos, a veces se confiesan y reciben el viático antes de morir. Cuando la familia decide que uno de sus vástagos sea Papa, lo hace más por razones estéticas que religiosas (al pequeño José Arcadio, Úrsula «le frotaba los dientes con polvo de carbón para que tuviera la sonrisa radiante de un Papa, y le cortaba y le pulía las uñas para que los peregrinos que llegaran a Roma... se asombraran de la pulcritud de las manos del Papa cuando les echara la bendición, y lo peinaba como un Papa, y lo ensopaba con agua florida para que su cuerpo y sus ropas tuvieran la fragancia de un Papa») (p. 313). Pero para ninguno de los macondinos la religión católica es una fe profunda, una cosmovisión y una moral, una regla de conducta. En todos los casos es sólo una praxis social: la aceptación de rituales y formulismos que comprometen la apariencia, no el espíritu. Pero se pueden establecer diferencias en el grado de aceptación de este compromiso social con la religión en la realidad ficticia: en Macondo, por lo visto, la religión se toma más ligeramente que en esa ciudad lúgubre de las alturas, de donde procede Fernanda de Carpio, en la que hay «Treinta y dos campanarios», cuyas casas ostentan «oratorios» (p. 179), donde las niñas casaderas tienen «directores espirituales» que las ilustran sobre «las fechas de abstinencia venérea» (p. 181) y donde los padres de familia pertenecen a órdenes seglares como la Orden del Santo Sepulcro (p. 176). Nada de esto existe en Macondo, allí la religión se toma más alegre y superficialmente y se practica la superstición al mismo tiempo que el catolicismo: Fernanda del Carpio, al llegar donde los Buendía, reemplaza «el ramo de sábila y el pan que estaban colgados en el dintel desde los tiempos de la fundación» por «un nicho del Corazón de Jesús» (p. 184) e instala en la casa «un altar con santos de tamaño natural» (p. 185).

Así como el sentimiento católico es superficial y está, se diría, despojado de su esencia por los macondinos, tampoco existe en Macondo un sentimiento antirreligioso militante. Lo vemos claramente durante las guerras civiles. Uno de los soldados liberales cree ingenuamente que los revolucionarios están «haciendo esta guerra contra los curas para que uno se pueda casar con su propia madre» (p. 132). En realidad, los brotes anticlericales son efímeros y algo cómicos; no se trata de liquidar a la religión sino más bien de ponerla de parte del propio bando: Arcadio, jefe revolucionario de Macondo, «recluyó al padre Nicanor en la casa rural, bajo amenaza de fusilamiento, y le prohibió decir misa y tocar las campanas como no fuera para celebrar las victorias liberales» (p. 95). Un soldado conservador descalabra de un culatazo al padre Reyna (p. 92); son los conservadores quienes derriban a cañonazos la torre de la iglesia y los revolucionarios quienes la restauran. El padre Reyna comenta: «Esto es un disparate: los defensores de la fe de Cristo destruyen el templo y los masones lo mandan componer» (p. 119). Por lo demás, a medida que avanza la guerra, los dirigentes liberales olvidan su anticlericalismo inicial y deciden «renunciar a la lucha contra la influencia clerical para obtener el respaldo del pueblo católico» (p. 147). La cuestión religiosa no llega a ser un elemento muy profundo de división en las guerras de las sociedad ficticia, como no lo es tampoco la cuestión económica. La religión sale indemne del conflicto, tan epidérmica como antes, y la vemos cumpliendo sus funciones prácticas en el Tratado de Neerlandia, donde un «bullicioso grupo de novicias de hábitos blancos» sirve a los combatientes de ambos bandos (p. 154). Pero la religión es víctima también del deterioro, igual que la sociedad y que la estirpe Buendía. El principio del fin comienza después de la partida de la compañía y del diluvio, cuando el padre Ángel reemplaza al anciano padre Antonio Isabel: llega como «un cruzado de las nuevas hornadas, intransigente, audaz, temerario», pero «antes de un año estaba también vencido por la negligencia que se respiraba en el aire, por el polvo ardiente que todo lo envejecía...» (p. 293). El irreversible proceso se agrava con el sucesor del padre Ángel, cura anciano «cuyo nombre nadie se tomó el trabajo de averiguar» y quien «esperaba la piedad de Dios tendido a la bartola en una hamaca, atormentado por la artritis y el insomnio de la duda, mientras los lagartos y las ratas se disputaban la herencia del templo vecino» (p. 340). Esa religión que nunca tocó hondamente a los macondinos, pero que constituyó parte importante de su actividad social y pública y reguló su conducta exterior, está desapareciendo en la práctica, como ese templo que se comen los bichos. Las dos últimas generaciones de Buendías no se interesan ni siquiera por el aspecto decorativo y exterior de la religión: ni Aureliano Buendía ni el bebe monstruo son bautizados. Cuando el viento final se lleva a Macondo, la religión también era ya cadáver.

Las costumbres de Macondo tienen un aire provinciano y reminiscencias hispánicas. Los noviazgos y matrimonios, por ejemplo, cuyos ritos podemos estudiar en la familia Buendía. El noviazgo se ajusta a formas bastante rígidas, que se respetan escrupulosamente cuando Aureliano se enamora de Remedios Moscote. Se inicia con la petición de mano que hace el padre del novio a los padres de la novia: José Arcadia Buendía se viste con elegancia («se puso el traje de paño oscuro, el cuello de celuloide y las botas de gamuza») y los Moscote lo esperan también en traje de gala («se habían vestido con ropa formal, habían cambiado la posición de los muebles y puesto flores nuevas en los floreros, y lo esperaban en compañía de sus hijas mayores») (pp. 66-67). El parecer de la novia es solicitado, pero son los padres los que determinan la fecha de la boda. Durante el noviazgo, la pareja se ve únicamente en casa de la novia, que el novio tiene derecho a visitar, y —como durante el romance de Rebeca y Pietro Crespi, cuando Úrsula vigila desde un mecedor «la visita de los novios» (p. 79)—, a menudo delante de terceros: las hermanas de la novia, como le ocurre a Aureliano Buendía (p. 75) o la madre o una sirvienta, como le ocurre a Pietro Crespi (p. 79). El tiempo del noviazgo es variable: el de José Arcadio y Rebeca sólo dura tres días (p. 86), pero se trata de un matrimonio precipitado; lo normal parece ser que dure algunos meses, como el de Aureliano y Remedios y el de Aureliano Segundo y Fernanda, aunque no es raro que se prolongue años, como el de Pietro Crespi con Rebeca, o el de Pietro Crespi con Amaranta, o el seminoviazgo otoñal de la propia Amaranta con el coronel Gerineldo Márquez. El matrimonio se celebra en la iglesia: el «anormal» de José Arcadio y Rebeca tiene lugar «en la misa de cinco» (p. 86), pero esta ceremonia clandestina es inusual. Lo corriente es que sea a mediodía y que al acto religioso siga una fiesta. Cuando se casan Aureliano y Remedios, don Apolinar Moscote lleva a su hija «del brazo por la calle adornada con flores y guirnaldas, entre el estampido de los cohetes y la música de varias bandas» y Aureliano, el novio, «vestido de paño negro» «recibió a su novia en la puerta de la casa y la llevó al altar» (p. 75). La fiesta de boda de Aureliano Segundo y Fernanda es «una fragorosa parranda de veinte días» (p. 176). Los recién casados pueden poner casa aparte, como Rebeca y José

Arcadio, o integrarse a uno de los dos hogares, como una rama más del árbol familiar: Aureliano y Remedios, y Aureliano Segundo y Fernanda viven en casa de los Buendía luego de casarse.

Los niños de Macondo tienen pocas probabilidades de recibir una buena educación si no salen del pueblo: el único centro de enseñanza es la escuela primaria. Fue construida bastante entrado el siglo de vida de Macondo (cuando la tercera generación de Buendías eran hombres) gracias a las gestiones de don Apolinar Moscote, y el primer profesor es, naturalmente, un Buendía: Arcadio (p. 81). Lo que aprendían los niños no debía ser gran cosa, y, por lo demás, la guerra civil vino pronto a paralizar la escuela, cuando Arcadio «uniformó a sus antiguos alumnos» y desertó la enseñanza por las armas (pp. 94-95). La escuela queda convertida en *garçonnière* donde se aman Arcadio y Santa Sofía de la Piedad y luego en cuartel (p. 102). Más tarde, es destruida y reconstruida y queda a cargo de «don Melchor Escalona, un maestro viejo mandado de la ciénaga, que hacía caminar de rodillas en el patio de caliche a los alumnos desaplicados y les hacía comer ají picante a los lenguaraces...» (p. 130). La enseñanza en Macondo en ningún momento supera este estadio primario. Tan importantes como la escuela en la educación de los niños, son las familias: Amaranta es quien enseña a leer a los niños de la casa, durante su desvaído noviazgo con Gerineldo Márquez (p. 112). Para recibir instrucción un poco superior, hay que salir de Macondo, ir, por ejemplo, a un colegio de monjas en esa ciudad de la sierra donde enseñan a Renata Remedios a tocar el clavicordio (p. 211), o a Europa, como Amaranta Úrsula y José Arcadio. Sólo un puñado de macondinos tienen medios para enviar a sus hijos fuera. A los demás, no les queda otro remedio que ser autodidactas y tratar de aprovechar al máximo las enseñanzas de los transeúntes, como hace José Arcadio Buendía con Melquíades, quien lo inicia en las ciencias ocultas y desaparecidas. Algunos Buendía se entregan con devoción y hasta locura al estudio; pero el atroz aislamiento en que vive Macondo les suele jugar sangrientas burlas y anacronismos, como llevarlos a descubrir, después de extenuantes investigaciones, que «la tierra es redonda como una naranja» (p. 12) o «los fundamentos esenciales de la invención de los helados» (p. 192). Es comprensible que en estas condiciones no sea propiamente la ciencia la que prospere, sino, más bien, su caricatura o su prehistoria: la alquimia, el milagro, esa suerte de teología filológica que generan en la familia esos manuscritos que toda una rama de Buendías trata de descifrar. Se comprende, asimismo, que en esta sociedad de autodidactas y de analfabetos, los oficios sean también primitivos: se puede ser cazador, latifundista y propietario, como José Arcadio y Arcadio; inventor, como José Arcadio Buendía y Aureliano Triste; artesano (platero, por ejemplo), como el coronel Buendía; militar de facto, como Aureliano Buendía, Gerineldo Márquez y Magnífico Visbal; obrero, como Mauricio Babilonia; tratante de blancas, como Catarino, o vagabundo. Las posibilidades de las mujeres son aún más mediocres: ama de casa (Úrsula, Fernanda), sirvienta (Visitación), adivinadora (Pilar Ternera), organizadora de rifas (Petra Cotes). Las mujeres que trabajan por su cuenta no son amas de casa, sino concubinas, ocasionales o permanentes, y rameras (las de la tienda de Catarino). Todos los profesionales de Macondo vienen de afuera: los curas, el médico francés, los técnicos de la compañía, el entomólogo y aeronauta Gaston, el erudito librero catalán que regala maravillas bibliográficas.

Las diversiones son también las de un mundo atrasado y primitivo, aunque ellas registren una evolución mayor que otros aspectos de la vida en Macondo. Al principio, el único entretenimiento de las gentes es, como en cualquier aldea medieval, la llegada de los gitanos, que recorren el pueblo con «un grande alboroto de pitos y timbales» y hacen exhibiciones de magia, malabarismo y juegos de suerte (pp. 11-23). Estas ferias silvestres se convertirán más tarde en circos de payasos, elefantes, osos y dromedarios (p. 229). Los hermanos Bruno y Pietro Crespi son decisivos en lo que se refiere a las diversiones. Pietro trae la pianola y se diría que hasta las fiestas: enseña a bailar ortodoxamente a las muchachas «marcando el compás con un metrónomo» (p. 59), introduce «las danzas modernas» (p. 60), y luego instala en Macondo «un almacén con instrumentos músicos y juguetes de cuerda» (p. 69). Las casas se llenan de juguetes prodigiosos como bailarinas de cuerda, cajas de música, monos acróbatas, caballos trotadores y payasos tamborileros (p. 70). Cuando Pietro muere, su hermano Bruno toma el relevo, y, en la buena época de Macondo, construye el primer teatro, al que «las compañías españolas incluyeron en sus itinerarios»: «un vasto salón al aire libre, con escaños de madera, un telón de terciopelo con máscaras griegas, y tres taquillas en forma de cabezas de león por cuyas bocas abiertas se vendían los boletos» (p. 130). El propio Bruno estrena el cine en Macondo; la primera reacción de los macondinos es hostil: «optaron por no volver al cine, considerando que ya tenían bastante con sus propias penas para llorar por fingidas desventuras de seres imaginarios» (p. 194). Pero esta actitud cambia y el cine llega a ser una diversión generalizada: Fernanda del Carpio deja que sus hijos vayan al cine, si el padre Antonio Isabel ha autorizado la película (p. 231) y los enamorados suelen darse cita en él para besarse, como Mauricio Babilonia y Meme (p. 242). Aparte de estas diversiones elegantes, hay otras más rústicas y seguramente más populares. Las peleas de gallos eran un deporte que los Buendía practicaban antes de llegar a Macondo (en Riohacha, José Arcadio «pastoreaba sus gallos de pelea» y en la gallera tuvo el incidente con Prudencio Aguilar) (p. 25), pero en el Macondo de los primeros tiempos los gallos de pelea fueron «animales prohibidos» (p. 15). En algún momento la prohibición se levanta, pues durante las guerras hay «gallos de pelea en el patio de la casa cural» (p. 162), y luego vemos que es una diversión común en el pueblo: el Buendía más aficionado es José Arcadio Segundo, «diestro en las trampas de la gallera» (p. 163). Entre las fiestas populares de Macondo, figura el Carnaval, en el que se elige a una Reina para presidir los festejos: un año es Remedios, la bella (p. 172). Comparsas disfrazadas de otros pueblos vienen a la fiesta, con sus respectivas Reinas (así llega por primera vez a Macondo Fernanda del Carpio), el baile dura días, va acompañado de pirotecnia, y puede culminar en refriegas y matanzas (pp. 174-176). Fuera de estas diversiones sanas, los varones cuentan, desde luego, con el burdel, que en los comienzos del pueblo regenta el afeminado Catarino, y que luego prolifera y se exotiza con la llegada de las «cariñosas matronas de Francia» y, cuando la prosperidad que trae la compañía, con «un tren cargado de putas inverosímiles» que convierten la calle de las matronas «en un pueblo más extenso que el otro» (p. 197). Todo decae en el lugar, menos los burdeles: en su período final, gracias a la infatigable Pilar Ternera, Macondo llega al refinamiento extraordinario de tener «un burdel zoológico», El Niño de Oro, donde las bellas mulatas están rodeadas de «garzas de colores, caimanes cebados con cerdos, serpientes de doce cascabeles» y «un perrazo blanco, manso y pederasta» (pp. 332-333). La única actividad intensa en este Macondo que se van a llevar los vientos, y en el que todo lo demás está en agonía, es la fornicación, tanto la mercenaria como la espontánea (Aureliano y Amaranta).

Pero la familia Buendía no sólo es un espejo en el que podemos seguir, en pequeño, la vida de Macondo. Es también una familia específica, con una historia propia, distinta de la historia pública de sus miembros. La vida interior y secreta de los Buendía diseña un cuadro completo de las ventajas y desventajas, los goces y los dramas que esta institución gregaria da a sus integrantes. Ya hablamos de la solidaridad que los une, esa raíz que anida en todos: muchos se marchan, pero siempre acaban volviendo al seno de la institución, como si una fuerza irracional poderosísima los atrajera a la fuente. Es el caso de José Arcadio el protomacho, que huye con los gitanos, de José Arcadio el seminarista, de Amaranta Úrsula que arrastra de Europa a Macondo a su marido Gaston. Como los elefantes, los Buendía regresan a morir al lugar donde nacieron.[4] Esa solidaridad lleva a todos los Buendía a luchar en el mismo bando durante las guerras, o a tomar partido de alguna manera por la facción familiar: José Arcadio, indiferente al conflicto, salva sin embargo al coronel Aureliano Buendía de ser fusilado por Roque Carnicero (p. 115). Pero esa solidaridad que ante el mundo parece invulnerable es apariencia, vida externa. En el seno del hogar, la familia está también corroída (como el cuerpo social) por tensiones, rivalidades y hasta odios. Las apariencias, sin embargo, se guardan celosamente. La llegada de Pietro Crespi enemista para siempre a Amaranta y a su hermana (de crianza) Rebeca, pues ambas se enamoran de él: ningún macondino sabe nunca hasta qué punto el odio de Amaranta a Rebeca pudo ser tenaz, frío e implacable. Asimismo, salvo de la relación entre José Arcadio y Rebeca, oficializada por el matrimonio, es posible que nadie en el pueblo se enterara jamás de las tendencias incestuosas en la familia, de esas relaciones culpables entre Aureliano José y su tía Amaranta, y Aureliano y su tía Amaranta Úrsula. La familia tiene otros dramas de esta índole: si todo Macondo está, sin duda, enterado del origen de los Buendía bastardos engendrados por los varones, en cambio ignoran que Aureliano es hijo ilegítimo de Meme y que su padre es

---

[4] Con excepción de Meme, que muere en Cracovia, y de Santa Sofía de la Piedad, cuyo final ignoramos, todos los Buendía mueren en Macondo.

Mauricio Babilonia, a quien creen (falsamente) ladrón de gallinas.

HISTORIA INDIVIDUAL Ocurre que la novela no sólo describe una realidad social y una familiar, sino, simultáneamente, una realidad individual: es también la historia de ciertos individuos concretos, a través de los cuales vemos encarnada de manera específica esa suma de posibilidades de grandeza y de miseria, de felicidad y de desdicha, de razón y de locura que es el hombre, unidad básica de la vida ficticia. Así como la historia de Macondo es la de los Buendía, la historia de la estirpe se confunde con la de algunos de sus miembros. Dos, principalmente: un varón, el coronel Aureliano Buendía, y una mujer, Úrsula Iguarán. Los veinte años de guerra, esa quinta parte del siglo de Macondo, son la biografía de ese coronel ubicuo e incansable que aún no ha acabado de perder una guerra y está iniciando la siguiente. Al mismo tiempo, ese individuo es la personalidad fulgurante del libro, con sus extraordinarios contrastes —de apacible y apático ser que se transforma en figura épica, para luego, en la vejez, recobrar el retraimiento y la benignidad iniciales—, y la razón central de la gloria y el ascendiente de la familia sobre el pueblo. Pero el verdadero soporte, la columna vertebral de la familia es la menuda, activa, infatigable, magnífica Úrsula Iguarán, que guía esa casa de locos con puño firme a través de todas sus peripecias, y sólo se resigna a morir después del diluvio, cuando ya el desastre final parece inevitable. Pero aparte de esos dos seres concretos, cuya personalidad sobresale de las otras, en *Cien años de soledad* el resto de la humanidad no es una masa amorfa, un promiscuo horizonte: muchos individuos se destacan del conjunto, cada uno con cierta particularidad que lo aísla e identifica, y que representa una de las posibilidades o variantes (físicas, psicológicas, morales) de lo humano en la realidad ficticia.

En este nivel individual, la ambición totalizante, esa voluntad de abarcarlo y mostrarlo todo, se manifiesta en la variedad de tipos humanos que circula por el libro, y la minucia con que está descrita la intimidad de ciertos individuos, quiere mostrar el gran número de registros, de matices que la vida es capaz de adoptar en un solo ser. También en lo individual está representado en la realidad ficticia todo lo humano: en los Buendía se dan los especímenes más bellos del mundo (Remedios, la bella y Fernanda del Carpio) y los más horribles (¿qué cosa más fea que un niño con cola?), seres desmesurados, verdaderos gigantes (José Arcadio) o pequeños y menudos (Úrsula), gordos (Aureliano Segundo en sus buenos tiempos) o flacos (el coronel Buendía). Pero aún más que físicas, los Buendía ofrecen un abanico de posibilidades psicológicas y morales. Hay una primera gran división entre ellos: «Mientras los Aurelianos eran retraídos, pero de mentalidad lúcida, los José Arcadio eran impulsivos y emprendedores, pero estaban marcados por un signo trágico» (p. 159). Esto define las características generales de dos ramas masculinas (la ley se altera, en apariencia, en el caso de los gemelos que tienen nombres trastocados), pero, en realidad, la diferenciación entre los individuos es más compleja; además de esas cualidades genéricas de estirpe, los personajes tienen otras. Una de las más frecuentes es un complejo edípico que muchos superan sólo muy tarde o que no llegan nunca a superar: de ahí la vocación incestuosa que lleva a Aureliano José y a Aureliano a enamorarse de sus tías (en quienes, lógicamente, está representada la madre), y que induce a otros Buendía a enamorarse de mujeres mucho mayores que son también una sustitución inconsciente de la figura materna: José Arcadio y Aureliano se acuestan con Pilar Ternera, y falta poco para que lo haga Arcadio; José Arcadio el seminarista sueña con y diviniza a su tía bisabuela Amaranta de una manera que sólo cabe llamar sexual. En las mujeres se da también la relación edípica: Amaranta y Amaranta Úrsula ven inconscientemente en esos sobrinos que las aman a los hijos que *ninguna de las dos tiene*. También en el orden sexual coexisten en el grupo familiar los extremos: la lujuria desbocada (José Arcadio), la castidad e inocencia (Remedios, la bella), y el intermedio que constituiría la normalidad (José Arcadio el fundador, el coronel Buendía, José Arcadio Segundo). Estos individuos pueden tener un carácter extrovertido, sociable y parrandero (Aureliano Segundo), o ser de una timidez y mutismo tan grandes que parecen invisibles (Santa Sofía de la Piedad); amar la vida con un dinamismo formidable (Úrsula Iguarán y Amaranta Úrsula) o vivir sombríamente atraídos por la muerte (como Amaranta, que llega a ser «una especialista, una virtuosa en los ritos de la muerte») (p. 237); ser de una frugalidad ascética (el coronel Buendía) o heliogábalos (Aureliano Segundo); de una honradez meridiana (Úrsula, medio siglo después, sigue con un tesoro escondido esperando que sus propietarios vengan a reclamarlo) o pícaros inescrupulosos (José Arcadio se apodera de tierras ajenas, Arcadio aprovecha su cargo oficial para enriquecerse); idealistas generosos, con conciencia histórica y sensibilidad social (José Arcadio Segundo) o de una crueldad abstracta y un puritanismo terrorista (el coronel Buendía en una época); de una gran sencillez y sin prejuicios sociales, abiertos a toda clase de amistades y de maneras simples y directas (Úrsula, Aureliano Segundo) o vivir intoxicados de prejuicios y sueños aristocratizantes y ser amantes de los ritos y de las formas (Fernanda del Carpio). De la simplicidad animal de Remedios, la bella, los tipos psicológicos pueden llegar a complicarse en la familia hasta cuajar en el retorcido José Arcadio, fijado en su niñez por un complejo edípico (sus sueños eróticos con su tía bisabuela), y que luego cultiva compensatoriamente una pederastia pagana y esteticista, en la que él encarna a esa tía-madre, y los niños de que se rodea a ese niño que él nunca hubiera querido dejar de ser.[5]

Si salimos de la familia, este registro se enriquece con tipos humanos y rasgos psicológicos y morales nuevos. La ambigüedad y versatilidad de lo humano, que siempre desborda y destruye las categorías y dogmas que pretenden aprisionarlo, define la vida en la realidad ficticia. Por ejemplo, tener una posición política e ideológica justa no significa que el individuo no pueda ser un canalla, y, a la inversa, estar errado políticamente no impide que en el plano moral se sea una persona digna: el revolucionario Arcadio comete crímenes innobles, el reaccionario José Raquel Moncada procede siempre con la máxima decencia que le permiten las circunstancias. Los individuos cambian, a lo largo de sus vidas: el coronel Buendía que está dispuesto a fusilar a Gerineldo Márquez, su íntimo amigo, no es el idealista que inició la revolución porque se cometían injusticias. Las grandes pasiones en esta familia tienen que ver casi exclusivamente con la invención y con el sexo: unos Buendía se lanzan a empresas descabelladas con el ardor y la furia con que otros fornican. En ningún Buendía arde, por ejemplo, esa pasión destructiva, thanática, que anima al doctor Alirio Noguera, el «místico del atentado personal» (p. 91), ni hay esa fervorosa militancia de lo oculto, como en Melquíades. Ninguno es tan melodramático y sentimental como Pietro Crespi, ni tan austero, aristocrático y místico como don Fernando del Carpio. El amor, ya lo vimos, se da con complejidad y retorcimiento en muchos Buendía: en ninguno es tan natural e hi-

---

[5] Leopoldo Müller ha hecho una interpretación psicoanalítica (demasiado simple y esquemática) de *Cien años de soledad*. Véase «De Viena a Macondo», en Leopoldo Müller, Carlos Martínez Moreno, *Psicoanálisis y literatura en «Cien años de soledad»*, Montevideo, Fundación de Cultura Universitaria, 1969, pp. 1-57.

giénico como en Petra Cotes, y ningún Buendía es tan intelectual como Camila Sagastume que gana competencias gastronómicas mediante operaciones mentales. La amistad, curiosamente, parece sobre todo masculina: ninguna mujer tiene esas relaciones tan estrechas y profundas como las del coronel Buendía con Gerineldo Márquez, o la de José Arcadio Buendía con Melquíades, o la de Aureliano Buendía con Álvaro, Alfonso, Germán y el librero catalán. Las mujeres se dan menos a la amistad, viven más aisladas, son menos gregarias que los hombres en Macondo. También este inventario de lo individual es el de una sociedad primitiva: virtudes y defectos son los de un mundo pequeño, de cultura primaria, donde el instinto se manifiesta sin el disimulo y los intermediarios con que lo arropa la civilización industrial. Los Buendía son seres rústicos, los macondinos tienen la maldad y la bondad, los complejos y las emociones de una sociedad donde todas las personas se conocen por su nombre de pila.

b) Lo real imaginario

Lo real objetivo es una de las caras de *Cien años de soledad;* la otra, lo real imaginario, tiene el mismo afán arrollador y totalizante, y, por su carácter llamativo y risueño, es para muchos el elemento hegemónico de la materia narrativa. Conviene, antes que nada, precisar que esta división de los materiales en real objetivos y en real imaginarios es esquemática y que debe ser tomada con la mayor cautela: en la práctica, esta división no se da, como espero mostrar al hablar de la forma. La materia narrativa es una sola, en ella se confunden esas dos dimensiones que ahora aislamos artificialmente para mostrar la naturaleza total, autosuficiente, de la realidad ficticia.

Martínez Moreno ha levantado un inventario de prodigios en *Cien años de soledad*,[6] y esa enumeración exhaustiva de los materiales real imaginarios de la novela prueba que su abundancia e importancia, aunque indudables, no exceden, contrariamente a lo que se dice, la de los materiales real objetivos que acabamos de describir. El carácter totalizador de lo imaginario en la materia de *Cien años de soledad* se manifiesta no sólo en su número y volumen, sino, principalmente, en el hecho de que, como lo histórico y lo social, es de filiación diversa, pertenece a distintos niveles y categorías: también la representación de lo imaginario es simultáneamente vertical (abundancia, importancia) y horizontal (diferentes planos o niveles). Los sucesos y personajes imaginarios constituyen (dan una impresión de) una totalidad porque abarcan los cuatro planos que componen lo imaginario: lo mágico, lo mítico-legendario, lo milagroso y lo fantástico. Voy a definir muy brevemente qué diferencia, en mi opinión, a estas cuatro formas de lo imaginario, porque pienso que ello queda claro con los ejemplos. Llamo mágico al hecho real imaginario provocado mediante artes secretas por un hombre (mago) dotado de poderes o conocimientos extraordinarios; milagroso al hecho imaginario vinculado a un credo religioso y supuestamente decidido o autorizado por una divinidad, o que hace suponer la existencia de un más allá; mítico-legendario al hecho imaginario que procede de una realidad histórica sublimada y pervertida por la literatura, y fantástico al hecho imaginario puro, que nace de la estricta invención y que no es producto ni de arte, ni de la divinidad, ni de la tradición literaria: el hecho real imaginario que ostenta como su rasgo más acusado una soberana gratuidad.

---

[6] «Paritorio de un exceso vital», en Leopoldo Müller, Carlos Martínez Moreno, *op. cit.*, pp. 59-76.

Es en los primeros tiempos históricos (o, mejor, durante la prehistoria) de Macondo, cuando suceden sobre todo
hechos extraordinarios provocados por individuos con conocimientos y poderes fuera de lo común: se trata, principalmente, de gitanos ambulantes, que deslumbran a los
macondinos con prodigios. El gran mago realizador de maravillas es Melquíades, cuyos imanes pueden atraer «los calderos, las pailas, las tenazas y los anafes» de las casas y hasta
«los clavos y los tornillos» (p. 9). Dice «poseer las claves de
Nostradamus» (p. 13) y es un experto en conocimientos
marginales y esotéricos; trae la alquimia a Macondo y trata,
sin éxito, de persuadir a Úrsula de «las virtudes diabólicas
del cinabrio» (p. 13). A Melquíades no le ocurren cosas
imaginarias: él las provoca, gracias a sus artes mágicas, a ese
poder sobrenatural que le permite regresar de la muerte
hacia la vida «porque no pudo soportar la soledad» (p. 49).
El pobre José Arcadio Buendía trata desesperadamente de
dominar esas artes mágicas, de adquirir esos poderes, y no
lo consigue: no va nunca más allá de las realizaciones cien-
tíficas (real objetivas), como su descubrimiento de que la
tierra es redonda (p. 12) o su conversión en «mazacote seco
y amarillento» de las monedas coloniales de Úrsula (p. 32).
Esos poderes mágicos los tienen, en cambio, el armenio
taciturno inventor de un jarabe que lo vuelve invisible
(p. 22), y los mercachifles de esa tribu que han fabricado
«una estera voladora» (p. 33). No sólo los gitanos gozan de
poderes fuera de lo ordinario, desde luego. Pilar Ternera los
tiene, aunque en dosis moderada: las barajas le permiten
ver el porvenir, aunque un porvenir tan confuso que casi
nunca lo interpreta correctamente (p. 31). Petra Cotes, en
cambio, es un agente magnífico de lo real imaginario, ya
que su amor «tenía la virtud de exasperar a la naturaleza» y
de provocar «la proliferación sobrenatural de los animales»
(p. 166). Hay que hacer una distinción: Melquíades, el armenio taciturno y los gitanos de la estera voladora, son agentes
deliberados y conscientes de lo imaginario: su capacidad má-

gica es en buena parte obra de ellos mismos, resultado de artes y conocimientos adquiridos, y es una sabiduría que ejercitan con premeditación y cálculo. Éste es también el caso de Pilar Ternera, agente mínimo de lo real imaginario. Pero Petra Cotes es un agente *involuntario y casi inconsciente* de lo imaginario: sus orgasmos propagan la fecundidad animal sin que ella se lo haya propuesto ni sepa por qué ocurre. No es una maga que domina la magia: es magia en sí misma, objeto mágico, agente imaginario pasivo. Ésta es la condición de una serie de personajes de *Cien años de soledad*, que tienen virtudes mágicas, no conocimientos mágicos, y que no pueden gobernar esa facultad sobrenatural que hay en ellos, sino, simplemente, padecerla: es el caso del coronel Aureliano Buendía y su aptitud adivinatoria, esos presagios que es incapaz de sistematizar («Se presentaban de pronto, en una ráfaga de lucidez sobrenatural, como una convicción absoluta y momentánea, pero inasible. En ocasiones eran tan naturales, que no las identificaba como presagios sino cuando se cumplían. Otras veces eran terminantes y no se cumplían. Con frecuencia no eran más que golpes vulgares de superstición») (pp. 112-113); el de Mauricio Babilonia que se pasea por la vida con una nube de mariposas amarillas alrededor (p. 244), y, sólo por un instante póstumo, el de José Arcadio Buendía, a cuya muerte se produce «una llovizna de minúsculas flores amarillas» (p. 125).[7] El caso de Amaranta, quien ve a la muerte, es distinto y lo analizaré más adelante. En cambio, los gringos de la compañía tienen conocimientos que, más que científicos, deberíamos llamar mágicos: «Dotados de recursos que en otra época estuvieron reservados a la Divina Providencia, modificaron el régimen de lluvias, apresuraron el ciclo de las cosechas, y quitaron el río de donde estuvo siempre...» (p. 197).

---

[7] Si es que hay una relación de causa y efecto entre esa muerte y las flores, lo que el narrador no dice: dato escondido elíptico.

Una serie de personajes y de hechos imaginarios se distinguen de los mágicos porque su naturaleza extraordinaria se asocia a una fe religiosa, presupone un más allá, denota la existencia de un Dios (no es, de ningún modo, el caso de la magia). La mayoría de los personajes y hechos milagrosos se vinculan al culto, la simbología o el folclore cristianos: Francisco el Hombre es llamado así «porque derrotó al diablo en un duelo de improvisación» (p. 50); el padre Nicanor Reyna convence a los apáticos macondinos que den dinero para la construcción del templo mediante esta «prueba irrebatible del infinito poder de Dios»: levitar doce centímetros luego de tomar una taza de chocolate (p. 77); Fernanda del Carpio, niña, ve al fantasma de su bisabuela, «muerta de un mal aire que le dio al cortar una vara de nardos», cruzando el jardín en una noche de luna «hacia el oratorio» (p. 179); la cruz de ceniza que queda indeleblemente marcada en la frente de los diecisiete Aurelianos expresa la misteriosa voluntad de Dios o del diablo (p. 188); la ascensión en cuerpo y alma de Remedios, la bella, al cielo es tachada por los macondinos de milagro «y hasta se encendieron velas y se rezaron novenarios» (p. 205). Remedios sube al cielo como lo hacen la Virgen y las santas en la imaginería católica y Fernanda hace bien en reclamarle «a Dios que le devolviera las sábanas» que escoltaron a la bella (p. 205). El diluvio de cuatro años, once meses y dos días (p. 267) se parece muchísimo al que anega las páginas del Antiguo Testamento.

Aparte de estos hechos y personajes cuya naturaleza milagrosa se liga a la religión cristiana en términos más o menos ortodoxos, hay otros, vinculados a desviaciones o deformaciones de la fe cristiana (superstición) y a distintas religiones (doctrina de la reencarnación, espiritismo, creencias esotéricas). Es el caso de todos los hechos imaginarios que tienen que ver con la muerte: describir lo que ocurre en el más allá, en esa otra vida que comienza después de la muerte, presupone una fe, las experiencias de los muertos son todas milagrosas. Macondo está lleno de seres que resucitan por breves o largas temporadas: Prudencio Aguilar, Melquíades, José Arcadio Buendía, la bisabuela de Fernanda del Carpio, y hay un ser de dudosa condición vital o mortal, José Arcadio Segundo, quien después de la matanza de trabajadores parece primero un sobreviviente y luego un fantasma (p. 266). La muerte es varias cosas: una «mujer vestida de azul con el cabello largo, de aspecto un poco anticuado» y «tan real, tan humana» que llega a pedir ayuda para ensartar una aguja (p. 238) y que advierte (de manera un poco oscura) a los vivos cuándo van a morir, como lo hace con Amaranta (p. 238). De otro lado, es una dimensión de la realidad que se parece muchísimo a la vida. Hay en ella *espacio*, se trata de un lugar al que se pueden enviar cartas y mensajes escritos, como hacen los macondinos cuando muere Amaranta Buendía (p. 239) o mensajes orales, como hace Úrsula cuando ve pasar el cadáver de Gerineldo Márquez («—Adiós, Gerineldo, hijo mío —gritó—. Salúdame a mi gente y dile que nos vemos cuando escampe» [p. 271]), un lugar por donde uno se desplaza, cuya geografía calca la de la vida: Prudencio Aguilar tiene que recorrer un largo trecho antes de encontrar Macondo «porque Macondo fue un pueblo desconocido para los muertos hasta que llegó Melquíades y lo señaló con un puntito negro en los abigarrados mapas de la muerte» (p. 73). Es también una dimensión donde existe el *tiempo:* cuando José Arcadio Buendía ve aparecer a Prudencio Aguilar queda «asombrado de que también envejecieran los muertos» (p. 73) y, años después, el mismo Prudencio Aguilar está «casi pulverizado por la profunda decrepitud de la muerte» (p. 124). En la muerte no sólo se envejece, también se puede morir: Prudencio Aguilar está aterrado por «la proximidad de la otra muerte que existía dentro de la muerte» (p. 73), y en los últimos días de Macondo vemos a Melquíades yéndose «tranquilo a las praderas de la muerte defi-nitiva» (p. 301). Dotada de espacio y de tiempo, la muerte es, como la vida, una dimensión donde se sufre físicamente (Úrsula sorprende a Prudencio Aguilar «lavándose con el tapón de esparto la sangre cristalizada en el cuello» de la herida que lo mató) (p. 26), y, sobre todo, moral y emocionalmente (Melquíades regresa de la muerte «porque no pudo soportar la soledad») (p. 49), José Arcadio es encontrado ahogado en la alberca «todavía pensando en Amaranta» (p. 317), Prudencio Aguilar denotaba «la honda nostalgia con que añoraba a los vivos» (p. 27), una dimensión donde es posible aburrirse (José Arcadio Buendía y Prudencio Aguilar planean un criadero de gallos de lidia «por tener algo con qué distraerse en los tediosos domingos de la muerte») (p. 124) y donde se prolonga la costumbre de dormir (el espectro de José Arcadio Buendía despierta sobresaltado cuando su hijo Aureliano le orina bajo el castaño) (p. 226).

LO MÍTICO-LEGENDARIO   La figura real imaginaria del Judío Errante en las calles de Macondo, donde es visto por el padre Antonio Isabel (p. 291) y luego cazado como un animal dañino (p. 292), no es un milagro sino un prodigio de tipo mítico-legendario: el Judío Errante tiene que ver más con una tradición literaria que con una creencia religiosa, y constituye una apropiación por *esta* realidad fícticia de un elemento que pertenece a *otras,* en este caso a una realidad mítico-legendaria presente en diversas culturas y que ha alimentado varias literaturas. Esta apropiación del legendario Judío Errante va acompañada de una deformación, de una reinvención del personaje imaginario. En la leyenda, el mítico ser condenado a vivir hasta el fin del mundo por haber golpeado a Jesús en el camino hacia la cruz, es un hombre de carne y hueso (Ashaverus), no distinguible de los demás hombres por rasgos físicos extraordinarios, sino, únicamente, por esa maldición que pesa sobre él y lo lleva a cruzar vivo las edades y a vagabundear sin descanso. Esta leyenda, que aparece en incontables dramas, poemas y novelas, en *Cien años de soledad* se reduce a un nombre: el Judío Errante. No hay ninguna alusión a la leyenda. Y, además, luce dos variantes: el Judío Errante es un monstruo irresistible («Tenía el cuerpo cubierto de una pelambre áspera, plagada de garrapatas menudas, y el pellejo petrificado por una costra de rémora» y su sangre es «verde y untuosa») (p. 292), y mortal: perece ensartado en las varas de una trampa, es colgado en un almendro, incinerado en una hoguera. De la misma manera que el Judío Errante, «el fantasma de la nave corsario de Victor Hugues» que José Arcadio divisa en el mar Caribe (p. 84) es un ser real-imaginario, no producido por la magia ni por la fe, sino por la historia francesa (puesto que Victor Hugues efectivamente existió y estuvo en el Caribe) y por la literatura (la novela *El siglo de las luces* de Alejo Carpentier, donde este personaje histórico es recreado de manera mítico-legendaria). El caso del coronel Lorenzo Gavilán es distinto: en sí mismo se trata del personaje más real objetivo que cabe imaginar. Su presencia en Macondo es real imaginaria, ya que —como el Judío Errante, como Victor Hugues—, el coronel Gavilán tenía ya, fuera de esta realidad ficticia, una existencia mítico-legendaria: era un personaje de la novela *La muerte de Artemio Cruz,* de Carlos Fuentes. Esa mudanza de Lorenzo Gavilán de la realidad mítico-legendaria de la que procede hacia Macondo (pp. 254, 259) es lo que constituye el hecho imaginario. Lo mismo sucede con la indicación de que Gabriel vive en París «en el cuarto oloroso a espuma de coliflores hervidos donde había de morir Rocamadour» (p. 342). El cuarto de Rocamadour tiene una existencia literaria, forma parte de otra realidad ficticia (*Rayuela,* de Julio Cortázar), y su tránsito de allí a la realidad ficticia de *Cien años de soledad* es de naturaleza imaginaria.

La realidad ficticia, además de utilizar el mito y la leyenda (en su sentido histórico, religioso y literario) como materiales, muestra también cómo surgen, se conservan y mueren. Los hechos históricos pueden tornarse mítico-legendarios, como ocurre durante las guerras civiles con el coronel Aureliano Buendía y la leyenda de su ubicuidad: «Informaciones simultáneas y contradictorias lo declaraban victorioso en Villanueva, derrotado en Guacamayal, devorado por los indios motilones, muerto en una aldea de la ciénaga y otra vez sublevado en Urumita» (p. 116). La realidad histórica se disuelve aquí en mito y leyenda por exceso de credulidad. Cincuenta años más tarde, esa misma realidad histórica se desvanecerá en mito o leyenda por exceso de incredulidad, cuando, en los días finales de Macondo, muchos macondinos, como la mamasanta de las muchachitas que se acuestan por hambre, crean «que el coronel Aureliano Buendía... era un personaje inventado por el gobierno como un pretexto para matar liberales» (p. 329), o que era sólo el nombre de una calle, como piensa el último cura de Macondo (p. 344). Este proceso de disolución de lo histórico en lo mítico-legendario, se puede acelerar brutalmente, mediante el uso de la represión, del terror, de la manipulación del espíritu de las gentes, como sucede con la matanza de trabajadores, que, inmediatamente después de ocurrida, pasa a ser mito o leyenda debido a la incredulidad forzada de los macondinos (pp. 261-262).

LO FANTÁSTICO Una vez mencionados los principales sucesos y personajes mágicos, milagrosos y mítico-legendarios de *Cien años de soledad,* aún queda una masa considerable de materiales imaginarios que no encajan en ninguna de las formas anteriores: no son provocados por artes o poderes ocultos, no se vinculan a una fe, no derivan de una realidad mítico-legendaria. Algunos de estos episodios que llamo fantásticos (son una pura objetivación de la fantasía, estricta invención) bordean lo real objetivo, del que parecen apenas una discreta exageración, y podrían ser considerados sólo insólitos (es decir aún dentro de la realidad objetiva), en tanto que otros, por su ruptura total con las leyes físicas de causalidad, pertenecen a lo imaginario sin la menor duda. Lo cual quiere decir que aun dentro de lo fantástico puro se podría (sería naufragar en un esquematismo demencial) establecer distinciones: otra prueba de la vocación totalizadora con que se presenta lo real imaginario en *Cien años de soledad*. Los sucesos fantásticos son una buena parte de la materia del libro, los que hieren más vivamente al lector por su plasticidad, su libertad y su carácter risueño.[8] He aquí los principales: niños que nacen con una cola de cerdo (pp. 25, 347), agua que hierve sin fuego y objetos domésticos que se mueven solos (pp. 37, 305), una peste de insomnio y una de olvido (pp. 39-49), huesos humanos que cloquean como una gallina (p. 42), sueños en que se ven las imágenes de los sueños de otros hombres (p. 45), un hilo de sangre que discurre por Macondo hasta dar con la madre del hombre del que esa sangre mana (p. 118), un niño que llora en el vientre de su madre (p. 214), manuscritos que levitan (p. 314), un tesoro cuyo resplandor atraviesa el cemento (p. 314), un burdel zoológico cuyos animales son vigilados por un perro pederasta (p. 333), un huracán que arranca a un pueblo de cuajo de la realidad (p. 350). Algunos de estos hechos, por los adjetivos que los escoltan, podrían tal vez incluirse entre los milagros, como ocurre con los manuscritos a los que «una fuerza *angélica* [...] levantó del suelo», y con la tormenta

---

[8] También respecto al humor se verifica el impulso totalizador. Aparece en todas sus posibilidades, desde el más fácil y superficial, el juego de palabras, como «pendejo menjunje de jarapellinosos genios jerosimilitanos» (p. 193), hasta las formas más bizantinas del humor negro, como Amaranta Úrsula y el pequeño Aureliano jugando con la centenaria Úrsula a la que «tuvieron por una gran muñeca decrépita que llevaban y traían por los rincones, disfrazada con trapos de colores y la cara pintada con hollín y achiote, y una vez estuvieron a punto de destriparle los ojos como le hacían a los sapos con las tijeras de podar» (p. 277).

final, descrita como un «huracán *bíblico*» (p. 350), pero, en realidad, esos adjetivos no son usados en un sentido estricto sino metafórico. En todo caso, lo que me interesa con esta división de los planos de lo imaginario, no es censar la exacta filiación de los materiales imaginarios de *Cien años de soledad,* sino mostrar que también en este dominio la materia de esta ficción aspira a la totalidad, a abrazar todos los niveles de esa dimensión, como en el caso de los materiales real objetivos.

II) Una forma total

La ambición totalizadora de la materia de *Cien años de soledad* significaría poca cosa si García Márquez no hubiera encontrado una forma capaz de realizarla, ciertos métodos de escritura, cierta estrategia de composición que reflejaran la autosuficiencia de la realidad ficticia, su carácter acabado. *Cien años de soledad* es uno de los pocos ejemplos de novela contemporánea cuya estructura haya plasmado tan eficazmente ese instinto totalizador que anima a toda materia narrativa.

a) El punto de vista espacial: las mudas del narrador

El punto de vista espacial es la relación entre el espacio del narrador y el de lo narrado, entre los lugares que ambos ocupan. El narrador puede estar dentro del mundo narrado, fuera de él o en una posición intermedia y dudosa. El punto de vista espacial es revelado por la persona gramatical desde la que se narra: la primera (yo, nosotros) indica que el narrador forma parte del mundo narrado; la tercera (él, ellos) indica una posición de exterioridad respecto de lo narrado, y la segunda (tú, vosotros) una colocación ambigua: el narrador puede estar dentro, ser una conciencia que se habla a sí misma (Tú vas, Tú matas, Tú te levantas) o estar fuera, ser una voz que mediante imperativos va decidiendo la narración (Tú vas, Tú matas, Tú te levantas).

¿Cuál es la relación espacial entre el narrador y lo narrado en la primera frase de la novela? «Muchos años después, frente al pelotón de fusilamiento, el coronel Aureliano Buendía había de recordar aquella tarde remota en que su padre lo llevó a conocer el hielo». La situación del narrador es clarísima: narra desde la tercera persona, está fuera del mundo narrado, habla desde una exterioridad. Esta mirada que se proyecta sobre la ficción y la relata, que ve todo, que sabe todo, que está en todas partes de lo narrado, y a la que, sin embargo, no vemos, esa voz invisible que lo dice todo menos a sí misma, son las del clásico narrador omnisciente, invisible y exterior, que narra una realidad de la que no forma parte. Ésta va armándose, haciéndose bajo la mirada locuaz de ese narrador-dios exterior a ella. Ese narrador es omnisciente precisamente porque el estar fuera del mundo narrado le da una perspectiva total sobre ese mundo, en tanto que la perspectiva de un narrador-personaje está espacialmente limitada a la situación que ocupa dentro de ese mundo: su visión es más corta, sólo es total en lo que se refiere a sí mismo, y aun así. Este narrador que sabe cómo «Muchos años después Aureliano Buendía recordaría la tarde en que conoció el hielo», abarca con su mirada todo lo que ocurre en la realidad ficticia, la vida exterior (los hechos y el paisaje) y la interior (pensamientos, sueños, emociones), y está simultáneamente en todos los puntos y perspectivas de lo narrado, puede asociar hechos que ocurren en lugares muy apartados uno de otro.

Ahora bien: ¿este narrador-dios, omnisciente, ubicuo, exterior e invisible sigue siendo el mismo que narra la última frase de la novela: «Sin embargo, antes de llegar al verso final ya había comprendido que no saldría jamás de ese cuarto, pues estaba previsto que la ciudad de los espejos (o los espejismos) sería arrasada por el viento y desterrada de la memoria de los hombres en el instante en que Aureliano Babilonia acabara de descifrar los pergaminos, y que todo lo escrito en ellos era irrepetible desde siempre y para siempre, porque las estirpes condenadas a cien años de soledad no tenían una segunda oportunidad sobre la tierra»? Ya no se trata del mismo, aquel narrador que creíamos situado *fuera* del mundo narrado ha sufrido una *muda o salto cualitativo* y ha pasado a formar parte de la realidad ficticia, se ha convertido en narrador-personaje. En un sentido no directo sino indirecto, pero de manera que no deja dudas, a cierto personaje le ocurre al final de *Cien años de soledad* lo que a algunos personajes de la segunda parte del *Quijote:* el haber leído la primera. Con Aureliano, el sanscritista que descifra esos manuscritos que ya habían intentado leer sin éxito otros miembros de la estirpe, descubrimos que allí está la historia de Macondo y de la familia «escrita por Melquíades hasta en sus detalles más triviales con cien años de anticipación» (p. 349). A medida que se acerca en la lectura al momento que vive, esos cien años de anticipación van acortándose, lo narrado y lo sucedido se van aproximando hasta coincidir totalmente («empezó a descifrar el instante que estaba viviendo, descifrándolo a medida que lo vivía, profetizándose a sí mismo en el acto de descifrar la última página de los pergaminos, como si se estuviera viendo en un espejo hablado») (p. 350): la coincidencia sella la desaparición de lo sucedido y lo narrado. Lo que Aureliano Babilonia lee en los últimos instantes de su vida es lo que los lectores han leído hasta ese momento, lo que Melquíades escribió dentro de la historia que cuenta *Cien años de soledad* es *Cien años de soledad.* El narrador no era un narrador-dios, alejado de la realidad ficticia, sino un narrador-personaje (dotado de poderes mágicos, desde luego, un personaje real imaginario) que narraba la historia indirectamente, a través de unos manuscritos, escritos *dentro* de la novela, y que sólo en las últimas líneas descubrirá el lector que son la novela misma: Melquíades es el narrador de *Cien años de soledad*. Así, al final, sabemos que el narrador era pieza integrante de la realidad ficticia, es decir alguien (algo: los manuscritos) que va a desaparecer con Macondo, que va a ser destruido junto con lo narrado. La profecía de Melquíades y sus manuscritos no han sido forjados en una exterioridad sino en el seno mismo de la realidad ficticia. En el instante en que el narrador y lo narrado coinciden, ambos desaparecen.

Esta muda o salto cualitativo en el punto de vista espacial, que torna al narrador omnisciente, ubicuo y distante (el narrador-dios) del principio, en el narrador omnisciente, ubicuo pero *implicado* (el narrador-personaje) del final, es sumamente sutil (y dudosa, ya veremos); porque no se registra a través de un cambio de la persona gramatical, una muda del *él* al *yo:* el artilugio de los manuscritos permite al narrador-personaje narrar en la misma persona que lo hacía el narrador-dios. Es decir, esta muda espacial no consta al nivel de la escritura: salvo un brevísimo momento, toda la novela está narrada desde la tercera persona del singular, la atalaya espacial tradicionalmente usada por el narrador-dios, que está en todas partes y en ninguna de lo narrado, cuya existencia presupone por tanto una *exterioridad,* algo ajeno, distinto a la realidad ficticia, la existencia de *otra* realidad: eso es justamente lo que ha querido evitar *Cien años de soledad* en su voluntad totalizante. Para eliminar ese presupuesto sobreviene esa muda en el punto de vista espacial mediante la cual lo narrado absorbe en las páginas finales del libro al propio narrador. Esa muda a través de la cual la realidad ficticia, en el instante de desaparecer, mediante la estratagema del desciframiento de los manuscritos, canibaliza a su propio narrador para *destruirse con él,* quiere precisamente crear la ilusión de que nada existe fuera de la propia realidad ficticia: un narrador-dios desmentía esa pretensión, implicaba la existencia de una realidad distinta (aquella desde la cual el narrador-dios narraba), la vocación de totalidad de lo narrado quedaba de este modo minimizada o frustrada. Esa tentativa espacial de devorar al propio narrador, de perderse con él, reafirma, en el dominio espacial, esa voluntad de autosuficiencia y de absoluto presente en la materia del libro. La realidad ficticia lo es todo: en ella mismo se halla su origen, es simultáneamente quien crea y lo creado, el narrador y lo narrado, y así como su vida es *toda* la vida, su muerte es también la extinción de *todo*: la novela perpetra así el mismo deicidio que el novelista quiere perpetrar en el ejercicio de su vocación, esta ambición se refleja en aquélla. Pero en ambos casos, esa pretensión sólo consigue una apariencia, un espejismo.

Fuera de este salto del narrador-dios al narrador-personaje, se produce también, por un instante, una sustitución *visible* del punto de vista espacial (una muda de la persona gramatical) dentro del relato del narrador-dios: durante el monólogo enfurecido, quejándose de su vida, de Fernanda del Carpio ante Aureliano Segundo (pp. 274-276). Allí, por un momento, quien narra ya no es el narrador-dios sino un narrador-personaje, es la propia Fernanda quien habla al lector: se trata de la única ruptura de estilo que registra la novela. Pero esa pequeña muda espacial es secundaria y no tiene relación con esa muda esencial del narrador-dios al narrador-personaje que sucede al final.

Esta muda espacial consiste, al mismo tiempo, en una inversión de dos cajas chinas. El procedimiento de *la caja china consiste en contar una historia como una sucesión de historias que se contienen unas a otras: principales y derivadas, realidades primarias y realidades secundarias.* En un principio, la historia de *Cien años de soledad* representa una realidad que forma parte de (contenida en) una realidad más vasta: ésa en la que se halla el narrador-dios, ésa desde la cual éste contempla e inventa la realidad ficticia. La realidad primaria, en ese caso, es la del narrador-dios y la secundaria, derivada o contenida, la ficticia. Al final esa relación se ha invertido: ese contexto del texto, esa realidad exterior y primaria en la que se halla el narrador-dios ha desaparecido, y se pretende que creamos que nunca existió. Ahora la realidad primaria es la ficticia, y el narrador es una realidad secundaria, contenida dentro de aquélla. Así, la realidad ficticia se ha convertido en un mundo autosuficiente y soberano, no contenido dentro de ninguna otra realidad. De este modo, la estructura refleja la gran ambición de la materia: describir una realidad hasta agotarla, ser su propio principio y su fin. Esa ambición decide la elección del punto de vista espacial, ese juego que consiste en invertir los espacios del narrador y lo narrado, en mudar al narrador-dios en un narrador implicado.

Esta muda en *Cien años de soledad* es exactamente la inversa a la que ocurre en *Madame Bovary*. La novela de Flaubert se abre ante el lector gracias a un narrador implicado, un narrador-personaje que narra desde la primera persona del plural: Nous. Ese *nosotros* puede ser toda esa comunidad de estudiantes que ve entrar un día al salón de clases al joven Bovary (un narrador-personaje colectivo) o una persona concreta de esa comunidad que utiliza el nosotros por discreción o modestia, y que luego, podemos suponer, se va a identificar como se identifica sólo a la mitad del libro, por ejemplo, el narrador-personaje de *La peste,* de Camus. Así, quien comienza a contar la historia de *Madame Bovary* es alguien que forma parte del mundo narrado, alguien con una limitación precisa de visión y de conocimiento sobre la realidad que narra. ¿Qué ocurre luego? Se produce una muda espacial: quien narraba desde un «nosotros» pasa a narrar desde un «él», el narrador que parecía formar parte del mundo narrado se distancia, se invisibiliza, se convierte en un ser omnisciente, ubicuo y exterior, muda de narrador-personaje a narrador-dios. Exactamente al contrario de lo que ocurre en *Cien años de soledad*, en *Madame Bovary* el narrador transita de la realidad ficticia a una exterioridad y convierte a esa realidad ficticia en una realidad contenida dentro de otra más vasta.

Se trata, claro está, de pura apariencia, de simulación, de juego: en verdad, el narrador no desaparece con Macondo, puesto que, además, Macondo tampoco desaparece. Es en este sentido que hay que entender el descubrimiento de Aureliano, según el cual «la literatura es el mejor juguete que se había inventado para burlarse de la gente» (p. 327). Lo que ocurre en el instante de esa muda en el punto de vista espacial de las páginas finales de *Cien años de soledad*, cuando se nos revela que el narrador-dios era un narrador-personaje, es, simplemente, lo que ocurre en toda ficción narrada por un narrador, personaje, por un yo/nosotros directo o (como en este caso) indirecto: implícitamente se produce una caja china, un desdoblamiento del narrador. El verdadero narrador permanece totalmente oculto, totalmente invisible, y lo mismo esa realidad en la que se halla, exterior, más vasta y que contiene a la realidad ficticia: sólo aparece ese representante suyo, disimulado, disfrazado, minimizado en sus conocimientos y visión si es un narrador-personaje que aspira a ser real objetivo, o dotado de los mismos atributos que el narrador-dios si es un narrador-personaje real imaginario, pero que, en última instancia, no es *nunca* el verdadero narrador, porque éste *siempre* narrará desde una exterioridad, nunca podrá formar parte, ser prisionero de la realidad ficticia.[9] En todo caso, lo que me importa aquí es señalar cómo en el punto de vista espacial se inyecta la voluntad totalizadora que permea a toda esta ficción.

---

[9] Nada sería más absurdo, desde luego, que confundir a este primario, secreto narrador-dios desdoblado en un narrador-personaje con *el autor*.

b) El punto de vista temporal: el tiempo circular, episodios que se muerden la cola

El punto de vista temporal es la relación entre el tiempo desde el que se narra y el tiempo narrado; lo determina el tiempo verbal que usa el narrador y las posibilidades son varias: el narrador se halla en un presente para narrar hechos pasados (Juan ha salido de su casa; lo ha atropellado un auto y lo ha matado), o se halla en un futuro para narrar hechos pasados (Juan salió de su casa, un auto lo atropelló y lo mató), o el tiempo del narrador y de lo narrado coinciden (Juan sale de su casa, un auto lo atropella y lo mata), o el narrador se halla en un pasado para narrar hechos futuros (Juan saldrá de su casa, un auto lo atropellará y lo matará). Esta relación admite, por supuesto, diversas combinaciones intermedias. El punto de vista temporal, esa relación entre tiempo desde el que se narra y tiempo de lo narrado, decide la organización del tiempo en la realidad ficticia, ingrediente principal del elemento añadido en todos los casos, ya que la estructura temporal de la realidad ficticia no coincide jamás con la de la realidad real.

¿En qué perspectiva temporal está situado el narrador de la historia de *Cien años de soledad* respecto del tiempo en que ésta ocurre? La impresión inicial es que está situado en un futuro y lo narrado en un pasado: «Muchos años después, frente al pelotón de fusilamiento, el coronel Aureliano Buendía había de recordar aquella tarde remota en que su padre lo llevó a conocer el hielo». El narrador se halla en un tiempo desde el cual aquellos hechos aparecen como sucedidos hace mucho; gracias a esa perspectiva conoce no sólo el pasado que narra sino el futuro de ese pasado («Muchos años después...»). Esa colocación temporal permite al narrador dominar, permanentemente, toda la trayectoria cronológica de la realidad ficticia y asociar los hechos que narra con hechos del pasado remoto («De pronto... movido por un impulso que dormía en él desde sus orígenes, Aureliano puso su mano sobre la de ella...» [p. 330]; «Cada vez que la veía..., sentía el mismo desamparo de esponja en los huesos que turbó a su tatarabuelo cuando Pilar Ternera le puso pretextos de barajas en el granero» [p. 325]) y con hechos que ocurrirán en el futuro («Muchos años después, el coronel Aureliano Buendía volvió a atravesar la región...» [p. 18]; «Años después, en su lecho de agonía, Aureliano Segundo había de recordar la lluviosa tarde de junio...» (p.159); Meme «No había vuelto a hablar, ni lo haría en el resto de su vida» [p. 250]). El narrador se halla en un tiempo desde el cual abarca toda la peripecia de los personajes, conoce desde esa atalaya lo que les ocurrirá hasta el día de su muerte y aun después: sabe que esa venda de gasa negra que se ha puesto Amaranta la «había de llevar hasta la muerte» (p. 100); que la bala que acaba de recibir Mauricio Babilonia lo reducirá a la cama «por el resto de su vida» (p. 248) y que «Pocos meses después, a la hora de la muerte, Aureliano segundo había de recordarla...» (p. 299). Es decir, el narrador, que va contando los sucesos en un orden relativamente real, respetando en sus grandes lineamientos el orden cronológico en que ocurrieron, tiene, sin embargo, simultáneamente, una visión y un conocimiento *totales* de esos sucesos distribuidos en el tiempo y puede, como lo hace con frecuencia, asociar lo que está refiriendo con *hechos que ocurrieron y con hechos que ocurrirán*. El tiempo de lo narrado es, pues, un tiempo cerrado sobre sí mismo, un tiempo con un principio y un fin, todas cuyas instancias (pasado, presente, futuro) equidistan del narrador, quien, en cualquier instante, puede nombrar lo sucedido en cualquiera de ellas: el tiempo de Macondo es un círculo, una totalidad, una estructura autosuficiente. Esa capacidad del narrador de desplazarse con la mayor soltura dentro de la cronología narrativa indica sobre todo que ésta no es una entidad abierta, fluyente, en un perpetuo hacerse, con un futuro siempre delante de ella como una mera posibilidad. Todo lo contrario: es una entidad cerrada sobre sí misma, un tiempo de naturaleza espacial en cuanto a sus límites: ese tiempo finito, circular, dura lo que la realidad ficticia, no la antecede ni la sucede, acaba con ella. Y esa totalidad temporal está ya subrayada desde el título de la novela. ¿Qué puede reflejar mejor que la idea de círculo la ambición de cosa acabada, completa, total?[10]

Pero, al final de *Cien años de soledad*, cuando se nos revela que el narrador y lo narrado no son realidades diferentes, se produce también una muda en el punto de vista temporal: el narrador salta de ese centro desde el cual dominaba todo el círculo al círculo mismo, el tiempo del narrador y el tiempo de lo narrado coinciden (sólo para desaparecer ambos) cuando Aureliano empieza a «descifrar el instante que estaba viviendo, descifrándolo a medida que lo vivía, profetizándose a sí mismo en el acto de descifrar la última página de los pergaminos, como si estuviera viendo en un espejo hablado» (p. 350). En teoría (en la práctica no), en ese instante los dos planos temporales (el futuro donde se hallaba el narrador, el pasado en que se hallaba lo narrado) se funden en un solo plano donde lo narrado va ocurriendo a medida que es narrado: la coincidencia temporal, como la espacial, significa la abolición, sella el aniquilamiento de las dos perspectivas temporales. No sólo desaparece el tiempo de Macondo: al desaparecer el tiempo del narrador, desaparece *todo* el tiempo. Lo narrado era *todo* el tiempo.

---

[10] Cesare Segre ha hecho una descripción inteligente del tiempo en *Cien años de soledad:* «Il tempo curvo di García Márquez», en *I segni e la critica,* Turín, Giulio Einaudi Editori, 1969, pp. 251-295. Segre define así ese tiempo curvo: «Questi giri più o meno ampi, della ruota del tempo, hanno la funzione primaria di accennare, all'inizio di un ciclo vitale, alla sua conclusione, così che il presente sia anche già percepito nella prospettiva di passato che gli darà il futuro» (p. 253). Es la mejor definición de un tiempo total.

Desde el comienzo de la novela, en que los dos planos temporales —el del narrador, el de lo narrado— son distintos, hasta el final en que se produce la fusión, hay una curva cronológica que podemos llamar lineal: la historia comienza por el principio (fundación de Macondo) y acaba en el final (su desaparición) La progresión de la narración es paralela, en términos generales, a la progresión de lo narrado: ésta es, al menos, la impresión del lector. La totalidad narrativa, sin embargo, está compuesta de unidades (capítulos que no llevan números que los distingan, episodios que se encabalgan sobre dos capítulos o que ocupan sólo fragmentos de capítulo) dotadas de un sistema temporal concebido a imagen y semejanza del tiempo circular del todo narrativo. La masa de datos de cada una de esas unidades (a las que no hay que confundir *en todos los casos* con los capítulos) se distribuye también de manera cerrada y circular, como un anillo giratorio que permite al narrador mencionar en cualquier momento cualquiera de las instancias temporales de que consta. El narrador domina la totalidad de fragmentos que comprende esa parte, exactamente como dentro de la novela domina la totalidad de partes que componen el todo narrativo. La confusión y la libertad que parecen reinar en *Cien años de soledad* son pura magia: un orden riguroso subyace esa espontaneidad. Delata ese orden, incluso, la simetría material que divide al libro en veinte capítulos que tienen, cada uno, no sólo casi el mismo número de páginas, sino hasta casi el mismo número de palabras. Pero este orden material no coincide con el orden episódico, los capítulos no son siempre unidades narrativas. El orden temporal de éstas refleja el orden temporal total de la novela y su estructura es a menudo la siguiente:

1) Al comienzo del episodio se menciona el hecho principal de la unidad narrativa, que, por lo general, es cronológicamente el último. Es decir, el episodio comienza con un salto hacia el futuro. El primer capítulo de la

novela (que sí constituye una unidad) comienza por la mención del hecho esencial, que es también el último: «Muchos años después, frente al pelotón de fusilamiento, el coronel Aureliano Buendía había de recordar *aquella tarde remota en que su padre lo llevó a conocer el hielo*». La visita a la carpa de los gitanos para ver el hielo es el dato de más relieve entre los que componen esa primera unidad.

2) La narración salta al pasado más remoto del hecho mencionado, y, a partir de allí, sigue una relación cronológica lineal de los acontecimientos hasta llegar al hecho futuro que había sido descolocado y referido en la apertura del episodio: de este modo el círculo se cierra y *el episodio termina donde comenzó, así como había comenzado donde terminaba.* Luego de mencionar la visita al hielo de Aureliano Buendía —hecho futuro y central que abre el círculo— la narración salta hacia el pasado remoto y narra las idas y venidas de los gitanos por Macondo; los descabellados proyectos que concibe José Arcadio Buendía con los inventos; el carácter idílico del Macondo recién fundado; el envejecimiento de Melquíades debido a sus múltiples enfermedades; unos experimentos alquímicos; la frustrada expedición en el curso de la cual José Arcadio encuentra un galeón en la selva; la infancia de los hermanos José Arcadio y Aureliano; la llegada de nuevos gitanos, el anuncio de la muerte de Melquíades, y, finalmente, cerrando el episodio, ahora en su lugar cronológico correspondiente, el hecho que abrió el capítulo: la visita al hielo. La masa de datos se ha cerrado sobre sí misma como las dos puntas de un círculo.

Casi todas las unidades (episodios con sentido propio) responden a esta construcción temporal circular: muda hacia el futuro, muda hacia el pasado remoto y, de allí, trayectoria lineal hasta llegar al dato que sirvió de apertura: el episodio se muerde la cola, comienza y termina en el mismo sitio, sugiere esa idea de totalidad, de cosa acabada y suficiente que infunde el círculo. Veamos algunos de estos círculos, que, naturalmente, no siempre se suceden; a menudo se cruzan y descruzan, de modo que puede hablarse de la estructura temporal de la novela como de un gran círculo compuesto de numerosos círculos, contenidos unos dentro de otros, que se suceden, superponen y encabalgan, y que son de diámetros diferentes:

1) El baile que estrena la casa de los Buendía

a) Se inicia con la mención del hecho esencial, mediante una muda hacia el futuro: «La casa nueva, blanca como una paloma, fue estrenada con un baile» (p. 58) (apertura del círculo).

b) Inmediatamente después, la narración da un salto hacia el origen de ese episodio (Úrsula *había concebido aquella idea...*) y a partir de allí narra (trazado de la curva temporal), en el orden real, todos los hechos que irán a desembocar en el baile: la llegada de la pianola, las clases de baile de Pietro Crespi a Rebeca y Amaranta, la nómina de invitados elaborada con criterio exclusivista, el incidente que provoca José Arcadio cuando destripa la pianola para averiguar su magia, las afanosas operaciones para componer la pianola, y, por fin (cierre del círculo), el dato que sirvió de apertura: la celebración del baile (p. 60). La estructura temporal es idéntica a la del primer episodio; la diferencia está en el diámetro de los círculos: aquél se componía de catorce páginas (9 a 23) y éste de tres (58 a 60). Pero las unidades pueden ser todavía círculos más pequeños, como

2) La muerte de Melquíades

a) Se inicia con la mención del hecho primordial: «La armonía recobrada sólo fue interrumpida por la muerte de Melquíades» (p. 67) (apertura del círculo).

b) Muda hacia el pasado remoto de ese hecho: regreso de Melquíades a Macondo, su envejecimiento, sus distracciones, su encierro en el cuartito que le hizo construir

Úrsula, la enfurecida redacción de los manuscritos, los esfuerzos de Arcadio, niño, para entablar algún diálogo con Melquíades, los baños que aquél le hace tomar en el río donde, finalmente, muere (p. 69) (cierre del círculo al llegar la curva narrativa al punto de apertura). Idénticas dimensiones tiene:

3) La muerte de Remedios Moscote

a) Salto al futuro que abre el círculo con la mención del hecho central: «... la pequeña Remedios despertó a media noche empapada en un caldo caliente que explotó en sus entrañas con una especie de eructo desgarrador, y murió tres días después envenenada por su propia sangre con un par de gemelos atravesados en el vientre» (p. 80).

b) Salto hacia el pasado remoto y relación lineal de los hechos hasta coincidir con lo mencionado en la apertura: la alegría que trajo Remedios a la casa de los Buendía; cómo había decorado su cuartito con muñecas; sus juegos infantiles; su decisión de considerar como hijo mayor al hijo de su esposo en Pilar Ternera; las visitas con Aureliano a la casa de los Moscote; cómo don Apolinar construye una escuela, aparta la tienda de Catarino del centro y trae seis policías armados; la concentración de Aureliano Buendía en la platería, hasta señalar que un día «Remedios anunció que iba a tener un hijo»: de ese parto resultará su muerte (p. 82) (cierre del círculo).

Así como hay unidades minúsculas, círculos diminutos, las hay enormes, círculos que cubren varios capítulos. El más notorio es:

4) La vida pública de Aureliano Buendía

a) El párrafo inicial del capítulo sexto es una síntesis de todo lo que se va a contar en ese capítulo y en parte de los sucesivos. Los datos allí resumidos abren varios círculos o episodios que se cierran en momentos distintos: episodio de las guerras, de los diecisiete hijos, de los atentados, etc. «El coronel Aureliano Buendía promovió treinta y dos levantamientos armados y los perdió todos. Tuvo diecisiete hijos varones de diecisiete mujeres distintas, que fueron exterminados uno tras otro en una sola noche, antes de que el mayor cumpliera treinta y cinco años. Escapó a catorce atentados, a setenta y tres emboscadas y a un pelotón de fusilamiento. Sobrevivió a una carga de estricnina en el café que habría bastado para matar un caballo. Rechazó la Orden del Mérito que le otorgó el Presidente de la república. Llegó a ser comandante general de las fuerzas revolucionarias, con jurisdicción y mando de una frontera a la otra, y el hombre más temido por el gobierno, pero nunca permitió que le tomaran una fotografía. Declinó la pensión vitalicia que le ofrecieron después de la guerra y vivió hasta la vejez de los pescaditos de oro que fabricaba en su taller de Macondo. Aunque peleó siempre al frente de sus hombres, la única herida que recibió se la produjo él mismo después de firmar la capitulación de Neerlandia que puso término a casi veinte años de guerras civiles. Se disparó un tiro de pistola en el pecho y el proyectil le salió por la espalda sin lastimar ningún centro vital. Lo único que quedó de todo eso fue una calle con su nombre en Macondo» (p. 94).

b) Muda hacia el pasado más remoto de esos distintos episodios cuyos hechos centrales han sido mencionados en la síntesis inicial: la partida de Aureliano Buendía con veintiún compañeros para unirse a las fuerzas de Victorio Medina. A partir de allí, la narración va a seguir un orden cronológico relativamente lineal para cada uno de los episodios. Cada círculo tiene una masa variable de datos y se cierra en un momento diferente. Veamos dónde se cierran algunos, el instante en que coinciden el dato aquí adelantado y el mismo dato, luego de hecha la relación de sucesos que lo precedieron. *Las guerras civiles* se cierran en la capitulación de Neerlandia aquí mencionada y sólo descrita, en su orden cronológico real, en las pp. 154 y 155, luego de la confusa descripción de los treinta y dos levantamientos. Los datos de la *historia de los diecisiete Aurelianos,* desde su gestación en los campamentos hasta su muerte, están desgranados en los capítulos siguientes. Sólo conocemos los nombres de algunos: Aureliano Triste, Aureliano Centeno, Aureliano Serrador, Aureliano Arcaya y Aureliano Amador. El círculo comienza a cerrarse con la muerte de dieciséis de ellos, «cazados como conejos por criminales invisibles» (p. 207), pero queda aún un pequeño vacío: Aureliano Amador. Éste sólo es exterminado, de la misma manera que sus hermanos, bastante después (p. 317). Aquí el dato que abre y el que cierra el círculo son ligeramente contradictorios: Amador no murió la misma noche que los otros. El episodio que se inaugura con la mención de *la vejez del coronel Buendía,* dedicado a los «pescaditos de oro que fabricaba en su taller», se cierra con la muerte del coronel, ya que hasta ese mismo día sigue trabajando (p. 299), pero, en un sentido amplio, su biografía sólo termina en los días finales de Macondo, cuando ha pasado a la leyenda y al olvido, y hay quienes creen que fue inventado por el gobierno, como la mamasanta, o que sólo es el nombre de una calle, como el cura artrítico (pp. 239 y 344).

5) La compañía bananera y la tumba de José Arcadio

a) La primera mención de la compañía es un salto de la narración hacia el futuro, durante el entierro de José Arcadio Buendía: «... el cementerio siguió oliendo a pólvora hasta muchos años después, cuando los ingenieros de la compañía bananera recubrieron la sepultura con una coraza de hormigón» (p. 119). El círculo abierto queda sin trazar todavía muchas páginas, en las que se narran las guerras civiles, diversos episodios de la familia Buendía, la capitulación de Neerlandia, el desarrollo posterior de Macondo.

b) Sólo 75 páginas después la narración, mediante una muda hacia el pasado remoto del hecho consignado al comienzo, retoma el trazado del círculo, con la relación de la llegada de Mr. Herbert, su descubrimiento del guineo, la venida de Mr. Brown y su ejército de técnicos, la conversión de Macondo en un campamento, la instalación de la compañía y de los gringos que forman un pueblo aparte al otro lado de la línea del tren, los prodigios técnicos que realizan. El círculo se cierra con la repetición, en su orden real esta vez, del hecho mencionado al comienzo: «Fue en esa ocasión cuando construyeron una fortaleza de hormigón sobre la descolorida tumba de José Arcadio, para que el olor a pólvora del cadáver no contaminara las aguas» (p. 197).

6) El suicidio del comandante
a) Al final de un capítulo consagrado al coronel Buendía, la narración abre un nuevo episodio con este escueto dato: «El día de Año Nuevo, enloquecido por los desaires de Remedios, la bella, el joven comandante de la guardia amaneció muerto de amor junto a su ventana» (p. 158). El capítulo siguiente se inicia con la narración de los amores de Aureliano Segundo y Fernanda del Carpio, y sólo en la p. 170 la narración reanuda el episodio con
b) Una muda temporal hacia el pasado remoto de la mención inicial: la proclamación de Remedios, la bella, como reina; su hermosura que agita a toda la región; la historia del forastero de la risa amarilla; la ingenuidad que Remedios denota en todos sus actos; el joven comandante le declara su amor y ella lo rechaza, incapaz de entender el sentido metafórico de la expresión «me estoy muriendo por ti». Entonces, se cierra el círculo: «Cuando en efecto lo encontraron muerto junto a su ventana...» (p. 172).

7) El nacimiento de José Arcadio y los amores de Aureliano Segundo y Fernanda del Carpio
Este episodio, que ocupa un capítulo y medio, alberga a varios episodios secundarios de idéntica estructura temporal:

A) Se abre el gran círculo con la mención del hecho central (muda hacia el futuro), que es también el final de todo lo que el episodio va a contar: «Años después, en su lecho de agonía, Aureliano Segundo había de recordar la lluviosa tarde de junio en que entró en el dormitorio a conocer a su primer hijo. Aunque era lánguido y llorón, sin ningún rasgo de un Buendía, no tuvo que pensar dos veces para ponerle nombre. || —Se llamará José Arcadio —dijo» (p. 159). Inmediatamente, el relato muda hacia el pasado más remoto de ese hecho y comienza a:

B) Narrar la infancia de Aureliano Segundo y de su hermano José Arcadio Segundo. Pero antes abre un episodio secundario, con la mención del

a') Matrimonio de Aureliano Segundo con Fernanda: «Fernanda del Carpio, la hermosa mujer con quien se había casado el año anterior, estuvo de acuerdo» en que el hijo de ambos se llamara José Arcadio (p. 160). El relato sigue narrando el pasado de esos dos hechos: la juventud de los mellizos, el interés de Aureliano Segundo por los manuscritos de Melquíades, cómo consigue ver un fusilamiento José Arcadio Segundo y sus escarceos con la religión que terminan en actos de bestialismo con burras. Luego, describe los amores de los hermanos con Petra Cotes, quien finalmente se queda con Aureliano Segundo, y las parrandas de los amantes. El relato sufre entonces una brevísima muda hacia el futuro, con la mención del hijo de Aureliano Segundo y Fernanda, es decir con un recuerdo del dato que abrió el gran círculo («Sin embargo, cuando Aureliano Segundo tuvo su primer hijo...») (p. 165). Luego —muda hacia el pasado— retoma la relación cronológica real del episodio: los amores de Aureliano Segundo y Petra Cotes provocan la fecundidad de los animales, la sorpresa de José Arcadio Segundo ante la pasión de su hermano por Petra. Se produce otro corto salto hacia el futuro para mencionar nuevamente el dato que abre el subepisodio a': «Aureliano Segundo sólo pensaba entonces en encontrar un oficio que le permitiera sostener una casa para Fernanda» (p. 166). Dentro del orden real, Aureliano Segundo todavía no ha conocido a Fernanda: está inmerso en pleno derroche y locura, enriqueciéndose, mientras Macondo vive también una prosperidad de milagro. José Arcadio Segundo se ha lanzado a la aventura y gracias a él llegan a Macondo las matronas de Francia. En la p. 170 se consigna (salto hacia el futuro) el dato que abre un nuevo círculo secundario, el del carnaval sangriento:

a") Las matronas de Francia fueron «las promotoras del carnaval sangriento que durante tres días hundió a Macondo en el delirio, y cuya única consecuencia perdurable fue haberle dado a Aureliano Segundo la oportunidad de conocer a Fernanda del Carpio» (p. 170). La última parte de la frase va despejando el dato escondido a', el matrimonio de Aureliano Segundo y Fernanda: ahora sabemos que se conocieron con motivo de un carnaval. El relato prosigue con la relación de las catástrofes que ocasiona la belleza de Remedios y (comienza a despejarse el dato escondido a") revela cómo se organizó el carnaval y cómo Aureliano Segundo persuadió a Úrsula que autorizara a Remedios a ser reina.

b") El subepisodio a" se cierra con la prolija descripción de lo que ocurrió en Macondo durante el carnaval sangriento, es decir con el dato que fue comienzo de ese subcírculo (pp. 174-175).

Al terminar el capítulo, se despejan nuevas incógnitas del subepisodio a' (el matrimonio de Aureliano Segundo y Fernanda): se narra la llegada de Fernanda a Macondo, el deslumbramiento de los macondinos, y, en especial, de Aureliano Segundo ante su fulgurante belleza. El capítulo termina con una muda hacia el futuro que añade un dato al subcírculo a': «Aureliano Segundo fue a buscarla a la distante ciudad donde vivía con su padre, y se casó con ella en Macondo, en una fragorosa parranda de veinte días» (p. 176). Dentro de la cronología real, Aureliano Segundo todavía no se ha casado con Fernanda: acaba de conocerla y de enamorarse, y ella ha partido a su lejana ciudad. El capitulo siguiente se inicia abriendo un tercer subepisodio:

a''') Aureliano Segundo «hace vestir a Petra Cotes de reina de Madagascar, para desagraviarla» (p. 179). El hecho es mencionado mediante un violento salto hacia el futuro, pues ello ocurre bastante después del matrimonio de Aureliano Segundo y Fernanda, que todavía no ha sucedido. Mencionado este hecho, el relato muda hacia el pasado y retoma la relación cronológica de los sucesos: enamorado de Fernanda, Aureliano segundo busca pretextos para romper con Petra, pero ella adivina la razón, y ahora se va cerrando el subcírculo a':

b') (Matrimonio de Aureliano Segundo y Fernanda): Se narra la infancia de Fernanda en su ciudad lúgubre, la decadencia de su familia, su esmerada educación en el convento, cómo parte a Macondo vestida de reina y lo ofendida que regresa por el carnaval sangriento. Luego, el relato refiere que Aureliano Segundo sale en busca de Fernanda, que llega a la ciudad lúgubre, y, finalmente (cierre del círculo secundario a' con el dato que lo abrió), la celebración del matrimonio (p. 181). Se describen los remilgos de Fernanda para hacer el amor, la sorpresa de Úrsula al ver que los recién casados duermen en cuartos separados, el espanto de Aureliano Segundo la noche que es admitido a la alcoba y ve a su esposa con un camisón con un ojal a la altura del vientre. Entonces se cierra el episodio secundario a''':

b''') Indignado por la pudibundez de su mujer, Aureliano Segundo, que, un mes más tarde, aún no ha conseguido que Fernanda se quite el camisón, va a reconciliarse con su amante: «se fue a hacer el retrato de Petra Cotes vestida de reina» (p. 182).

Pero el gran círculo todavía no se ha cerrado: aún no ha nacido el hijo de Aureliano Segundo y de Fernanda a quien llamarán José Arcadio. Se han cerrado, sí, los tres subepisodios: el matrimonio, el carnaval y el disfraz de Petra. El nacimiento es recordado de nuevo en la p. 182 (poco antes «de que naciera el primer hijo», Fernanda descubre que su marido ha vuelto con Petra), mientras se describe la vida de Aureliano Segundo, a caballo entre su casa y la de Petra, la rivalidad de Amaranta y Fernanda, y las estiradas costumbres que impone la forastera en el hogar de los Buendía. Por fin:

B) Se cierra el gran círculo, con la mención del dato que lo abrió, en su orden real: «Cuando su esposo decidió ponerle al primer hijo el nombre del bisabuelo, ella no se atrevió a oponerse, porque sólo tenía un año de haber llegado» (p. 184).

8) La mortaja y la muerte de Amaranta

La historia de Amaranta tejiendo su mortaja y muriendo cuando termina de tejerla, tiene la estructura temporal de los episodios precedentes, con una variante: los dos elementos del hecho esencial (la mortaja-la muerte) no están narrados simultáneamente en la apertura del círculo, sino descolocados uno del otro. También en este caso, como en todos los anteriores, *esta estructura temporal circular convierte al episodio en un dato escondido en hipérbaton:* el enigmático hecho inicial se va despejando poco a poco de sus incógnitas (sus motivaciones, sus circunstancias, la cadena de sucesos que culminaron en él), y sólo queda totalmente aclarado en su última mención, cuando el círculo se cierra:

a) Una frase que es una muda hacia el futuro abre el círculo: «Fue por esa época que Amaranta empezó a tejer su propia mortaja» (p. 217). Luego, la narración se aparta de Amaranta y prosigue relatando los trastornos que acarreó a Macondo la llegada de la compañía y de los forasteros. Cuatro páginas después se menciona *el otro elemento* vinculado a la mortaja: «Sólo después de la muerte de Amaranta, cuando la familia volvió a encerrarse...» (p. 231). La apertura del círculo ha sido en este caso descompuesta en dos partes. Este hecho primordial futuro es repetido dos veces más: en la p. 235 Amaranta sigue bordando su interminable mortaja y en la p. 236 se alude a su muerte. A partir de ese momento, el proceso es el de siempre:

b) Salto hacia el hecho remoto del episodio y trazado del círculo: Amaranta empieza a tejer una mortaja para Rebeca y se propone restaurar su cadáver cuando muera (p. 237). Es entonces cuando recibe la visita de la muerte, quien le ordena que empiece a tejer su mortaja, cosa que hace con suma devoción. Relación detallada de la fabricación de la mortaja; Macondo, enterado, lleva cartas y mensajes para los familiares y amigos muertos, hasta que, finalmente, se cierra el círculo: Amaranta, habiendo terminado la mortaja, muere (p. 241).

9) Fernanda y los médicos invisibles

a) Mención del hecho central mediante una muda hacia el futuro: «Sin embargo, Fernanda andaba en esa época con el tiempo dividido entre la pequeña Amaranta Úrsula, que era caprichosa y enfermiza, y una emocionante correspondencia con los médicos invisibles» (p. 233). Tres páginas después se vuelve a mencionar el hecho, añadido de un elemento: los médicos invisibles «le habían diagnosticado un tumor benigno en el intestino grueso y estaban preparándola para practicarle una intervención telepática» (p. 236). Seis páginas después se menciona otra vez el hecho futuro: Fernanda andaba «obnubilada por sus relaciones secretas con los médicos invisibles» (p. 242). Diez páginas más tarde se lo menciona una vez más, agregándole un componente: Fernanda y los médicos invisibles discuten por carta la fecha de «la intervención telepática» sin ponerse de acuerdo (p. 253). Sólo después de haber insistido cuatro veces en el hecho que inicia el trazado del círculo, procede la narración, según el esquema típico, a saltar hacia el pasado remoto del hecho y

b) Explica cómo se originó la correspondencia: ocurrió cuando Fernanda temía que su esposo intentara volver a su dormitorio. Ella hubiera tenido que confesarle que estaba incapacitada para la reconciliación desde el nacimiento de Amaranta Úrsula: «Ésa era la causa de su ansiosa correspondencia con los médicos invisibles» (p. 269). A partir de allí, de manera discontinua, la narración refiere, en el orden cronológico real, los tropiezos de esta correspondencia durante el diluvio (p. 270), cómo se acelera al cesar la lluvia y al anunciar José Arcadio el seminarista que viene a Macondo (p. 285). El episodio se cierra cuando se celebra la operación: los médicos invisibles sólo encuentran un descendimiento del útero (p. 295). El dato escondido queda así despejado. En este caso, el círculo se cierra con un dato que va un punto temporal más allá del hecho que sirvió de apertura: el resultado de la operación.

10) Historia de Meme y Mauricio Babilonia

a) Mención del hecho central y tardío, mediante un salto hacia el futuro: «Era demasiado evidente que Meme andaba en asuntos sigilosos, en compromisos urgentes, en ansiedades reprimidas, desde mucho antes de la noche en que Fernanda alborotó la casa porque la encontró besándose con un hombre en el cine» (p. 242). Indignada, Fernanda saca a su hija del cine y la encierra con llave en el dormitorio. Inmediatamente, se produce

b) Una muda hacia el pasado remoto del hecho: quién es Mauricio Babilonia, cómo se conocieron él y Meme, los primeros encuentros de la pareja, el lento enamoramiento de Meme, los pretextos de que se vale Mauricio para visitar la casa de los Buendía, las primeras citas secretas, la pasión de Meme, cómo Pilar Ternera protege esos amores y los consejos que da a la muchacha para evitar el embarazo. Siempre dentro del orden real, el relato narra que Mauricio y Meme hacían el amor dos veces por semana en casa de

Pilar Ternera, hasta que llega al dato que sirvió de apertura al círculo y que ahora lo cierra: «La noche en que Fernanda los sorprendió en el cine...» (p. 247).

11) La llegada del hijo de Meme a Macondo

a) Mención del hecho inicial y final: alguien lleva a la casa de los Buendía «al hijo de Meme Buendía» (p. 249). No sabíamos siquiera que Meme había quedado embarazada: en el orden cronológico real ese niño todavía no ha nacido. Fernanda, avergonzada, decide primero matarlo; incapaz de hacerlo, lo oculta. Entonces viene

b) El salto hacia el pasado remoto del hecho. La narración retorna al instante en que Meme es sorprendida en el baño con Mauricio Babilonia: Fernanda la lleva a la estación, suben a un tren, trasbordan a un coche, atraviesan un pueblo, toman un barco, hacen una larga travesía a lomo de mula, entran a una ciudad lúgubre. Hasta ahora la narración ha seguido la cronología real a partir del dato remoto, pero aquí se produce una breve muda hacia el futuro, la mención del hecho que sirvió de apertura: «Ni ella misma sabía entonces que su fertilidad había burlado a los vapores de mostaza, así como Fernanda no lo supo hasta *casi un año después, cuando le llevaron al niño*» (p. 251). Otro salto hacia el pasado y la narración retoma la cronología real: Fernanda y su hija duermen en una abandonada mansión colonial, al día siguiente van al convento donde Meme queda recluida; Fernanda regresa a Macondo. Se refieren diversos incidentes de otro orden, hasta que, un día, una monjita llega al lugar, con «una canastilla cubierta con un primoroso tapete de encaje», y entrega a Fernanda el hijo de Meme (p. 254): el círculo se ha cerrado.

12) El diluvio

a) El capítulo décimo sexto se abre con una frase que cubre todo lo que ese capítulo va a narrar: «Llovió cuatro años, once meses y dos días» (p. 267). Se trata de una muda hacia el futuro: la frase indica que ese diluvio ha empezado y *terminado*.

b) Muda hacia el pasado y relación deliberadamente vaga pero más o menos lineal (como en el caso de las guerras civiles) de lo que ocurre en Macondo durante esos cuatro años, once meses y dos días de lluvia. El relato llega al último instante del límite temporal fijado en la frase de apertura, trece páginas después, cuando cesa de llover: «... y se vio que de un momento a otro iba a escampar. Así fue» (p. 280).

13) El viento final

a) Muda hacia el futuro, mención del hecho central y último: «Las casas de madera, las frescas terrazas... parecían arrasadas por una anticipación del viento profético que años después había de borrar a Macondo de la faz de la tierra» (p. 280).

b) Muda hacia el pasado: la narración prosigue la relación de los acontecimientos posteriores al diluvio, en un orden más o menos lineal, hasta llegar, en la última frase de la novela, al hecho anticipado en la apertura del círculo, cuando la ciudad es efectivamente «arrasada por el viento».

14) La muerte de Úrsula

En esta realidad dotada de ese tiempo circular, que existe desde siempre en todas sus instancias, en el que conviven pasado, presente y futuro, no es raro que ciertos personajes adivinen el porvenir (no lo adivinan: lo ven, este porvenir existe, no es mera posibilidad) y sepan cuándo van a morir. Úrsula, por ejemplo: «Nada más estoy esperando que pase la lluvia para morirme» (p. 271). Su muerte está narrada según la figura circular:

a) Mención del hecho final: «Úrsula tuvo que hacer un grande esfuerzo para cumplir su promesa de morirse cuando escampara» (p. 283). La frase indica, implícitamente, que Úrsula cumplió esa promesa, que por lo tanto ha muerto (muda hacia el futuro).

b) Muda hacia el pasado de ese hecho: se describen los días finales de Úrsula, cuando, con la energía recobrada, batalla con furia contra el desmoronamiento, el desorden y los ejércitos de hormigas. Se narran esos días que vive, sumergida en un tiempo sin tiempo, donde el pasado y la actualidad andan revueltos, hasta que, finalmente: «Amaneció muerta el jueves santo» (p. 291).

Esta ordenación temporal de los cráteres narrativos de *Cien años de soledad* como círculos, indica que el dato escondido en hipérbaton es uno de los procedimientos más usados en la organización de la materia. Todas las unidades citadas se abren con la mención de un hecho futuro enigmático, que implica una interrogación sobre sus motivaciones, circunstancias y el proceso del que resultó. El dato descolocado se va aclarando al ir apareciendo los hechos que lo precedieron. Así como el dato escondido en hipérbaton abunda, es raro, en cambio, el dato escondido elíptico. Sólo un episodio importante lo es: la muerte de José Arcadio Buendía de un pistoletazo en su dormitorio. ¿Se suicidó, lo mató alguien, fue un accidente? Nunca lo sabremos: «Ése fue tal vez el único misterio que nunca se esclareció en Macondo» (p. 118). Esta estructura temporal circular de los cráteres sugiere, lo mismo que la perspectiva espacial en que está narrada la novela, la idea de una realidad totalizada, con principio y fin, de un mundo en el que todo comienza y termina en sí mismo. La naturaleza circular del tiempo ficticio quiere eliminar la idea de un tiempo ajeno, que anteceda o siga al de la ficción. Nada representa tan perfectamente como el círculo la noción de totalidad, de entidad autosuficiente, de realidad soberana: en la masa de elementos que componen un círculo no puede sobrar ni faltar nada. Como el espacio, el tiempo tiene los exactos límites de la realidad ficticia. El punto de vista temporal persigue hacer olvidar que existe otro tiempo fuera del tiempo ficticio, así como la canibalización final del narrador por lo narrado perseguía hacer olvidar la existencia de un espacio exterior al de la realidad ficticia.

c) El punto de vista de nivel de realidad: contrapunto de lo real objetivo y de lo real imaginario

El punto de vista de nivel de realidad es la relación entre el plano o nivel de realidad en que se sitúa el narrador y el plano o nivel de realidad en que ocurre lo narrado. Las posibilidades son innumerables, tantas como planos se distingan en la realidad. Las más frecuentes: el narrador se sitúa en un plano real objetivo para narrar hechos real objetivos o para narrar hechos real imaginarios; se sitúa en un plano imaginario para narrar hechos real objetivos o para narrar hechos imaginarios. Se puede situar en un plano interior para describir hechos exteriores o interiores, y en un plano exterior para describir hechos exteriores o íntimos, etc. La única manera de determinar el punto de vista de nivel de realidad (el más ambiguo y escurridizo de los tres, y, también, el más importante en la estructura de una ficción) es un análisis de la escritura narrativa: ella delata siempre, explícita o implícitamente, esos dos planos, que a veces coinciden y a veces divergen, pero que existen fatídicamente en toda ficción: el del narrador y el de lo narrado.

¿Qué ocurre en *Cien años de soledad*? ¿Coinciden o divergen los planos del narrador y de lo narrado? Vamos a examinar el primer capítulo, unidad narrativa que consta de un hecho central, ese dato que la abre y la cierra: Aureliano y José Arcadio Buendía descubren, de mano de su padre, el hielo. Veamos cómo está narrado:

Al ser destapado por el gigante, el cofre dejó escapar un aliento glacial. Dentro sólo había un enorme

562

bloque transparente, con infinitas agujas internas en las cuales se despedazaba en estrellas de colores la claridad del crepúsculo. Desconcertado, sabiendo que los niños esperaban una explicación inmediata, José Arcadio Buendía se atrevió a murmurar:

—Es el diamante más grande del mundo.

—No —corrigió el gitano—. Es hielo.

José Arcadio Buendía, sin entender, extendió la mano hacia el témpano, pero el gigante se la apartó. «Cinco reales más para tocarlo», dijo. José Arcadio Buendía los pagó, y entonces puso la mano sobre el hielo y la mantuvo puesta por varios minutos, mientras el corazón se le hinchaba de temor y de júbilo al contacto del misterio. Sin saber qué decir, pagó otros diez reales para que sus hijos vivieran la prodigiosa experiencia. El pequeño José Arcadio se negó a tocarlo. Aureliano, en cambio, dio un paso hacia adelante, puso la mano y la retiró en el acto. «Está hirviendo», exclamó asustado. Pero su padre no le prestó atención. Embriagado por la evidencia del prodigio, en aquel momento se olvidó de la frustración de sus empresas delirantes y del cuerpo de Melquíades abandonado al apetito de los calamares. Pagó otros cinco reales, y con la mano puesta en el témpano, como expresando un testimonio sobre el texto sagrado, exclamó:

—Éste es el gran invento de nuestro tiempo (pp. 22-23).

Es evidente que lo narrado se halla en una realidad objetiva: un hombre y dos niños ven por primera vez un objeto real objetivo, lo observan, lo tocan, se sorprenden. El hielo no es milagroso, ni mágico, ni fantástico ni mítico-legendario. Sin embargo ¿cómo es *presentada* al lector esta materia? Para describirla, el narrador se ha colocado en un plano real imaginario, distinto del plano en que se halla lo narrado, y es en virtud de este contrapunto de perspectivas entre el narrador y lo narrado, que el episodio, en su base real objetivo, adopta aires extraordinarios, destellos maravillosos. El hielo es presentado como algo inusitado e imposible, como un objeto milagroso, que viene de otro nivel de lo real: deja a Arcadio «desconcertado», atemorizado, tanto que apenas «se atrevió» a considerarlo «el diamante más grande del mundo». Cuando ponía la mano sobre él «el corazón se le hinchaba de temor y de júbilo al contacto del misterio», e hizo que sus hijos «vivieran la prodigiosa experiencia». José Arcadio queda embriagado «por la evidencia del prodigio», olvida todo lo demás, y con unción religiosa, como «expresando un testimonio sobre el texto sagrado», proclama que el hielo «es el gran invento de nuestro tiempo». El narrador se ha situado en una realidad imaginaria para narrar una realidad objetiva: donde él está resulta «misterioso», «prodigioso», «desconcertante», «embriagador», lo que en la realidad objetiva es totalmente ordinario.

En cambio, en la misma unidad narrativa, un momento antes de la visita al hielo se produce la operación contraria: para narrar un suceso real imaginario (mágico), el narrador salta a una realidad objetiva. José Arcadio anda preguntando por Melquíades, en la feria:

Se dirigió a varios gitanos que no entendieron su lengua. Por último llegó hasta el lugar donde Melquíades solía plantar su tienda, y encontró un armenio taciturno que anunciaba en castellano un jarabe para hacerse invisible. Se había tomado de un golpe una copa de la sustancia ambarina, cuando José Arcadio Buendía se abrió paso a empujones por entre el grupo absorto que presenciaba el espectáculo, y alcanzó a hacer la pregunta. El gitano lo envolvió en el clima atónito de su mirada, antes de convertirse en un charco de alquitrán pestilente y humeante sobre el cual quedó flotando la resonancia de su respuesta: «Melquíades murió». Aturdido por la noticia, José Arcadio Buendía permaneció inmóvil, tratando de sobreponerse a la aflicción, hasta que el grupo se dispersó reclamado por otros artificios y el charco del armenio taciturno se evaporó por completo. Más tarde, otros gitanos le confirmaron que en efecto Melquíades había sucumbido a las fiebres... (p. 22).

En este párrafo ha ocurrido un hecho imaginario flagrante: un hombre se ha hecho invisible gracias a un bebedizo. Aquí sí se trata de un prodigio, aquí sí estamos ante el misterio, aquí sí hay razones de sobra para quedar desconcertados, atemorizados, fascinados. Y, sin embargo, el suceso mágico está casi perdido en el episodio, la narración apenas lo menciona, más importante es para ella la inquietud de José Arcadio por la noticia de la muerte de Melquíades. La materia narrativa ha pasado a formar parte de lo imaginario, pero el narrador se limita a mencionar la desaparición del armenio sólo de pasada, como el hecho más sólito, ordinario y banal del mundo, como si aquello ocurriera en un plano objetivo de lo real. Es decir, así como para narrar lo real objetivo en el episodio del hielo el narrador se coloca en una perspectiva imaginaria, para narrar lo imaginario se coloca en un plano real objetivo. La desaparición del armenio no merece un solo adjetivo de admiración o de sorpresa, en tanto que el hielo genera una verdadera lluvia de ellos. Aquí, José Arcadio casi ni nota el hecho mágico: sigue pensando en Melquíades, mientras los otros testigos del prodigio simplemente se dispersan reclamados por otros artificios. La volatilización de un hombre es un simple artificio, en tanto que el hielo es prodigioso y misterioso.

Lo que en estos dos ejemplos, ocurre constantemente a lo largo de la novela. El punto de vista de nivel de realidad en *Cien años de soledad* consiste, pues, en un continuo contrapunto entre los planos del narrador y de lo

EL ELEMENTO AÑADIDO

narrado: el narrador salta a lo imaginario para narrar lo real objetivo y a lo real objetivo para narrar lo imaginario. Este punto de vista de nivel de realidad determina, junto con el punto de vista temporal, el *elemento añadido* de la realidad ficticia: los términos de esta realidad son los mismos, pero están en una relación inversa a los de la realidad real. En la realidad ficticia un bloque de hielo (o un imán, o un catalejo, o una brújula, para mencionar sólo algunos objetos del primer capítulo) es un objeto mágico, mientras que la conversión de un hombre en invisible es un hecho ordinario. Lo que en la realidad real es real objetivo en la realidad ficticia es real imaginario, y lo real imaginario en la realidad real en la realidad ficticia es real objetivo.

Gráficamente esta relación entre el narrador y lo narrado puede expresarse así:

Plano en que se sitúa *el narrador*	*Plano en que se sitúa* *lo narrado*
realidad objetiva	realidad objetiva
realidad imaginaria	realidad imaginaria

En otra ocasión he tratado de mostrar cómo, en una gran novela catalana de fines de la Edad Media, *Tirant lo Blanc,* el elemento añadido de la realidad ficticia consistía en una relación inversa de las nociones de forma y de contenido a la que existe en la realidad real.[11] En *Cien años de soledad,* el elemento añadido consiste, además del tiempo circular y finito, en una inversión de los materiales que corresponden a lo real objetivo y a lo imaginario

---

[11] «Carta de batalla por Tirant lo Blanc», prólogo a *Tirant lo Blanc,* Madrid, Alianza Editorial, 1969, vol. I, pp. 9-41.

en la realidad real. Aunque hay, por supuesto, otros ingredientes menores: el elemento añadido está constituido por la totalidad de componentes que dan a la realidad ficticia una naturaleza distinta de su modelo real.

Este contrapunto entre el plano del narrador y el de lo narrado no se mantiene de principio a fin de la novela; si así ocurriera, la realidad ficticia, me temo, daría una impresión de total artificio, de inhumanidad. Sería difícil aceptar esa muda sistemática y universal, que convertiría a *todos* los elementos objetivos de la realidad real en imaginarios en la realidad ficticia, y, a la inversa, a los elementos imaginarios de la realidad real en objetivos en la realidad ficticia. De modo que el punto de vista de nivel de realidad es variable; hay momentos en que los términos de la realidad ficticia son semejantes a los de la real; la relación de las guerras civiles, por ejemplo, o la huelga y la matanza de los trabajadores, episodios que en su conjunto forman una materia real objetiva, están narrados también desde una perspectiva (más o menos) real objetiva. Pero la relación de contraste se da en casi todos los cráteres, en los episodios más llamativos (es la razón de que lo sean), e impone su marca a la realidad ficticia; este punto de vista hace que sea imaginaria. Ocurre que esa relación de contrapunto es, de por sí, real imaginaria, ya que lo real objetivo y lo imaginario aparecen como entidades autónomas. En el modelo, la realidad imaginaria es dependiente de la realidad objetiva, está contenida en ella, sólo existe con el soporte del sueño, la fantasía, la locura o la credulidad humanas (facultades o estados real objetivos). Para realizar esas mudas o saltos en el punto de vista de nivel de realidad (al plano objetivo para narrar lo imaginario, al imaginario para narrar lo objetivo) el narrador ha tenido que *independizar* estos dos planos, ha tenido que dotar de *objetividad* (existencia autónoma, independiente de la conciencia humana) a lo imaginario. Esta operación convierte automáticamente a la realidad ficticia en imaginaria, pues en ella lo real objetivo y lo imaginario no tienen la relación de subordinación que en la realidad real. Ya veremos mediante qué procedimientos se objetiva lo imaginario en *Cien años de soledad.*

En *Cien años de soledad* ocurre, en parte, lo que en la novela anterior, donde, como vimos, lo imaginario triunfaba al final sobre lo real objetivo. Esto, sin embargo, no era flagrante en *La mala hora,* había que indagar con cuidado para saberlo. ¿Por qué? Precisamente porque para narrar aquella materia imaginaria, el narrador se mantenía tan rigurosamente en un plano real objetivo, que todo lo que había de fantástico en lo narrado se disimulaba con una apariencia real objetiva: los pasquines eran presentados hasta el final como real objetivos, en tanto que eran imaginarios. Allí también había una relación inversa entre los planos del narrador y de lo narrado, aunque no existía la contrapartida que en *Cien años de soledad:* la narración de lo real objetivo desde una perspectiva imaginaria. El punto de vista de nivel de realidad en *Cien años de soledad* es el fundamento de uno de los métodos principales de la narración para objetivizar lo imaginario: trastocar las cualidades del objeto. Veamos algunos otros ejemplos de esa relación cruzada que existe entre el plano del narrador y el de lo narrado, en distintos momentos de la novela. Descubrir que «La tierra es redonda coma una naranja» deja a José Arcadio fascinado, «hechizado, repitiéndose a sí mismo en voz baja un sartal de asombrosas conjeturas, sin dar crédito a su propio entendimiento». Cuando se atreve, con «augusta solemnidad», a revelar el prodigio a sus hijos, Úrsula, que hasta entonces soporta sin protestar los descabellados proyectos de su marido, pierde la paciencia: «"Si has de volverte loco, vuélvete tú solo", gritó. "Pero no trates de inculcar a los niños tus ideas de gitano"» (p. 12). Como en el caso del hielo, un hecho real objetivo —la redondez de la tierra— es *presentado* con las características de un hecho fantástico, que provoca pasmo, fascinación, incredulidad: el narrador ha saltado a lo imaginario para narrar lo real objetivo. Veamos la operación inversa, cuando Melquíades se presenta en Macondo: «Mientras Macondo celebraba la reconquista de los recuerdos, José Arcadio Buendía y Melquíades le sacudieron el polvo a su vieja amistad. El gitano iba dispuesto a quedarse en el pueblo. Había estado en la muerte, en efecto, pero había regresado porque no pudo soportar la soledad. Repudiado por su tribu, desprovisto de toda facultad sobrenatural como castigo por su fidelidad a la vida, decidió refugiarse en aquel rincón del mundo todavía no descubierto por la muerte, dedicado a la explotación de un laboratorio de daguerrotipia. José Arcadio Buendía no había oído hablar nunca de ese invento. Pero cuando se vio a sí mismo y a toda su familia plasmados en una edad eterna sobre una lámina de metal tornasol, se quedó mudo de estupor» (p. 49). La resurrección de un muerto no provoca la más mínima sorpresa; el hecho es descrito con la mayor naturalidad, como si regresar de la muerte fuera algo corriente y trivial. En cambio, el hecho real objetivo —el laboratorio de daguerrotipia— deja a José Arcadio «mudo de estupor». Aquí tenemos, en un sólo párrafo, el doble movimiento: para narrar una resurrección el narrador se traslada a lo real objetivo, para narrar una fotografía salta hacia lo imaginario.

Este contrapunto asocia con frecuencia lo cotidiano y lo sobrenatural, lo doméstico y lo maravilloso. Después de afiebrados esfuerzos, José Arcadio Buendía consigue un milagro alquímico: rescatar el oro de Úrsula, que había sido reducido «a un chicharrón carbonizado que no pudo ser desprendido del fondo del caldero» (p. 14). Reconvertir esa masa en el oro original es tan fantástico como la resurrección de Melquíades; la narración menciona que el hecho dio motivo a una pequeña fiesta familiar, en la que se servía «dulce de guayaba con galletitas para celebrar el prodigio» (p. 32). Mediante su asociación con algo cotidiano, doméstico, trivial —un ágape hogareño, con pastitas caseras— el hecho imaginario queda rebajado de categoría, contaminado de cotidianidad, despojado de misterio, en tanto que el hecho real objetivo (la fiesta) queda contagiado de ciertos relentes imaginarios: irracionalidad, improbabilidad, misterio, locura. Es el clásico uso del procedimiento de los vasos comunicantes: asociar en una unidad narrativa elementos de condición diferente para que intercambien sus cualidades respectivas y se fundan en una realidad distinta a la mera suma de sus partes. La narración realiza a menudo esta mezcla: la levitación del padre Nicanor Reyna (narrada con la misma objetividad que la desaparición del armenio o la resurrección de Melquíades) ocurre luego de que toma «una taza de chocolate espeso y humeante»: «Luego se limpió los labios con un pañuelo que sacó de la manga, extendió los brazos y cerró los ojos. Entonces el padre Nicanor se elevó doce centímetros sobre el nivel del suelo. Fue un recurso convincente. Anduvo varios días por entre las casas, repitiendo la prueba de la levitación mediante el estímulo del chocolate, mientras el monaguillo recogía tanto dinero en un talego, que en menos de un mes emprendió la construcción del templo» (p. 77). El milagro no arranca una sola voz de asombro o de fascinación; el narrador se adhiere a la realidad más objetiva, describe los movimientos de las manos, de los brazos, de los ojos del padre Nicanor, enuncia de corrido, sin demorarse un segundo más de lo estrictamente indispensable, el milagro (el padre «se elevó a doce centímetros sobre el nivel del suelo») y pasa a narrar, en el mismo tono natural y con la precisión matemática anterior, los efectos real objetivos de lo ocurrido: las gentes dan dinero, el monaguillo lo recoge en un talego, pronto comienza la erección del templo. El narrador no abandona un instante el plano real objetivo, para referir uno de los sucesos imaginarios más pintorescos de la novela.

En cambio, se traslada a lo imaginario para presentar una pianola y unos juguetes. Pietro Crespi encarga «el invento maravilloso que había de suscitar el asombro del pueblo y el júbilo de la juventud: la pianola» (p. 58). Cuando ésta comienza a funcionar, la narración vibra de asombro ante la maravilla: «Una mañana, sin abrir la puerta, sin convocar a ningún testigo del milagro, colocó el primer rollo en la pianola, y el martilleo atormentador y el estrépito constante de los listones de madera cesaron en un silencio de asombro, ante el orden y la limpieza de la música. Todos se precipitaron a la sala. José Arcadio Buendía pareció fulminado no por la belleza de la melodía, sino por el tecleo autónomo de la pianola, e instaló en la sala la cámara de Melquíades con la esperanza de obtener el daguerrotipo del ejecutante invisible» (pp. 58-59). Poco después, Pietro Crespi decide abrir un almacén de instrumentos musicales y de juguetes, con los que suele regalar a Rebeca: «Aquellas visitas fueron llenando la casa de *juguetes prodigiosos*. Las bailarinas de cuerda, las cajas de música, los monos acróbatas, los caballos trotadores, los payasos tamborileros, *la rica y asombrosa* fauna mecánica...» (p. 70). Del mismo modo que los objetos más triviales (en la realidad real) quedan convertidos en maravillosos, un hecho tan prodigioso (para la realidad real) como el sabio recorrido que hace por Macondo la sangre de José Arcadio Buendía en busca de Úrsula, es descrito con absoluta objetividad, en términos estrictamente físicos: «Un hilo de sangre salió por debajo de la puerta, atravesó la sala, salió a la calle, siguió un curso directo por los andenes disparejos, descendió escalinatas y subió pretiles, pasó de largo por la calle de los Turcos, dobló una esquina a la derecha...» (p. 118). Este sistema se rompe en el episodio más vistoso de la novela, la subida al cielo de Remedios, narrado también como imaginario; el narrador está en el mismo plano que lo narrado: habla de «un delicado viento de luz», de «un temblor misterioso en los encajes», de «aquel viento irreparable», etc. (p. 205). En ese mismo episodio vemos la asociación de lo cotidiano y lo sobrenatural, en la actitud de Fernanda del Carpio: «mordida por la envidia, terminó por aceptar el prodigio, y durante mucho tiempo siguió rogando a Dios que le devolviera las sábanas» (p. 205). Unas páginas después, se insiste en lo mismo: «No bien Remedios, la bella, había subido al cielo en cuerpo y alma, y ya la desconsiderada Fernanda andaba refunfuñando en los rincones porque se había llevado las sábanas» (p. 216). Como en el caso de la taza de chocolate y la levitación del padre Nicanor, la asociación del prodigio y de una menudencia cotidiana resta maravilla a aquél y añade a ésta cierta aureola maravillosa. Veamos qué consternación provoca en Macondo (sólo parcialmente en el narrador, en este caso) otro objeto real objetivo, los pesarios de Fernanda del Carpio: «Creyendo que las rojas llantitas de caucho eran *objetos de hechicería,* se metió una en el bolsillo para que la viera Pilar Ternera. Ella *no pudo determinar su naturaleza, pero le pareció tan sospechosa,* que de todos modos se hizo llevar la media docena y la *quemó en una hoguera...*» (p. 297). En tanto que los pesarios son sospechosos y hacen pensar en brujerías, la muerte tiene características muy tranquilizadoras: es «una mujer vestida de azul con el cabello largo, de aspecto un poco anticuado, y con un cierto parecido a Pilar Ternera...» y «tan real, tan humana, que en alguna ocasión le pidió a Amaranta el favor de que le ensartara una aguja» (p. 238). El ser fantástico pierde misterio y maravilla al acercarse a la menudencia real objetiva (el ensarte de la aguja) y esta operación banal cobra, por contagio, cierto carácter inquietante, brillos imaginarios. Lo mismo ocurre con la correspondencia de Fernanda y los médicos invisibles (escribir cartas es el hecho cotidiano, los médicos invisibles el imaginario), con la aceptación de Amaranta de los mensajes de los macondinos para los muertos, etc.

Se trata de una inversión de los términos de la realidad real: en la realidad ficticia son prodigiosos, milagrosos, fantásticos el hielo, la pianola, los juguetes, los pesarios, la redondez de la tierra, la fotografía, en tanto que resultan ordinarios y normales la levitación, la ascensión a los cielos, volverse invisible, la locomoción inteligente de la sangre separada del cuerpo, llevar cartas a los muertos, escribirse con fantasmas. Este punto de vista de nivel de realidad, delata también el designio esencial de la novela, su voluntad totalizante: mediante esa relación inversa de los planos del narrador y de lo narrado, se consigue expresar, simultáneamente, en cada episodio o unidad narrativa, los dos planos de lo real, el objetivo y el imaginario, la versión objetiva y la subjetiva de una misma materia. Es decir, este punto de vista permite al narrador plasmar, al nivel de la unidad mínima de la ficción, la ambición del todo: lo real objetivo no elimina a lo real imaginario y viceversa, ambos coexisten en cada unidad gracias a esos saltos del narrador para no coincidir con el plano de realidad que está narrando. Cada una de esas unidades, reproduce la voluntad de totalidad que anima a la realidad ficticia. En la imagen del cura que levita después de tomar una taza de chocolate, de algún modo está contenida la realidad entera, es decir sus dos dimensiones esenciales: la vida objetiva y la imaginaria.

III) LA ESTRATEGIA NARRATIVA

En *Cien años de soledad* el dominio de lo imaginario se consolida: es la realidad básica, mientras que lo real objetivo es algo más bien derivado. ¿Qué estrategia dota a este mundo imaginario de su enorme poder de persuasión? En esto, todos coinciden: la novela transpira una hirviente vitalidad, la vida brota en ella a chorros. García Márquez ha logrado imponer a la realidad ficticia una coherencia interna equivalente a la de la realidad real: aunque los términos no se corresponden como en la real, hay en aquélla una forma que coincide con la de ésta. Aunque distinta, está organizada según leyes y procesos que son formalmente semejantes a los que gobiernan la vida real: esta simpatía formal da congruencia, verosimilitud, autenticidad, vivencias, a la realidad ficticia. El mundo verbal refleja con fidelidad a su modelo *en el dominio de la forma.*

Pero hay algo en la materia narrativa que contribuye de manera importante a imprimir a la realidad ficticia una naturaleza imaginaria: la abundancia de elementos exóticos. Para edificar esta versión definitiva de la realidad ficticia, el autor ha usado, entre los materiales de la realidad real, en un número superior al de todas las ficciones anteriores juntas, los de mayor predisposición imaginaria: objetos insólitos, seres pintorescos y extravagantes, gitanos, aventureros, inventores, nómadas, practicantes de oficios extraños o anacrónicos. Lo exótico tiene una vocación imaginaria inconfundible, su presencia en un texto es síntoma de una propensión de esa realidad ficticia hacia lo milagroso, lo mágico, lo fantástico o lo mítico-legendario. Lo exótico tiende a despegar de lo real objetivo, a ingresar en lo imaginario, pues es por definición *lo distinto y lo distante,* lo desconocido, lo otro, lo que por venir de un lugar ajeno, difícil o imposible de identificar a través de la propia experiencia, está cargado de misterio, de imprevisibilidad, algo a lo que, por no poder verificar directamente, concedemos una libertad y posibilidades que no concederíamos a lo que nos es familiar y próximo. Imbuido de enigma y de color, lo exótico es, dentro de la realidad real, lo que se halla más cerca de lo imaginario. La materia de *Cien años de soledad* chisporrotea seres y objetos exóticos; el nimbo pintoresco que acarrean facilita su conversión en imaginarios. La novela se abre con la llegada a Macondo de los gitanos. Sólo en el primer capítulo llegan tres veces y son presentados así: «... no eran heraldos del progreso, sino mercachifles de diversiones. Incluso cuando llevaron el hielo, no lo anunciaron en función de su utilidad en la vida de los hombres, sino como una simple curiosidad de circo» (p. 33). Los gitanos son un ejemplo mayor de la carga irrealizante de lo exótico: de origen desconocido, ambulan por el mundo, practican la prestidigitación y la magia, se les atribuyen poderes ocultos, su mundo estimula la fantasía y la invención. Si se hiciera un empadronamiento de seres, objetos y lugares de *Cien años de soledad* se encontraría tal vez que la mayoría de ellos tienen una personalidad exótica, que los inclina a lo imaginario. Muchos personajes exóticos han salido ya o irán saliendo en las citas siguientes. En cuanto a los objetos exóticos, he aquí un buen puñado, también del primer capítulo: «El rudimentario laboratorio —sin contar una profusión de cazuelas, embudos, retortas, filtros y coladores— estaba compuesto por un atanor primitivo; una probeta de cristal de cuello largo y angosto, imitación del huevo filosófico, y un destilador construido por los propios gitanos según las descripciones del alambique de tres brazos de María la judía» (pp. 13-14). Es interesante lo que ocurre con las referencias geográficas: las menciones de lugares de Colombia son mínimas, las de América Latina escasas, y en cambio las de Estados Unidos, Europa, Asia y África muy constantes: Java, Memphis, Singapur, Armenia, Salónica, Mar Egeo, Cracovia, París, Roma, Cataluña, etc.

Pero más importante para la creación de esa naturaleza imaginaria es la manipulación a que han sido sometidos los materiales de *Cien años de soledad*: cómo han sido nombrados y ordenados. A ese orden y a esa escritura debe sus vivencias la realidad ficticia. Los grandes procedimientos de la estrategia narrativa de esta novela son la exageración, la enumeración, la repetición y las cualidades trastocadas de los objetos. Estos procedimientos son también las leyes que gobiernan a esta realidad ficticia.

a) La exageración. Aumentar las propiedades de los seres, los objetos y las situaciones es un procedimiento de escritura tanto como de estructura. Veamos qué pasa en el primer capítulo. Los gitanos llevan a Macondo los nuevos inventos; el primero es «el imán». Lo identificamos en el acto como real objetivo, dotado de propiedades y límites que conocemos. En la realidad ficticia estas propiedades han crecido numéricamente, esos límites se han ensanchado de manera brutal. Las operaciones que realiza este imán extreman en términos cuantitativos las que realizan los imanes en la realidad real: «los calderos, las pailas, las tenazas y los anafes se caían de sus sitios, y las maderas crujían por la desesperación de los clavos y los tornillos tratando de desenclavarse...» (p. 9). Otro de los inventos es una dentadura postiza, algo tan real objetivo como el imán; es presentada como el «más fabuloso hallazgo de los nasciancenos» y para narrar este objeto el narrador salta a lo imaginario: la dentadura postiza convierte al gitano de «encías destruidas por el escorbuto» y «mejillas fláccidas» y «labios marchitos» en un Melquíades «juvenil, repuesto, desarrugado». Los espectadores «se estremecieron de pavor ante aquella prueba terminante de los poderes sobrenaturales» y José Arcadio considera que «los conocimientos de Melquíades habían llegado a extremos intolerables» (pp. 14-15). ¡En qué se ha convertido una dentadura postiza! En un objeto prodigioso, debido a la hinchazón cuantitativa de sus propiedades: una dentadura rejuvenece una cara, pero jamás de manera tan absoluta, y, sobre todo, nunca provoca un asombro tan descomunal. El objeto ha sido hiperbolizado hasta perder un poco de su naturaleza real objetiva y adquirir un contorno imaginario, igual que el imán y el hielo. La exageración de sus propiedades lo ha mudado de uno a otro plano de lo real.

Este procedimiento es usado con tanta frecuencia que se vuelve característica de la realidad ficticia: objetos, seres, situaciones de la realidad real aparecen allá en una versión tan agigantada que sufren una muda o cambio cualitativo y se convierten en imaginarios. La constante repetición del procedimiento tiene la virtud de hacerlo invisible. Para el lector, exageración significa excepcionalidad, marginalidad: exagerar es arrancar algo de su estatuto normal y proyectarlo a una situación anormal y provisoria. Lo exagerado lo es porque rompe los límites de la realidad. Pero si en un mundo *todo* es exagerado, la noción misma de exageración desaparece de ese mundo: la desmesura pasa a ser en él la mesura, la anormalidad será allá normalidad. «Nadie es monstruoso si lo somos todos», ha escrito Simone de Beauvoir.[12] En Macondo nadie ni nada es desmedido porque la desmesura es la norma de las cosas.

Este procedimiento permite crear un mundo fantástico sin poner ante el lector seres intrínsecamente imaginarios, como un unicornio o un centauro: objetos familiares, capaces de despertar su credulidad, son transformados mediante el aumento de sus propiedades en mágicos o milagrosos. Pero como esto no ocurre una ni dos veces sino constantemente, el gigantismo no se nota: hay tantos hechos, cosas y personas agigantados, que el conjunto da la ilusión de la normalidad. Esta vocación hacia la desmesura de la realidad ficticia es, naturalmente, otro componente del elemento añadido.

La fuerza del primer José Arcadio Buendía es notable, en su vejez todavía puede «derribar un caballo agarrándolo por las orejas» (p. 12), pero no es nada comparada con la de su hijo. De niño, el tamaño del sexo de José Arcadia es tal que para Úrsula esa «desproporción era algo tan des-

---

[12] Presentation de *La Batarde,* de Violette Leduc, París, Éditions Gallimard, 1965.

naturalizado como la cola de cerdo del primo» (p. 29). Cuando a él y a su hermano les dan un laxante, se sientan «al mismo tiempo» en sus bacinillas «once veces en un solo día» (p. 33). Pero es sobre todo al regresar a Macondo cuando su descomunalidad resplandece: tiene cuello de bisonte, usa «un cinturón dos veces más grueso que la cincha de un caballo», su físico da «la impresión trepidatoria de un sacudimiento sísmico». Al despertar se come «dieciséis huevos crudos», en la tienda de Cararino su «corpulencia monumental» provoca un «pánico de curiosidad entre las mujeres», y él pulsea «con cinco hombres al mismo tiempo». En el calor de la fiesta, exhibe «su masculinidad inverosímil, enteramente tatuada con una maraña azul y roja de letreros en varios idiomas». Se rifa entre las mujeres y, finalmente, nos enteramos que «había dado sesenta y cinco veces la vuelta al mundo» (pp. 83-84). El procedimiento se ve funcionando en este personaje con su dinámica de aceleración sistemática: exagerando algo las cualidades de un objeto, el narrador puede saltar a otro cuyas propiedades aumentará un poco más, y de ahí a otro cuyas cualidades exagerará todavía algo más; ese progresivo aumento hará menos notoria la muda o salto cualitativo del objeto de lo real objetivo a lo imaginario. Mediante esa dinámica ascendente la narración cambia de nivel de realidad: el niño de sexo aventajado era real objetivo, el hombrón de falo tatuado en varios idiomas es fantástico. En la noche de bodas de Rebeca y José Arcadio, gracias a la exageración, volvemos a lo imaginario: «pasaron una luna de miel escandalosa. Los vecinos se asustaban con los gritos que despertaban a todo el barrio hasta ocho veces en una noche, y hasta tres veces en la siesta, y rogaban que una pasión tan desaforada no fuera a perturbar la paz de los muertos» (p. 86). La realidad ficticia ha sido aumentada hasta el delirio: los gritos de amor de la pareja que fornica ocho veces en la noche y tres en las tardes perturban a un pueblo, y, quizás, a los muertos.

La desmesura caracteriza al amor en general y al sexo en particular. Así está descrita la experiencia de Aureliano Buendía con la mulata adolescente: «Antes de Aureliano, esa noche, sesenta y tres hombres habían pasado por el cuarto. De tanto ser usado y amasado en sudores y suspiros, el aire de la habitación empezaba a convertirse en lodo. La muchacha quitó la sábana empapada y le pidió a Aureliano que la tuviera de un lado. Pesaba como un lienzo. La exprimieron, torciéndola por los extremos, hasta que recobró su peso natural. Voltearon la estera, y el sudor salía del otro lado» (p. 51). Todo ha sido exagerado, de tal modo que nada desentona en el cuadro: la muchacha ha hecho el amor con sesenta y tres clientes, el semen ha empapado la sábana como una lluvia, el sudor atraviesa la estera. La armonía del conjunto se debe al aumento de todos los elementos. Éstos, aunque básicamente real objetivos, están tan abultados que lindan con lo imaginario. Apenas se nota: todo está tan exagerado que ya nada lo está. El exceso se da también en el plano sentimental. Semienloquecido por los desaires de Amaranta, una noche Pietro Crespi canta: «Macondo despertó en una especie de estupor angelizado por una cítara que no merecía ser de este mundo y una voz como no podía concebirse que hubiera otra en la tierra con tanto amor. Pietro Crespi vio entonces la luz en todas las ventanas del pueblo, menos en la de Amaranta» (p. 99). La serenata parece la de una orquesta sinfónica. Más espectaculares son los efectos de la hermosura legendaria de Remedios: se habla de ella con «un fervor sobrecogido» en toda la ciénaga, los hombres van a la iglesia «con el único propósito» de verle la cara. Quienes lo consiguen no pueden «recuperar jamás la placidez del sueño» (p. 170). Como José Arcadio, Remedios es un personaje tratado casi exclusivamente por la exageración. Ella ignora los desastres cotidianos que causa: su aparición en el comedor «ocasionaba un pánico de exasperación entre los forasteros», su cuerpo «soltaba un hálito de perturbación, una ráfaga de tormento, que seguía siendo perceptible varias horas después de que ella había pasado». Los expertos afirmaban «no haber padecido jamás una ansiedad semejante a la que producía el olor natural de Remedios, la bella» (p. 200). Otro olor de mujer es temible: al niño José Arcadio «se le quedó metido debajo del pellejo» (p. 29) el olor de humo de Pilar Ternera. El último Aureliano tiene también un falo que roza lo imaginario: puede recorrer una casa «llevando en equilibrio una botella de cerveza sobre su masculinidad inconcebible» (p. 322) y Amaranta Úrsula juega a las muñecas con esa «portentosa criatura» (pp. 341-342).

Como el sexo, la belleza suele ser hiperbólica en la realidad ficticia: Fernanda del Carpio es «la mujer más fascinante que hubiera podido concebir la imaginación» (p. 174) y años después «una anciana de una hermosura sobrenatural» (p. 307). Todo está superlativizado: la gente puede vivir casi doscientos años como Francisco el Hombre (p. 50) o ser sesquicentenaria como Úrsula; demorarse dos años en cruzar una cordillera, como José Arcadio y sus amigos (p. 27), sincronizar los relojes «con tanta precisión, que cada media hora el pueblo se alegraba con los acordes progresivos de una misma pieza, hasta alcanzar la culminación de un mediodía exacto y unánime con el valse completo» (p. 40). Para descubrir cómo se llama, Aureliano lee a Rebeca «todo» el santoral, a ver si la niña reacciona ante algún nombre (p. 42). No es anormal que a un chiquillo le guste comer tierra, pero es extraordinario que sólo le guste eso, como a Rebeca, a quien «sólo le gustaba comer la tierra húmeda del patio y las tortas de cal que arrancaba de las paredes con las uñas» (p. 43). Es sólito que un hombre padezca insomnio y amnesia, no que un pueblo entero sufra estos males: su carácter epidémico convierte al desvelo y al olvido en imaginarios. Lo que proyecta hacia lo fantástico la máquina de la memoria de José Arcadio es el número de fichas: catorce mil (p. 48). Este hombre tiene la fuerza de su hijo: está anciano y se necesitan «diez hombres para tumbarlo, catorce para amarrarlo, veinte para arrastrarlo hasta el castaño del patio» (p. 74). La discreción de Santa Sofía de la Piedad es tanta que ya es magia: «tenía la rara virtud de no existir por completo sino en el momento oportuno» (p. 102). Lo mismo ocurre con las órdenes del coronel Buendía, que «se cumplían antes de ser impartidas, aun antes de que él las concibiera, y siempre llegaban mucho más lejos de donde él se hubiera atrevido a hacerlas llegar» (p. 146), y con los conejos que rifa Petra Cotes: se reproducen y vuelven adultos tan rápido que apenas dan tiempo «para vender los números de la rifa» (p. 167). Los despilfarros de Aureliano Segundo llegan a este extremo: empapelar la casa, por dentro y por fuera, con billetes de a peso (pp. 167-168). La exageración alcanza una cima en el duelo entre Aureliano Segundo y la Elefanta. A fuerza de aumentar en cantidad, la competencia termina en lo imaginario: en las primeras 24 horas Aureliano Segundo despacha «una ternera con yuca, ñame y plátanos asados, y además una caja y media de champaña», al segundo día «se bebió cada uno el jugo de cincuenta naranjas, ocho litros de café y treinta huevos crudos» y al tercer día «dos cerdos, un racimo de plátano y cuatro cajas de champaña» (p. 220).

No tiene nada de particular que una niña invite a su casa a unas amigas, pero Meme invita a «cuatro monjas y sesenta y ocho compañeras de clase» (p. 223). Inmediatamente después de llevar la situación a este límite imposible, el narrador, con una escritura precisa, enumera todas las complicaciones real objetivas que engendra esta desmesura: «La noche de su llegada, las estudiantes se embrollaron de tal modo tratando de ir al excusado antes de acostarse, que a la una de la madrugada todavía estaban entrando las últimas. Fernanda compró entonces setenta y dos bacinillas, pero sólo consiguió convertir en un problema matinal el problema nocturno, porque desde el amanecer había frente al excusado una larga fila de muchachas, cada una con su bacinilla en la mano, esperando turno para lavarla» (pp. 223-224). Este ejemplo se repite casi siempre que un asunto ha sido presentado mediante la exageración: una vez arrastrado el objeto, por el aumento de sus propiedades, hasta un límite imaginario, el narrador retrocede y describe los efectos que tiene, dentro de lo real objetivo más estricto, esa situación aumentada. Que Meme lleve setenta y dos personas irrealiza la situación; las complicaciones domésticas de esta invasión balancean por su irrealismo la irrealidad de la exageración: otra vez vemos funcionar el sistema de los vasos comunicantes. Este patrón se repite con frecuencia: a) aumentar desmedidamente un objeto; b) tratar la situación así creada con el realismo objetivo más ceñido, racionalizando los efectos del exceso. Hay un movimiento dialéctico de la narración entre esos dos planos antagónicos. Este contrapunto dota de vivencias al episodio, pero no impide que el clima general de la realidad ficticia vaya, por efecto de la vocación de desmesura de sus componentes, adoptando destellos imaginarios.

b) La enumeración. Este método de organización de la materia narrativa se utiliza en *Cien años de soledad* igual que en «Los funerales de la Mamá Grande»: los materiales de la realidad ficticia tienden a agruparse en pequeñas unidades de ritmo encantatorio, a desfilar en colectividades cerradas y con una cierta música de modo que el lector, por esa virtud mareadora, hechizante, que adoptan los materiales así dinamizados admite, en el vértigo en que la realidad ficticia lo sume, el contrabando de objetos imaginarios entre los real objetivos, la desaparición de las fronteras entre realidad objetiva y realidad imaginaria, su igualación por obra del movimiento y de la música. También en *Cien años de soledad*, como en el relato, la enumeración suele ser exótica, acumular en formaciones rítmicas, objetos y seres que por su rareza, por su procedencia lejana, tienen una cierta predisposición imaginaria.

En el primer capítulo, se describe lo que le había ocurrido a Melquíades durante su ausencia de Macondo: «Sobrevivió a la pelagra en Persia, al escorbuto en el archipiélago de Malasia, a la lepra en Alejandría, al beriberi en el Japón, a la peste bubónica en Madagascar, al terremoto de Sicilia y a un naufragio multitudinario en el estrecho de Magallanes» (pp. 12-13). Vemos el uso de materiales pintorescos: enfermedades infrecuentes, parajes remotos. Han sido reunidos en una enumeración, en una cascada rítmica, algo que llega a nosotros no tanto como una sucesión de conceptos sino como una música envolvente y reiterativa. Esa musicalidad es engañosa y persigue (consigue) distraer; gracias a ella se debilitan las fronteras de los objetos, unos y otros se confunden en una sola materia sonora y veloz. Sufren una muda, se convierten en algo distinto de lo que serían separados: la realidad entera adquiere un aire homogéneo y vertiginoso de imágenes que danzan una tras otra, es decir un aire imaginario. La enumeración aligera los conceptos, aminora los significados y potencia en cambio los significantes, los valores auditivos y visuales: es un procedimiento irrealizante, que traslada a los objetos de lo real objetivo a lo imaginario. Otra enumeración que vuelve a la realidad ficticia un raudo cortejo plástico-sonoro de objetos exóticos: «... sus loros pintados de todos los colores que recitaban romanzas italianas, y la gallina que ponía un centenar de huevos de oro al son de la pandereta, y el mono amaestrado que adivinaba el pensamiento, y la máquina múltiple que servía al mismo tiempo para pegar botones y bajar la fiebre. Y el aparato para olvidar los malos recuerdos, y el emplasto para perder el tiempo, y un millar de invenciones más...» (p. 21). Vimos enumeraciones idénticas en «Los funerales de la Mamá Grande»: primero desfilan ante el lector objetos de naturaleza real objetiva flagrante (loros, gallinas, monos), que por lo tanto consiguen su credulidad, que eliminan toda sospecha. Entonces, la narración desliza objetos que pertenecen a lo imaginario (la máquina que pega botones y baja la fiebre, el aparato para olvidar los malos recuerdos, el emplasto para perder el tiempo), y que, mareado, cautivado como está por el ritmo y la velocidad, el lector iguala a los anteriores. La carga real objetiva de los primeros lastra de realidad a los últimos, en tanto que la naturaleza imaginaria de éstos inocula irrealidad a los primeros (vasos comunicantes y mudas). Hay una distribución simétrica de los materiales de distinta filiación en este ejemplo: dos grupos de a tres (monos, loros, gallinas-máquina, aparato, emplasto). Luego veremos que una constante de la escritura en *Cien años de soledad* es agrupar los objetos de la realidad ficticia en unidades de tres miembros.

La enumeración dota a la realidad ficticia de un movimiento particular. Impone a la materia que organiza un dinamismo vertiginoso y distinto. El movimiento es característica esencial de la vida, pero este movimiento circular que el ritmo reiterativo y veloz de la enumeración da a la realidad ficticia es en ésta rasgo propio, diferente de la realidad real, un ingrediente más de su elemento añadido. Véase la velocidad que imprime a la materia esta enumeración pintoresca: «... y quedaron tendidos en la plaza, entre muertos y heridos, nueve payasos, cuatro colombinas, diecisiete reyes de baraja, un diablo, tres músicos, dos Pares de Francia y tres emperatrices japonesas» (p. 175). Por el ritmo hechizarte, la forma se convierte en contenido: las tres muchachas disfrazadas del final ya no lo son, ya *son* tres emperatrices japonesas. A veces, el ritmo encantatorio cumple una función de ablandamiento preparatorio del espíritu del lector para un dato que por su desmesura podría no obtener su credulidad. Es el caso de los 42 días sexualmente útiles que los tabúes religiosos dejan al año a Fernanda del Carpio; el dato (exageradísimo) es comunicado luego de una enumeración risueña que ha debilitado adecuadamente la lógica del lector: «Descontando la Semana Santa, los domingos, las fiestas de guardar, los primeros viernes, los retiros, los sacrificios y los impedimentos cíclicos, su anuario útil quedaba reducido a 42 días...» (p. 181). En algunos momentos las enumeraciones se suceden unas a otras y la realidad ficticia se convierte en un torbellino de imágenes que aparecen y desaparecen a un ritmo de locura. En la p. 197 hay cuatro enumeraciones. Los gringos han hecho un pueblo «con calles bordeadas de palmeras, casas con ventanas de redes metálicas, mesitas blancas en las terrazas y ventiladores de aspas colgados en el cielorraso, y extensos prados azules con pavosreales y codornices»; los mismos gringos «modificaron el régimen de lluvias, apresuraron el ciclo de las cosechas, y quitaron el río de donde estuvo siempre»; además, llevaron un tren con prostitutas inverosímiles capaces de «estimular a los inermes, despabilar a los tímidos, saciar a los voraces, exaltar a los modestos, escarmentar a los múltiples y corregir a los solitarios»; la calle de los Turcos se convirtió, los sábados, en una ciudad «con las muchedumbres de aventureros que se atropellaban entre las mesas de suerte y azar, los mostradores de tiro al blanco, el callejón donde se adivinaba el porvenir y se interpretaban los sueños, y las mesas de fritangas y bebidas, que amanecían el domingo desparramadas por el suelo, entre cuerpos que a veces eran de borrachos felices y casi siempre de curiosos abatidos por los disparos, trompadas, navajinas y botellazos de la pelotera». En cuatro enumeraciones, se narra la transformación entera de Macondo por obra de la compañía y este acontecimiento, debido a la forma que lo narra, adquiere visos mágicos: hay tal recargo de objetos y de hechos en espacio tan reducido, que los contenidos de esos materiales casi se vacían, lo que queda de ellos una vez que han pasado en la acelerada enumeración es un halo raudo y una cierta música, ésta los ha irrealizado. Lo mismo ocurre con esos desastres que la narración profetiza cuando llega el tren: «El inocente tren amarillo que tantas incertidumbres y evidencias, y tantos halagos y desventuras, y tantos cambios, calamidades y nostalgias había de llevar a Macondo» (p. 193). La forma acumulativa y musical aligera esos hechos, les da un aire risueño, los aproxima a lo imaginario.

Un procedimiento no excluye a otro, todo lo contrario: a menudo dos o tres se combinan en la presentación de ciertos datos. El último episodio de la vida del coronel Buendía, por ejemplo, mezcla los procedimientos de la enumeración, de la repetición y de las cualidades trastocadas del objeto. Veamos ahora únicamente en esta enumeración el contrabando de un objeto de naturaleza distinta: «Vio una mujer vestida de oro en el cogote de un elefante. Vio un dromedario triste. Vio un oso vestido de holandesa que marcaba el compás de la música con un cucharón y una cacerola. Vio los payasos haciendo maromas en la cola del desfile, y le vio otra vez la cara a su soledad miserable cuando todo acabó de pasar...» (p. 229). La soledad miserable adquiere, por su estratégica colocación, una cara y un cuerpo, se convierte en persona o animal por contagio de las figuras que la preceden: sin necesidad de ser real imaginaria, esa soledad miserable que la enumeración personifica, adquiere ribetes fantásticos por la muda que sufre dentro de dos niveles de lo real objetivo: de lo invisible a lo visible, de lo abstracto a lo concreto. Simultáneamente, ese fantasma que cierra el desfile comunica a los payasos, mujeres, dromedarios y elefantes que lo anteceden un nimbo fantasmal. Los vasos comunicantes otra vez: la soledad se corporiza, los payasos se invisibilizan por contaminación mutua.

Las enumeraciones introducen en la realidad ficticia el mayor número de objetos en el mínimo tiempo y en el mínimo espacio. Lo vimos, en grande, durante la transformación de Macondo; se ve, en pequeño, en la descripción del cuarto de Meme, convertido en retablo barroco: «El cuarto de Meme se llenó de almohadillas de piedra pómez para pulirse las uñas, rizadores de cabellos, trilladores de dientes, colirios para languidecer la mirada, y tantos y tan novedosos cosméticos y artefactos de belleza...» (p. 233). Esta materialidad maciza precede la indicación de que Fernanda del Carpio anda dedicada a «una emocionante correspondencia con los médicos invisibles». Después de un desfile de objetos de un físico contundente —rizadores, piedra pómez, colirios— aparecen esos médicos invisibles, que, por cercanía, se impregnan de cierta materialidad. Por contacto con esos objetos ya son *menos* invisibles, en tanto que esas materias sólidas o líquidas asimilan algo de la invisibilidad de los médicos: esas asociaciones de objetos de naturaleza distinta para que intercambien cualidades, contribuyen a dar a los elementos de la realidad ficticia una personalidad diferente de la que tienen en la real (por lo tanto, una personalidad imaginaria).

La escritura de *Cien años de soledad* tiene una coherencia equivalente a la del sistema de ordenación de su materia narrativa. La enumeración, figura retórica constante en la novela, es utilizada según patrones rígidos: las más comunes son las de tres y seis miembros:

SIMETRÍA
RETÓRICA

... un mensajero que *atravesó la sierra,*
        se extravió en pantanos desmesurados,
        remontó ríos tormentosos
y estuvo a punto de perecer bajo
        el azote de las fieras
        la desesperación y
        la peste,
antes de conseguir una ruta de enlace con las mulas del correo (p. 11).

Se vistió a tientas, oyendo en la oscuridad
la reposada respiración de su hermano,
la tos seca de su padre en el cuarto vecino,
el asma de las gallinas en el patio,
el zumbido de los mosquitos,
el bombo de su corazón y
el desmesurado bullicio del mundo
que no había advertido hasta entonces, y salió a la calle dormida (p. 30).

Las bailarinas de cuerda,
las cajas de música,
los monos acróbatas,
los caballos trotadores,
los payasos tamborileros,
la rica y asombrosa fauna mecánica
que llevaba Pietro Crespi, disiparon la aflicción...
(p. 70).

Una enumeración exótica de seis miembros con una muda al final:

Al cabo de ocho años, habiendo aprendido
a versificar en latín,
a tocar el clavicordio,
a conversar de cetrería con los caballeros y de
apologética con los arzobispos,
a dilucidar asuntos de estado con los gober-
nantes
extranjeros
y asuntos de Dios con el Papa,
volvió a casa de sus padres a tejer palmas fúnebres
(p. 180).

La enumeración va de lo posible a lo improbable a lo imposible, es decir de lo real objetivo a lo imaginario, y esa muda es casi imperceptible para el lector, hechizado por el ritmo y por lo pintoresco de la materia.

Los estragos que causan los diecisiete Aurelianos:

> *Hicieron añicos media vajilla,*
> *destrozaron los rosales persiguiendo a un toro para*
> *mantearlo,*
> *mataron las gallinas a tiros,*
> *obligaron a bailar a Amaranta los valses tristes de*
> *Pietro Crespi,*
> *consiguieron que Remedios, la bella, se pusiera unos*
> *pantalones de hombre para subirse a la cucaña,*
> *y soltaron en el comedor un cerdo embadurnado de*
> *sebo...* (p. 188).

Otra enumeración exótica, con materiales ocultistas:

> Se aprendió de memoria
> *las leyendas fantásticas del libro desencuadernado,*
> *la síntesis de los estudios de Hermann, el tullido;*
> *los apuntes sobre la ciencia demonológica,*
> *las claves de la piedra filosofal,*
> *las centurias de Nostradamus y*
> *sus investigaciones sobre la peste,*
> de modo que llegó a la adolescencia sin saber nada de su tiempo... (p. 301).

Como la transformación de Macondo por obra de la compañía, la vuelta de Amaranta Úrsula a Macondo y el viento de renovación que trae, se resuelve estilísticamente en una serie de enumeraciones:

> Además del antiguo baúl de Fernanda con que la mandaron al colegio, llevaba
> *dos roperos verticales,*
> *cuatro maletas grandes,*

un talego para las sombrillas,
ocho cajas de sombreros,
una jaula gigantesca con medio centenar de cana-
rios,
y el velocípedo del marido
desarmado dentro de un estuche especial que permitía llevarlo como un violoncelo. Ni siquiera se permitió
un día de descanso al cabo del largo viaje. Se puso un
gastado overol de lienzo que había llevado el esposo
con otras prendas de motorista, y emprendió una
nueva restauración de la casa. *Desbandó las hormigas*
coloradas que ya se habían apoderado del corredor,
resucitó los rosales,
arrancó la maleza de raíz, y
volvió a sembrar helechos,
oréganos y
begonias
en los tiestos del pasamanos. Se puso al frente de una
cuadrilla de *carpinteros,*
cerrajeros y
albañiles
que *resanaron las grietas de los pisos,*
enquiciaron puertas y ventanas,
renovaron los muebles y
blanquearon las paredes por dentro y por fuera,
de modo que tres meses después de su llegada se respiraba otra vez el aire de juventud y de fiesta que
hubo en los tiempos de la pianola (p. 318).

En este extenso párrafo, gracias a las enumeraciones
se apresa la máxima cantidad de tiempo en el mínimo
espacio verbal, se narra el mayor número de hechos y se
describe el mayor número de objetos con el menor número de palabras. La narración no necesita detenerse a
dar precisiones, a matizar, a diferenciar: la enumeración
la libera de esa necesidad porque, incorporadas a esa cas-

cada sonora, cosas y acciones se des-singularizan, se homologan, sus contenidos conceptuales pierden importancia, sus propiedades plásticas y fonéticas pasan a ser hegemónicas, y para que ellas (color, forma, música) sean perceptibles, la simple mención es suficiente. El uso continuo del procedimiento imprime por eso ciertos rasgos a la realidad ficticia: ligereza, plasticidad, y, en un sentido estricto, fugacidad. Todo en ella da la impresión de un espectáculo efímero, donde las imágenes desaparecen inmediatamente después de aparecer para dar paso a otras que a su vez desaparecen, como las figuras de un carrusel veloz o las imágenes de un film acelerado: ese ritmo y esos rasgos contribuyen a diferenciar la realidad ficticia de la real.

La forma más corriente de enumeración es la mínima, la de tres miembros. Su pequeñez y su continua presencia la hacen menos notoria, pero no menos eficaz. Al contrario: los procedimientos son eficaces, justamente, cuando el lector no los advierte, cuando sólo advierte sus consecuencias. Aquí el procedimiento opera casi subliminalmente, por su velocidad y brevedad:

La casa se abrió, todavía olorosa a resinas y a cal húmeda, y los hijos y nietos de los fundadores conocieron

el corredor de los helechos y las begonias,
los aposentos silenciosos,
el jardín saturado por la fragancia de las rosas,
y se reunieron en la sala de visita frente al invento desconocido que había sido cubierto con una sábana blanca (p. 60).
La buscó *en el taller de hermanos,*
en los visillos de su casa,
en la oficina de su padre,
pero solamente la encontró en la imagen que saturaba su propia y terrible soledad (p. 63).

Como en el caso de la soledad miserable, la materialidad de los tres elementos de la enumeración —taller, visillos, oficina— contagia algo de su naturaleza concreta a «la imagen que saturaba su propia y terrible soledad», y ésta transmite algo de su subjetividad y abstracción a esas materias: ambos elementos quedan parcialmente mudados de naturaleza. Los ejemplos aparecen casi en cada página de la novela:

> Desde aquel día se reveló
> *el sentido de responsabilidad,*
> *la gracia natural,*
> *el reposado dominio* que siempre había de tener Remedios ante las circunstancias adversas (p. 76).
> ...

> El padre Nicanor decide quedarse una semana más para
> *cristianizar a circuncisos y gentiles,*
> *egalizar concubinarios y*
> *sacramentar moribundos* (p. 77).

> Pietro Crespi le lleva a Úrsula regalos exóticos:
>
> *sardinas portuguesas,*
> *mermeladas de rosas turcas,*
> y, en cierta ocasión,
> *un primoroso mantón de Manila* (p. 87).

En algunos casos, la enumeración es agresivamente retórica:

> *Con la temeridad atroz* con que José Arcadio Buendía
> atravesó la sierra para fundar Macondo,
> *con el orgullo ciego* con que el coronel Aureliano Buendía
> promovió sus guerras inútiles,

con la tenacidad insensata con que Úrsula aseguró la
supervivencia de la estirpe,
así buscó Aureliano Segundo a Fernanda, sin un instante
de desaliento (pp. 180-181).

En este caso, las facultades adormecedoras de la enumeración, al concentrar la atención del lector en la música
y el número, neutralizan el efectismo truculento del lenguaje (temeridad atroz, orgullo ciego, tenacidad insensata),
que hubiera. debilitado el poder de persuasión del episodio: los clisés dejan de serlo, en la enumeración esas fórmulas verbales son sobre todo ruido y movimiento.

...
Una fuerza sísmica,
un aliento volcánico,
un rugido de cataclismo, estallaron en el centro de la
muchedumbre con una descomunal potencia expan-
siva (p. 259).

Aquí vemos combinada la enumeración con la exageración: la desmesura de la materia queda rebajada por la
forma que la expresa.
Cuando Aureliano Segundo pierde la paciencia y destruye media casa, aparecen dos enumeraciones de este
tipo:

... con una furia perfectamente regulada y metódica
fue agarrando uno tras otro *los tiestos de begonias,*
    las macetas de helecho,
    los potes de orégano,
y uno tras otro los fue despedazando contra el suelo.

... fue rompiendo luego contra la pared
    la cristalería de Bohemia,
    los floreros pintados a mano,

los cuadros de las doncellas en barcas cargadas de rosas,
los espejos de marcos dorados, y todo cuanto era rompible... (p. 277).

...

Úrsula y los niños se partían el espinazo en la huerta cuidando
el plátano y la malanga,
la yuca y el ñame,
la ahuyama y la berenjena (p. 11).

...

Una enumeración de pie quebrado:

Había perdido en la espera
   la fuerza de los muslos,
   la dureza de los senos,
   el hábito de la ternura,
pero conservaba intacta
   la locura del corazón (p. 31).

...

También las enumeraciones de cuatro miembros aparecen de cuando en cuando. He aquí una, exótica, seguida de otra, irregular:

La pianola es llevada «en varios cajones que fueron descargados junto con
   los muebles vieneses,
   la cristalería de Bohemia,
   la vajilla de la Compañía de Indias,
   los manteles de Holanda y una rica variedad de
      lámparas y palmatorias,
      y floreros,
      paramentos y tapices (p. 59).

La llegada de José Arcadio Buendía está precedida de una enumeración:

... alguien empujó la puerta... y los horcones se estremecieron con tal fuerza en los cimientos, que
Amaranta y sus amigas bordando en el corredor,
Rebeca chupándose el dedo en el dormitorio,
Úrsula en la cocina,
Aureliano en el taller y hasta
José Arcadio Buendía bajo el castaño, tuvieron la impresión de que un temblor de tierra estaba desquiciando la casa (pp. 82-83).

Las enumeraciones pueden estar al comienzo, al final o en medio de la frase, ser simples o compuestas, brevísimas o muy largas. Pero hay en ellas algunas constantes: la frecuencia con que reúnen materiales pintorescos, su tendencia a organizarse en grupos de tres o múltiplos de tres, el contrabando que suelen realizar mezclando en la cascada sonora materiales de distinta realidad (real objetivos o imaginarios) o de distinto plano de una misma realidad (concretos y abstractos, visibles e invisibles). Sus efectos: imprimir a la realidad ficticia un movimiento, una plasticidad, una sonoridad y una superficialidad de imagen compuesta por imágenes de dos dimensiones, que la distinguen nítidamente de la realidad real.

c) La repetición. Aparentemente, en *Cien años de soledad* hay y pasan muchas cosas; característica de la realidad ficticia parece ser la profusión de seres, de objetos, sobre todo de sucesos: todo el tiempo está ocurriendo algo. Pero una lectura fría nos revela que pasan menos cosas de las que parece, pues *pasan las mismas cosas varias veces.* Ese incesante desfile que es todo el libro (y del que son reflejo esos pequeños desfiles que hemos visto) es circular: los seres, objetos y hechos que constituyen la realidad ficticia se repiten de modo que acaban por dar una impresión de infinito, de multiplicación sin término, como las imágenes que se devuelven dos espejos. Otra ley de la realidad ficticia es la repetición. El procedimiento, cuyo uso constante imprime al mundo verbal este cariz, aparece tanto en la materia coma en la forma, y, dentro de la forma, tanto en la estructura como en la escritura.

a) Repeticiones en la materia. La narración es explícita respecto a esta constante: Macondo es llamado «la ciudad de los espejos (o los espejismos)» (p. 351), y en otro momento se dice de los Buendía que «la historia de la familia era un engranaje de repeticiones irreparables, una rueda giratoria que hubiera seguido dando vueltas hasta la eternidad, de no haber sido por el desgaste progresivo e irremediable del eje» (p. 334). Esas repeticiones irreparables están en lo más evidente y en lo más secreto, son descaradas o discretas o tan escondidas que cuesta mucho detectarlas. Esa suma de reincidencias en la materia acaba por imponer a la realidad ficticia una naturaleza: un mundo regido por fatídicas leyes circulares que se manifiestan en todos los planos, desde la historia colectiva hasta la psicología individual, desde el amor hasta el conocimiento y los sueños. Un mundo esencialmente carente de libertad y de espontaneidad, donde todo está decidido desde siempre y para siempre, en función de ciertas pulsiones inevitables; es decir, un mundo mágico, antihistórico. Veamos algunas de las repeticiones en el seno de la familia Buendía. La más visible es la de los nombres: los varones se llaman José Arcadio o Aureliano y las mujeres Úrsula, Amaranta, Remedios. Esos nombres que se repiten acarrean con ellos algo más profundo: las psicologías, los destinos. «Mientras los Aurelianos eran retraídos, pero de mentalidad lúcida, los José Arcadio eran impulsivos y emprendedores, pero estaban marcados por un signo trágico» (p. 159): estas características generales se repiten en todos, salvo en José Arcadio Segundo y Aureliano Segundo, pero como tienen los nombres trastocados, en el fondo están dentro de la regla hereditaria. Otras recurrencias se superponen y se cruzan con las mencionadas por la narración: los hombres son más soñadores, menos prácticos, tienen menos sentido común que las mujeres, por ejemplo. La soledad es el patrimonio de todos ellos y la llevan retratada en la cara, al extremo que gracias a eso reconoce Úrsula a los hijos de la guerra del coronel Buendía: todos tenían «un aire de soledad que no permitía poner en duda el parentesco» (p. 135). Hay, además, ese miedo recurrente en la estirpe a engendrar un niño con cola de cerdo, y, complementaria de ese miedo, la vocación incestuosa de hombres y mujeres. Está, también, ese «hereditario vicio de hacer para deshacer» (p. 267), que practican los Buendía de una generación a otra, y la extraña constante «de que los Buendía se morían sin enfermedad», descubierta por Úrsula (p. 239). Ésta tiene conciencia de esas repeticiones fatídicas en la familia y en una ocasión la hacen exclamar: «Ya esto me lo sabía de memoria... Es como si el tiempo diera vueltas en redondo y hubiéramos vuelto al principio» (p. 169). Viejecita y semiciega, Úrsula verifica la ley familiar de la repetición en los detalles más mínimos: «al cabo de algún tiempo descubrió que cada miembro de la familia repetía todos los días, sin darse cuenta, los mismos recorridos, los mismos actos, y que casi repetía las mismas palabras a la misma hora» (p. 212). Otra reincidencia más sutil: cada miembro tiene una idea fija que lo acompaña hasta la muerte, que lo tortura o estimula sin abandonarlo jamás. A veces es una experiencia, como la visita al hielo en el caso de Aureliano Buendía, o el pelotón de fusilamiento en el de José Arcadio Segundo; a veces una persona, como el caso de José Arcadio el seminarista que vive y muere soñando con su tía; a veces un estado, como le ocurre a Amaranta con la muerte.

Nada expresa tan bien esta ley de la repetición que organiza la realidad ficticia como el sueño con que consuela su soledad José Arcadio Buendía: «Soñaba que se levantaba de la cama, abría la puerta y pasaba a otro cuarto ideal, con la misma cama de cabecera de hierro forjado, el mismo sillón de mimbre y el mismo cuadrito de la Virgen de los Remedios en la pared del fondo. De ese cuarto pasaba a otro exactamente igual, cuya puerta abría para pasar a otro exactamente igual, y luego a otro exactamente igual, hasta el infinito. Le gustaba irse de cuarto en cuarto, como en una galería de espejos paralelos, hasta que Prudencio Aguilar le tocaba el hombro. Entonces regresaba de cuarto en cuarto, despertando hacia atrás, recorriendo el camino inverso, y encontraba a Prudencio Aguilar en el cuarto de la realidad» (p. 124). Lo que le ocurre a José Arcadio en el sueño, le ocurre al lector en *Cien años de soledad:* este mundo está construido a base de unidades que se repiten y que tienen la simetría de esos cuartos paralelos. A veces esta ley se refleja en episodios humorísticos, como las similitudes enloquecedoras de los gemelos José Arcadio Segundo y Aureliano Segundo; otras, brota en detalles fugaces, de una manera que se diría imprevista por el narrador, obra de la casualidad o de la propia mecánica mágica de la realidad ficticia: *veintiún* hombres fundan Macondo y *veintiuno* se alzan con Aureliano Buendía para iniciar las guerras civiles. El trabajo al que consagra su vejez el coronel Buendía es una repetición enfermiza: «cambiaba los pescaditos por monedas de oro, y luego convertía las monedas de oro en pescaditos, y así sucesivamente, de modo que tenía que trabajar cada vez más a medida que más vendía, para satisfacer un círculo vicioso exasperante» (p. 173). Aureliano Triste, muchísimos años después y sin saberlo, instala en las afueras del pueblo «la fábrica de hielo con que soñó José Arcadio Buendía en sus delirios de inventor» (p. 189); el día de su muerte, el coronel Buendía descubre en su taller diecisiete pescaditos (p. 227),[13] el mismo número que el de sus hijos asesinados; ese mismo día tiene un sueño recurrente, parecido al de su padre: «Soñó que entraba en una casa vacía, de paredes blancas, y que lo inquietaba la pesa-

---

[13] La narración se contradice luego, afirmando que encontró dieciocho (p. 264).

dumbre de ser el primer ser humano que entraba en ella. En el sueño recordó que había soñado lo mismo la noche anterior y en muchas noches de los últimos años, y supo que la imagen se habría borrado de su memoria al despertar, porque aquel sueño recurrente tenía la virtud de no ser recordado sino dentro del mismo sueño» (pp. 227-228); Aureliano Segundo le amuebla un nuevo cuarto a su hija Meme «sin caer en cuenta de que estaba haciendo una segunda versión del aposento de Petra Cotes» (p. 233); Amaranta, antes de tejer su mortaja, le teje una a Rebeca, y una noche, al oír hablar con odio a Meme «se sintió repetida en otra adolescencia que parecía limpia como debió parecer la suya» (p. 238). Cuando la huelga bananera, el gobierno envía tres regimientos: «Aunque tardaron más de una hora en pasar, hubiera podido pensarse que eran unas pocas escuadras girando en redondo, porque todos eran idénticos, hijos de la misma madre, y todos soportaban con igual estolidez el peso de los morrales y las cantimploras» (p. 257) y la descripción de la matanza consiste en una imagen de círculos humanos idénticos que se chocan y deshacen: «... y el pánico dio entonces un coletazo de dragón, y los mandó en una oleada compacta contra la otra oleada compacta que se movía en sentido contrario, despedida por el otro coletazo de dragón de la calle opuesta» (pp. 259-260). Al terminar el diluvio, entre las ruinas musgosas de sus comercios «los árabes de la tercera generación estaban sentados en el mismo lugar y en la misma actitud de sus padres y sus abuelos...» (p. 281).

Distintas personas celebran en distintas épocas los mismos diálogos: José Arcadio Segundo dice a Úrsula algo que ella había dicho a su hijo Aureliano («El tiempo pasa...») y Úrsula responde como le respondieron a ella («Así es... pero no tanto»): «Al decirlo, tuvo conciencia de estar dando la misma réplica que recibió del coronel Aureliano Buendía en su celda de sentenciado, y una vez más se estremeció con la comprobación de que el tiempo no pasaba, como ella lo acababa de admitir, sino que daba vueltas en redondo» (pp. 284-285). Además de nombres, diálogos, caracteres, se repiten costumbres: José Arcadio, el seminarista, practica las abluciones de Remedios, la bella, y usa los mismos pantalones que Pietro Crespi (p. 311). El sexo del último Aureliano tiene las dimensiones del sexo de José Arcadio el tatuado; el afán por descifrar los manuscritos de Melquíades lo siente primero José Arcadio Segundo y luego Aureliano (pp. 284, 296). Menos asombrosamente, en el instante del orgasmo aparece también la inflexible ley de la repetición. Todos los personajes viven, en el momento del amor, una convulsión de naturaleza geológica. José Arcadio Buendía con Pilar Ternera: «... sin saber cómo lo estaba haciendo porque no sabía dónde estaban los pies y dónde la cabeza, ni los pies de quién ni la cabeza de quién, y sintiendo que no podía resistir más el rumor glacial de sus riñones y el aire de sus tripas, y el miedo, y el ansia atolondrada...» (pp. 30-31). José Arcadio Buendía con la gitanita: «... los huesos de la muchacha parecieron desarticularse con un crujido desordenado como el de un fichero de dominó, y su piel se deshizo en un sudor pálido y sus ojos se llenaron de lágrimas y todo su cuerpo exhaló un lamento lúgubre y un vago olor de lodo... José Arcadio se sintió entonces levantado en vilo...» (p. 36). Aureliano Buendía y Pilar Ternera: «Con una destreza reposada, sin el menor tropiezo, dejó atrás los acantilados del dolor y encontró a Remedios convertida en un pantano sin horizontes, olorosa a animal crudo y a ropa recién planchada. Cuando salió a flote estaba llorando» (pp. 64-65). José Arcadio Buendía con Rebeca: «Ella tuvo que hacer un esfuerzo sobrenatural para no morirse cuando una potencia ciclónica asombrosamente regulada la levantó por la cintura y la despojó de su intimidad con tres zarpazos, y la descuartizó como a un pajarito. Alcanzó a dar gracias a Dios por haber nacido, antes de perder la conciencia en el placer inconcebible de aquel dolor insoportable, chapaleando en el pantano humeante de la hamaca que absorbió como un papel secante la explosión de su sangre» (pp. 85-86). Aureliano con Nigromanta: «Nigromanta lo llevó a su cuarto alumbrado con veladoras de superchería, a su cama de tijeras con el lienzo percudido de malos amores, y a su cuerpo de perra brava, empedernida, desalmada, que se preparó para despacharlo como si fuera un niño asustado, y se encontró de pronto con un hombre cuyo poder tremendo exigió a sus entrañas un movimiento de reacomodación sísmica» (p. 326). Aureliano con Amaranta Úrsula: «Una conmoción descomunal la inmovilizó en su centro de gravedad, la sembró en su sitio, y su voluntad defensiva fue demolida por la ansiedad irresistible de descubrir qué eran los silbos anaranjados y los globos invisibles que la esperaban al otro lado de la muerte» (p. 335).

Esta tendencia de los seres, objetos y hechos a reproducirse idénticos, esta ley del desdoblamiento sistemático de la vida, denuncia el carácter esencialista de la realidad ficticia. Este mundo es como nos *decían* los narradores de *La hojarasca* que era el mundo: todo está escrito, todo tiene una esencia de la cual la vida es mera manifestación. Fatalismo, pesimismo eran en *La hojarasca* un punto de vista, lo que una subjetividad deducía de lo real; aquí son rasgos objetivos de una realidad donde la historia no existe, donde nada ni nadie puede escapar a ciertas leyes inmutables, que regulan implacablemente la vida y la muerte. Esas leyes no responden a una lógica, su sentido profundo no es racionalmente comprensible, no son obra de la acción o de la voluntad del hombre, sino de fuerzas superiores. Sólo se pueden conocer por adivinación, casualidad o milagro: son leyes mágico-religiosas.

b) Repeticiones en la forma. La estructura y la escritura de la novela reflejan esa ley del constante retorno, esa cualidad admirablemente representada en la noción de círculo. En lo que concierne a la estructura, la ordenación de los materiales, no es necesario insistir en lo que a estas alturas resulta patente: el uso reiterado de los mismos procedimientos a lo largo de la novela, no sólo en sentido longitudinal sino también vertical: el todo se refleja en la parte, los episodios tienen el carácter circular de la historia completa, ésta es un desfile de hechos, objetos y seres, cuyas unidades son desfiles o enumeraciones, que a su vez, etc.

El procedimiento es usado en la escritura con mucha frecuencia: exagerar, enumerar y repetir son los rasgos más saltantes de este estilo. La repetición es un procedimiento encantatorio: repetir ciertas palabras o frases según cierto método ha sido desde siempre una manera de comunicarse con lo oculto, la forma más tradicional de hechizar o de romper el hechizo, de convocar o de exorcizar fuerzas benignas o malignas. La repetición está asociada a la idea de rito religioso, de iniciación, de ceremonia mágica. Esta función reminiscente de prácticas mágicas, religiosas, ocultistas, contribuye a dotar a la realidad ficticia de una naturaleza imaginaria. La repetición es una forma de enumeración en la que ciertas voces regresan rítmicamente. Veamos las repeticiones en las frases que narran el regreso de José Arcadio a Macondo: «*Tenía* una medallita de la Virgen de los Remedios... *Tenía* el cuero curtido por la sal de la intemperie... *Tenía* un cinturón dos veces más grueso que la cincha de un caballo... *"Buenas"*, les dijo él con la voz cansada... *"Buenas"*, le dijo a la asustada Rebeca... *"Buenas"*, le dijo a Aureliano...» (p. 83). Lo que piensa Arcadio antes de ser fusilado es una enumeración con cuatro repeticiones: «*Pensaba* en Úrsula... *Pensaba* en su hija de ocho meses... *Pensaba* en Santa Sofía de la Piedad... *Pensaba* en su gente sin sentimentalismos...» (pp. 106-107). El coronel Buendía escucha las propuestas de los seis abogados que ha enviado su partido a Macondo: «*Pedían*, en primer término, *renunciar* a la revisión de títulos de propiedad... *Pedían,* en segundo término, *renunciar* a la lucha contra la influencia clerical... *Pedían,* por último, *renunciar* a las aspiraciones de igualdad entre los hijos naturales y los legítimos...» (p. 147). Un soldado que fue a vender los pescaditos del coronel por la ciénaga trae noticias: «*Que* el gobierno... *Que* por fin se había firmado el concordato... *Que* la corista principal de una compañía...» (p. 173). El padre de Fernanda del Carpio fue siempre un hombre severo: «*Nunca* llevó amistad íntima con nadie. *Nunca* oyó hablar de las guerras que desangraron al país. *Nunca* dejó de oír los ejercicios de piano a las tres de la tarde» (p. 180). Las repeticiones pueden ser menos simples, aparecer en una sola frase larga, como ésta, donde retornan varias voces (pensaba, cuando, y): «*Pensaba* en ella al amanecer, *cuando* el hielo del corazón la despertaba en la cama solitaria, *y pensaba* en ella *cuando* se jabonaba los senos marchitos *y* el vientre macilento, *y cuando* se ponía los blancos pollerines y corpiños de olán de la vejez, *y cuando* se cambiaba en la mano la venda negra de la terrible expiación» (p. 190). La subida al cielo de Remedios está precedida de una enumeración con repeticiones: «Remedios, la bella, se quedó vagando por el desierto de la soledad, sin cruces a cuestas, madurándose *en sus* sueños sin pesadillas, *en sus* baños interminables, *en sus* comidas sin horarios, *en sus* hondos y prolongados silencios sin recuerdos...» (p. 204) y la subida es otra enumeración del mismo tipo: «... viendo a Remedios, la bella, que le decía adiós con la mano, entre el deslumbrante aleteo de las sábanas que subían *con ella,* que abandonaban *con ella* el *aire* de los escarabajos y las dalias, y pasaban *con ella* a través del *aire* donde terminaban las cuatro de la tarde, y se perdieron *con ella* para siempre en los altos *aires*...» (p. 205). No sólo en los momentos real imaginarios aparece esta forma; también en episodios real objetivos: «... una casa que *a pesar* de la luz sobre las begonias, *a pesar* de la sofocación de las dos de la tarde, *a pesar* de las frecuentes ráfagas de fiesta que llegaban de la calle; era cada vez más parecida a la mansión colonial de sus padres» (p. 221). El desfile de circo que observa el coronel Buendía: «*Vio* una mujer... *Vio* un dromedario... *Vio* un oso... *Vio* los payasos... y le *vio* otra vez...» (p 229). El viaje que hace Meme hacia la lúgubre ciudad parece un contrapunto de la enumeración anterior: «*No vio* las umbrosas e interminables plantaciones... *No vio* las casas blancas de los gringos... *No vio* las carretas de bueyes... *No vio* las doncellas que saltaban como sábalos...» (p. 250).

d) Las propiedades trastocadas del objeto. Atribuir al objeto cualidades que, desde el punto de vista de la experiencia que el lector tiene de la realidad real, no posee, es el procedimiento menos original de los mencionados, el más común a toda la literatura imaginaria, en la que hay siempre objetos dotados de propiedades que les son ajenas en la realidad real: muertos que resucitan, hombres que se vuelven invisibles, flores que hablan, muebles que caminan. En *Cien años de soledad,* sin embargo, este procedimiento tiene un aire novedoso. ¿Qué rasgos diferenciales ha impreso a la realidad ficticia? Ciertos seres, ciertas cosas lucen posibilidades que, desde la perspectiva de la realidad real, resultan imposibles: han sido modificados cualitativamente, mudados de naturaleza. La estera que llevan los gitanos a Macondo es fantástica porque es voladora, porque puede elevarse sobre los techos de la aldea (p. 34), por esa propiedad que posee en la realidad ficticia de manera *objetiva:* en el modelo las esteras sólo pueden ser voladoras de manera *subjetiva* (en la fantasía o en la credulidad de alguien).

La operación de cambiar las propiedades del objeto en *Cien años de soledad* se lleva a cabo, por lo general, con más discreción que la de aumentarlas. En tanto que la exageración es vistosa y da lugar a escenas largas, la atribución de cualidades imaginarias suele ser rápida, una pasajera mención, un dato fugaz. Esa mención, además, a menudo viene amortiguada por el humor, que crea una cierta ambigüedad. El tono risueño o burlón hace que brote la duda en el lector: ¿es en serio o un juego? El humor predispone favorablemente su espíritu, debilita sus prevenciones, hace que le resulte aceptable lo que dicho en serio tal vez rechazaría por irreal. El uso del humor está graduado, porque, en dosis excesivas, en vez de humanizar lo imaginario, delataría su artificio, agravaría su irrealidad. Hay que destacar esta virtud, por el rigor con que se administra: el perfecto balance de humor y de irrealidad para que el objeto mudado en imaginario sea admitido por el lector como si se tratara de un objeto familiar. Donde este equilibrio de esos dos ingredientes se ve quizá mejor es en los episodios relativos a la muerte: que un hombre regrese de un lugar a otro porque en el primero se sentía muy solo es un hecho real objetivo; es imaginario cuando el sitio del que se regresa «porque no se puede soportar la soledad» es la muerte, como le ocurre a Melquíades (p. 49); que un hombre ambule incansablemente buscando a otro es un hecho real objetivo, pero que esa peregrinación la realice un muerto entre los muertos en busca de un vivo, como le ocurre a Prudencio Aguilar, es un hecho imaginario (p. 73); que una señora pida a otra que «le ensarte una aguja» no tiene nada de extraordinario, salvo que quien pida el favor sea la muerte en persona (p. 238); que una señora a punto de salir de viaje reciba cartas para gentes del lugar al que va es muy normal, pero no si ese lugar es la muerte, como Amaranta (p. 239); que un hombre en una alberca siga pensando en una mujer es un hecho corriente, pero no si quien piensa en la mujer es un hombre ahogado en una alberca, como le pasa a José Arcadio (p. 317). En todos estos ejemplos vemos situaciones cotidianas, hechos no excepcionales: su carácter imaginario procede de ese trueque que ha obrado el narrador, atribuyendo esas situaciones, normales para los seres vivientes, a muertos o a la muerte. Instalado el fantasma en la realidad ficticia, todo el tratamiento narrativo de él tiende a eliminar su condición imaginaria, a acercarlo a lo real objetivo, haciéndolo vivir las situaciones ordinarias de los vivos: así, el objeto imaginario resulta serlo porque sus propiedades aparecen en la realidad ficticia como real objetivas, en lugar de parecer, como le correspondería, imaginarias: un fantasma que se describe como un fantasma (ser precario cuya existencia depende de mi sueño, mi imaginación o mi miedo) no es tal cosa, lo es cuando aparece como un hombre normal, que envejece, come, sueña, duerme y puede morir. Lo imaginario en *Cien años de soledad* es que los muertos se comporten como vivos y que ciertos vivos se comporten como muertos.

Otra forma de este procedimiento en *Cien años de soledad* consiste en hacer brotar lo imaginario mediante el acercamiento de dos objetos real objetivos. Dos objetos que, aislados, son perfectamente sólitos resultan maravillosos al ser asociados. Lautréamont lo formuló en la imagen célebre del «encuentro de una máquina de coser y un paraguas sobre una mesa de disección». Tres objetos normales, insospechables, por el simple hecho de entrar en contacto crean una realidad sospechosa. García Márquez recurre con frecuencia en esta novela a esa asociación de objetos sólitos para crear lo insólito, al acercamiento de dos objetos real objetivos para hacer brotar lo imaginario. Que un hombre suelte cuescos es real objetivo y también que las flores se marchiten: la asociación de ambos objetos ya no lo es. De José Arcadio Buendía se dice que sus «ventosidades marchitaban las flores» (p. 85). Esa relación de causa a efecto entre dos objetos real objetivos resulta fantástica. Lo mismo sucede con la muerte de José Arcadio Buendía y la llovizna de flores amarillas que tiene lugar ese día: que caigan flores al suelo es tan normal como que un hombre muera; no lo es que una cosa produzca la otra (p. 125). La «melancolía» de Amaranta «hacía un ruido de marmita perfectamente perceptible al atardecer» (p. 174). La melancolía y el ruido de la marmita son dos objetos real objetivos, pero dejan de serlo cuando uno es origen del otro. El eco y los pensamientos y la ansiedad y el espejismo son real objetivos, pero dejan de serlo cuando se vinculan en una relación de causa a efecto, como cuando Aureliano Segundo parte en busca de Fernanda: «Atravesó un páramo amarillo donde el eco repetía los pensamientos y la ansiedad provocaba espejismos premonitorios» (p. 181). Como la melancolía de Amaranta, los pensamientos de Aureliano Segundo mudan de nivel de realidad, adquieren una cualidad que sólo posee el sonido: ser repetido por el eco. En otro momento, los pensamientos se materializan aún más: «Entonces sus pensamientos se hicieron tan claros, que pudo examinarlos al derecho y al revés» (p. 121). Al igual que las flores y la muerte de José Arcadio, las mariposas amarillas y la presencia de Mauricio Babilonia —en sí, dos objetos real objetivos— crean una situación imaginaria por el misterioso vínculo que las liga en la realidad ficticia: «... las mariposas amarillas que precedían las apariciones de Mauricio Babilonia» (p. 245).

En una zona particular de la experiencia humana ocurren con más frecuencia estos trueques de las propiedades de los objetos, precisamente esa zona íntimamente ligada a lo imaginario: los sueños. A veces quedan abolidas las barreras entre la vigilia y el sueño, entre lo vivido y lo onírico: el comerciante aragonés marido de Úrsula Iguarán «le construyó a su mujer un dormitorio sin ventanas para que no tuvieran por donde entrar los piratas de sus pesadillas» (p. 24). En ciertos casos, lo imaginario no es lo que sucede, sino la mera posibilidad, el proyecto de suceso, como esta interpretación de José Arcadio Buendía del sueño de las casas con paredes de espejos: «Pensó que en un futuro próximo podrían fabricarse bloques de hielo en gran escala, a partir de un material tan cotidiano como el agua, y construir con ella las nuevas casas de la aldea»

(p. 28). Es el contexto geográfico lo que da calidad imaginaria al proyecto: si, en vez de ser un territorio tropical, Macondo tuviera características polares, el proyecto sería real objetivo. Pero todavía más fantástico que tapiar las ventanas para cerrar el paso a las pesadillas, es que los sueños sean compartibles, como durante la peste del insomnio: «En ese estado de alucinada lucidez no sólo veían las imágenes de sus propios sueños, sino que los unos veían las imágenes soñadas por los otros» (p. 45). Como los pensamientos y los sueños, también los recuerdos tienen en Macondo la virtud de mudar de nivel de realidad, de saltar de lo inmaterial a lo material: en la casa de los Buendía «los recuerdos se materializaron por la fuerza de la evocación implacable, y se paseaban como seres humanos por los cuartos clausurados» (p. 139). Esta inversión de órdenes de lo real es una forma constante que adopta en *Cien años de soledad* el trueque de propiedades del objeto: la soledad puede ser «rasguñada» durante muchas horas (p. 149), y hay una manera brutal de curarse el remordimiento, que utiliza Amaranta: poner la mano en las brasas del fogón (p. 100). Por su parte, Pilar Ternera cura la misma enfermedad con «bebedizos que en caso de percances hacían expulsar hasta los remordimientos de conciencia» (p. 247). Así como la melancolía hierve y los pensamientos suenan, la luz puede crujir: «el sol salió con tanta fuerza que la claridad crujió como un balandro» (p. 228). El revés de esta forma consiste en dar calidad inmaterial a los objetos concretos, como la barba de José Arcadio el seminarista: «La sombra de la barba bien destroncada en el rostro de parafina parecía un asunto de conciencia» (p. 309). El olor de Remedios, la bella, no sólo «seguía siendo perceptible varias horas después de que ella había pasado» (p. 200), sino que «seguía torturando a los hombres más allá de la muerte, hasta el polvo de sus huesos» (p. 202). La operación de inmaterializar lo tangible alcanza su apogeo en el burdel que visita el último Aureliano, en las postrimerías de Macondo, «un establecimiento que no existía sino en la imaginación, porque allí hasta las cosas tangibles eran irreales» (p. 328). A veces se atribuye a un objeto físico propiedades espirituales, como el laboratorio de daguerrotipia que José Arcadio Buendía quiere utilizar «para obtener la prueba científica de la existencia de Dios» (p. 52). En ciertos casos, la simple reacción de una persona ante un posible suceso imaginario resulta fantástica, como la de José Arcadio Buendía, quien, con la ligereza de sus diecinueve años, afirma: «No me importa tener cochinitos, siempre que puedan hablar» (p. 25). Enamorarse a primera vista, tiene en Macondo consecuencias orgánicas: «La imagen de Remedios, la hija menor del corregidor... le quedó doliendo en alguna parte del cuerpo. Era una sensación física que casi le molestaba para caminar, como una piedrecita en el zapato» (p. 57). La sensibilidad y ternura pueden cristalizar en una materia laberíntica: «La sensibilidad de Amaranta, su discreta pero envolvente ternura habían ido urdiendo en torno al novio una telaraña invisible, que él tenía que apartar materialmente con sus dedos pálidos...» (p. 97).

Una variante del procedimiento consiste en sacar de determinados datos enseñanzas totalmente arbitrarias, que, sin embargo, resultan confirmadas por la realidad; al destapar una olla y encontrarla llena de gusanos Úrsula deduce que Aureliano acaba de recibir un balazo, lo que es cierto (p. 156); en su vejez, la misma Úrsula descubre la causa de que ciertos niños lloren antes de nacer: «Pero la lucidez de la decrepitud le permitió ver, y así lo repitió muchas veces, que el llanto de los niños en el vientre de la madre no es un anuncio de ventriloquia ni de facultad adivinatoria, sino una señal inequívoca de incapacidad para el amor» (p. 214); después de observar cierto tiempo la manera en que Aureliano se refiere a sus lecturas, Gastón llega a la conclusión de que «no compraba los libros para informarse sino para verificar la exactitud de sus conocimientos» (p. 323). Otra variante es trastocar el efecto y la causa: los hombres de Pilar Ternera no llegan hasta ella porque los naipes les indican mal el camino: «Se había cansado de esperar... a los incontables hombres que erraron el camino de su casa confundidos por la incertidumbre de las barajas» (p. 64). La incertidumbre de las barajas debería ser la consecuencia y no el origen del extravío de los hombres. En algún caso, son las circunstancias las que dan calidad imaginaria al hecho, como la traducción simultánea durante el acto del amor entre José Arcadio y la gitanita: «... un manantial de obscenidades tiernas que le entraban a la muchacha por los oídos y le salían por la boca traducidos a su idioma» (p. 36).

De los cuatro procedimientos, el único propiamente fantástico es el último, pues consiste en un cambio cualitativo de los seres, objetos y hechos de la realidad real, que son proyectados en la ficticia mudados en esencia. La exageración, la repetición y la enumeración no constituyen, de por sí, procedimientos real imaginarios: podrían ser usados, con igual eficacia, en la edificación de una realidad real objetiva. En ellos, todo depende de los límites que el narrador imponga al procedimiento, de la manera como los gradúe y administre. En el caso de las cualidades trastocadas, en cambio, no importa la dosis en que se emplee; la materia narrativa ordenada en función de él, aun mínima, comunica por su sola presencia a toda la realidad ficticia una naturaleza imaginaria: un solo milagro basta para que la realidad sea milagrosa, un solo fantasma convierte a la realidad entera en fantástica.

El uso de uno de estos procedimientos no es nunca excluyente; a menudo dos o tres se combinan para dar a un episodio una calidad imaginaria. La alianza más frecuente es la de enumeraciones y repeticiones: «Remedios en el aire soporífero de las dos de la tarde, Remedios en la callada respiración de las rosas, Remedios en la clepsidra secreta de las polillas, Remedios en el vapor del pan al amanecer, Remedios en todas partes y Remedios para siempre» (p. 63). Una enumeración de objetos cuyas propiedades han sido esencialmente alteradas: «Se extravió por desfiladeros de niebla, por tiempos reservados al olvido, por laberintos de desilusión» (p. 181). En este ejemplo se combinan la enumeración, la repetición y las propiedades trastocadas: «Niños y adultos chupaban encantados los deliciosos gallitos verdes del insomnio, los exquisitos peces rosados del insomnio y los tiernos caballitos amarillos del insomnio, de modo que el alba del lunes sorprendió despierto a todo el pueblo» (p. 45).

Antes de cerrar este capítulo, debo subrayar algo que se desprende (debería, al menos) del análisis que llevo hecho: ninguno de los aspectos tocados explica por sí solo la grandeza del libro, ella resulta de la suma de todos, y, aún más que de la simple suma, de las proporciones en que los distintos elementos de esta adición han sido usados, y todavía más, de los matices y variantes que se podrían detectar en esas infinitas mezclas, y aún más, de la exacta oportunidad con que fueron instalados en la novela los mecanismos de su estructura, de la precisión con que fueron elegidas las palabras, las frases, los ritmos de su escritura y de la total adecuación de esta escritura y esta estructura a la materia en ellas encarnada al extremo de ser estos tres elementos una sola entidad irreductible, con un cierto fondo inalcanzable, eternamente misterioso, contra el que acaban por estrellarse todos los intentos racionales de averiguación, exactamente como ocurre con la vida. Es otra manifestación de la ambicionada totalidad: esta novela que se agota en sí misma es, al mismo tiempo, como toda gran creación, un objeto inagotable, dotado de una vida propia, siempre en proceso de transformación, de reflejo y negación de esa realidad real también en perpetua mudanza: *Madame Bovary* no nos dice a nosotros lo que a los lectores de su época, el *Quijote* no es hoy lo que fue cuando Cervantes lo escribió. Ese ser que se renueva y cambia jamás puede ser totalmente descrito. En el dominio de la crítica, como en el de su objeto, la totalidad será siempre mucho más un designio que un logro.

8. Hegemonía de lo imaginario
(Cuatro relatos y una narración cinematográfica)

Entre enero y julio de 1968, García Márquez escribió cuatro relatos breves, en este orden: «Un señor muy viejo con unas alas enormes», «El abogado más hermoso del mundo», «Blacamán el Bueno, vendedor de milagros» y «El último viaje del buque fantasma».[1] Tenía el proyecto de un libro de relatos infantiles (los dos primeros llevan la mención «cuento para niños»), pero lo abandonó para escribir un guión cinematográfico, *La increíble y triste historia de la cándida Eréndira y de su abuela desalmada.*[2] Al terminarlo, comenzó una novela, *El otoño del patriarca,* en la que trabaja todavía.

La continuidad entre estos textos y los anteriores es muy visible: después de *Cien años de soledad* la obra de García Márquez sigue desarrollándose a base de ampliaciones, profundizaciones y correcciones de un mismo mundo narrativo. Tanto en los relatos como en el guión, la realidad ficticia confirma las características con que aparecía en la novela anterior: una hegemonía de lo imaginario que a ratos se acentúa hasta desvanecer lo real objetivo, una tendencia a eliminar como soportes de esa realidad todo lo que no sea mítico-legendario, milagro-

---

[1] «Un señor muy viejo con unas alas enormes» apareció en *Cuadernos Hispanoamericanos,* Madrid, núm. 245, mayo de 1970, pp. 1-6; «El abogado más hermoso del mundo» está aún inédito; «Blacamán el Bueno, vendedor de milagros», en *Revista de la Universidad de México,* México, vol. XXIII, núms. 2 y 3, octubre-noviembre de 1968, pp. 16-20, y «El último viaje del buque fantasma» aún inédito.

[2] El texto completo está aún inédito. Se han publicado fragmentos en *Papeles,* Revista del Ateneo de Caracas, núm. 11, Caracas, junio de 1970, pp. 7-25, y en *La Cultura en México,* suplemento de *Siempre!,* México, núm. 456, 4 de noviembre de 1970, pp. I-VIII.

so, mágico o fantástico. En el caso de la historia de Eréndira, sin embargo, se manifiesta con cierta fuerza lo real objetivo y en el mismo sentido que en *Cien años de soledad:* prodigios y maravillas alternan con ambientes y personajes identificables en la realidad real, la fantasía más libérrima se encarna en motivos pintorescos y se mezcla con la sátira política y con alusiones históricas. Previsiblemente, estos escritos acusan la cercanía de *Cien años de soledad,* reflejan sus hallazgos, a veces dan la impresión de mecanizar ciertos procedimientos que no tienen en ellos la eficacia que en la novela. Pero no hay que olvidar que se trata de trabajos de aliento menor, de ejercicios de recuperación y tanteo después del soberbio esfuerzo que fue escribir *Cien años de soledad.* Pese a su carácter algo derivativo, en «El último viaje del buque fantasma» aparece un rasgo estilístico distinto: un nuevo tipo de frase, larga, envolvente, llena de ramificaciones y de mudas en los puntos de vista espacial, temporal y de nivel de realidad, un experimento en pos de un nuevo lenguaje.

LA LOCALIDAD MARINA, EL DESIERTO

Macondo y el pueblo han desaparecido en los cuatro relatos, pero tres de ellos ocurren en un pequeño puerto que cabe identificar con la localidad marina. Tienen en común no sólo ser anónimos y minúsculos, sino detalles más precisos: en «Un señor muy viejo con unas alas enormes», Pelayo y su mujer Elisenda aparecen matando y devolviendo al mar los cangrejos que invaden su casa, como el Tobías de «El mar del tiempo perdido», que pasaba la mayor parte de la noche espantándolos de la cama. El pueblo de «El ahogado más hermoso del mundo» carece de cementerio y a los muertos «tenían que tirarlos en los acantilados», igual que en la localidad marina, donde los cadáveres eran lanzados al mar desde una roca. El ahogado del cuento parece haber navegado por océanos remotos y por aguas profundas antes de llegar a las playas del pueblo:

en «El mar del tiempo perdido» los ahogados, como la esposa del viejo Jacob, navegaban también, a distintas profundidades, por todos los mares del mundo. Las afinidades son todavía mayores: los pueblos no tienen jardines ni flores, y así como antes un olor de rosas brotaba del mar que sólo Tobías percibía, en «El ahogado más hermoso del mundo» se menciona un hipotético futuro en el que los pasajeros de los barcos que crucen el horizonte del pueblo despertarán sofocados por un olor de jardines en alta mar. El puerto de «El último viaje del buque fantasma» tiene la pequeñez y la aridez de la localidad marina, y en el relato se habla de las cabelleras errantes de los ahogados, lo que recuerda a los ahogados navegantes. Pero el escenario en el relato último consta, además del puerto, de una «ciudad colonial fortificada contra los bucaneros al otro lado de la bahía, con su antiguo puerto negrero y el faro giratorio...», que, al parecer, será el cuarto escenario central de la realidad ficticia: en ella ocurre *El otoño del patriarca*. Una vez más vemos ese sistema retroactivo, prospectivo e introspectivo que tiene la realidad ficticia de estructurarse y de renovarse de ficción a ficción, sin cortar nunca totalmente con ninguno de sus estadios anteriores, creciendo hacia adelante, hacia atrás o hacia adentro pero conservando siempre vínculos (a veces muy sutiles) con los elementos que aparentemente abandona en la nueva etapa. La localidad marina de «El mar del tiempo perdido», un simple punto de tránsito olvidable en el camino hacia el pródigo Macondo de *Cien años de soledad,* resucita aquí, enriquecida en tres nuevos relatos que completan su imagen y consolidan su existencia en la realidad ficticia. La sede de la historia de «Blacamán el Bueno, vendedor de milagros» no puede emparentarse con la localidad marina, porque esta Santa María del Darién tragada por la marabunta y de reminiscencias coloniales, aunque puerto, está rodeada de selva y la vegetación feraz y el clima tórrido son sus notas principales, dos componentes ajenos a la localidad marina. Además, Santa María del Darién es sólo uno de los domicilios del relato, cuya historia se desplaza por los pueblos del Caribe con los dos magos, diferencia esencial con los otros tres relatos, que tienen escenario fijo. En cuanto a *La increíble y triste historia de la cándida Eréndira y de su abuela desalmada* relata también una historia volante, que incorpora a la realidad ficticia una geografía que hasta ahora sólo era horizonte, punto de referencia: el desierto. La abuela gorda y la nieta meliflua y su parafernalia circense se mueven a lo largo de la historia por una calcinada extensión de tierra, piedra y hierbajos, sobre la cual se precipitan a veces aguaceros torrenciales que calman un instante el calor demencial, en la que de tanto en tanto brota un convento de misioneros o un pueblo raquítico, y donde la rala población que los guiñolescos personajes encuentran a su paso está compuesta sobre todo de gente marginal y nómada: indios, contrabandistas, gitanos. Resulta natural instalar este paisaje en la realidad ficticia: no sólo casa perfectamente en ella, incluso llena un vacío, viene a completarla como una pieza de rompecabezas. Ese inmenso desierto quemante es el territorio inhóspito que distancia y enclaustra a las localidades de la realidad ficticia que conocíamos, Macondo, el pueblo, Riohacha, la localidad marina, el mundo que comienza donde terminan los campos de banano o de caña de azúcar, y en el que se prolongan las cordilleras de las guerras civiles y las selvas de las expediciones de maravilla, el lugar de donde proceden esos indios que sirven en las tareas domésticas a las familias acomodadas y por donde circulan, infatigables, las caravanas de gitanos. Una vez más verificamos la voluntad de totalización del deicida, manifiesta incluso en el paisaje verbal. Con la suma de este territorio, la realidad ficticia da un paso más hacia la totalidad. Constaba de mares, ríos, pueblos, cordilleras, selvas: un desierto ancha ahora ese mundo de palabras edificado a imagen y semejanza del real.

En estos textos se percibe también ese doble movimiento mediante el cual hemos visto crecer a la realidad
ficticia: un impulso hacia lo desconocido, de creación de
nuevos asuntos y personajes, y otro de afirmación y recuerdo de lo ya existente. Un movimiento hacia adelante
y hacia atrás: crear elementos nuevos, integrarlos con los
antiguos. El proceso de edificación de la realidad ficticia
no es excluyente ni selectivo, sino mesiánico, universal.
En *Cien años de soledad* los materiales que la novela aporta no son mucho más numerosos que los que rescata de
ficciones anteriores. Lo mismo ocurre con estos textos, en
los que se encuentran abundantes reminiscencias de la
obra precedente, además del escenario. En la materia, el
más sólido nexo entre estas ficciones y las pasadas es la
feria popular, el circo, el espectáculo callejero de mercachifles, adivinos, magos y otros seres pintorescos. Este
tema ronda casi todas las novelas y cuentos de García
Márquez; aquí es asunto importante en tres de los relatos
y en la historia de Eréndira (la excepción, relativa, es «El
último viaje del buque fantasma»). En «Un señor muy
viejo con unas alas enormes» el ángel viejo que cae en el
patio de Pelayo y Elisenda es motivo de una feria idéntica
a las que describen las primeras páginas de *Cien años de
soledad:* el anciano alado es exhibido en un gallinero,
como un animal de circo, a cinco centavos la entrada, y
poco después llega al pueblo una feria ambulante (p. 3).
El motivo del hombre que vuela o levita, tan presente en
Cien años de soledad, reaparece en este cuento por partida
doble: en el viejo ángel caído que al final consigue volver
a volar, y en el «acróbata volador, que pasó zumbando
varias veces por encima de la muchedumbre» (p. 3),
como la alfombra de Macondo. La imagen final del relato, en la que Elisenda ve elevarse al ángel por los aires,
recuerda la subida al cielo de Remedios, la bella: «Siguió
viéndolo hasta cuando acabó de cortar la cebolla, y siguió viéndolo hasta cuando ya no era posible que lo pu-

diera ver...» (p. 6). Esta reincidencia del tema del hombre-que-vuela simboliza un fenómeno esencial que vive en estos relatos la realidad ficticia: su inmersión cada vez más profunda en lo imaginario. El mundo verbal despega cada vez más de lo real objetivo para perderse entre nubes mágicas, fantásticas o milagrosas. Entre las muchas atracciones de feria que llegan al pueblo del ángel cautivo, está «el espectáculo errante de la mujer que se había convertido en araña por desobedecer a sus padres» (p. 4). En una de las ferias iniciales de Macondo, José Arcadio Buendía presenciaba el triste espectáculo del hombre que se convirtió en víbora por desobedecer a sus padres (*Cien años de soledad,* p. 35). La imagen de la novela transita al relato con cambios: el hombre se convierte en mujer, y la imagen estalla en una breve historia (una niña escapó de casa de sus padres para ir a un baile y al regresar a su hogar por un bosque, un relámpago azul la convirtió en tarántula del tamaño de un carnero; su único alimento, desde entonces, son bolitas de carne molida) (p. 4). En el cuento hay también un cura de la dinastía de curas delirantes de la realidad ficticia: se llama el padre Gonzaga y su originalidad consiste en ser el único que duda de la naturaleza divina del ángel caído. Su argumento es sencillo y demente: «si las alas no eran el elemento esencial para determinar la diferencia entre un gavilán y un aeroplano, mucho menos podían serlo para reconocer a los ángeles» (p. 3). Los curas de las ficciones anteriores eran, por oposición a su medio, algo locos; el padre Gonzaga, por oposición a su medio, es cuerdo: la religión siempre aparece en la realidad ficticia tocada de cierta irrealidad. Otros vínculos: el milagro final del relato —el ángel vuelve a volar— es anunciado por un «viento que parecía de altamar», tan misterioso como el que desaparece a Macondo. También en el cuento se mezclan lo maravilloso y lo trivial: el ángel rechaza los almuerzos papales de los penitentes y come «nada más que papillas de berenjena» (p. 3).

La llegada del ahogado más hermoso del mundo al pueblo de pescadores también provoca una feria. La comunidad queda transformada con el paso del enorme y bellísimo ahogado: «No tuvieron necesidad de mirarse los unos a los otros para darse cuenta de que ya no estaban completos, ni volverían a estarlo jamás. Pero también sabían que todo sería diferente desde entonces, que sus casas iban a tener las puertas más anchas, los techos más altos...». El ahogado fascina y revoluciona al pueblo, como el ángel caído en el cuento anterior. Aquí el forastero extraordinario no es exhibido por dinero sino adoptado por la comunidad. Mientras los hombres tratan de averiguar su identidad, las mujeres lo lavan, le fabrican ropas, lo contemplan arrobadas, se extravían por dédalos de fantasía imaginándolo vivo. La llegada a un pueblo de un ser u objeto extraordinario, cuya presencia trastorna el lugar, recurre en toda la obra: la aparición de Mr. Herbert en la localidad marina es la que origina los prodigios de «El mar del tiempo perdido», y en *Cien años de soledad* buena parte de las maravillas y catástrofes de Macondo son consecuencia de la llegada de agentes inesperados como el ángel y el ahogado de los cuentos: los gitanos, Visitación y Cataure, Mr. Brown y Mr. Herbert. «El ahogado más hermoso del mundo» amplía otro motivo anterior; la pasajera imagen de los muertos arrojados al mar desde una roca es aquí la materia de la última parte del relato, que describe «los funerales más espléndidos que podían concebirse para un ahogado expósito»: oculto bajo flores innumerables, escoltado por el estentóreo llanto de las mujeres, en hombros de los varones, el ahogado recorre los acantilados y es arrojado a las aguas sin ancla, para que volviese si quería. Todo el relato gira en torno a una muerte y un funeral, según un esquema también clásico de *La hojarasca* a «Los funerales de la Mamá Grande». En el relato hay una mención a Sir Walter Raleigh «con su guacamaya en el hombro, con su arcabuz de matar caníbales», el británico explorador del Orinoco y corsario evocado en *Cien años de soledad* (p. 51).

En «Blacamán el Bueno, vendedor de milagros» la feria no es sólo tema central sino único, el medio que habitan y van creando con su presencia los dos magos. Las reminiscencias de ferias precedentes de la realidad ficticia son incontables, y aquí también los motivos, al pasar de una ficción anterior a ésta, se amplían en breves historias. La imagen del curandero que se exhibe con una serpiente en el cuello atraviesa toda la obra: este relato se abre con Blacamán haciéndose picar por una culebra, sobre un escenario de feria, para mostrar la eficacia de un contraveneno, y en cierta forma toda la historia deriva de ese episodio, pues la mala fortuna de Blacamán comienza cuando debe huir porque un almirante norteamericano queda convertido en mermelada al querer repetir la prueba del contraveneno. Una vez más, asistimos a un crecimiento visceral de la realidad ficticia: la historia entera de «Blacamán el Bueno, vendedor de milagros» sale de la imagen recurrente del charlatán-con-una-serpiente-en-el-cuello, así como la extensa historia de Eréndira nace de una breve imagen de «El mar del tiempo perdido», que había crecido ligeramente en *Cien años de soledad*. Además de charlatán, Blacamán es inventor y con todo derecho podría pertenecer a la rama científica de los Buendía: su proyecto de encontrar aplicaciones prácticas para la electricidad del sufrimiento y de fabricar una máquina de coser que funcionara conectada mediante ventosas con la parte del cuerpo en que se tuviera un dolor hubiera podido ser concebido por José Arcadio. También aquí se dan las repeticiones cíclicas de Macondo, tanto en los nombres (dos Blacamanes) como en las psicologías y vocaciones (los dos curanderos y adivinos). El motivo de la resurrección, que en *Cien años de soledad* encarna precisamente en un brujo, Melquíades, vuelve aumentado: Blacamán resucita a Blacamán cada vez que se muere «pues la gracia del escarmiento es que siga viviendo en la sepultura mientras yo esté vivo, es decir, para siempre» (p. 8). Una sepultura con un muerto-vivo es la imagen final, es decir una variación de otra constante, de la primera novela hasta la última (*Cien años de soledad* termina con la muerte apocalíptica de Macondo, con una suma de muertes), pasando por «Los funerales de la Mamá Grande», cuento con el que «Blacamán el Bueno, vendedor de milagros» tiene también muchos lazos. Ambas historias transcurren en el alboroto abigarrado, multicolor y promiscuo de una feria (feria-funeral en el primer caso). El lenguaje de la historia de Blacamán se parece mucho al de la Mamá Grande, aunque en un caso quien narra sea un narrador omnisciente, excéntrico a la historia, y en el otro un narrador-personaje. Pero este último parece también pregonar su historia ante un público, desde un tinglado, y a veces, en efecto, su voz se hace pregón: «... y a ver quién se atreve a decir que no soy un filántropo, damas y caballeros, y ahora sí, señor comandante de la vigésima flota, ordene a sus muchachos que quiten las barricadas para que pase la humanidad doliente, los lazarillos a la izquierda, los epilépticos a la derecha...» (p. 6). El espesor retórico de la frase, la sintaxis barroca, el humor un poco grueso son comunes a ambos relatos, y también el uso repetido de enumeraciones exóticas. «Los funerales de la Mamá Grande», que era el texto más solitario en la obra de García Márquez, renueva su carta de ciudadanía en la realidad ficticia con la aparición de «Blacamán el Bueno, vendedor de milagros», por el parentesco entre ambos y porque este último relato, tan ligado a *Cien años de soledad,* remacha los vínculos de la ficción anterior con el resto de los asuntos y formas de la realidad verbal.

La feria no aparece en «El último viaje del buque fantasma», cuya materia es el desarrollo conjugado de dos motivos antiguos en la obra de García Márquez. El primero es también la llegada a un lugar de un objeto forastero que provoca un cambio importante. El otro, una de las imágenes más sugerentes de *Cien años de soledad:* el galeón que encuentran José Arcadio y sus compañeros varado en la selva. En este relato el objeto extraordinario que llega al pueblo es un gigantesco transatlántico que embiste contra el lugar y termina encallado frente a la iglesia. La imagen inicial ha sido convertida en una historia según el procedimiento clásico, mudada cuantitativa y cualitativamente. El galeón varado en la selva era insólito y enigmático; este transatlántico es objetivamente fantástico: desaparece cuando la luz del faro le da en el flanco, se deshace contra el arrecife y al año siguiente se rehace. Aquél tenía las proporciones de una nave normal; el transatlántico es el más grande de este mundo y del otro, «veinte veces más alto que la torre y como noventa y siete veces más largo que el pueblo». En *Cien años de soledad* un asalto de Francis Drake se vinculaba a la historia de la familia Buendía; en el cuento, una poltrona de los tiempos de Francis Drake interviene en la historia. Aunque la feria no aparezca, los ambientes populares se suceden en las pocas páginas del relato, pletórico de enumeraciones exóticas, como el anterior.

Los motivos de «El mar del tiempo perdido» y de *Cien años de soledad* que sirven de base a *La increíble y triste historia de la cándida Eréndira y de su abuela desalmada* han crecido voluminosamente en el guión, aunque éste conserva la matriz de aquellas anécdotas: una joven ejerce la prostitución para reunir determinada cantidad de dinero. La novela enriquecía esta situación: el dinero era para pagar la casa de la abuela, incendiada por un descuido de la muchacha; la abuela, gordísima, acompañaba a la nieta en su peregrinación afanosa, cargada en un mecedor por unos indios y protegida del sol por un paraguas que sostenía la nieta. El guión describe con lujo de detalles la historia de las dos mujeres, desde el incendio de la casa hasta que la abuela muere, asesinada por Ulises, el amante de la nieta, cuando Eréndira lleva años ejerciendo la prostitución. Evoca el pasado, la historia de la abuela y de su esposo y de su hijo, los Amadises, dos contrabandistas del desierto que fueron un día misteriosamente asesinados. Aparte del núcleo inicial de la historia, el guión hierve de reminiscencias, varias de ellas premeditadas: se alude a una lluvia de dimensiones bíblicas; la casa de la abuela amanece llena de peces y de caracolas, una mantarraya navega por el aire líquido; el alcalde es oficial de policía, como todos los alcaldes de la realidad ficticia, y hay un oficial que tiene una mejilla hinchada y sin afeitar por un presumible dolor de muelas; una vez más se nombra a Francis Drake, ahora no por sus correrías ni por las poltronas de su tiempo, sino por una pistola suya que ha llegado a manos de Ulises; reaparece Blacamán el malo, en un episodio idéntico al que abre el cuento: de pie en una mesa llena de frascos, el mago pide una culebra mortífera para probar un contraveneno (en otra secuencia, vemos a Blacamán fulminado por la culebra). Retorna la mujer que se convirtió en araña por desobedecer a sus padres, ofrecida en espectáculo, y una prostituta desarrapada de la historia parece haber conocido a Remedios, la bella. En sus delirios, la abuela recuerda a un hombre de una irresistible potencia sexual, que le había dado sesenta y cinco veces la vuelta al mundo, para que el parecido con José Arcadio Buendía sea total. Pero lo que más aire familiar da a la historia de Eréndira y su abuela desalmada es, como en tres de los relatos, la atmósfera de feria, de espectáculo callejero y popular, que reina de principio a fin. También en esto se puede hablar de una ampliación: lo que en las primeras ficciones eran llegadas de circos, breves incursiones por su mundo de adivinas y empresarios turbios, y que en *Cien años de soledad* eran idas y venidas de gitanos, carnavales, corso de matronas de Francia, en *La increíble y triste historia de la cándida Eréndira y de su abuela desalmada* (el largo título melodramático es una alusión a los pregones de la feria), pasa a ser el constituyente primordial de la realidad ficticia: ésta se ha vuelto farsa, decorado chillón, truculencia, disfraz, fantasía de pacotilla, tránsito perpetuo, conducta artificiosa. La historia de Eréndira es una cadena de fiestas populares por los pueblos del desierto. La abuela y la nieta recorren el desolado territorio con el aparato y ceremonial de un minúsculo, fascinante circo: la abuela va cargada a hombro de indios en un palanquín, vive en una tienda de lona que arman en las afueras de los pueblos y que sirve también de burdel. Arrastra consigo, como reliquias, los objetos chamuscados que rescató del incendio de su casa. A medida que la historia progresa, los clientes de Eréndira —muda o salto cualitativo del primer caso— van aumentando en cada pueblo, hasta formar colas de un kilómetro. En torno a la tienda donde Eréndira vende sus magros encantos, surge siempre una kermesse rústica y multicolor: un fotógrafo ambulante retrata a la gente contra «un telón de fondo con un lago azul, pinos japoneses y una pareja de cisnes idílicos y descomunales», unos músicos esperpénticos tocan valses tristes, una abigarrada multitud merodea por el lugar donde irrumpen a veces misioneros escandalizados y prostitutas enfurecidas por la competencia. La feria se propaga en torno a Eréndira y a su abuela, y es el medio en que evolucionan los otros personajes, como las caravanas de contrabandistas que llevan whisky en cajas de leche y andan disfrazados de contrabandistas («sombrero de ala volteada, botas altas, dos cananas cruzadas en el pecho, un fusil de guerra, y dos pistolas al cinto»), o los que esconden collares de perlas en sacos de arroz; los gitanos supersticiosos que se niegan a comprar los restos de la casa incendiada después de leer algo tenebroso en la mano de Eréndira; los misioneros que arrastran al altar a las parejas concubinas mediante combinados recursos de corrupción (regalos) y violencia (la policía), o que salen en procesión por el desierto, con crucifijos en alto para atajar el pecado; pero, más aún que los anteriores, quien produce a su rededor el gran guiñol, la farsa y la fiesta, es el senador que realiza su campaña electoral con un despliegue de circo, ilustrando con un decorado de árboles y fachadas de cartón piedra y con lluvias de pajaritas de papel, en cada mitin, la vida idílica que su reelección traerá a los pueblos. La realidad ficticia se ha vuelto fantasía, artificio, juego: si confrontamos esta imagen con la de los primeros textos, la sombría realidad de «Isabel viendo llover en Macondo» y de *La hojarasca*, parecería que se trata de dos mundos radicalmente diferentes. Sólo el conjunto de imágenes de la realidad ficticia, del primero al último texto, permite verificar la solidaridad profunda entre esas dos caras antagónicas, y descubrir en el austero y pesimista Macondo de Isabel, los huidizos brillos iniciales del oropel del mundo de Eréndira, y en el ruidoso corso carnavalesco de la anciana descomunal y su nieta filiforme las gotas de amarga psicología y de sordidez de las primeras ficciones. Puesto que la realidad real es *todo,* la realidad ficticia tiende irresistiblemente a ser *todo:* la historia de una obra narrativa es, desde su vagido inaugural hasta su último estertor, un sinuoso proceso en pos de la imposible totalidad.

La característica común más acusada en estos textos es el predominio de lo imaginario sobre lo real objetivo. El débil balance que existía en la novela anterior entre esas dos dimensiones de lo real (pese a que lo imaginario dominaba) cede el lugar a una desproporción enorme en la importancia y funcionalidad de cada una: lo imaginario domina soberanamente, reduce lo real objetivo a algo muy secundario y, en ciertos casos, lo elimina. En cada relato prevalece una forma particular de lo imaginario: lo mítico-legendario, lo milagroso, lo mágico, lo fantástico. En las cinco ficciones hay un aumento igualmente importante de lo exótico, lo que es consecuencia de lo anterior: el tratamiento reiterado y meticuloso de lo pintoresco local, convierte a esa materia en un puro producto estético, es decir mental, es decir irreal, como ocurre en los cuadros localistas-costumbristas de un *naif*. En la obra anterior, este procedimiento era uno, y no el principal, para entronizar lo imaginario en la realidad ficticia: en estos textos es el principal, y en algunos el único. Cosa parecida ocurre con el humor, que aquí ya no es contrapeso a la truculencia o antídoto contra lo irreal, sino, esencialmente, agente desrealizador, instrumento de lo imaginario: su cometido es destacar el aspecto irreal de un personaje, una situación o un objeto. Se trata, por eso, de un humor un poco forzado, en el que son ingredientes clave el artificio y el juego. El esteticismo toma cuerpo en la realidad ficticia, incluso en las esporádicas alusiones a lo social y lo político, que resultan de este modo desobjetivadas: el elemento crítico en las figuras del almirante y los marines norteamericanos de «Blacamán el Bueno, vendedor de milagros» que invaden la nación «con el pretexto de exterminar la fiebre amarilla» (p. 4), y en la mentirosa campaña electoral del senador en la historia de Eréndira es mucho menos importante que el elemento pintoresco. Este último prevalece: esas imágenes tienden a deslumbrar y a sorprender más que a alertar y enfurecer en torno a una realidad ajena a la ficticia. En episodios como la matanza de los trabajadores o las guerras civiles de *Cien años de soledad* había un equilibrio entre ambas cosas, que aquí también se ha roto en favor de lo estético.

En «Un señor muy viejo con unas alas enormes» la forma de lo imaginario es el milagro: los prodigios se nutren de una imaginería religiosa. La historia sucede en una realidad contaminada por lo sobrenatural: en casa de Pelayo y Elisenda cae un hombre muy viejo con unas enormes alas y una vecina decide, sin dificultad, que es un ángel tan viejo, que lo ha tumbado la lluvia (p. 2). Las reticencias del padre Gonzaga a aceptar el origen divino del viejo alado no disminuyen la condición milagrosa del personaje: el sacerdote niega que venga de Dios pero no

626

del demonio, quien a veces recurre «a artificios de carnaval para confundir a los incautos» (p. 3). El ángel realiza milagros, pero escasos y, lo que es peor, equivocados: añade dientes a los ciegos, hace brotar margaritas en las llagas de los leprosos. El humor irreverente establece una flagrante distancia entre el narrador y lo narrado, una perspectiva de ironía que priva totalmente a la historia de religiosidad. Eso no anula la naturaleza milagrosa de lo imaginario: los ángeles no están en la realidad ficticia como expresión de una «fe», su justificación es puramente estética. Ni la ascensión de Remedios, la bella, prueba la existencia de Dios, ni el ángel caído y sus confusos milagros corroboran a los ángeles de la Iglesia: se trata de imágenes usurpadas a una tradición católica, despojadas de su esencia religiosa, tratadas (maltratadas) con la fantasía y el humor y convertidas en vehículos de lo imaginario. Lo milagroso en la obra de García Márquez debe entenderse en este sentido estrictamente literario. Una forma de lo imaginario no excluye otras: el acróbata que vuela es fantástico, la mujer convertida en araña por desobedecer a sus padres sería milagrosa si su castigo fue divino o diabólico, mágica si es obra de brujería o artificio humano, o fantástica en cualquier otro caso.

«El ahogado más hermoso del mundo» pertenece a lo maravilloso laico y gratuito, a lo fantástico. Como el cuento anterior, se inicia con la llegada al pueblo de un forastero excepcional: un ahogado que el mar vara. Los vecinos descubren en seguida la naturaleza del personaje. El procedimiento que convierte al ahogado en ser imaginario es la exageración: «pesaba más que todos los muertos conocidos, casi tanto como un caballo», era «mucho más grande que todos los hombres». Cuando las mujeres terminan de lavarlo, su condición se hace traslúcida: «No sólo era el más alto, el más fuerte, el más viril y el mejor compuesto que habían visto jamás, sino que todavía cuando lo estaban viendo no les cabía en la imaginación».

En armonía con esta desmesura le hacen los funerales más espléndidos. Las reacciones que provoca en los vecinos son tan extraordinarias como el personaje. El pueblo entero abandona todas sus actividades para dedicarse a él: los hombres se reparten por las localidades vecinas para averiguar su identidad y las mujeres viven una revolución mental, el ahogado las precipita en el delirio imaginativo: «Pensaban que si aquel hombre magnífico hubiera vivido en el pueblo, su casa habría tenido las puertas más anchas, el techo más alto y el piso más firme... Pensaban que habría tenido tanta autoridad que hubiera sacado los peces del mar con sólo llamarlos por sus nombres...». El relato, que hasta esta enumeración ocurría en un nivel objetivo de lo imaginario, pasa a suceder en la pura fantasía de las mujeres, es decir en un nivel subjetivo: si hubiera vivido en el pueblo, habría trabajado tanto que «hubiera hecho brotar manantiales de entre las piedras», su nombre debía ser Esteban, su cuerpo descomunal debió ocasionarle una vida infeliz, llena de encontrones y de excusas, la gente murmuraría a sus espaldas, etc. Esta propensión imaginativa de los vecinos relativiza la materia del relato: ¿y si todas esas cualidades desmesuradas fueran sólo una falsa impresión de esos fantaseadores? La exageración, ya lo dijimos, no es fatalmente real imaginaria: introduce una ambigüedad, la filiación profunda de la materia tratada con ese procedimiento sólo puede ser establecida, en última instancia, mediante una decisión del lector. Forzando algo la mano, sería posible interpretar objetivamente este relato: un pueblo aislado, de seres crédulos y soñadores, de costumbres excéntricas, al que un ahogado arranca por unas horas de su vida monótona y hace vivir una hermosa ilusión. Sin embargo, la coherencia en la irracionalidad, el hecho de que el delirio sea vivido con idéntica intensidad por todas las mujeres del pueblo sin excepción, ya constituye un hecho fantástico. También despuntan elementos mítico-legendarios: la mención de Sir Walter Raleigh, la suposición de algunas mujeres de que el ahogado se llamara (¿fuera?) Lautaro, como el legendario guerrero araucano.

En «Blacamán el Bueno, vendedor de milagros» la manera de lo imaginario es la mágica: los prodigios que ocurren son obra de artificio o de los poderes ocultos de ambos magos. Al principio se tiene la impresión de que Blacamán (el malo) es un simple charlatán y que sus maravillas son excelentes trucos (lo que *también* es verdad), pero luego queda categóricamente establecido que este inventor de contravenenos, adivino, embalsamador de virreyes e intérprete de sueños por dos centavos, tiene poderes realmente mágicos: la máquina para coser, que fabrica utilizando la electricidad del sufrimiento, y que es capaz de bordar pájaros y astromelias según la posición y la intensidad del dolor pertenece, sin equívoco, a lo imaginario. En cuanto al otro Blacamán, sus poderes mágicos se hacen patentes cuando, torturado por su colega y tocayo, sorpresivamente resucita a un conejo. Desde entonces, anda por el mundo produciendo estas maravillas: «desfiebrando a los palúdicos..., visionando a los ciegos..., desaguando a los hidrópicos..., completando a los mutilados...». La eficacia de sus poderes tiene una confirmación final, cuando resucita a Blacamán el malo en su sepultura cada vez que se muere, para prolongar eternamente su venganza. Lo mágico alterna a veces con lo fantástico («una mujer tan tierna que podía pasar suspirando a través de las paredes», «pensando con tanta fuerza que todavía no he logrado saber si lo que silbaba entre los escombros era el viento o su pensamiento») y con alusiones mítico-legendarias: las luciérnagas de Ezequiel, el infierno de Simón el Mago.

Lo mítico-legendario es importante en la ambientación de «El último viaje del buque fantasma», lleno de referencias a ciudades coloniales fortificadas, a bucaneros, a un puerto negrero, a Francis Drake, a «los contrabandistas de las Guayanas recibiendo su cargamento de loros inocentes con el buche lleno de diamantes». Pero el hecho imaginario principal de la historia es fantástico: un transatlántico aparece una vez al año frente a la bahía y cuando trata de entrar en ella se despedaza silenciosamente contra el arrecife y desaparece en las aguas. No sólo su silencio y su puntual resurrección determinan su carácter imaginario; también el que su existencia sea intermitente: «desaparecía cuando la luz del faro le daba en el flanco y volvía a aparecer cuando la luz acababa de pasar». De todos modos, no sería difícil asociar esta nave a la tradición universal de los buques fantasmas.

En *La increíble y triste historia de la cándida Eréndira y de su abuela desalmada*, lo imaginario asume principalmente la forma fantástica. La anécdota muda de objetiva en imaginaria por exageración: lo extraordinario no es que Eréndira ejerza la prostitución sino el número imposible de sus clientes. Es el aumento gradual de las colas ante la tienda-burdel lo que en un momento dado arrebata la situación a lo real objetivo y la instala en lo imaginario. Una atmósfera de farsa grotesca, a lo Fellini, con detalles de humor negro buñuelescos, contribuye a dotar a la realidad ficticia de una naturaleza imaginaria. Las conductas de los personajes son inesperadas y risueñas, o éstos son los únicos rasgos que subraya en ellas la narración, de modo que los personajes y hechos real objetivos, por la importancia que tiene en ellos el factor pintoresco, muestran una tendencia irresistible a despegar hacia lo fantástico: el alcalde que dispara a las nubes para provocar la lluvia; los absurdos métodos de misioneros y policías para cristianizar los concubinatos; la facultad de Eréndira de dormir con los ojos abiertos, mientras hace los quehaceres de la casa. Estos hechos, que rozan lo imaginario, alternan con personajes y asuntos que pertenecen a él: Ulises cambia de color los objetos de vidrio que toca; la abuela es invulnerable a una dosis enorme de estricnina;

la lluvia revuelta con aguas de mar que arroja pescados y caracolas; el pueblo de los dormidos (reverso de Macondo durante el insomnio); la mujer convertida en araña por desobedecer a sus padres; la casa del senador, en cuyos cuartos el aire mantiene revoloteando como mariposas miles de billetes, y su inconcebible maquinaria política de pajaritas de papel y casas de cartón; la sangre verde de la abuela, y la carrera final de Eréndira por la playa, que en la última imagen va aumentando hasta volverse inverosímil. También hay elementos mítico-legendarios: el uso de nombres como Ulises o Amadís, por ejemplo.

Cuatro de los cinco textos utilizan los procedimientos y el estilo de *Cien años de soledad;* la novedad está en «El último viaje del buque fantasma» y es de escritura. La exageración, mínima en «Un señor muy viejo con unas alas enormes», es el recurso esencial para la ordenación de la materia de «El ahogado más hermoso del mundo», cuyo héroe es imaginario por el aumento de sus propiedades real objetivas: «pesaba más que todos los muertos conocidos», «mucho más grande que todos los hombres», «el más alto, el más fuerte, el más viril». En «Blacamán el Bueno, vendedor de milagros» la exageración es de ambiente, otorga a los materiales decorativos y secundarios una calidad imaginaria: «La hinchazón le reventó los cordones de las polainas y las costuras de la ropa», «le hicieron firmar autógrafos hasta que los calambres le torcieron el brazo», «había sido embalsamador de virreyes, y dicen que les componía una cara de tanta autoridad que durante muchos años seguían gobernando mejor que cuando estaban vivos». En «El último viaje del buque fantasma» el aumento de propiedades del objeto aparece en un solo dato, pero decisivo, porque el tamaño del transatlántico denuncia su naturaleza fantástica: «su tamaño inconcebible», «más grande que cualquier otra cosa grande en el mundo». En la historia de Eréndira es el tratamiento principal de la materia: la abuela es «descomunal», «hermosa como una ballena blanca»; el viento que azota el desierto es tan «tenaz que no parece de este mundo»; las colas de clientes de Eréndira alcanzan un kilómetro, y un personaje «le había dado 65 veces la vuelta al mundo». Esta monumentalidad es el recurso más eficaz para desobjetivizar la realidad ficticia en el guión.

Del mismo modo, las enumeraciones exóticas son constantes en los relatos (obviamente, en el guión, donde las descripciones son mínimas, este recurso no aparece), cuya materia a menudo se precipita en cascadas rítmicas en las que es imposible diferenciar a los componentes, pues, convertidos por la enumeración en piezas esencialmente musicales y plásticas, lo objetivo y lo imaginario se igualan mentirosamente. Algunos ejemplos de enumeraciones exóticas: «... una pobre mujer que desde niña estaba contando los latidos de su corazón y ya no le alcanzaban los números, un portugués que no podía dormir porque lo atormentaba el ruido de las estrellas, un sonámbulo que se levantaba de noche a deshacer las cosas que había hecho despierto...» («Un señor muy viejo con unas alas enormes»); «No encontraron en el pueblo una cama bastante grande para tenderlo ni una mesa bastante sólida para velarlo. No le vinieron los pantalones de fiesta de los hombres más altos, ni las camisas dominicales de los más corpulentos, ni los zapatos del mejor plantado» («El ahogado más hermoso del mundo»); «... los infantes de marina... andaban descabezando a cuanto cacharrero inveterado o eventual encontraban a su paso, y no sólo a los nativos por precaución, sino también a los chinos por distracción, a los negros por costumbre y a los hindúes por encantadores de serpientes» («Blacamán el Bueno, vendedor de milagros»); «... no se detuvo como siempre frente a las tiendas de los hindúes a ver los mandarines de marfil tallados en el colmillo entero del elefante, ni se burló de los negros holandeses en sus velocípedos ortopédicos, ni se asustó como otras veces con los malayos de piel de cobra que le habían dado la vuelta al mundo...» («El último viaje del buque fantasma»).

Las repeticiones no son tan importantes como en la novela, porque este recurso necesita para ser eficaz una materia más vasta que la de un cuento. Pero sí se advierte en los relatos, en detalles a veces ínfimos, una cierta tendencia a esas repeticiones mágicas. Luego del hombre con alas, viene al pueblo un acróbata volador; las mujeres identifican al joven varado por el mar con un nombre, Esteban, como si ese desconocido llenara el vacío dejado por otro a quien conocían; hay dos Blacamanes, los dos magos y adivinos, y el principio y el fin de la historia es Blacamán chillando sobre una mesa, en Santa María del Darién, ante un público de feria; la naturaleza fantástica del barco se revela, entre otras cosas, porque aparece una vez al año, siempre en marzo, y porque cada vez intenta el mismo recorrido, fracasando y despedazándose cada vez en el mismo arrecife. En la historia de Eréndira, hay personajes con nombres idénticos (los Amadises) y una situación que se repite obsesivamente: Eréndira prostituyéndose en las afueras de los pueblos, ante muchedumbres crecientes. Las repeticiones en la escritura aparecen en «Blacamán el Bueno, vendedor de milagros»: «... *mis* camisas de gusano legítimo, *mis* lociones de oriente, *mis* dientes de topacio, *mi* sombrero de tartarita y *mis* botines de dos colores...».

Pero el procedimiento principal para la creación de lo imaginario en estos textos es el de las cualidades trastocadas del objeto: la más imaginaria de las técnicas es la más usada en el estadio más imaginario de la realidad ficticia. Las alas del viejo ángel «resultaban tan naturales en aquel organismo completamente humano, que no podía entenderse por qué no las tenían también los otros hombres»; al ahogado «las fuerzas ocultas de su corazón hacían saltar los botones de la camisa»; en la historia de Blacamán una mujer es «tan tierna que podía pasar suspirando a través de las paredes»; en el relato del barco fantasma hay una poltrona a la que «habían usado tanto a través de los si-

633

glos que se le había gastado la facultad de producir descanso». Este procedimiento también está en la raíz de la mayoría de los prodigios de la historia de Eréndira, como la facultad de cambiar los colores de los cristales que tienen las manos de Ulises o la peste de sueño que ataca al pueblo de los dormidos el día que se juntaron los cuatro vientos.

Técnicamente, la novedad mayor es «El último viaje del buque fantasma», relato escrito en una sola frase que dura cuatro páginas, y narra en un solo movimiento sucesos que se extienden en varios años, que comprenden sinnúmero de anécdotas y abarcan a muchos personajes, y que consta tanto de descripción como de diálogos. La frase barroca se despliega simultáneamente en dos direcciones, una temporal y otra espacial, y va construyendo la historia, sin interrumpirse una sola vez, mediante mudas de distinto orden. En el punto de vista espacial: el narrador omnisciente es sustituido a ratos por un narrador-personaje (a veces el muchacho que ve el buque, a veces su madre, como en este ejemplo: «... *él estaba* entonces tan seguro de estar despierto que corrió a contárselo a su madre, y ella pasó tres semanas gimiendo de desilusión, porque *se te está pudriendo* el seso de tanto andar al revés, durmiendo de día y aventurando de noche...»). Mudas temporales: las transiciones de un año a otro, en las fechas que aparece el barco, son siempre intempestivos saltos hacia el futuro. Entre el comienzo y el final de esta cita han pasado 365 días: «... se cuidó de no compartir con nadie su determinación sino que pasó el año entero con la idea fija, ahora van a ver quien soy yo, esperando que fuera otra vez la víspera de las apariciones para hacer lo que hizo, ya está, se robó un bote, atravesó la bahía...». Mudas en el punto de vista de nivel de realidad: la frase traslada el relato, sin transiciones, de un plano objetivo a uno imaginario y viceversa («... aunque él era entonces un niño sin vozarrón de hombre pero con permiso de su madre para escuchar hasta muy tarde en la playa las arpas nocturnas del viento, aún podía recordar... que el transatlántico desaparecía cuando la luz del faro le daba en el flanco...»), y de un nivel a otro de un mismo plano de realidad (de los actos a los pensamientos a los actos). Esta forma permite eliminar los tiempos muertos, narrar una historia con gran economía de medios, dotarla de un movimiento muy veloz. Sus peligros son la confusión y una cierta monotonía.

En varios de estos textos aparece una muda espacial que en la obra anterior era rara: el narrador omnisciente es sustituido por un narrador-personaje (muda de tercera a primera persona gramatical) y luego éste vuelve a ceder el sitio al narrador omnisciente (muda de primera a tercera persona). En este párrafo de «El ahogado más hermoso del mundo» se ven muy nítidas esas dos mudas espaciales: «Bastó con que le quitaran el pañuelo de la cara para darse cuenta de que estaba avergonzado, de que no tenía la culpa de ser tan grande, ni tan pesado ni tan hermoso, y si hubiera sabido que aquello iba a suceder habría buscado un lugar más discreto para ahogarse, en serio, me hubiera amarrado yo mismo una áncora de galeón en el cuello y hubiera trastabillado como quien no quiere la cosa en los acantilados, para no andar ahora estorbando con este muerto de miércoles, como ustedes dicen, para no molestar a nadie con esta porquería de fiambre que no tiene nada que ver conmigo. Había tanta verdad en su modo de estar...». Naturalmente, al mismo tiempo que una espacial, aquí hay también una muda de nivel de realidad; lo contado por el narrador omnisciente pertenece a lo real objetivo y lo que dice el personaje a lo imaginario: un ahogado sólo puede pensar o hablar en una realidad fantástica. En «Blacamán el Bueno, vendedor de milagros» esta muda espacial aparece cinco veces, siempre según este esquema: el narrador omnisciente está describiendo una feria en la que se halla el mago, y de pronto la voz de éste sustituye a la del narrador omnisciente para

dirigirse directamente al público; luego, también bruscamente, su voz es reemplazada por la del narrador omnisciente: «... sólo que entonces no estaba tratando de vender
nada de aquella cochambre de indios, sino pidiendo que
le llevaran una culebra de verdad para demostrar en carne
propia un contraveneno de su invención, el único indeleble, señoras y señores, contra las picaduras de serpientes,
tarántulas y escolopendras, y toda clase de mamíferos
ponzoñosos. Alguien que parecía muy impresionado por
su determinación, consiguió nadie supo de donde...». Antecedente de este tipo de muda es el monólogo de Fernanda del Carpio ante Aureliano Segundo en *Cien años de soledad* (pp. 274-276), pero en los cuentos las mudas son
más rápidas. El narrador-personaje aparece, pronuncia
una o dos frases y es reemplazado por el narrador omnisciente, todo tan veloz que apenas se advierte el doble cambio. La frase plural del último relato es, evidentemente, la
culminación de las tentativas inconscientes que se reflejan
en estas mudas espaciales, que tienden a alargar y compli-
car la frase para permitir la sustitución de narradores. De
esa intención surgió la otra, más ambiciosa: la de narrar
con una sola frase en la que pudieran ocurrir todos esos
cambios de perspectivas y de puntos de vista sin pausas,
dentro de una misma fluencia narrativa. Es lo último que
hay que subrayar en estos textos: la voluntad de experi-
mentación formal que delatan.

Reconocimiento

No hubiera podido escribir este ensayo sin la ayuda de muchos amigos: Mercedes y Gabriel García Márquez, Carmen Balcells, Álvaro Cepeda Samudio, Plinio Apuleyo Mendoza, Germán Vargas, Guillermo Angulo, Álvaro Mutis, José Stevenson, Pedro Lastra, José Emilio Pacheco, Luis Alfonso Diez, Lizandro Chávez Alfaro, Javier Fernández de Castro, José Carlos Becerra, Jaime Mejía Duque, y los alumnos que asistieron a los seminarios de la Universidad de Puerto Rico y del King's College de la Universidad de Londres, donde este trabajo nació. A todos ellos, y, muy especialmente, a Alonso Zamora Vicente, mi profundo agradecimiento.

Bibliografía

Obras de García Márquez

«La tercera resignación» (cuento), en *El Espectador,* sección Fin de semana, núm. 80, Bogotá, ¿1947? (El texto está fechado en Bogotá, 1947.)

«Eva está dentro de su gato» (cuento), en *El Espectador,* sección Fin de semana, Bogotá, ¿1947/1948?

«Tubal-Caín forja una estrella» (cuento), en *El Espectador,* sección Fin de semana, núm. 97, Bogotá, ¿1947/1948?

«La otra costilla de la muerte» (cuento), en *El Espectador,* Dominical, Bogotá, 29 de julio de 1948.

«Diálogo del espejo» (cuento), en *El Espectador,* Dominical, Bogotá, 23 de enero de 1949. Publicado también en el diario *Crónica,* dedicado a Alfonso Fuenmayor, el 2 de septiembre de 1950.

«Amargura para tres sonámbulos» (cuento), en *El Espectador,* Dominical, Bogotá, 13 de noviembre de 1949.

«Ojos de perro azul» (cuento), en *El Espectador,* Dominical, Bogotá, 18 de junio de 1950.

«Nabo» (cuento), en *El Espectador,* Dominical, Bogotá, 18 de marzo de 1951.

«Alguien desordena estas rosas» (cuento), en *El Espectador,* Dominical, Bogotá, 1 de junio de 1952.

«La noche de los alcaravanes» (cuento), en *Crítica,* Bogotá, 1952.

La hojarasca (novela), Bogotá, Ediciones S. L. B., 1955, 137 pp.

«Monólogo de Isabel viendo llover en Macondo» (cuento), en *Mito,* revista bimestral de cultura, Bogotá, año I, núm. 4, octubre-noviembre de 1955, pp. 221-225.

Relato de un náufrago que estuvo diez días a la deriva en una balsa sin comer ni beber, que fue proclamado héroe de la patria, besado por las reinas de la belleza y hecho rico por la publicidad, y luego aborrecido por el gobierno y olvidado para siempre (reportaje escrito en 1955), Barcelona, Tusquets Editores, 1970, 88 pp.

«90 días en la "Cortina de Hierro"», reportaje en diez artículos, publicado en la revista *Cromos,* de Bogotá, entre julio y octubre de 1959:

1) «La "Cortina de Hierro" es un palo pintado de rojo y blanco», núm. 2198, 27 de julio de 1959.

2) «Berlín es un disparate», núm. 2199, 3 de agosto de 1959.

3) «Los expropiados se reúnen para contarse sus penas...», núm. 2200, 10 de agosto de 1959.

4) «Para una checa las medias de nailon son una joya», núm. 2201, 17 de agosto de 1959,

5) «La gente reacciona en Praga como en cualquier país capitalista», núm. 2202, 24 de agosto de 1959.

6) «Con los ojos abiertos sobre Polonia en ebullición», núm. 2203, 31 de agosto de 1959.

7) «U.R.S.S.: 22.400.000 kilómetros cuadrados sin un solo aviso de Coca-Cola», núm. 2204, 7 de octubre de 1959.

8) «Moscú, la aldea más grande del mundo», núm. 2205, 14 de octubre de 1959.

9) «En el mausoleo de la Plaza Roja Stalin duerme sin remordimientos», núm. 2206, 21 de octubre de 1959.

10) «El hombre soviético empieza a cansarse de los contrastes», núm. 2207, 28 de octubre de 1959.

El coronel no tiene quien le escriba (novela), en *Mito,* Bogotá, año IV, núm. 19, mayo-junio de 1958, pp. 1-38.

Editado en libro en Medellín, Aguirre Editor, 1961, 90 pp.

«Dos o tres cosas sobre la novela de la violencia» (artículo), en *Tabla Redonda*, Caracas, núms. 5-6, abril-mayo de 1960, pp. 19-20.

«Un hombre ha muerto de muerte natural» (artículo sobre Hemingway), en *México en la Cultura*, suplemento de *Novedades*, México, 9 de julio de 1961.

Los funerales de la Mamá Grande (cuentos), Xalapa, México, Universidad Veracruzana, 1962, 151 pp. Contiene: «La siesta del martes», «Un día de éstos», «En este pueblo no hay ladrones», «La prodigiosa tarde de Baltazar», «La viuda de Montiel», «Un día después del sábado», «Rosas artificiales» y «Los funerales de la Mamá Grande».

«El mar del tiempo perdido» (relato), en *Revista Mexicana de Literatura*, Mexico, nueva época, núms. 5-6, mayo-junio de 1962, pp. 3-21.

La mala hora (novela), Premio Literario ESSO 1961. Madrid, Talleres de Gráficas Luis Pérez, 1962, 224 pp. (Esta edición, estropeada por un corrector de estilo, ha sido desautorizada por el autor.)

La mala hora, México, Ediciones Era, S. A., 1966, 198 pp.

Tiempo de morir (guión cinematográfico). Adaptación y diálogos: Gabriel García Márquez y Carlos Fuentes. En *Revista de Bellas Artes*, Instituto Nacional de Bellas Artes y Literatura, núm. 9, mayo-junio de 1966, pp. 21-58.

Cien años de soledad (novela), Buenos Aires, Editorial Sudamericana, 1967, 351 pp.

Gabriel García Márquez-Mario Vargas Llosa, *La novela en América Latina: diálogo*, Lima, Carlos Milla Batres/ediciones Universidad Nacional de Ingeniería, 1968, 58 pp.

«Un señor muy viejo con unas alas enormes» (cuento), en *Cuadernos Hispanoamericanos*, Madrid, núm. 245, mayo de 1970, pp. 1-6 (separata).

«Blacamán el Bueno, vendedor de milagros», en *Revista de la Universidad de México*, México, vol. XXIII, núms. 2 y 3, octubre-noviembre de 1968, pp. 16-20.

La increíble y triste historia de la cándida Eréndira y de su abuela desalmada (guión cinematográfico). Se han publicado fragmentos en *Papeles*, Revista del Ateneo de Caracas, núm. 11, Caracas, junio de 1970, pp. 7-25, y en *La Cultura en México*, suplemento de *Siempre!*, México, núm. 456, noviembre de 1970, pp. I-VIII.

Entrevistas, reportajes, declaraciones

«García Márquez tiene quien le escriba», en *Primera Plana*, año V, núm. 243, Buenos Aires, 22 al 28 de agosto de 1967, pp. 52-53.

«Esto lo contó García Márquez», en *Imagen*, núm. 6, Caracas, 1/15 de agosto de 1967.

«Cien años de un pueblo», en *Visión*, Revista Internacional, 21 de julio de 1967, pp. 27-29.

«García Márquez: calendario de 100 años», en *Ercilla*, Santiago de Chile, 24 de abril de 1968, pp. 50-51.

«Historia mágica del continente», en *Análisis*, Buenos Aires, 18 de septiembre de 1967.

«Quiero comprometer a mis lectores en vez de ser escritor comprometido», en *Últimas Noticias*, Caracas, 4 de agosto de 1967, p. 20.

Alat, «García Márquez "Forjamos la gran novela de América"», en *Expreso*, Lima, 8 de septiembre de 1967, p. 11.

Algazel, «Diálogo con García Márquez. "Ahora que los críticos nos han descubierto"», en *El Tiempo*, Bogotá, 26 de mayo de 1968, p. 5.

Azancot, Leopoldo, «Gabriel García Márquez habla de política y de literatura», en *Índice*, núm. 237, año XXIV, Madrid, noviembre de 1968, pp. 30-31.

Blásquez, Adélaide, «G. G. Márquez et "Cent ans de solitude"», en *La Quinzaine Littéraire,* París, 16/30 noviembre de 1968, pp. 8-9.

Castro, Rosa, «Con Gabriel García Márquez», en *La Cultura en México,* suplemento de *Siempre!,* México,
núm. 288, 23 de agosto de 1967, pp. VI-VII.

Díaz Sosa, Carlos, «Gabriel García Márquez: al trabajar
en la escritura misma surgió la narrativa latinoamericana», en *Papel Literario,* suplemento de *El Nacional,*
Caracas, 3 de septiembre de 1967.

Domingo, José, «Entrevistas. Gabriel García Márquez»,
en *Ínsula,* Madrid, año XXIII, núm. 259, junio de
1968, pp. 6 y 11.

Durán, Armando, «Conversaciones con Gabriel García
Márquez», en *Revista Nacional de Cultura,* Instituto
Nacional de Cultura y Bellas Artes, Caracas, año
XXIX, núm. 185, julio-agosto-septiembre de 1968,
pp. 23-34.

Fernández-Braso, Miguel, «Gabriel García Márquez:
hombre adentro», en *La Estafeta Literaria,* Madrid,
núm. 408, 15 de noviembre de 1968, pp. 16-18.

— «3 horas de compañía infinita con Gabriel García
Márquez», en *Pueblo,* Madrid, 30 de octubre de
1968, pp. 35-38.

—, *Gabriel García Márquez. Una conversación infinita,*
Madrid, Editorial Azur, 1969, 125 pp.

—, «García Márquez ante su próxima novela», en *Pueblo,*
Madrid, 18 de marzo de 1970.

Fossey, Jean-Michel, «Entrevista con Gabriel García Márquez», en *Imagen,* núm. 40, Caracas, 1969, pp. 8 y 17.

González, Olga, «García Márquez: "Mis libros los escribe
mi mujer pero los firmo yo"», en *La República,* Letras
y Arte, Caracas, 4 de agosto de 1967, p. 9.

González Bermejo, Ernesto, «García Márquez: ahora doscientos años de soledad», en *Triunfo,* Madrid, año
XXV, núm. 441, 14 de noviembre de 1970, pp. 12-18.

J. D. Z., «Gabriel García Márquez y sus "100 años de soledad"», en *Gente*, Buenos Aires, año 3, núm. 110, 31 de agosto de 1967, pp. 46-47.

Lara, Odete, «Gabriel García Márquez: "Só se aprende a escrever escrevendo"», en *Journal do Brasil*, Río de Janeiro, 24 de noviembre de 1969.

Landeros, Carlos, «En Barcelona, con Gabriel García Márquez», en *Siempre!*, México, 2 de marzo de 1970.

Le Clech, Guy, «Gabriel García Márquez, l'aventurier du baroquisme», en *Le Figaro Littéraire*, París, 25/31 de agosto de 1969, p. 21.

Ochoa, Guillermo, «El microcosmos de García Márquez», en *Excélsior*, México, 12 de abril de 1971; «Los seres que impresionaron a Gabito», en *Excélsior*, México, 13 de abril de 1971; «García Márquez aprendió a esperar», en *Excélsior*, México, 14 de abril de 1971; «Primero, soy un hombre político», en *Excélsior*, México, 15 de abril de 1971.

Orbegoso, Manuel Jesús, «Para llegar a la fama, necesito "Cien años de soledad"», en *El Comercio Gráfico*, Lima, 9 de septiembre de 1967.

Orrillo, Winston, «Dice Gabriel García Márquez: Toda obra literaria tiene función subversiva», en *Oiga*, Lima, núm. 238, 8 de septiembre de 1967, pp. 24-26.

Pinto, Ismael, «Gabriel García Márquez. Conversación informal», en *Expreso*, Lima, 13 de septiembre de 1967.

Puente, Armando, «Gabriel García Márquez (Gabo), señor de Macondo», en *Índice*, Madrid, año XXIV, núm. 237, noviembre de 1968, pp. 25-27.

Preciado, Nativel, «Gabriel García Márquez, en carne viva», en *Madrid*, Madrid, *27* de enero de 1969.

Puccini, Dario, «García Márquez parla del suo nuovo romanzo», en *Paese Sera*, Roma, 17 de abril de 1970.

Samper, Daniel, «El novelista García Márquez no volverá a escribir», en *El Tiempo*, Lecturas Dominicales, Bogotá, 22 de diciembre de 1968, p. 5.

Schoo, Ernesto, «Los viajes de Simbad García Márquez», en *Primera Plana,* Buenos Aires, año V, núm. 234, 20/26 de junio de 1967, pp. 52-54.

Serini, Marialivia, «Cronaca d'un successo in dieci canti», en *L'Espresso,* Roma, 6 de septiembre de 1970, pp. 14-15.

Soria i Badia, Josep M., «García Márquez, el mejor autor extranjero en Francia», en *Tele/Exprés,* Barcelona, 8 de enero de 1970.

Torres, Augusto M., «Gabriel García Márquez y el cine», en *Hablemos de Cine,* Lima, núm. 47, mayo-junio de 1969, pp. 56-58.

Torres, Luiso, «Macondeando», en *Índice,* Madrid, año LXIV, núm. 237, noviembre de 1968, pp. 28-29.

Vargas, Raúl, «Gabriel García Márquez boicotea sus libros», en *Informaciones,* Madrid, suplemento núm. 4, 18 de julio de 1968.

Obras sobre García Márquez

9 asedios a García Márquez, Santiago de Chile, Editorial Universitaria, 1969, 190 pp. Contiene: Mario Benedetti, «Gabriel García Márquez o la vigilia dentro del sueño»; Emmanuel Carballo, «Gabriel García Márquez, un gran novelista latino-americano»; Pedro Lastra, «La tragedia coma fundamento estructural de "La hojarasca"»; Juan Loveluck, «Gabriel García Márquez, narrador colombiano»; Julio Ortega, «Gabriel García Márquez: "Cien años de soledad"»; José Miguel Oviedo, «Macondo: un territorio mágico y americano»; Ángel Rama, «Un novelista de la violencia americana»; Mario Vargas Llosa, «García Márquez: de Aracataca a Macondo»; Ernesto Volkening, «Gabriel García Márquez o el trópico desembrujado» y «A propósito de "La mala hora"» y una «Contribución a la bibliografía de Gabriel García Márquez» de Pedro Castra.

«A la découverte de Gabriel García Márquez», en *Le Monde,* París, 7 de diciembre de 1968, pp. 4-5. Contiene: Claude Couffon, «Un colombien hanté par son enfance», «Cent ans de solitude» (Entretien par C. C.), y una traducción de Carmen y Claude Durand de «Blacaman, le bon marchand de miracles».

«Los cien años de soledad de Gabriel García Márquez», en *Coral,* revista de turismo-arte-cultura, Valparaíso, Chile, núm. 9, junio de 1969, 39 pp. Contiene: Julio Flores, «Semblanza del autor de los Cien años»; Ignacio Valente, «García Márquez: "Cien años de soledad"»; Alberto Lleras, «Cien años de soledad»; Sergio Benvenuto, «Cien años de soledad»; Mario Rodríguez Fernández, «Los cien años de soledad de Gabriel García Márquez»; Mario Vargas Llosa, «Cien años de soledad: Amadís de América»; Yerko Moretie, «Cien años de soledad»; Eduardo Tijeras, «Tantos años de soledad merecen un par de objeciones solitarias»; Roberto García Peña, «Cien años de soledad, gran novela de América»; Francisco de Oraá, «Mucho más de cien años»; Alone, «Cien años de soledad»; Reinaldo Arenas, «Cien años de soledad en la ciudad de los espejismos».

«Gabriel García Márquez en "Índice"», en *Índice,* Madrid, año XXIV, núm. 237, noviembre de 1968, pp. 24-37. Contiene: GGM, «Autosemblanza»; Armando Puente, «Gabriel García Márquez (Gabo), señor de Macondo»; Leopoldo Azancot, «GGM habla de política y de literatura»; Luiso Torres, «Macondeando»; Leopoldo Azancot, «Fundación de la novela latinoamericana»; «Vargas Llosa, Lezama y García Márquez»; «Esto lo contó García Márquez»; Claude Fell, «Ante la crítica francesa», y Jean Franco, «El mundo grotesco de García Márquez».

«Recopilación de textos sobre Gabriel García Márquez», Serie Valoración Múltiple, Centro de Investigaciones

Literarias, Casa de las Américas, La Habana, 1969, 259 pp. Contiene: Luis Harss, «La cuerda floja»; Rosa Castro, «Con Gabriel García Márquez»; Armando Durán, «Conversaciones con Gabriel García Márquez»; Claude Couffon, «Gabriel García Márquez habla de "Cien años de soledad"»; José Miguel Oviedo, «Macondo: un territorio mágico y americano»; Ángel Rama, «Un novelista de la violencia americana»; Emmanuel Carballo, «Un gran novelista latinoamericano»; Pedro Lastra, «La tragedia como fundamento estructural de "La hojarasca"»; Julieta Campos, «La muerte y la lluvia»; Jaime Tello, «Los funerales de la Mamá Grande»; Hernando Téllez, «"La mala hora": una novela del trópico»; Antonia Palacios, «Testimonio de vida y muerte»; Mario Benedetti, «La vigilia dentro del sueño»; Mario Vargas Llosa, «El Amadís en América»; Carlos Fuentes, «Macondo, sede del tiempo»; Federico Álvarez, «Al filo de la soledad»; Omar González, «Entre lo nimio y lo glorioso»; Raúl Silva-Cáceres, «La intensificación narrativa en "Cien años de soledad"»; revista *El Escarabajo de Oro,* «Un mito que deviene novela»; Jean Franco, «Un extraño en el paraíso»; Germán Vargas, «Un personaje: Aracataca»; Luis Adolfo Domínguez, «La conciencia de lo increíble»; Reinaldo Arenas, «En la ciudad de los espejismos»; Rubén Cotelo, «García Márquez y el tema de la prohibición del incesto»; Alberto Hoyos, «Un viaje al reino de la realidad mítica»; Sergio Benvenuto, «Estética como historia»; Eduardo E. López Morales, «La dura cáscara de la soledad»; Ernesto Volkening, «Anotado al margen de "Cien años de soledad"» y opiniones de Javier Arango Ferrer, Jean Franco, Alberto Dallal, Juan Flo, Federico Álvarez, Ernesto Volkening, Mauricio de la Selva, José Miguel Oviedo, Óscar Collazos, Manuel Pedro González, Francisco de Oraá, Ángela Bianchini, Paolo Milano, Jean-Baptiste Lassègue, Jaime Giordano, Guillermo Blanco, Roberto Montero, Miguel Donoso Pareja, Rosario Castellanos, Claude Couffon y Emir Rodríguez Monegal, y una bibliografía.

«Supplement on Gabriel García Márquez One Hundred Years of Solitude», en *70 Review,* Nueva York, Center for Inter-American Relations, editado por Ronald Christ, 1971, pp. 99-191. Contiene: Ensayos traducidos del español: Reinaldo Arenas, «In the Town of Mirages»; Armando Durán, «Conversations with Gabriel García Márquez»; Carlos Fuentes, «Macondo, Seat of Time»; Emir Rodríguez Monegal, «A Writer's Feat»; Mario Vargas Llosa, «García Márquez: From Aracataca to Macondo»; Raúl Silva-Cáceres, «The Narrative Intensification "One Hundred Years of Solitude"». Reseñas de los Estados Unidos: Ronald Christ, John Leonard, Jack Richardson, Paul West, Michael Wood. Traducidos del francés: Christian Audejean, Serge Gilles, Severo Sarduy, Raphael Sorin. Traducidos del portugués: Sergio Sant'Anna. Traducidos del alemán: Hans Heinz Hahnl, Gunter W. Lorenz, Hans-Jürgen Schmitt. Traducidos del italiano: Dario Puccini.

«Adiós a Macondo» (reseña de *El coronel no tiene quien le escriba* y de *La mala hora*), en *Primera Plana,* Buenos Aires, núm. 287, 25 de junio de 1968, p. 79.

«Orchids and bloodlines. One hundred years of solitude by Gabriel García Márquez», en *Time,* Nueva York, 16 de marzo de 1970, p. 74.

«Para tomar impulso. Gabriel García Márquez: Los funerales de la Mamá Grande», en *Primera Plana,* Buenos Aires, año V, núm. 251, 17/23 de octubre de 1967, p. 59.

«Stranger in Paradise» (reseña de *Cien años de soledad),* en *The Times Literary Suplement,* Londres, 9 de noviembre de 1967.

«Un testimonio y un juego para la inteligencia» (reseña de *Cien años de soledad*), en *Clarín*, Buenos Aires, 3 de agosto de 1967.

A. V., «García Márquez» (reseña de *Cien años de soledad*), en *El Escarabajo de Oro*, Buenos Aires, año IX, núms. 36-37, mayo-junio de 1968, p. 23.

Aguilera Malta, Demetrio, «Cien años de soledad», en *El Día*, México, 12 de noviembre de 1967, p. 2.

Alat, «Cien años de soledad», en *Expreso*, Lima, 6 de agosto de 1967.

Alone, «Crónica literaria. "Cien años de soledad", por Gabriel García Marquez», en *El Mercurio*, Santiago de Chile, 28 de abril de 1968.

—, «Crónica literaria. "Orlando" y «Cien años de soledad"», en *El Mercurio*, Santiago de Chile, 21 de junio de 1970, p. 3.

Alonso, Alicia M., «La mala hora», en *Sur*, revista bimestral, Buenos Aires, núm. 314, septiembre-octubre de 1962, pp. 90-92.

Álvarez, Federico, «Los libros abiertos. Gabriel García Márquez, "Los funerales de la Mamá Grande"», en *Revista de la Universidad de México*, México, vol. XVII, núm. 3, noviembre de 1962, p. 31.

—, «Gabriel García Márquez: "La mala hora"», en *Siempre!*, México, núm. 536, octubre de 1963.

—, «Gabriel García Márquez: "El coronel no tiene quien le escriba"», en *Siempre!*, México, núm. 538, octubre de 1963.

—, «Al filo de la soledad» (reseña de *Cien años de soledad*), en *El Mundo*, La Habana, 2 de junio de 1968.

Amorós, Andrés, «Cien años de soledad», en *Revista de Occidente*, Madrid, tomo XXIV (segunda época), núm. 70, enero de 1969, pp. 58-62.

Arango Ferrer, Javier, «Medio siglo de literatura colombiana», en *Panorama das literaturas das Américas*, Angola, Edição do Município de Nova Lisboa, 1958, vol. I, pp. 375-376.

Araujo, Helena, «Las macondanas», en *Eco,* Revista de la cultura de Occidente, Bogotá, tomo XXI/5, septiembre de 1970, núm. 125, pp. 503-513.

Arbonés, Alberto, «Fantasía y realidad de un testimonio admirable», en *La Prensa,* Buenos Aires, s/f, 1967.

Arciniega, Rosa, «Novela al tope del mástil» (reseña de *Cien años de soledad*), en *El Sol de León,* León de los Aldama, 27 de mayo de 1968.

Arciniegas, Germán, «La era de Macondo», en *Imagen,* Caracas, núm. 67, 15/28 de febrero de 1970, p. 24.

—, «Macondo, primera ciudad de Colombia», en *Panorama,* Maracaibo, 28 de enero de 1968.

Arenas, Reinaldo, «Cien años de soledad en la ciudad de los espejismos», en *Casa de las Américas,* La Habana, año VIII, núm. 48, mayo-junio de 1968, pp. 134-138.

Ariza González, Julio, «Tres grandes enfermedades de Macondo: obsesión, fatalidad y superstición» (reseña de *La hojarasca*), en *Revista Nacional de Cultura,* Instituto Nacional de Cultura y Bellas Artes, Caracas, año XXX, núm. 193, mayo-junio de 1970, pp. 82-95.

Arnau, Carmen, *El mundo mítico de Gabriel García Márquez,* Barcelona, Ediciones Península, Nueva Colección Ibérica, 36, 1971, 134 pp.

Arnau Faidella, Carmen, «Una pirueta de Gabriel García Márquez», separata de *Studi di Letteratura Spagnola,* Roma, 1968/1970, pp. 1-5.

Azancot, Leopoldo, «Fundación de la novela latinoamericana», en *Índice,* Madrid, año XXIV, núm. 237, noviembre de 1968, pp. 33-35.

Barrios Guzmán, Pedro, «Macondo», en *El Nacional,* Caracas, 19 de mayo de 1968.

Barros Valera, María Cristina, «El amor en "Cien años de soledad"», México, Universidad Nacional Autónoma de México, Facultad de Filosofía y Letras, 1970, 27 pp.

Batis, Humberto, «El coronel no tiene quien le escriba», en *Siempre!*, México, núm. 662, marzo de 1966, p. 16.

—, «"Cien años de soledad", la gran novela de América, ya inesperada, todavía oportuna», en *Siempre!*, México, núm. 739, 23 de agosto de 1967, p. 12.

Bazán, Juan F., «Hacia "Cien años de soledad"», en *ABC*, suplemento cultural, Asunción, números de 5 de enero de 1969, p. 3, y de 2 de marzo de 1969, p. 7.

Benedetti, Mario, «Dinamismo interior de una tormenta», en *La Mañana*, Montevideo, 5 de noviembre de 1965.

—, «García Márquez o la vigilia dentro del sueño», en *Letras del continente mestizo*, Montevideo, Editorial Arca, 1967, pp. 145-154.

Benet, Juan, «De Canudos a Macondo», en *Revista de Occidente*, tomo XXIV (segunda época), núm. 70, enero de 1969, pp. 49-57.

Benvenuto, Sergio, «Estética como historia. Gabriel García Márquez, "Cien años de soledad"», en *El Caimán Barbudo*, suplemento cultural de *Juventud Rebelde*, La Habana, época II, núm. 23, septiembre de 1968, pp. 5-8.

Bianchini, Angela, «I fantastici Buendía» (reseña de *Cien años de soledad*), en *La Fiera Letteraria*, Milán, año XLIII, núm. 27, 4 de julio de 1968, p. 24.

Bonet, Juan, «La pobladísima soledad de Gabriel García Márquez», en *Baleares*, Palma de Mallorca, 9 de agosto de 1968, p. 3.

Bozal, V., «Gabriel García Márquez», en *Madrid*, Madrid, 14 de febrero de 1968.

Cacciò, Luciano, «La "solitudine" di Márquez» (reseña de *Cien años de soledad*), en *L'Unità*, Milán, 29 de junio de 1968,

Calderón, Alfonso, «Cien años para Macondo», en *Ercilla*, Santiago de Chile, núm. 1685, 20 de septiembre de 1967, p. 29.

Campos, Jorge, «García Márquez: fábula y realidad» (reseña de *Cien años de soledad*), en *Ínsula*, Madrid, núm. 258, Madrid s/f, 1968, p. 11.

Campos, Julieta, «La muerte y la vida» (reseña de «Isabel viendo llover en Macondo»), en *Siempre!*, México, núm. 801, octubre de 1968, p. 12.

Cappi, Alberto, «La tecnica del meraviglioso in Gabriel García Márquez», en *Gazetta di Mantova*, 6 de julio de 1968.

Carabba, Claudio, «Cent'anni di solitudine», en *Nazioni*, Florencia, 17 de septiembre de 1968.

—, «La mala ora di Macondo», en *Nazioni*, Florencia, 28 de julio de 1970.

Carballo, Emmanuel, «Gabriel García Márquez: un gran novelista latinoamericano», en *Revista de la Universidad de México*, México, núm. 3, noviembre de 1967, pp. 10-16.

Castellanos, Rosario, «"Cien años de soledad" o la tradición vivificada», en *IPN* (Instituto Politécnico Nacional), México, núm. 6, junio de 1968.

Castro, Juan Antonio, «La línea recta y el laberinto de García Márquez», en *Ya*, Madrid, 21 de mayo de 1969.

Castroviejo, Concha, «Cien años de soledad», en *La Hoja del Lunes*, Madrid, 26 de agosto de 1968.

Colmenares, Germán, «Deliberadamente poética» (reseña de *Cien años de soledad*), en *El Espectador*, magazine dominical, Bogotá, 3 de septiembre de 1967, p. 15.

Cordelli, Franco, «Epopea colombiana» (reseña de *Cien años de soledad*), en *Avanti*, Milán, 8 de julio de 1968.

Corti, Vittoria, «Un romanzo fiume di Gabriel Márquez» (reseña de *Cien años de soledad*), en *Nazione Sera*, Florencia, 5 de agosto de 1968.

Cotelo, Rubén, «García Márquez y el tema de la prohibición del incesto» (reseña de Cien *años de soledad*), en *Temas*, Montevideo, julio-agosto-septiembre de 1967, pp. 19-22.

Cova García, Luis, «¿Coincidencia o plagio?» (sobre *Cien años de soledad* y *Balzac*), en *El Espectador,* magazine dominical, Bogotá, 11 de mayo de 1969, p. 12.

Dal Fabro, Beniamino, «Apocalisse con variazioni» (reseña de *Cien años de soledad*), en *Il Resto del Carlino,* 10 de julio de 1968, p. 11.

Dallal, Alberto, «García Márquez y la realidad colombiana» (reseña de *Los funerales de la Mamá Grande*), en *Revista Mexicana de Literatura,* México, nueva época, núms. 3-4, marzo-abril de 1963, pp. 63-64.

—, «El coronel no tiene quien le escriba», en *Revista de la Universidad de México,* México, núm. 3, noviembre de 1963, p. 31.

Domínguez, Luis Adolfo, «Cien años de soledad», en *La Palabra y el Hombre,* Xalapa, México, núm. 44, octubre-diciembre de 1967, pp. 840-844.

Donoso Pareja, Miguel, «Cien años de soledad», en *El Cuento,* México, núms. 27-30, diciembre de 1967, pp. 126-128.

Dorfman, Ariel, «La vorágine de los fantasmas» (sobre *La hojarasca* y *El coronel no tiene quien le escriba*), en *Ercilla,* Santiago de Chile, núm. 1617, 1 de junio de 1966, p. 34.

—, «La muerte como acto imaginativo en "Cien años de soledad"», en *Imaginación y violencia en América,* Santiago de Chile, Editorial Universitaria, S. A., 1970, pp. 138-180.

Dross, Tulia A. de, «El mito y el incesto en "Cien años de soledad"», en *Eco,* Revista de la cultura de Occidente, Bogotá, tomo XIX/2, núm. 110, junio de 1969, pp. 179-187.

E. M. B. C., «Poema épico de la soledad» (reseña de *Cien años de soledad*), en *El Día,* La Plata, 25 de junio de 1967.

Esteva, Gustavo, «Un galeón en 1967» (reseña de *Cien años de soledad*), en *El Gallo Ilustrado,* suplemento dominical de *El Día,* México, D. F., 30 de julio de 1967.

Evtushenko, Eugenio, «Cien años de soledad», comentario crítico, en *Cuadernos del Guayas,* Órgano Sección Literatura, Casa de la Cultura Ecuatoriana, Núcleo de Guayas, Guayaquil, núms. 36 y 37, 1971, pp. 11 y 37.

Fell, Claude, «Cent années de solitude», en *Le Monde,* París, 23 de marzo de 1968.

Flo, Juan, «Sobre la ficción» (Al margen de Gabriel García Márquez), en *Revista Iberoamericana de Literatura,* Departamento de Literatura Hispanoamericana, Universidad de la República, Montevideo, segunda época, año I, núm. 1, 1966, pp. 103-108.

Frakes, Jean R., «No one writes to the Colonel and other stories», en *The New York Times Book Review,* Nueva York, 29 de septiembre de 1968.

Franco, Jean, «El mundo grotesco de García Márquez», en *Índice,* Madrid, año XXIV, núm. 237, noviembre de 1968, p. 37.

Fuentes, Carlos, «García Márquez. "Cien años de soledad"», en *La Cultura en México,* suplemento de *Siempre!,* México, núm. 679, 29 de junio de 1966, p. VII.

—, «Gabriel García Márquez: la segunda lectura», en *La nueva novela hispanoamericana,* México, Cuadernos de Joaquín Mortiz, 1969, pp. 55-67.

Gagliano, Ernesto, «Una famiglia in Colombia» (reseña de *Cien años de soledad*), en *Stampa Sera,* Turín, 29 de junio de 1968.

Galardi, Anubis, «Los cien años de soledad», en *Granma,* La Habana, 9 de julio de 1968.

Galindo, Carmen, «García Márquez, escritor feliz» (reseña de *Relato de un náufrago...*), en *La Cultura en México,* suplemento de *Siempre!,* México, núm. 442, 29 de julio de 1970, p. XIV.

Galvá U., Isidro, «Gabriel García Márquez. "Cien años de soledad"», en *Comunidad,* México, núm. 19, junio de 1969, pp. 422-423.

Gallagher, David, «Cycles and cyclones» (reseña de *Cien años de soledad*), en *The Observer,* The Observer Review, Londres, 28 de junio de 1970.

Garavito, Julián, «Gabriel García Márquez y la crítica francesa», en *Razón y Fábula,* revista bimestral de la Universidad de los Andes, Bogotá, núm. 11, enero-febrero de 1969, pp. 120-122.

Garavito, Julián, «Más sobre García Márquez en la prensa francófona», en *Razón y Fábula,* revista bimestral de la Universidad de los Andes, Bogotá, núm. 14, julio-agosto de 1969, pp. 144-146.

García Ascot, Jomí, «"Cien años de soledad", una novela de Gabriel García Márquez sólo comparable a "Moby Dick"», en *La Cultura en México,* suplemento de *Siempre!,* México, núm. 732, julio de 1967, p. 6.

Giardini, Cesare, «I cent'anni di Macondo», en *Il Piccolo,* Trieste, 6 de julio de 1968.

Gertel, Zunilda, «La novela del espacio totalizador» (sobre *Cien años de soledad*), en *La novela hispanoamericana contemporánea,* Buenos Aires, Editorial Columba, 1970, pp. 150-158.

Ghiano, Juan Carlos, «Preguntas y asedios a García Márquez», en *La Nación,* Buenos Aires, 21 de junio de 1970.

Ginzburg, Natalia, «Un bel romanzo» (reseña de *Cien años de soledad*), en *La Stampa,* Milán, 6 de abril de 1969.

Giordano, Jaime, «Gabriel García Márquez, "Cien años de soledad"», en *Revista Iberoamericana,* órgano del Instituto Internacional de Literatura Iberoamericana patrocinado por la Universidad de Pittsburgh, EE. UU., vol. XXXIV, núm. 65, enero-abril de 1968, pp. 184-186.

González, Manuel Pedro, «Apostillas a una novela insólita» (sobre *Cien años de soledad*), en *Papel Literario,* suplemento de *El Nacional,* Caracas, 2 de enero de 1968.

González Lanuza, Eduardo, «"Cien años de soledad", de Gabriel García Márquez», en *Sur,* Buenos Aires, núm. 307, julio-agosto de 1967, pp. 50-52.

Grande, Félix, «Con García Márquez en un miércoles de ceniza», en *Cuadernos Hispanoamericanos,* revista mensual de Cultura Hispánica, Madrid, tomo LXXIV, núm. 222, junio de 1968, pp. 632-641.

Gullón, Ricardo, *García Márquez o el olvidado arte de contar,* Madrid, Taurus Ediciones, S. A., 1970, 73 pp.

Hack, Richard, «Colombian novelist's masterwork of myth» (reseña de *Cien años de soledad*) en *Chicago Sun Times,* Book week, Chicago, 22 de febrero de 1970.

Harss, Luis, «Gabriel García Márquez, o la cuerda floja», en *Los nuestros,* Buenos Aires, Editorial Sudamericana, 1966, pp. 381-419.

Hernández, Manuel, «Los muertos. Un abordaje a "Cien años de soledad"», en *Eco,* Bogotá, tomo XIX/1, núm. 109, mayo de 1969, pp. 54-58.

Holguín, Andrés, «Cien años de soledad», en *Razón y Fábula,* revista bimestral de la Universidad de los Andes, Bogotá, septiembre-octubre de 1967, pp. 137-138.

Hoyos, Alberto, «"Cien años de soledad". Un viaje al reino de la realidad mítica», en *Encuentro Liberal,* Bogotá, núm. 16, 12 de agosto de 1967.

Iriarte, Alfredo, «Los buscadores de plagios», en *El Espectador,* magazine dominical, Bogotá, 18 de mayo de 1969, p. 13.

Joset, Jacques, «Le paradis perdu de Gabriel García Márquez», *en Revue des Langues Vivantes,* Bélgica, XXXVII, núm. 1, 1971, pp. 81-90 (separata).

Kisner, Robert, «Four colombian novels of "violencia"» (sobre *La mala hora*), en *Hispania,* EE. UU., vol. XLIX, núm. 1, marzo de 1966, pp. 70-74.

Kulin, Katalin, «Planos temporales y estructura en "Cien años de soledad" de Gabriel García Márquez», en *Acta Litteraria Academiae Scientiarum Hungaricae,* Budapest, tomus XI, fasciculi 3-4, 1969, pp. 291-314.

Kiely, Robert, «One hundred years of solitude», en *The New York Times Book Review,* Nueva York, 8 de marzo de 1970, pp. 5-24.

Larraín Acuña, S. J., Hernán, «Cien años de soledad», en *Mensaje,* Santiago de Chile, vol. XVIII, núm. 177, marzo-abril de 1969, pp. 92-101.

Lastra, Pedro, «La tragedia como fundamento estructural de "La hojarasca"», en *Anales de la Universidad de Chile,* Santiago de Chile, año CXXIV, núm. 140, octubre-diciembre de 1966, pp. 168-186 (separata).

Latcham, Ricardo, «Denuncia y violencia en la novela» (sobre *El coronel no tiene quien le escriba*), en *Marcha,* Montevideo, núm. 1090, 29 de diciembre de 1961.

—, «Crónica Literaria. Gabriel García Márquez, "La mala hora" (Madrid, 1962)», en *La Nación,* Santiago de Chile, 31 de mayo de 1964, p. 5.

Leonard, John, «Myth is alive in Latin America» (reseña de *Cien años de soledad*), en *The New York Times,* Nueva York, 3 de marzo de 1970.

Lerner, Isaías, «A propósito de "Cien años de soledad"», en *Cuadernos Americanos,* México, vol. CLXII, año XXVIII, núm. 1, enero-febrero de 1969, pp. 186-200.

Levine, Suzanne Jill, «Un paralelo: "Pedro Páramo" / Juan Rulfo / "Cien años de soledad" / Gabriel García Márquez», en *Imagen,* Caracas, núm. 50, 1/15 de junio de 1969, pp. 6-8,

Levine, Suzanne Jill, «"Cien años de soledad" y la tradición de la biografía imaginaria», en *Revista Iberoamericana,* órgano del Instituto Internacional de Literatura Iberoamericana patrocinado por la Universidad de Pittsburgh, EE. UU., vol. XXXVI, núm. 72, julio-septiembre de 1970, pp. 453-463.

López Morales, Eduardo E., «La dura cáscara de la soledad», en *Pensamiento crítico*, La Habana, núm. 12, enero de 1968, pp. 185-199.

Loveluck, Juan, «Gabriel García Márquez, narrador colombiano», en *Duquesne Hispanic Review*, EE. UU., núm. 3, 1967, pp. 135-154.

Lucanor, Maese, «La obra de Gabriel García Márquez (I) Macondo: entre una sierra y un río», en *El Espectador*, magazine dominical, Bogotá, 17 de noviembre de 1968, pp. 8-9.

Luchting, Wolfgang A., «Gabriel García Márquez: the Boom and the Whimper», en *Books Abroad*, Norman, Oklahoma, vol. 44, núm. 1, invierno de 1970, pp. 26-300.

Lundkvist, Arthur, «García Márquez en Suecia. Superado el provincialismo» (traducción de un artículo aparecido en *Dagaens Njheter* de Estocolmo), en *El Espectador*, magazine dominical, Bogotá, 20 de octubre de 1968, pp. 1 y 12.

Luzi, Mario, «Cent'anni di solitudine. García Márquez: fedeltà alla vita», en *Corriere della Sera*, Roma, octubre de 1968.

—, «García Márquez: "La mala ora"», en *Corriere della Sera*, Roma, 18 de octubre de 1970.

Llorca, Carmen, «Las novelas de García Márquez», en *Diario SP*, Madrid, núm. 165, 20 de marzo de 1968, p. 14.

Maisterra, Pascual, «"Cien años de soledad". Un regalo fabuloso de Gabriel García Márquez», en *Tele/Exprés*, Barcelona, 28 de noviembre de 1968.

Manacorda, Giuliano, «Cent'anni di solitudine», en *Rinascita*, Roma, 26 de julio de 1968, p. 37.

Márquez, Manuel, «Los padres terribles» (reseña de *La hojarasca*), en *Época*, Montevideo, 16 de febrero de 1966, p. 10.

Martínez, Tomás Eloy, «América: la gran novela. Gabriel García Márquez: "Cien años de soledad"», en *Prime-*

ra Plana, Buenos Aires, año V, núm. 234, 20/26 de junio de 1967, pp. 54-55.

Mead Jr., Robert G., «No one writes to the colonel and other stories», en *Saturday Review,* EE. UU., 21 de diciembre de 1968.

—, «One hundred years of solitude», en *Saturday Review,* EE. UU., 7 de marzo de 1970.

Mejía Duque, Jaime, *Mito y realidad en Gabriel García Márquez,* Bogotá, Editorial La Oveja Negra, 1970, 65 pp.

Mendoza, María Luisa, «100 años de compañía», en *El Día,* México, 21 de julio de 1968.

Mendoza, Plinio Apuleyo, «Biografía doméstica de una novela» *(La mala hora),* en *El Tiempo,* Lecturas Dominicales, Bogotá, junio de 1963.

Milano, Paolo, «Più che un secolo di solitudine», en *L'Espresso,* Roma, 29 de septiembre de 1968.

Montero Castro, Roberto, «A propósito de "Cien años de soledad"», en *Papeles,* Revista del Ateneo de Caracas, Caracas, noviembre-diciembre de 1967/enero de 1968.

Müller, Leopoldo y Martínez Moreno, Carlos, «Psicoanálisis y literatura en "Cien años de soledad"», Montevideo, Fundación de Cultura Universitaria, 1969 (Cuadernos de Literatura, 14), 76 pp. Contiene: Leopoldo Müller, «De Viena a Macondo», y Carlos Martínez Moreno, «Paritorio de un exceso vital».

Myers, Oliver T., «No one writes, to the Colonel and other stories», en *The Nation,* Nueva York, 2 de diciembre de 1968.

Natera, Francia, «Los Buendía llevaban la señal de la soledad y Colombia la de la violencia», en *El Nacional,* Caracas, 16 de septiembre de 1967.

Nencini, Franco, «La potente epopea di un villaggio colombiano», en *Carlino Sera,* Bolonia, 9 de julio de 1968.

Osorio, Nelson, «Nueve asedios a García Márquez», en *Nueva narrativa hispanoamericana,* Latin American Studies Program, Adelphi University, Nueva York, vol. I, núm. 1, enero de 1971, pp. 140-142.

Ortega, Julio, «Cien años de soledad», en *La contemplación y la fiesta,* Lima, Editorial Universitaria, 1968, pp. 45-58.

Oviedo, José Miguel, «García Márquez, la infinita violencia colombiana», en *Amaru,* revista de artes y ciencias, Universidad Nacional de Ingeniería, Lima, núm. 1, enero de 1967, pp. 87-89.

Oviedo, José Miguel; Achugar, Hugo; Arbeleche, Jorge, *Aproximación a Gabriel García Márquez,* Montevideo, Fundación de Cultura Universitaria, 1969 (Cuadernos de Literatura, 12), 61 pp. Contiene: José Miguel Oviedo, «Macondo: un territorio mágico y americano»; Hugo Achugar, «Construcción (de *Cien años de soledad*): A) Modos narrativos. I) Modos generales: 1) Las encíclicas contadas; II) Técnicas: 1) El deslizamiento insensible y otras técnicas; B) Otras construcciones, I) Temática: Algunos temas en *Cien años de soledad;* II) Personajes: La construcción de personajes en *Cien años de soledad;* Lenguaje: I) Aspectos lingüísticos»; Jorge Arbeleche, «Construcción (de *Cien años de soledad*): A) Modos narrativos. I) Modos generales: 2) Las espirales narrativas; II) Técnicas: 2) Utilización e integración de otras técnicas; B) Otras construcciones. I) Temática: Sobre la construcción temática; II) Personajes: Algunos modos en la construcción de personajes; III) Lo fantástico: El aire de Macondo; Lenguaje: II) Tonos».

Pabón, Mariahé, «Macondo a 100 años de soledad», en *El Tiempo,* Lecturas Dominicales, Bogotá, 20 de abril de 1969, p. 4.

Pacheco, Vladimir, «"Cien años..." ¿Un plagio? Asturias ratifica su acusación», en *Oiga,* Semanario de Actualidades, Lima, núm. 433, año IX, 23 de julio de 1971, pp. 30-32.

Palacios, Antonia, «García Márquez, "Cien años de soledad"», en *Imagen,* Caracas, núm. 3, 1968, p. 5.

—, «La mala hora», en *Revista Nacional de Cultura,* Instituto Nacional de Cultura y Bellas Artes, Caracas, año XXIX, abril-mayo-junio de 1967, pp. 82-84.

Paz, Miguel, «Lo erótico en "Cien años de soledad"», en *El Nacional,* Caracas, 19 de mayo de 1968.

Peña, Margarita, «Cien años de soledad», en *Diálogos,* México, núm. 6, noviembre-diciembre de 1967, pp. 32.-33.

Pérez Minik, Domingo, «La provocación en la novela hispanoamericana» (sobre *Cien años de soledad*), en *El Día,* Santa Cruz de Tenerife, 25 de agosto de 1968, p. 3.

—, «Los nuevos libros de caballería en Hispanoamérica», en *El Día,* Santa Cruz de Tenerife, 6 de octubre de 1968, p. 3.

Pineda, Rafael, «Cien años de soledad», en *Revista Nacional de Cultura,* Instituto Nacional de Cultura y Bellas Artes, Caracas, año XXIX, núm. 182, octubre-noviembre-diciembre de 1967, pp. 63-67.

Pólvora, Helio, «Una saga continental» (reseña de *Cien años de soledad*), en *Jornal do Brasil,* Río de Janeiro, 29 de octubre de 1969.

Puccini, Dario, «García Márquez e Vargas Llosa. Due narratori tra realtà e fantasia», en *Paese Sera,* Roma, 25 de septiembre de 1970.

—, «La storia colombiana in un grande romano» (reseña de *Cien años de soledad*), en *Paese Sera,* Roma, 22 de junio de 1968.

—, «Tra la satira e l'allegoria» (reseña de *El coronel no tiene quien le escriba*), en *Paese Sera,* Roma, 11 de julio de 1969.

Rago, Michele, «Tempi da guerriglia» (reseña de *La mala hora*), en *L'Unità,* Roma, 6 de agosto de 1970.

Rama, Ángel, «García Márquez, gran americano», en *Marcha,* Montevideo, núm. 1193, 1964, p. 28.

—, «Introducción a "Cien años de soledad"», en *Marcha,* Montevideo, núm. 1368, 2 de septiembre de 1967, p. 31.

Rebetez, René, «Cien años de soledad», en *El Corno Emplumado,* México, núm. 24, octubre de 1967, p. 140.

Richardson, Jack, «Master Builder. "One hundred years of solitude" by Gabriel García Márquez», en *New York Review of Books,* Nueva York, 26 de marzo de 1970.

Rivas, Marta, «Úrsula Iguarán de Macondo», en *Mapocho,* Biblioteca Nacional de Chile, Santiago de Chile, núm. 21, otoño de 1970, pp. 49-60.

Robles Cataño, Osvaldo, «Cien años de soledad», en *El Informador,* Columna con nombre propio, Santa Marta, Colombia, s/f, 1968, pp. 4 y 7.

Rodríguez Fernández, Mario, «"Cien años de soledad" de Gabriel García Márquez», en *La Nación,* Santiago de Chile, 2 de agosto de 1967, suplemento dominical, p. 5.

Rodríguez Márquez, Raúl, «Veinte años después» (sobre los comienzos periodísticos de GGM), en *El Espectador,* magazine dominical, Bogotá, 1 de octubre de 1967.

Rodríguez Monegal, Emir, «Diario de Caracas», en *Mundo Nuevo,* París, núm. 17, noviembre de 1967, pp. 4-24.

—, «Novedad y anacronismo en "Cien años de soledad"», en *Revista Nacional de Cultura,* Instituto Nacional de Cultura y Bellas Artes, Caracas, año XXIX, núm. 185, julio-agosto-septiembre de 1968, pp. 3-21.

Rodríguez-Puértolas, Carmen C. de, «Aproximaciones a la obra de Gabriel García Márquez», en *Universidad,* Universidad Nacional del Litoral, Santa Fe, República Argentina, núm. 76, julio-diciembre de 1968, pp. 9-45.

Ruffinelli, Jorge, «La hora de la exégesis», en *Marcha,* Montevideo, 23 de enero de 1970, p. 25.

—, «Diez días en el mar» (reseña de *Relato de un náufrago*), en *Marcha,* Montevideo, viernes 28 de agosto de 1970, p. 29.

Ruffinelli, Jorge, «Cien años de soledad: ¿un plagio?», en *Marcha,* Montevideo, año XXXIII, núm. 1550, segunda sección, viernes 2 de julio de 1971, p. 3.

Santos, Dámaso, «"Cien años de soledad" merecería el anonimato y la exégesis del "Lazarillo"», en La *Estafeta Literaria,* Madrid, núm. 408, 15 de noviembre de 1968, pp. 18-19.

Saporta, Marc, «Une énorme galéjade. "Cent ans de solitue", par Gabriel García Márquez», en *L'Express,* París, 6-12 de enero de 1969.

Segre, Cesare, «Il tempo curvo di García Márquez», en *I segni e la crítica,* Turín, Einaudi, 1969, pp. 251-295.

Selva, Mauricio de la, «Gabriel García Márquez. "Los funerales de la Mamá Grande"», en *Cuadernos Americanos,* México, año XXVII, vol. CLVIII, núm. 3, mayo-junio de 1968, pp. 286-288.

Silva-Cáceres, Raúl, «La intensificación narrativa en "Cien años de soledad"», en *Revista de Bellas Artes,* México, núm. 22, julio-agosto de 1963, pp. 55-58.

Stevenson, José, «García Márquez, un novelista en conflicto», en *Letras Nacionales,* Colombia, núm. 2, mayo-junio de 1965, pp. 58-62.

Téllez, Hernando, «Gabriel García Márquez: "La mala hora"», en *Cuadernos,* revista publicada bajo el patrocinio del Congreso por la Libertad de la Cultura, París, núm. 81, febrero de 1964, pp. 87-88.

Tello, Jaime, «Gabriel García Márquez. "Los funerales de la Mamá Grande"», en *Revista Nacional de Cultura,* Instituto Nacional de Cultura y Bellas Artes, Caracas, núm. 183, enero-febrero-marzo de 1968, p. 117.

Tofano, Tecla, «La pesadilla de Macondo», en *Papel Literario,* suplemento de *El Nacional,* Caracas, 7 de enero de 1968.

Trifiletti, Aldo, «La solitudine della mala ora» (reseña de *La mala hora*), en *La Voce Repubblicana,* Roma, 17 de julio de 1970.

Tube, Henry, «A New Map of the Indies» (reseña de *Cien años de soledad*), en *Spectator,* Londres, núm. 7409, 27 de junio de 1970, pp. 850-851.

Uriarte, Fernando, «"Cien años de soledad", de Gabriel García Márquez», en *Atenea,* Concepción, Chile, vol. XLIV, tomo CLXVI, julio-septiembre de 1967, pp. 292-298.

Valente, Ignacio, «García Márquez: "Cien años de soledad"», en *El Mercurio,* Santiago de Chile, 31 de marzo de 1968, p. 3.

Valverde, Umberto, «Las valoraciones de García Márquez», en *El Caimán Barbudo,* La Habana, núm. 43, 1971, pp. 10-12.

Vargas, Germán, «Autor de una obra que hará ruido» (sobre *Cien años de soledad*), en *Encuentro Liberal,* Bogotá, núm. 1, 29 de abril de 1967, pp. 21-22.

Vargas Llosa, Mario, «"Cien años de soledad": el Amadís en América», en *Amaru,* Lima, núm. 3, julio-septiembre de 1967, pp. 71-74.

Volkening, Ernesto, «Anotado al margen de "Cien años de soledad" de Gabriel García Márquez», en *Eco,* Revista de la cultura de Occidente, Bogotá, tomo XV/3, núm. 87, julio de 1967, pp. 259-303.

—, «Gabriel García Márquez o el trópico desembrujado», en *Eco,* Revista de la cultura de Occidente, Bogotá, tomo VII, núm. 40, 1963, pp. 275-293.

West, Paul, «A Green Thought in a Green Shade» (reseña de *Cien años de soledad*), en *Book World,* EE. UU., 22 de febrero de 1970.

Wolff Geoffrey, «Fable Made Flesh» (reseña de *Cien años de soledad*), en *Newsweek,* Nueva York, 2 de marzo de 1970, p. 54.

Zavala, Iris M., «"Cien años de soledad". Crónica de Indias», en *Ínsula,* Madrid, año XXV, núm. 286, septiembre de 1970, pp. 3 y 11.

Índice

Este libro se terminó
de imprimir en
Móstoles, Madrid,
en el mes de
marzo de 2021

«Para viajar lejos no hay mejor nave que un libro.»
EMILY DICKINSON

Gracias por tu lectura de este libro.

En **penguinlibros.club** encontrarás las mejores
recomendaciones de lectura.

Únete a nuestra comunidad y viaja con nosotros.

penguinlibros.club

 Penguin
Random House
Grupo Editorial

penguinlibros